D1723205

Dr. Dorothee Böttges-Papendorf

Branchen-
kennzahlen
2007/2008

Dr. Dorothee Böttges-Papendorf

Branchenkennzahlen 2007/2008

Eine Sammlung aktueller Arbeitshilfen, Checklisten und statistischer Daten aus Handel, Handwerk, Industrie und freien Berufen für die Beratungspraxis

unter Mitarbeit von
Dipl.-Wirtsch.-Inf. Sibylle Hänchen, Berlin

Deubner
Steuern & Praxis

IMPRESSUM

Bibliografische Information der Deutschen Bibliothek

Die Deutsche Bibliothek verzeichnet diese Publikation in der Deutschen Nationalbibliografie; detaillierte bibliografische Daten sind im Internet über http://dnb.ddb.de abrufbar.

9. ergänzte u. überarb. Auflage 2007

© 2007 by Deubner Verlag GmbH & Co. KG
Deubner Verlag GmbH & Co. KG
Sitz in Köln
Registergericht Köln
HRA 16268

Persönlich haftende Gesellschafterin:
Deubner Verlag Beteiligungs GmbH
Sitz in Köln
Registergericht Köln
HRB 37127
Geschäftsführer: Dr. Heinz Weinheimer, Alfred Mertens

Deubner Verlag GmbH & Co. KG
Oststraße 11, D-50996 Köln
Telefon +49 221 937018-39
Telefax +49 221 937018-90
kundenservice@deubner-verlag.de
www.deubner-steuern.de

Umschlag geschützt als Geschmacksmuster der

Deubner Verlag GmbH & Co. KG
Satz: Dipl.-Ing. Pospischil Vladimir, Stadtbergen
Druck: Druckerei Kessler, Bobingen
Printed in Germany 2007

ISBN 978-3-88606-664-4

Vorwort

Die vorliegende Sammlung von Brancheninformationen und -kennzahlen liegt nunmehr in der 9., aktualisierten und mit Blick auf die Zielgruppe nochmals verbesserten Auflage vor. Entstanden als ergänzendes Fachbuch zu dem seit 1989 im gleichen Verlag erscheinenden Loseblattwerk „Betriebswirtschaftliche Beratung durch den Steuerberater" wendet sie sich nach wie vor in erster Linie an den Steuerberater als Mittelstandsberater, wird aber auch von anderen Mittelstandsberatern aus den Bereichen Banken, Kammern, Wirtschaftsförderung und Unternehmensberatung eingesetzt. Nachdem inzwischen schon sehr viele Branchendaten im Internet zugänglich sind, bleibt das Besondere an dieser Kennzahlensammlung nach wie vor, dass die Kennzahlen auf den ersten Griff verfügbar und speziell für die Belange der kleineren und mittleren Betriebe aufbereitet sind. Nach den Statistiken der Finanzämter für Betriebsprüfungszwecke wurden im Jahr 2005 in Deutschland über 7,3 Mio. Betriebseinheiten gezählt, wovon allerdings 5,3 Mio. sog. Kleinstbetriebe waren, d.h. Unternehmen, deren Jahresumsatz nicht über 145.000 € und deren Gewinn nicht über 30.000 € im Jahr lag. Dann bleiben allerdings immer noch 2,0 Mio. größere Betriebe, wovon wiederum 1,2 Mio. sog. Kleinbetriebe waren, d.h. mit einem Umsatz von deutlich unter 1 Mio. € je nach Branche.

Das heißt, in der betriebswirtschaftlichen Beratungspraxis spielen neben „gestandenen" Groß- und Mittelbetrieben vor allen Dingen auch kleinere Einheiten eine Rolle. Um diesen Anforderungen gerecht zu werden, sind neben den allgemeinen Daten des Statistischen Bundesamtes auch wieder die Richtsätze der Finanzverwaltung mit aufgenommen worden, die insbesondere für Klein- bis Mittelbetriebe relevant sind. Bewährt hat sich auch, bei den Betriebsgrößenklassen auf die Anzahl der Mitarbeiter und weniger auf die Umsatzgrößenklassen abzustellen. Hier zeigen sich ganz deutliche Unterschiede zwischen dem „Ein-Mann-Unternehmer-arbeitet-voll-mit"-Betrieb und größeren Einheiten in den Kostenstrukturen. Außerdem sind verstärkt Angaben zur Anzahl der Betriebe insgesamt aufgenommen, so dass eine Abschätzung der Marktstruktur nach Betriebsgrößenklassen für Beratungszwecke möglich ist.

Kern des Datenmaterials bilden wieder die Kostenstrukturerhebungen des Statistischen Bundesamtes. Leider führt das Statistische Bundesamt die Statistik zur Kostenstruktur im Handwerk nicht mehr fort. Teilweise finden sich heute Daten beim produzierenden Gewerbe (z.B. Bäcker) oder bei Dienstleistern (z.B. Frisöre). Außerdem gibt es detaillierte Verdiensterhebungen zum Stundenlohn, die wir wo verfügbar neu aufgenommen haben. Zur besseren Auffindbarkeit sind die Branchen mit ihrer WZ-Nummer aufgeführt. Für die tiefergehende Beratung wird es dadurch einfacher, auf das Originaldatenmaterial zuzugreifen und ggf. ergänzende eigene Berechnungen anzustellen, da das Statistische Bundesamt inzwischen (fast) alle Daten (zumeist kostenlos) zum Download im Internet zur Verfügung stellt. Besonderer Wert wurde daher wieder auf Recherchehilfen und Quellenangaben gelegt, damit die vorliegende Datensammlung nicht nur schnelle Hilfe zum Nachschlagen im Beratungsgespräch oder für den ersten Einstieg liefert, sondern gleichzeitig auch die Grundlage für vertiefende Recherchen sein kann.

Wie immer haben wir die Kennzahlen so zusammengestellt und umgerechnet, wie sie uns für die mittelständische Beratungspraxis unter Beachtung der Möglichkeiten eines Fachbuchs zweckmäßig erschienen. Für den ein oder anderen Nutzer können so auch Anregungen gegeben werden, wie eventuell an anderer Stelle verfügbares Zahlenmaterial für die Beratungspraxis sinnvoll aufbereitet und genutzt werden kann. Wichtig bei neueren Datenquellen ist, dass im europäischen Raum in offiziellen Statistiken heute die Beschäftigten i.d.R. pro Kopf gezählt werden und nicht wie in Deutschland früher üblich umgerechnet auf Vollzeitkräfte. Das erklärt auch manch niedriges „Lohnniveau" als Personalkosten pro Kopf.

Nicht fehlen soll der Hinweis zur Aktualität der Daten: Dargestellt sind jeweils die bei Redaktionsschluss vorliegenden aktuellsten Daten. Obwohl sich die Bearbeitungszeiten in den letzten Jahren bereits deutlich verbessert haben, kann natürlich eine Jahresvergleichszahl von der Natur der Sache her niemals bereits im Januar des Folgejahres vorliegen. Aber lassen Sie sich nicht irritieren: Auch andere Branchenanalysen basieren auf Vergangenheitsdaten. Erst durch die gezielte Auswertung durch den versierten Analysten können hieraus – jedenfalls in Kombination mit weiteren aktuelleren Erkenntnissen – sinnvolle Aussagen gewonnen werden. Das gilt jedenfalls solange, wie Märkte nicht völlig neu geordnet und im Umbruch sind. Hier hilft nur, sich an einem der laufenden Betriebsvergleiche verschiedener Anbieter zu beteiligen. Auch hierfür nennen wir wieder Quellen und Ansprechpartner. Eigentlich muss man bei der Analyse „quer denken", um die richtigen Zahlen zusammenzuführen und zielführende Schlüsse zu ziehen. Wir hoffen, auch hierzu wieder Anregungen für Ansatzpunkte und Quellen geben zu können.

In diesem Sinne wünschen wir den Nutzern dieser 9. Auflage der Kennzahlensammlung wieder Erfolg und Erkenntnisgewinn bei der professionellen Arbeit mit dem „Rohmaterial" Branchenkennzahlen.

Februar 2007   Die Verfasserinnen

Inhalt

1	Allgemeine Hinweise	11
1.1	Anwendungsgebiete: Möglichkeiten und Grenzen der Beratung mit Branchenkennzahlen	11
1.2	Übersicht: Quellen, Adressen und Ansprechpartner	14
1.3	Arbeiten mit (Branchen-)Kennzahlen	16
1.3.1	Betriebsvergleiche systematisch nutzen	16
1.3.2	Anwendungshinweise zu den Richtsatzsammlungen der Finanzverwaltung	23
1.3.2.1	Einbezogene Betriebe	23
1.3.2.2	Aufbau des Betriebsvergleichsbogens (BVB)	24
1.3.2.3	„Normalisierung" und „Entnormalisierung"	35
1.3.2.4	Schätzungsverfahren und Wahl des Rahmensatzes	37
1.3.2.5	Besonderheiten bei Kapitalgesellschaften	40
1.3.3	Spezielle Betriebsvergleiche für einzelne Branchen	48
1.3.3.1	Branchenvergleiche des IfH	48
1.3.3.2	Weitere Anbieter	55
1.3.4	Die Branchenstrukturdaten des Statistischen Bundesamtes	56
1.3.5	Betriebsvergleich und Branchenkennzahlen der DATEV	67
1.3.6	Umrechnungshilfen bei der Verwendung von Kennzahlen aus verschiedenen Quellen	70
1.3.6.1	Umrechnung von Rohgewinnsätzen in Rohgewinnaufschlagsätze und umgekehrt	70
1.3.6.2	Umrechnungsformeln: Rohgewinn/Handelsspanne/Kalkulationsaufschlag	73
1.3.6.3	Umrechnung der Kennzahlen des Instituts für Handelsforschung in Richtsatzwerte	74
2	Branchen-ABC: Die wichtigsten Zahlen	76
2.1	Benutzerhinweise	76
2.2	Hauptstichworte	77
2.2.1	Abfüll- und Verpackungsgewerbe	77
2.2.2	Antiquitäten, Kunstgegenstände	78
2.2.3	Apotheken, Pharmazie	79
2.2.4	Arbeitskräfteüberlassung	84
2.2.5	Ärzte	85
2.2.6	Architekten	124
2.2.7	Bäckereien, Herstellung von Backwaren	125
2.2.8	Baugewerbe, Baustoffe	129

2.2.9	Beherbergungsgewerbe	148
2.2.10	Beratende Ingenieure	156
2.2.11	Bergbau und Gewinnung von Steinen und Erden	157
2.2.12	Bestattungswesen	160
2.2.13	Blumen und Pflanzen, Einzelhandel und Gartenbau ohne LuF	163
2.2.14	Brennstoffe	164
2.2.15	Bücher	165
2.2.16	Call Centers	167
2.2.17	Chemische Industrie	168
2.2.18	Chemische Reinigungen, Wäschereien, Heißmangel	174
2.2.19	Computer, Büromaschinen, Telekommunikationsgeräte, Informationstechnik, Datenverarbeitung und Datenbanken	179
2.2.20	Dachdeckereien	190
2.2.21	Detekteien und Schutzdienste	191
2.2.22	Drogerien, Parfümerien	192
2.2.23	Druckereien	194
2.2.24	Elektrobranchen	197
2.2.25	Fahrräder, Zweiradhandel	204
2.2.26	Fahrschulen	207
2.2.27	Film- und Videoherstellung, -verleih, -vertrieb; Kinos	210
2.2.28	Fliesen-, Platten- und Mosaiklegerei einschl. Herstellung	213
2.2.29	Forschung und Entwicklung	215
2.2.30	Fotografisches Gewerbe und Fotoeinzelhandel	218
2.2.31	Frisörgewerbe	220
2.2.32	Gastronomische Betriebe (ohne Beherbergungsgewerbe, siehe Teil 2.2.9)	223
2.2.33	Gießereien	228
2.2.34	Glas- und Gebäudereinigung	230
2.2.35	Glasergewerbe, Glas- und Glasfaserherstellung	232
2.2.36	Großhandel	236
2.2.37	Grundstücks- und Wohnungswesen, Immobilienwirtschaft	280
2.2.38	Gummi- und Kunststoffwaren	288
2.2.39	Handelsvertreter und Handelsmakler	292
2.2.40	Haushaltswaren, Geschenkartikel	294
2.2.41	Heilberufe, Sonstige Berufe des Gesundheitswesens	296
2.2.42	Heizungs-, Gas- und Wasserinstallation, Klempnerei	299
2.2.43	Keramik	302
2.2.44	Kokerei, Mineralölverarbeitung	304
2.2.45	Körperpflegemittel, Waschmittel	305
2.2.46	Kosmetiksalons, Solarien- und Massagesalons (ohne medizinische Massage)	306
2.2.47	Kraftfahrzeugbranchen, Fahrzeugbau	311

2.2.48	Lacke, Farben und sonstiger Anstrichbedarf sowie Tapeten, Fußbodenbelag.	321
2.2.49	Lebensmittelbranchen	325
2.2.50	Ledergewerbe, Lederwaren	346
2.2.51	Maler- und Lackierergewerbe, Tapezierer	350
2.2.52	Maschinenbau	351
2.2.53	Medizin-, Mess-, Steuer- und Regelungstechnik	364
2.2.54	Metallerzeugung, -bearbeitung, Metallerzeugnisse	369
2.2.55	Metzgerei, Fleischverarbeitung	386
2.2.56	Möbel und sonstige Einrichtungsgegenstände	391
2.2.57	Musikfachhandel, Herstellung von Musikinstrumenten	396
2.2.58	Nachrichtenübermittlung/Telekommunikation	398
2.2.59	Naturstein- und Mineralerzeugnisse	400
2.2.60	Optik	403
2.2.61	Papier und Pappe	405
2.2.62	Raumausstatter (Dekorateure und Polsterer)	408
2.2.63	Rechtsanwälte, Anwaltsnotare	409
2.2.64	Recycling	410
2.2.65	Reformwaren, Naturkost	411
2.2.66	Reisebüros, Reiseveranstalter	412
2.2.67	Rundfunk-, Fernseh- und Nachrichtentechnik	414
2.2.68	Rundfunkveranstalter, Herstellung von Hörfunk und Fernsehprogrammen	418
2.2.69	Säge- und Hobelwerke	419
2.2.70	Schlosserei und Schmiede	421
2.2.71	Schneiderei (einschl. Kürschnerei)	422
2.2.72	Schornsteinfegergewerbe	423
2.2.73	Schreib- und Papierwaren, Schul- und Büroartikel	424
2.2.74	Schreinerei, Tischlerei (Bau- und Möbeltischlerei)	427
2.2.75	Schuhe und Schuhwaren	432
2.2.76	Sekretariats-, Schreib- und Übersetzungsbüros (Büroservice)	435
2.2.77	Speditionen, Lagereien, Logistik, Kurierdienste	436
2.2.78	Spielhallen und Betrieb von Spielautomaten	449
2.2.79	Spielwaren	450
2.2.80	Sport- und Campingartikel	453
2.2.81	Steinbildhauerei und Steinmetzerei	455
2.2.82	Steuerberater, Steuerbevollmächtigte, Wirtschaftsprüfer	456
2.2.83	Stuckateurgewerbe, Gipserei und Verputzerei	457
2.2.84	Tabakwaren, Zeitschriften, Einzelhandel, Kiosk usw.	458
2.2.85	Tankstellen	461
2.2.86	Textilwaren und Bekleidung	462
2.2.87	Tierärzte	477

2.2.88 Uhren, Edelmetall- und Schmuckwaren 484
2.2.89 Unternehmensberater – Unternehmen der Wirtschafts- und
Unternehmensberatung 488
2.2.90 Verkehr (Land- und Luftverkehr, Schifffahrt) 491
2.2.91 Verlage, Vervielfältigungen 501
2.2.92 Vermietung beweglicher Sachen ohne Bedienungspersonal 504
2.2.93 Versandhandel, Einzelhandel nicht in Verkaufsräumen 516
2.2.94 Werbung 520
2.2.95 Zahnärzte 521
2.2.96 Zahntechnik 537
2.2.97 Zimmerei 541
2.2.98 Zoologischer Bedarf, Lebende Tiere 542

3   Gesamtwirtschaftliche Daten 543

3.1   Jahresgutachten 2006/2007 des Sachverständigenrates zur
        Begutachtung der gesamtwirtschaftlichen Entwicklung 543
3.2   Herbstgutachten 2006 der Wirtschaftsforschungsinstitute 553
3.3   Verbandsumfragen zum Jahreswechsel 2006/2007 563

4   Sonstige Kennzahlen für die Beratungspraxis 567

4.1   Bilanzkennzahlen nach Wirtschaftszweigen 568
4.2   Ausgewählte gesamtwirtschaftliche Zahlenund Zeitreihen 592
4.3   Kennzahlen zur Wettbewerbsfähigkeit von KMU in der erweiterten EU. 607

5   Hilfen für die Branchenzuordnung 612

5.1   Zuordnung der Wirtschaftszweige nach WZ 2003 612
5.1.1   Die Klassifikation der Wirtschaftszweige WZ 2003 612
5.1.2   Einordnung von Mischbetrieben nach WZ 2003 653
5.1.3   Grenz- und Sonderfälle 657
5.2   Zuordnung der Betriebe lt. Richtsatzsammlung der Finanzverwaltung 659
5.3   Zuordnung der Handwerksbetriebe nach HWO 666
5.4   Zuordnung der Wirtschaftszweige nach WZ 2003 zu den Betriebsarten
        gem. § 3 BPO 672
5.5   Abgrenzung der begünstigten Wirtschaftszweige gemäß
        Investitionszulagengesetz 692
5.5.1   Abgrenzung der begünstigten Wirtschaftszweige 692
5.5.2   Mischbetriebe 694
5.5.3   Kleine und mittlere Betriebe des Handwerks 695
5.6   EU-Schwellenwerte für KMU 696

6   Stichworte 698

1 Allgemeine Hinweise

1.1 Anwendungsgebiete: Möglichkeiten und Grenzen der Beratung mit Branchenkennzahlen

Branchenvergleichszahlen helfen im Rahmen des äußeren Betriebsvergleichs (= Vergleich des eigenen bzw. Mandantenbetriebs mit Werten des „durchschnittlichen Vergleichsbetriebs") bei

- der **Einschätzung der eigenen wirtschaftlichen Situation:** Wo stehe ich vergleichsweise gut da? Wo weniger gut? Wo besteht Handlungsbedarf?

- der **Planung zukünftiger Umsatz- und Ertragsrelationen:** Wenn ich mit einem Umsatz von 500 T€ pro Jahr rechnen kann (z.b. durch bereits vorliegende Aufträge), wie hoch werden dann voraussichtlich Wareneinsatz, Rohgewinn und Reingewinn ausfallen, wenn alles „normal" läuft?

Grenzen liegen genau hier in dem „Wenn-alles-normal-läuft": Die Branchenvergleichszahlen führen nur bei **vergleichbaren Verhältnissen** zu vernünftigen Ergebnissen. Das gilt hinsichtlich Ort, Zeit, betriebsinternen Verhältnissen, Betriebsgröße, Umfeld, Mitarbeitern, Lohnniveau und ... und ... und: Aber wer wüsste das besser als gerade der Steuerberater, hat doch die Finanzverwaltung als Extrakt aus jahrzehntelangem Argumentenaustausch mit Betrieben und deren Beratern ein umfassendes System für den Richtsatzvergleich aufgestellt, das die Schätzgrundlagen bei Betriebsprüfungen „wasserdicht" machen soll. Hier sind folgende wichtige Grundsätze für Aufstellung und Anwendung von Betriebsvergleichszahlen ablesbar, die auch bei anderen Betriebsvergleichen gelten:

Grundsatz 1

Genaue Festlegung, **welche Zahlen** erhoben werden.

Das heißt, beim Umsatz ist zu konkretisieren, ob mit oder ohne MwSt., vor oder nach Abzug von Skonti, mit oder ohne unentgeltliche Wertabgabe; bei Lohn- und Gehaltsaufwendungen ist festzulegen, ob mit oder ohne Unternehmerlohn, ob für unentgeltlich mithelfende Familienangehörige ein kalkulatorisches Gehalt anzusetzen ist und nach welchen Kriterien dies zu ermitteln ist usw.

Grundsatz 2

Genaue Festlegung des **Betriebstyps**, für den die Zahlen erhoben werden. Als wichtig für die Vergleichbarkeit erweisen sich insbesondere:

- Branche und Spezialisierung (z.b. Elektroeinzelhandel mit „brauner" oder „weißer" Ware)
- Umsatzanteile bei Mischbetrieben (Handel mit oder ohne Reparatur; Ausbaugewerbe mit oder ohne Ladenverkauf)
- Betriebsgröße (Umsatz, Mitarbeiter)
- Eigentums- oder Pachtbetriebe (z.b. Gastronomie)
- Rechtsform (Personenunternehmen oder Kapitalgesellschaft)
- Unternehmer und dessen Familie arbeitet voll/teilweise/ausschließlich oder gar nicht mit.

Grundsatz 3

Erheben von „Normalzahlen"
Das bedeutet insbesondere Ausscheiden außergewöhnlicher Einflüsse (a.o. Erträge und Aufwendungen; periodenfremde Erträge und Aufwendungen; betriebsfremde Erträge und Aufwendungen). Bei der Richtsatzermittlung erfolgt das durch Eliminieren des entsprechenden Geschäftsvorfalls, der ja aufgrund des genauen Einblicks bekannt ist. Bei Betriebsvergleichen, die sich nur auf statistische Auswertungen stützen können und keine Rückfrage-/Aufklärungsmöglichkeit haben (z.b. DATEV-Betriebsvergleich), durch Nichtberücksichtigung von „Ausreißerwerten".

Grundsatz 4

Herstellen der Vergleichbarkeit durch **Umrechnen der Zahlen** eines eigenen (Mandanten-)Betriebs in „Normalzahlen".
Das bedeutet Ermittlung der eigenen Zahlen nach den gleichen Grundsätzen wie in den Vergleichsbetrieben und Eliminierung außergewöhnlicher Einflussfaktoren. Größere Treffsicherheit und Verbesserung der Aussagen äußerer Betriebsvergleiche kann man erzielen, wenn man **unterschiedliche Branchenvergleichszahlen** systematisch nutzt.

| Beispiel 1 |

Vergleichszahl Quelle A führt zur gleichen Aussage wie Quelle B: Na bitte!

| Beispiel 2 |

Vergleichszahl Quelle A (Unternehmen ab 1 Mio. € Jahresumsatz) führt zu anderem Ergebnis als Quelle B (Unternehmen bis 1 Mio. € Jahresumsatz). Mandantenbetrieb stimmt mit Vergleichszahl A (z.b. Personalkosten in Prozent von Umsatz) überein, weist aber nur einen Jahresumsatz von 0,7 Mio. € auf: Hier sollte untersucht werden, ob entsprechend den langfristigen Unternehmenszielen Umsatzwachstum oder prozentuale Personalkostensenkung anzustreben ist.

Neue Aktualität erlangen Branchenkennzahlen auch durch **Rating** der Kreditnehmer durch die Banken oder externe Ratingagenturen. Zwar sind die Aussagen hier teilweise widersprüchlich (die Palette der Meinungen reicht von „kaum Bedeutung" bis „Banken legen k.o.-Listen an, gegen die man sowieso nichts mehr machen kann"). Richtig ist sicher, dass es k.o.-Branchen im Allgemeinen nicht geben wird, auch wenn einzelne Banken ggf. aus Gründen der eigenen Risikostreuung auch schon mal bei einer Branche „zu"machen könnten. Das Gleiche kann aber auch gelten, wenn eine Bankengruppe mit einer Branche nicht genug Erfahrung hat, um hier ein eigenes Rating durchführen zu können. Das heißt, es kann schon eine Branchenselektion geben, die aber nicht unbedingt etwas mit der Branche, sondern genauso gut mit der Bank und deren Risikomanagement zu tun haben kann. Andererseits weiß auch jede Bank, dass es auch in schlechten Branchen immer sehr gute Betriebe geben kann und dass nationale und internationale Branchenkonjunkturen ganz anders aussehen können als die Situation vor Ort. Beim Rating wird aber nicht nur die Branche des betrachteten Unternehmens isoliert betrachtet. Interessant ist auch die Anwendung von Branchenzahlen in Bezug auf Markt, Kunden und Produkt, vor allem: Was läuft in den Branchen der Hauptkunden?

Fazit

Im Zusammenhang mit dem Rating wird es auf jeden Fall eine zunehmend intensive Diskussion und Nutzung von Branchenzahlen und -entwicklungen und deren Bedeutung für den jeweiligen Einzelfall geben. Bei praktisch allen aktuell diskutierten Ratingsystemen werden die objektiven „hard facts" durch individuell zu erfragende „soft facts" ergänzt. Branchenkenntnisse und deren systematische Umsetzung in praktische Unternehmenspolitik ergeben dabei zumindest Pluspunkte bei Management und Controlling.

1.2 Übersicht: Quellen, Adressen und Ansprechpartner

Branchenzahlen, die allgemein zugänglich sind und regelmäßig erhoben und veröffentlicht werden, sind vor allem die Kostenstrukturstatistiken des Statistischen Bundesamtes, die Richtsatzsammlungen der Finanzverwaltung sowie die Bilanzstrukturzahlen der Deutschen Bundesbank. Dem Vorteil der allgemeinen Verfügbarkeit steht der Nachteil mehr oder weniger langer Zeitspannen zwischen Erhebung und Veröffentlichung gegenüber: So betreffen z.b. die aktuellsten Jahresvergleichszahlen der Kostenstrukturanalysen des Statistischen Bundesamtes das Jahr 2004 und sind soeben erst (2006) erschienen. Monatszahlen sind kurzfristig verfügbar, betreffen aber im Allgemeinen nur gesamtwirtschaftlich interessante Entwicklungen wie Umsätze, Beschäftigte, Auftragseingänge insgesamt.

Alle sonstigen Bezugsquellen „sprudeln" entweder nicht regelmäßig oder nicht in gleichbleibendem Umfang oder sind nur bestimmten Nutzern zugänglich. So können Steuerberater z.b. den DATEV-Betriebsvergleich nutzen, wenn sie Mitglied in dieser als Genossenschaft organisierten Einrichtung sind. Branchenzahlen und Vergleichswerte werden im Übrigen insbesondere von den jeweiligen Standesorganisationen (Kammern, Verbänden) sowie auch von Banken(gruppen) angeboten, an die man sich im Einzelfall wenden kann. Hier ist eine Tendenz zu beobachten, die früher häufig als „Geheimmaterial" gehandelten Erhebungen (kostenpflichtig) als Buch, Broschüre oder Download im Internet zur Verfügung zu stellen. Die nachfolgenden Quellen wurden nach Einfachheit des Zugangs und Bandbreite der Informationen zusammengestellt und erheben keinen Anspruch auf Vollständigkeit.

Die Veröffentlichungen des **Statistischen Bundesamtes** sind zu beziehen über

> SFG-Servicecenter Fachverlage
> Part of the Elsevier Group
> Postfach 43 43
> 72774 Reutlingen
> Tel.: 07071 935350
> E-Mail: destatis@s-f-g.com
> bzw. direkt über den Statistik Shop des Statistischen Bundesamtes
> www.destatis.de/shop.

Viele Daten stehen auch kostenfrei zum Download im Internet zur Verfügung.

Dort gibt es auch ein (kostenloses) Veröffentlichungsverzeichnis.

Die amtlichen Textausgaben der **Richtsatzsammlungen der Finanzverwaltung** sind zu beziehen über den Buchhandel in verschiedenen Verlagsausgaben. Die jährlichen Aktualisierungen werden außerdem im BStBl Teil I veröffentlicht. Es ist auch möglich, die Werte über die Homepage des Bundesministeriums der Finanzen: www.bundesfinanz-ministerium.de abzurufen (Suchwort: „Richtsatzsammlung" eingeben).

Über 50 **Branchenberichte** (nicht nur Kennzahlen) umfasst inzwischen die Sammlung der **Sparkassenorganisation**. Im Rahmen des jährlichen Startup-Wettbewerbs werden diese unter www.startupshop.de gegen eine Gebühr von 25 € je Branche (Stand November 2006) als Printausgabe oder zum sofortigen Download zur Verfügung gestellt. Hier fließen auch die sparkasseneigenen Kennzahlen aus der Einzelbilanzanalyse E Bil ein.

Das **Institut für Handelsforschung** an der Universität zu Köln führt Betriebsvergleiche für verschiedene Branchen aus Einzelhandel, Großhandel und Dienstleistungen durch. Die Ergebnisse werden jährlich auszugsweise in den Mitteilungen des Instituts „Handel im Fokus" veröffentlicht. Konditionen und weitere Informationen beim IfH (Tel.: 0221 943607-0) bzw. direkt über die Internetseite des IfH (www.ifhkoeln.de).

Ausführliches Datenmaterial zum **Gastgewerbe** enthält der jährliche „Betriebsvergleich Hotellerie & Gastronomie Deutschland", der zu beziehen ist über BBG Consulting, Mettmanner Str. 25, 40699 Erkrath, Tel.: 0211 864000, Fax: 0211 132724, www.bbg-consulting.com. Unternehmen, die daran teilnehmen, erhalten die aktuellen Zahlen kostenlos.

Für die Tourismusbranche bietet das Statistische Bundesamt die monatlich aktualisierten Daten zur Beherbergung im Reiseverkehr sowie Umsatz und Beschäftigte im Gastgewerbe (Fachserie 7.1) zum Download unter www.destatis.de → Publikationen an. Die Printversion wurde bereits 2002 eingestellt.

Weitere (teilweise regional ausgerichtete) Betriebsvergleiche und Analysen zu Tourismus und Gastgewerbe sind verfügbar auch über www.interhoga.de, www.hoga-nordrhein.de und www.dwif.de. Mit den Betriebsvergleichen Hotellerie und Restaurants versucht der DeHoGa-Verband durch eigene Erhebungen die Lücken zu schließen, die aufgrund der Einstellung der Sonderveröffentlichungen des Statistischen Bundesamtes für diese Branche entstanden sind (über www.interhoga.de bzw. www.dehoga-shop.de).

Zunehmend von Bedeutung sind grenzüberschreitende Aktivitäten. Wer Branchendaten aus dem **Ausland** benötigt, ist bei der Bundesagentur für Außenwirtschaft (bfai), Agrippastraße 87–93, 50676 Köln, Tel.: 0221 20570 richtig. Recherchen erfolgen am einfachsten direkt über das Internet (www.bfai.com). Die Titelrecherche ist kostenlos. Für den Download einzelner Artikel wird eine zumeist geringe Gebühr erhoben.

Für Recherchen speziell in **Europa** steht der EDS Europäische Datenservice mit kostenlosen Downloads und Beratung über www.eds-destatis.de zur Verfügung. Insbesondere gibt es Daten zu typischen grenzüberschreitenden Branchen, speziell Tourismus, Internet, Fernsehen, Radio, Kino und Telekommunikation allgemein. Wer es kann, kann sich maßgeschneiderte Tabellen „basteln".

1.3 Arbeiten mit (Branchen-)Kennzahlen

1.3.1 Betriebsvergleiche systematisch nutzen

Der **externe Betriebsvergleich** kann in den seltensten Fällen einfach nach dem Schema angewendet werden wie: Personalkosten über Schnitt – also senken. Statt zu hoher Personalkosten kann auch der Umsatz zu niedrig sein. Ferner ist zu fragen, was mit den anderen betrieblichen Gegebenheiten ist: Gibt es regionale Besonderheiten (Stadt oder Land, Wohngebiet oder Innenstadt) oder persönliche Einflussfaktoren (mehr Personal, weil Unternehmer krank ist oder mehr Freizeit will), können die übrigen Kosten auch an ein höheres/niedrigeres Niveau angepasst werden, Einfluss von Betriebsgröße und Rechtsform, Export und Wechselkursen usw. Wenn sich eine Branche/ein Markt im Umbruch befindet, sind Vergangenheitszahlen ggf. gar nicht mehr direkt vergleichbar. Aber Zeitreihen aus der Branche (z.b. über die Jahre steigende Verschuldung eines Sektors) können objektive Anhaltspunkte für eine solche Entwicklung geben. Ein Vergleich mit der Entwicklung des eigenen (Mandanten-)Betriebs zeigt, ob sich dieser gegen oder mit dem Trend bewegt. Der externe Betriebsvergleich kann auch als **Benchmark** eingesetzt werden. Wie machen es die Besten?

Um solche systematischen Überlegungen zu erschließen, ist es sinnvoll, möglichst viele relevante Daten über den Betrieb und die Branche zusammenzustellen. Neben der Gegenüberstellung der Betriebsdaten mit externen Daten gehört dazu auch ein **interner Betriebsvergleich**, d.h. die Entwicklung der eigenen Zahlen im Zeitablauf. So werden vor allem **Trends** erkennbar: Wachstum, Schrumpfung, schleichende Erosion von Umsatz, Eigenkapitalquote oder Finanzquellen. In Bankenkreisen ist z.B. bekannt, dass im Vorfeld „echter" Finanzkrisen das Verhältnis der Bankschulden zu den übrigen Verbindlichkeiten steigt: Lieferanten merken meist früher etwas und liefern nur noch gegen Vorkasse.

> (Branchen-)Kennzahlenanalyse ist also keine Einbahnstraße, sondern erfordert Umsicht (möglichst viele Erkenntnisquellen einbeziehen) und „Querdenken" (aus einer Vielzahl von Informationen durch sinnvolle Querverbindungen die richtigen Schlüsse ziehen).

Für eine solche Branchendatensammlung zu einem bestimmten Fall können Sie sich ein beliebig großes **Datenblatt** nach folgendem Schema anlegen:

Externer Betriebsvergleich 2007 für Fa._____

Kennzahl	Eigener Betrieb		Vergleichswert 1		Vergleichswert 2		Analyse	
	€	%	€	%	€	%	€	%
Umsatz								
Wareneinsatz								
Personalkosten								
...								
...								
Lagerumschlag								
Eigenkapital-								
quote								
Umsatz je								
Beschäftigten								
Umsatz je 1 €								
Personalkosten								
...								
Umsatztrend								
...								

Aufbau und Kennzahlen wählen Sie je nach Vergleichszahlen und Analyseschwerpunkt. Sie können beliebig viele Vergleichsquellen einbeziehen und das Schema nach Belieben und Bedarf erweitern oder straffen.

Für den internen Betriebsvergleich kann man ein möglichst aussagefähiges Analyseschema verwenden, das branchenspezifische Besonderheiten abbildet. Wenn man ein branchenspezifisches Kostenstrukturschema wählt, kann man darauf dann auch gleichzeitig eine Planungsrechnung aufbauen (vgl. Beispiel Handwerk nachstehend und besondere Kennzahlen in der Gastronomie S. 20 ff).

Beispiel: Planungsunterlage für den internen Betriebsvergleich im Handwerk

Planungsunterlage Handwerk
Mandant: GmbH i.G.

KOSTENSTRUKTUR	2003		2004		2005		2006		2007	
	T€	%	T€	%	T€	%	T€	%	T€	%
1. Handwerksumsatz										
2. Handelsumsatz										
3. Übriger Umsatz										
4. *GESAMTUMSATZ 1–3*										
5. Bestandsveränderung von Halb- und Fertigerzeugnissen										
6. Andere aktivierte Eigenleistungen										
7. *GESAMTUMSATZ 4–6*										
8. Roh-, Hilfs- und Betriebsstoffe										
9. Wareneinsatz										
10. Lohn- und Nachunternehmerleistungen										
11. *Summe Material, Waren, Fremdleist. 8–10*										
12. *7 minus 11 (Rohertrag)*										
13. Löhne und Gehälter										
14. Sozialkosten – gesetzliche										
15. Sozialkosten – übrige										
16. *Summe Personalkosten 13–15*										
17. Mieten und Pachten incl. Energie										
18. Steuern, Gebühren, öffentliche Beiträge										
19. Instandhaltung und Reparaturen										
20. Abschreibungen/Leasing										
21. Versicherungsbeiträge										
22. Sonstige Kosten										
23. *Summe Kosten 16–22*										
24. *Zwischensaldo II. 12 minus 23*										
25. Fremdkapitalzinsen										
26. *Überschuss 24 minus 25*										

Weitere Kennzahlen
Gesamtleistung je Beschäftigten
Beschäftigte im Durchschnitt
davon Inhaber/unentgeltlich
Personalkosten je entgelt. Beschäftigten

Quelle: CD Steuerberater-BWL-Assistent, Ordner Branchen → Handwerk nach HWO → Kostenstruktur Handwerk-Planungshilfe; Deubner Verlag Köln, 18. Edition 2006.

Zeitreihen können entweder absolut und in Prozent oder mit den jährlichen Veränderungen dargestellt werden. Das kann man für den eigenen Betrieb tun, aber auch für die externen Zahlen, wenn man entsprechende Zeitreihen hat. Dabei sagt eine Grafik oft mehr als die „nackten" Zahlen, wie die nachstehenden Excel-Diagramme aus einfachen Zeitreihen abgeleitet zeigen. Man erkennt deutliche Verbesserung (Abb. 1 und 2), aber Ziel noch nicht erreicht (Abb. 3 ganz unten).

Beispiel: interner und externer Kennzahlenvergleich Gastronomie

Entwicklung Umsätze vs.
Entwicklung Personalkosten:

Umsätze	Personal-kosten	
202.300,00	99.056,00	2004
227.400,00	94.200,00	2005
230.200,00	89.300,00	2006

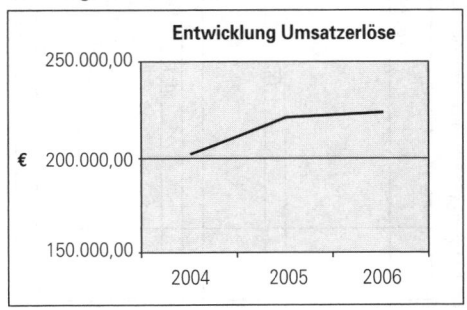

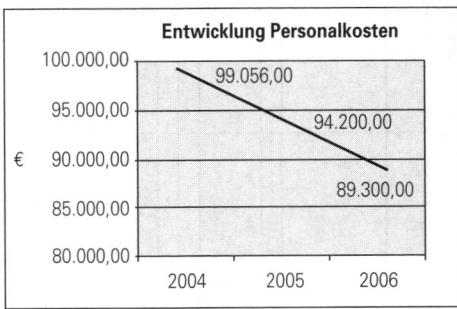

Personalkosten in % vom Umsatz

31,2 %	31,0 %	30,7 %	Branche
49,0 %	41,4 %	38,8 %	eigener Betrieb

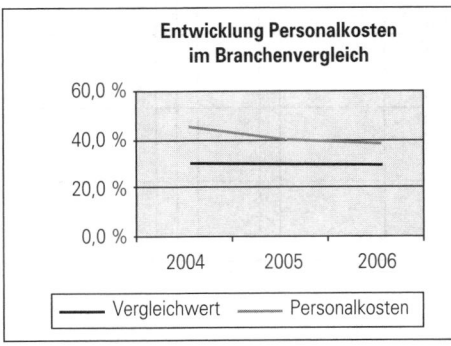

nach: CD Steuerberater-BWL-Assistent,
Ordner Branchen → 55.00.0 Gastgewerbe →
Arbeitshilfen → Demo Gastromie Planung,
Analyse; Deubner Verlag Köln, 18. Edition 2006

Beispiel Betriebsvergleichsschema: Zeitreihen für den internen Betriebsvergleich

Zeitreihenvergleich

Mandant: Muster Gastgewerbe mit Beherbergung für den Vergleich mit den Zahlen des statistischen Bundesamtes

Auswertungsart: Unternehmensdaten absolut und relativ bzw. absolut und Vergleich zum Vorjahr[1]

KOSTENSTRUKTUR	2002 €	%	2003 €	%	2004 €	%	2005 €	%	2006 €	%
1. Speiseumsatz einschl. Frühstück										
2. Getränkeumsatz										
3. Handelswarenumsatz										
4. *Summe Warenumsatz 1-3*										
5. Beherbergungsumsatz ohne Frühstück										
6. Sonstiger betrieblicher Umsatz										
7. *Umsatz aus Gastgewerbe 4-6*										
8. übriger Umsatz										
9. Bestandsveränderungen an Halb- und Fertigerzeugnissen, andere aktivierte Eigenleistungen										
10. *GESAMTLEISTUNG 7-9*										
11. RHB und Wareneinsatz Speisen										
12. RHB und Wareneinsatz Getränke										
13. RHB und Wareneinsatz Handelswaren										
14. übrige RHB und bezogene Waren und Leistungen										
15. enthaltene Energiekosten										
16. *Summe Materialaufwand 11-15*										
17. *Rohertrag 10 minus 16*										
18. Löhne und Gehälter										
19. Sozialkosten – gesetzliche										
20. Sozialkosten – übrige										
21. *Summe Personalkosten 18-20*										
22. Energiekosten										
23. Steuern, Gebühren, Beiträge, Versicherungen										
24. Kfz-Kosten										
25. übrige Kosten										
26. *Summe betriebsbedinger Kosten 21-25*										

1) %-Spalte entweder % von Gesamtleistung oder Veränderung zum Vorjahr.

Fortsetzung Zeitreihenvergleich*

Mandant: Muster Gastgewerbe mit Beherbergung für den Vergleich mit den Zahlen des statistischen Bundesamtes

Auswertungsart: Unternehmensdaten absolut und relativ bzw. absolut und Vergleich zum Vorjahr[1]

KOSTENSTRUKTUR	2002		2003		2004		2005		2006	
	€	%	€	%	€	%	€	%	€	%
27. Miete für betrieblich genutzte Bauten und Räume, Grundstückspachten										
28. Leasingmieten für Geräte und Kfz										
29. Pacht für das Unternehmen										
30. Instandhaltung und Reparaturen										
31. Abschreibungen, GWG										
32. Fremdkapitalzinsen										
33. *Summe anlagebedingter Kosten 27–32*										
34. Summe Kosten 26 und 33										
35. *Betriebsergebnis 17 minus 34*										

1) %-Spalte Veränderung zum Vorjahr.

* Dieses und weitere branchenorientierte Betriebsplanungs- und -vergleichsschemata finden Sie auch auf der CD Steuerberater-BWL-Assistent zum Loseblattwerk „Betriebswirtschaftliche Beratung durch den Steuerberater", Deubner Verlag, Köln.

Fortsetzung Zeitreihenvergleich

Mandant: Muster Gastgewerbe mit Beherbergung für den Vergleich mit den Zahlen des statistischen Bundesamtes

Auswertungsart: Unternehmensdaten absolut und relativ bzw. absolut und Vergleich zum Vorjahr[1]

	Einheit	2002	2003	2004	2005	2006
SONSTIGE KENNZAHLEN						
36. Gesamtleistung	€	0 €	0 €	0 €	0 €	0 €
Wareneinsatzquote in %						
37. Speisen	%					
38. Getränke	%					
39. Handelswaren	%					
40. **insgesamt**	%					
Warenrohaufschlag in %						
41. Speisen	%					
42. Getränke	%					
43. Handelswaren	%					
44. **insgesamt**	%					
Personalkennzahlen						
45. Beschäftigte	Anz.	0	0	0	0	0
46. davon tätige Inhaber/unentgelt. Tätige	Anz.	0	0	0	0	0
47. Gesamtleistung je Beschäftigten	€					
48. Personalkosten je entgeltlich Tätigen	€					
49. Roh-, Hilfs- und Betriebsstoffe	am:	01.01.	01.01.	01.01.	01.01.	01.01.
50. Fertige und unfertige Erzeugnisse						
51. Bezogene Waren						
52. GESAMT						
Roh-, Hilfs- und Betriebsstoffe	am:	31.12.	31.12.	31.12.	31.12.	31.12.
fertige und unfertige Erzeugnisse						
Bezogene Waren						
GESAMT						
Lagerhaltung						
53. Umschlagshäufigkeit						
54. Lagerdauer in Tagen						

1) %-Spalte Veränderung zum Vorjahr.

1.3.2 Anwendungshinweise zu den Richtsatzsammlungen der Finanz-verwaltung

1.3.2.1 Einbezogene Betriebe

Die Richtsätze sind besonders auf die Verhältnisse von Klein- und Mittelbetrieben zuge-schnitten. Soweit sich Klein- und Mittelbetriebe typischerweise unterscheiden, sind innerhalb der einzelnen Gewerbeklassen weitere Untergliederungen vorgenommen: Häufig liegt hier die Grenze zwischen dem Ein-Mann-Chef-arbeitet-voll-mit-Betrieb und den Betrieben, in denen der Inhaber bereits stark bis überwiegend durch Verwal-tungs- und Aufsichtsfunktionen gebunden ist. Auf Großbetriebe sind die Richtsätze aus-drücklich nicht anwendbar (vgl. Vorbemerkungen zur Richtsatzsammlung). Da es sich bei der Richtsatzsammlung um ein Instrument der steuerlichen Außenprüfung handelt, sind hierfür die Betriebsgrößenklassen gem. BPO zugrunde zu legen (vgl. Abbildung S. 672 in Teil 5.4). Insbesondere im (Bau-)Handwerk erfassen die Richtsätze allerdings inzwischen auch Großbetriebe i.S.d. Betriebsprüfung (z.b. obere Umsatzklasse Elektro-installation: über 600.000 €; Grenze für Großbetrieb i.S.d. BPO ab 01.01.2007: über 450.000 € für Fertigungsbetriebe; vgl. zur Zuordnung Teil 5.4).

> Das heißt, selbst wer ausschließlich Großbetriebe lt. BPO betreut, ist vor Richtsatz-schätzungen nicht gefeit!

Für den steuerlichen „**Normalbetrieb**" ist in den Vorbemerkungen zu den Richtsätzen jeweils genau angegeben, welche Annahmen zugrunde gelegt werden, auf welche Ver-hältnisse abgestellt wird und wie die Zahlen im Einzelnen zu ermitteln sind: Entspre-chend ist für den eigenen Vergleichsbetrieb vorzugehen, um wirklich nur Vergleichbares zu vergleichen! Der Aufbau ist nachstehend beschrieben (siehe Teil 1.3.2.2). Hinweise zur „Normalisierung" und „Entnormalisierung" erhalten Sie in Teil 1.3.2.3.

Ausgegangen wird von Gewinnermittlung durch Bestandsvergleich (Bilanzierung): Das heißt, bei Einnahme-Überschuss-Rechnungen sind ggf. Korrekturen für die periodenge-rechte Zuordnung von Aufwand und Ertrag erforderlich.

1.3.2.2 Aufbau des Betriebsvergleichsbogens (BVB)

Vergleichsschema

Der Richtsatzvergleich erfolgt nach folgendem Schema:

Wirtschaftsjahr		Rohgewinn in % des wirtschaftl. Umsatzes	Rohaufschlag auf den Wareneinsatz	Reingewinn in v.H. des wirtschaftl. Umsatzes	Bemerkungen
20_____	Mandanten-betrieb:	_____	_____	_____	_____
	Richtsätze:	_____	_____	_____	_____
20_____	Mandanten-betrieb:	_____	_____	_____	_____
	Richtsätze	_____	_____	_____	_____
20_____	Mandanten-betrieb:	_____	_____	_____	_____
	Richtsätze	_____	_____	_____	_____

Umfassen die Richtsätze für die jeweilige Branche auch den Halbreingewinn, so wird das Vergleichsschema um eine entsprechende Spalte erweitert.

Das Gewinnermittlungsschema für den Betriebsvergleich hat den nachfolgend dargestellten Aufbau (vgl. Abb. auf Seite 25 oben). In der steuerberatenden Praxis wird es traditionell verwendet in Form der sog. „Statistik"[1] (vgl. beispielhafte Darstellung auf Seite 25, untere Abb.). Das komplette Ermittlungsschema ist ab S. 26 dargestellt.

---

[1] Vgl. zum Begriff aus der Kostenrechnung die Darstellung in Teil 5/8.5.3.3 im Loseblattwerk Betriebswirtschaftliche Beratung durch den Steuerberater, Deubner Verlag. Stand August 2006.

Aufbau der Richtsätze

	€	%
Wirtschaftlicher Umsatz	_____	100
Waren-/Materialeinsatz –	_____	[_____]
Rohgewinn I	_____	[_____]
Einsatz an Fertigungslöhnen –	_____	(_____)
Rohgewinn II	_____	[_____]
Allgemeine sachliche Betriebsaufwendungen –	_____	(_____)
Halbreingewinn	_____	[_____]
Besondere sachliche und personelle Betriebsaufwendungen –	_____	(_____)
Reingewinn	_____	[_____]

Beispiel interner Betriebsvergleich – Statistik –[1]

Mandant: Pizzeria Pasta, Planung 2005/2006, Auswertungsart: Unternehmensdaten absolut und relativ

	2002		2003		2004		2005		2006	
	€	%	€	%	€	%	€	%	€	%
Kostenstruktur										
1. Wirtschaftlicher Umsatz	124.569	100,0	179.258	100,0	160.273	100,0	199.508	100,0	280.000	100,0
2. Wareneinsatz	47.369	38,0	51.286	28,6	44.349	27,7	61.964	31,1	61.600	22,0
3. Zwischensaldo Rohgewinn I	77.200	62,0	127.972	71,4	115.924	72,3	137.544	68,9	218.400	78,0
4. Einsatz an Fertigungslöhnen	12.000	9,7	12.896	7,2	12.000	7,5	5.000	2,5	24.000	8,6
5. Zwischensaldo Rohgewinn II	65.200	52,3	115.076	64,2	103.924	64,8	132.544	66,4	194.400	69,4
6. Allgemeine sachliche Betriebsaufwendungen	26.587	21,3	34.789	19,4	36.995	23,0	72.212	36,2	48.000	17,1
7. Halbreingewinn	38.613	31,0	80.287	44,8	66.929	41,8	60.332	30,2	146.400	52,3
8. Besondere sachliche und personelle Aufwendungen	29.658	23,8	48.900	27,3	29.589	18,5	40.000	20,0	78.000	27,9
9. Reingewinn	8.955	7,2	31.387	17,5	37.340	23,3	20.332	10,2	68.400	24,4
Sonstige Kennzahlen										
10. Rohgewinnaufschlag		163,0		249,5		261,4		222,0		354,5

1)   Aus Böttges-Papendorf/Weiler, So führe ich mein Unternehmen sicher, München 2005, S. 50.

Betriebsvergleichsbogen für Richtsatzermittlungen

(Quelle: Anlage zu den Vorbemerkungen zur amtlichen Richtsatz-Sammlung der Finanzverwaltung, 2005).

Zeile	
1–7	entfällt aus technischen Gründen*)

Zusammenstellung der Beschäftigten, der Löhne und Gehälter

(Nr. 8.3., 8.4.3. der Vorbemerkungen**)) Zahl der im Betrieb Beschäftigten und deren Bruttolöhne einschließlich aller Sachbezüge (z.B. freie Station, freie Wohnung, Deputate), Urlaubsgeld, Feiertagsvergütungen usw. ohne Arbeitgeberanteil zu den Sozialversicherungsbeiträgen. Personen, die nicht während des ganzen Wirtschaftsjahres beschäftigt waren, sind mit dem entsprechenden Bruchteil, z.B. 6/12, anzusetzen.

	Beschäftigte		Nr. der Vorbemerkungen**) 1	Gesamtzahl 2	in der Fertigung (Nr. 8.3.2. Vorbem.**) Zahl 3	in der Fertigung (Nr. 8.3.2. Vorbem.**) Lohn € 4	in Verwaltung u. Vertrieb (Nr. 8.3.3. Vorbem.**) Zahl 4	in Verwaltung u. Vertrieb (Nr. 8.3.3. Vorbem.**) Lohn, Gehalt € 5
8		Unternehmer	8.3.4.	___			___	
9	nicht entlohnt	Ehegatte(n)	8.3.5.	+	+	___	+	
10		Andere Personen	8.3.6.	+	+	___	+	
11		Ehegatte(n)	8.3.5.	+	+		+	
12	entlohnt	Andere Angehörige	8.3.6.	+	+	+	+	+
13		Arbeitnehmer	8.3.6.	+	+	+	+	+
14	Zurechnung für ersparte Löhne***)		8.3.4. 8.3.5.	___	___	___ +	___	+
15	Summe			=	=	=	=	=
16	Kürzung für überhöhte Löhne***)		8.3.4.			–		–
17	Löhne für eigenbetriebliche Zwecke***)		8.3.7.			–		–
18	für Richtsatzzwecke anzusetzender Lohneinsatz					=		=

19	entfällt aus technischen Gründen*)
20	

*) Diese Angaben haben keine Bedeutung für den Aufbau der Richtsätze.
**) Vgl. hierzu nachstehende Erläuterungen.
***) Zeilen 14, 16 und 17 bitte erläutern.

Zeile	**Wirtschaftlicher Umsatz** (alle Beträge ohne USt) **Zeilen 21–29 nur bei Gewinnermittlung nach § 4 Abs. 3 EStG ausfüllen!**	Nr. der Vorbe- merkun- gen**)	€ (volle Beträge)	€ (volle Beträge)
21	Betriebseinnahmen ohne Zurechnung der Preisnachlässe (Skonti, Rabatte u.Ä.)			
22	Tauschgeschäfte und tauschähnliche Umsätze			+
23	Forderungen sowie Bestand an Schecks u. Forderungswechseln am Ende des Wj.	8.1.2.		+
24	Anzahlungen von Kunden am Anfang des Wj.	8.1.2.		+
25				+
26	Summe			=
27	Forderungen sowie Bestand an Schecks u. Forderungswechseln am Anfg. d. Wj.	8.1.2.		
28	Anzahlungen von Kunden am Ende des Wj.	8.1.2.	+	
29			+ ▶	–
30	Erlöse			=
31	Zeilen 31–36 absetzen, soweit in Zeile 30 noch nicht abgezogen! Preisnachlässe (Skonti, Rabatte u.Ä.)	8.1.1.		
32	Ausbuchungen von Forderungen des lfd. Wj.		+	
33	Unentgeltliche Wertabgabe (Sachentnahmen)	8.1.1.	+	
34	Naturalleistungen an Personal	8.1.1.	+	
35	Einnahmen aus in Vorjahren ausgebuchten Kundenforderungen	8.1.1.	+	
36	Einnahmen aus Hilfsgeschäften und nicht branchenüblichen Leistungen	8.1.1.	+	
37			+ ▶	./.
38	Wirtschaftlicher Umsatz des Handelsbetriebs	8.1.1.		=
39	Bestände an fertigen und halbfertigen Erzeugnissen aus eigener Herstellung sowie angefangene Arbeiten zu Verkaufspreisen am Ende des Wj.	8.1.3.		+
40	Summe			=
41	Bestände wie bei Zeile 39 am Anfang des Wj.	8.1.3.		./.
42	Wirtschaftlicher Umsatz des Handwerksbetriebs oder des gemischten Betriebs	8.1.1.		=

	Vom wirtschaftlichen Umsatz entfallen auf	Handel	Handwerk	Sonst. Leistungen
43		%	%	%

**) Vgl. hierzu nachstehende Erläuterungen.

Zeile	**Wirtschaftlicher Umsatz** (alle Beträge ohne abziehbare Vorsteuer) **Waren-/Materialeinsatz** **Zeilen 44–52 nur bei Gewinnermittlung nach § 4 Abs. 3 EStG ausfüllen!**	Nr. der Vorbe- merkun- gen**)	€ (volle Beträge)	€ (volle Beträge)
44	Zahlungen für Waren/Material einschließlich Nebenkosten sowie für Werklieferungen/-leistungen	8.2.1.		
45	Tauschgeschäfte und tauschähnliche Umsätze		+	
46	Lieferantenschulden, Schuldwechsel und Schecks am Ende des Wj.	8.2.3.	+	
47	Anzahlungen an Lieferanten am Anfang des Wj.	8.2.3.	+	
48			+	
49	Summe		=	
50	Lieferantenschulden, Schuldwechsel und Schecks am Anfang des Wj.	8.2.2.		
51	Anzahlungen an Lieferanten am Ende des Wj.	8.2.3.	+	
52			+ ▶	%
53	Waren-/Materialeingang		=	
54				
55	Waren-/Materialbestand am Anfang des Wj.	8.2.2.	+	
56	Zusammen		=	
57	Waren-/Materialbestand am Ende des Wj.	8.2.2.	%	
58	Waren-/Materialeinsatz	8.2.1.	=	
	Zeilen 59–63 absetzen, soweit in Zeile 44 noch nicht abgezogen			
59	Preisnachlässe (Skonti, Rabatte u.Ä.)	8.2.1.		
60	Unentgeltliche Wertabgabe (Sachentnahmen)	8.2.1.	+	
61	Naturalleistungen an Personal	8.2.1.	+	
62	Waren-/Materialverbrauch für eigenbetriebliche Zwecke	8.2.1.	+	
63			+ ▶	%
64	Waren-/Materialeinsatz	8.2.1.	=	

**) Vgl. hierzu nachstehende Erläuterungen.

Zeile	Allgemeine sachliche Betriebsaufwendungen (ohne private Nutzungsanteile)	Nr. der Vorbe-merkun-gen**)	€
65	Heizung, Beleuchtung, Reinigung der Geschäftsräume		
66	Hilfs- und Betriebsstoffe (Kohle, Strom, Wasser, Gas, Schmieröl, Putzmittel u.Ä.)	8.2.1.	+
67	Betriebs- und Geschäftseinrichtung (Instandhaltung, AfA, Pacht)	8.4.3.	+
68	Beförderungsmittel (Instandhaltung, AfA, Unterhaltung, Miete)	8.4.3.	+
69	Beiträge zu Versicherungen und Berufsverbänden		+
70	Arbeitgeberanteile zur Sozialversicherung	8.3.1. 8.4.8.	+
71	Freiwillige Sozialaufwendungen		+
72	Reisekosten, Bürobedarf, Fachzeitschriften, Werbekosten		+
73	Telefon, Porto, Frachten, Verpackungen (soweit nicht bei Zeile 44 zu erfassen)		+
74	Rechts- und Beratungskosten		+
75	Zinsen für kurzfristige Betriebsschulden	8.4.4.	+
76	Sonstige allgemeine sachliche Betriebsaufwendungen		+
77	Verbindlichkeiten (zu Zeilen 65–76) am Ende des Wj. (nur bei Gew.-Erm. nach § 4 Abs. 3 EStG)		+
78	Summe		=
79	nach Durchschnittssätzen ermittelte Vorsteuer	8.4.5.	%
80	Verbindlichkeiten wie Zeile 77 am Anfang des Wj.		%
81	Allgemeine sachliche Betriebsaufwendungen		=

Zeile	Besondere sachliche und personelle Aufwendungen / Bei Gewinnermittlung nach § 4 (3) EStG s. Nr. 8.4.9. der Vorbemerkungen	Nr. der Vorbe-merkun-gen**)	€ (volle Beträge)
82	Bruttolöhne und -gehälter für Verwaltung und Vertrieb aus Zeile 18, Spalte 5	8.3.3.	
83	Aufwendungen für gemietete gewerbliche Räume	8.4.	+
84	Aufwendungen für eigene gewerbliche Räume einschl. AfA und Schuldzinsen	8.4.	+
85	Zwischensumme		=
86	Gewerbesteuer lt. besonderer Berechnung in den Zeilen 97–107		+
87	Besondere sachliche und personelle Betriebsaufwendungen		=

**) Vgl. hierzu nachstehende Erläuterungen.

Zeile	Zusammenstellung	Nr. der Vorbe- merkun- gen**)	Über- nehmen aus Zeile	€ (volle Beträge)	in % von Zeile 88
88	Wirtschaftlicher Umsatz		38/42		
89	Waren-/Materialeinsatz		58/64	%	
90	Rohgewinn I			=	
91	Einsatz an Fertigungslöhnen	8.3.2.	18 Sp. 3	%	
92	Rohgewinn II			=	
93	Allgemeine sachliche Betriebsaufwendungen		81	%	
94	Halbreingewinn			=	
95	Besondere sachliche und personelle Betriebsaufwendungen		87	%	
96	Reingewinn			=	

Zeile	Berechnung des Gewerbesteueraufwands	Nr. der Vorbe- merkun- gen**)	€ (volle Beträge)	€ (volle Beträge)	Mess- betrag €
97	Halbreingewinn nach Zeile 94				
98	Betrag aus Zeile 85				
99	Hinzurechnungsbeträge nach § 8 GewStG	8.4.4	+		
100	Kürzungsbeträge nach § 9 GewStG		%		
101	Vorläufiger Gewerbeertrag			=	
102	Abgerundeter Gewerbeertrag				
103	Freibetrag nach § 11 Abs. 1 GewStG			%	
104	Gewerbeertrag			=	
105	Gewerbesteuermessbetrag				=
106	Hebesatz: % Gewerbesteuer				
107	5/6 des Betrags Zeile 106, übertragen nach Zeile 86				

**) Vgl. hierzu nachstehende Erläuterungen.

Erläuterungen (= „Vorbemerkungen")

Die einzelnen Werte des Betriebsvergleichsbogens und deren Ermittlung sind in den sogenannten „Vorbemerkungen" zu den jeweiligen amtlichen Richtsatzausgaben näher erläutert. Da der Betriebsvergleichsbogen jeweils auf die Nummer der Vorbemerkungen Bezug nimmt, werden die entsprechenden Nummern auch bei der Darstellung der Erläuterungen im Folgenden angegeben, damit jeweils der Bezug direkt hergestellt werden kann. Die Vorbemerkungen sind in dieser Form in der jeweiligen offiziellen Textausgabe enthalten.

Nr. der Vorbemerkungen zu den amtlichen Richtsatzsammlungen	8.1 Wirtschaftlicher Umsatz
8.1.1.	Wirtschaftlicher Umsatz i.S.d. Richtsätze ist die Jahresleistung des Betriebs zu Verkaufspreisen – **ohne** Umsatzsteuer – **abzüglich** Preisnachlässe und Forderungsverluste. Zum wirtschaftlichen Umsatz zählen auch: • Einnahmen aus sonstigen branchenüblichen Leistungen (z.B. aus Materialabfällen, aus Automatenaufstellung in Gast- und Speisewirtschaften, Werbezuschüsse), • Bedienungsgelder sowie • Verbrauchsteuern (z.B. Biersteuer, Tabaksteuer, Getränkesteuer, Schaumweinsteuer), die entgeltmäßig miterhoben werden. Zum wirtschaftlichen Umsatz zählen nicht: • Erträge aus gewillkürtem Betriebsvermögen, • Einnahmen aus Hilfsgeschäften, • Einnahmen aus in Vorjahren ausgebuchten Kundenforderungen, • Einnahmen aus nicht branchenüblichen Leistungen (z.B. aus ehrenamtlicher oder gutachterlicher Tätigkeit, aus Lotto- und Totoeinnahmen), • unentgeltliche Wertabgabe, • Lieferungen und sonstige Leistungen i.S.d. § 1 Abs. 1 Nr. 3 UStG, • Leistungen an das Personal, • Leistungen für eigenbetriebliche Zwecke.
8.1.2.	Bei der Ermittlung des wirtschaftlichen Umsatzes werden **Kundenforderungen** und **Anzahlungen** von Kunden mit Nettowerten, d.h. ohne Umsatzsteuer verrechnet.
8.1.3.	Bei Handelsbetrieben entspricht der wirtschaftliche Umsatz dem Sollumsatz. Bei Handwerksbetrieben werden **fertige und teilfertige Erzeugnisse** aus eigener Herstellung sowie angefangene Arbeiten bei der Ermittlung des wirtschaftlichen Umsatzes zu **Verkaufspreisen** verrechnet, weil dem wirtschaftlichen Materialeinsatz und dem Einsatz an

Nr. der Vor-bemerkun-gen zu den amtlichen Richtsatz-sammlun-gen	8.1 Wirtschaftlicher Umsatz
	Fertigungslöhnen der entsprechende wirtschaftliche Umsatz gegenübergestellt wird. Die Verkaufspreise werden soweit wie möglich den Ausgangsrechnungen entnommen. Besteht diese Möglichkeit nicht, so werden die Verkaufspreise für die Bestände an fertigen und teilfertigen Erzeugnissen aus der eigenen Herstellung sowie an angefangenen Arbeiten i.d.R. wie folgt ermittelt:

Herstellungskosten nach § 6 EStG
+ anteiliger Unternehmerlohn, wenn der Unternehmer an der Fertigung mitgearbeitet hat (der Zuschlag ist nach dem Ausmaß der Mitarbeit des Unternehmers zu bemessen),
+ Zuschlag für die in den Herstellungskosten nicht erfassten sonstigen Kosten (z.B. allgemeine Verwaltungskosten und Vertriebskosten), für Risiko und Gewinn (dieser Zuschlag ist ggf. zu schätzen, dabei ist der Fertigungsgrad zu berücksichtigen),
= Verkaufspreis bzw. anteilige Verkaufspreise (ohne Umsatzsteuer)

Bestände an fertigen, noch nicht abgerechneten Arbeiten werden ebenfalls mit Verkaufspreisen (ohne Umsatzsteuer) angesetzt.

Nr. der Vor-bemerkun-gen zu den amtlichen Richtsatz-sammlun-gen	8.2 Waren-/Materialeinsatz
8.2.1.	Der Waren-/Materialeinsatz i.S.d. Richtsätze wird mit den steuerlichen Anschaffungskosten – ohne abziehbare Vorsteuer – unter Abzug der unentgeltlichen Wertabgaben (ggf. mit den festgesetzten Pauschbeträgen), der Lieferungen i.S.d. § 3 Abs. 1b UStG, der unentgeltlichen Waren- und Materialabgaben an das Personal und des Waren-/Materialverbrauchs für eigenbetriebliche Zwecke angesetzt.

Zum Waren-/Materialeinsatz zählen auch:
• Nebenkosten bis zur Einlagerung (z.B. Frachten, Porti, Transportversicherungen, Warenumschließung, Umschlagkosten, Zölle, Verbrauchsteuern),
• Werklieferungen und Werkleistungen fremder Unternehmen.

Nr. der Vorbemerkungen zu den amtlichen Richtsatzsammlungen	8.2 Waren-/Materialeinsatz
	Zum Waren-/Materialeinsatz zählen nicht: • Betriebsstoffe (z.b. Energie- und Brennstoffe), • Gebühren (z.b. Schlacht- und Fleischbeschaugebühren), • Getränkesteuer.
8.2.2.	Die Waren- und Materialanfangs- und -endbestände werden mit den steuerlichen Anschaffungskosten ggf. vermindert um branchenübliche Teilwertabschläge angesetzt. Außerordentliche Teilwertabschreibungen werden nicht berücksichtigt.
8.2.3.	Bei der Ermittlung des Waren-/Materialeinsatzes werden Lieferantenschulden und Anzahlungen an Lieferanten mit Nettowerten, d.h. ohne abziehbare Vorsteuer angesetzt.

Nr. der Vorbemerkungen zu den amtlichen Richtsatzsammlungen	8.3 Löhne und Gehälter
8.3.1.	Zu den Löhnen und Gehältern gehören die Bruttobezüge (einschließlich aller Sachbezüge wie freie Station, freie Wohnung und Deputate, Urlaubsgeld, Feiertagsvergütungen usw.). Nicht dazu zählt der Anteil des Arbeitgebers an der Sozialversicherung des Arbeitnehmers; er stellt allgemeine sachliche Betriebsaufwendungen dar.
8.3.2.	Fertigungslöhne sind Löhne, die in Handwerksbetrieben oder in gemischten Betrieben auf den Fertigungsbereich entfallen. Sie werden bei der Ermittlung des Rohgewinns II vom wirtschaftlichen Umsatz abgezogen.
8.3.3.	Unter Löhne und Gehälter für Verwaltung und Vertrieb fallen alle Bruttolöhne und Gehälter, die nicht zum Fertigungsbereich gehören.
8.3.4.	Mitarbeit des Betriebsinhabers. Es wird davon ausgegangen, dass im Normalbetrieb ein Betriebsinhaber ohne Entlohnung mitarbeitet. Arbeitet der Betriebsinhaber aus irgendwelchen Gründen (wie Krankheit, hohes Alter) nicht oder nicht dauernd mit, so entsteht dem Betrieb gegenüber dem Normalbetrieb ein überhöhter Lohnaufwand, der vom Gesamtbetrag der Lohnaufwendungen gekürzt wird. Eine Kürzung der Lohnaufwendungen ist auch dann vorzunehmen, wenn und soweit an Stelle eines Betriebsinhabers ein Geschäftsführer entgeltlich tätig ist. Arbeiten andererseits bei einer Gesellschaft mehr als ein Gesellschafter unentgeltlich mit, wird für den zweiten (ggf. für jeden weiteren) unentgeltlich Mitarbeitenden ein angemessener Arbeitslohn als erspart dem Gesamtbetrag der Löhne zugerechnet.

Nr. der Vorbemerkungen zu den amtlichen Richtsatzsammlungen	8.3 Löhne und Gehälter
8.3.5.	Mitarbeit des Ehegatten: Es wird unterstellt, dass die Mitarbeit des Ehegatten des Betriebsinhabers oder der Ehegatten der Gesellschafter angemessen entlohnt wird. Arbeitet der Ehegatte ohne oder für eine unangemessen niedrige Entlohnung mit, wird eine Zurechnung des ersparten Lohns vorgenommen.
8.3.6.	Mitarbeit übriger Personen: Alle übrigen Personen arbeiten im Normalbetrieb im betriebserforderlichen Umfang und für angemessene Entlohnung mit. Die Lehrlingsvergütung entspricht der Arbeitsleistung.
8.3.7.	Die Lohnaufwendungen für eigenbetriebliche Zwecke (z.b. für die aktivierende Eigenleistung oder innerbetriebliche Reparaturen) sind abzuziehen.
8.3.8.	Löhne und Gehälter, die mit unentgeltlichen Wertabgaben und mit nicht zum wirtschaftlichen Umsatz gehörenden Leistungen zusammenhängen, sind auszuscheiden.

Nr. der Vorbemerkungen zu den amtlichen Richtsatzsammlungen	8.4 Betriebsaufwendungen
8.4.1.	Außergewöhnliche Aufwendungen (z.b. ein mehrjähriger Erhaltungsaufwand, Kosten der Betriebsverlegung, Nachzahlungen für Betriebssteuern) sind beim Normalbetrieb nicht abzuziehen.
8.4.2.	Das Gleiche gilt für Aufwendungen, die das gewillkürte Betriebsvermögen betreffen, und für private sowie sonstige Aufwendungen, die mit nicht zum wirtschaftlichen Umsatz gehörenden Leistungen zusammenhängen. Werden jedoch nicht zum notwendigen Betriebsvermögen gehörende Wirtschaftsgüter auch eigenbetrieblich genutzt, so sind die mit dieser Nutzung zusammenhängenden Aufwendungen abziehbar, soweit dies steuerlich zulässig ist.
8.4.3.	Beim Anlagevermögen gehören Absetzungen wegen außergewöhnlicher technischer oder wirtschaftlicher Abnutzung (§ 7 Abs. 1 letzter Satz EStG) und Sonderabschreibungen (außer für geringwertige Anlagegüter nach § 6 Abs. 2 EStG) nicht zum Aufwand.
8.4.4.	Bei der Richtsatzermittlung wird davon ausgegangen, dass der Betrieb nur mit eigenem Kapital oder/und kurzfristigem Fremdkapital arbeitet. Zinsaufwendungen für langfristige Verbindlichkeiten – mit Ausnahme von Zinsen für Schulden, die im wirtschaftlichen Zusammenhang mit eigengewerblich genutzten Grundstücken stehen – werden bei der Ermittlung der Richtsätze nicht abgezogen. Dementsprechend werden insoweit bei der Berechnung des GewSt-Aufwands keine Dauerschuldzinsen dem Halbreingewinn zugerechnet.

Nr. der Vor-bemerkun-gen zu den amtlichen Richtsatz-sammlun-gen	8.4 Betriebsaufwendungen
8.4.5.	Wird der Vorsteuerabzug für die allgemeinen sachlichen Betriebsaufwendungen nach Durchschnittsätzen ermittelt, so wird die Summe der allgemeinen sachlichen Betriebs-aufwendungen um die nach Durchschnittsätzen ermittelte Vorsteuer gekürzt.
8.4.6.	Aufwendungen für Personensteuern, Aufsichtsratsvergütungen und Spenden werden nicht bei den Betriebsaufwendungen erfasst.
8.4.7.	Löhne für eigenbetriebliche Zwecke, die entsprechend der Bewertung in Nr. 8.3.7 nicht in den Lohnaufwendungen zu erfassen sind, werden – soweit sie keine Herstellungskosten darstellen – je nach ihrer Verursachung in den allgemeinen oder den besonderen sachli-chen Betriebsaufwendungen erfasst.
8.4.8.	Die Arbeitgeberanteile zur Sozialversicherung werden entsprechend den bei den Löhnen vorgenommenen Normalisierungen erhöht oder gekürzt.
8.4.9.	Im Falle der Gewinnermittlung nach § 4 Abs. 3 EStG werden den allgemeinen sachlichen Betriebsausgaben im steuerlichen Sinn die mit diesen Aufwandspositionen zusammen-hängenden Verbindlichkeiten zum Ende des Wirtschaftsjahres zugerechnet und zum Anfang des Wirtschaftsjahres abgerechnet.

Nr. der Vor-bemerkun-gen zu den amtlichen Richtsatz-sammlun-gen	8.5 Verdeckte Gewinnausschüttungen
8.5.	VGA sind nicht mit den körperschaftsteuerlichen, sondern mit dem für Einzelunternehmen maßgeblichen Wert für vergleichbare Sachverhalte (Privatentnahmen) anzusetzen. Um die-sen Wert sind dann die durch die vGA entstandenen Aufwendungen zu kürzen, ggf. antei-lig der Waren-/Materialeinsatz (Nr. 8.2), die Löhne und Gehälter (Nr. 8.3) oder die Betriebs-aufwendungen (Nr. 8.4).

1.3.2.3 „Normalisierung" und „Entnormalisierung"

Um eine Vergleichbarkeit der untersuchten Betriebe und der geprüften Betriebe zu errei-chen und vergleichbare Richtsätze zu ermitteln, hat die Finanzverwaltung Fiktivverhält-nisse, wie sie in den vorstehend dargestellten und erläuterten Betriebsvergleichsbogen (BVB) eingehen, konstruiert. Die Durchschnittswerte der Finanzverwaltung werden empirisch in den sogenannten Richtsatzbetrieben erhoben. Die tatsächlichen Verhältnis-se können dort natürlich von den Annahmen für den „Normalbetrieb" abweichen. Deshalb müssen zur Ermittlung des Richtsatzes durch Hinzurechnungen und Abrechnungen die Zahlen des untersuchten Betriebs so verändert werden, dass sie dem „Normalbetrieb" entsprechen. Das heißt, auch der tatsächliche „Richtsatzbetrieb" weist unter Umständen nicht genau die Werte aus, die man eigentlich nach den Richtsätzen annehmen sollte. Vielmehr können auch hier betriebsindividuelle Verhältnisse vorliegen mit der Folge, dass sich im Einzelfall Abweichungen von den Richtsätzen ergeben. Die Umrechnung der tatsächlichen Zahlen in die Zahlen des Betriebsvergleichsbogens bezeichnet man mit „Normalisierung".

Entsprechend ist beim umgekehrten Rückschluss von den Richtsätzen auf einen tatsächlichen Betrieb wieder zu „entnormalisieren". Das heißt, ausgehend von den „normalen" Richtsätzen kann nicht sofort auf das individuelle Betriebsergebnis geschlossen werden. Vielmehr sind vom Richtsatzergebnis entsprechend den individuellen Verhältnissen des untersuchten Betriebs Hinzurechnungen und Abrechnungen vorzunehmen. Das heißt, nur soweit der Mandantenbetrieb mit den für den Betriebsvergleichsbogen unterstellten Gegebenheiten übereinstimmt, kann sofort aus den Richtsätzen ein Wert für den Mandantenbetrieb gewonnen werden. Liegen spezielle Verhältnisse vor, die nicht mit den im Betriebsvergleichsbogen gemachten Annahmen übereinstimmen, dann muss das Ergebnis entsprechend bereinigt werden.

| Beispiele |

Dabei ist wie folgt vorzugehen:

Tatsächliche Verhältnisse	Korrekturen		
	der Merkmale	bei der Verprobung zur Ermittlung vergleichbarer Merkmale (Normalisierung)	bei der Schätzung zur Ermittlung der zutreffenden betriebsindividuellen Merkmale (Entnormalisierung)
Bestandserhöhung bei angefangenen Arbeiten (Herstellungskosten 10.000 €, Verkaufspreis 15.000 €)	wirtsch. Umsatz	Erhöhung um 15.000 €	Kürzung um 15.000 €
	Reingewinn	Erhöhung um 5.000 €	Kürzung um 5.000 €
Unentgeltliche Wertabgaben (Sachentnahmen) 3.000 €	wirtsch. Umsatz	Kürzung um 3.000 €	Erhöhung um 3.000 €
	Wareneinsatz	Kürzung um 3.000 €	–
	Reingewinn	ohne Änderung	ohne Änderung Schätzung aus dem wirtsch. Umsatz, vor der Erhöhung um die unentgeltlichen Wertabgaben

		Korrekturen	
Der Inhaber eines Handelsbetriebs war sechs Monate krank. Aufwand für Ersatzkraft 7.500 €.	Reingewinn	Erhöhung um 7.500 €	Kürzung um 7.500 €
Außerordentlicher Aufwand für Gewerbesteuernachzahlung 3.500 €	Reingewinn	Erhöhung um 3.500 €	Kürzung um 3.500 €
Überhöhte Miete an Gesellschafter einer GmbH 2.500 €	Reingewinn	Erhöhung um 2.500 €	–
Einnahmen aus Hilfsgeschäften i.h.v. 1.000 €	wirtsch. Umsatz	Kürzung um 1.000 €	Erhöhung um 1.000 €
	Reingewinn	Kürzung um 1.000 €	Erhöhung um 1.000 €

1.3.2.4 Schätzungsverfahren und Wahl des Rahmensatzes

Bei den Richtsätzen sind jeweils drei Werte angegeben, die sogenannten Rahmensätze, nämlich der mittlere, der obere und der untere Rahmensatz. Die Rahmensätze sollen den unterschiedlichen Verhältnissen im Einzelfall Rechnung tragen. Es ergeben sich weite Spannen, so ist es z.b. für einen Dachdeckerbetrieb durchaus von Bedeutung, ob von einem Reingewinn von 11 % des Umsatzes, von 22 % oder von 3 % auszugehen ist.

Bei der Auswahl und Einschätzung für den jeweils zu untersuchenden Mandantenbetrieb ist wie folgt vorzugehen:

Die Ausgangswerte für die Schätzung sind (Vorbemerkung Nr. 10.1 der Richtsatzsammlung):

– beim Handelsbetrieb der normalisierte Wareneinsatz,

– beim Handwerks- und gemischten Betrieb der normalisierte Waren-, Material-, und Fertigungslohneinsatz und

– beim Dienstleistungsbetrieb (z.B. Fuhrgewerbe) die Summe aller normalisierten Betriebsausgaben.

Die Schätzung führt zum wirtschaftlichen Umsatz bzw. Halbrein- oder Reingewinn, der den Verhältnissen eines Normalbetriebs entspricht. Diese Ergebnisse sind insoweit zu erhöhen oder zu vermindern, als die Verhältnisse im Schätzungsfall von denen des Normalbetriebs abweichen (entnormalisieren).

Mit der Wahl der Rahmensätze soll betrieblichen Besonderheiten Rechnung getragen werden, die durch die Entnormalisierung (direkte Hinzu- und Abrechnung) nicht erfasst werden.

Der Mittelsatz ist jeweils das gewogene Mittel aus den Einzelergebnissen der geprüften Betriebe einer Gewerbeklasse. Die Anwendung der Mittelsätze führt im Allgemeinen zu dem Ergebnis, das mit der größten Wahrscheinlichkeit den tatsächlichen Verhältnissen am nächsten kommt. Auch hier können jedoch nicht alle Besonderheiten betragsmäßig erfasst werden. Denkbar ist die Berücksichtigung zusätzlicher individueller Besonderheiten, z.b. durch starke Preiskonkurrenz bei Neueröffnung von Konkurrenzbetrieben, aufgrund eines besonders günstigen oder ungünstigen Standorts u.Ä.

Dabei kann jeweils der obere und der untere Rahmensatz als „Toleranzgrenze" gelten: Jenseits dieser Sätze werden die Ergebnisse immer unwahrscheinlicher. Es müssen schon starke betriebsindividuelle Gründe dafür sprechen, wenn das Ergebnis aus diesem Rahmen fällt. Weiterhin ist z.B. der obere Rahmensatz denkbar als Zielgröße z.B. bei geplanten Verbesserungen: Planziele, die über die Erreichung dieser oberen Werte hinausführen, müssen im Allgemeinen als unrealistisch angesehen werden.

Beispiel

Der Mandant ist Inhaber einer chemischen Reinigung mit einem Jahresumsatz von 180.000 €. Der Gewinn beträgt 35 % = 63.000 €: Nach den Richtsätzen für den Reingewinn 2005 (7 – 21 – 37 %) liegt der Gewinn damit an der Grenze des oberen Rahmensatzes. Der Mandant erörtert nun mit Ihnen, ob durch Rationalisierungsmaßnahmen (Kosteneinsparungen) eine Steigerung möglich scheint. Gemessen an den Richtsätzen der Finanzverwaltung wirtschaftet Ihr Mandant bereits jetzt überdurchschnittlich gut und es muss davon ausgegangen werden, dass nur bei Vorliegen besonderer Verhältnisse eine Steigerung ohne Umsatzsteigerung, nur durch Kosteneinsparungen erzielt wird. Ist z.B. die Kapazität voll ausgelastet oder der örtliche Markt voll ausgeschöpft, dann kann das Ziel nur durch Kapazitätserweiterung (Anschaffung neuer Maschinen) und/oder Filialbetriebe/zusätzliche Annahmestellen überhaupt erreicht werden. Dafür sprechen auch die folgenden Überlegungen zur Wahl des Rahmensatzes:

Bei einzelnen Gewerbeklassen (so z.B. auch bei der Chemischen Reinigung) ist ein **Rahmen für den wirtschaftlichen Umsatz** angegeben (z.B. bis 200.000 €, über 200.000 €). Liegt der wirtschaftliche Umsatz im unteren Bereich der jeweiligen Begrenzung, gelten die Richtsätze aus der oberen Rahmenhälfte; im oberen Bereich die aus der unteren Rahmenhälfte. Mit zunehmender Betriebsgröße sinken nämlich im Regelfall die Gewinnsätze: Je weniger der Meister oder Betriebsinhaber selbst mitarbeiten kann, desto geringer ist der Gewinnanteil am Umsatz. Liegt in einem solchen Fall der tatsächliche Umsatz in Ihrem Mandantenbetrieb an der Untergrenze des Umsatzrahmens, so ist der Richtsatz aus der oberen Richtsatzrahmenhälfte zu entnehmen. Bei einem Umsatz an der Obergrenze des Umsatzrahmens ist der Richtsatz aus der unteren Richtsatzrahmenhälfte zu entnehmen.

Beispiel

Für den Bereich Elektroinstallation 2005 weist die Richtsatzsammlung folgende Werte auf:

Bezeichnung der Gewerbeklassen in alphabetischer Reihenfolge	Nr. der Klassifikation der Wirtschafts- zweige	Rohgewinn- aufschlag auf den Warenein- satz bzw. Waren- u. Material- einsatz (Umrechn. Rohgew. I der Sp. 4)	Rohge- winn I	Rohge- winn II	Halb- reinge- winn	Rein- gewinn
				(vgl. Nr. 5 der Vorbemerkungen)		
				in % des wirtsch. Umsatzes		
1	2	3	4	5	6	7
Elektroinstallation	45310.0					
(auch mit Einzelhandel)						
Wirtsch. Umsatz:						
A bis 250.000 €				36–72	16–46	6–42
			66	53	29	23
B über 250.000 €				30–51	10–31	5–23
bis 600.000 €			62	40	21	14
C über 600.000 €				25–47	8–27	3–15
			61	36	17	9

Fällt der Mandantenbetrieb in Gruppe B und hat z.b. einen wirtschaftlichen Umsatz von 255.000 €, so müsste sich der Reingewinn im Normalfall in der oberen Rahmenhälfte (also zwischen 14 % und 23 %) bewegen. Liegt der wirtschaftliche Umsatz an der Obergrenze der Gruppe B (also um 600.000 €), so müsste der zu erwartende Reingewinn im Bereich der unteren Rahmenhälfte angesiedelt werden (also zwischen 5 % und 14 %) bzw. in der oberen Rahmenhälfte der Klasse C (zwischen 9 % und 15 %).

Häufig sind im Handwerk Mischbetriebe zu finden, d.h. Handwerksbetriebe mit mehr oder weniger Einzelhandel. Ob und in welcher Form Mischbetriebe berücksichtigt wurden, ist jeweils bei den Richtsätzen im Einzelfall beschrieben: z.B. Einzelhandel mit elektrotechnischen Erzeugnissen und Leuchten, auch mit Reparatur und Installationsarbeiten; Einzelhandel mit Fahrrädern, mit Reparaturen, auch Einzelhandel mit Ersatzteilen und Zubehör. Liegt in einem solchen Fall im Mandantenbetrieb ein reiner Handwerksbetrieb vor oder Handwerksbetrieb mit geringem Handelswarenanteil, so sind die Sätze aus der oberen Rahmenhälfte anzusetzen. Entsprechend ist bei überwiegendem Handelswarenanteil eher von den niedrigeren Werten auszugehen.

Schätzungen sollten zweckmäßigerweise möglichst am Rohgewinn und am Halbreingewinn ansetzen: Die vom Halbreingewinn abzusetzenden besonderen sachlichen und personellen Betriebsaufwendungen sind am meisten von den individuellen Gegebenheiten abhängig und im Einzelfall ohnehin individuell festzustellen. Vergleichbarkeit und Richtwerte werden am ehesten im Bereich der Rohgewinne (Handelsspannen, Kalkulationsaufschläge) anzunehmen sein.

1.3.2.5 Besonderheiten bei Kapitalgesellschaften

Die Richtsätze stellen ab auf die Verhältnisse bei Einzelunternehmen. Immer mehr kleinere und mittlere Betriebe werden jedoch in der Rechtsform der GmbH geführt, so dass inzwischen Richtsatzschätzungen auch bei Kapitalgesellschaften vorgenommen werden. Dabei sind die Besonderheiten der Gewinnermittlung bei der Kapitalgesellschaft gegenüber dem Einzelunternehmen für die Herstellung der Vergleichbarkeit durch entsprechende Hinzu- und Abrechnungen zu beachten.

Das heißt, die vorgefundenen Werte der Mandanten-GmbH sind durch entsprechende Hinzu- und Abrechnungen in Richtsatzwerte umzurechnen („Normalisierung"). Dabei sind insbesondere folgende Punkte zu berücksichtigen:

Leistungen an Gesellschafter

Beim Richtsatzbetrieb (Einzelunternehmen) gehört die unentgeltliche Wertabgabe nicht zum wirtschaftlichen Umsatz. Bei der GmbH gibt es für Leistungen an Gesellschafter drei Möglichkeiten:

→ Die Sachleistungen sind beim mitarbeitenden Gesellschafter als Lohnbestandteil erfasst. Sie sind als Leistungen an das Personal beim wirtschaftlichen Umsatz auszusondern und beim Personalaufwand zu kürzen.

→ Die Leistungen wurden bei der GmbH überhaupt nicht erfasst. Sie sind körperschaftsteuerlich verdeckte Gewinnausschüttung. Beim Einzelunternehmen wären sie als unentgeltliche Wertabgabe (Sachentnahme) beim wirtschaftlichen Umsatz für Richtsatzzwecke ebenfalls nicht zu erfassen. Entsprechend findet auch bei der GmbH keine Umsatzkorrektur statt (zur Korrektur des Wareneinsatzes siehe nachstehend die Ausführungen zur verdeckten Gewinnausschüttung).

→ Der Gesellschafter hat die Leistung der Gesellschaft zum üblichen Entgelt bezogen. Beim Einzelunternehmen läge unentgeltliche Wertabgabe (Sachentnahme) vor, und der Tatbestand wäre im wirtschaftlichen Umsatz des Richtsatzbetriebs nicht enthalten: Der Umsatz der GmbH ist um diesen Betrag zu berichtigen.

Verdeckte Gewinnausschüttungen

Verdeckte Gewinnausschüttungen werden entsprechend der Behandlung der unentgeltlichen Wertabgabe (Sachentnahme) beim Richtsatzbetrieb im wirtschaftlichen Umsatz nicht erfasst. Das heißt, der wirtschaftliche Umsatz der GmbH ist nicht um die verdeckten Gewinnausschüttungen zu erhöhen. Die Aufwendungen sind um die entsprechenden Beträge zu kürzen. Dabei ist nicht von den körperschaftsteuerlichen Werten für die verdeckte Gewinnausschüttung auszugehen, sondern von den für ein Einzelunternehmen maßgeblichen Werten für vergleichbare Sachverhalte (Sachentnahmen). Diese Werte sind anteilig beim Waren-/Materialeinsatz, bei den Löhnen und Gehältern oder bei den allgemeinen Betriebsaufwendungen abzuziehen.

| Beispiel |

Im Folgenden werden folgende Sachverhalte für ein Einzelunternehmen und eine GmbH gegenübergestellt:

Einzelunternehmen: Der Unternehmer lässt sein privates Einfamilienhaus von seinen Arbeitnehmern erstellen. Die Kosten hierfür betragen:

Materialeinsatz	100.000 €
Fertigungslöhne	50.000 €
Allgemeine sachliche Betriebsaufwendungen	25.000 €
Besondere sachliche und personelle Betriebsaufwendungen	5.000 €
Kosten insgesamt	180.000 €

Gleicher Sachverhalt bei der GmbH: Die Arbeitnehmer der GmbH erstellen für den Gesellschafter-Geschäftsführer ein Einfamilienhaus, Kosten wie vorstehend. Der Gesellschafter-Geschäftsführer hat hierfür 200.000 € gezahlt, der „wahre" Wert liegt bei 350.000 €. Körperschaftsteuerlich liegt eine verdeckte Gewinnausschüttung vor.

Die Zahlen aus der Gewinn- und Verlustrechnung der beiden Unternehmen lauten im Übrigen wie folgt:

	Einzel-unternehmen	GmbH
Erlöse	980.000 €	1.000.000 €
Materialeinsatz	400.000 €	400.000 €
Fertigungslöhne	300.000 €	300.000 €

	Einzel-unternehmen	GmbH
Allgemeine sachliche Betriebsaufwendungen	110.000 €	110.000 €
Besondere sachliche u. personelle Betriebsaufwendungen	50.000 €	50.000 €

Lösung

Die Normalisierung für Richtsatzzwecke nach den genannten Grundsätzen führt für beide Unternehmen absolut und prozentual für den normalisierten wirtschaftlichen Umsatz, für den Rohgewinn II, für den Halbreingewinn sowie für den Reingewinn zum gleichen Ergebnis:

	Einzel-unternehmen	GmbH	%
Erlöse lt. GuV	980.000 €	1.000.000 €	
Normalisierung:			
Im Erlös enthaltener Eigenverbrauch	– 180.000 €		
Verdeckte Gewinnausschüttung:			
Normalisierung, soweit im Erlös enthalten		– 200.000 €	
= Normalisierter wirtschaftlicher Umsatz	800.000 €	800.000 €	100,0
– Materialeinsatz lt. GuV	400.000 €		
– Kosten Privathaus	– 100.000 €	– 300.000 €	– 300.000 €
= Rohgewinn I	500.000 €	500.000 €	62,5
– Fertigungslöhne lt. GuV	300.000 €		
– Kosten Privathaus	– 50.000 €	– 250.000 €	– 250.000 €
= Rohgewinn II	250.000 €	250.000 €	31,2
– Allgem. sachl. Betriebsaufwendungen lt. GuV	110.000 €		
– Kosten Privathaus	– 25.000 €	– 85.000 €	– 85.000 €
= Halbreingewinn	165.000 €	165.000 €	20,6
– Besondere sachl. u. pers. Betriebsaufwendungen lt. GuV	50.000 €		
– Kosten Privathaus	– 5.000 €	– 45.000 €	– 45.000 €
= Reingewinn	120.000 €	120.000 €	15,0

Geschäftsführergehalt

Beim Richtsatzbetrieb wird unterstellt, dass ein Inhaber unentgeltlich mitarbeitet. Entsprechend ist der Lohnaufwand der GmbH um die Bezüge des Gesellschafter-Geschäftsführers zu kürzen. Sofern Sozialversicherung anfällt, ist der Arbeitgeberanteil zur Sozialversicherung ebenfalls abzuziehen (bei den allgemeinen sachlichen Betriebsaufwendungen). Das Gleiche gilt für sämtliche Gehaltsnebenkosten sowie für die Zuführung zur Pensionsrückstellung für den Gesellschafter-Geschäftsführer.

Mehrere Geschäftsführer

Sind mehrere (Gesellschafter-)Geschäftsführer mit Entlohnung im Betrieb tätig, so erfolgt für die weiteren Geschäftsführer (und eventuell sonstige mitarbeitende Gesellschafter) keine Kürzung. Auch beim Einzelunternehmen wird nur ein mitarbeitender Inhaber unterstellt. Kürzungen sind allerdings vorzunehmen, soweit die Löhne und Gehälter an die übrigen mitarbeitenden Gesellschafter überhöht sind. Das heißt, die Löhne und Gehälter sind um die darin ggf. enthaltenen verdeckten Gewinnausschüttungen zu kürzen.

Einlagen der Gesellschafter

Offene Einlagen der Gesellschafter, die nicht auf das Stammkapital eingezahlt werden, werden mitunter bei der GmbH ertragswirksam erfasst statt den Kapitalrücklagen zugeführt. Diese Erträge sind bei der Normalisierung aus dem Gewinn herauszurechnen. Leistet ein Gesellschafter eine verdeckte Einlage z.b. durch Kostenübernahme für die GmbH, so ist diese verdeckte Einlage im Gewinn der Gesellschaft nicht erfasst. Andererseits sind die bei der GmbH erfassten Kosten um diesen Betrag zu niedrig. Die Kosten der Gesellschaft sind im Rahmen der Normalisierung entsprechend zu erhöhen.

Bestimmte außerordentliche und steuerfreie Erträge

Beim Einzelunternehmen gehören zum wirtschaftlichen Umsatz nicht bestimmte außerordentliche und steuerfreie Erträge. Insbesondere gehören nicht zum wirtschaftlichen Umsatz des Richtsatzbetriebs Erträge aus gewillkürtem Betriebsvermögen, Erträge aus Hilfsgeschäften, Investitionszulagen u.Ä. Zwar kann die GmbH z.B. kein gewillkürtes Betriebsvermögen haben. Bei der Ermittlung des wirtschaftlichen Umsatzes sind zur Herstellung der Vergleichbarkeit jedoch auch bei der GmbH derartige außerordentliche und branchenfremde Erträge in entsprechender Anwendung der Grundsätze für die Richtsatzbetriebe auszuscheiden.

Personensteuern

Beim Einzelunternehmen (Richtsatzbetrieb) gehören die Einkommensteuer und der Solidaritätszuschlag nicht zu den abziehbaren Betriebsausgaben. Entsprechend ist bei der GmbH die Körperschaftsteuer und der Solidaritätszuschlag bei der Normalisierung dem Gewinn hinzuzurechnen bzw. nicht als Betriebsaufwand abzuziehen.

Spenden

Spenden sind keine Aufwendungen i.S.d. Richtsatzsammlung. Bei der Ermittlung des Vergleichsergebnisses der GmbH sind als Aufwand verbuchte Spenden daher nicht in den Betriebsaufwendungen i.S.d. Richtsätze anzusetzen.

Rücklagenzuführung

Ebenfalls ist die Rücklagenzuführung der GmbH kein Betriebsaufwand i.S.d. Richtsätze.

Gewerbesteuer

Die Gewerbesteuer fällt beim Richtsatzbetrieb unter den Begriff der besonderen sachlichen Betriebsaufwendungen. Die Gewerbesteuer ist bei einer Richtsatzverprobung so zu errechnen, wie sich diese nach Durchführung aller anderen Richtsatznormalisierungen ergeben. Dabei fallen in der Praxis bei Kapitalgesellschaften insbesondere zusätzlich die Normalisierungen von verdeckten Gewinnausschüttungen und Korrekturen im Lohn-/Gehaltsbereich der mitarbeitenden Gesellschafter ins Gewicht.

Zusammenfassendes Beispiel

Die Gewinn- und Verlustrechnung der Muster-GmbH weist folgende Zahlen auf:

	€	€	€
Erträge		1.250.000	1.250.000
davon: Sachbezüge Personal (Waren)		5.000	
Investitionszulage		20.000	
Leistungen an Gesellschafter und Gesellschafter-Geschäftsführer:			
ohne Entgelt: Waren	10.000		
Fertigungslöhne	5.000		
mit vermindertem Entgelt: Waren (berechnet: 25.000 €, statt marktüblicher 30.000 €) Einstandspreis		20.000	

	€	€	€

Aufwendungen:

Waren-/Materialeinsatz	335.000		
Fertigungslöhne		605.000	
darin Gehalt des Gesellschafter-Geschäftsführers einschl.			
Soz.-Versich.-Arbeitgeberanteil	90.000		
darin Zuführung zur Pensions-rückstellung des Gesellschafter-Geschäftsführers	10.000		
Allgemeine sachliche Betriebs-aufwendungen		165.000	
darin verdeckte Gewinn-ausschüttung (Heizöl)	5.000		
Besondere sachliche u. personelle Betriebsaufwendungen		80.000	
darin Gewerbesteuer	10.000		
(Gewerbesteuer basierend auf den Zahlen nach Richtsatznormalisierung)	26.000		
Körperschaftsteuer und Solidaritätszuschlag		22.000	
Spenden		3.000	
Zuführung zu den Rücklagen		15.000	1.225.000
Bilanzgewinn			25.000

Lösung

Die Normalisierung, d.h. die Angleichung an die Verhältnisse eines Richtsatzbetriebs, nach den oben dargestellten Grundsätzen führt für die Muster-GmbH zu folgenden Werten:

	€	€	%
Erträge insgesamt		1.250.000	
– Lieferungen an Arbeitnehmer	5.000		
– Investitionszulage	20.000		
– Entgelt Lieferungen an Gesellschafter, soweit im Umsatz enthalten	25.000	50.000	
= *Normalisierter wirtschaftlicher Umsatz*		1.200.000	100,0

Betriebsaufwendungsbereich:

	€	€	%
– Waren-/Materialeinsatz lt. GuV	335.000		
– Lieferungen an Arbeitnehmer	– 5.000		
– Lieferung an Gesellschafter-Geschäfts- führer ohne Entgeltsberechnung	– 10.000		
bzw. mit verminderter Entgeltsber.	– 20.000	– 300.000	
– Fertigungslöhne lt. GuV	605.000		
– Leistungen an Gesellschafter-Geschäfts- führer ohne Entgeltsberechnung	– 5.000		
– Gehalt und Pensionsrückstellung Gesellschafter-Geschäftsführer	– 100.000	– 500.000	
= *Normalisierter Rohgewinn II*		400.000	33,3
– Allgemeine sachliche Betriebs- aufwendungen	165.000		
– Verdeckte Gewinnausschüttungen (Heizölkosten)	– 5.000	– 160.000	
= *Normalisierter Halbreingewinn*		240.000	20,0
– Besondere sachliche und personelle Betriebsaufwendungen	– 80.000		
rechnerische GewSt.-Erhöhung bedingt durch Normalisierungen	– 16.000	– 96.000	
= *Normalisierter Reingewinn*		144.000	12,0

„Entnormalisierung"

Es ergibt sich eine vorläufige Gewinnerwartung der GmbH aufgrund der normalisierten Werte. Eine zusätzliche Hinzurechnung von verdeckten Gewinnausschüttungen, Personensteuern (Körperschaftsteuer) und Spenden ist nicht mehr vorzunehmen. Eine Auswirkung von verdeckten Gewinnausschüttungen ergibt sich nur dann, wenn der körperschaftsteuerlich anzusetzende Wert den in den Richtsätzen berücksichtigten Wert (= den für Privatentnahmen anzusetzenden Wert beim Einzelunternehmen) übersteigt. Nur dann ist der Richtsatzgewinn für steuerliche Zwecke um den übersteigenden Betrag zu erhöhen, und entsprechend erhöht sich der Körperschaftsteueraufwand.

| Formeln |

Aus dem normalisierten Richtsatzreingewinn wird der tatsächliche Reingewinn und das zu versteuernde Einkommen unter Berücksichtigung der Besonderheiten der Kapitalgesellschaft nach folgender Formel ermittelt:

Reingewinn nach Richtsätzen
- Geschäftsführergehalt
- Arbeitgeberanteil zur Sozialversicherung auf das Geschäftsführergehalt
- abzugsfähige Spenden gem. § 9 Abs. 1 Nr. 2 KStG
- Gewerbesteuer aus dem Freibetrag nach § 11 Abs. 1 Nr. 1 GewStG und der Stufenregelung nach § 11 Abs. 2 Nr. 1 GewStG
+ Mehrbetrag bei verdeckten Gewinnausschüttungen, wenn körperschaftsteuerlicher Wert höher als Sachentnahmewert bei der Einkommensteuer
+/- sonstige Hinzu- und Abrechnungen aufgrund körperschaftsteuerlicher Besonderheiten

= zu versteuerndes Einkommen

Umgekehrt gelangt man vom zu versteuernden Einkommen zum Richtsatzgewinn auf folgendem Weg:

Zu versteuerndes Einkommen der GmbH
+/- Hinzu- und Abrechnung aufgrund körperschaftsteuerlicher Besonderheiten
- Mehrbetrag bei verdeckten Gewinnausschüttungen, wenn körperschaftsteuerlicher Wert höher als Sachentnahme bei der Einkommensteuer
- Gewerbesteuer aus dem Freibetrag nach § 11 Abs. 1 Nr. 1 GewStG und der Stufenregelung nach § 11 Abs. 2 Nr. 1 GewStG
+ abzugsfähige Spenden gem. § 9 Abs. 1 Nr. 2 KStG
+ Geschäftsführergehalt
+ Arbeitgeberanteil zur Sozialversicherung auf das Geschäftsführergehalt

= Reingewinn nach Richtsätzen

1.3.3   Spezielle Betriebsvergleiche für einzelne Branchen

1.3.3.1   Branchenvergleiche des IfH

Das Institut für Handelsforschung an der Universität Köln ermittelt laufend Vergleichszahlen im Einzelhandel. Die Jahresergebnisse werden auszugsweise in den Mitteilungen
des Instituts für Handelsforschung an der Universität zu Köln jeweils im November des
Folgejahres veröffentlicht und erläutert (Bezugsquelle vgl. Teil 1.2). Die wichtigsten
Zahlen werden nur noch den teilnehmenden Betrieben zur Verfügung gestellt. Da das
veröffentlichte Material nur noch von eingeschränktem Interesse ist, wird auf weitere
Angaben an dieser Stelle verzichtet.

Die Zahlen des Instituts für Handelsforschung in Köln liegen häufig erheblich unter den
von der Finanzverwaltung veröffentlichten amtlichen Richtsätzen. Dies hat naturgemäß
zu Differenzen bei Betriebsprüfungen geführt und die Glaubwürdigkeit der ein oder
anderen Zahlenquelle teilweise in Frage gestellt. Die wesentliche Erklärung für die
Abweichungen sind jedoch die unterschiedlichen Ermittlungsgrundlagen (vgl. auch
Braun, BB 1987, 592). Die systematischen Abweichungen sind inzwischen allgemein
anerkannt und die Finanzverwaltung hat eine vereinfachte Umrechnungsformel für die
Umrechnung der Werte des Einzelhandelsvergleichs in Richtsatzwerte entwickelt (vgl.
S. 74 f.).

Nach der Einstellung der öffentlichen Förderung hat das IfH die Vergleiche auf private
Finanzbasis gestellt (Verbände und teilnehmende Unternehmen). Das neue Berichtswe-
sen (vgl. z.B. Heft IV/2002 von Handel im Fokus) ist auch wieder etwas offener und
informativer. Im Einzelfall sollte man sich daher direkt an das Institut wenden.

Das Institut für Handelsforschung IfH bietet neben dem Einzelhandelsbetriebsvergleich
auf seiner Internetseite www.ifhkoeln.de die Teilnahme an weiteren Branchenverglei-
chen an, welche von verschiedenen Branchenverbänden in Auftrag gegeben wurden. Bei
Interesse sollte man sich direkt an den beauftragenden Verband oder den entsprechenden
Ansprechpartner des IfH (siehe nachfolgende Tabelle) wenden.

Branche	Beauftragender Verband	Ansprechpartner beim IfH
Apotheken (EH)	Bundesvereinigung Deutscher Apothekerverbände Jägerstr. 49/50 10117 Berlin Tel.: 030 40004-0 Fax: 030 40004-598 www.abda.de	Dipl.-Kaufmann Alexander Mörsheim E-Mail: a.moersheim@ifhkoeln.de Tel.: 0221 943607-36
Arbeitsbühnenvermietung (DL)	Bundesverband der Bauma-schinen-, Baugeräte- und Indus-triemaschinen-Firmen e.V. Adenauerallee 45 53113 Bonn www.bbi-online.de	Dipl.-Volkswirtin Dagmar Rösgen-Feier E-Mail: d.feier@ifhkoeln.de Tel.: 0221 943607-30
Autoteile-Handel (GH)	Gesamtverband Autoteile-Handel e.V. Gothaer Str. 17 40880 Ratingen Tel.: 02102 473037 Fax: 02102 475663 www.gva.de	Dipl.-Kaufmann Alexander Mörsheim E-Mail: a.moersheim@ifhkoeln.de Tel.: 0221 943607-36 Dipl.-Volkswirtin Dagmar Rösgen-Feier E-Mail: d.feier@ifhkoeln.de Tel.: 0221 943607-30
Baumaschinen-, Baugeräte- und Industriemaschinen-Handel (GH)	Bundesverband der Bauma-schinen-, Baugeräte- und Indus-triemaschinen-Firmen e.V. Adenauerallee 45 53113 Bonn Tel.: 0228 223469 Fax: 0228 225601 www.bbi-online.de	Dipl.-Volkswirtin Dagmar Rösgen-Feier E-Mail: d.feier@ifhkoeln.de Tel.: 0221 943607-30
Blumenfachgeschäfte/ Gärtnerei (EH)	Fachverband Deutscher Floristen e.V. Theodor-Otte-Str. 17 A 45894 Gelsenkirchen Tel.: 0209 95877-0 Fax: 0209 95877-70 www.fdf.de	Dipl.-Kaufmann Nicolaus Sondermann E-Mail: n.sondermann@ifhkoeln.de Tel.: 0221 943607-30
Buch-, Zeitungs- und Zeitschriften (GH)	Bundesverband Deutscher Buch-, Zeitungs- und Zeitschriften-Grossisten e.V. Händelstr. 25–29 50674 Köln Tel.: 0221 921337-0 Fax: 0221 921337-44 www.presse-grosso.de	Dipl.-Volkswirtin Dagmar Rösgen-Feier E-Mail: d.feier@ifhkoeln.de Tel.: 0221 943607-30

Branche	Beauftragender Verband	Ansprechpartner beim IfH
Elektro (GH)	Bundesverband des Elektro-Großhandels e.V. Viktoriastraße 27 53173 Bonn Tel.: 0228 22777-0 Fax: 0228 22777-22 www.verbandveg.de	Dipl.-Volkswirtin Dagmar Rösgen-Feier E-Mail: d.feier@ifhkoeln.de Tel.: 0221 943607-30
Flachglas (GH)	Bundesverband Flachglas e.V. Mühlheimer Str. 1 53840 Troisdorf Tel.: 02241 8727-0 Fax: 02241 8727-10 www.bf-flachglasverband.de	Dipl.-Volkswirtin Dagmar Rösgen-Feier E-Mail: d.feier@ifhkoeln.de Tel.: 0221 943607-30
Floristen- und Gärtnerbedarf (GH)	Großhandelsverband für Floristen- und Gärtnerbedarf e.V. Postfach 61 29 52333 Düren Tel.: 02421 49650-8 Fax: 02421 49650-9	Dipl.-Volkswirtin Dagmar Rösgen-Feier E-Mail: d.feier@ifhkoeln.de Tel.: 0221 943607-30
Flurförderzeughandel (GH)	Bundesverband der Baumaschinen-, Baugeräte- und Industriemaschinen-Firmen e.V. Adenauerallee 45 53113 Bonn Tel.: 0228 223469 Fax: 0228 225601 www.bbi-online.de	Dipl.-Volkswirtin Dagmar Rösgen-Feier E-Mail: d.feier@ifhkoeln.de Tel.: 0221 943607-30
Gastronomie- und Großküchen (GH)	Fachverband Gastronomie- und Großküchenausstattung Frangenheimstr. 6 50931 Köln Tel.: 0221 94083-20 Fax: 0221 94083-90 www.ggka.de	Dipl.-Volkswirtin Dagmar Rösgen-Feier E-Mail: d.feier@ifhkoeln.de Tel.: 0221 943607-30
Getränkefachgroßhandel (GH)	Bundesverband des Deutschen Getränkefachgroßhandels e.V. Monschauer Str. 7 40549 Düsseldorf-Heerdt Tel.: 0211 683-938 Fax: 0211 683-602 www.bv-getraenkefachgrosshandel.de	Dipl.-Volkswirtin Dagmar Rösgen-Feier E-Mail: d.feier@ifhkoeln.de Tel.: 0221 943607-30

Branche	Beauftragender Verband	Ansprechpartner beim IfH
Großhandel Heim und Farbe (GH)	Bundesverband Großhandel Heim & Farbe e.V. Memeler Str. 30 42781 Haan Tel.: 02129 55709-0 Fax: 02129 55709-9 www.gfh-online.de	Dipl.-Volkswirtin Dagmar Rösgen-Feier E-Mail: d.feier@ifhkoeln.de Tel.: 0221 943607-30
Handelsmakler und -vermittler (DL)	Centralvereinigung Deutscher Handelsvertreter- und Handelsmakler-Verbände (CDH) Am Weidendamm 1A 10117 Berlin Tel.: 030 72625-600 Fax: 030 72625-666 www.cdh.de	Dipl.-Volkswirtin Dagmar Rösgen-Feier E-Mail: d.feier@ifhkoeln.de Tel.: 0221 943607-30
Haustechnik (GH)	Deutscher Großhandelsverband Haustechnik e.V. Viktoriastr. 27 53173 Bonn Tel.: 0228 362051 Fax: 0228 361874 www.dg-haustechnik.de	Dipl.-Kaufmann Nicolaus Sondermann E-Mail: n.sondermann@ifhkoeln.de Tel.: 0221 943607-30
Holzhandel (GH)	Gesamtverband Deutscher Holzhandel e.V. Am Weidendamm 1A 10117 Berlin Tel.: 030 7262580-0 Fax: 030 7262588-8 www.holzhandel.de	Dipl.-Volkswirtin Dagmar Rösgen-Feier E-Mail: d.feier@ifhkoeln.de Tel.: 0221 943607-30
Holzpackmittel-, Paletten- und Exportverpackungsindustrie (DL)	Bundesverband Holzpackmittel, Paletten, Exportverpackung e.V. Erste Fährgasse 2 53113 Bonn Tel.: 0228 265246 Fax: 0228 265248 www.hpe.de	Dipl.-Kaufmann Klaus Wirtz E-Mail: k.wirtz@ifhkoeln.de Tel.: 0221 943607-30
Immobilienmakler (DL)	Ring Deutscher Makler (RDM) – Bundesverband Littenstr. 10 10179 Berlin Tel.: 030 275726-0 Fax: 030 275726-49 www.rdm.de	Dipl.-Kaufmann Nicolaus Sondermann E-Mail: n.sondermann@ifhkoeln.de Tel.: 0221 943607-30

Branche	Beauftragender Verband	Ansprechpartner beim IfH
Kühlhäuser und Kühllogistikunternehmen (DL)	Verband Deutscher Kühlhäuser und Kühllogistikunternehmen Schedestraße 11 Tel.: 0228 20166-0 Fax: 0228 20166-11 www.vdkl.com	Dipl.-Volkswirtin Dagmar Rösgen-Feier E-Mail: d.feier@ifhkoeln.de Tel.: 0221 943607-30
Lebensmittel (EH)	Bundesverband des Deutschen Lebensmittel-Einzelhandels Am Weidendamm 1 A 10117 Berlin Tel.: 030 726250-80 Fax: 030 726250-85 www.bundesverband lebensmittel.de	Dipl.-Kaufmann Nicolaus Sondermann E-Mail: n.sondermann@ifhkoeln.de Tel.: 0221 943607-30
Lesezirkel (DL)	Verband Deutscher Lesezirkel e.V. Grafenbergerallee 241 40237 Düsseldorf Tel.: 0211 690732-0 Fax: 0211 674947	Dipl.-Kaufmann Klaus Wirtz E-Mail: k.wirtz@ifhkoeln.de Tel.: 0221 943607-30
Maschinen- und Werkzeug (GH)	Fachverband des Deutschen Maschinen- und Werkzeug-Großhandels e.V. Hans-Böckler-Str. 19 53225 Bonn Tel.: 0228 479087 Fax: 0228 479089 www.fdm.de	Dipl.-Volkswirtin Dagmar Rösgen-Feier E-Mail: d.feier@ifhkoeln.de Tel.: 0221 943607-30
Möbel (EH)	Bundesverband des Deutschen Möbel-, Küchen- und Einrichtungsfachhandels e.V. Frangenheimstr. 6 50931 Köln Tel.: 0221 94083-50 Fax: 0221 94083-90 www.moebelhandel.org	Dipl.-Kaufmann Nicolaus Sondermann E-Mail: n.sondermann@ifhkoeln.de Tel.: 0221 943607-30
Naturkost – Naturwaren (EH)	Bundesverband Naturkost-Naturwaren-Einzelhandel Ebertplatz 1 50668 Köln Tel.: 0221 139756-22 Fax: 0221 139756-20 www.n-bnn.de	Dipl.-Kaufmann Nicolaus Sondermann E-Mail: n.sondermann@ifhkoeln.de Tel.: 0221 943607-30

Branche	Beauftragender Verband	Ansprechpartner beim IfH
Pharmazeutischer Handel (GH)	Bundesverband des Pharmazeutischen Großhandels e.V. Savignystr. 42 60325 Frankfurt Tel.: 069 975876-12 Fax: 069 975876-33 www.phagro.de	Dipl.-Volkswirtin Dagmar Rösgen-Feier E-Mail: d.feier@ifhkoeln.de Tel.: 0221 943607-30
Reifenhandel und Vulkaniseur-Handwerk (GH)	Bundesverband Reifenhandel und Vulkaniseur-Handwerk e.V. Franz-Lohe-Str. 19 53129 Bonn Tel.: 0228 289947-0 Fax: 0228 289947-7 www.bundesverband-reifenhandel.de	Dipl.-Volkswirtin Dagmar Rösgen-Feier E-Mail: d.feier@ifhkoeln.de Tel.: 0221 943607-30
Schmuck (GH)	Bundesverband des Schmuck-Großhandels Höslinstr. 8 72587 Römerstein Tel.: 07382 53-66 Fax: 07382 53-10	Dipl.-Volkswirtin Dagmar Rösgen-Feier E-Mail: d.feier@ifhkoeln.de Tel.: 0221 943607-30
Schrauben (GH)	Fachverband des Deutschen Schraubengroßhandels e.V. Am Weidendamm 1A 10117 Berlin Tel.: 030 590099-588 Fax: 030 590099-488 www.fds-online.de	Dipl.-Volkswirtin Dagmar Rösgen-Feier E-Mail: d.feier@ifhkoeln.de Tel.: 0221 943607-30
Schuhe (EH)	Bundesverband des Deutschen Schuheinzelhandels e.V. Salierring 44 50677 Köln Tel.: 0221 240-9107 Fax: 0221 240-8670 www.bdse.org	Dipl.-Kaufmann Nicolaus Sondermann E-Mail: n.sondermann@ifhkoeln.de Tel.: 0221 943607-30
Schwimmbad und Wellness (GH)	Bundesverband Schwimmbad und Wellness An Lyskirchen 14 50676 Köln Tel.: 0221 271669-0 Fax: 0221 271669-9 www.bsw-web.de	Dipl.-Kaufmann Michael Nagel E-Mail: m.nagel@ifhkoeln.de Tel.: 0221 943607-61

Branche	Beauftragender Verband	Ansprechpartner beim IfH
Sortimentsbuchhandel (EH)	Börsenverein des Deutschen Buchhandels Großer Hirschgraben 17–21 60311 Frankfurt Tel.: 069 1306-1 Fax: 069 1306-396 www.boersenverein.de	Dipl.-Kaufmann Nicolaus Sondermann E-Mail: n.sondermann@ifhkoeln.de Tel.: 0221 943607-30
Technischer Händler (GH)	Verband der Technischen Händler e.V. Prinz-Georg-Str.106 40479 Düsseldorf Tel.: 0211 445322 Fax: 0211 460919 www.vth-verband.de	Dipl.-Volkswirtin Dagmar Rösgen-Feier E-Mail: d.feier@ifhkoeln.de Tel.: 0221 943607-30
Textilien (EH)	Bundesverband des Deutschen Textileinzelhandels An Lyskirchen 14 50676 Köln Tel.: 0221 921509-0 Fax: 0221 921509-15	Dipl.-Kaufmann Nicolaus Sondermann E-Mail: n.sondermann@ifhkoeln.de Tel.: 0221 943607-30
Uhren-Juwelen-Gold-Silberwaren (EH)	Bundesverband der Juweliere, Schmuck- und Uhrenfachgeschäfte Altkönigstr. 9 61462 Königstein Tel.: 06174 404-1 Fax: 06174 404-2 www.bv-juweliere.de	Dipl.-Kaufmann Nicolaus Sondermann E-Mail: n.sondermann@ifhkoeln.de Tel.: 0221 943607-30
Versicherungskaufleute (DL)	Bundesverband Deutscher Versicherungskaufleute e.V. Kekulestr. 12 Tel.: 0228 22805-0 Fax: 0228 22805-50 www.bvk.de	Dipl.-Volkswirtin Dagmar Rösgen-Feier E-Mail: d.feier@ifhkoeln.de Tel.: 0221 943607-30
Versicherungsmakler (BDVM) (DL)	Bundesverband Deutscher Versicherungs-Makler e.V. (BDVM) Cremon 33 20457 Hamburg Tel.: 040 369820-0 Fax: 040 369820-20 www.bdvm.de	Dipl.-Volkswirtin Dagmar Rösgen-Feier E-Mail: d.feier@ifhkoeln.de Tel.: 0221 943607-30

Branche	Beauftragender Verband	Ansprechpartner beim IfH
Versicherungsmakler (CHARTA) (DL)	Charta Börse für Versicherungen AG Steinstr. 31 40210 Düsseldorf Tel.: 0211 864390 Fax: 0211 8643998 www.charta.de	Dipl.-Volkswirtin Dagmar Rösgen-Feier E-Mail: d.feier@ifhkoeln.de Tel.: 0221 943607-30

1.3.3.2 Weitere Anbieter

Jahresbetriebsvergleiche erstellt im Auftrag verschiedener Branchenverbände ebenfalls das

Institut für Markt- und Wirtschaftsforschung GmbH (FfH-Institut) Berlin
Abteilung Betriebsvergleich
Am Weidendamm 1A
10117 Berlin
Tel.: 030 590099-610
Fax: 030 590099-630
E-Mail: bv@ffh-institut.de
Internet: www.ffh-institut.de.

Die teilnehmenden Unternehmen erhalten i.d.R. eine Auswertung ihrer eigenen Kennzahlen, ihrer Sortiments- und Umsatzgruppe sowie eine Benchmark.

Bisher gibt es Jahresbetriebsvergleiche für folgende Branchen:

- für Unterhaltungsautomaten-Unternehmen,
- für den Textileinzelhandel,
- für den Lederwareneinzelhandel,
- für Heimtextilien, Tapeten, Farben (Einzelhandel/Handwerk),
- für die Tabakwaren-Großhändler und Automatenaufsteller.

1.3.4 Die Branchenstrukturdaten des Statistischen Bundesamtes

Das Statistische Bundesamt führt eine Fülle von statistischen Erhebungen durch, deren Ergebnisse in den Fachserien des Statistischen Bundesamtes veröffentlicht werden (Bezugsquellennachweis auch für das jährlich erscheinende Veröffentlichungsverzeichnis, vgl. Teil 1.2).

Nachstehend wird ein Überblick über wichtige Strukturerhebungen und deren Erscheinungsweise einschließlich der zuletzt erschienenen Daten gegeben, so wie sie für die praktische Betriebsberatung, insbesondere auch in der Steuerberatungspraxis, von Bedeutung erscheinen.

Überblick: Beratungsrelevante (Kostenstruktur-)Erhebungen des Statistischen Bundesamtes

Klassifi-kation	Branche	Fachserie (F) und Reihe (R)	Erschei-nungs-weise	zuletzt	
				für	in
01.00.0	Landwirtschaft, gewerbliche Jagd	F 3	jährlich	2003	2005
	Landwirtschaftliche Bodennutzung – Gemüseanbauflächen – Anbau von Zierpflanzen	F 3 R 3.1.3 F 3 R 3.1.6	jährlich jährlich	2003 2004	2005 2005
01.00.0	Kaufwerte für landwirtschaftliche Grundstücke	F 3 R 2.4	jährlich	2005	2006
02.00.0	Forstwirtschaft	diverse			
05.00.0	Fischerei und Fischzucht				
10.00.0	Kohlebergbau, Torfgewinnung	F 4 R 4.3	jährlich	2004	2006
11.00.0	Gewinnung von Erdöl und Erdgas, Erbringung verbundener Dienstleistungen	F 4 R 4.3	jährlich	2004	2006
12.00.0	Bergbau auf Uran- und Thoriumerze				
13.00.0	Erzbergbau				
14.00.0	Gewinnung von Steinen und Erden, sonstiger Bergbau	F 4 R 4.3	jährlich	2004	2006
15.00.0	Ernährungsgewerbe	F 4 R 4.3	jährlich	2004	2006
16.00.0	Tabakverarbeitung	F 4 R 4.3	jährlich	2004	2006
17.00.0	Textilgewerbe	F 4 R 4.3	jährlich	2004	2006
18.00.0	Bekleidungsgewerbe	F 4 R 4.3	jährlich	2004	2006
19.00.0	Ledergewerbe	F 4 R 4.3	jährlich	2004	2006
20.00.0	Holzgewerbe (ohne Herstellung von Möbeln)	F 4 R 4.3	jährlich	2004	2006
21.00.0	Papiergewerbe	F 4 R 4.3	jährlich	2004	2006

Klassifi-kation	Branche	Fachserie (F) und Reihe (R)	Erscheinungsweise	zuletzt für	in
22.00.0	Verlags-, Druckgewerbe, Vervielfältigung von bespielten Ton-, Bild- und Datenträgern	F 4 R 4.3	jährlich	2004	2006
23.00.0	Kokerei, Mineralölverarbeitung, Herstellung und Verarbeitung von Spalt- und Brutstoffen	F 4 R 4.3	jährlich	2004	2006
24.00.0	Herstellung von chemischen Erzeugnissen	F 4 R 4.3	jährlich	2004	2006
25.00.0	Herstellung von Gummi- und Kunststoffwaren	F 4 R 4.3	jährlich	2004	2006
26.00.0	Glasgewerbe, Herstellung von Keramik, Verarbeitung von Steinen und Erden	F 4 R 4.3	jährlich	2004	2006
27.00.0	Metallerzeugung und -bearbeitung	F 4 R 4.3	jährlich	2004	2006
28.00.0	Herstellung von Metallerzeugnissen	F 4 R 4.3	jährlich	2004	2006
29.00.0	Maschinenbau	F 4 R 4.3	jährlich	2004	2006
30.00.0	Herstellung von Büromaschinen, Datenverarbeitungsgeräten und -einrichtungen	F 4 R 4.3	jährlich	2004	2006
31.00.0	Herstellung von Geräten der Elektrizitätserzeugung, -verteilung u.Ä.	F 4 R 4.3	jährlich	2004	2006
32.00.0	Rundfunk- und Nachrichtentechnik	F 4 R 4.3	jährlich	2004	2006
33.00.0	Medizin-, Mess-, Steuer- und Regelungstechnik, Optik, Herstellung von Uhren	F 4 R 4.3	jährlich	2004	2006
34.00.0	Herstellung von Kraftwagen- und Kraftwagenteilen	F 4 R 4.3	jährlich	2004	2006
35.00.0	Sonstiger Fahrzeugbau	F 4 R 4.3	jährlich	2004	2006
36.00.0	Herstellung von Möbeln, Schmuck, Musikinstrumenten, Sportgeräten, Spielwaren und sonstigen Erzeugnissen	F 4 R 4.3	jährlich	2004	2006
37.00.0	Recycling	F 4 R 4.3	jährlich	2004	2006
40.00.0	Energieversorgung	F 4 R 6.1	jährlich	2003	2006
41.00.0	Wasserversorgung	F 4 R 6.1	jährlich	2003	2006
45.00.0	Baugewerbe	F 4 R 5.3	jährlich	2004	2006
50.00.0	Kraftfahrzeughandel; Instandhaltung und Reparatur von Kraftfahrzeugen; Tankstellen	F 6 R 4	jährlich	2003	2006
51.00.0	Handelsvermittlung und Großhandel (ohne Handel mit Kraftfahrzeugen)	F 6 R 4	jährlich	2003	2006
52.00.0	Einzelhandel (ohne Handel mit Kraftfahrzeugen und ohne Tankstellen); Reparatur von Gebrauchsgütern	F 6 R 4	jährlich	2003	2006
55.00.0	Gastgewerbe	F 6 R 7.3	jährlich	2003	2006
60.00.0	Landverkehr, Transport in Rohrfernleitungen	F 9 R 1	jährlich	2004	2006
61.00.0	Schifffahrt	F 9 R 1	jährlich	2004	2006

Klassifi-kation	Branche		Fachserie (F) und Reihe (R)	Erschei-nungs-weise	zuletzt	
					für	in
62.00.0	Luftfahrt		F 9 R 1	jährlich	2004	2006
63.00.0	Hilfs- und Nebentätigkeiten für den Verkehr; Verkehrsvermittlung		F 9 R 1	jährlich	2004	2006
64.00.0	Nachrichtenübermittlung		F 9 R 1	jährlich	2004	2006
65.00.0	Kreditgewerbe		(Arbeitnehmer-verdienste)			
66.00.0	Versicherungsgewerbe		(Arbeitnehmer-verdienste)			
67.00.0	Mit dem Kredit- und Versicherungsgewerbe verbundene Tätigkeiten					
70.00.0	Grundstücks- und Wohnungswesen		F 9 R 2	jährlich	2004	2006
71.00.0	Vermietung beweglicher Sachen ohne Bedienungspersonal		F 9 R 2	jährlich	2004	2006
72.00.0	Datenverarbeitung und Datenbanken		F 9 R 2	jährlich	2004	2006
73.00.0	Forschung und Entwicklung		F 9 R 2	jährlich	2004	2006
74.00.0	Erbringung von wirtschaftlichen Dienst-leistungen, anderweitig nicht genannt		F 9 R 2	jährlich	2004	2006
75.00.0	Öffentliche Verwaltung, Verteidigung, Sozialversicherung		diverse			
80.00.0	Erziehung und Unterricht		diverse			
80.30.0	Hochschulen		F 11 R 4.3.2	jährlich	2003	2005
80.41.1	Kraftfahrschulen		F 2 R 1.6.5	vierjährlich	2002	2004
85.00.0	Gesundheits-, Veterinär- und Sozialwesen		F 12 R 5	jährlich	2005	2006
85.12.0	Arztpraxen (ohne Zahnarztpraxen)		F 2 R 1.6.1	vierjährlich	2003	2006
85.13.0	Zahnarztpraxen		F 2 R 1.6.1	vierjährlich	2003	2006
85.14.1	Praxen von psychologischen Psycho-therapeutinnen und -therapeuten		F 2 R 1.6.1	letztmalig	2000	2004
85.14.2	Massagepraxen, Praxen von medizinischen Bademeisterinnen und Bademeistern, Kran-kengymnastikpraxen, Praxen von Hebammen und Entbindungspflegern sowie von verwandten Berufen		F 2 R 1.6.6	vierjährlich	2002	2004
85.14.3	Heilpraktikerpraxen		F 2 R 1.6.1	letztmalig	2000	2004
85.14.4	Sonstige selbständige Tätigkeiten im Gesundheitswesen		F 2 R 1.6.6	vierjährlich	2002	2004
85.20.1	Tierarztpraxen		F 2 R 1.6.1	vierjährlich	2003	2004
90.00.0	Abwasser- und Abfallbeseitigung und sonstige Entsorgung		F 19 R 1 F 19 R 2	dreijährlich dreijährlich	2004 2004	2006 2006

Klassifi-kation	Branche	Fachserie (F) und Reihe (R)	Erschei-nungs-weise	zuletzt	
				für	in
91.00.0	Interessenvertretungen sowie kirchliche und sonstige Vereinigungen (ohne Sozialwesen, Kultur und Sport)				
92.00.0	Kultur, Sport und Unterhaltung	F 2 R 1.6.9	vierjährlich	2002	2005
93.00.0	Erbringung von sonstigen Dienstleistungen	diverse			
93.01.0	Wäscherei und chemische Reinigung	F 2 R 1.6.8	vierjährlich	2002	2005
93.02.0	Frisör, Kosmetiksalons	F 2 R 1.6.4	vierjährlich	2002	2006
93.03.0	Bestattungswesen	F 2 R 1.6.7	vierjährlich	2002	2005
93.04.0	Saunas, Solarien, Fitnesszentren u.Ä.	F 2 R 1.6.5	vierjährlich	2002	2006
diverse	Handwerk	F 4 R 7.1	vierteljährlich	2006	2006
95.00.0	Private Haushalte	F 15 R 1	jährlich	2004	2006
99.00.0	Exterritoriale Organisationen und Körper-schaften				

Erläuterungen:
Angegeben sind ausgewählte Zahlenquellen für die betriebswirtschaftliche Beratung, insbesondere Kostenstrukturer-hebungen. Teilweise gibt es interessante Detailinformationen: Dort ist „diverse" vermerkt. Grau unterlegte Felder bedeuten, dass die Suche per Redaktionsschluss mit „Fehlanzeige" für das gesamte Themenfeld endete. Die Zusam-menstellung ist eine subjektive Auswahl der Verfasserinnen und erhebt keinen Anspruch auf Vollständigkeit.

Ausgewählte weitere Quellen nach Branchen

Klassifi-kation	Branche	Infoquelle	Erscheinungs-weise
10.00.0	Kohlebergbau, Torfgewin-nung	Zentrum für europäische Wirtschaftsfor-schung, www.zew.de: Branchenreport-Innovation	jährlich
11.00.0	Gewinnung von Erdöl und Erdgas, Erbringung ver-bundener Dienstleistun-gen	Zentrum für europäische Wirtschaftsfor-schung, www.zew.de: Branchenreport-Innovation	jährlich
12.00.0	Bergbau auf Uran- und Thoriumerz	Zentrum für europäische Wirtschaftsfor-schung, www.zew.de: Branchenreport-Innovation	jährlich
14.00.0	Erzbergbau	Zentrum für europäische Wirtschaftsfor-schung, www.zew.de: Branchenreport-Innovation	jährlich

Klassifi-kation	Branche	Infoquelle	Erscheinungs-weise
15.00.0	Ernährungsgewerbe	Zentrum für europäische Wirtschaftsfor-schung, www.zew.de: Branchenreport-Innovation	jährlich
		Zentralverband des deutschen Handwerks, www.zdh.de: Aktuelle Betriebszahlen, Strukturdaten und statlstische Angaben zum Handwerk	jährlich
15.96.0	Herstellung von Bier	ifo-Branchen im Blickpunkt, www.ifo.de Brauereigewerbe in ifo-Schnelldienst	Juli 2004
16.00.0	Tabakverarbeitung	Zentrum für europäische Wirtschaftsfor-schung, www.zew.de: Branchenreport-Innovation	jährlich
17.00.0	Textilgewerbe	Zentrum für europäische Wirtschaftsfor-schung, www.zew.de: Branchenreport-Innovation	jährlich
		Zentralverband des deutschen Handwerks, www.zdh.de: Aktuelle Betriebszahlen, Strukturdaten und statistische Angaben zum Handwerk	jährlich
18.00.0	Bekleidungsgewerbe	Zentrum für europäische Wirtschaftsfor-schung, www.zew.de: Branchenreport-Innovation	jährlich
		Zentralverband des deutschen Handwerks, www.zdh.de: Aktuelle Betriebszahlen, Strukturdaten und statistische Angaben zum Handwerk	jährlich
		Bundesverband des deutschen Textileinzel-handels e.V., www.bte.de: Jahresbetriebs-vergleich	jährlich
19.00.0	Ledergewerbe	Zentrum für europäische Wirtschaftsfor-schung, www.zew.de: Branchenreport-Innovation	jährlich
		Zentralverband des deutschen Handwerks, www.zdh.de: Aktuelle Betriebszahlen, Strukturdaten und statistische Angaben zum Handwerk	jährlich
20.00.0	Holzgewerbe (ohne Her-stellung von Möbeln)	Zentrum für europäische Wirtschaftsfor-schung, www.zew.de: Branchenreport-Innovation	jährlich
		Zentralverband des deutschen Handwerks, www.zdh.de: Aktuelle Betriebszahlen, Strukturdaten und statistische Angaben zum Handwerk	jährlich

Klassifikation	Branche	Infoquelle	Erscheinungsweise
21.00.0	Papiergewerbe	Zentrum für europäische Wirtschaftsforschung, www.zew.de: Branchenreport-Innovation	jährlich
		Zentralverband des deutschen Handwerks, www.zdh.de: Aktuelle Betriebszahlen, Strukturdaten und statistische Angaben zum Handwerk	jährlich
22.00.0	Verlags-, Druckgewerbe, Vervielfältigung von bespielten Ton-, Bild- und Datenträgern	Zentrum für europäische Wirtschaftsforschung, www.zew.de: Branchenreport-Innovation	jährlich
23.00.0	Kokerei, Mineralölverarbeitung, Herstellung und Verarbeitung von Spalt- und Brutstoffen	Zentrum für europäische Wirtschaftsforschung, www.zew.de: Branchenreport-Innovation	jährlich
24.00.0	Herstellung von chemischen Erzeugnissen	Zentrum für europäische Wirtschaftsforschung, www.zew.de: Branchenreport-Innovation	jährlich
		Zentralverband des deutschen Handwerks, www.zdh.de: Aktuelle Betriebszahlen, Strukturdaten und statistische Angaben zum Handwerk	jährlich
24.40.0	Herstellung von pharmazeutischen Erzeugnissen	Bundesverband der Arzneimittelhersteller e.V., www.bah-bonn.de: Branchenkennzahlen der Arzneimittelhersteller	jährlich
25.00.0	Herstellung von Gummi- und Kunststoffwaren	Zentrum für europäische Wirtschaftsforschung, www.zew.de: Branchenreport-Innovation	jährlich
26.00.0	Glasgewerbe, Herstellung von Keramik, Verarbeitung von Steinen und Erden	Zentrum für europäische Wirtschaftsforschung, www.zew.de: Branchenreport-Innovation	jährlich
		Zentralverband des deutschen Handwerks, www.zdh.de: Aktuelle Betriebszahlen, Strukturdaten und statistische Angaben zum Handwerk	jährlich
27.00.0	Metallerzeugung und -bearbeitung	Zentrum für europäische Wirtschaftsforschung, www.zew.de: Branchenreport-Innovation	jährlich
		Zentralverband des deutschen Handwerks, www.zdh.de: Aktuelle Betriebszahlen, Strukturdaten und statistische Angaben zum Handwerk	jährlich

Klassifi-kation	Branche	Infoquelle	Erscheinungs-weise
28.00.0	Herstellung von Metaller-zeugnissen	Zentrum für europäische Wirtschaftsfor-schung, www.zew.de: Branchenreport-Innovation	jährlich
29.00.0	Maschinenbau	Zentrum für europäische Wirtschaftsfor-schung, www.zew.de: Branchenreport-Innovation	jährlich
30.00.0	Herstellung von Büroma-schinen, Datenverarbei-tungsgeräten und -einrich-tungen	Zentrum für europäische Wirtschaftsfor-schung, www.zew.de: Branchenreport-Innovation	jährlich
31.00.0	Herstellung von Geräten der Elektrizitätserzeugung und -verteilung u.Ä.	Zentrum für europäische Wirtschaftsfor-schung, www.zew.de: Branchenreport-Innovation	jährlich
		Zentralverband des deutschen Handwerks, www.zdh.de: Aktuelle Betriebszahlen, Strukturdaten und statistische Angaben zum Handwerk	jährlich
32.00.0	Rundfunk- und Nachrich-tentechnik	Zentrum für europäische Wirtschaftsfor-schung, www.zew.de: Branchenreport-Innovation	jährlich
33.00.0	Medizin-, Mess-, Steuer- und Regelungstechnik, Optik, Herstellung von Uhren	Zentrum für europäische Wirtschaftsfor-schung, www.zew.de: Branchenreport-Innovation	jährlich
		Deutscher Industrieverband für optische, medizinische und mechatronische Techno-logien e.V. (SPECTARIS), www.spectaris.de: Branchenbericht	jährlich
34.00.0	Herstellung von Kraft-wagen- und Kraftwagen-teilen	Zentrum für europäische Wirtschaftsfor-schung, www.zew.de: Branchenreport-Innovation	jährlich
35.00.0	Sonstiger Fahrzeugbau	Zentrum für europäische Wirtschaftsfor-schung, www.zew.de: Branchenreport-Innovation	jährlich
36.00.0	Herstellung von Möbeln, Schmuck, Musikinstru-menten, Sportgeräten, Spielwaren und sonstigen Erzeugnissen	Zentrum für europäische Wirtschaftsfor-schung, www.zew.de: Branchenreport-Innovation	jährlich
37.00.0	Recycling	Zentrum für europäische Wirtschaftsfor-schung, www.zew.de: Branchenreport-Innovation	jährlich

Klassifikation	Branche	Infoquelle	Erscheinungsweise
40.00.0	Energieversorgung	Zentrum für europäische Wirtschaftsforschung, www.zew.de: Branchenreport-Innovation	jährlich
41.00.0	Wasserversorgung	Zentrum für europäische Wirtschaftsforschung, www.zew.de: Branchenreport-Innovation	jährlich
45.00.0	Baugewerbe	Zentralverband Deutsches Baugewerbe, www.zdb.de: Baumarkt – Ergebnisse, Entwicklungen, Tendenzen	jährlich
		Zentralverband des deutschen Handwerks, www.zdh.de: Aktuelle Betriebszahlen, Strukturdaten und statistische Angaben zum Handwerk	jährlich
51.00.0	Handelsvermittlung und Großhandel (ohne Handel mit Kraftfahrzeugen)	Zentrum für europäische Wirtschaftsforschung, www.zew.de: Branchenreport-Innovation	jährlich
51.35.0	Großhandel mit Tabakwaren	FfH Institut für Markt- und Wirtschaftsforschung GmbH, www.ffh-institut.de: Jahresbetriebsvergleich	jährlich
52.20.0	Facheinzelhandel mit Nahrungsmitteln, Getränken und Tabakwaren (in Verkaufsräumen)	Bundesverband des Deutschen Lebensmitteleinzelhandels e.V., www.bundesverbandlebensmittel.de: Struktur- und Leistungszahlen des Lebensmittel-Einzelhandels	jährlich
52.31.0	Apotheken	Bundesvereinigung Deutscher Apothekerverbände, www.abda.de: Die Apotheke – Zahlen, Daten, Fakten	jährlich
52.33.0	Einzelhandel mit Parfümeriewaren und Körperpflegemitteln	Bundesverband Parfümerien e.V., www.parfuemerieverband.de: Statistische Daten	jährlich
52.41.0	Einzelhandel mit Textilien	Bundesverband Textileinzelhandel, www.bte.de: Statistik-Report des Textileinzelhandels	jährlich
		FfH Institut für Markt- und Wirtschaftsforschung GmbH, www.ffh-institut.de: Jahresbetriebsvergleich	jährlich
52.42.4	Einzelhandel mit Kinder- und Säuglingsbekleidung und Bekleidungszubehör	Bundesverband Textileinzelhandel, www.bte.de: Statistik-Report Kinderbekleidung und Babyausstattung	jährlich
52.43.0	Einzelhandel mit Schuhen und Lederwaren	FfH Institut für Markt- und Wirtschaftsforschung GmbH, www.ffh-institut.de: Jahresbetriebsvergleich	jährlich

Klassifi-kation	Branche	Infoquelle	Erscheinungs-weise
52.44.0	Einzelhandel mit Möbeln, Einrichtungsgegenstän-den und Hausrat, ander-weitig nicht genannt	Bundesverband des Deutschen Möbel-, Küchen- und Einrichtungsfachhandels, www.bwb-online.de: Amtliche Statistik	jährlich
52.44.7	Einzelhandel mit Heim-textilien	FfH Institut für Markt- und Wirtschaftsfor-schung GmbH, www.ffh-institut.de: Jahres-betriebsvergleich	jährlich
52.46.2	Einzelhandel mit Anstrich-mitteln	FfH Institut für Markt- und Wirtschaftsfor-schung GmbH, www.ffh-institut.de: Jahres-betriebsvergleich	jährlich
52.48.1	Einzelhandel mit Tapeten und Bodenbelägen	FfH Institut für Markt- und Wirtschaftsfor-schung GmbH, www.ffh-institut.de: Jahres-betriebsvergleich	jährlich
55.00.0	Gastgewerbe	BBG-Consulting, www.bbg-consulting.com: Hotellerie und Gastronomie Betriebsver-gleich	jährlich
		Deutsches Wirtschaftswissenschaftliches Institut, www.dwif.de: Jahrbuch für Frem-denverkehr	jährlich
		Deutscher Hotel- und Gaststättenverband, www.dehoga.de: Das Gastgewerbe im Zahlenspiegel	quartalsweise
60.00.0	Landverkehr, Transport in Rohrfernleitungen	Zentrum für europäische Wirtschaftsfor-schung, www.zew.de: Branchenreport-Innovation	jährlich
61.00.0	Schifffahrt	Zentrum für europäische Wirtschaftsfor-schung, www.zew.de: Branchenreport-Innovation	jährlich
62.00.0	Luftfahrt	Zentrum für europäische Wirtschaftsfor-schung, www.zew.de: Branchenreport-Innovation	jährlich
63.00.0	Hilfs- und Nebentätigkei-ten für den Verkehr; Ver-kehrsvermittlung	Zentrum für europäische Wirtschaftsfor-schung, www.zew.de: Branchenreport-Innovation	jährlich
63.30.1	Reisebüros	Deutscher Reisebüro- und Reiseveranstal-terverband, www.drv.de: Fakten und Zah-len zum deutschen Reisemarkt	jährlich
64.10.0	Postverwaltung und priva-te Post- und Kurierdienste	Zentrum für europäische Wirtschaftsfor-schung, www.zew.de: Branchenreport-Innovation	jährlich

Klassifi-kation	Branche	Infoquelle	Erscheinungs-weise
64.30.0	Fernmeldedienste	Zentrum für europäische Wirtschaftsfor-schung, www.zew.de: Branchenreport-Innovation	jährlich
65.00.0	Kreditgewerbe	Zentrum für europäische Wirtschaftsfor-schung, www.zew.de: Branchenreport-Innovation	jährlich
66.00.0	Versicherungsgewerbe	Zentrum für europäische Wirtschaftsfor-schung, www.zew.de: Branchenreport-Innovation	jährlich
67.00.0	Mit dem Kredit- und Ver-sicherungsgewerbe ver-bundene Tätigkeiten	Zentrum für europäische Wirtschaftsfor-schung, www.zew.de: Branchenreport-Innovation	jährlich
72.00.0	Datenverarbeitung und Datenbanken	Zentrum für europäische Wirtschaftsfor-schung, www.zew.de: Branchenreport-Innovation	jährlich
		ifo-Konjunkturumfrage DV-Dienstleister in ifo-Schnelldienst, www.ifo.de	quartalsweise
		Bundesverband Informationswirtschaft, Telekommunikation und neue Medien e.V., www.bitkom.org: Branchenentwicklung ITK-Markt	monatlich bis jährlich
73.00.0	Forschung und Entwick-lung	Zentrum für europäische Wirtschaftsfor-schung, www.zew.de: Branchenreport-Innovation	jährlich
74.10.0	Rechts-, Steuer- und Unternehmensberatung, Wirtschaftsprüfung, Buch-führung, Markt- und Mei-nungsforschung, Manage-menttätigkeiten von Hol-dinggesellschaften	Zentrum für europäische Wirtschaftsfor-schung, www.zew.de: Branchenreport-Innovation	jährlich
74.14.0	Unternehmens- und Public-Relations-Beratung	Bundesverband der Unternehmensberater, www.bdu.de: Facts & Ficures	jährlich
74.20.0	Architekten	Zentrum für europäische Wirtschaftsfor-schung, www.zew.de: Branchenreport-Innovation	jährlich
		ifo-Architektenumfrage in ifo-Schnelldienst, www.ifo.de	quartalsweise
74.30.0	Technische, physikalische und chemische Untersu-chung	Zentrum für europäische Wirtschaftsfor-schung, www.zew.de: Branchenreport-Innovation	jährlich

Klassifi-kation	Branche	Infoquelle	Erscheinungs-weise
74.40.0	Werbung	Zentrum für europäische Wirtschaftsfor-schung, www.zew.de: Branchenreport-Innovation	jährlich
74.50.0	Personal- und Stellenver-mittlung, Überlassung von Arbeitskräften	Zentrum für europäische Wirtschaftsfor-schung, www.zew.de: Branchenreport-Innovation	jährlich
74.60.0	Wach- und Sicherheits-dienste sowie Detekteien	Zentrum für europäische Wirtschaftsfor-schung, www.zew.de: Branchenreport-Innovation	jährlich
74.70.0	Reinigung von Gebäuden, Inventar und Verkehrs-mitteln	Zentrum für europäische Wirtschaftsfor-schung, www.zew.de: Branchenreport-Innovation	jährlich
		Zentralverband des deutschen Handwerks, www.zdh.de: Aktuelle Betriebszahlen, Strukturdaten und statistische Angaben zum Handwerk	jährlich
74.80.0	Erbringung von sonstigen wirtschaftlichen Dienst-leistungen, a.n.g.	Zentrum für europäische Wirtschaftsfor-schung, www.zew.de: Branchenreport-Innovation	jährlich
85.12.0	Arztpraxen (ohne Zahn-arztpraxen)	Kassenärztliche Bundesvereinigung, www.kbv.de: KBV Jahrbuch	jährlich
		Deutsches Ärzteblatt, www.aerzteblatt.de: Existenzgründungsanalyse von Ärzten	jährlich
85.13.0	Zahnarztpraxen	Kassenzahnärztliche Bundesvereinigung, www.kzbv.de: KZBV Jahrbuch	jährlich
		IDZ/Apobank, www.idz-koeln.de: Investitionen bei der zahnärztlichen Existenzgründung	jährlich
90.00.0	Abwasser- und Abfallbe-seitigung und sonstige Entsorgung	Zentrum für europäische Wirtschaftsfor-schung, www.zew.de: Branchenreport-Innovation	jährlich
92.10.0	Film- und Videoherstel-lung, -verleih und -ver-trieb; Kinos	Zentrum für europäische Wirtschaftsfor-schung, www.zew.de: Branchenreport-Innovation	jährlich
92.20.0	Rundfunkveranstalter, Herstellung von Hörfunk- und Fernsehprogrammen	Zentrum für europäische Wirtschaftsfor-schung, www.zew.de: Branchenreport-Innovation	jährlich
93.01.0	Wäscherei und chemi-sche Reinigung	Zentralverband des deutschen Handwerks, www.zdh.de: Aktuelle Betriebszahlen, Strukturdaten und statistische Angaben zum Handwerk	jährlich

1.3.5 Betriebsvergleich und Branchenkennzahlen der DATEV

Mit dem Programm „Betriebsvergleich" (VG) gibt es die Möglichkeit, für bei DATEV geführte Finanzbuchhaltungen einen externen (zwischenbetrieblichen) Vergleich durchzuführen. Es werden dabei die Durchschnittswerte der am DATEV-Betriebsvergleich teilnehmenden Betriebe einer Branche denen des Mandantenbetriebs gegenübergestellt und die Abweichungen errechnet. Für Betriebe, die nicht mit DATEV buchen, können ggf. die Buchhaltungszahlen vom Steuerberater in DATEV übernommen und für Vergleichszwecke an das Rechenzentrum geschickt werden.

Diese Vergleichsauswertungen liefern wichtige Informationen für den betriebswirtschaftlichen Entscheidungsprozess. Hauptvorteile sind die zeitnahe und die sehr differenzierte Auswertung nach branchenspezifischen Kontenrahmen, Größenklassen und sogar Bundesländern, sofern eine ausreichende Teilnehmerzahl vorliegt (siehe Abb. Monatsbetriebsvergleich).

Das Besondere am DATEV-Betriebsvergleich ist die Datenbasis (DATEV-FIBU mit SKR 01,02, 03, 04, 30, 70, 80, 81), die Datenaktualität und die Auswertungszeiträume.

Den Betriebsvergleich gibt es für drei Auswertungszeiträume:

- monatlich, ca. fünf Wochen nach Monatsende,
- vierteljährlich, ca. sechs Wochen nach Quartalsende,
- jährlich, ca. fünf Monate nach Jahresende.

Monats-, Quartals- und Jahresbetriebsvergleich werden dabei nach der Einrichtung automatisch und auf Anforderung (Abruf) durchgeführt und die Abweichungsrechnung erstellt.

2006 wurde das DATEV-Angebot „Branchenkennzahlen" auf die neue WZ 2003 umgestellt und nochmals verbessert und erweitert. Hier können die teilnehmenden Steuerberater unabhängig von einem konkreten Buchhaltungsbestand eines Mandanten schnell und unkompliziert für ca. 290 Branchen ein aktuelles Kostenstrukturprofil nach dem Grundschema der DATEV-BWA abrufen (vgl. Beispiel Auswertung DATEV-Branchenkennzahlen). Die Auswertungen im Detaillierungsgrad Branche/Umsatzklasse liegen schon etwa vier Wochen nach jedem Monatsende aktuell vor. Ein Vergleich mit dem Mandantenbetrieb oder die Einbindung in Planungsunterlagen ist über die Kopierfunktion in eine Excel-Datei oder direkt im DATEV-Programm Kanzlei-Rechnungswesen möglich.

Besonders wichtig sind diese aktuellen Auswertungen zur Früherkennung von Trends, was insbesondere in Branchen im Umbruch wichtig ist (z.B. aktuell Heilberufe/Gesundheitswesen). Die Branchenkennzahlen geben einen ersten Einblick. Betriebsvergleiche erlauben zusätzlich den Vergleich branchenspezifischer Kennzahlen wie Umsatz pro Sitzplatz (Gastronomie) oder Honorar je Fall (Ärzte).

Abb.: Beispiel DATEV-Betriebsvergleich

0029098 / 271
Branche: Test-Branche

Monatsbetriebsvergleich 6/2004 in €
SCHEMA: Branche

Seite 1
Erstellt am 04.10.2004
Teilnehmer: 89

	Juni Eigener Betrieb €	Juni Eigener Betrieb %	Juni Durchschnitt %	Juni Abweichung absolut	Januar–Juni Eigener Betrieb €	Januar–Juni Eigener Betrieb %	Januar–Juni Durchschnitt %	Januar–Juni Abweichung absolut
Umsatz (brutto)	256.210	131,3	128,3	3,0	1.383.534	133,4	129,4	44,0
Mehrwertsteuer	40.994	21,0	18,9	2,1	237.763	22,9	20,1	2,8
Skontoaufwendungen	20.120	10,3	9,4	0,9	108.648	10,5	9,3	1,2
Umsatz (netto)	195.096	100,0	100,0	0,0	1.037.123	100,0	100,0	0,0
Material, Stoffe u. Waren	56.210	28,8	26,1	2,7	382.228	36,9	31,2	5,7
Rohertrag	138.886	71,2	73,9	-2,7	654.895	63,1	68,8	-5,7
Skontoerträge	2.983	1,5	1,2	0,3	19.091	1,8	2,2	-0,4
Zwischensaldo 1	141.869	72,1	75,1	-2,4	673.986	65,0	66,6	-1,6
Personalkosten	43.787	22,4	30,4	-8,0	227.692	22,0	21,1	0,9
Miete	11.003	5,6	5,6	0,0	59.416	5,7	5,4	0,3
Sonst. Raumkosten	887	0,4	0,3	0,1	3.504	0,3	0,4	-0,1
Steuern/Betr./Vers.	1.321	0,7	0,8	-0,1	8.454	0,8	0,9	-0,1
Kfz-Kosten	8.642	4,4	3,1	1,3	57.901	5,6	5,7	-0,1
Werbe-/Reisekosten	6.891	3,5	3,0	0,5	35.833	3,5	3,9	-0,4
Warenabgabekosten	1.241	0,6	0,5	0,1	6.205	0,6	0,3	0,3
Zinsaufwand	8.741	4,5	5,6	-1,1	25.446	1,4	5,3	-3,9
Abschreibungen	2.361	1,2	2,4	-1,2	14.166	4,4	1,2	3,2
Inst.halt./Werkzeuge	7.412	3,8	3,5	0,3	45.213	4,4	4,0	0,4
Versched. Kosten	2.651	1,4	1,1	0,3	12.990	0,9	0,9	0,4
Gesamtkosten	94.737	48,6	57,0	-8,4	523.812	50,5	49,1	1,4
Zwischensaldo 2	47.132	24,2	18,1	6,1	150.165	14,5	17,5	-3,0
neutrale Aufwendungen	12.456	6,4	2,1	4,3	77.227	7,4	7,1	0,3
Vorläufiges Ergebnis	43.419	22,3	22,7	-0,4	114.904	11,1	14,9	-3,8
Kalk. Unternehmerlohn	4.000	2,1	2,8	-0,7	24.000	2,3	2,2	0,1
Kalk. Lohn unengt. Mit.	0	0,0	1,4	-0,8	0	0,0	0,0	0,0
Kalk. Zinsen	1.200	0,6	0,6	0,0	7.200	0,7	1,4	-0,7
Kalk. Miete	1.000	0,5	1,5	-1,0	6.000	0,6	1,5	-0,9
Kalk. Abschreibung	2.000	1,0	2,0	-1,0	12.000	1,2	1,2	0,0
Kalk. Kosten gesamt	8.200	4,2	7,7	-3,5	49.200	4,7	6,3	-1,6
Betriebsw. Ergebnis	35.219	18,1	15,0	3,1	16.504	1,6	8,6	-7,0
Statistische Werte								
Anzahl Mitarbeiter					10,0		12,8	-2,8
Umsatz je Mitarbeiter					103.712		117.187	-13.475
Anzahl Verkaufskräfte					4,0		4,6	-0,6
Umsatz je Verkaufskraft					259.281		326.087	-66.806
Umsatz je qm Verk. Raum					17.285		23.077	-5.791
Perskst je entgelt. Beschäft.					22.769		25.524	-2.755
Umsatz je EURO Personalkst.					6,0		4,7	+1,3

Aufgrund von Plausibilitätsprüfungen sind nicht in allen Positionen die gleiche Anzahl Teilnehmer enthalten.

= Ersatzwert wurde eingesetzt.   Quelle: DATEV Einleger Art.-Nr. 10174, Stand 10/2004.

Abb.: Beispiel DATEV-Branchenkennzahlen

Umsatzklasse: 180.000–300.000 € **Branchenkennzahlen V.1.4** 29.10.2006
Währung: Euro DATEV-BWA – September 2006
Branche: Praxen von Steuerberatern, Steuerberatungsgesellschaften

Bezeichnung	% Gesamtleistung September	% Gesamtleistung Januar–September
Umsatzerlöse	99,99	100,02
Best.Verdg. FE/UE	0,01	–0,02
Akt.Eigenleistungen	0,00	0,00
Gesamtleistung	**18.350,22**	**178.442,21**
Mat. Stoffe u. Waren	1,30	1,17
Rohertrag	**98,70**	**98,83**
So. betr. Erlöse	1,23	1,23
Betriebl. Rohertrag	**99,94**	**100,06**
Kostenarten:		
Personalkosten	38,92	38,23
Raumkosten	6,01	5,75
Betriebl. Steuern	0,09	0,12
Versich./Beiträge	0,80	1,72
Besondere Kosten	1,21	1,43
Kfz-Kosten (o. St.)	1,98	2,26
Werbe-/Reisekosten	1,05	1,00
Kosten Warenabgabe	1,76	1,74
Abschreibungen	1,98	1,97
Reparatur/Instandh.	0,73	0,82
Sonstige Kosten	7,82	7,95
Gesamtkosten	**62,34**	**62,98**
Betriebsergebnis	**37,60**	**37,08**
Zinsaufwand	1,67	1,45
Sonst. neutr. Aufwand	0,10	0,11
Neutraler Aufwand	**1,77**	**1,56**
Zinserträge	0,07	0,10
Sonst. neutr. Ertrag	0,39	0,62
Verr. kalk. Kosten	0,17	0,22
Neutraler Ertrag	**0,64**	**0,94**
Freie Kontenklassen	0,00	0,00
Ergebnis vor Steuern	**36,47**	**36,46**
Steuern Eink.u.Ertrag	0,28	0,22
Vorläufiges Ergebnis	**36,19**	**36,24**

1.3.6 Umrechnungshilfen bei der Verwendung von Kennzahlen aus verschiedenen Quellen

1.3.6.1 Umrechnung von Rohgewinnsätzen in Rohgewinnaufschlagsätze und umgekehrt

Die **Kalkulation** vor Ort erfolgt häufig als Zuschlagskalkulation: Das heißt, auf einen bestimmten Wareneinsatz wird zur Ermittlung des Verkaufspreises ein bestimmter Zuschlag vorgenommen („Rohgewinnaufschlagsatz"). Wird dies durchgängig durchgehalten, dann muss sich dies in einem entsprechenden Rohgewinn widerspiegeln, d.h., der Rohgewinnsatz muss dem Rohgewinnaufschlagsatz entsprechen.

Beispiel

Der Einzelhändler Schnell gibt an, dass er auf alle Waren zur Ermittlung des Verkaufspreises einen Aufschlag von 80 % des Einkaufspreises zzgl. Mehrwertsteuer vornimmt. Der Rohgewinn müsste dann 44,44 % vom Umsatz betragen:

	T€	%
Wareneinkauf	100	100,00
+ Aufschlag	80	80,00
= Umsatz (netto)	180	180,00
Umsatz	180	100,00
– Wareneinsatz	100	55,56
Rohgewinn	80	44,44

Der Zusammenhang ist nachfolgend aus Tabelle 2 ablesbar.

Tabelle 1

Umrechnung der Rohgewinnsätze in Rohgewinnaufschlagsätze

Es entspricht		Es entspricht		Es entspricht	
ein Rohgewinn-satz in % des Umsatzes von	einem Rohge-winnaufschlag-satz in % des Warenein-satzes bzw. des Waren- und Materialein-satzes von	ein Rohgewinn-satz in % des Umsatzes von	einem Rohge-winnaufschlag-satz in % des Warenein-satzes bzw. des Waren- und Materialein-satzes von	ein Rohgewinn-satz in % des Umsatzes von	einem Rohge-winnaufschlag-satz in % des Warenein-satzes bzw. des Waren- und Materialein-satzes von
1	1,01	34	51,52	67	203,03
2	2,04	35	53,85	68	212,50
3	3,09	36	56,25	69	222,58
4	4,17	37	58,73	70	233,33
5	5,26	38	61,29	71	244,83
6	6,38	39	63,93	72	257,14
7	7,53	40	66,67	73	270,37
8	8,70	41	69,49	74	284,62
9	9,89	42	72,41	75	300,00
10	11,11	43	75,44	76	316,67
11	12,36	44	78,57	77	334,78
12	13,64	45	81,82	78	354,55
13	14,94	46	85,19	79	376,19
14	16,28	47	88,68	80	400,00
15	17,65	48	92,31	81	426,32
16	19,05	49	96,08	82	455,56
17	20,48	50	100,00	83	488,24
18	21,95	51	104,08	84	525,00
19	23,46	52	108,33	85	566,67
20	25,00	53	112,77	86	614,29
21	26,58	54	117,39	87	669,23
22	28,21	55	122,22	88	716,67
23	29,87	56	127,27	89	809,09
24	31,58	57	132,56	90	900,00
25	33,33	58	138,10	91	1.011,11
26	35,14	59	143,90	92	1.150,00
27	36,99	60	150,00	93	1.328,57
28	38,89	61	156,41	94	1.566,67
29	40,85	62	163,16	95	1.900,00
30	42,86	63	170,27	96	2.400,00
31	44,93	64	177,78	97	3.233,33
32	47,06	65	185,71	98	4.900,00
33	49,25	66	194,12	99	9.900,00
33 1/3	50,00	66 2/3	200,00		

Tabelle 2

Umrechnung der Rohgewinnaufschlagsätze in Rohgewinnsätze

Es entspricht		Es entspricht		Es entspricht	
einem Rohgewinnaufschlagsatz in % des Wareneinsatzes bzw. des Waren und Materialeinsatzes von	ein Rohgewinnsatz in % des Umsatzes von	einem Rohgewinnaufschlagsatz in % des Wareneinsatzes bzw. des Waren und Materialeinsatzes von	ein Rohgewinnsatz in % des Umsatzes von	einem Rohgewinnaufschlagsatz in % des Wareneinsatzes bzw. des Waren und Materialeinsatzes von	ein Rohgewinnsatz in % des Umsatzes von
0,99	1	25,37	34	40,12	67
1,96	2	25,93	35	40,48	68
2,19	3	26,47	36	40,83	69
3,85	4	27,01	37	41,18	70
4,76	5	27,54	38	41,52	71
5,66	6	28,06	39	41,86	72
6,54	7	28,57	40	42,20	73
7,41	8	29,08	41	42,53	74
8,26	9	29,58	42	42,86	75
9,09	10	30,07	43	43,18	76
9,91	11	30,56	44	43,50	77
10,71	12	31,03	45	43,82	78
11,50	13	31,51	46	44,13	79
12,28	14	31,97	47	44,44	80
13,04	15	32,43	48	44,75	81
13,79	16	32,89	49	45,05	82
14,53	17	33,33	50	45,36	83
15,25	18	33,77	51	45,65	84
15,97	19	34,21	52	45,95	85
16,67	20	34,64	53	46,24	86
17,36	21	35,06	54	46,52	87
18,03	22	35,48	55	46,81	88
18,07	23	35,90	56	47,09	89
19,35	24	36,31	57	47,37	90
20,00	25	36,71	58	47,64	91
20,63	26	37,11	59	47,92	92
21,26	27	37,50	60	48,19	93
21,88	28	37,89	61	48,45	94
22,48	29	38,27	62	48,72	95
23,08	30	38,65	63	48,98	96
23,66	31	39,02	64	49,24	97
24,24	32	39,39	65	49,49	98
24,81	33	39,76	66	49,75	99
25,00	33 1/3	40,00	66 2/3	50,00	100

1.3.6.2 Umrechnungsformeln: Rohgewinn/Handelsspanne/Kalkulationsaufschlag

Ausgangsgröße ist der Rohgewinn, der wie folgt definiert ist:

Umsatz in €

– Wareneinsatz in €

= Rohgewinn in €

Aus dieser Relation zwischen Umsatz und Wareneinsatz leiten sich der Aufschlagsatz und die Handelsspanne ab, die jeweils nur eine andere Seite derselben Relation wiedergeben und daher auch entsprechend umgerechnet werden können. Die Formeln sind nachstehend wiedergegeben.

$$\text{Aufschlagsatz in \%} = \frac{\text{Rohgewinn}}{\text{Wareneinsatz}} \times 100$$

Der **Aufschlagsatz** wird auch als **Kalkulationsaufschlag** oder **Rohaufschlag** bezeichnet.

$$\text{Handelsspanne in \%} = \frac{\text{Rohgewinn}}{\text{Umsatz}} \times 100$$

Die **Handelsspanne** ist eine andere Form der Messung des Kalkulationsaufschlags. Hier wird der Rohgewinn ins Verhältnis zum Umsatz gesetzt. Die Handelsspanne wird auch als „**Rohgewinnsatz**" bezeichnet.

Umrechnung von Aufschlagsätzen in Handelsspannen:

$$\text{Aufschlagsatz} = \text{Handelsspanne} \times \frac{\text{Umsatz}}{\text{Wareneinsatz}}$$

$$\text{Handelsspanne} = \text{Aufschlagsatz} \times \frac{\text{Wareneinsatz}}{\text{Umsatz}}$$

1.3.6.3 Umrechnung der Kennzahlen des Instituts für Handelsforschung in Richtsatzwerte

Die Branchenkennzahlen aus verschiedenen statistischen Erhebungen werden häufig nach unterschiedlichen Kriterien ermittelt. Die Eingangsgrößen sind unterschiedlich definiert. Kosten und Ertragswerte werden unterschiedlich zusammengefasst und zugeordnet. Um die Vergleichbarkeit zwischen den Richtsätzen der Finanzverwaltung und den Kennzahlen des Instituts für Handelsforschung aus dem Einzelhandelsbetriebsvergleich herzustellen, hatte die Finanzverwaltung eine vereinfachte Umrechnungsformel entwickelt. Da die Zahlen jetzt nicht mehr öffentlich sind, wird auf eine Wiedergabe hier verzichtet. Gegebenenfalls kann auf die Vorauflagen zurückgegriffen werden.

Erwähnt sei hier allerdings ein Hauptmerkmal, auf das bei Betriebsvergleichen im (Einzel-)Handel zu achten ist: Häufig wird hier mit Brutto-Umsatzzahlen einschließlich Mehrwertsteuer und unentgeltliche Wertabgaben (Sachentnahmen des Unternehmers) gerechnet. Man spricht dann vom „Absatz". Will man aus dem Absatz den wirtschaftlichen (Netto-)Umsatz ohne Mehrwertsteuer berechnen, so sind zunächst die Sachentnahmen (unentgeltliche Wertangaben) herauszurechnen. Die Umrechnung erfolgt dann aus dem (bereinigten) Absatz nach folgender Formel:

$$\text{Wirtschaftlicher Umsatz} = \text{Absatz} \times \frac{100 - \text{Mehrwertsteuerinkasso}}{100}$$

$$= \frac{\text{Absatz}}{\text{steuerl. Faktor}}$$

Danach errechnet sich der Absatz aus dem wirtschaftlichen Umsatz wie folgt:

$$\text{Absatz} = \text{wirtschaftlicher Umsatz} \times \frac{100}{100 - \text{Mehrwertsteuerinkasso}}$$

Steuerlicher Umrechnungsfaktor

Daraus ergibt sich folgender steuerlicher (Umrechnungs-)Faktor:

$$\text{steuerlicher Faktor} = \frac{100}{100 - \text{Mehrwertsteuerinkasso}}$$

Wird z.B. die Betriebshandelsspanne in Prozent vom Absatz angegeben, so kann die Betriebshandelsspanne durch Multiplikation mit dem steuerlichen Faktor direkt in den Rohgewinn I laut Richtsatzsammlung umgerechnet werden:

Betriebshandelsspanne lt. Institut für Handelsforschung	x Steuerlicher Faktor =	Vergleichswert zu Rohgewinn I der Richtsatzsammlung der Finanzverwaltung (Mittelwert)

Da auch im Handel heute teilweise das Rechnen mit Nettoumsätzen üblich ist, wurden einige Auswertungen des IfH inzwischen umgestellt (z.B. Sortimentsbuchhandel und Naturkost-/Naturwaren-Einzelhandel). Bei Vergleichswerten im Einzelhandel ist daher auf jeden Fall immer zu prüfen, ob auf Nettoumsatzbasis oder ausgehend vom Absatz (= Bruttoumsatz einschl. Mehrwertsteuerinkasso) gerechnet wurde (vgl. auch Sondermann, Ergebnisse des Jahresbetriebsvergleichs im Einzelhandel für das Jahr 2001, Handel im Focus Heft IV/2002, 306).

2 Branchen-ABC: Die wichtigsten Zahlen

2.1 Benutzerhinweise

Die erfassten Branchen sind in Hauptgruppen zusammengefasst, um z.b. auch einen schnellen Quervergleich zwischen verwandten Branchen und Tätigkeiten zu ermöglichen (z.b. die vielfältigen Spezialisierungen im Maschinenbau). Teilweise werden gleiche Tatbestände auch regional unterschiedlich benannt (z.b. Fleischer und Metzger). Manche Spezialisierungen treten auch typischerweise häufig in Kombinationen mit anderen Sortimenten auf (z.b. Haushaltswaren, Geschenkartikel, Glas- und Keramikwaren).

Dabei umfassen die Hauptgruppen i.d.R. Einzelhandel, Handwerk und Herstellung, da hier im Mittelstand die Grenzen oft fließend sind bzw. Mischformen vorkommen. Der Großhandel dagegen bildet ein gesondertes Stichwort, dem nochmals eine alphabetische Übersicht über alle Einzelspezialisierungen vorangestellt ist. Zusätzliche (Bilanz-)Kennzahlen aus dem verarbeitenden Gewerbe und den unternehmensnahen Dienstleistungen enthält Teil 4.1.

Einzelne Spezialisierungen und Branchen finden Sie über das Stichwortverzeichnis. Einen Überblick über die gebildeten Hauptgruppen verschaffen Sie sich im Inhaltsverzeichnis. Für die eindeutige Zuordnung wird nach Möglichkeit auf die Branchennummern lt. WZ 2003 (vgl. S. 612) zurückgegriffen. Die Betriebstypen gem. Handwerksordnung finden Sie ab S. 666 und die Zuordnungen für die Richtsatzsammlung sind ab S. 659 dargestellt. Diese Zuordnungen und die hierfür erhobenen Zahlen treffen vor allem in den Betriebsgrößen bis 20 Mitarbeitern häufig eher die tatsächlichen Verhältnisse.

Soweit (noch) getrennt verfügbar, sind die Kennzahlen für die alten Bundesländer mit „ABL" und für die neuen Bundesländer mit „NBL" überschrieben.

Neu hinzugekommen sind u.a. Branchen, wie: Call Center, Sekretariats-, Schreib- und Übersetzungsbüros sowie Film- und Videoherstellung, -vertrieb, -verleih und Kinos.

Einige Branchen wurden jetzt unter einem neuen Stichwort zusammengefasst. So finden Sie z.B. unter dem Hauptstichwort „Speditionen, Lagereien, Logistik, Kurierdienste" die Branchendaten des „Fuhrgewerbes" wieder.

2.2 Hauptstichworte

2.2.1 Abfüll- und Verpackungsgewerbe

| Strukturerhebung im Dienstleistungsbereich* | 74.82.0 Abfüll- und Verpackungsgewerbe |

	2003			2004		
	Gesamt	Umsatz ab 250 T€	Umsatz unter 250 T€	Gesamt	Umsatz ab 250 T€	Umsatz unter 250 T€
Gesamtbranche:						
Gesamtumsatz der Branche (Marktvolumen) in €[1]	1.346.490.000	1.307.774.000	38.716.000	1.440.897.000	1.402.788.000	38.109.000
Anzahl der Unternehmen	804	446	358	830	474	356
Anzahl der Beschäftigten	28.010	25.448	2.562	30.081	27.299	2.782
davon Lohn- und Gehaltsempfänger	27.121	24.927	2.194	28.903	26.463	2.440
je Unternehmen:						
Beschäftigte am 30.09.[2]	34,8	57,1	7,2	36,2	57,6	7,8
davon Lohn- und Gehaltsempfänger	33,7	55,9	6,1	34,8	55,8	6,9
Umsatz in €[3]	1.674.739	2.932.229	108.145	1.736.020	2.959.468	107.048
Investitionen in €[4]	67.000	117.372	k.A.	62.000	105.719	k.A.
Personalaufwand in %[5]	32,90	32,94	k.A.	34,90	34,91	k.A.
Sachaufwand in %[5]	48,90	49,38	k.A.	51,80	52,60	k.A.
Betriebliche Steuern und Abgaben in %[5]	0,98	0,96	k.A.	0,84	0,84	k.A.
Personalkosten je entgeltlich Beschäftigten in €[6]	13.434	17.283	k.A.	14.259	18.504	k.A.

* Veröffentlichung des Statistischen Bundesamtes, Fachserie 9, Reihe 2, zuletzt für 2004 im August 2006; eigene Berechnungen.
1) Netto ohne Mehrwertsteuer einschließlich sonstige betriebliche Erträge.
2) Selbständige, mithelfende Familienangehörige, Lohn- und Gehaltsempfänger.
3) Netto ohne Mehrwertsteuer einschließlich sonstige betriebliche Erträge.
4) Einschließlich selbsterstellte Anlagen.
5) Vom Umsatz.
6) Bruttolöhne und -gehälter einschließlich Sozialaufwendungen Arbeitgeber je Lohn- und Gehaltsempfänger.

2.2.2 Antiquitäten, Kunstgegenstände

Vergleichswerte Handel 52.50.0 Einzelhandel mit Antiquitäten und Gebrauchtwaren (in Verkaufsräumen)

KOSTENSTRUKTUR	Beschäftigte 1-2 €	%	Beschäftigte 3-5 €	%	Beschäftigte 6-19 €	%	Beschäftigte 20 und mehr €	%	Beschäftigte insgesamt €	%
1. Umsatz je Unternehmen	77.000,00	100,0	166.000,00	100,0	699.000,00	100,0	8.185.000,00	100,0	167.000,00	100,0
2. Wareneinsatz	38.731,00	50,3	96.446,00	58,1	392.139,00	56,1	5.664.020,00	69,2	94.856,00	56,8
3. *Rohertrag 1 minus 2*	38.269,00	49,7	69.554,00	41,9	306.861,00	43,9	2.520.980,00	30,8	72.144,00	43,2
4. übrige Aufwendungen*	19.789,00	25,7	69.554,00	41,9	257.232,00	36,8	1.980.770,00	24,2	56.112,00	33,6
5. *Überschuss 3 minus 4*	18.480,00	24,0	0,00	0,0	49.629,00	7,1	540.210,00	6,6	16.032,00	9,6

Weitere Kennzahlen

	Beschäftigte 1-2	Beschäftigte 3-5	Beschäftigte 6-19	Beschäftigte 20 und mehr	Beschäftigte insgesamt
Umsatz je Beschäftigten in €	58.000,00	53.000,00	69.000,00	131.000,00	63.000,00
Anzahl der Beschäftigten	1,3	3,1	10,1	62,5	2,7
Anzahl der Unternehmen	3.039	1.570	322	13	4.944

* Ohne Fremdkapitalzinsen.

Vergleichswerte aus der letzten Kostenstrukturstatistik des Statistischen Bundesamtes 2006 (Erhebungszeitraum 2003) – Fachserie 6, Reihe 4.

2.2.3 Apotheken, Pharmazie

Richtsätze 2005 – Apotheken (Gewerbeklasse 52.31.0)

	Deutschland	eigener Betrieb
Rohgewinn I	28–33 31	
Rohgewinn II	–	
Halbreingewinn	18–26 22	
Reingewinn	6–14 10	
Rohgewinnaufschlag	39–49 45	

Vergleichswerte Handel — 52.30.0 Apotheken; Facheinzelhandel mit medizinischen und kosmetischen Artikeln (in Verkaufsräumen)

KOSTENSTRUKTUR	Beschäftigte 1-2		Beschäftigte 3-5		Beschäftigte 6-19		Beschäftigte 20 und mehr		Beschäftigte insgesamt	
	€	%	€	%	€	%	€	%	€	%
1. Umsatz je Unternehmen	233.000,00	100,0	593.000,00	100,0	1.462.000,00	100,0	12.715.000,00	100,0	1.593.000,00	100,0
2. Wareneinsatz	152.615,00	65,5	412.135,00	69,5	1.016.090,00	69,5	8.468.190,00	66,6	1.091.205,00	68,5
3. *Rohertrag 1 minus 2*	80.385,00	34,5	180.865,00	30,5	445.910,00	30,5	4.246.810,00	33,4	501.795,00	31,5
4. übrige Aufwendungen*	43.338,00	18,6	117.414,00	19,8	274.856,00	18,8	4.056.085,00	31,9	369.576,00	23,2
5. *Überschuss 3 minus 4*	37.047,00	15,9	63.451,00	10,7	171.054,00	11,7	190.725,00	1,5	132.219,00	8,3
Weitere Kennzahlen										
Umsatz je Beschäftigten in €	153.000,00		149.000,00		151.000,00		117.000,00		138.000,00	
Anzahl der Beschäftigten	1,5		4,0		9,7		108,7		11,5	
Anzahl der Unternehmen	3.279		5.790		16.176		1.111		26.336	

Vergleichswerte Handel — 52.31.0 Apotheken

KOSTENSTRUKTUR	Beschäftigte 1-2		Beschäftigte 3-5		Beschäftigte 6-19		Beschäftigte 20 und mehr		Beschäftigte insgesamt	
	€	%	€	%	€	%	€	%	€	%
1. Umsatz je Unternehmen	523.000,00	100,0	787.000,00	100,0	1.541.000,00	100,0	4.298.000,00	100,0	1.442.000,00	100,0
2. Wareneinsatz	370.807,00	70,9	562.705,00	71,5	1.084.864,00	70,4	3.068.772,00	71,4	1.018.052,00	70,6
3. *Rohertrag 1 minus 2*	152.193,00	29,1	224.295,00	28,5	456.136,00	29,6	1.229.228,00	28,6	423.948,00	29,4
4. übrige Aufwendungen*	86.818,00	16,6	133.790,00	17,0	274.298,00	17,8	833.812,00	19,4	256.676,00	17,8
5. *Überschuss 3 minus 4*	65.375,00	12,5	90.505,00	11,5	181.838,00	11,8	395.416,00	9,2	167.272,00	11,6
Weitere Kennzahlen										
Umsatz je Beschäftigten in €	305.000,00		187.000,00		158.000,00		157.000,00		162.000,00	
Anzahl der Beschäftigten	1,7		4,2		9,7		27,4		8,9	
Anzahl der Unternehmen	856		3.741		14.420		635		19.652	

* Ohne Fremdkapitalzinsen.
Vergleichswerte aus der letzten Kostenstrukturstatistik des Statistischen Bundesamtes 2006 (Erhebungszeitraum 2003) – Fachserie 6, Reihe 4.

Entwicklung der Zahl der Apotheken – bundesweit

Jahr	Zahl der Apotheken	Neugründungen	Schließungen	Einwohner je Apotheke
1992	20.350	–	–	3.590
1993	20.648	–	–	3.600
1994	21.084	423	168	3.890
1995	21.119	372	156	3.870
1996	21.290	309	138	3.850
1997	21.457	282	115	3.820
1998	21.556	257	158	3.800
1999	21.590	191	157	3.800
2000	21.592	187	185	3.800
2001	21.569	186	209	3.810
2002	21.465	140	244	3.840
2003	21.305	122	282	3.875
2004	21.392	343	256	3.858
2005	21.476	326	242	3.842

Quelle: Bundesvereinigung Deutscher Apothekerverbände, www.abda.de.

Zahl der Apotheken in den Bundesländern zum 31.12.2005

Land	öffentliche Apotheken	darunter: Filialapotheken	darunter Einzelapotheken*
Baden-Württemberg	2.777	144	2.633
Bayern	3.416	202	3.214
Berlin	872	58	814
Brandenburg	545	50	495
Bremen	176	11	165
Hamburg	459	26	433
Hessen	1.631	79	1.552
Mecklenburg-Vorpommern	396	27	369
Niedersachsen	2.113	124	1.989
Nordrhein	2.512	109	2.403
Westfalen-Lippe	2.246	146	2.100
Rheinland-Pfalz	1.138	43	1.095
Saarland	352	13	339
Sachsen	958	81	877
Sachsen-Anhalt	604	51	553
Schleswig-Holstein	721	22	699
Thüringen	560	42	518
Insgesamt	21.476	1.228	20.248

* Apotheken mit Betriebserlaubnis nach § 2 Abs. 1 Apothekengesetz.
Quelle: Bundesvereinigung Deutscher Apothekerverbände, www.abda.de.

Kostenstruktur im Produzierenden Gewerbe*	24.40.0 Herstellung von pharmazeutischen Erzeugnissen

Nr. WZ 2003	Branchenbezeichnung	Bruttoproduktions-wert[1] je Beschäftigten in €	Materialverbrauch, Einsatz an Handelsware und Anschaffungskosten, Kosten für Lohnarbeiten (davon Lohnarbeiten) in % der Gesamtleistung[1]	Personalkosten einschl. gesetzlicher und freiwilliger Sozialaufwand in % der Gesamtleistung[1]
24.40.0	Herstellung von pharmazeutischen Erzeugnissen**	267.833	35,6 (2,5)	23,3
24.41.0	Herstellung von pharmazeutischen Grundstoffen	200.076	37,6 (0,8)	27,8
24.42.0	Herstellung von pharmazeutischen Spezialitäten und sonstigen pharmazeutischen Erzeugnissen	270.467	35,6 (2,5)	23,2

Kostenstruktur im Produzierenden Gewerbe*	24.40.0 Herstellung von pharmazeutischen Erzeugnissen

Kennzahl	Beschäftigte von ... bis ...						
	20–49	50–99	100–249	250–499	500–999	1.000 und mehr	insgesamt
Materialverbrauch, Einsatz von Handelsware zu Anschaffungskosten (davon Lohnarbeiten) in % der Gesamtleistung[1]	35,3 (3,2)	37,2 (1,6)	41,3 (1,6)	44,4 (3,2)	40,4 (4,4)	32,6 (2,1)	35,6 (2,5)
Personalkosten einschließlich gesetzlicher und freiwilliger Sozialaufwand in % der Gesamtleistung[1]	26,3	19,2	22,7	25,0	24,3	23,1	23,3
Bruttoproduktionswert[1] je Beschäftigten in €	141.311	228.295	203.514	211.233	241.735	302.820	267.833

*   Quelle: Statistisches Bundesamt 2006 (Erhebungszeitraum 2004) – Fachserie 4, Reihe 4.3.
**   Siehe auch jeweilige Kostenstrukturerhebung nach Beschäftigtengrößenklassen.
1)   = „Bruttoproduktionswert" = Gesamtumsatz ohne Umsatzsteuer plus/minus Bestandsveränderungen an fertigen und unfertigen Erzeugnissen aus eigener Produktion plus selbsterstellte Anlagen.

2.2.4 Arbeitskräfteüberlassung

Strukturerhebung im Dienstleistungsbereich*	74.50.0 Personal- und Stellen- vermittlung; Überlassung von Arbeitskräften

	2000 Gesamt	2003 Gesamt	2003 Umsatz ab 250 T€	2003 Umsatz unter 250 T€	2004 Gesamt	2004 Umsatz ab 250 T€	2004 Umsatz unter 250 T€
Gesamtbranche:							
Gesamtumsatz der Branche (Marktvolumen) in €¹⁾	6.549.471.000	7.567.883.000	7.466.980.000	100.873.000	9.876.835.000	9.763.361.000	113.474.000
Anzahl der Unternehmen	2.022	3.710	2.628	1.082	4.068	2.941	1.127
Anzahl der Beschäftigten	213.839	278.668	275.123	3.535	362.180	358.564	3.616
davon Lohn- und Gehaltsempfänger	204.210	275.166	272.474	2.692	354.662	351.792	2.870
je Unternehmen:							
Beschäftigte am 30.09.²⁾	105,8	75,1	104,7	3,3	89,0	121,9	3,2
davon Lohn- und Gehaltsempfänger	101,0	74,2	103,7	2,5	87,2	119,6	2,5
Umsatz in €³⁾	3.239.105	2.039.853	2.841.317	93.228	2.427.934	3.319.742	100.687
Investitionen in €⁴⁾	47.427	26.000	35.365	k.A.	23.000	29.919	k.A.
Personalaufwand in %⁵⁾	72,24	73,10	73,56	k.A.	70,80	71,10	k.A.
Sachaufwand in %⁵⁾	17,12	15,10	14,93	k.A.	17,10	16,98	k.A.
Betriebliche Steuern und Abgaben in %⁵⁾	1,18	0,93	1,24	k.A.	1,11	1,09	k.A.
Personalkosten je entgeltlich Beschäftigten in €⁶⁾	23.170	16.411	20.158	k.A.	16.213	19.733	k.A.

* Veröffentlichung des Statistischen Bundesamtes, Fachserie 9, Reihe 2, zuletzt für 2004 im August 2006; eigene Berechnungen.
1) Netto ohne Mehrwertsteuer einschließlich sonstige betriebliche Erträge.
2) Selbständige, mithelfende Familienangehörige, Lohn- und Gehaltsempfänger.
3) Netto ohne Mehrwertsteuer einschließlich sonstige betriebliche Erträge.
4) Einschließlich selbsterstellte Anlagen.
5) Vom Umsatz.
6) Bruttolöhne und -gehälter einschließlich Sozialaufwendungen Arbeitgeber je Lohn- und Gehaltsempfänger.

2.2.5 Ärzte

Der Gesundheitsmarkt ist im Umbruch. Besonders deutlich wird inzwischen, dass es Nachwuchssorgen gibt. Für bestehende Praxen stellt sich zunehmend auch die persönliche Zukunftsfrage. Im Trend liegt die Einbringung/Umwandlung in ein MVZ (Medizinisches Versorgungszentrum). Im Sommer 2006 gab es bereits rd. 500 MVZ mit ca. 2.000 angestellten Ärzten. Die nachfolgenden Strukturdaten zeigen den (Alters-)Druck ganz deutlich.

Nachfolgend sind dann die Finanzierungsdaten zur Praxisgründung und Übernahme dargestellt und anschließend die endlich erschienenen Kostenstrukturdaten des statistischen Bundesamtes.

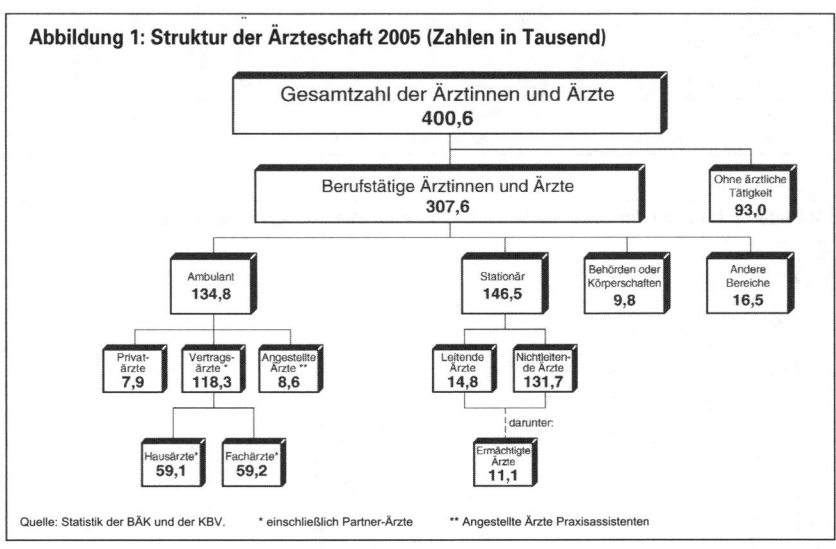

Abbildung 1: Struktur der Ärzteschaft 2005 (Zahlen in Tausend)

Gesamtzahl der Ärztinnen und Ärzte
400,6

Berufstätige Ärztinnen und Ärzte
307,6

Ohne ärztliche Tätigkeit
93,0

Ambulant
134,8

Stationär
146,5

Behörden oder Körperschaften
9,8

Andere Bereiche
16,5

Privatärzte
7,9

Vertragsärzte *
118,3

Angestellte Ärzte **
8,6

Leitende Ärzte
14,8

Nichtleitende Ärzte
131,7

Hausärzte*
59,1

Fachärzte*
59,2

darunter:

Ermächtigte Ärzte
11,1

Quelle: Statistik der BÄK und der KBV.   * einschließlich Partner-Ärzte   ** Angestellte Ärzte Praxisassistenten

Abbildung 2: Durchschnittsalter der Ärzte

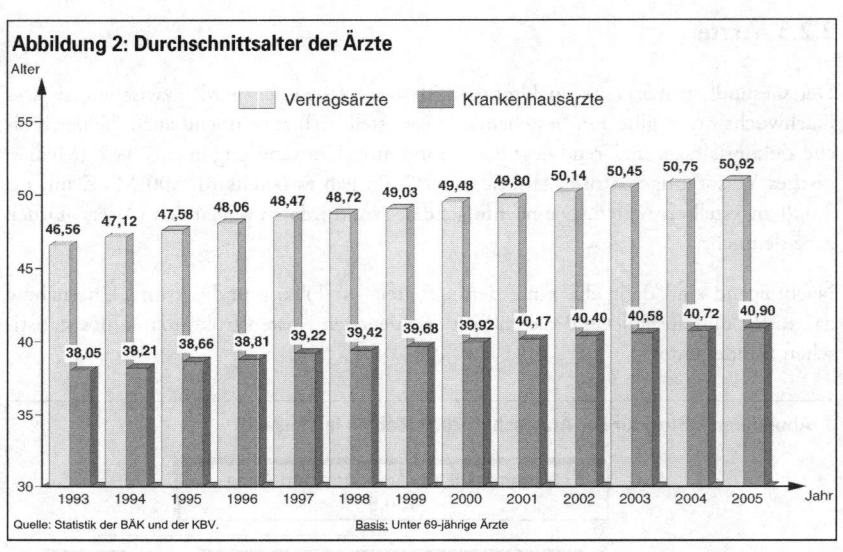

Quelle: Statistik der BÄK und der KBV.   Basis: Unter 69-jährige Ärzte

Abbildung 3: Anteil der unter 35-jährigen Ärzte an allen berufstätigen Ärzten

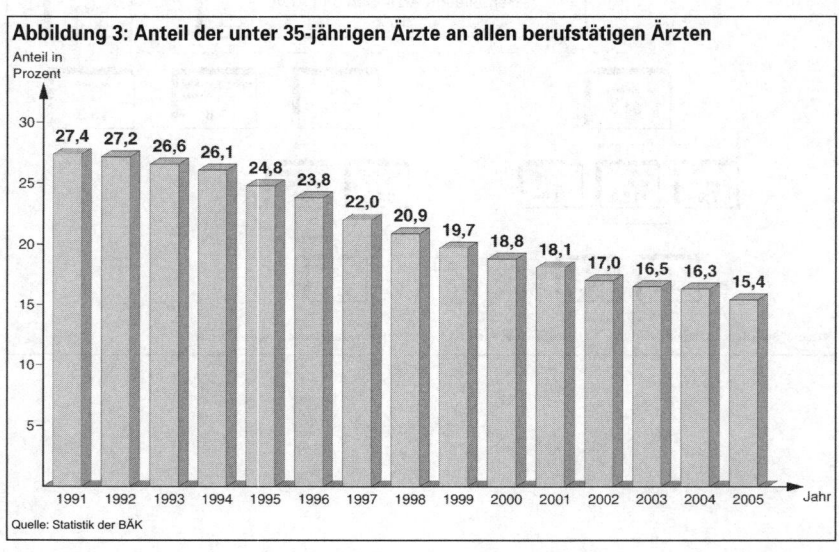

Quelle: Statistik der BÄK

Abbildung 4: Entwicklung der Zahl der Studierenden* im Fach Humanmedizin

Entwicklung der Zahl der Absolventen im Fach Humanmedizin

Quelle: Statistisches Bundesamt

Finanzierungsbedarf bei Neugründung einer Einzelpraxis nach Arztgruppen

Arztgruppe	Gesamtfinanzierung in €					
	2000/2001		2002/2003		2004/2005	
	ABL	NBL	ABL	NBL	ABL	NBL
Allgemeinärzte	122.214	86.043	115.546	111.905	115.023	99.267
Anästhesisten	–	–	106.972	–	71.583	–
Augenärzte	292.890	–	197.260	–	227.720	–
Chirurgen	232.311	–	286.150	–	207.862	–
Gynäkologen	154.098	–	181.292	–	157.833	–
HNO–Ärzte	226.860	–	193.031	–	–	–
Hautärzte	154.308	–	205.456	–	–	–
Internisten	246.766	153.958	254.273	137.862	206.890	157.129
Kinderärzte	134.157	–	84.433	–	126.127	–
Nervenärzte/ Neurologen	99.221	125.727	119.532	60.217	76.382	–
Orthopäden	203.764	168.921	236.064	221.740	180.438	192.011
Psychotherapeuten/ Psychiater	43.899	32.671	48.326	29.257	47.873	30.207
Urologen	–	–	228.833	158.180	210.100	–

Arztgruppe	Betriebsmittelkredit in €				Bau- und Umbaukosten in €			
	2002/2003		2004/2005		2002/2003		2004/2005	
	ABL	NBL	ABL	NBL	ABL	NBL	ABL	NBL
Allgemeinärzte	35.560	22.526	38.222	30.006	19.128	58.933	19.674	15.000
Anästhesisten	24.600	–	24.333	–	20.433	–	–	–
Augenärzte	47.100	–	49.200	–	18.250	–	50.000	–
Chirurgen	65.682	–	55.677	–	74.433	–	43.375	–
Gynäkologen	48.769	–	45.355	–	34.750	–	17.500	–
HNO–Ärzte	45.615	–	–	–	64.375	–	–	–
Hautärzte	47.889	–	–	–	53.167	–	–	–
Internisten	68.138	34.091	53.500	46.357	83.376	15.063	43.500	3.000
Kinderärzte	27.778	–	29.670	–	10.833	–	34.213	–
Nervenärzte/ Neurologen	35.929	23.333	27.660	–	27.342	5.000	6.400	–
Orthopäden	57.154	53.200	50.967	48.425	82.400	8.000	45.971	15.450
Psychotherapeuten/ Psychiater	18.171	10.333	18.105	12.680	25.133	–	11.142	3.450
Urologen	52.167	45.000	59.400	–	72.167	37.333	52.333	–

Quelle: Existenzgründungsanalyse von Ärzten, www.zi-berlin.de.

Finanzierungsbedarf bei Übernahme einer Einzelpraxis nach Arztgruppen

Arztgruppe	Gesamtfinanzierung in €					
	2000/2001		2002/2003		2004/2005	
	ABL	NBL	ABL	NBL	ABL	NBL
Allgemeinärzte	160.783	93.807	167.251	101.832	141.935	98.340
Anästhesisten	–	–	116.900	–	107.700	–
Augenärzte	212.595	164.105	224.865	189.500	246.160	169.400
Chirurgen	280.050	225.582	306.833	192.140	270.698	–
Gynäkologen	222.358	187.231	239.107	153.161	216.396	140.171
HNO–Ärzte	242.699	147.834	244.685	131.084	220.969	125.222
Hautärzte	183.166	120.157	244.507	104.250	226.902	–
Internisten	235.762	141.825	217.080	156.328	212.295	128.016
Kinderärzte	182.970	96.268	180.751	116.477	188.496	99.250
Nervenärzte/ Neurologen	149.555	–	146.028	–	155.741	–
Orthopäden	322.158	–	306.406	169.414	311.750	146.150
Psychotherapeuten/ Psychiater	69.010	–	63.625	–	54.745	–
Urologen	254.319	179.301	329.863	–	335.995	223.467

Arztgruppe	Betriebsmittelkredit in €				Bau- und Umbaukosten in €			
	2002/2003		2004/2005		2002/2003		2004/2005	
	ABL	NBL	ABL	NBL	ABL	NBL	ABL	NBL
Allgemeinärzte	37.058	26.605	35.827	26.320	18.152	12.084	15.965	9.187
Anästhesisten	18.000	–	21.833	–	–	–	7.750	–
Augenärzte	42.033	38.571	46.513	25.000	37.956	9.350	35.220	54.250
Chirurgen	52.637	34.200	52.923	–	32.079	19.880	22.950	–
Gynäkologen	45.358	32.591	45.062	32.000	25.090	20.500	17.920	13.500
HNO–Ärzte	45.256	26.526	46.667	30.000	18.877	32.575	22.792	16.800
Hautärzte	48.357	35.000	44.784	–	26.471	–	24.048	–
Internisten	45.494	27.323	45.353	32.956	26.444	15.063	19.224	7.270
Kinderärzte	38.431	23.909	41.860	25.329	16.643	11.180	19.505	17.040
Nervenärzte/ Neurologen	32.793	–	34.497	–	12.778	–	14.167	–
Orthopäden	53.706	37.857	59.648	32.750	40.982	13.000	31.174	30.000
Psychotherapeuten/ Psychiater	18.967	–	12.795	–	9.640	–	11.300	–
Urologen	52.282	–	58.222	39.333	27.081	–	10.780	1.000

Quelle: Existenzgründungsanalyse von Ärzten, www.zi-berlin.de.

Finanzierungsbedarf bei Gemeinschaftspraxisbeitritt in den ABL nach Arztgruppen

Arztgruppe	Gesamtfinanzierung in €		
	2000/2001	2002/2003	2004/2005
Allgemeinärzte	129.703	131.708	122.277
Anästhesisten	–	193.711	272.233
Augenärzte	182.352	260.500	249.086
Chirurgen	298.102	270.032	247.366
Gynäkologen	257.620	277.519	248.621
HNO-Ärzte	229.897	168.520	247.944
Hautärzte	165.001	123.288	159.413
Internisten	282.788	279.077	227.379
Kinderärzte	121.920	110.960	141.373
Nervenärzte/Neurologen	118.245	159.865	322.314
Orthopäden	273.842	335.307	339.500
Psychotherapeuten/Psychiater	–	–	–
Urologen	226.676	210.836	266.217

Arztgruppe	Betriebsmittelkredit in €		Bau- und Umbaukosten in €	
	2002/2003	2004/2005	2002/2003	2004/2005
Allgemeinärzte	18.595	21.218	30.438	35.786
Anästhesisten	19.500	17.000	23.500	–
Augenärzte	32.220	23.375	–	73.475
Chirurgen	26.686	26.750	46.500	17.000
Gynäkologen	25.833	34.863	19.000	36.160
HNO-Ärzte	26.250	23.000	–	15.000
Hautärzte	11.250	25.600	25.000	22.667
Internisten	26.599	25.533	28.967	56.964
Kinderärzte	14.857	25.456	4.000	7.000
Nervenärzte/Neurologen	19.357	44.667	4.700	–
Orthopäden	39.167	27.958	58.250	29.167
Psychotherapeuten/Psychiater	–	–	–	–
Urologen	17.356	44.060	–	–

Quelle: Existenzgründungsanalyse von Ärzten, www.zi-berlin.de.

Finanzierungsbedarf bei Überführung einer Einzelpraxis in eine Gemeinschaftspraxis in den ABL nach Arztgruppen 2004/2005

Arztgruppen	Gesamtfinan-zierungsvolumen	Betriebsmittelkredit	Bau- und Umbaukosten
Allgemeinärzte	107.725	19.534	10.188
Anästhesisten	–	–	–
Augenärzte	247.464	20.530	57.500
Chirurgen	302.830	46.343	51.100
Gynäkologen	234.207	39.936	73.211
HNO-Ärzte	243.900	29.322	122.500
Hautärzte	–	–	–
Internisten	232.226	31.191	24.091
Kinderärzte	138.850	22.900	63.100
Nervenärzte/Neurologen	207.938	29.429	17.500
Orthopäden	284.856	34.647	59.150
Psychotherapeuten/Psychiater	–	–	–
Urologen	–	–	–

Finanzierungsbedarf bei einer Gemeinschaftspraxisübernahme in den ABL nach Arztgruppen 2004/2005

Arztgruppen	Gesamtfinan-zierungsvolumen	Betriebsmittelkredit	Bau- und Umbaukosten
Allgemeinärzte	141.144	26.936	11.200
Anästhesisten	–	–	–
Augenärzte	264.267	29.920	–
Chirurgen	317.150	54.143	–
Gynäkologen	246.295	38.429	26.667
HNO-Ärzte	255.375	28.786	12.500
Hautärzte	200.563	41.500	50.000
Internisten	211.596	33.619	22.321
Kinderärzte	138.943	17.667	23.333
Nervenärzte/Neurologen	173.929	30.000	6.000
Orthopäden	306.563	42.333	49.233
Psychotherapeuten/Psychiater	–	–	–
Urologen	255.167	23.000	52.500

Quelle: Existenzgründungsanalyse von Ärzten, www.zi-berlin.de.

Ideeller Praxiswert 2004/2005 bei Einzelpraxisübernahme- und -überführung sowie
bei Gemeinschaftspraxisübernahme und -beitritt nach Arztgruppen in €

Arztgruppe	Einzelpraxisübernahme		Einzel-praxisüber-führung	Gemein-schafts-praxisüber-nahme	Gemein-schafts-praxis-beitritt
	ABL	NBL			
Allgemeinärzte	54.537	35.918	60.518	71.792	78.557
Anästhesisten	44.000	–	–	–	143.791
Augenärzte	72.609	57.200	130.971	72.010	102.580
Chirurgen	104.333	–	167.233	111.667	115.455
Gynäkologen	77.838	40.844	78.730	132.091	99.520
HNO-Ärzte	81.009	52.313	93.748	157.406	165.281
Hautärzte	77.285	–	–	55.205	75.000
Internisten	84.709	42.518	109.213	75.409	125.423
Kinderärzte	84.765	32.642	49.250	92.000	75.700
Nervenärzte/Neurologen	49.130	–	124.344	94.750	86.161
Orthopäden	143.300	71.750	127.900	111.038	184.429
Psychotherapeuten/Psychiater	30.929	–	–	–	–
Urologen	166.668	88.333	–	140.000	134.714

Substanzwert 2004/2005 bei Einzelpraxisübernahme- und -überführung sowie bei Gemeinschaftspraxisübernahme und -beitritt nach Arztgruppen in €

Arztgruppe	Einzelpraxisübernahme		Einzel-praxisüber-führung	Gemein-schafts-praxisüber-nahme	Gemein-schafts-praxis-beitritt
	ABL	NBL			
Allgemeinärzte	24.985	18.688	33.777	31.932	32.158
Anästhesisten	33.714	–	–	–	97.875
Augenärzte	45.591	32.200	50.429	134.323	106.766
Chirurgen	46.917	–	77.900	159.167	86.700
Gynäkologen	40.856	17.344	29.820	39.182	90.789
HNO-Ärzte	35.851	19.688	65.688	42.095	47.163
Hautärzte	44.572	–	–	68.296	27.500
Internisten	39.763	17.003	70.624	56.657	61.329
Kinderärzte	26.085	11.033	53.429	14.167	37.900
Nervenärzte/Neurologen	21.614	–	55.084	26.125	73.333
Orthopäden	52.574	18.250	53.000	106.600	127.850
Psychotherapeuten/Psychiater	12.857	–	–	–	–
Urologen	57.496	62.000	–	20.000	59.429

Quelle: Existenzgründungsanalyse von Ärzten, www.zi-berlin.de. Zahlen für Westdeutschland (ABL) soweit nicht
anders vermerkt.

Vergleichswerte Einzelpraxen

Vergleichswerte Einzelpraxen 85.12.0 Ärzte/Ärztinnen

KOSTENSTRUKTUR	Einnahmen in € 25.000–75.000 €	%	Einnahmen in € 75.000–100.000 €	%	Einnahmen in € 100.000–125.000 €	%	Einnahmen in € 125.000–150.000 €	%
1. Einnahmen aus Kassenpraxis	45.689,00	74,9	68.797,00	77,3	93.520,00	83,5	119.401,00	85,9
2. Einnahmen aus Privatpraxis	13.176,00	21,6	19.135,00	21,5	15.232,00	13,6	16.402,00	11,8
3. Einnahmen aus sonstiger Tätigkeit	2.135,00	3,5	1.068,00	1,2	3.248,00	2,9	3.197,00	2,3
4. *Summe der Einnahmen 1–3*	61.000,00	100,0	89.000,00	100,0	112.000,00	100,0	139.000,00	100,0
5. Löhne und Gehälter	13.115,00	21,5	15.842,00	17,8	23.184,00	20,7	26.688,00	19,2
6. Sozialkosten – gesetzliche	2.684,00	4,4	3.204,00	3,6	4.928,00	4,4	5.699,00	4,1
7. Sozialkosten – übrige	183,00	0,3	178,00	0,2	224,00	0,2	417,00	0,3
8. *Summe Personalkosten 5–7*	15.982,00	26,2	19.224,00	21,6	28.336,00	25,3	32.804,00	23,6
9. Materialverbrauch eigene Praxis und eigenes Labor	976,00	1,6	1.424,00	1,6	1.904,00	1,7	2.085,00	1,5
10. Fremde Laborarbeiten	488,00	0,8	801,00	0,9	1.232,00	1,1	1.529,00	1,1
11. Honorare für Assistenz und Stellvertretung	549,00	0,9	178,00	0,2	448,00	0,4	417,00	0,3
12. Miete/Leasing (einschl. Mietwert)	7.625,00	12,5	9.612,00	10,8	11.200,00	10,0	12.093,00	8,7
13. Strom, Gas, Wasser, Heizung	915,00	1,5	1.602,00	1,8	1.680,00	1,5	1.668,00	1,2
14. Versicherungen, Beiträge und Gebühren*	1.586,00	2,6	1.691,00	1,9	2.240,00	2,0	2.224,00	1,6
15. Kfz-Kosten	1.769,00	2,9	3.382,00	3,8	3.472,00	3,1	4.031,00	2,9
16. Abschreibungen auf Anlagen	1.891,00	3,1	4.005,00	4,5	4.592,00	4,1	5.838,00	4,2
17. Geringwertige Wirtschaftsgüter	427,00	0,7	356,00	0,4	560,00	0,5	556,00	0,4
18. Sonstige Kosten	5.917,00	9,7	8.455,00	9,5	9.744,00	8,7	10.703,00	7,7
19. *Summe Kosten 8–18*	38.125,00	62,5	50.730,00	57,0	65.408,00	58,4	73.948,00	53,2
20. *Zwischensaldo I 4 minus 19*	22.875,00	37,5	38.270,00	43,0	46.592,00	41,6	65.052,00	46,8
21. Fremdkapitalzinsen	793,00	1,3	2.403,00	2,7	3.472,00	3,1	3.753,00	2,7
22. *Reinertrag 20 minus 21*	22.082,00	36,2	35.867,00	40,3	43.120,00	38,5	61.299,00	44,1
Weitere Kennzahlen								
Gesamtleistung je Beschäftigten	19.677,42		30.689,66		30.270,27		34.750,00	
Beschäftigte im Durchschnitt	3,1		2,9		3,7		4,0	
davon Inhaber/unentgeltlich	1,0		1,0		1,0		1,0	
Personalkosten je entgeltl. Beschäftigten	7.610,48		10.117,89		10.494,81		10.934,67	

Vergleichswerte aus der letzten Kostenstrukturstatistik des Statistischen Bundesamtes 2006 (Erhebungszeitraum 2003) – Fachserie 2, Reihe 1.6.1.
* KV- bzw. KZV-Verwaltungskosten sind in Zeile 18 „Sonstige Kosten" enthalten, ebenso wie die früher gesondert ausgewiesenen Fort- und Weiterbildungskosten.

Vergleichswerte Einzelpraxen, Fortsetzung   85.12.0 Ärzte/Ärztinnen

KOSTENSTRUKTUR	Einnahmen in € 150.000–200.000 €	%	Einnahmen in € 200.000–250.000 €	%	Einnahmen in € 250.000–300.000 €	%	Einnahmen in € 300.000–350.000 €	%
1. Einnahmen aus Kassenpraxis	147.441,00	83,3	180.407,00	80,9	211.848,00	77,6	245.157,00	75,9
2. Einnahmen aus Privatpraxis	25.488,00	14,4	37.687,00	16,9	54.873,00	20,1	69.768,00	21,6
3. Einnahmen aus sonstiger Tätigkeit	4.071,00	2,3	4.906,00	2,2	6.279,00	2,3	8.338,00	2,6
4. *Summe der Einnahmen 1-3*	177.000,00	100,0	223.000,00	100,0	273.000,00	100,0	323.000,00	100,0
5. Löhne und Gehälter	36.285,00	20,5	45.938,00	20,6	52.962,00	19,4	63.954,00	19,8
6. Sozialkosten – gesetzliche	7.611,00	4,3	9.589,00	4,3	11.193,00	4,1	13.243,00	4,1
7. Sozialkosten – übrige	708,00	0,4	669,00	0,3	819,00	0,3	969,00	0,3
8. *Summe Personalkosten 5-7*	44.604,00	25,2	56.196,00	25,2	64.974,00	23,8	78.166,00	24,2
9. Materialverbrauch eigene Praxis und eigenes Labor	3.363,00	1,9	4.014,00	1,8	5.733,00	2,1	7.429,00	2,3
10. Fremde Laborarbeiten	2.124,00	1,2	2.453,00	1,1	3.276,00	1,2	3.230,00	1,0
11. Honorare für Assistenz und Stellvertretung	708,00	0,4	1.115,00	0,5	1.365,00	0,5	1.938,00	0,6
12. Miete/Leasing (einschl. Mietwert)	13.275,00	7,5	15.387,00	6,9	16.926,00	6,2	19.057,00	5,9
13. Strom, Gas, Wasser, Heizung	2.301,00	1,3	2.453,00	1,1	2.730,00	1,0	3.230,00	1,0
14. Versicherungen, Beiträge und Gebühren*	3.009,00	1,7	3.568,00	1,6	4.368,00	1,6	4.845,00	1,5
15. Kfz-Kosten	4.425,00	2,5	4.906,00	2,2	5.733,00	2,1	5.814,00	1,8
16. Abschreibungen auf Anlagen	7.257,00	4,1	9.143,00	4,1	12.012,00	4,4	13.566,00	4,2
17. Geringwertige Wirtschaftsgüter	885,00	0,5	892,00	0,4	1.092,00	0,4	1.292,00	0,4
18. Sonstige Kosten	13.275,00	7,5	16.279,00	7,3	20.202,00	7,4	24.225,00	7,5
19. *Summe Kosten 8-18*	95.226,00	53,8	116.406,00	52,2	138.411,00	50,7	162.792,00	50,4
20. *Zwischensaldo 4 minus 19*	81.774,00	46,2	106.594,00	47,8	134.589,00	49,3	160.208,00	49,6
21. Fremdkapitalzinsen	4.779,00	2,7	6.690,00	3,0	8.736,00	3,2	10.659,00	3,3
22. *Reinertrag 20 minus 21*	76.995,00	43,5	99.904,00	44,8	125.853,00	46,1	149.549,00	46,3

Weitere Kennzahlen

Gesamtleistung je Beschäftigten	38.478,26	41.296,30	45.500,00	47.500,00
Beschäftigte im Durchschnitt	4,6	5,4	6,0	6,8
davon Inhaber/unentgeltlich Beschäftigte	1,0	1,0	1,0	1,0
Personalkosten je entgeltl. Beschäftigten	12.390,00	12.771,82	12.994,80	13.476,90

Vergleichswerte aus der letzten Kostenstrukturstatistik des Statistischen Bundesamtes 2006 (Erhebungszeitraum 2003) – Fachserie 2, Reihe 1.6.1.
* KV- bzw. KZV-Verwaltungskosten sind in Zeile 18 „Sonstige Kosten" enthalten, ebenso wie die früher gesondert ausgewiesenen Fort- und Weiterbildungskosten.

Vergleichswerte Einzelpraxen, Fortsetzung 85.12.0 Ärzte/Ärztinnen

KOSTENSTRUKTUR	Einnahmen in € 350.000–400.000 €	%	Einnahmen in € 400.000–450.000 €	%	Einnahmen in € 450.000–500.000 €	%	Einnahmen in € 500.000–1 Mio. €	%
1. Einnahmen aus Kassenpraxis	270.088,00	72,8	290.336,00	68,8	295.625,00	62,5	380.680,00	61,4
2. Einnahmen aus Privatpraxis	91.637,00	24,7	116.894,00	27,7	159.401,00	33,7	212.040,00	34,2
3. Einnahmen aus sonstiger Tätigkeit	9.646,00	2,6	15.192,00	3,6	17.974,00	3,8	27.280,00	4,4
4. *Summe der Einnahmen 1-3*	371.000,00	100,0	422.000,00	100,0	473.000,00	100,0	620.000,00	100,0
5. Löhne und Gehälter	72.716,00	19,6	81.024,00	19,2	92.235,00	19,5	113.460,00	18,3
6. Sozialkosten – gesetzliche	15.211,00	4,1	16.880,00	4,0	18.920,00	4,0	23.560,00	3,8
7. Sozialkosten – übrige	1.113,00	0,3	1.688,00	0,4	1.419,00	0,3	2.480,00	0,4
8. *Summe Personalkosten 5-7*	89.040,00	24,0	99.592,00	23,6	112.574,00	23,8	139.500,00	22,5
9. Materialverbrauch eigene Praxis und eigenes Labor	9.646,00	2,6	12.238,00	2,9	18.920,00	4,0	26.660,00	4,3
10. Fremde Laborarbeiten	3.339,00	0,9	4.220,00	1,0	3.784,00	0,8	8.060,00	1,3
11. Honorare für Assistenz und Stellvertretung	2.226,00	0,6	2.532,00	0,6	2.838,00	0,6	4.960,00	0,8
12. Miete/Leasing (einschl. Mietwert)	21.518,00	5,8	25.742,00	6,1	28.853,00	6,1	32.860,00	5,3
13. Strom, Gas, Wasser, Heizung	3.339,00	0,9	3.376,00	0,8	4.257,00	0,9	4.340,00	0,7
14. Versicherungen, Beiträge und Gebühren*	5.194,00	1,4	6.330,00	1,5	7.568,00	1,6	8.680,00	1,4
15. Kfz-Kosten	7.049,00	1,9	6.330,00	1,5	7.568,00	1,6	8.060,00	1,3
16. Abschreibungen auf Anlagen	14.469,00	3,9	16.880,00	4,0	21.758,00	4,6	27.280,00	4,4
17. Geringwertige Wirtschaftsgüter	1.113,00	0,3	1.688,00	0,4	1.892,00	0,4	2.480,00	0,4
18. Sonstige Kosten	25.970,00	7,0	32.916,00	7,8	34.056,00	7,2	45.880,00	7,4
19. *Summe Kosten 8-18*	182.903,00	49,3	211.844,00	50,2	244.068,00	51,6	308.760,00	49,8
20. *Zwischensaldo I 4 minus 19*	188.097,00	50,7	210.156,00	49,8	228.932,00	48,4	311.240,00	50,2
21. Fremdkapitalzinsen	12.243,00	3,3	17.302,00	4,1	11.825,00	2,5	19.220,00	3,1
22. *Reinertrag 20 minus 21*	175.854,00	47,4	192.854,00	45,7	217.107,00	45,9	292.020,00	47,1

Weitere Kennzahlen

Gesamtleistung je Beschäftigten	50.821,92	53.417,72	55.647,06	66.666,67
Beschäftigte im Durchschnitt	7,3	7,9	8,5	9,3
davon Inhaber/unentgeltlich	1,0	1,0	1,0	1,0
Personalkosten je entgeltl. Beschäftigten	14.133,33	14.433,62	15.009,87	16.807,23

Vergleichswerte aus der letzten Kostenstrukturstatistik des Statistischen Bundesamtes 2006 (Erhebungszeitraum 2003) – Fachserie 2, Reihe 1.6.1.
* KV- bzw. KZV-Verwaltungskosten sind in Zeile 18 „Sonstige Kosten" enthalten, ebenso wie die früher gesondert ausgewiesenen Fort- und Weiterbildungskosten.

Vergleichswerte Einzelpraxen, Fortsetzung   85.12.0 Ärzte/Ärztinnen

KOSTENSTRUKTUR	Einnahmen in € 1 Mio.–5 Mio.	
	€	%
1. Einnahmen aus Kassenpraxis	786.366,00	55,3
2. Einnahmen aus Privatpraxis	605.772,00	42,6
3. Einnahmen aus sonstiger Tätigkeit	29.862,00	2,1
4. *Summe der Einnahmen 1-3*	1.422.000,00	100,0
5. Löhne und Gehälter	230.364,00	16,2
6. Sozialkosten – gesetzliche	46.926,00	3,3
7. Sozialkosten – übrige	4.266,00	0,3
8. *Summe Personalkosten 5-7*	281.556,00	19,8
9. Materialverbrauch eigene Praxis und eigenes Labor	110.916,00	7,8
10. Fremde Laborarbeiten	12.798,00	0,9
11. Honorare für Assistenz und Stellvertretung	11.376,00	0,8
12. Miete/Leasing (einschl. Mietwert)	112.338,00	7,9
13. Strom, Gas, Wasser, Heizung	7.110,00	0,5
14. Versicherungen, Beiträge und Gebühren*	17.064,00	1,2
15. Kfz-Kosten	11.376,00	0,8
16. Abschreibungen auf Anlagen	73.944,00	5,2
17. Geringwertige Wirtschaftsgüter	2.844,00	0,2
18. Sonstige Kosten	139.356,00	9,8
19. *Summe Kosten 8-18*	780.678,00	54,9
20. *Zwischensaldo 4 minus 19*	641.322,00	45,1
21. Fremdkapitalzinsen	32.706,00	2,3
22. *Reinertrag 20 minus 21*	608.616,00	42,8

Weitere Kennzahlen

Gesamtleistung je Beschäftigten	92.941,18
Beschäftigte im Durchschnitt	15,3
davon Inhaber/unentgeltlich	1,0
Personalkosten je entgeltl. Beschäftigten	19.689,23

Vergleichswerte aus der letzten Kostenstrukturstatistik des Statistischen Bundesamtes 2006 (Erhebungszeitraum 2003) – Fachserie 2, Reihe 1.6.1.
* KV- bzw. KZV-Verwaltungskosten sind in Zeile 18 „Sonstige Kosten" enthalten, ebenso wie die früher gesondert ausgewiesenen Fort- und Weiterbildungskosten.

Vergleichswerte Ärzte Einzelpraxen 85.12.1 Allgemein-/Praktische Ärzte/Ärztinnen

KOSTENSTRUKTUR	Einnahmen in € unter 125.000		Einnahmen in € 125.000–500.000		Einnahmen in € 500.000 und mehr	
	€	%	€	%	€	%
1. Einnahmen aus Kassenpraxis	83.457,00	84,3	192.589,00	84,1	351.480,00	58,0
2. Einnahmen aus Privatpraxis	13.761,00	13,9	32.289,00	14,1	198.162,00	32,7
3. Einnahmen aus sonstiger Tätigkeit	1.782,00	1,8	4.122,00	1,8	56.358,00	9,3
4. *Summe der Einnahmen 1–3*	99.000,00	100,0	229.000,00	100,0	606.000,00	100,0
5. Löhne und Gehälter	19.206,00	19,4	45.342,00	19,8	130.290,00	21,5
6. Sozialkosten – gesetzliche	4.059,00	4,1	9.389,00	4,1	26.664,00	4,4
7. Sozialkosten – übrige	198,00	0,2	687,00	0,3	2.424,00	0,4
8. *Summe Personalkosten 5–7*	23.463,00	23,7	55.418,00	24,2	159.378,00	26,3
9. Materialverbrauch eigene Praxis und eigenes Labor	1.584,00	1,6	3.206,00	1,4	10.302,00	1,7
10. Fremde Laborarbeiten	1.485,00	1,5	3.664,00	1,6	18.180,00	3,0
11. Honorare für Assistenz und Stellvertretung	396,00	0,4	1.145,00	0,5	3.030,00	0,5
12. Miete/Leasing (einschl. Mietwert)	9.009,00	9,1	13.282,00	5,8	26.664,00	4,4
13. Strom, Gas, Wasser, Heizung	1.683,00	1,7	2.519,00	1,1	4.848,00	0,8
14. Versicherungen, Beiträge und Gebühren*	1.782,00	1,8	2.519,00	1,1	4.848,00	0,8
15. Kfz-Kosten	4.059,00	4,1	5.725,00	2,5	10.908,00	1,8
16. Abschreibungen auf Anlagen	3.960,00	4,0	7.786,00	3,4	16.362,00	2,7
17. Geringwertige Wirtschaftsgüter	495,00	0,5	916,00	0,4	2.424,00	0,4
18. Sonstige Kosten	8.910,00	9,0	16.946,00	7,4	38.784,00	6,4
19. *Summe Kosten 8–18*	56.826,00	57,4	113.126,00	49,4	295.728,00	48,8
20. *Zwischensaldo	4 minus 19*	42.174,00	42,6	115.874,00	50,6	310.272,00	51,2
21. Fremdkapitalzinsen	2.772,00	2,8	6.641,00	2,9	16.968,00	2,8
22. *Reinertrag 20 minus 21*	39.402,00	39,8	109.233,00	47,7	293.304,00	48,4

Weitere Kennzahlen

Gesamtleistung je Beschäftigten	29.117,65		41.636,36	61.212,12
Beschäftigte im Durchschnitt	3,4		5,5	9,9
davon Inhaber/unentgeltlich	1,0		1,0	1,0
Personalkosten je entgeltl. Beschäftigten	9.776,25		12.315,11	17.907,64

Vergleichswerte aus der letzten Kostenstrukturstatistik des Statistischen Bundesamtes 2006 (Erhebungszeitraum 2003) – Fachserie 2, Reihe 1.6.1.
* KV- bzw. KZV-Verwaltungskosten sind in Zeile 18 „Sonstige Kosten" enthalten, ebenso wie die früher gesondert ausgewiesenen Fort- und Weiterbildungskosten.

Vergleichswerte Ärzte Einzelpraxen   85.12.2 Augenheilkunde

KOSTENSTRUKTUR	Einnahmen in € unter 125.000		Einnahmen in € 125.000–500.000		Einnahmen in € 500.000 und mehr	
	€	%	€	%	€	%
1. Einnahmen aus Kassenpraxis	61.632,00	57,6	172.116,00	68,3	508.329,00	60,3
2. Einnahmen aus Privatpraxis	41.409,00	38,7	70.308,00	27,9	311.910,00	37,0
3. Einnahmen aus sonstiger Tätigkeit	3.959,00	3,7	9.576,00	3,8	22.761,00	2,7
Summe der Einnahmen 1-3	107.000,00	100,0	252.000,00	100,0	843.000,00	100,0
5. Löhne und Gehälter	22.684,00	21,2	50.652,00	20,1	135.723,00	16,1
6. Sozialkosten – gesetzliche	4.601,00	4,3	10.584,00	4,2	25.290,00	3,0
7. Sozialkosten – übrige	214,00	0,2	756,00	0,3	3.372,00	0,4
Summe Personalkosten 5-7	27.499,00	25,7	61.992,00	24,6	164.385,00	19,5
9. Materialverbrauch eigene Praxis und eigenes Labor	856,00	0,8	4.536,00	1,8	87.672,00	10,4
10. Fremde Laborarbeiten	0,00	0,0	0,00	0,0	1.686,00	0,2
11. Honorare für Assistenz und Stellvertretung	107,00	0,1	1.008,00	0,4	1.686,00	0,2
12. Miete/Leasing (einschl. Mietwert)	12.198,00	11,4	16.380,00	6,5	27.819,00	3,3
13. Strom, Gas, Wasser, Heizung	1.391,00	1,3	2.268,00	0,9	3.372,00	0,4
14. Versicherungen, Beiträge und Gebühren*	2.996,00	2,8	4.536,00	1,8	16.017,00	1,9
15. Kfz-Kosten	2.782,00	2,6	3.780,00	1,5	11.802,00	1,4
16. Abschreibungen auf Anlagen	6.741,00	6,3	12.600,00	5,0	29.505,00	3,5
17. Geringwertige Wirtschaftsgüter	214,00	0,2	1.008,00	0,4	2.529,00	0,3
18. Sonstige Kosten	7.918,00	7,4	19.152,00	7,6	54.795,00	6,5
Summe Kosten 8-18	62.702,00	58,6	127.260,00	50,5	401.268,00	47,6
Zwischensaldo I 4 minus 19	44.298,00	41,4	124.740,00	49,5	441.732,00	52,4
21. Fremdkapitalzinsen	1.819,00	1,7	8.064,00	3,2	21.918,00	2,6
Reinertrag 20 minus 21	42.479,00	39,7	116.676,00	46,3	419.814,00	49,8

Weitere Kennzahlen

Gesamtleistung je Beschäftigten	30.571,43	44.210,53	91.630,43
Beschäftigte im Durchschnitt	3,5	5,7	9,2
davon Inhaber/unentgeltlich Beschäftigte	1,0	1,0	1,0
Personalkosten je entgeltl. Beschäftigten	10.999,60	13.189,79	20.046,95

Vergleichswerte aus der letzten Kostenstrukturstatistik des Statistischen Bundesamtes 2006 (Erhebungszeitraum 2003) – Fachserie 2, Reihe 1.6.1.
* KV- bzw. KZV-Verwaltungskosten sind in Zeile 18 „Sonstige Kosten" enthalten, ebenso wie die früher gesondert ausgewiesenen Fort- und Weiterbildungskosten.

Vergleichswerte Ärzte Einzelpraxen 85.12.2 Chirurgie

KOSTENSTRUKTUR	Einnahmen in € unter 500.000		Einnahmen in € 500.000 und mehr	
	€	%	€	%
1. Einnahmen aus Kassenpraxis	198.068,00	67,6	397.404,00	53,2
2. Einnahmen aus Privatpraxis	67.097,00	22,9	311.499,00	41,7
3. Einnahmen aus sonstiger Tätigkeit	27.835,00	9,5	38.097,00	5,1
4. *Summe der Einnahmen 1–3*	293.000,00	100,0	747.000,00	100,0
5. Löhne und Gehälter	60.651,00	20,7	133.713,00	17,9
6. Sozialkosten – gesetzliche	12.599,00	4,3	27.639,00	3,7
7. Sozialkosten – übrige	879,00	0,3	2.241,00	0,3
8. *Summe Personalkosten 5–7*	74.129,00	25,3	163.593,00	21,9
9. Materialverbrauch eigene Praxis und eigenes Labor	12.013,00	4,1	56.772,00	7,6
10. Fremde Laborarbeiten	2.051,00	0,7	20.916,00	2,8
11. Honorare für Assistenz und Stellvertretung	1.465,00	0,5	4.482,00	0,6
12. Miete/Leasing (einschl. Mietwert)	25.198,00	8,6	45.567,00	6,1
13. Strom, Gas, Wasser, Heizung	3.516,00	1,2	4.482,00	0,6
14. Versicherungen, Beiträge und Gebühren*	6.446,00	2,2	13.446,00	1,8
15. Kfz-Kosten	4.688,00	1,6	8.964,00	1,2
16. Abschreibungen auf Anlagen	15.236,00	5,2	38.097,00	5,1
17. Geringwertige Wirtschaftsgüter	879,00	0,3	2.241,00	0,3
18. Sonstige Kosten	23.147,00	7,9	60.507,00	8,1
19. *Summe Kosten 8–18*	168.768,00	57,6	419.067,00	56,1
20. *Zwischensaldo 4 minus 19*	124.232,00	42,4	327.933,00	43,9
21. Fremdkapitalzinsen	12.013,00	4,1	20.916,00	2,8
22. *Reinertrag 20 minus 21*	112.219,00	38,3	307.017,00	41,1

Weitere Kennzahlen

Gesamtleistung je Beschäftigten	46.507,94	70.471,70
Beschäftigte im Durchschnitt	6,3	10,6
davon Inhaber/unentgeltlich	1,0	1,0
Personalkosten je entgeltl. Beschäftigten	13.986,60	17.040,94

Vergleichswerte aus der letzten Kostenstrukturstatistik des Statistischen Bundesamtes 2006 (Erhebungszeitraum 2003) – Fachserie 2, Reihe 1.6.1.
* KV- bzw. KZV-Verwaltungskosten sind in Zeile 18 „Sonstige Kosten" enthalten, ebenso wie die früher gesondert ausgewiesenen Fort- und Weiterbildungskosten.

Vergleichswerte Ärzte Einzelpraxen 85.12.2 Frauenheilkunde

KOSTENSTRUKTUR	Einnahmen in € unter 125.000		Einnahmen in € 125.000–500.000		Einnahmen in € 500.000 und mehr	
	€	%	€	%	€	%
1. Einnahmen aus Kassenpraxis	85.272,00	83,6	188.856,00	73,2	437.668,00	68,6
2. Einnahmen aus Privatpraxis	16.116,00	15,8	65.274,00	25,3	195.228,00	30,6
3. Einnahmen aus sonstiger Tätigkeit	612,00	0,6	3.870,00	1,5	5.104,00	0,8
Summe der Einnahmen 1-3	102.000,00	100,0	258.000,00	100,0	638.000,00	100,0
5. Löhne und Gehälter	21.114,00	20,7	46.698,00	18,1	123.134,00	19,3
6. Sozialkosten – gesetzliche	4.386,00	4,3	9.804,00	3,8	24.882,00	3,9
7. Sozialkosten – übrige	306,00	0,3	774,00	0,3	2.552,00	0,4
Summe Personalkosten 5-7	25.806,00	25,3	57.276,00	22,2	150.568,00	23,6
9. Materialverbrauch eigene Praxis und eigenes Labor	1.938,00	1,9	8.256,00	3,2	26.796,00	4,2
10. Fremde Laborarbeiten	408,00	0,4	1.548,00	0,6	9.570,00	1,5
11. Honorare für Assistenz und Stellvertretung	102,00	0,1	1.806,00	0,7	2.552,00	0,4
12. Miete/Leasing (einschl. Mietwert)	13.872,00	13,6	18.060,00	7,0	22.968,00	3,6
13. Strom, Gas, Wasser, Heizung	1.326,00	1,3	2.580,00	1,0	3.190,00	0,5
14. Versicherungen, Beiträge und Gebühren*	2.754,00	2,7	6.192,00	2,4	10.208,00	1,6
15. Kfz-Kosten	2.244,00	2,2	4.902,00	1,9	9.570,00	1,5
16. Abschreibungen auf Anlagen	2.448,00	2,4	13.932,00	5,4	24.882,00	3,9
17. Geringwertige Wirtschaftsgüter	408,00	0,4	1.290,00	0,5	2.552,00	0,4
18. Sonstige Kosten	9.894,00	9,7	18.834,00	7,3	51.040,00	8,0
Summe Kosten 8-18	61.200,00	60,0	134.676,00	52,2	313.896,00	49,2
Zwischensaldo I 4 minus 19	40.800,00	40,0	123.324,00	47,8	324.104,00	50,8
21. Fremdkapitalzinsen	3.468,00	3,4	7.998,00	3,1	13.338,00	2,1
Reinertrag 20 minus 21	37.332,00	36,6	115.326,00	44,7	310.706,00	48,7

Weitere Kennzahlen

Gesamtleistung je Beschäftigten	28.333,33	46.909,09	64.444,44
Beschäftigte im Durchschnitt	3,6	5,5	9,9
davon Inhaber/unentgeltlich Beschäftigte	1,0	1,0	1,0
Personalkosten je entgeltl. Beschäftigten	9.925,38	12.728,00	16.917,75

* KV- bzw. KZV-Verwaltungskosten sind in Zeile 18 „Sonstige Kosten" enthalten, ebenso wie die früher gesondert ausgewiesenen Fort- und Weiterbildungskosten.

Vergleichswerte aus der letzten Kostenstrukturstatistik des Statistischen Bundesamtes 2006 (Erhebungszeitraum 2003) – Fachserie 2, Reihe 1.6.1.

Vergleichswerte Ärzte Einzelpraxen 85.12.2 Hals-Nasen-Ohrenheilkunde

KOSTENSTRUKTUR	Einnahmen in € unter 125.000		Einnahmen in € 125.000–500.000		Einnahmen in € 500.000 und mehr	
	€	%	€	%	€	%
1. Einnahmen aus Kassenpraxis	87.450,00	82,5	185.554,00	72,2	307.490,00	48,5
2. Einnahmen aus Privatpraxis	17.490,00	16,5	65.792,00	25,6	316.366,00	49,9
3. Einnahmen aus sonstiger Tätigkeit	1.060,00	1,0	5.654,00	2,2	10.144,00	1,6
4. *Summe der Einnahmen 1–3*	106.000,00	100,0	257.000,00	100,0	634.000,00	100,0
5. Löhne und Gehälter	25.546,00	24,1	52.171,00	20,3	107.780,00	17,0
6. Sozialkosten – gesetzliche	5.300,00	5,0	11.051,00	4,3	24.092,00	3,8
7. Sozialkosten – übrige	424,00	0,4	1.028,00	0,4	2.536,00	0,4
8. *Summe Personalkosten 5–7*	31.270,00	29,5	64.250,00	25,0	134.408,00	21,2
9. Materialverbrauch eigene Praxis und eigenes Labor	1.696,00	1,6	2.827,00	1,1	10.778,00	1,7
10. Fremde Laborarbeiten	106,00	0,1	257,00	0,1	634,00	0,1
11. Honorare für Assistenz und Stellvertretung	848,00	0,8	1.285,00	0,5	8.876,00	1,4
12. Miete/Leasing (einschl. Mietwert)	12.932,00	12,2	17.733,00	6,9	29.798,00	4,7
13. Strom, Gas, Wasser, Heizung	1.590,00	1,5	2.570,00	1,0	3.804,00	0,6
14. Versicherungen, Beiträge und Gebühren*	2.332,00	2,2	3.341,00	1,3	7.608,00	1,2
15. Kfz-Kosten	4.028,00	3,8	4.626,00	1,8	8.876,00	1,4
16. Abschreibungen auf Anlagen	2.014,00	1,9	10.280,00	4,0	21.556,00	3,4
17. Geringwertige Wirtschaftsgüter	424,00	0,4	1.285,00	0,5	1.902,00	0,3
18. Sonstige Kosten	8.798,00	8,3	20.817,00	8,1	55.158,00	8,7
19. *Summe Kosten 8–18*	66.038,00	62,3	129.271,00	50,3	283.398,00	44,7
20. *Zwischensaldo 4 minus 19*	39.962,00	37,7	127.729,00	49,7	350.602,00	55,3
21. Fremdkapitalzinsen	3.604,00	3,4	9.252,00	3,6	23.458,00	3,7
22. *Reinertrag 20 minus 21*	36.358,00	34,3	118.477,00	46,1	327.144,00	51,6

Weitere Kennzahlen

	€		€		€	
Gesamtleistung je Beschäftigten	26.500,00		44.310,34		66.041,67	
Beschäftigte im Durchschnitt	4,0		5,8		9,6	
davon Inhaber/unentgeltlich	1,0		1,0		1,0	
Personalkosten je entgeltl. Beschäftigten	10.423,33		13.385,42		15.628,84	

Vergleichswerte aus der letzten Kostenstrukturstatistik des Statistischen Bundesamtes 2006 (Erhebungszeitraum 2003) – Fachserie 2, Reihe 1.6.1.
* KV- bzw. KZV-Verwaltungskosten sind in Zeile 18 „Sonstige Kosten" enthalten, ebenso wie die früher gesondert ausgewiesenen Fort- und Weiterbildungskosten.

Vergleichswerte Ärzte Einzelpraxen 85.12.2 Haut- und Geschlechtskrankheiten

KOSTENSTRUKTUR	Einnahmen in € unter 125.000		Einnahmen in € 125.000–500.000		Einnahmen in € 500.000 und mehr	
	€	%	€	%	€	%
1. Einnahmen aus Kassenpraxis	75.715,00	79,7	160.230,00	65,4	328.130,00	41,8
2. Einnahmen aus Privatpraxis	17.860,00	18,8	79.625,00	32,5	442.740,00	56,4
3. Einnahmen aus sonstiger Tätigkeit	1.425,00	1,5	5.145,00	2,1	14.130,00	1,8
4. Summe der Einnahmen 1-3	95.000,00	100,0	245.000,00	100,0	785.000,00	100,0
5. Löhne und Gehälter	24.225,00	25,5	51.695,00	21,1	138.345,00	17,7
6. Sozialkosten – gesetzliche	5.130,00	5,4	10.780,00	4,4	29.045,00	3,7
7. Sozialkosten – übrige	95,00	0,1	735,00	0,3	1.570,00	0,2
8. Summe Personalkosten 5-7	29.450,00	31,0	63.210,00	25,8	169.560,00	21,6
9. Materialverbrauch eigene Praxis und eigenes Labor	2.850,00	3,0	7.840,00	3,2	43.175,00	5,5
10. Fremde Laborarbeiten	285,00	0,3	735,00	0,3	6.280,00	0,8
11. Honorare für Assistenz und Stellvertretung	0,00	0,0	1.715,00	0,7	6.280,00	0,8
12. Miete/Leasing (einschl. Mietwert)	11.590,00	12,2	18.620,00	7,6	38.465,00	4,9
13. Strom, Gas, Wasser, Heizung	1.425,00	1,5	2.450,00	1,0	5.495,00	0,7
14. Versicherungen, Beiträge und Gebühren*	1.900,00	2,0	3.675,00	1,5	7.065,00	0,9
15. Kfz-Kosten	1.520,00	1,6	4.165,00	1,7	8.635,00	1,1
16. Abschreibungen auf Anlagen	5.985,00	6,3	11.760,00	4,8	30.615,00	3,9
17. Geringwertige Wirtschaftsgüter	285,00	0,3	1.225,00	0,5	2.355,00	0,3
18. Sonstige Kosten	8.740,00	9,2	17.885,00	7,3	56.325,00	7,2
19. Summe Kosten 8-18	64.030,00	67,4	133.280,00	54,4	374.445,00	47,7
20. Zwischensaldo 4 minus 19	30.970,00	32,6	111.720,00	45,6	410.555,00	52,3
21. Fremdkapitalzinsen	2.375,00	2,5	6.125,00	2,5	19.625,00	2,5
22. Reinertrag 20 minus 21	28.595,00	30,1	105.595,00	43,1	390.930,00	49,8

Weitere Kennzahlen

Gesamtleistung je Beschäftigten	22.619,05		42.982,46		70.720,72	
Beschäftigte im Durchschnitt	4,2		5,7		11,1	
davon Inhaber/unentgeltlich Beschäftigte	1,0		1,0		1,0	
Personalkosten je entgeltl. Beschäftigten	9.203,13		13.448,94		16.788,12	

* KV- bzw. KZV-Verwaltungskosten sind in Zeile 18 „Sonstige Kosten" enthalten, ebenso wie die früher gesondert ausgewiesenen Fort- und Weiterbildungskosten.

Vergleichswerte aus der letzten Kostenstrukturstatistik des Statistischen Bundesamtes 2006 (Erhebungszeitraum 2003) – Fachserie 2, Reihe 1.6.1.

Vergleichswerte Ärzte Einzelpraxen   85.12.2 Internist/Internistin

	Einnahmen in € unter 125.000		Einnahmen in € 125.000–500.000		Einnahmen in € 500.000 und mehr	
KOSTENSTRUKTUR	€	%	€	%	€	%
1. Einnahmen aus Kassenpraxis	82.008,00	80,4	207.993,00	77,9	537.890,00	74,5
2. Einnahmen aus Privatpraxis	16.218,00	15,9	53.133,00	19,9	167.504,00	23,2
3. Einnahmen aus sonstiger Tätigkeit	3.774,00	3,7	6.141,00	2,3	16.606,00	2,3
4. *Summe der Einnahmen 1–3*	102.000,00	100,0	267.000,00	100,0	722.000,00	100,0
5. Löhne und Gehälter	25.296,00	24,8	54.735,00	20,5	127.794,00	17,7
6. Sozialkosten – gesetzliche	5.202,00	5,1	11.481,00	4,3	25.270,00	3,5
7. Sozialkosten – übrige	408,00	0,4	801,00	0,3	2.888,00	0,4
8. *Summe Personalkosten 5–7*	30.906,00	30,3	67.017,00	25,1	155.952,00	21,6
9. Materialverbrauch eigene Praxis und eigenes Labor	1.938,00	1,9	5.874,00	2,2	38.266,00	5,3
10. Fremde Laborarbeiten	1.836,00	1,8	4.806,00	1,8	10.108,00	1,4
11. Honorare für Assistenz und Stellvertretung	204,00	0,2	1.068,00	0,4	7.220,00	1,0
12. Miete/Leasing (einschl. Mietwert)	13.362,00	13,1	17.889,00	6,7	34.656,00	4,8
13. Strom, Gas, Wasser, Heizung	1.734,00	1,7	2.670,00	1,0	5.776,00	0,8
14. Versicherungen, Beiträge und Gebühren*	2.040,00	2,0	4.272,00	1,6	6.498,00	0,9
15. Kfz-Kosten	2.550,00	2,5	4.806,00	1,8	7.220,00	1,0
16. Abschreibungen auf Anlagen	4.794,00	4,7	12.015,00	4,5	33.934,00	4,7
17. Geringwertige Wirtschaftsgüter	306,00	0,3	1.068,00	0,4	2.888,00	0,4
18. Sonstige Kosten	8.568,00	8,4	19.491,00	7,3	64.980,00	9,0
19. *Summe Kosten 8–18*	68.238,00	66,9	140.976,00	52,8	367.498,00	50,9
20. *Zwischensaldo 14 minus 19*	33.762,00	33,1	126.024,00	47,2	354.502,00	49,1
21. Fremdkapitalzinsen	2.754,00	2,7	8.277,00	3,1	20.216,00	2,8
22. *Reinertrag 20 minus 21*	31.008,00	30,4	117.747,00	44,1	334.286,00	46,3

Weitere Kennzahlen

Gesamtleistung je Beschäftigten	29.142,86		45.254,24		70.784,31	
Beschäftigte im Durchschnitt	3,5		5,9		10,2	
davon Inhaber/unentgeltlich	1,0		1,0		1,0	
Personalkosten je entgeltl. Beschäftigten	12.362,40		13.676,94		16.951,30	

Vergleichswerte aus der aus der letzten Kostenstrukturstatistik des Statistischen Bundesamtes 2006 (Erhebungszeitraum 2003) – Fachserie 2, Reihe 1.6.1.
* KV- bzw. KZV-Verwaltungskosten sind in Zeile 18 „Sonstige Kosten" enthalten, ebenso wie die früher gesondert ausgewiesenen Fort- und Weiterbildungskosten.

Vergleichswerte Ärzte Einzelpraxen   85.12.2 Kinderheilkunde

KOSTENSTRUKTUR	Einnahmen in € unter 125.000		Einnahmen in € 125.000 und mehr	
	€	%	€	%
1. Einnahmen aus Kassenpraxis	90.144,00	93,9	207.900,00	82,5
2. Einnahmen aus Privatpraxis	4.512,00	4,7	42.084,00	16,7
3. Einnahmen aus sonstiger Tätigkeit	1.344,00	1,4	2.016,00	0,8
4. *Summe der Einnahmen 1-3*	96.000,00	100,0	252.000,00	100,0
5. Löhne und Gehälter	19.200,00	20,0	52.920,00	21,0
6. Sozialkosten – gesetzliche	3.840,00	4,0	11.088,00	4,4
7. Sozialkosten – übrige	192,00	0,2	756,00	0,3
8. *Summe Personalkosten 5-7*	23.232,00	24,2	64.764,00	25,7
9. Materialverbrauch eigene Praxis und eigenes Labor	960,00	1,0	5.040,00	2,0
10. Fremde Laborarbeiten	288,00	0,3	1.260,00	0,5
11. Honorare für Assistenz und Stellvertretung	0,00	0,0	1.008,00	0,4
12. Miete/Leasing (einschl. Mietwert)	11.136,00	11,6	15.120,00	6,0
13. Strom, Gas, Wasser, Heizung	1.440,00	1,5	2.520,00	1,0
14. Versicherungen, Beiträge und Gebühren*	1.632,00	1,7	3.780,00	1,5
15. Kfz-Kosten	3.072,00	3,2	5.040,00	2,0
16. Abschreibungen auf Anlagen	2.400,00	2,5	9.324,00	3,7
17. Geringwertige Wirtschaftsgüter	192,00	0,2	1.008,00	0,4
18. Sonstige Kosten	7.392,00	7,7	16.632,00	6,6
19. *Summe Kosten 8-18*	51.744,00	53,9	125.496,00	49,8
20. *Zwischensaldo I 4 minus 19*	44.256,00	46,1	126.504,00	50,2
21. Fremdkapitalzinsen	1.536,00	1,6	6.552,00	2,6
22. *Reinertrag 20 minus 21*	42.720,00	44,5	119.952,00	47,6

Weitere Kennzahlen

Gesamtleistung je Beschäftigten	30.967,74		43.448,28
Beschäftigte im Durchschnitt	3,1		5,8
davon Inhaber/unentgeltlich Beschäftigte	1,0		1,0
Personalkosten je entgeltl. Beschäftigten	11.062,86		13.492,50

Vergleichswerte aus der letzten Kostenstrukturstatistik des Statistischen Bundesamtes 2006 (Erhebungszeitraum 2003) – Fachserie 2, Reihe 1.6.1.
* KV- bzw. KZV-Verwaltungskosten sind in Zeile 18 „Sonstige Kosten" enthalten, ebenso wie die früher gesondert ausgewiesenen Fort- und Weiterbildungskosten.

Vergleichswerte Ärzte Einzelpraxen 85.12.2 Neurologie, Psychiatrie, Kinderpsychiatrie, Psychotherapie

	Einnahmen in € unter 125.000		Einnahmen in € 125.000-500.000		Einnahmen in € 500.000 und mehr	
KOSTENSTRUKTUR	€	%	€	%	€	%
1. Einnahmen aus Kassenpraxis	73.138,00	75,4	192.080,00	78,4	426.930,00	64,2
2. Einnahmen aus Privatpraxis	18.915,00	19,5	36.260,00	14,8	205.485,00	30,9
3. Einnahmen aus sonstiger Tätigkeit	4.947,00	5,1	16.660,00	6,8	32.585,00	4,9
4. *Summe der Einnahmen 1-3*	97.000,00	100,0	245.000,00	100,0	665.000,00	100,0
5. Löhne und Gehälter	13.580,00	14,0	45.570,00	18,6	129.675,00	19,5
6. Sozialkosten – gesetzliche	2.813,00	2,9	9.555,00	3,9	26.600,00	4,0
7. Sozialkosten – übrige	97,00	0,1	735,00	0,3	3.325,00	0,5
8. *Summe Personalkosten 5-7*	16.490,00	17,0	55.860,00	22,8	159.600,00	24,0
9. Materialverbrauch eigene Praxis und eigenes Labor	1.261,00	1,3	2.450,00	1,0	4.655,00	0,7
10. Fremde Laborarbeiten	194,00	0,2	245,00	0,1	0,00	0,0
11. Honorare für Assistenz und Stellvertretung	679,00	0,7	1.960,00	0,8	17.955,00	2,7
12. Miete/Leasing (einschl. Mietwert)	9.215,00	9,5	16.660,00	6,8	31.255,00	4,7
13. Strom, Gas, Wasser, Heizung	1.455,00	1,5	1.960,00	0,8	4.655,00	0,7
14. Versicherungen, Beiträge und Gebühren*	1.940,00	2,0	3.430,00	1,4	15.295,00	2,3
15. Kfz-Kosten	2.425,00	2,5	4.410,00	1,8	3.325,00	0,5
16. Abschreibungen auf Anlagen	4.365,00	4,5	8.085,00	3,3	17.955,00	2,7
17. Geringwertige Wirtschaftsgüter	679,00	0,7	980,00	0,4	2.660,00	0,4
18. Sonstige Kosten	9.894,00	10,2	18.620,00	7,6	47.215,00	7,1
19. *Summe Kosten 8-18*	48.597,00	50,1	114.660,00	46,8	304.570,00	45,8
20. *Zwischensaldo I 4 minus 19*	48.403,00	49,9	130.340,00	53,2	360.430,00	54,2
21. Fremdkapitalzinsen	2.910,00	3,0	7.105,00	2,9	7.315,00	1,1
22. *Reinertrag 20 minus 21*	45.493,00	46,9	123.235,00	50,3	353.115,00	53,1

Weitere Kennzahlen

Gesamtleistung je Beschäftigten	35.925,93		47.115,38		64.563,11	
Beschäftigte im Durchschnitt	2,7		5,2		10,3	
davon Inhaber/unentgeltlich	1,0		1,0		1,0	
Personalkosten je entgeltl. Beschäftigten	9.700,00		13.300,00		17.161,29	

Vergleichswerte aus der letzten Kostenstrukturstatistik des Statistischen Bundesamtes 2006 (Erhebungszeitraum 2003) – Fachserie 2, Reihe 1.6.1.
* KV- bzw. KZV-Verwaltungskosten sind in Zeile 18 „Sonstige Kosten" enthalten, ebenso wie die früher gesondert ausgewiesenen Fort- und Weiterbildungskosten.

Vergleichswerte Ärzte Einzelpraxen   85.12.2 Orthopädie

KOSTENSTRUKTUR	Einnahmen in € unter 500.000		Einnahmen in € 500.000 und mehr	
	€	%	€	%
1. Einnahmen aus Kassenpraxis	212.352,00	67,2	367.040,00	49,6
2. Einnahmen aus Privatpraxis	91.324,00	28,9	334.480,00	45,2
3. Einnahmen aus sonstiger Tätigkeit	12.324,00	3,9	38.480,00	5,2
4. *Summe der Einnahmen 1-3*	316.000,00	100,0	740.000,00	100,0
5. Löhne und Gehälter	67.624,00	21,4	124.320,00	16,8
6. Sozialkosten – gesetzliche	13.904,00	4,4	25.900,00	3,5
7. Sozialkosten – übrige	948,00	0,3	2.220,00	0,3
8. *Summe Personalkosten 5-7*	82.476,00	26,1	152.440,00	20,6
9. Materialverbrauch eigene Praxis und eigenes Labor	12.640,00	4,0	32.560,00	4,4
10. Fremde Laborarbeiten	632,00	0,2	740,00	0,1
11. Honorare für Assistenz und Stellvertretung	1.580,00	0,5	8.140,00	1,1
12. Miete/Leasing (einschl. Mietwert)	26.544,00	8,4	43.660,00	5,9
13. Strom, Gas, Wasser, Heizung	3.160,00	1,0	4.440,00	0,6
14. Versicherungen, Beiträge und Gebühren*	7.268,00	2,3	11.840,00	1,6
15. Kfz-Kosten	5.688,00	1,8	8.140,00	1,1
16. Abschreibungen auf Anlagen	15.168,00	4,8	31.080,00	4,2
17. Geringwertige Wirtschaftsgüter	1.264,00	0,4	2.960,00	0,4
18. Sonstige Kosten	24.332,00	7,7	56.980,00	7,7
19. *Summe Kosten 8-18*	180.752,00	57,2	352.980,00	47,7
20. *Zwischensaldo / 4 minus 19*	135.248,00	42,8	387.020,00	52,3
21. Fremdkapitalzinsen	12.324,00	3,9	24.420,00	3,3
22. *Reinertrag 20 minus 21*	122.924,00	39,0	362.600,00	49,0

Weitere Kennzahlen

Gesamtleistung je Beschäftigten	45.797,10		72.549,02	
Beschäftigte im Durchschnitt	6,9		10,2	
davon Inhaber/unentgeltlich	1,0		1,0	
Personalkosten je entgeltl. Beschäftigten	13.978,98		16.569,57	

* KV- bzw. KZV-Verwaltungskosten sind in Zeile 18 „Sonstige Kosten" enthalten, ebenso wie die früher gesondert ausgewiesenen Fort- und Weiterbildungskosten.

Vergleichswerte aus der letzten Kostenstrukturstatistik des Statistischen Bundesamtes 2006 (Erhebungszeitraum 2003) – Fachserie 2, Reihe 1.6.1.

Vergleichswerte Ärzte Einzelpraxen 85.12.2 Radiologie und Nuklearmedizin

KOSTENSTRUKTUR	Einnahmen in € 125.000–500.000		Einnahmen in € 500.000 und mehr	
	€	%	€	%
1. Einnahmen aus Kassenpraxis	188.761,00	66,7	660.416,00	60,7
2. Einnahmen aus Privatpraxis	88.013,00	31,1	391.680,00	36,0
3. Einnahmen aus sonstiger Tätigkeit	6.226,00	2,2	35.904,00	3,3
4. *Summe der Einnahmen 1-3*	283.000,00	100,0	1.088.000,00	100,0
5. Löhne und Gehälter	57.449,00	20,3	161.024,00	14,8
6. Sozialkosten – gesetzliche	12.169,00	4,3	34.816,00	3,2
7. Sozialkosten – übrige	566,00	0,2	2.176,00	0,2
8. *Summe Personalkosten 5-7*	70.184,00	24,8	198.016,00	18,2
9. Materialverbrauch eigene Praxis und eigenes Labor	26.602,00	9,4	90.304,00	8,3
10. Fremde Laborarbeiten	1.415,00	0,5	2.176,00	0,2
11. Honorare für Assistenz und Stellvertretung	849,00	0,3	8.704,00	0,8
12. Miete/Leasing (einschl. Mietwert)	31.979,00	11,3	164.288,00	15,1
13. Strom, Gas, Wasser, Heizung	4.811,00	1,7	10.880,00	1,0
14. Versicherungen, Beiträge und Gebühren*	5.660,00	2,0	16.320,00	1,5
15. Kfz-Kosten	4.245,00	1,5	6.528,00	0,6
16. Abschreibungen auf Anlagen	12.169,00	4,3	103.360,00	9,5
17. Geringwertige Wirtschaftsgüter	849,00	0,3	1.088,00	0,1
18. Sonstige Kosten	27.168,00	9,6	113.152,00	10,4
19. *Summe Kosten 8-18*	185.931,00	65,7	714.816,00	65,7
20. *Zwischensaldo I 4 minus 19*	97.069,00	34,3	373.184,00	34,3
21. Fremdkapitalzinsen	11.886,00	4,2	34.816,00	3,2
22. *Reinertrag 20 minus 21*	85.183,00	30,1	338.368,00	31,1

Weitere Kennzahlen

Gesamtleistung je Beschäftigten	53.396,23		101.682,24	
Beschäftigte im Durchschnitt	5,3		10,7	
davon Inhaber/unentgeltlich	1,0		1,0	
Personalkosten je entgeltl. Beschäftigten	16.321,86		20.414,02	

Vergleichswerte aus der letzten Kostenstrukturstatistik des Statistischen Bundesamtes 2006 (Erhebungszeitraum 2003) – Fachserie 2, Reihe 1.6.1.
* KV- bzw. KZV-Verwaltungskosten sind in Zeile 18 „Sonstige Kosten" enthalten, ebenso wie die früher gesondert ausgewiesenen Fort- und Weiterbildungskosten.

Vergleichswerte Ärzte Einzelpraxen   85.12.2 Urologie

KOSTENSTRUKTUR	Einnahmen in € unter 500.000		Einnahmen in € 500.000 und mehr	
	€	%	€	%
1. Einnahmen aus Kassenpraxis	198.604,00	69,2	378.266,00	65,9
2. Einnahmen aus Privatpraxis	84.091,00	29,3	189.420,00	33,0
3. Einnahmen aus sonstiger Tätigkeit	4.305,00	1,5	6.314,00	1,1
4. *Summe der Einnahmen 1-3*	287.000,00	100,0	574.000,00	100,0
5. Löhne und Gehälter	52.234,00	18,2	82.082,00	14,3
6. Sozialkosten – gesetzliche	11.193,00	3,9	16.646,00	2,9
7. Sozialkosten – übrige	861,00	0,3	2.296,00	0,4
8. *Summe Personalkosten 5-7*	64.288,00	22,4	101.024,00	17,6
9. Materialverbrauch eigene Praxis und eigenes Labor	11.480,00	4,0	39.606,00	6,9
10. Fremde Laborarbeiten	3.157,00	1,1	8.036,00	1,4
11. Honorare für Assistenz und Stellvertretung	1.435,00	0,5	4.018,00	0,7
12. Miete/Leasing (einschl. Mietwert)	20.664,00	7,2	28.126,00	4,9
13. Strom, Gas, Wasser, Heizung	2.870,00	1,0	2.870,00	0,5
14. Versicherungen, Beiträge und Gebühren*	5.166,00	1,8	8.036,00	1,4
15. Kfz-Kosten	6.314,00	2,2	9.184,00	1,6
16. Abschreibungen auf Anlagen	13.776,00	4,8	26.404,00	4,6
17. Geringwertige Wirtschaftsgüter	1.148,00	0,4	1.722,00	0,3
18. Sonstige Kosten	20.664,00	7,2	34.440,00	6,0
19. *Summe Kosten 8-18*	150.962,00	52,6	263.466,00	45,9
20. *Zwischensaldo 14 minus 19*	136.038,00	47,4	310.534,00	54,1
21. Fremdkapitalzinsen	10.619,00	3,7	17.220,00	3,0
22. *Reinertrag 20 minus 21*	125.419,00	43,7	293.314,00	51,1

Weitere Kennzahlen

Gesamtleistung je Beschäftigten	50.350,88		70.864,20	
Beschäftigte im Durchschnitt	5,7		8,1	
davon Inhaber/unentgeltlich	1,0		1,0	
Personalkosten je entgeltl. Beschäftigten	13.678,30		14.228,73	

* KV- bzw. KZV-Verwaltungskosten sind in Zeile 18 „Sonstige Kosten" enthalten, ebenso wie die früher gesondert ausgewiesenen Fort- und Weiterbildungskosten.

Vergleichswerte aus der letzten Kostenstrukturstatistik des Statistischen Bundesamtes 2006 (Erhebungszeitraum 2003) – Fachserie 2, Reihe 1.6.1.

Vergleichswerte Gemeinschaftspraxen   85.12.0 Ärzte/Ärztinnen

	Einnahmen in € unter 200.000		Einnahmen in € 200.000–250.000		Einnahmen in € 250.000–300.000		Einnahmen in € 300.000–350.000	
	€	%	€	%	€	%	€	%
KOSTENSTRUKTUR								
1. Einnahmen aus Kassenpraxis	131.811,00	82,9	184.950,00	82,2	232.392,00	84,2	275.796,00	84,6
2. Einnahmen aus Privatpraxis	24.645,00	15,5	36.000,00	16,0	36.432,00	13,2	43.684,00	13,4
3. Einnahmen aus sonstiger Tätigkeit	2.544,00	1,6	4.050,00	1,8	7.176,00	2,6	6.520,00	2,0
4. *Summe der Einnahmen 1-3*	159.000,00	100,0	225.000,00	100,0	276.000,00	100,0	326.000,00	100,0
5. Löhne und Gehälter	30.687,00	19,3	47.475,00	21,1	50.784,00	18,4	65.852,00	20,2
6. Sozialkosten – gesetzliche	6.042,00	3,8	10.125,00	4,5	11.040,00	4,0	13.692,00	4,2
7. Sozialkosten – übrige	159,00	0,1	900,00	0,4	828,00	0,3	978,00	0,3
8. *Summe Personalkosten 5-7*	36.888,00	23,2	58.500,00	26,0	62.652,00	22,7	80.522,00	24,7
9. Materialverbrauch eigene Praxis und eigenes Labor	2.067,00	1,3	4.050,00	1,8	4.416,00	1,6	5.542,00	1,7
10. Fremde Laborarbeiten	2.226,00	1,4	3.825,00	1,7	3.864,00	1,4	3.586,00	1,1
11. Honorare für Assistenz und Stellvertretung	159,00	0,1	1.350,00	0,6	552,00	0,2	1.630,00	0,5
12. Miete/Leasing (einschl. Mietwert)	12.720,00	8,0	15.525,00	6,9	16.836,00	6,1	18.256,00	5,6
13. Strom, Gas, Wasser, Heizung	1.749,00	1,1	2.475,00	1,1	2.484,00	0,9	2.608,00	0,8
14. Versicherungen, Beiträge und Gebühren*	2.067,00	1,3	2.925,00	1,3	3.036,00	1,1	3.586,00	1,1
15. Kfz-Kosten	2.703,00	1,7	4.275,00	1,9	4.140,00	1,5	5.542,00	1,7
16. Abschreibungen auf Anlagen	7.950,00	5,0	11.025,00	4,9	9.108,00	3,3	10.758,00	3,3
17. Geringwertige Wirtschaftsgüter	1.113,00	0,7	900,00	0,4	1.104,00	0,4	1.304,00	0,4
18. Sonstige Kosten	10.812,00	6,8	15.975,00	7,1	17.940,00	6,5	22.494,00	6,9
19. *Summe Kosten 8-18*	80.454,00	50,6	120.825,00	53,7	126.132,00	45,7	155.828,00	47,8
20. *Zwischensaldo I 4 minus 19*	78.546,00	49,4	104.175,00	46,3	149.868,00	54,3	170.172,00	52,2
21. Fremdkapitalzinsen	3.021,00	1,9	5.175,00	2,3	7.452,00	2,7	5.542,00	1,7
22. *Reinertrag 20 minus 21*	75.525,00	47,5	99.000,00	44,0	142.416,00	51,6	164.630,00	50,5

Weitere Kennzahlen

Gesamtleistung je Beschäftigten	26.949,15	34.090,91	36.315,79	41.794,87
Beschäftigte im Durchschnitt	5,9	6,6	7,6	7,8
davon Inhaber/unentgeltlich	2,1	2,0	2,0	2,0
Personalkosten je entgeltl. Beschäftigten	9.707,37	12.717,39	11.187,86	13.883,10
Reinertrag je Praxis	76.000,00	99.000,00	142.000,00	165.000,00
Reinertrag je Praxisinhaber	37.000,00	49.000,00	71.000,00	81.000,00

Vergleichswerte aus der letzten Kostenstrukturstatistik des Statistischen Bundesamtes 2006 (Erhebungszeitraum 2003) – Fachserie 2, Reihe 1.6.1.
* KV- bzw. KZV-Verwaltungskosten sind in Zeile 18 „Sonstige Kosten" enthalten, ebenso wie die früher gesondert ausgewiesenen Fort- und Weiterbildungskosten.

Vergleichswerte Gemeinschaftspraxen, Fortsetzung   85.12.0 Ärzte/Ärztinnen

KOSTENSTRUKTUR	Einnahmen in € 350.000-400.000		Einnahmen in € 400.000-450.000		Einnahmen in € 450.000-500.000		Einnahmen in € 500.000-1 Mio.	
	€	%	€	%	€	%	€	%
1. Einnahmen aus Kassenpraxis	309.448,00	82,3	347.283,00	82,1	362.318,00	76,6	493.680,00	74,8
2. Einnahmen aus Privatpraxis	60.160,00	16,0	69.795,00	16,5	93.181,00	19,7	143.880,00	21,8
3. Einnahmen aus sonstiger Tätigkeit	6.392,00	1,7	5.922,00	1,4	17.501,00	3,7	22.440,00	3,4
4. *Summe der Einnahmen 1-3*	376.000,00	100,0	423.000,00	100,0	473.000,00	100,0	660.000,00	100,0
5. Löhne und Gehälter	71.816,00	19,1	79.947,00	18,9	90.816,00	19,2	122.760,00	18,6
6. Sozialkosten – gesetzliche	15.040,00	4,0	17.766,00	4,2	18.920,00	4,0	25.740,00	3,9
7. Sozialkosten – übrige	752,00	0,2	2.115,00	0,5	1.419,00	0,3	1.980,00	0,3
8. *Summe Personalkosten 5-7*	87.608,00	23,3	99.828,00	23,6	111.155,00	23,5	150.480,00	22,8
9. Materialverbrauch eigene Praxis und eigenes Labor	6.392,00	1,7	8.460,00	2,0	11.825,00	2,5	19.800,00	3,0
10. Fremde Laborarbeiten	5.264,00	1,4	4.230,00	1,0	4.257,00	0,9	5.840,00	0,9
11. Honorare für Assistenz und Stellvertretung	1.128,00	0,3	1.692,00	0,4	2.838,00	0,6	4.620,00	0,7
12. Miete/Leasing (einschl. Mietwert)	19.928,00	5,3	21.573,00	5,1	25.542,00	5,4	33.000,00	5,0
13. Strom, Gas, Wasser, Heizung	3.008,00	0,8	3.807,00	0,9	3.784,00	0,8	4.620,00	0,7
14. Versicherungen, Beiträge und Gebühren*	4.136,00	1,1	4.653,00	1,1	6.149,00	1,3	7.920,00	1,2
15. Kfz-Kosten	5.640,00	1,5	5.922,00	1,4	7.568,00	1,6	5.940,00	0,9
16. Abschreibungen auf Anlagen	10.904,00	2,9	16.074,00	3,8	14.663,00	3,1	20.460,00	3,1
17. Geringwertige Wirtschaftsgüter	1.128,00	0,3	1.269,00	0,3	1.892,00	0,4	1.980,00	0,3
18. Sonstige Kosten	24.816,00	6,6	28.764,00	6,8	30.272,00	6,4	45.540,00	6,9
19. *Summe Kosten 8-18*	169.952,00	45,2	196.272,00	46,4	219.945,00	46,5	300.300,00	45,5
20. *Zwischensaldo I 4 minus 19*	206.048,00	54,8	226.728,00	53,6	253.055,00	53,5	359.700,00	54,5
21. Fremdkapitalzinsen	6.392,00	1,7	7.191,00	1,7	8.987,00	1,9	10.560,00	1,6
22. *Reinertrag 20 minus 21*	199.656,00	53,1	219.537,00	51,9	244.068,00	51,6	349.140,00	52,9

Weitere Kennzahlen

Gesamtleistung je Beschäftigten	45.301,20	46.483,52	52.555,56	54.545,45
Beschäftigte im Durchschnitt	8,3	9,1	9,0	12,1
davon Inhaber/unentgeltlich	2,0	2,1	2,1	2,3
Personalkosten je entgelt. Beschäftigten	13.906,03	14.261,14	16.109,42	15.355,10
Reinertrag je Praxis	199.000,00	219.000,00	245.000,00	348.000,00
Reinertrag je Praxisinhaber	99.000,00	104.000,00	117.000,00	151.000,00

Vergleichswerte aus der letzten Kostenstrukturstatistik des Statistischen Bundesamtes 2006 (Erhebungszeitraum 2003) – Fachserie 2, Reihe 1.6.1.
* KV- bzw. KZV-Verwaltungskosten sind in Zeile 18 „Sonstige Kosten" enthalten, ebenso wie die früher gesondert ausgewiesenen Fort- und Weiterbildungskosten.

Vergleichswerte Gemeinschaftspraxen, Fortsetzung 85.12.0 Ärzte/Ärztinnen

	KOSTENSTRUKTUR	Einnahmen in € 1 Mio.–5 Mio.		Einnahmen in € 5 Mio. und mehr	
		€	%	€	%
1.	Einnahmen aus Kassenpraxis	1.314.048,00	69,6	5.009.900,00	70,0
2.	Einnahmen aus Privatpraxis	519.200,00	27,5	2.032.588,00	28,4
3.	Einnahmen aus sonstiger Tätigkeit	54.752,00	2,9	114.512,00	1,6
4.	*Summe der Einnahmen 1-3*	1.888.000,00	100,0	7.157.000,00	100,0
5.	Löhne und Gehälter	339.840,00	18,0	1.502.970,00	21,0
6.	Sozialkosten – gesetzliche	69.856,00	3,7	300.594,00	4,2
7.	Sozialkosten – übrige	5.664,00	0,3	28.628,00	0,4
8.	*Summe Personalkosten 5-7*	415.360,00	22,0	1.832.192,00	25,6
9.	Materialverbrauch eigene Praxis und eigenes Labor	179.360,00	9,5	930.410,00	13,0
10.	Fremde Laborarbeiten	9.440,00	0,5	28.628,00	0,4
11.	Honorare für Assistenz und Stellvertretung	16.992,00	0,9	114.512,00	1,6
12.	Miete/Leasing (einschl. Mietwert)	141.600,00	7,5	558.246,00	7,8
13.	Strom, Gas, Wasser, Heizung	16.992,00	0,9	93.041,00	1,3
14.	Versicherungen, Beiträge und Gebühren*	18.880,00	1,0	64.413,00	0,9
15.	Kfz-Kosten	5.664,00	0,3	14.314,00	0,2
16.	Abschreibungen auf Anlagen	96.288,00	5,1	365.007,00	5,1
17.	Geringwertige Wirtschaftsgüter	3.776,00	0,2	7.157,00	0,1
18.	Sonstige Kosten	151.040,00	8,0	636.973,00	8,9
19.	*Summe Kosten 8-18*	1.055.392,00	55,9	4.644.893,00	64,9
20.	*Zwischensaldo l 4 minus 19*	832.608,00	44,1	2.512.107,00	35,1
21.	Fremdkapitalzinsen	28.320,00	1,5	121.669,00	1,7
22.	*Reinertrag 20 minus 21*	804.288,00	42,6	2.390.438,00	33,4

Weitere Kennzahlen

	€		€
Gesamtleistung je Beschäftigten	83.911,11		104.329,45
Beschäftigte im Durchschnitt	22,5		68,6
davon Inhaber/unentgeltlich	3,0		5,3
Personalkosten je entgeltl. Beschäftigten	21.300,51		28.944,58
Reinertrag je Praxis	805.000,00		272.000,00
Reinertrag je Praxisinhaber	2.384.000,00		446.000,00

Vergleichswerte aus der letzten Kostenstrukturstatistik des Statistischen Bundesamtes 2006 (Erhebungszeitraum 2003) – Fachserie 2, Reihe 1.6.1.
* KV- bzw. KZV-Verwaltungskosten sind in Zeile 18 „Sonstige Kosten" enthalten, ebenso wie die früher gesondert ausgewiesenen Fort- und Weiterbildungskosten.

Vergleichswerte Ärzte Gemeinschaftspraxen 85.12.1 Allgemein-/Praktische Ärzte/Ärztinnen

KOSTENSTRUKTUR	Einnahmen in € unter 500.000		Einnahmen in € 500.000 und mehr	
	€	%	€	%
1. Einnahmen aus Kassenpraxis	301.860,00	86,0	505.494,00	81,4
2. Einnahmen aus Privatpraxis	43.524,00	12,4	99.981,00	16,1
3. Einnahmen aus sonstiger Tätigkeit	5.616,00	1,6	15.525,00	2,5
4. *Summe der Einnahmen 1-3*	351.000,00	100,0	621.000,00	100,0
5. Löhne und Gehälter	68.094,00	19,4	116.748,00	18,8
6. Sozialkosten – gesetzliche	14.742,00	4,2	24.840,00	4,0
7. Sozialkosten – übrige	1.053,00	0,3	1.863,00	0,3
8. *Summe Personalkosten 5-7*	83.889,00	23,9	143.451,00	23,1
9. Materialverbrauch eigene Praxis und eigenes Labor	5.265,00	1,5	8.694,00	1,4
10. Fremde Laborarbeiten	5.616,00	1,6	8.694,00	1,4
11. Honorare für Assistenz und Stellvertretung	1.053,00	0,3	3.105,00	0,5
12. Miete/Leasing (einschl. Mietwert)	16.848,00	4,8	24.219,00	3,9
13. Strom, Gas, Wasser, Heizung	3.159,00	0,9	4.347,00	0,7
14. Versicherungen, Beiträge und Gebühren*	3.159,00	0,9	5.589,00	0,9
15. Kfz-Kosten	6.669,00	1,9	7.452,00	1,2
16. Abschreibungen auf Anlagen	10.881,00	3,1	16.146,00	2,6
17. Geringwertige Wirtschaftsgüter	1.053,00	0,3	2.484,00	0,4
18. Sonstige Kosten	23.166,00	6,6	42.849,00	6,9
19. *Summe Kosten 8-18*	160.758,00	45,8	267.030,00	43,0
20. *Zwischensaldo I 4 minus 19*	190.242,00	54,2	353.970,00	57,0
21. Fremdkapitalzinsen	6.669,00	1,9	8.694,00	1,4
22. *Reinertrag 20 minus 21*	183.573,00	52,3	345.276,00	55,6

Weitere Kennzahlen

Gesamtleistung je Beschäftigten	42.289,16		52.627,12	
Beschäftigte im Durchschnitt	8,3		11,8	
davon Inhaber/unentgeltlich	2,1		2,5	
Personalkosten je entgeltl. Beschäftigten	13.530,48		15.424,84	
Reinertrag je Praxis	183.000,00		345.000,00	
Reinertrag je Praxisinhaber	88.000,00		138.000,00	

Vergleichswerte aus der letzten Kostenstrukturstatistik des Statistischen Bundesamtes 2006 (Erhebungszeitraum 2003) – Fachserie 2, Reihe 1.6.1.
* KV- bzw. KZV-Verwaltungskosten sind in Zeile 18 „Sonstige Kosten" enthalten, ebenso wie die früher gesondert ausgewiesenen Fort- und Weiterbildungskosten.

Vergleichswerte Gemeinschaftspraxen 85.12.2 Augenheilkunde

KOSTENSTRUKTUR	Einnahmen in € unter 500.000		Einnahmen in € 500.000 und mehr	
	€	%	€	%
1. Einnahmen aus Kassenpraxis	257.213,00	73,7	881.287,00	70,9
2. Einnahmen aus Privatpraxis	84.458,00	24,2	316.965,00	25,5
3. Einnahmen aus sonstiger Tätigkeit	7.329,00	2,1	44.748,00	3,6
4. Summe der Einnahmen 1-3	349.000,00	100,0	1.243.000,00	100,0
5. Löhne und Gehälter	70.149,00	20,1	187.693,00	15,1
6. Sozialkosten – gesetzliche	14.309,00	4,1	37.290,00	3,0
7. Sozialkosten – übrige	698,00	0,2	2.486,00	0,2
8. Summe Personalkosten 5-7	85.156,00	24,4	227.469,00	18,3
9. Materialverbrauch eigene Praxis und eigenes Labor	9.074,00	2,6	164.076,00	13,2
10. Fremde Laborarbeiten	0,00	0,0	2.486,00	0,2
11. Honorare für Assistenz und Stellvertretung	1.047,00	0,3	7.458,00	0,6
12. Miete/Leasing (einschl. Mietwert)	25.477,00	7,3	55.935,00	4,5
13. Strom, Gas, Wasser, Heizung	2.094,00	0,6	4.972,00	0,4
14. Versicherungen, Beiträge und Gebühren*	6.631,00	1,9	11.187,00	0,9
15. Kfz-Kosten	4.188,00	1,2	3.729,00	0,3
16. Abschreibungen auf Anlagen	18.148,00	5,2	41.019,00	3,3
17. Geringwertige Wirtschaftsgüter	2.443,00	0,7	3.729,00	0,3
18. Sonstige Kosten	23.034,00	6,6	100.683,00	8,1
19. Summe Kosten 8-18	177.292,00	50,8	622.743,00	50,1
20. Zwischensaldo 4 minus 19	171.708,00	49,2	620.257,00	49,9
21. Fremdkapitalzinsen	9.423,00	2,7	9.944,00	0,8
22. Reinertrag 20 minus 21	162.285,00	46,5	610.313,00	49,1

Weitere Kennzahlen

Gesamtleistung je Beschäftigten	43.086,42		78.670,89	
Beschäftigte im Durchschnitt	8,1		15,8	
davon Inhaber/unentgeltlich	2,0		2,4	
Personalkosten je entgeltl. Beschäftigten	13.960,00		16.975,30	
Reinertrag je Praxis	162.000,00		610.000,00	
Reinertrag je Praxisinhaber	80.000,00		258.000,00	

Vergleichswerte aus der letzten Kostenstrukturstatistik des Statistischen Bundesamtes 2006 (Erhebungszeitraum 2003) – Fachserie 2, Reihe 1.6.1.
* KV- bzw. KZV-Verwaltungskosten sind in Zeile 18 „Sonstige Kosten" enthalten, ebenso wie die früher gesondert ausgewiesenen Fort- und Weiterbildungskosten.

Vergleichswerte Ärzte Gemeinschaftspraxen   85.12.2 Chirurgie

KOSTENSTRUKTUR	Einnahmen in € unter 500.000		Einnahmen in € 500.000 und mehr	
	€	%	€	%
1. Einnahmen aus Kassenpraxis	284.596,00	67,6	628.830,00	68,5
2. Einnahmen aus Privatpraxis	83.779,00	19,9	216.648,00	23,6
3. Einnahmen aus sonstiger Tätigkeit	52.625,00	12,5	72.522,00	7,9
4. *Summe der Einnahmen 1-3*	421.000,00	100,0	918.000,00	100,0
5. Löhne und Gehälter	90.094,00	21,4	170.748,00	18,6
6. Sozialkosten – gesetzliche	17.682,00	4,2	34.884,00	3,8
7. Sozialkosten – übrige	1.684,00	0,4	2.754,00	0,3
8. *Summe Personalkosten 5-7*	109.460,00	26,0	208.386,00	22,7
9. Materialverbrauch eigene Praxis und eigenes Labor	17.261,00	4,1	45.900,00	5,0
10. Fremde Laborarbeiten	1.263,00	0,3	7.344,00	0,8
11. Honorare für Assistenz und Stellvertretung	2.105,00	0,5	6.426,00	0,7
12. Miete/Leasing (einschl. Mietwert)	43.363,00	10,3	61.506,00	6,7
13. Strom, Gas, Wasser, Heizung	4.631,00	1,1	6.426,00	0,7
14. Versicherungen, Beiträge und Gebühren	8.841,00	2,1	12.852,00	1,4
15. Kfz-Kosten	5.052,00	1,2	4.590,00	0,5
16. Abschreibungen auf Anlagen	15.577,00	3,7	36.720,00	4,0
17. Geringwertige Wirtschaftsgüter	1.684,00	0,4	1.836,00	0,2
18. Sonstige Kosten	34.101,00	8,1	67.932,00	7,4
19. *Summe Kosten 8-18*	243.338,00	57,8	459.918,00	50,1
20. *Zwischensaldo 14 minus 19*	177.662,00	42,2	458.082,00	49,9
21. Fremdkapitalzinsen	10.525,00	2,5	15.606,00	1,7
22. *Reinertrag 20 minus 21*	167.137,00	39,7	442.476,00	48,2

Weitere Kennzahlen

Gesamtleistung je Beschäftigten	46.777,78		64.647,89	
Beschäftigte im Durchschnitt	9,0		14,2	
davon Inhaber/unentgeltlich	2,0		2,4	
Personalkosten je entgeltl. Beschäftigten	15.637,14		17.659,83	
Reinertrag je Praxis	167.000,00		442.000,00	
Reinertrag je Praxisinhaber	82.000,00		185.000,00	

Vergleichswerte aus der letzten Kostenstrukturstatistik des Statistischen Bundesamtes 2006 (Erhebungszeitraum 2003) – Fachserie 2, Reihe 1.6.1.

* KV- bzw. KZV-Verwaltungskosten sind in Zeile 18 „Sonstige Kosten" enthalten, ebenso wie die früher gesondert ausgewiesenen Fort- und Weiterbildungskosten.

Vergleichswerte Ärzte Gemeinschaftspraxen 85.12.2 Frauenheilkunde

	Einnahmen in € unter 500.000		Einnahmen in € 500.000 und mehr	
KOSTENSTRUKTUR	€	%	€	%
1. Einnahmen aus Kassenpraxis	247.428,00	71,1	731.794,00	62,6
2. Einnahmen aus Privatpraxis	97.440,00	28,0	424.347,00	36,3
3. Einnahmen aus sonstiger Tätigkeit	3.132,00	0,9	12.859,00	1,1
4. *Summe der Einnahmen 1–3*	348.000,00	100,0	1.169.000,00	100,0
5. Löhne und Gehälter	60.900,00	17,5	210.420,00	18,0
6. Sozialkosten – gesetzliche	12.528,00	3,6	43.253,00	3,7
7. Sozialkosten – übrige	1.044,00	0,3	3.507,00	0,3
8. *Summe Personalkosten 5–7*	74.472,00	21,4	257.180,00	22,0
9. Materialverbrauch eigene Praxis und eigenes Labor	10.440,00	3,0	68.971,00	5,9
10. Fremde Laborarbeiten	2.784,00	0,8	9.352,00	0,8
11. Honorare für Assistenz und Stellvertretung	1.740,00	0,5	15.197,00	1,3
12. Miete/Leasing (einschl. Mietwert)	22.620,00	6,5	47.929,00	4,1
13. Strom, Gas, Wasser, Heizung	3.132,00	0,9	5.845,00	0,5
14. Versicherungen, Beiträge und Gebühren*	6.612,00	1,9	17.535,00	1,5
15. Kfz-Kosten	3.828,00	1,1	7.014,00	0,6
16. Abschreibungen auf Anlagen	19.140,00	5,5	31.563,00	2,7
17. Geringwertige Wirtschaftsgüter	1.044,00	0,3	2.338,00	0,2
18. Sonstige Kosten	26.796,00	7,7	77.154,00	6,6
19. *Summe Kosten 8–18*	172.608,00	49,6	540.078,00	46,2
20. *Zwischensaldo 4 minus 19*	175.392,00	50,4	628.922,00	53,8
21. Fremdkapitalzinsen	7.656,00	2,2	16.366,00	1,4
22. *Reinertrag 20 minus 21*	167.736,00	48,2	612.556,00	52,4

Weitere Kennzahlen

Gesamtleistung je Beschäftigten	48.333,33		81.748,25	
Beschäftigte im Durchschnitt	7,2		14,3	
davon Inhaber/unentgeltlich	2,1		2,4	
Personalkosten je entgeltl. Beschäftigten	14.602,35		21.611,76	
Reinertrag je Praxis	168.000,00		611.000,00	
Reinertrag je Praxisinhaber	79.000,00		251.000,00	

Vergleichswerte wurde aus der letzten Kostenstrukturstatistik des Statistischen Bundesamtes 2006 (Erhebungszeitraum 2003) – Fachserie 2, Reihe 1.6.1.
* KV- bzw. KZV-Verwaltungskosten sind in Zeile 18 „Sonstige Kosten" enthalten, ebenso wie die früher gesondert ausgewiesenen Fort- und Weiterbildungskosten.

Vergleichswerte Ärzte Gemeinschaftspraxen   85.12.2 Hals-Nasen-Ohrenheilkunde

KOSTENSTRUKTUR	Einnahmen in € unter 500.000		Einnahmen in € 500.000 und mehr	
	€	%	€	%
1. Einnahmen aus Kassenpraxis	275.544,00	71,2	555.611,00	66,7
2. Einnahmen aus Privatpraxis	95.589,00	24,7	263.228,00	31,6
3. Einnahmen aus sonstiger Tätigkeit	15.867,00	4,1	14.161,00	1,7
4. *Summe der Einnahmen 1-3*	387.000,00	100,0	833.000,00	100,0
5. Löhne und Gehälter	70.434,00	18,2	148.274,00	17,8
6. Sozialkosten – gesetzliche	15.093,00	3,9	30.821,00	3,7
7. Sozialkosten – übrige	1.161,00	0,3	2.499,00	0,3
8. *Summe Personalkosten 5-7*	86.688,00	22,4	181.594,00	21,8
9. Materialverbrauch eigene Praxis und eigenes Labor	4.257,00	1,1	20.825,00	2,5
10. Fremde Laborarbeiten	387,00	0,1	833,00	0,1
11. Honorare für Assistenz und Stellvertretung	2.322,00	0,6	7.497,00	0,9
12. Miete/Leasing (einschl. Mietwert)	23.994,00	6,2	42.483,00	5,1
13. Strom, Gas, Wasser, Heizung	2.709,00	0,7	4.998,00	0,6
14. Versicherungen, Beiträge und Gebühren*	4.644,00	1,2	9.163,00	1,1
15. Kfz-Kosten	5.031,00	1,3	4.998,00	0,6
16. Abschreibungen auf Anlagen	13.545,00	3,5	25.823,00	3,1
17. Geringwertige Wirtschaftsgüter	1.935,00	0,5	1.666,00	0,2
18. Sonstige Kosten	30.960,00	8,0	56.644,00	6,8
19. *Summe Kosten 8-18*	176.472,00	45,6	356.524,00	42,8
20. *Zwischensaldo (4 minus 19)*	210.528,00	54,4	476.476,00	57,2
21. Fremdkapitalzinsen	6.192,00	1,6	13.328,00	1,6
22. *Reinertrag 20 minus 21*	204.336,00	52,8	463.148,00	55,6

Weitere Kennzahlen

Gesamtleistung je Beschäftigten	50.259,74	56.283,78
Beschäftigte im Durchschnitt	7,7	14,8
davon Inhaber/unentgeltlich	2,0	2,4
Personalkosten je entgeltl. Beschäftigten	15.208,42	14.644,68
Reinertrag je Praxis	206.000,00	463.000,00
Reinertrag je Praxisinhaber	103.000,00	195.000,00

Vergleichswerte aus der letzten Kostenstrukturstatistik des Statistischen Bundesamtes 2006 (Erhebungszeitraum 2003) – Fachserie 2, Reihe 1.6.1.
* KV- bzw. KZV-Verwaltungskosten sind in Zeile 18 „Sonstige Kosten" enthalten, ebenso wie die früher gesondert ausgewiesenen Fort- und Weiterbildungskosten.

Vergleichswerte Ärzte Gemeinschaftspraxen   85.12.2 Haut- und Geschlechtskrankheiten

	Einnahmen in € unter 500.000		Einnahmen in € 500.000 und mehr	
KOSTENSTRUKTUR	€	%	€	%
1. Einnahmen aus Kassenpraxis	245.245,00	71,5	516.146,00	61,3
2. Einnahmen aus Privatpraxis	93.296,00	27,2	304.804,00	36,2
3. Einnahmen aus sonstiger Tätigkeit	4.459,00	1,3	21.050,00	2,5
4. *Summe der Einnahmen 1-3*	343.000,00	100,0	842.000,00	100,0
5. Löhne und Gehälter	68.257,00	19,9	161.664,00	19,2
6. Sozialkosten – gesetzliche	15.092,00	4,4	34.522,00	4,1
7. Sozialkosten – übrige	1.029,00	0,3	2.526,00	0,3
8. *Summe Personalkosten 5-7*	84.378,00	24,6	198.712,00	23,6
9. Materialverbrauch eigene Praxis und eigenes Labor	8.918,00	2,6	35.364,00	4,2
10. Fremde Laborarbeiten	686,00	0,2	7.578,00	0,9
11. Honorare für Assistenz und Stellvertretung	1.715,00	0,5	5.894,00	0,7
12. Miete/Leasing (einschl. Mietwert)	20.580,00	6,0	41.258,00	4,9
13. Strom, Gas, Wasser, Heizung	3.087,00	0,9	6.736,00	0,8
14. Versicherungen, Beiträge und Gebühren*	4.116,00	1,2	12.630,00	1,5
15. Kfz-Kosten	3.087,00	0,9	6.736,00	0,8
16. Abschreibungen auf Anlagen	14.406,00	4,2	24.418,00	2,9
17. Geringwertige Wirtschaftsgüter	1.029,00	0,3	1.684,00	0,2
18. Sonstige Kosten	22.638,00	6,6	54.730,00	6,5
19. *Summe Kosten 8-18*	164.640,00	48,0	395.740,00	47,0
20. *Zwischensaldo 4 minus 19*	178.360,00	52,0	446.260,00	53,0
21. Fremdkapitalzinsen	6.517,00	1,9	10.104,00	1,2
22. *Reinertrag 20 minus 21*	171.843,00	50,1	436.156,00	51,8

Weitere Kennzahlen

	€		€	
Gesamtleistung je Beschäftigten	41.829,27		57.671,23	
Beschäftigte im Durchschnitt	8,2		14,6	
davon Inhaber/unentgeltlich	2,1		2,4	
Personalkosten je entgeltl. Beschäftigten	13.832,46		16.287,87	
Reinertrag je Praxis	172.000,00		435.000,00	
Reinertrag je Praxisinhaber	83.000,00		184.000,00	

Vergleichswerte aus der letzten Kostenstrukturstatistik des Statistischen Bundesamtes 2006 (Erhebungszeitraum 2003) – Fachserie 2, Reihe 1.6.1.
* KV- bzw. KZV-Verwaltungskosten sind in Zeile 18 „Sonstige Kosten" enthalten, ebenso wie die früher gesondert ausgewiesenen Fort- und Weiterbildungskosten.

Vergleichswerte Ärzte Gemeinschaftspraxen 85.12.2 Internist/Internistin

	Einnahmen in € unter 500.000		Einnahmen in € 500.000 und mehr	
	€	%	€	%
KOSTENSTRUKTUR				
1. Einnahmen aus Kassenpraxis	281.260,00	82,0	1.117.920,00	82,2
2. Einnahmen aus Privatpraxis	56.252,00	16,4	216.240,00	15,9
3. Einnahmen aus sonstiger Tätigkeit	5.488,00	1,6	25.840,00	1,9
4. *Summe der Einnahmen 1-3*	343.000,00	100,0	1.360.000,00	100,0
5. Löhne und Gehälter	67.914,00	19,8	277.440,00	20,4
6. Sozialkosten – gesetzliche	14.406,00	4,2	57.120,00	4,2
7. Sozialkosten – übrige	1.029,00	0,3	5.440,00	0,4
8. *Summe Personalkosten 5-7*	83.349,00	24,3	340.000,00	25,0
9. Materialverbrauch eigene Praxis und eigenes Labor	7.203,00	2,1	152.320,00	11,2
10. Fremde Laborarbeiten	5.831,00	1,7	10.880,00	0,8
11. Honorare für Assistenz und Stellvertretung	1.715,00	0,5	9.520,00	0,7
12. Miete/Leasing (einschl. Mietwert)	17.836,00	5,2	87.040,00	6,4
13. Strom, Gas, Wasser, Heizung	2.744,00	0,8	13.600,00	1,0
14. Versicherungen, Beiträge und Gebühren*	4.459,00	1,3	10.880,00	0,8
15. Kfz-Kosten	4.802,00	1,4	5.440,00	0,4
16. Abschreibungen auf Anlagen	12.691,00	3,7	50.320,00	3,7
17. Geringwertige Wirtschaftsgüter	1.715,00	0,5	2.720,00	0,2
18. Sonstige Kosten	23.667,00	6,9	93.840,00	6,9
19. *Summe Kosten 8-18*	166.012,00	48,4	776.560,00	57,1
20. *Zwischensaldo I 4 minus 19*	176.988,00	51,6	583.440,00	42,9
21. Fremdkapitalzinsen	5.488,00	1,6	16.320,00	1,2
22. *Reinertrag 20 minus 21*	171.500,00	50,0	567.120,00	41,7

Weitere Kennzahlen

Gesamtleistung je Beschäftigten	45.131,58		70.833,33
Beschäftigte im Durchschnitt	7,6		19,2
davon Inhaber/unentgeltlich	2,0		2,5
Personalkosten je entgeltl. Beschäftigten	14.883,75		20.359,28
Reinertrag je Praxis	172.000,00		565.000,00
Reinertrag je Praxisinhaber	84.000,00		223.000,00

* KV- bzw. KZV-Verwaltungskosten sind in Zeile 18 „Sonstige Kosten" enthalten, ebenso wie die früher gesondert ausgewiesenen Fort- und Weiterbildungskosten.

Vergleichswerte aus der letzten Kostenstrukturstatistik des Statistischen Bundesamtes 2006 (Erhebungszeitraum 2003) – Fachserie 2, Reihe 1.6.1.

Vergleichswerte Ärzte Gemeinschaftspraxen 85.12.2 Kinderheilkunde

	Einnahmen in € unter 500.000		Einnahmen in € 500.000 und mehr	
KOSTENSTRUKTUR	€	%	€	%
1. Einnahmen aus Kassenpraxis	292.740,00	82,0	540.054,00	82,2
2. Einnahmen aus Privatpraxis	59.619,00	16,7	110.376,00	16,8
3. Einnahmen aus sonstiger Tätigkeit	4.641,00	1,3	6.570,00	1,0
4. *Summe der Einnahmen 1-3*	357.000,00	100,0	657.000,00	100,0
5. Löhne und Gehälter	70.686,00	19,8	124.830,00	19,0
6. Sozialkosten – gesetzliche	14.637,00	4,1	27.594,00	4,2
7. Sozialkosten – übrige	1.071,00	0,3	1.971,00	0,3
8. *Summe Personalkosten 5-7*	86.394,00	24,2	154.395,00	23,5
9. Materialverbrauch eigene Praxis und eigenes Labor	6.426,00	1,8	15.111,00	2,3
10. Fremde Laborarbeiten	1.785,00	0,5	3.285,00	0,5
11. Honorare für Assistenz und Stellvertretung	2.142,00	0,6	5.913,00	0,9
12. Miete/Leasing (einschl. Mietwert)	17.493,00	4,9	25.623,00	3,9
13. Strom, Gas, Wasser, Heizung	2.499,00	0,7	4.599,00	0,7
14. Versicherungen, Beiträge und Gebühren*	4.998,00	1,4	7.884,00	1,2
15. Kfz-Kosten	3.927,00	1,1	4.599,00	0,7
16. Abschreibungen auf Anlagen	7.854,00	2,2	11.826,00	1,8
17. Geringwertige Wirtschaftsgüter	1.071,00	0,3	1.314,00	0,2
18. Sonstige Kosten	17.493,00	4,9	32.193,00	4,9
19. *Summe Kosten 8-18*	152.082,00	42,6	266.742,00	40,6
20. *Zwischensaldo l 4 minus 19*	204.918,00	57,4	390.258,00	59,4
21. Fremdkapitalzinsen	4.284,00	1,2	4.599,00	0,7
22. *Reinertrag 20 minus 21*	200.634,00	56,2	385.659,00	58,7

Weitere Kennzahlen

Gesamtleistung je Beschäftigten	44.074,07		50.930,23	
Beschäftigte im Durchschnitt	8,1		12,9	
davon Inhaber/unentgeltlich	2,0		2,3	
Personalkosten je entgeltl. Beschäftigten	14.162,95		14.565,57	
Reinertrag je Praxis	200.000,00		386.000,00	
Reinertrag je Praxisinhaber	99.000,00		166.000,00	

Vergleichswerte aus der letzten Kostenstrukturstatistik des Statistischen Bundesamtes 2006 (Erhebungszeitraum 2003) – Fachserie 2, Reihe 1.6.1.
* KV- bzw. KZV-Verwaltungskosten sind in Zeile 18 „Sonstige Kosten" enthalten, ebenso wie die früher gesondert ausgewiesenen Fort- und Weiterbildungskosten.

Vergleichswerte Ärzte Gemeinschaftspraxen   85.12.2 Neurologie, Psychiatrie, Kinderpsychiatrie, Psychotherapie

	Einnahmen in € unter 500.000		Einnahmen in € 500.000 und mehr	
	€	%	€	%
KOSTENSTRUKTUR				
1. Einnahmen aus Kassenpraxis	262.570,00	77,0	596.428,00	71,6
2. Einnahmen aus Privatpraxis	61.380,00	18,0	200.753,00	24,1
3. Einnahmen aus sonstiger Tätigkeit	17.050,00	5,0	35.819,00	4,3
4. *Summe der Einnahmen 1-3*	341.000,00	100,0	833.000,00	100,0
5. Löhne und Gehälter	56.947,00	16,7	142.443,00	17,1
6. Sozialkosten - gesetzliche	12.276,00	3,6	30.821,00	3,7
7. Sozialkosten - übrige	682,00	0,2	3.332,00	0,4
8. *Summe Personalkosten 5-7*	69.905,00	20,5	176.596,00	21,2
9. Materialverbrauch eigene Praxis und eigenes Labor	2.728,00	0,8	10.829,00	1,3
10. Fremde Laborarbeiten	341,00	0,1	0,00	0,0
11. Honorare für Assistenz und Stellvertretung	1.705,00	0,5	12.495,00	1,5
12. Miete/Leasing (einschl. Mietwert)	20.460,00	6,0	33.320,00	4,0
13. Strom, Gas, Wasser, Heizung	3.069,00	0,9	4.998,00	0,6
14. Versicherungen, Beiträge und Gebühren*	3.751,00	1,1	8.330,00	1,0
15. Kfz-Kosten	3.410,00	1,0	6.664,00	0,8
16. Abschreibungen auf Anlagen	9.207,00	2,7	20.825,00	2,5
17. Geringwertige Wirtschaftsgüter	682,00	0,2	3.332,00	0,4
18. Sonstige Kosten	22.165,00	6,5	41.650,00	5,0
19. *Summe Kosten 8-18*	137.423,00	40,3	319.039,00	38,3
20. *Zwischensaldo 4 minus 19*	203.577,00	59,7	513.961,00	61,7
21. Fremdkapitalzinsen	7.161,00	2,1	12.495,00	1,5
22. *Reinertrag 20 minus 21*	196.416,00	57,6	501.466,00	60,2

Weitere Kennzahlen

Gesamtleistung je Beschäftigten	46.712,33		66.111,11	
Beschäftigte im Durchschnitt	7,3		12,6	
davon Inhaber/unentgeltlich	2,0		2,4	
Personalkosten je entgelt. Beschäftigten	13.189,62		17.313,33	
Reinertrag je Praxis	196.000,00		503.000,00	
Reinertrag je Praxisinhaber	96.000,00		210.000,00	

Vergleichswerte aus der letzten Kostenstrukturstatistik des Statistischen Bundesamtes 2006 (Erhebungszeitraum 2003) – Fachserie 2, Reihe 1.6.1.
* KV- bzw. (KZV-)Verwaltungskosten sind in Zeile 18 „Sonstige Kosten" enthalten, ebenso wie die früher gesondert ausgewiesenen Fort- und Weiterbildungskosten.

Vergleichswerte Ärzte Gemeinschaftspraxen 85.12.2 Orthopädie

	KOSTENSTRUKTUR	Einnahmen in € 12.500 und mehr	
		€	%
1.	Einnahmen aus Kassenpraxis	576.820,00	60,4
2.	Einnahmen aus Privatpraxis	332.340,00	34,8
3.	Einnahmen aus sonstiger Tätigkeit	45.840,00	4,8
4.	*Summe der Einnahmen 1-3*	955.000,00	100,0
5.	Löhne und Gehälter	179.540,00	18,8
6.	Sozialkosten – gesetzliche	37.245,00	3,9
7.	Sozialkosten – übrige	3.820,00	0,4
8.	*Summe Personalkosten 5-7*	220.605,00	23,1
9.	Materialverbrauch eigene Praxis und eigenes Labor	48.705,00	5,1
10.	Fremde Laborarbeiten	4.775,00	0,5
11.	Honorare für Assistenz und Stellvertretung	8.595,00	0,9
12.	Miete/Leasing (einschl. Mietwert)	57.300,00	6,0
13.	Strom, Gas, Wasser, Heizung	7.640,00	0,8
14.	Versicherungen, Beiträge und Gebühren*	14.325,00	1,5
15.	Kfz-Kosten	7.640,00	0,8
16.	Abschreibungen auf Anlagen	33.425,00	3,5
17.	Geringwertige Wirtschaftsgüter	2.865,00	0,3
18.	Sonstige Kosten	70.670,00	7,4
19.	*Summe Kosten 8-18*	476.545,00	49,9
20.	*Zwischensaldo I 4 minus 19*	478.455,00	50,1
21.	Fremdkapitalzinsen	15.280,00	1,6
22.	*Reinertrag 20 minus 21*	463.175,00	48,5

Weitere Kennzahlen

Gesamtleistung je Beschäftigten	62.418,30
Beschäftigte im Durchschnitt	15,3
davon Inhaber/unentgeltlich	2,4
Personalkosten je entgeltl. Beschäftigten	17.101,16
Reinertrag je Praxis	465.000,00
Reinertrag je Praxisinhaber	195.000,00

Vergleichswerte aus der letzten Kostenstrukturstatistik des Statistischen Bundesamtes 2006 (Erhebungszeitraum 2003) – Fachserie 2, Reihe 1.6.1.
* KV- bzw. KZV-Verwaltungskosten sind in Zeile 18 „Sonstige Kosten" enthalten, ebenso wie die früher gesondert ausgewiesenen Fort- und Weiterbildungskosten.

Vergleichswerte Ärzte Gemeinschaftspraxen   85.12.2 Radiologie und Nuklearmedizin

	KOSTENSTRUKTUR	Einnahmen in € 12.500 und mehr	
		€	%
1.	Einnahmen aus Kassenpraxis	1.489.684,00	64,1
2.	Einnahmen aus Privatpraxis	757.624,00	32,6
3.	Einnahmen aus sonstiger Tätigkeit	79.016,00	3,4
4.	*Summe der Einnahmen 1-3*	2.324.000,00	100,0
5.	Löhne und Gehälter	415.996,00	17,9
6.	Sozialkosten – gesetzliche	83.664,00	3,6
7.	Sozialkosten – übrige	6.972,00	0,3
8.	*Summe Personalkosten 5-7*	506.632,00	21,8
9.	Materialverbrauch eigene Praxis und eigenes Labor	183.596,00	7,9
10.	Fremde Laborarbeiten	6.972,00	0,3
11.	Honorare für Assistenz und Stellvertretung	30.212,00	1,3
12.	Miete/Leasing (einschl. Mietwert)	264.936,00	11,4
13.	Strom, Gas, Wasser, Heizung	30.212,00	1,3
14.	Versicherungen, Beiträge und Gebühren*	27.888,00	1,2
15.	Kfz-Kosten	4.648,00	0,2
16.	Abschreibungen auf Anlagen	199.864,00	8,6
17.	Geringwertige Wirtschaftsgüter	4.648,00	0,2
18.	Sonstige Kosten	248.668,00	10,7
19.	*Summe Kosten 8-18*	1.508.276,00	64,9
20.	*Zwischensaldo I 4 minus 19*	815.724,00	35,1
21.	Fremdkapitalzinsen	58.100,00	2,5
22.	*Reinertrag 20 minus 21*	757.624,00	32,6

Weitere Kennzahlen

Gesamtleistung je Beschäftigten	93.333,33
Beschäftigte im Durchschnitt	24,9
davon Inhaber/unentgeltlich	3,3
Personalkosten je entgeltl. Beschäftigten	23.455,19
Reinertrag je Praxis	762.000,00
Reinertrag je Praxisinhaber	229.000,00

Vergleichswerte aus der letzten Kostenstrukturstatistik des Statistischen Bundesamtes 2006 (Erhebungszeitraum 2003) – Fachserie 2, Reihe 1.6.1.
* KV- bzw. KZV-Verwaltungskosten sind in Zeile 18 „Sonstige Kosten" enthalten, ebenso wie die früher gesondert ausgewiesenen Fort- und Weiterbildungskosten.

Vergleichswerte Ärzte Gemeinschaftspraxen 85.12.2 Urologie

KOSTENSTRUKTUR	Einnahmen in € unter 500.000 €	%	Einnahmen in € 500.000 und mehr €	%
1. Einnahmen aus Kassenpraxis	300.529,00	75,7	496.112,00	61,4
2. Einnahmen aus Privatpraxis	91.310,00	23,0	300.576,00	37,2
3. Einnahmen aus sonstiger Tätigkeit	5.161,00	1,3	11.312,00	1,4
4. *Summe der Einnahmen 1-3*	397.000,00	100,0	808.000,00	100,0
5. Löhne und Gehälter	66.696,00	16,8	131.704,00	16,3
6. Sozialkosten – gesetzliche	15.086,00	3,8	28.280,00	3,5
7. Sozialkosten – übrige	794,00	0,2	2.424,00	0,3
8. *Summe Personalkosten 5-7*	82.576,00	20,8	162.408,00	20,1
9. Materialverbrauch eigene Praxis und eigenes Labor	17.071,00	4,3	39.592,00	4,9
10. Fremde Laborarbeiten	3.176,00	0,8	7.272,00	0,9
11. Honorare für Assistenz und Stellvertretung	1.588,00	0,4	4.848,00	0,6
12. Miete/Leasing (einschl. Mietwert)	27.393,00	6,9	39.592,00	4,9
13. Strom, Gas, Wasser, Heizung	4.367,00	1,1	6.464,00	0,8
14. Versicherungen, Beiträge und Gebühren*	6.352,00	1,6	11.312,00	1,4
15. Kfz-Kosten	4.367,00	1,1	5.656,00	0,7
16. Abschreibungen auf Anlagen	13.498,00	3,4	19.392,00	2,4
17. Geringwertige Wirtschaftsgüter	794,00	0,2	1.616,00	0,2
18. Sonstige Kosten	22.232,00	5,6	43.632,00	5,4
19. *Summe Kosten 8-18*	183.414,00	46,2	341.784,00	42,3
20. *Zwischensaldo 4 minus 19*	213.586,00	53,8	466.216,00	57,7
21. Fremdkapitalzinsen	7.543,00	1,9	11.312,00	1,4
22. *Reinertrag 20 minus 21*	206.043,00	51,9	454.904,00	56,3

Weitere Kennzahlen

Gesamtleistung je Beschäftigten	49.625,00	69.059,83
Beschäftigte im Durchschnitt	8,0	11,7
davon Inhaber/unentgeltlich	2,0	2,1
Personalkosten je entgeltl. Beschäftigten	13.762,67	16.917,50
Reinertrag je Praxis	206.000,00	455.000,00
Reinertrag je Praxisinhaber	103.000,00	212.000,00

Vergleichswerte aus der letzten Kostenstrukturstatistik des Statistischen Bundesamtes 2006 (Erhebungszeitraum 2003) – Fachserie 2, Reihe 1.6.1.
* KV- bzw. KZV-Verwaltungskosten sind in Zeile 18 „Sonstige Kosten" enthalten, ebenso wie die früher gesondert ausgewiesenen Fort- und Weiterbildungskosten.

2.2.6 Architekten

| Strukturerhebung im Dienstleistungsbereich* | 74.20.0 Architektur- und Ingenieurbüros |

	2000 Gesamt	2003 Gesamt	2003 Umsatz ab 250 T€	2003 Umsatz unter 250 T€	2004 Gesamt	2004 Umsatz ab 250 T€	2004 Umsatz unter 250 T€
Gesamtbranche:							
Gesamtumsatz der Branche (Marktvolumen) in €[1]	33.053.716.000	32.365.088.000	26.877.051.000	5.488.037.000	31.614.432.000	26.031.222.000	5.583.210.000
Anzahl der Unternehmen	69.880	83.707	18.389	65.318	84.765	18.129	66.636
Anzahl der Beschäftigten	360.269	374.623	253.738	120.885	360.130	242.603	117.527
davon Lohn- und Gehaltsempfänger	282.385	288.411	235.480	52.931	273.527	224.559	48.968
je Unternehmen:							
Beschäftigte am 30.09.[2]	5,2	4,5	13,8	1,9	4,2	13,4	1,8
davon Lohn- und Gehaltsempfänger	4,0	3,4	12,8	0,8	3,2	12,4	0,7
Umsatz in €[3]	473.007	386.647	1.461.583	84.020	372.966	1.435.888	83.787
Investitionen in €[4]	15.562	16.000	54.375	k.A.	10.000	33.541	k.A.
Personalaufwand in %[5]	32,22	36,30	39,66	k.A.	34,70	38,13	k.A.
Sachaufwand in %[5]	30,09	38,40	40,36	k.A.	40,10	42,29	k.A.
Betriebliche Steuern und Abgaben in %[5]	1,03	0,91	0,82	k.A.	1,11	1,03	k.A.
Personalkosten je entgeltlich Beschäftigten in €[6]	37.720	33.627	45.272	k.A.	33.089	44.201	k.A.

* Veröffentlichung des Statistischen Bundesamtes, Fachserie 9, Reihe 2, zuletzt für 2004 im August 2006; eigene Berechnungen; 2000 ohne Unternehmensneugründungen 1999/2000.
1) Netto ohne Mehrwertsteuer einschließlich sonstige betriebliche Erträge.
2) Selbständige, mithelfende Familienangehörige, Lohn- und Gehaltsempfänger.
3) Netto ohne Mehrwertsteuer einschließlich sonstige betriebliche Erträge.
4) Einschließlich selbsterstellte Anlagen.
5) Vom Umsatz.
6) Bruttolöhne und -gehälter einschließlich Sozialaufwendungen Arbeitgeber je Lohn- und Gehaltsempfänger.

2.2.7 Bäckereien, Herstellung von Backwaren

Konditoreien siehe in Teil 2.2.32 Gastronomische Betriebe.

Richtsätze 2005 – Bäckerei, Konditorei
(Gewerbeklasse 15.81.0 und 52.24.1)

	Deutschland[1]		eigener Betrieb
Wirtschaftl. Umsatz:	bis 250.000 €	über 250.000 €	
Rohgewinn I	61–79 70	61–79 70	
Rohgewinn II	–	–	
Halbreingewinn	28–56 44	28–56 44	
Reingewinn	9–33 21	3–20 12	
Rohgewinnaufschlag	156–376 233	156–376 233	

1) Bei Bäckereien ohne Kaffeedepot oder bei erheblicher Speiseeisherstellung obere Rahmenhälfte.

Vergleichswerte Handel   52.24.0 Einzelhandel mit Back- und Süßwaren

KOSTENSTRUKTUR	Beschäftigte 1-2		Beschäftigte 3-5		Beschäftigte 6-19		Beschäftigte 20 und mehr		Beschäftigte insgesamt	
	€	%	€	%	€	%	€	%	€	%
1. Umsatz je Unternehmen	130.000,00	100,0	170.000,00	100,0	387.000,00	100,0	3.631.000,00	100,0	470.000,00	100,0
2. Wareneinsatz	85.020,00	65,4	90.780,00	53,4	197.370,00	51,0	1.644.843,00	45,3	232.180,00	49,4
3. *Rohertrag 1 minus 2*	44.980,00	34,6	79.220,00	46,6	189.630,00	49,0	1.986.157,00	54,7	237.820,00	50,6
4. übrige Aufwendungen*	24.960,00	19,2	53.210,00	31,3	147.060,00	38,0	1.830.024,00	50,4	200.220,00	42,6
5. *Überschuss 3 minus 4*	20.020,00	15,4	26.010,00	15,3	42.570,00	11,0	156.133,00	4,3	37.600,00	8,0
Weitere Kennzahlen										
Umsatz je Beschäftigten in €	87.000,00		47.000,00		40.000,00		48.000,00		48.000,00	
Anzahl der Beschäftigten	1,5		3,6		9,6		75,7		9,8	
Anzahl der Unternehmen	1.298		1.262		891		283		3.733	

* Ohne Fremdkapitalzinsen.

Vergleichswerte aus der letzten Kostenstrukturstatistik des Statistischen Bundesamtes 2006 (Erhebungszeitraum 2003) – Fachserie 6, Reihe 4.

Kostenstruktur im Produzierenden Gewerbe*	15.81.0 Herstellung von Backwaren (ohne Dauerbackwaren)

Kennzahl	Beschäftigte von ... bis ...				
	20–99	100–499	500–999	1.000 und mehr	insgesamt
Materialverbrauch, Einsatz von Handelsware zu Anschaffungskosten (davon Lohnarbeiten) in % der Gesamtleistung[1]	32,3 (0,1)	30,9 (0,1)	36,7 (1,9)	37,4 (0,0)	33,4 (0,3)
Personalkosten einschließlich gesetzlicher und freiwilliger Sozialaufwand in % der Gesamtleistung[1]	38,6	35,4	29,1	27,8	33,9
Bruttoproduktionswert[1] je Beschäftigten in €	41.768	52.386	67.204	97.118	55.316

Kostenstruktur im Produzierenden Gewerbe*	15.82.0 Herstellung von Dauerbackwaren

Kennzahl	Beschäftigte von ... bis ...				
	20–99	100–249	250–499	500 und mehr	insgesamt
Materialverbrauch, Einsatz von Handelsware zu Anschaffungskosten (davon Lohnarbeiten) in % der Gesamtleistung[1]	47,2 (0,0)	53,6 (0,0)	55,5 (0,0)	53,3 (0,3)	53,6 (0,2)
Personalkosten einschließlich gesetzlicher und freiwilliger Sozialaufwand in % der Gesamtleistung[1]	25,9	23,0	19,7	17,7	19,2
Bruttoproduktionswert[1] je Beschäftigten in €	85.190	110.172	143.735	192.627	156.107

* Quelle: Statistisches Bundesamt 2006 (Erhebungszeitraum 2004) – Fachserie 4, Reihe 4.3.
1) = „Bruttoproduktionswert" = Gesamtumsatz ohne Umsatzsteuer plus/minus Bestandsveränderungen an fertigen und unfertigen Erzeugnissen aus eigener Produktion plus selbsterstellte Anlagen.

2.2.8 Baugewerbe, Baustoffe

Richtsätze 2005 – Bauunternehmen (mit Materiallieferung)
(Gewerbeklasse 45.21.0)

Wirtschaftl. Umsatz:	Deutschland			eigener Betrieb
	bis 200.000 €	über 200.000 € bis 500.000 €	über 500.000 €	
Rohgewinn I	78	71	64	
Rohgewinn II	36–78 54	32–59 43	24–50 36	
Halbreingewinn	11–47 28	7–30 17	6–21 13	
Reingewinn	8–40 23	3–22 13	2–14 8	
Rohgewinnaufschlag	–	–	–	

Richtsätze 2005 – Bau- und Heimwerkerbedarf
(Gewerbeklasse 52.46.3)

Wirtschaftl. Umsatz:	Deutschland		eigener Betrieb
	bis 600.000 €	über 600.000 €	
Rohgewinn I	26–54 40	20–50 33	
Rohgewinn II	–	–	
Halbreingewinn	11–37 24	10–29 21	
Reingewinn	3–21 11	2–10 6	
Rohgewinnaufschlag	35–117 67	25–100 49	

Vergleichswerte Handel   52.46.0 Einzelhandel mit Metallwaren, Anstrichmitteln, Bau- und Heimwerkerbedarf

KOSTENSTRUKTUR	Beschäftigte 1-2		Beschäftigte 3-5		Beschäftigte 6-19		Beschäftigte 20 und mehr		Beschäftigte insgesamt	
	€	%	€	%	€	%	€	%	€	%
1. Umsatz je Unternehmen	142.000,00	100,0	306.000,00	100,0	1.362.000,00	100,0	24.805.000,00	100,0	1.416.000,00	100,0
2. Wareneinsatz	92.442,00	65,1	200.124,00	65,4	766.806,00	56,3	16.420.910,00	66,2	917.568,00	64,8
3. *Rohertrag 1 minus 2*	49.558,00	34,9	105.876,00	34,6	595.194,00	43,7	8.384.090,00	33,8	498.432,00	35,2
4. übrige Aufwendungen*	23.714,00	16,7	85.374,00	27,9	329.604,00	24,2	7.540.720,00	30,4	407.808,00	28,8
5. *Überschuss 3 minus 4*	25.844,00	18,2	20.502,00	6,7	265.590,00	19,5	843.370,00	3,4	90.624,00	6,4
Weitere Kennzahlen										
Umsatz je Beschäftigten in €	102.000,00		86.000,00		144.000,00		166.000,00		149.000,00	
Anzahl der Beschäftigten	1,4		3,6		9,5		149,4		9,5	
Anzahl der Unternehmen	5.889		3.949		1.614		512		11.964	

* Ohne Fremdkapitalzinsen.

Vergleichswerte aus der letzten Kostenstrukturstatistik des Statistischen Bundesamtes 2006 (Erhebungszeitraum 2003) – Fachserie 6, Reihe 4.

Kostenstruktur im Produzierenden Gewerbe*	45.00.0 Baugewerbe

Nr. WZ 2003	Branchenbezeichnung	Bruttoproduktions-wert[1] je Beschäf-tigten in €	Materialverbrauch, Einsatz an Handels-ware und Anschaf-fungskosten, Kosten für Lohnarbeiten (davon Lohn-arbeiten[2]) in % der Gesamtleistung	Personalkosten einschl. gesetzlicher und freiwilliger Sozialaufwand in % der Gesamt-leistung[1]
45.00.0	Baugewerbe	116.055	53,3 (25,7)	32,2
45.10.0	Vorbereitende Baustellen-arbeiten, Hoch- und Tiefbau	132.709	55,3 (31,1)	30,6
45.10.0	Vorbereitende Baustellenarbeiten**	103.102	32,8 (13,2)	39,2
45.11.0	Abbruch-, Spreng- und Enttrümmerungsgewerbe, Erdbewegungsarbeiten	103.173	32,9 (13,4)	39,2
45.12.0	Test- und Suchbohrungen	101.112	30,9 (7,2)	40,3
45.20.0	Hoch- und Tiefbau	134.050	56,1 (31,7)	30,3
45.21.0	Hochbau, Brücken- und Tunnelbau u.Ä.	142.666	59,7 (38,3)	28,8
45.21.1	Hoch- und Tiefbau ohne aus-geprägten Schwerpunkt**	159.714	62,3 (42,7)	27,2
45.21.2	Hochbau (ohne Fertigteilbau)**	140.186	61,1 (38,9)	27,7
45.21.3 45.21.4 45.21.5	Fertigteilbau im Hochbau**	166.041	63,6 (42,9)	25,0
45.21.6 45.21.7	Brücken- und Tunnelbau u.Ä., Rohrleitungs- und Kabel-leitungstiefbau**	106.955	44,9 (20,2)	38,7

*   Quelle: Statistisches Bundesamt 2006 (Erhebungszeitraum 2004) – Fachserie 4, Reihe 5.3.
** Siehe auch jeweilige Kostenstrukturerhebung nach Beschäftigtengrößenklassen.
1) = „Bruttoproduktionswert" = Gesamtumsatz ohne Umsatzsteuer plus/minus Bestandsveränderungen an fertigen und unfertigen Erzeugnissen aus eigener Produktion plus selbsterstellte Anlagen.
2) Vorbereitende Baustellenarbeiten, Hoch- und Tiefbau: Kosten für Fremd- und Nachunternehmerleistungen.

| Kostenstruktur im Produzierenden Gewerbe* | | 45.00.0 Baugewerbe | |

Nr. WZ 2003	Branchenbezeichnung	Bruttoproduktions- wert[1] je Beschäf- tigten in €	Materialverbrauch, Einsatz an Handels- ware und Anschaf- fungskosten, Kosten für Lohnarbeiten (davon Lohn- arbeiten[2]) in % der Gesamtleistung	Personalkosten einschl. gesetzlicher und freiwilliger Sozialaufwand in % der Gesamt- leistung[1]
45.22.0	Dachdeckerei, Bauspeng- lerei, Abdichtung und Zimmerei	101.306	47,8 (11,6)	34,2
45.22.1	Dachdeckerei und Bauspenglerei**	94.717	44,9 (9,6)	35,1
45.22.2	Abdichtung gegen Wasser und Feuchtigkeit**	112.679	47,1 (15,7)	34,8
45.22.3	Zimmerei und Ingenieur- holzbau**	109.598	52,8 (13,2)	32,6
45.23.0	Bau von Straßen, Bahnver- kehrsstrecken, Rollbahnen und Sportanlagen**	128.587	54,0 (22,2)	31,3
45.23.1	Bau von Straßen, Rollbahnen und Sportanlagen**	128.956	55,2 (22,2)	30,8
45.24.0	Wasserbau	150.334	43,4 (22,4)	28,0
45.25.0	Sonstiger spezialisierter Hoch- und Tiefbau**	122.021	45,1 (20,7)	35,3
45.30.0				
45.40.0	Bauinstallation und sonstiges Ausbaugewerbe	90.448	48,7 (13,6)	35,8
45.50.0				
45.30.0	Bauinstallation	95.168	50,3 (13,4)	34,0
45.31.0	Elektroinstallation**	83.874	46,4 (10,5)	36,3

* Quelle: Statistisches Bundesamt 2006 (Erhebungszeitraum 2004) – Fachserie 4, Reihe 5.3.
** Siehe auch jeweilige Kostenstrukturerhebung nach Beschäftigtengrößenklassen.
1) = „Bruttoproduktionswert" = Gesamtumsatz ohne Umsatzsteuer plus/minus Bestandsveränderungen an fertigen und unfertigen Erzeugnissen aus eigener Produktion plus selbsterstellte Anlagen.
2) Vorbereitende Baustellenarbeiten, Hoch- und Tiefbau: Kosten für Fremd- und Nachunternehmerleistungen.

| Kostenstruktur im Produzierenden Gewerbe* | | 45.00.0 Baugewerbe | |

Nr. WZ 2003	Branchenbezeichnung	Bruttoproduktionswert[1] je Beschäftigten in €	Materialverbrauch, Einsatz an Handelsware und Anschaffungskosten, Kosten für Lohnarbeiten (davon Lohnarbeiten[2]) in % der Gesamtleistung	Personalkosten einschl. gesetzlicher und freiwilliger Sozialaufwand in % der Gesamtleistung[1]
45.32.0	Dämmung gegen Kälte, Wärme, Schall und Erschütterung**	126.711	56,0 (30,7)	32,0
45.33.0	Klempnerei, Gas-, Wasser-, Heizungs- und Lüftungsinstallation**	99.126	53,0 (11,8)	32,6
45.34.0	Sonstige Bauinstallation**	115.502	43,1 (21,3)	34,6
45.40.0	Sonstiges Ausbaugewerbe	78.948	44,6 (14,2)	40,8
45.41.0	Stuckateurgewerbe, Gipserei und Verputzerei**	87.285	44,7 (18,2)	39,3
45.42.0	Bautischlerei und -schlosserei**	94.079	53,0 (9,3)	33,4
45.43.0	Fußboden-, Fliesen- und Plattenlegerei, Raumausstattung**	98.985	53,4 (12,3)	35,0
45.44.0	Maler- und Glasgewebe**	67.155	37,8 (15,0)	46,8
45.45.0	Baugewerbe ang.**	86.172	46,9 (21,8)	35,5
45.50.0	Vernietung von Baumaschinen und -geräten mit Bedienungspersonal	127.969	25,9 (11,0)	30,1

*   Quelle: Statistisches Bundesamt 2006 (Erhebungszeitraum 2004) – Fachserie 4, Reihe 5.3.
**   Siehe auch jeweilige Kostenstrukturerhebung nach Beschäftigtengrößenklassen.
1)   = „Bruttoproduktionswert" = Gesamtumsatz ohne Umsatzsteuer plus/minus Bestandsveränderungen an fertigen und unfertigen Erzeugnissen aus eigener Produktion plus selbsterstellte Anlagen.
2)   Vorbereitende Baustellenarbeiten, Hoch- und Tiefbau: Kosten für Fremd- und Nachunternehmerleistungen.

Kostenstruktur im Produzierenden Gewerbe*	45.10.0 Vorbereitende Baustellenarbeiten

Kennzahl	Beschäftigte von ... bis ...				
	20–49	50–99	100–249	250 und mehr	insgesamt
Materialverbrauch, Einsatz von Handelsware zu Anschaffungskosten (davon Lohnarbeiten[2]) in % der Gesamtleistung[1]	34,6 (12,9)	36,4 (11,9)	51,6 (27,1)	19,5 (6,4)	32,8 (13,2)
Personalkosten einschließlich gesetzlicher und freiwilliger Sozialaufwand in % der Gesamtleistung[1]	31,8	32,1	27,3	55,0	39,2
Bruttoproduktionswert[1] je Beschäftigten in €	114.517	112.395	158.853	78.590	103.102

Kostenstruktur im Produzierenden Gewerbe*	45.21.1 Hoch- und Tiefbau ohne ausgeprägten Schwerpunkt

Kennzahl	Beschäftigte von ... bis ...						
	20–49	50–99	100–249	250–499	500–999	1.000 und mehr	insgesamt
Materialverbrauch, Einsatz von Handelsware zu Anschaffungskosten (davon Lohnarbeiten[2]) in % der Gesamtleistung[1]	50,8 (23,6)	56,0 (28,9)	58,7 (36,0)	68,1 (49,5)	67,5 (48,9)	66,3 (53,2)	63,3 (42,7)
Personalkosten einschließlich gesetzlicher und freiwilliger Sozialaufwand in % der Gesamtleistung[1]	36,4	34,1	28,4	23,3	22,6	24,2	27,2
Bruttoproduktionswert[1] je Beschäftigten in €	90.781	109.958	144.342	187.304	216.602	234.674	159.714

* Quelle: Statistisches Bundesamt 2006 (Erhebungszeitraum 2004) – Fachserie 4, Reihe 5.3.
1) = „Bruttoproduktionswert" = Gesamtumsatz ohne Umsatzsteuer plus/minus Bestandsveränderungen an fertigen und unfertigen Erzeugnissen aus eigener Produktion plus selbsterstellte Anlagen.
2) Vorbereitende Baustellenarbeiten, Hoch- und Tiefbau: Kosten für Fremd- und Nachunternehmerleistungen.

Kostenstruktur im Produzierenden Gewerbe*	45.21.2 Hochbau (ohne Fertigteilbau)

Kennzahl	Beschäftigte von ... bis ...				
	20–49	50–99	100–249	250 und mehr	insgesamt
Materialverbrauch, Einsatz von Handelsware zu Anschaffungskosten (davon Lohnarbeiten[2]) in % der Gesamtleistung[1]	51,9 (21,1)	58,8 (35,7)	65,1 (47,2)	77,3 (68,0)	61,1 (38,9)
Personalkosten einschließlich gesetzlicher und freiwilliger Sozialaufwand in % der Gesamtleistung[1]	34,0	27,9	23,7	19,3	27,7
Bruttoproduktionswert[1] je Beschäftigten in €	104.180	139.012	177.372	264.812	140.186

Kostenstruktur im Produzierenden Gewerbe*	45.21.3 Herst. v. Fertigbauten aus Beton im Hochbau aus selbst hergestellten Bausätzen; 45.21.4 Herst. v. Fertigteilbauten aus Beton im Hochbau aus fremdbezogenen Bausätzen; 45.21.5 Herst. v. Fertigteilbauten aus Holz im Hochbau aus fremdbezogenen Bausätzen

Kennzahl	Beschäftigte von ... bis ...			
	20–49	50–99	100 und mehr	insgesamt
Materialverbrauch, Einsatz von Handelsware zu Anschaffungskosten (davon Lohnarbeiten[2]) in % der Gesamtleistung[1]	52,4 (25,7)	66,5 (39,6)	68,8 (55,2)	63,6 (42,9)
Personalkosten einschließlich gesetzlicher und freiwilliger Sozialaufwand in % der Gesamtleistung[1]	28,5	24,4	23,2	25,0
Bruttoproduktionswert[1] je Beschäftigten in €	134.679	170.145	190.655	166.041

* Quelle: Statistisches Bundesamt 2006 (Erhebungszeitraum 2004) – Fachserie 4, Reihe 5.3.
1) = „Bruttoproduktionswert" = Gesamtumsatz ohne Umsatzsteuer plus/minus Bestandsveränderungen an fertigen und unfertigen Erzeugnissen aus eigener Produktion plus selbsterstellte Anlagen.
2) Vorbereitende Baustellenarbeiten, Hoch- und Tiefbau: Kosten für Fremd- und Nachunternehmerleistungen.

Kostenstruktur im Produzierenden Gewerbe*	45.21.6 Brücken- und Tunnelbau u.Ä., 45.21.7 Rohrleitungs- und Kabelleitungstiefbau

Kennzahl	Beschäftigte von ... bis ...				
	20–49	50–99	100–249	250 und mehr	insgesamt
Materialverbrauch, Einsatz von Handelsware zu Anschaffungskosten (davon Lohnarbeiten[2]) in % der Gesamtleistung[1]	37,9 (15,1)	41,7 (18,2)	49,7 (25,2)	60,2 (28,3)	44,9 (20,2)
Personalkosten einschließlich gesetzlicher und freiwilliger Sozialaufwand in % der Gesamtleistung[1]	39,8	38,4	35,3	42,0	38,7
Bruttoproduktionswert[1] je Beschäftigten in €	97.185	100.149	121.866	130.217	106.955

Kostenstruktur im Produzierenden Gewerbe*	45.22.1 Dachdeckerei und Bauspenglerei

Kennzahl	Beschäftigte von ... bis ...			
	20–49	50–99	100 und mehr	insgesamt
Materialverbrauch, Einsatz von Handelsware zu Anschaffungskosten (davon Lohnarbeiten[2]) in % der Gesamtleistung[1]	43,1 (8,1)	53,5 (14,6)	40,4 (13,5)	44,9 (9,6)
Personalkosten einschließlich gesetzlicher und freiwilliger Sozialaufwand in % der Gesamtleistung[1]	36,7	31,3	25,9	35,1
Bruttoproduktionswert[1] je Beschäftigten in €	89.808	103.926	166.710	94.717

*   Quelle: Statistisches Bundesamt 2006 (Erhebungszeitraum 2004) – Fachserie 4, Reihe 5.3.
1)   = „Bruttoproduktionswert" = Gesamtumsatz ohne Umsatzsteuer plus/minus Bestandsveränderungen an fertigen und unfertigen Erzeugnissen aus eigener Produktion plus selbsterstellte Anlagen.
2)   Vorbereitende Baustellenarbeiten, Hoch- und Tiefbau: Kosten für Fremd- und Nachunternehmerleistungen.

Kostenstruktur im Produzierenden Gewerbe*	45.22.2 Abdichtung gegen Wasser und Feuchtigkeit

Kennzahl	Beschäftigte von ... bis ...			
	20–49	50–99	100 und mehr	insgesamt
Materialverbrauch, Einsatz von Handelsware zu Anschaffungskosten (davon Lohnarbeiten[2]) in % der Gesamtleistung[1]	42,7 (12,3)	56,1 (19,4)	44,8 (17,1)	47,1 (15,7)
Personalkosten einschließlich gesetzlicher und freiwilliger Sozialaufwand in % der Gesamtleistung[1]	35,8	32,3	35,8	34,8
Bruttoproduktionswert[1] je Beschäftigten in €	97.964	132.681	121.030	112.679

Kostenstruktur im Produzierenden Gewerbe*	45.22.3 Zimmerei und Ingenieurholzbau

Kennzahl	Beschäftigte von ... bis ...			
	20–49	50–99	100 und mehr	insgesamt
Materialverbrauch, Einsatz von Handelsware zu Anschaffungskosten (davon Lohnarbeiten[2]) in % der Gesamtleistung[1]	51,4 (10,7)	53,7 (20,2)	56,4 (16,5)	52,8 (13,2)
Personalkosten einschließlich gesetzlicher und freiwilliger Sozialaufwand in % der Gesamtleistung[1]	35,0	32,2	25,3	32,6
Bruttoproduktionswert[1] je Beschäftigten in €	97.027	111.010	176.686	109.598

* Quelle: Statistisches Bundesamt 2006 (Erhebungszeitraum 2004) – Fachserie 4, Reihe 5.3.
1) = „Bruttoproduktionswert" = Gesamtumsatz ohne Umsatzsteuer plus/minus Bestandsveränderungen an fertigen und unfertigen Erzeugnissen aus eigener Produktion plus selbsterstellte Anlagen.
2) Vorbereitende Baustellenarbeiten, Hoch- und Tiefbau: Kosten für Fremd- und Nachunternehmerleistungen.

| Kostenstruktur im Produzierenden Gewerbe* | 45.23.0 Bau von Straßen, Bahnverkehrsstrecken, Rollbahnen und Sportanlagen |

Kennzahl	Beschäftigte von ... bis ...					
	20–49	50–99	100–249	250–499	500 und mehr	insgesamt
Materialverbrauch, Einsatz von Handelsware zu Anschaffungskosten (davon Lohnarbeiten[2]) in % der Gesamtleistung[1]	47,9 (14,9)	49,9 (17,4)	54,4 (24,2)	59,2 (28,7)	59,8 (26,5)	54,0 (22,2)
Personalkosten einschließlich gesetzlicher und freiwilliger Sozialaufwand in % der Gesamtleistung[1]	35,5	35,7	30,0	28,0	26,5	31,3
Bruttoproduktionswert[1] je Beschäftigten in €	102.376	109.826	138.015	155.707	163.494	128.587

| Kostenstruktur im Produzierenden Gewerbe* | 45.23.1 Bau von Straßen, Rollbahnen und Sportanlagen |

Kennzahl	Beschäftigte von ... bis ...					
	20–49	50–99	100–249	250–499	500 und mehr	insgesamt
Materialverbrauch, Einsatz von Handelsware zu Anschaffungskosten (davon Lohnarbeiten[2]) in % der Gesamtleistung[1]	48,6 (14,3)	51,5 (17,4)	56,1 (24,6)	60,1 (28,9)	60,7 (26,1)	55,2 (22,2)
Personalkosten einschließlich gesetzlicher und freiwilliger Sozialaufwand in % der Gesamtleistung[1]	35,2	35,4	29,3	27,4	25,4	30,8
Bruttoproduktionswert[1] je Beschäftigten in €	101.630	109.238	139.351	157.805	166.547	128.956

*   Quelle: Statistisches Bundesamt 2006 (Erhebungszeitraum 2004) – Fachserie 4, Reihe 5.3.
1) = „Bruttoproduktionswert" = Gesamtumsatz ohne Umsatzsteuer plus/minus Bestandsveränderungen an fertigen und unfertigen Erzeugnissen aus eigener Produktion plus selbsterstellte Anlagen.
2) Vorbereitende Baustellenarbeiten, Hoch- und Tiefbau: Kosten für Fremd- und Nachunternehmerleistungen.

| Kostenstruktur im Produzierenden Gewerbe* | | 45.25.0 Sonstiger spezialisierter Hoch- und Tiefbau | |

Kennzahl	Beschäftigte von ... bis ...				
	20–49	50–99	100–249	250 und mehr	insge- samt
Materialverbrauch, Einsatz von Handelsware zu Anschaffungs- kosten (davon Lohnarbeiten[2]) in % der Gesamtleistung[1]	42,4 (16,6)	46,7 (20,1)	45,6 (21,0)	45,7 (24,3)	45,1 (20,7)
Personalkosten einschließlich gesetzlicher und freiwilliger Sozialaufwand in % der Gesamtleistung[1]	38,8	36,2	35,3	31,9	35,3
Bruttoproduktionswert[1] je Beschäftigten in €	95.593	113.729	122.791	168.233	122.021

| Kostenstruktur im Produzierenden Gewerbe* | | 45.31.0 Elektroinstallation | |

Kennzahl	Beschäftigte von ... bis ...				
	20–49	50–99	100–249	250 und mehr	insge- samt
Materialverbrauch, Einsatz von Handelsware zu Anschaffungs- kosten (davon Lohnarbeiten[2]) in % der Gesamtleistung[1]	44,8 (6,8)	45,1 (11,1)	50,6 (16,0)	49,6 (15,1)	46,4 (10,5)
Personalkosten einschließlich gesetzlicher und freiwilliger Sozialaufwand in % der Gesamtleistung[1]	36,9	36,8	32,1	39,3	36,3
Bruttoproduktionswert[1] je Beschäftigten in €	78.379	80.897	102.398	91.356	83.874

*   Quelle: Statistisches Bundesamt 2006 (Erhebungszeitraum 2004) – Fachserie 4, Reihe 5.3.

1)   = „Bruttoproduktionswert" = Gesamtumsatz ohne Umsatzsteuer plus/minus Bestandsveränderungen an fertigen und unfertigen Erzeugnissen aus eigener Produktion plus selbsterstellte Anlagen.

2)   Vorbereitende Baustellenarbeiten, Hoch- und Tiefbau: Kosten für Fremd- und Nachunternehmerleistungen.

Kostenstruktur im Produzierenden Gewerbe*	45.32.0 Dämmung gegen Kälte, Wärme, Schall und Erschütterung

Kennzahl	Beschäftigte von ... bis ...			
	20–49	50–99	100 und mehr	insgesamt
Materialverbrauch, Einsatz von Handelsware zu Anschaffungs-kosten (davon Lohnarbeiten[2]) in % der Gesamtleistung[1]	52,4 (22,5)	53,4 (24,8)	58,6 (36,8)	56,0 (30,7)
Personalkosten einschließlich gesetzlicher und freiwilliger Sozialaufwand in % der Gesamtleistung[1]	35,1	28,9	31,7	32,0
Bruttoproduktionswert[1] je Beschäftigten in €	99.539	124.917	146.925	126.711

Kostenstruktur im Produzierenden Gewerbe*	45.33.0 Klempnerei, Gas-, Wasser-, Hei-zungs- und Lüftungsinstallation

Kennzahl	Beschäftigte von ... bis ...				
	20–49	50–99	100–249	250 und mehr	insge-samt
Materialverbrauch, Einsatz von Handelsware zu Anschaffungs-kosten (davon Lohnarbeiten[2]) in % der Gesamtleistung[1]	51,1 (7,4)	53,6 (11,8)	56,7 (20,6)	57,4 (26,6)	53,0 (11,8)
Personalkosten einschließlich gesetzlicher und freiwilliger Sozialaufwand in % der Gesamtleistung[1]	33,9	32,5	30,0	28,8	32,6
Bruttoproduktionswert[1] je Beschäftigten in €	90.048	99.115	121.503	155.099	99.126

* Quelle: Statistisches Bundesamt 2006 (Erhebungszeitraum 2004) – Fachserie 4, Reihe 5.3.
1) = „Bruttoproduktionswert" = Gesamtumsatz ohne Umsatzsteuer plus/minus Bestandsveränderungen an fertigen und unfertigen Erzeugnissen aus eigener Produktion plus selbsterstellte Anlagen.
2) Vorbereitende Baustellenarbeiten, Hoch- und Tiefbau: Kosten für Fremd- und Nachunternehmerleistungen.

Kostenstruktur im Produzierenden Gewerbe*	45.34.0 Sonstige Bauinstallation

Kennzahl	Beschäftigte von ... bis ...			
	20–49	50–99	100 und mehr	insgesamt
Materialverbrauch, Einsatz von Handelsware zu Anschaffungskosten (davon Lohnarbeiten[2]) in % der Gesamtleistung[1]	48,1 (6,6)	43,2 (13,3)	42,0 (25,5)	43,1 (21,3)
Personalkosten einschließlich gesetzlicher und freiwilliger Sozialaufwand in % der Gesamtleistung[1]	30,8	48,9	33,6	34,6
Bruttoproduktionswert[1] je Beschäftigten in €	105.856	82.195	124.296	115.502

Kostenstruktur im Produzierenden Gewerbe*	45.41.0 Stuckateurgewerbe, Gipserei und Verputzerei

Kennzahl	Beschäftigte von ... bis ...			
	20–49	50–99	100 und mehr	insgesamt
Materialverbrauch, Einsatz von Handelsware zu Anschaffungskosten (davon Lohnarbeiten[2]) in % der Gesamtleistung[1]	40,9 (14,6)	46,1 (22,1)	71,0 (35,8)	44,7 (18,2)
Personalkosten einschließlich gesetzlicher und freiwilliger Sozialaufwand in % der Gesamtleistung[1]	42,3	31,4	39,2	39,3
Bruttoproduktionswert[1] je Beschäftigten in €	80.258	114.523	85.530	87.285

*   Quelle: Statistisches Bundesamt 2006 (Erhebungszeitraum 2004) – Fachserie 4, Reihe 5.3.
1)   = „Bruttoproduktionswert" = Gesamtumsatz ohne Umsatzsteuer plus/minus Bestandsveränderungen an fertigen und unfertigen Erzeugnissen aus eigener Produktion plus selbsterstellte Anlagen.
2)   Vorbereitende Baustellenarbeiten, Hoch- und Tiefbau: Kosten für Fremd- und Nachunternehmerleistungen.

Kostenstruktur im Produzierenden Gewerbe*	45.42.0 Bautischlerei und -schlosserei		

Kennzahl	Beschäftigte von ... bis ...		
	20–49	50 und mehr	insgesamt
Materialverbrauch, Einsatz von Handelsware zu Anschaffungskosten (davon Lohnarbeiten[2]) in % der Gesamtleistung[1]	53,6 (9,3)	51,2 (9,2)	53,0 (9,3)
Personalkosten einschließlich gesetzlicher und freiwilliger Sozialaufwand in % der Gesamtleistung[1]	34,2	31,2	33,4
Bruttoproduktionswert[1] je Beschäftigten in €	89.782	109.095	94.079

Kostenstruktur im Produzierenden Gewerbe*	45.43.0 Fußboden-, Fliesen- und Plattenlegerei, Raumausstattung			

Kennzahl	Beschäftigte von ... bis ...			
	20–49	50–99	100 und mehr	insgesamt
Materialverbrauch, Einsatz von Handelsware zu Anschaffungskosten (davon Lohnarbeiten[2]) in % der Gesamtleistung[1]	52,6 (11,4)	58,0 (15,0)	48,1 (12,7)	53,4 (12,3)
Personalkosten einschließlich gesetzlicher und freiwilliger Sozialaufwand in % der Gesamtleistung[1]	36,3	29,3	40,0	35,0
Bruttoproduktionswert[1] je Beschäftigten in €	93.356	125.520	94.341	98.985

* Quelle: Statistisches Bundesamt 2006 (Erhebungszeitraum 2004) – Fachserie 4, Reihe 5.3.
1) = „Bruttoproduktionswert" = Gesamtumsatz ohne Umsatzsteuer plus/minus Bestandsveränderungen an fertigen und unfertigen Erzeugnissen aus eigener Produktion plus selbsterstellte Anlagen.
2) Vorbereitende Baustellenarbeiten, Hoch- und Tiefbau: Kosten für Fremd- und Nachunternehmerleistungen.

| Kostenstruktur im Produzierenden Gewerbe* | 45.44.0 Maler- und Glasergewerbe | | | |

Kennzahl	Beschäftigte von ... bis ...			
	20–49	50–99	100 und mehr	insgesamt
Materialverbrauch, Einsatz von Handelsware zu Anschaffungskosten (davon Lohnarbeiten[2]) in % der Gesamtleistung[1]	36,5 (12,0)	40,7 (15,3)	38,5 (22,2)	37,8 (15,0)
Personalkosten einschließlich gesetzlicher und freiwilliger Sozialaufwand in % der Gesamtleistung[1]	48,2	45,8	43,8	46,8
Bruttoproduktionswert[1] je Beschäftigten in €	61.839	66.042	87.640	67.155

| Kostenstruktur im Produzierenden Gewerbe* | 45.45.0 Baugewerbe ang. | | | |

Kennzahl	Beschäftigte von ... bis ...			
	20–49	50 und mehr		insgesamt
Materialverbrauch, Einsatz von Handelsware zu Anschaffungskosten (davon Lohnarbeiten[2]) in % der Gesamtleistung[1]	50,2 (19,9)	44,7 (23,2)		46,9 (21,8)
Personalkosten einschließlich gesetzlicher und freiwilliger Sozialaufwand in % der Gesamtleistung[1]	31,0	38,6		35,5
Bruttoproduktionswert[1] je Beschäftigten in €	103.474	77.256		86.172

*   Quelle: Statistisches Bundesamt 2006 (Erhebungszeitraum 2004) – Fachserie 4, Reihe 5.3.
1)   = „Bruttoproduktionswert" = Gesamtumsatz ohne Umsatzsteuer plus/minus Bestandsveränderungen an fertigen und unfertigen Erzeugnissen aus eigener Produktion plus selbsterstellte Anlagen.
2)   Vorbereitende Baustellenarbeiten, Hoch- und Tiefbau: Kosten für Fremd- und Nachunternehmerleistungen.

Kostenstruktur im Produzierenden Gewerbe*	Baustoffe 26.40.0 Herstellung von Ziegeln und sonstiger Baukeramik 26.50.0 Herst. von Zement, Kalk und gebranntem Gips 26.60.0 Herst. von Erzeugnissen aus Beton, Zement und Gips

Nr. WZ 2003	Branchenbezeichnung	Bruttoproduktions-wert[1] je Beschäf-tigten in €	Materialverbrauch, Einsatz an Handels-ware und Anschaf-fungskosten, Kosten für Lohnarbeiten (davon Lohnarbeiten) in % der Gesamt-leistung	Personalkosten einschl. gesetzlicher und freiwilliger Sozialaufwand in % der Gesamt-leistung[1]
26.40.0	Herstellung von Ziegeln und sonstiger Baukeramik**	145.402	35,8 (0,2)	29,7
26.50.0	Herstellung von Zement, Kalk und gebranntem Gips	231.141	40,5 (0,8)	24,3
26.51.0	Herstellung von Zement**	230.988	43,1 (0,9)	25,1
26.52.0	Herstellung von Kalk	244.057	32,6 (0,1)	22,2
26.53.0	Herstellung von gebranntem Gips	199.969	39,4 (0,9)	22,2
26.60.0	Herstellung von Erzeugnissen aus Beton, Zement und Gips	175.078	45,7 (2,2)	23,8
26.61.0	Herstellung von Erzeugnissen aus Beton, Zement und aus Kalksandstein für den Bau**	145.493	43,6 (3,0)	27,0
26.62.0	Herstellung von Gipserzeug-nissen für den Bau	296.867	43,8 (1,6)	18,3
26.63.0	Herstellung von Frischbeton (Transportbeton)**	218.275	50,0 (0,9)	19,4
26.64.0	Herstellung von Mörtel und anderem Beton (Trockenbeton)**	223.487	47,7 (0,7)	21,1
26.65.0	Herstellung von Faser-zementwaren	160.882	43,7 (0,1)	27,4
26.66.0	Herstellung von Erzeug-nissen aus Beton, Zement und Gips ang.**	215.048	50,3 (4,1)	20,0

* Quelle: Statistisches Bundesamt 2006 (Erhebungszeitraum 2004) – Fachserie 4, Reihe 5.3.
** Siehe auch jeweilige Kostenstrukturerhebung nach Beschäftigtengrößenklassen.
1) = „Bruttoproduktionswert" = Gesamtumsatz ohne Umsatzsteuer plus/minus Bestandsveränderungen an fertigen und unfertigen Erzeugnissen aus eigener Produktion plus selbsterstellte Anlagen.

Kostenstruktur im Produzierenden Gewerbe*	26.40.0 Herstellung von Ziegeln und sonstiger Baukeramik

Kennzahl	Beschäftigte von ... bis ...				
	20–99	100–249	250–499	500 und mehr	insge-samt
Materialverbrauch, Einsatz von Handelsware zu Anschaffungs-kosten (davon Lohnarbeiten) in % der Gesamtleistung[1]	36,3 (0,0)	35,8 (0,0)	36,6 (0,5)	34,9 (0,4)	35,8 (0,2)
Personalkosten einschließlich gesetzlicher und freiwilliger Sozialaufwand in % der Gesamtleistung[1]	31,2	31,6	32,7	25,1	29,7
Bruttoproduktionswert[1] je Beschäftigten in €	137.660	126.667	131.998	188.517	145.402

Kostenstruktur im Produzierenden Gewerbe*	26.51.0 Herstellung von Zement

Kennzahl	Beschäftigte von ... bis ...				
	20–99	100–249	250–499	500 und mehr	insge-samt
Materialverbrauch, Einsatz von Handelsware zu Anschaffungs-kosten (davon Lohnarbeiten) in % der Gesamtleistung[1]	57,6 (–)	43,7 (0,8)	40,4 (0,2)	41,3 (1,6)	43,1 (0,9)
Personalkosten einschließlich gesetzlicher und freiwilliger Sozialaufwand in % der Gesamtleistung[1]	13,6	25,5	17,7	31,2	25,1
Bruttoproduktionswert[1] je Beschäftigten in €	315.956	203.546	274.272	215.086	230.988

*   Quelle: Statistisches Bundesamt 2006 (Erhebungszeitraum 2004) – Fachserie 4, Reihe 4.3.
1)   = „Bruttoproduktionswert" = Gesamtumsatz ohne Umsatzsteuer plus/minus Bestandsveränderungen an fertigen und unfertigen Erzeugnissen aus eigener Produktion plus selbsterstellte Anlagen.

Kostenstruktur im Produzierenden Gewerbe*	26.61.0 Herstellung von Erzeugnissen aus Beton, Zement und aus Kalksandstein für den Bau

Kennzahl	Beschäftigte von ... bis ...					
	20–49	50–99	100–249	250–499	500 und mehr	insgesamt
Materialverbrauch, Einsatz von Handelsware zu Anschaffungskosten (davon Lohnarbeiten) in % der Gesamtleistung[1]	46,5 (2,8)	45,3 (2,5)	42,7 (3,0)	43,8 (0,2)	40,3 (5,6)	43,6 (3,0)
Personalkosten einschließlich gesetzlicher und freiwilliger Sozialaufwand in % der Gesamtleistung[1]	26,7	28,8	25,3	27,6	27,3	27,0
Bruttoproduktionswert[1] je Beschäftigten in €	141.160	130.122	144.925	148.489	166.636	145.493

Kostenstruktur im Produzierenden Gewerbe*	26.63.0 Herstellung von Frischbeton (Transportbeton)

Kennzahl	Beschäftigte von ... bis ...			
	20–49	50–99	100 und mehr	insgesamt
Materialverbrauch, Einsatz von Handelsware zu Anschaffungskosten (davon Lohnarbeiten) in % der Gesamtleistung[1]	50,4 (0,5)	53,9 (1,4)	46,1 (1,1)	50,0 (0,9)
Personalkosten einschließlich gesetzlicher und freiwilliger Sozialaufwand in % der Gesamtleistung[1]	17,7	18,4	22,6	19,4
Bruttoproduktionswert[1] je Beschäftigten in €	218.322	235.867	204.616	218.275

*   Quelle: Statistisches Bundesamt 2006 (Erhebungszeitraum 2004) – Fachserie 4, Reihe 4.3.

1)   = „Bruttoproduktionswert" = Gesamtumsatz ohne Umsatzsteuer plus/minus Bestandsveränderungen an fertigen und unfertigen Erzeugnissen aus eigener Produktion plus selbsterstellte Anlagen.

Kostenstruktur im Produzierenden Gewerbe*	26.64.0 Herstellung von Mörtel und anderem Beton (Trockenbeton)

Kennzahl	Beschäftigte von ... bis ...			
	20–49	50–99	100 und mehr	insgesamt
Materialverbrauch, Einsatz von Handelsware zu Anschaffungskosten (davon Lohnarbeiten) in % der Gesamtleistung[1]	56,8 (2,3)	46,5 (0,7)	44,8 (0,2)	47,7 (0,7)
Personalkosten einschließlich gesetzlicher und freiwilliger Sozialaufwand in % der Gesamtleistung[1]	14,6	22,1	23,1	21,1
Bruttoproduktionswert[1] je Beschäftigten in €	280.354	192.565	218.961	223.487

Kostenstruktur im Produzierenden Gewerbe*	26.66.0 Herstellung von Erzeugnissen aus Beton, Zement und Gips ang.

Kennzahl	Beschäftigte von ... bis ...		
	20–99	100 und mehr	insgesamt
Materialverbrauch, Einsatz von Handelsware zu Anschaffungskosten (davon Lohnarbeiten) in % der Gesamtleistung[1]	45,5 (2,5)	51,1 (4,4)	50,3 (4,1)
Personalkosten einschließlich gesetzlicher und freiwilliger Sozialaufwand in % der Gesamtleistung[1]	22,7	19,5	20,0
Bruttoproduktionswert[1] je Beschäftigten in €	146.257	233.345	215.048

*   Quelle: Statistisches Bundesamt 2006 (Erhebungszeitraum 2004) – Fachserie 4, Reihe 4.3.
1) = „Bruttoproduktionswert" = Gesamtumsatz ohne Umsatzsteuer plus/minus Bestandsveränderungen an fertigen und unfertigen Erzeugnissen aus eigener Produktion plus selbsterstellte Anlagen.

2.2.9 Beherbergungsgewerbe

Die nachstehenden Betriebsformen sind in Anlehnung an das Statistische Bundesamt wie folgt zu unterscheiden:

Hotels

Beherbergungsstätten, die jedermann zugänglich sind und in denen ein Restaurant – auch für Passanten – vorhanden ist sowie i.d.R. weitere Einrichtungen oder Räume für unterschiedliche Zwecke (Konferenzen, Seminare, Sport, Freizeit, Erholung) zur Verfügung stehen.

Hotels garni

Beherbergungsstätten, die jedermann zugänglich sind und in denen höchstens Frühstück abgegeben wird.

Gasthöfe

Beherbergungsstätten, die jedermann zugänglich sind und in denen außer dem Gastraum i.d.R. keine weiteren Aufenthaltsräume zur Verfügung stehen. Bei Gasthöfen übersteigt der Umsatz aus Bewirtung deutlich den aus Beherbergung.

Pensionen

Beherbergungsstätten, die jedermann zugänglich sind und in denen Speisen und Getränke nur an Hausgäste abgegeben werden.

Boardinghouses

Beherbergungsstätten, die jedermann zugänglich sind und neben Kurzzeitaufenthalten insbesondere für längere Aufenthalte im urbanen Umfeld konzipiert sind. Die Ausstattung orientiert sich an privaten Wohnungen, eine Kochgelegenheit muss gegeben sein. Die Leistung wird durch hotelähnlichen Service ergänzt (Reinigung, Serviceoffice).

Beachten Sie zur Zuordnung für die Investitionszulage im Beherbergungsgewerbe ab 2007 die Ausführungen in Teil 5.5!

Richtsätze 2005 – Beherbergungsgewerbe Hotels, Gasthöfe und Pensionen mit Halb- und Vollpension
(Gewerbeklassen 55.10.1, 55.10.3 und 55.10.4)

	Deutschland		eigener Betrieb
Wirtschaftl. Umsatz	bis 360.000 €	über 360.000 €	
Rohgewinn I	68–87 78	68–87 78	
Rohgewinn II	–	–	
Halbreingewinn	32–60 47	32–60 47	
Reingewinn	5–28 15	3–19 10·	
Rohgewinnaufschlag	213–669 355	213–669 355	

Richtsätze 2005 – Beherbergungsgewerbe Hotels garni, Gasthöfe und Pensionen mit Frühstück
(Gewerbeklasse 55.10.2)

	Deutschland		eigener Betrieb
Wirtschaftl. Umsatz	bis 130.000 €	über 130.000 €	
Rohgewinn I	–	–	
Rohgewinn II	–	–	
Halbreingewinn	40–72 57	40–72 57	
Reingewinn	3–34 21	5–28 16	
Rohgewinnaufschlag	–	–	

Zeitreihe Beherbergungsgewerbe: Unternehmen und Rohertragsquote 1993–2003

55.10.0 Hotellerie (Hotels, Hotels garnis, Gasthöfe, Pensionen)

Jahr	Anzahl der Unternehmen	Rohertragsquote[1] in %
1993	33.233	80,4
1995	33.602	78,9
1997	33.227	79,8
1999	32.365	80,6
2000	32.287	80,0
2001	31.636	79,7
2002	30.410	80,2
2003	33.340	78,9
2004	31.196	80,3

55.20.0 Sonstiges Beherbergungsgewerbe

Jahr	Anzahl der Unternehmen	Rohertragsquote[1] in %
1993	7.947	86,1
1995	7.854	84,8
1997	7.909	85,3
1999	7.855	85,9
2000	7.587	86,6
2001	6.969	84,2
2002	6.686	86,6
2003	7.424	81,2
2004	8.617	77,0

1) Anteil des Rohertrags am Umsatz.
Quelle: Veröffentlichung des Statistischen Bundesamtes: Fachserie 6, Reihe 7.3, zuletzt in 2006 für 2004.

Das deutsche Gastgewerbe steht nach wie vor unter starkem Ertragsdruck. Dabei verläuft die Entwicklung unterschiedlich, wie die nachstehenden Tabellen und Abbildungen zur Entwicklung 1994–2004 zeigen: Kantinen und Caterer haben sich weit überdurchschnittlich entwickelt (Umsatz plus 51 %, Anzahl der Betriebe plus 38 %). Insgesamt hat die Branche mit zunehmender Konzentration reagiert. Das gilt insbesondere für den Bereich Hotels (Umsatz plus 1 %, Anzahl der Betriebe minus 20 %, Umsatz je Betrieb plus 28 %).

Branchenkennzahlen Gastronomie: H Gastgewerbe Umsatzentwicklung

Nr. der WZ 2003	Wirtschaftsgliederung	Umsatz 1.000 €									
		1994	1996	1997	1998	1999	2000	2001	2002	2003	2004
A-O	Wirtschaftszweige insgesamt	3.346.274.242	3.503.475.280	3.637.938.838	3.779.246.861	3.897.312.083	4.152.927.275	4.272.885.186	4.252.562.279	4.248.073.736	4.347.506.204
H	Gastgewerbe	51.218.103	50.253.745	50.124.953	50.436.919	51.636.338	53.288.021	53.760.249	52.649.991	52.188.116	52.858.983
55.1	Hotels, Gasthöfe, Pensionen u. Hotels garnis	14.655.512	14.092.814	13.543.443	14.076.478	14.470.521	15.359.190	15.373.573	14.810.987	14.637.171	14.889.038
55.2	Sonst. Beherbergungsgewerbe	1.521.267	1.173.443	1.224.138	1.163.309	1.210.170	1.504.083	1.509.452	1.591.150	1.648.636	1.686.737
55.3	Restaurants, Cafés, Eisdielen u. Imbisshallen	20.982.738	22.657.244	23.145.669	23.384.214	24.119.840	24.524.726	24.885.597	24.439.338	24.105.340	24.339.333
55.4	Getränkegeprägte Gastronomie	11.193.622	9.623.179	9.097.926	8.589.067	8.379.139	8.288.256	8.182.710	7.930.771	7.663.913	7.595.927
55.5	Kantinen u. Caterer	2.864.965	2.707.065	3.113.778	3.223.851	3.456.669	3.611.766	3.808.916	3.877.744	4.133.055	4.347.948

Umsatzentwicklung 1994-2004 in %:

Wirtschaftszweige insgesamt	29,92 %
Gastgewerbe	3,20 %
Hotels, Gasthöfe, Pensionen u. Hotels garnis	1,59 %
Sonst. Beherbergungsgewerbe	10,88 %
Restaurants, Cafés, Eisdielen u. Imbisshallen	16,00 %
Getränkegeprägte Gastronomie	-32,14 %
Kantinen u. Caterer	51,76 %

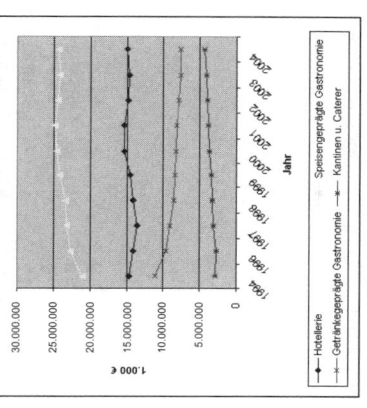

Umsatzentwicklung für ausgewählte Betriebstypen

Quelle: Umsatzsteuerstatistiken des Statistischen Bundesamtes/eigene Berechnungen

Branchenkennzahlen Gastronomie: H Gastgewerbe Anzahl Betriebe

Nr. der WZ 2003	Wirtschaftsgliederung	Anzahl der umsatzsteuerpflichtigen Betriebe									
		1994	1996	1997	1998	1999	2000	2001	2002	2003	2004
						Anzahl					
A–O	Wirtschaftszweige insgesamt	2.787.074	2.762.925	2.797.759	2.859.983	2.886.268	2.909.150	2.920.983	2.926.570	2.915.482	2.957.173
H	Gastgewerbe	274.172	260.738	259.403	257.744	254.881	251.865	248.763	247.861	245.442	244.871
55.1	Hotels, Gasthöfe, Pensionen u. Hotels garnis	49.416	46.130	44.880	43.991	42.853	42.123	41.543	41.443	40.126	39.208
55.2	Sonst. Beherbergungsgewerbe	6.796	6.382	6.458	6.588	6.666	6.857	6.988	7.100	6.980	7.014
55.3	Restaurants, Cafés, Eisdielen u. Imbisshallen	121.617	127.782	131.366	133.418	133.876	133.417	132.586	132.889	133.163	133.476
55.4	Getränkegeprägte Gastronomie	89.441	73.574	69.672	66.362	63.670	61.258	59.287	57.901	56.199	55.635
55.5	Kantinen u. Caterer	6.902	6.870	7.027	7.385	7.816	8.210	8.359	8.558	8.974	9.538

Entwicklung der Anzahl der Betriebe 1994-2004 in %:

Wirtschaftszweige insgesamt	6,10 %
Gastgewerbe	-10,69 %
Hotels, Gasthöfe, Pensionen u. Hotels garnis	-20,66 %
Sonst. Beherbergungsgewerbe	3,21 %
Restaurants, Cafés, Eisdielen u. Imbisshallen	9,75 %
Getränkegeprägte Gastronomie	-37,80 %
Kantinen u. Caterer	38,19 %

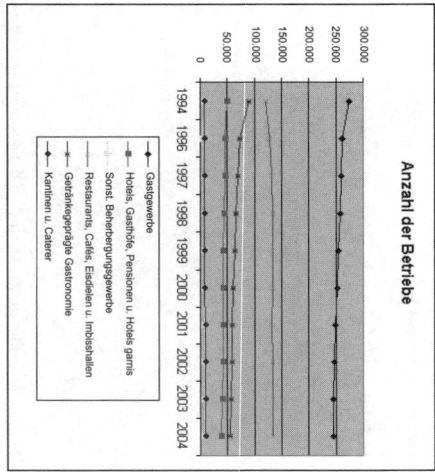

Anzahl der Betriebe

Legende:
- Gastgewerbe
- Hotels, Gasthöfe, Pensionen u. Hotels garnis
- Sonst. Beherbergungsgewerbe
- Restaurants, Cafés, Eisdielen u. Imbisshallen
- Getränkegeprägte Gastronomie
- Kantinen u. Caterer

Quelle: Umsatzsteuerstatistiken des Statistischen Bundesamtes/eigene Berechnungen

Branchenkennzahlen Gastronomie: Gastgewerbe Umsatz je Betrieb

Nr. der WZ 2003	Wirtschaftsgliederung	Umsatz je Betrieb									
		1994	1996	1997	1998	1999	2000	2001	2002	2003	2004
						1.000 €					
A–O	Wirtschaftszweige insgesamt	1.201	1.268	1.300	1.321	1.350	1.428	1.463	1.453	1.457	1.470
H	Gastgewerbe	187	193	193	196	203	212	216	212	213	216
55.1	Hotels, Gasthöfe, Pensionen u. Hotels garnis	297	306	302	320	338	365	370	357	365	380
55.2	Sonst. Beherbergungsgewerbe	224	184	190	177	182	219	216	224	236	240
55.3	Restaurants, Cafés, Eisdielen u. Imbisshallen	173	177	176	175	180	184	188	184	181	182
55.4	Getränkegeprägte Gastronomie	125	131	131	129	132	135	138	137	136	137
55.5	Kantinen u. Caterer	415	394	443	437	442	440	456	453	461	456

Umsatzentwicklung 1994–2004 in %:

Wirtschaftszweige insgesamt	22,45 %
Gastgewerbe	15,55 %
Hotels, Gasthöfe, Pensionen u. Hotels garnis	28,04 %
Sonst. Beherbergungsgewerbe	7,43 %
Restaurants, Cafés, Eisdielen u. Imbisshallen	5,69 %
Getränkegeprägte Gastronomie	9,09 %
Kantinen u. Caterer	9,82 %

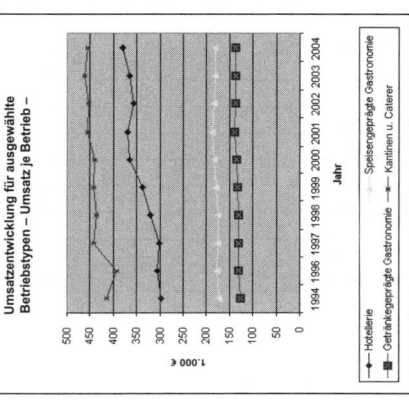

Umsatzentwicklung für ausgewählte Betriebstypen – Umsatz je Betrieb –

Hotellerie — Speisengeprägte Gastronomie — Getränkegeprägte Gastronomie — Kantinen u. Caterer

Quelle: Umsatzsteuerstatistiken des Statistischen Bundesamtes/eigene Berechnungen

Auslastungskennziffern nach Bundesländern 2004

Land	Angebotene Betten/Schlaf-gelegenheiten[1]	Ankünfte[2]	dar. Auslandsgäste	Übernachtungen[2]	dar. Auslandsgäste
			1.000		
Baden-Württemberg	289	14.336	2.797	40.023	6.298
Bayern	556	23.871	4.959	73.661	10.426
Berlin	75	5.924	1.646	13.260	4.225
Brandenburg	78	3.321	245	9.257	552
Bremen	9	795	149	1.422	304
Hamburg	33	3.263	624	5.946	1.231
Hessen	184	10.090	2.589	24.853	5.030
Mecklenburg-Vorpommern	165	5.709	257	24.395	625
Niedersachsen	267	10.074	945	34.489	2.187
Nordrhein-Westfalen	275	15.506	2.937	37.690	6.737
Rheinland-Pfalz	157	6.956	1.558	19.827	4.508
Saarland	15	728	92	2.167	250
Sachsen	112	5.607	489	15.233	1.088
Sachsen-Anhalt	52	2.349	155	5.874	353
Schleswig-Holstein	175	4.877	497	22.133	1.038
Thüringen	68	3.005	200	8.538	523
Deutschland	2.511	116.411	20.137	338.769	45.374

1) In Beherbergungsstätten mit neun Gästebetten und mehr; Stand Juli 2004.
2) In Beherbergungsstätten mit neun Gästebetten und mehr und auf Campingplätzen.
Quelle: Statistische Ämter des Bundes und der Länder.

Beherbergungskapazitäten und Auslastung[1] gesamt				
Gegenstand der Nachweisung	Einheit	2003	2004	2005
Deutschland				
Geöffnete Betriebe[2]	Anzahl	53.771	52.967	52.877
Angebotene Betten/Schlafgelegenheiten[2]	1.000	2.515	2.511	2.522
Durchschnittliche Auslastung der angebotenen Betten/Schlafgelegenheiten	%	36,2	36,3	36,7

1) In Beherbergungsstätten mit neun und mehr Gästebetten.
2) Stand Juli 2004.
Quelle: Statistisches Bundesamt, Stand: 18.05.2006.
Weitere Kennziffern monatsweise über www.destatis.de

Betriebswirtschaftliche Kennzahlen   Pacht
Hotellerie und Gastronomie: Betriebe mit Beherbung

	Kategorie				
	Betriebe mit Beherbergung (Hotellerie)		Anteil Pacht am Umsatz in %		
	Anteil Beherbergung	Umsatz	2004*	2005*	2006*
A1	bis 40 %	bis 500 T€	11,8	12,0	11,9
A2	bis 40 %	500 bis 1.250 T€	13,8	13,7	13,7
A3	bis 40 %	1.250 bis 2.500 T€	13,7	13,5	13,4
B1	40 %–60 %	bis 500 T€	15,5	15,3	15,0
B2	40 %–60 %	500 bis 1.250 T€	15,3	15,1	14,9
B3	40 %–60 %	1.250 bis 2.500 T€	15,2	15,2	14,8
C1	über 60 %	bis 500 T€	22,4	21,8	21,2
C2	über 60 %	500 bis 1.250 T€	23,4	23,1	22,9
C3	über 60 %	1.250 bis 2.500 T€	22,8	22,6	22,0
G1	Großhotellerie	2.500 bis 5.000 T€	17,8	17,9	18,3
G2	Großhotellerie	5.000 bis 10.000 T€	18,1	18,4	18,6
G3	Großhotellerie	über 10.000 T€	20,1	20,2	21,1
Betriebe mit Spa und Wellness				**neu ab 2006!**	
		Bereichsumsatz Spa/Wellness	Deckungs- beitrag**	Anteil Spa/ Wellness	Pacht
W1		bis 500 T€	33,10 %	16,30 %	k.A.
W2		über 500 T€	37,60 %	22,80 %	k.A.

Quelle: bbg Betriebsvergleich Hotellerie und Gastronomie Deutschland.
*   angegeben ist jeweils das Erscheinungsjahr des Betriebsvergleichs.
**   Umsatz Spa & Wellness abzgl. direkt zurechenbare Waren-, Energie- und Personalkosten inkl.
     Outsourcing in Prozent vom gesamten Bereichsumsatz.

2.2.10 Beratende Ingenieure

Strukturerhebung im Dienstleistungsbereich*	74.30.0 Technische, physikalische und chemische Untersuchung

	2000 Gesamt	2003 Gesamt	2003 Umsatz ab 250 T€	2003 Umsatz unter 250 T€	2004 Gesamt	2004 Umsatz ab 250 T€	2004 Umsatz unter 250 T€
Gesamtbranche:							
Gesamtumsatz der Branche (Marktvolumen) in €[1]	5.073.759.000	4.515.048.000	4.186.360.000	328.688.000	4.703.226.000	4.339.716.000	363.510.000
Anzahl der Unternehmen	4.260	5.257	1.509	3.748	5.665	1.682	3.983
Anzahl der Beschäftigten	59.515	52.833	46.001	6.832	56.545	49.446	7.099
davon Lohn- und Gehaltsempfänger	54.796	48.584	45.211	3.373	51.264	48.053	3.211
je Unternehmen:							
Beschäftigte am 30.09.[2]	14,0	10,1	30,5	1,8	10,0	29,4	1,8
davon Lohn- und Gehaltsempfänger	12,9	9,2	30,0	0,9	9,0	28,6	0,8
Umsatz in €[3]	1.191.023	858.864	2.774.261	87.697	830.225	2.580.093	91.265
Investitionen in €[3]	61.120	45.000	147.103	k.A.	40.000	126.696	k.A.
Personalaufwand in €[4]	56.12	52.40	54.74	k.A.	50,40	53,07	k.A.
Personalaufwand in %[5]	13,73	36,70	37,07	k.A.	41,30	41,99	k.A.
Sachaufwand in %[5]	0,80	0,90	0,85	k.A.	0,94	0,89	k.A.
Betriebliche Steuern und Abgaben in %[5]	51.961	39.069	50.684	k.A.	37.145	47.926	k.A.
Personalkosten je entgeltlich Beschäftigten in €[6]							

* Veröffentlichung des Statistischen Bundesamtes, Fachserie 9, Reihe 2, zuletzt für 2004 im August 2006; eigene Berechnungen; 2000 ohne Unternehmensneugründungen 1999/2000.

1) Netto ohne Mehrwertsteuer einschließlich sonstige betriebliche Erträge.
2) Selbständige, mithelfende Familienangehörige, Lohn- und Gehaltsempfänger.
3) Netto ohne Mehrwertsteuer einschließlich sonstige betriebliche Erträge.
4) Einschließlich selbsterstellte Anlagen.
5) Vom Umsatz.
6) Bruttolöhne und -gehälter einschließlich Sozialaufwendungen Arbeitgeber je Lohn- und Gehaltsempfänger.

2.2.11   Bergbau und Gewinnung von Steinen und Erden

Kostenstruktur im Bergbau und Gewinnung von Steinen und Erden*	10.00.0 Kohlebergbau, Torfgewinnung

Nr. WZ 2003	Branchenbezeichnung	Bruttoproduktions-wert[1] je Beschäf-tigten in €	Materialverbrauch, Einsatz an Handels-ware und Anschaf-fungskosten, Kosten für Lohnarbeiten (davon Lohn-arbeiten) in % der Gesamtleistung	Personalkosten einschl. gesetzlicher und freiwilliger Sozialaufwand in % der Gesamt-leistung[1]
10.00.0	Kohlebergbau, Torfgewinnung	71.595	49,6 (0,1)	68,5
10.30.0	Torfgewinnung und Veredelung	167.451	43,7 (1,1)	21,4

Kostenstruktur im Bergbau und Gewinnung von Steinen und Erden*	11.00.0 Gewinnung von Erdöl/Erdgas, Erbringung damit verbundener Dienstleistungen

Nr. WZ 2003	Branchenbezeichnung	Bruttoproduktions-wert[1] je Beschäf-tigten in €	Materialverbrauch, Einsatz an Handels-ware und Anschaf-fungskosten, Kosten für Lohnarbeiten (davon Lohn-arbeiten) in % der Gesamtleistung	Personalkosten einschl. gesetzlicher und freiwilliger Sozialaufwand in % der Gesamt-leistung[1]
11.00.0	Gewinnung von Erdöl/Erdgas, Erbringung damit verbun-dener Dienstleistungen	768.788	37,9 (1,4)	11,4
11.10.0	Gewinnung von Erdöl und Erdgas	1.053.289	38,4 (1,2)	9,7
11.20.0	Erbringung von Dienstleis-tungen bei der Gewinnung von Erdöl/Erdgas	144.319	29,9 (3,5)	38,0

*   Quelle: Statistisches Bundesamt 2006 (Erhebungszeitraum 2004) – Fachserie 4, Reihe 4.3.
1) = „Bruttoproduktionswert" = Gesamtumsatz ohne Umsatzsteuer plus/minus Bestandsveränderungen an fertigen und unfertigen Erzeugnissen aus eigener Produktion plus selbsterstellte Anlagen.

Kostenstruktur im Bergbau und Gewinnung von Steinen und Erden*	14.00.0 Gewinnung von Steinen und Erden, sonstiger Bergbau

Nr. WZ 2003	Branchenbezeichnung	Bruttoproduktionswert[1] je Beschäftigten in €	Materialverbrauch, Einsatz an Handelsware und Anschaffungskosten, Kosten für Lohnarbeiten (davon Lohnarbeiten) in % der Gesamtleistung	Personalkosten einschl. gesetzlicher und freiwilliger Sozialaufwand in % der Gesamtleistung[1]
14.00.0	Gewinnung von Steinen und Erden, sonstiger Bergbau	168.383	34,8 (2,2)	25,3
14.11.0	Gewinnung von Natursteinen	176.020	37,5 (3,0)	23,3
14.12.0	Gewinnung von Kalk-, Dolomit-, Gips- und Anhydritstein; Kreide	232.389	43,7 (2,5)	20,0
14.20.0	Gewinnung von Kies, Sand, Ton und Kaolin	153.366	34,5 (1,9)	26,9
14.21.0	Gewinnung von Kies und Sand**	152.947	34,6 (1,9)	27,0
14.22.0	Gewinnung von Ton und Kaolin**	156.317	33,8 (1,9)	26,5
14.30.0	Gewinnung von Mineralien für die Herstellung von chemischen Erzeugnissen	134.486	34,3 (0,9)	32,1
14.40.0	Gewinnung von Salz	260.571	30,4 (2,8)	20,7
14.50.0	Gewinnung von Steinen und Erden ang., sonstiger Bergbau	280.847	46,7 (0,6)	19,0

*   Quelle: Statistisches Bundesamt 2006 (Erhebungszeitraum 2004) – Fachserie 4, Reihe 4.3.
**   Siehe auch jeweilige Kostenstrukturerhebung nach Beschäftigtengrößenklassen.
1)   = „Bruttoproduktionswert" = Gesamtumsatz ohne Umsatzsteuer plus/minus Bestandsveränderungen an fertigen und unfertigen Erzeugnissen aus eigener Produktion plus selbsterstellte Anlagen.

Kostenstruktur im Bergbau und Gewinnung von Steinen und Erden*	14.21.0 Gewinnung von Kies und Sand

Kennzahl	Beschäftigte von ... bis ...		
	20–99	100 und mehr	insgesamt
Materialverbrauch, Einsatz von Handelsware zu Anschaffungskosten (davon Lohnarbeiten) in % der Gesamtleistung[1]	30,7 (2,7)	38,3 (1,2)	34,6 (1,9)
Personalkosten einschließlich gesetzlicher und freiwilliger Sozialaufwand in % der Gesamtleistung[1]	27,2	26,8	27,0
Bruttoproduktionswert[1] je Beschäftigten in €	142.714	164.012	152.947

Kostenstruktur im Bergbau und Gewinnung von Steinen und Erden*	14.22.0 Gewinnung von Ton und Kaolin

Kennzahl	Beschäftigte von ... bis ...		
	20–99	100 und mehr	insgesamt
Materialverbrauch, Einsatz von Handelsware zu Anschaffungskosten (davon Lohnarbeiten) in % der Gesamtleistung[1]	32,3 (5,4)	34,1 (1,1)	33,8 (1,9)
Personalkosten einschließlich gesetzlicher und freiwilliger Sozialaufwand in % der Gesamtleistung[1]	27,4	26,3	26,5
Bruttoproduktionswert[1] je Beschäftigten in €	122.656	166.573	156.317

*   Quelle: Statistisches Bundesamt 2006 (Erhebungszeitraum 2004) – Fachserie 4, Reihe 4.3.

1)   = „Bruttoproduktionswert" = Gesamtumsatz ohne Umsatzsteuer plus/minus Bestandsveränderungen an fertigen und unfertigen Erzeugnissen aus eigener Produktion plus selbsterstellte Anlagen.

2.2.12 Bestattungswesen

Richtsätze 2005 – Bestattungswesen
(Gewerbeklasse 93.03.1)

Wirtschaftl. Umsatz	Deutschland[1]		eigener Betrieb
	bis 300.000 €	über 300.000 €	
Rohgewinn I	67–87 77	67–87 77	
Rohgewinn II	–	–	
Halbreingewinn	34–64 50	34–64 50	
Reingewinn	16–50 32	12–33 23	
Rohgewinnaufschlag	203–669 335	203–669 335	

1) Vermittlungsprovisionen sind einbezogen.

Markt	93.03.1 Bestattungsinstitute
Anzahl der Unternehmen	3.557
davon:	
Einzelunternehmen	2.372
Personengesellschaften	371
Kapitalgesellschaften	806
Sonstige Rechtsformen	7
davon:	
bis 500.000 € Umsatz	3.047
ab 500.000 € Umsatz	510
Gesamtumsatz der Branche	1.098.379 T€
d.h. durchschnittlich je Unternehmen	308,8 T€

Quelle: Statistisches Bundesamt 2006 (Erhebungszeitraum 2002) – Fachserie 2, Reihe 1.6.7.

Planungsunterlage Dienstleistungen 93.03.1 Bestattungsinstitute

	\multicolumn{8}{c}{Beschäftigte von ... bis ...}							
	0-3		3-6		6-10		10-15	
KOSTENSTRUKTUR	€	%	€	%	€	%	€	%
1. Umsatz einschl. Handelsumsatz	102.568,50	99,1	217.929,60	98,7	341.846,20	98,6	514.960,80	98,2
2. Übriger Umsatz	931,50	0,9	2.870,40	1,3	4.853,80	1,4	9.439,20	1,8
3. Gesamtumsatz 1 und 2	103.500,00	100,0	220.800,00	100,0	346.700,00	100,0	524.400,00	100,0
4. Waren/Fremdleistungen	26.806,50	25,9	49.459,20	22,4	65.179,60	18,8	82.855,20	15,8
5. Roh-, Hilfs- und Betriebsstoffe	5.899,50	5,7	9.936,00	4,5	12.481,20	3,6	22.024,80	4,2
6. Summe Material/Waren 4 und 5	32.706,00	31,6	59.395,20	26,9	77.660,80	22,4	104.880,00	20,0
7. Rohertrag 3 minus 6	70.794,00	68,4	161.404,80	73,1	269.039,20	77,6	419.520,00	80,0
8. Personalaufwand	8.280,00	8,0	47.400,46	21,5	95.568,90	27,6	167.504,90	31,9
9. übriger Sachaufwand	29.911,50	28,9	58.362,74	26,4	84.368,40	24,3	129.305,50	24,7
10. Gesamtaufwand 6 plus 8 plus 9	70.897,50	68,5	165.158,40	74,8	257.598,10	74,3	401.690,40	76,6
11. Ergebnis vor Steuern 3 minus 10	32.602,50	31,5	55.641,60	25,2	89.101,90	25,7	122.709,60	23,4
12. Betriebliche Steuern und Abgaben	2.173,50	2,1	5.078,40	2,3	9.014,20	2,6	13.110,00	2,5
13. Reingewinn 11 minus 12	30.429,00	29,4	50.563,20	22,9	80.087,70	23,1	109.599,60	20,9

Weitere Kennzahlen

Umsatz je tätige Person	60.700	55.900	46.400	46.300
tätige Inhaber/unentgeltlich	1,2	1,4	1,1	0,9
Lohn- und Gehaltsempfänger	0,5	2,6	6,4	10,5
Personalkosten je entgeltlich Beschäftigten	16.560	18.231	14.933	15.953
Anzahl Unternehmen	852	1.282	818	378

Quelle: Statistisches Bundesamt 2006 (Erhebungszeitraum 2002) – Fachserie 2, Reihe 1.6.7/eigene Berechnungen: Rundungsdifferenzen möglich.

Planungsunterlage Dienstleistungen   93.03.1 Bestattungsinstitute

KOSTENSTRUKTUR	Beschäftigte von ... bis ...			
	15–20		20 und mehr	
	€	%	€	%
1. Umsatz einschl. Handelsumsatz	776.078,50	98,3	1.281.176,00	97,0
2. Übriger Umsatz	13.421,50	1,7	39.624,00	3,0
3. Gesamtumsatz 1 und 2	789.500,00	100,0	1.320.800,00	100,0
4. Waren/Fremdleistungen	120.793,50	15,3	248.310,40	18,8
5. Roh-, Hilfs- und Betriebsstoffe	37.106,50	4,7	33.020,00	2,5
6. Summe Material/Waren 4 und 5	157.900,00	20,0	281.330,40	21,3
7. Rohertrag 3 minus 6	631.600,00	80,0	1.039.469,60	78,7
8. Personalaufwand	277.820,31	35,2	521.332,97	39,5
9. übriger Sachaufwand	187.195,19	23,7	366.244,63	27,7
10. Gesamtaufwand 6 plus 8 plus 9	622.915,50	78,9	1.168.908,00	88,5
11. Ergebnis vor Steuern 3 minus 10	166.584,50	21,1	151.892,00	11,5
12. Betriebliche Steuern und Abgaben	18.158,50	2,3	21.132,80	1,6
13. Reingewinn 11 minus 12	148.426,00	18,8	130.759,20	9,9

Weitere Kennzahlen

Umsatz je tätige Person	49.200	48.700
tätige Inhaber/unentgeltlich	0,9	0,4
Lohn- und Gehaltsempfänger	15,1	26,7
Personalkosten je entgeltlich Beschäftigten	18.399	19.526
Anzahl Unternehmen	102	125

Quelle: Statistisches Bundesamt 2006 (Erhebungszeitraum 2002) – Fachserie 2, Reihe 1.6.7/eigene Berechnungen: Rundungsdifferenzen möglich.

2.2.13 Blumen und Pflanzen
Einzelhandel und Gartenbau ohne LuF

Richtsätze 2005 – Blumen und Pflanzen, Einzelhandel (ohne Gärtnerei)
(Gewerbeklasse 52.49.1)

	Deutschland	eigener Betrieb
Rohgewinn I	38–59 48	
Rohgewinn II	–	
Halbreingewinn	21–43 32	
Reingewinn	5–25 14	
Rohgewinnaufschlag	61–144 92	

Richtsätze für das Jahr 2005 – Garten- und Landschaftsbau
(Gewerbeklasse 01.41.2)

	Deutschland			eigener Betrieb
Wirtschaftl. Umsatz	bis 250.000 €	über 250.000 € bis 500.000 €	über 500.000 €	
Rohgewinn I	79	75	71	
Rohgewinn II	42–80 61	35–60 47	32–55 43	
Halbreingewinn	14–50 32	11–32 21	7–27 17	
Reingewinn	8–44 27	5–25 15	2–22 11	
Rohgewinnaufschlag	–	–	–	

2.2.14   Brennstoffe

Richtsätze 2005 – Brennstoffe, Einzelhandel
(Gewerbeklasse 52.63.1)

Wirtschaftl. Umsatz	Deutschland[1]		eigener Betrieb
	bis 900.000 €	über 900.000 €	
Rohgewinn I	8–44 25	7–15 10	
Rohgewinn II	–	–	
Halbreingewinn	4–22 12	3–9 6	
Reingewinn	3–16 7	1–5 3	
Rohgewinnaufschlag	9–79 33	8–18 11	

1)   Ohne oder bei geringem Heizölanteil obere Rahmenhälfte.

2.2.15 Bücher

Richtsätze 2005 – Bücher, Einzelhandel
(Gewerbeklasse 52.47.2)

	Deutschland[1]	eigener Betrieb
Rohgewinn I	25–37 31	
Rohgewinn II	–	
Halbreingewinn	15–28 22	
Reingewinn	2–15 8	
Rohgewinnaufschlag	33–59 45	

1) Auch i.V.m. Schreibwaren.

Vergleichswerte Handel 52.47.0 Einzelhandel mit Büchern, Zeitschriften, Zeitungen, Schreibwaren und Bürobedarf

KOSTENSTRUKTUR	Beschäftigte 1-2		Beschäftigte 3-5		Beschäftigte 6-19		Beschäftigte 20 und mehr		Beschäftigte insgesamt	
	€	%	€	%	€	%	€	%	€	%
1. Umsatz je Unternehmen	146.000,00	100,0	253.000,00	100,0	789.000,00	100,0	8.368.000,00	100,0	537.000,00	100,0
2. Wareneinsatz	99.134,00	67,9	178.618,00	70,6	490.758,00	62,2	5.020.800,00	60,0	340.458,00	63,4
3. *Rohertrag 1 minus 2*	46.866,00	32,1	74.382,00	29,4	298.242,00	37,8	3.347.200,00	40,0	196.542,00	36,6
4. übrige Aufwendungen*	23.944,00	16,4	57.684,00	22,8	197.250,00	25,0	2.845.120,00	34,0	147.138,00	27,4
5. *Überschuss 3 minus 4*	22.922,00	15,7	16.698,00	6,6	100.992,00	12,8	502.080,00	6,0	49.404,00	9,2
Weitere Kennzahlen										
Umsatz je Beschäftigten in €	97.000,00		70.000,00		87.000,00		113.000,00		93.000,00	
Anzahl der Beschäftigten	1,5		3,6		9,0		74,1		5,8	
Anzahl der Unternehmen	4.204		4.254		2.254		291		11.003	

* Ohne Fremdkapitalzinsen.

Vergleichswerte aus der letzten Kostenstrukturstatistik des Statistischen Bundesamtes 2006 (Erhebungszeitraum 2003) – Fachserie 6, Reihe 4.

2.2.16 Call Centers

| Strukturerhebung im Dienstleistungsbereich* | 74.86.0 Call Centers |

	Gesamt	2003 Umsatz ab 250 T€	Umsatz unter 250 T€	Gesamt	2004 Umsatz ab 250 T€	Umsatz unter 250 T€
Gesamtbranche:						
Gesamtumsatz der Branche (Marktvolumen) in €[1]	1.407.489.000	1.375.498.000	31.991.000	1.723.485.000	1.682.720.000	40.765.000
Anzahl der Unternehmen	564	282	282	812	421	391
Anzahl der Beschäftigten	34.260	32.411	1.849	45.163	43.301	1.862
davon Lohn- und Gehaltsempfänger	33.464	31.966	1.498	44.202	42.752	1.450
je Unternehmen:						
Beschäftigte am 30.09.[2]	60,7	114,9	6,6	55,6	102,9	4,8
davon Lohn- und Gehaltsempfänger	59,3	113,4	5,3	54,4	101,5	3,7
Umsatz in €[3]	2.495.548	4.877.652	113.443	2.122.518	3.996.960	104.258
Investitionen in €[4]	61.000	113.858	k.A.	78.000	148.359	k.A.
Personalaufwand in %[5]	49,90	50,06	k.A.	49,10	49,36	k.A.
Sachaufwand in %[5]	38,30	36,73	k.A.	38,50	38,72	k.A.
Betriebliche Steuern und Abgaben in %[5]	0,72	0,69	k.A.	1,10	1,08	k.A.
Personalkosten je entgeltlich Beschäftigten in €[6]	17.524	21.542	k.A.	15.889	19.427	k.A.

*   Veröffentlichung des Statistischen Bundesamtes, Fachserie 9, Reihe 2, zuletzt für 2004 im August 2006; eigene Berechnungen.
1) Netto ohne Mehrwertsteuer einschließlich sonstige betriebliche Erträge.
2) Selbständige, mithelfende Familienangehörige, Lohn- und Gehaltsempfänger.
3) Netto ohne Mehrwertsteuer einschließlich sonstige betriebliche Erträge.
4) Einschließlich selbsterstellte Anlagen.
5) Vom Umsatz.
6) Bruttolöhne und -gehälter einschließlich Sozialaufwendungen Arbeitgeber je Lohn- und Gehaltsempfänger.

2.2.17   Chemische Industrie

Siehe auch Teil 2.2.3   Apotheken, Pharmazie,
               2.2.45   Körperpflegemittel, Waschmittel,
               2.2.48   Lacke, Farben, sonstiger Anstrichbedarf sowie Tapeten,
                        Fußbodenbelag

Kostenstruktur im Produzierenden Gewerbe*		24.00.0 Herstellung von chemischen Erzeugnissen		
Nr. WZ 2003	Branchenbezeichnung	Bruttoproduktions-wert[1] je Beschäf-tigten in €	Materialverbrauch, Einsatz an Handels-ware und Anschaf-fungskosten, Kosten für Lohnarbeiten (davon Lohnarbeiten) in % der Gesamt-leistung[1]	Personalkosten einschl. gesetzlicher und freiwilliger Sozialaufwand in % der Gesamt-leistung[1]
24.00.0	Herstellung von chemischen Erzeugnissen	324.615	49,9 (1,4)	18,9
24.10.0	Herstellung von chemischen Grundstoffen	420.471	54,7 (1,0)	16,3
24.12.0	Herstellung von Farbstoffen und Pigmenten**	348.817	42,4 (0,1)	22,2
24.13.0	Herstellung von sonstigen anorganischen Grundstoffen und Chemikalien**	305.833	53,9 (0,3)	18,2
24.14.0	Herstellung von sonstigen organischen Grundstoffen und Chemikalien**	474.225	59,5 (2,0)	15,1
24.15.0	Herstellung von Dünge-mitteln und Stickstoff-verbindungen	250.358	45,4 (0,2)	20,7
24.16.0	Herstellung von Kunststoff in Primärformen**	445.627	55,3 (0,8)	15,6
24.20.0	Herstellung von Schädlings-bekämpfungs-, Pflanzen-schutz- und Desinfektions-mitteln**	285.962	49,2 (4,9)	22,4

*   Quelle: Statistisches Bundesamt 2006 (Erhebungszeitraum 2004) – Fachserie 4, Reihe 4.3.
**   Siehe auch jeweilige Kostenstrukturerhebung nach Beschäftigtengrößenklassen.
1)   = „Bruttoproduktionswert" = Gesamtumsatz ohne Umsatzsteuer plus/minus Bestandsveränderungen an fertigen und unfertigen Erzeugnissen aus eigener Produktion plus selbsterstellte Anlagen.

Kostenstruktur im Produzierenden Gewerbe*		24.00.0 Herstellung von chemischen Erzeugnissen		

Nr. WZ 2003	Branchenbezeichnung	Bruttoproduktions- wert[1] je Beschäf- tigten in €	Materialverbrauch, Einsatz an Handels- ware und Anschaf- fungskosten, Kosten für Lohnarbeiten (davon Lohnarbeiten) in % der Gesamt- leistung[1]	Personalkosten einschl. gesetzlicher und freiwilliger Sozialaufwand in % der Gesamt- leistung[1]
24.30.0	Herstellung von Anstrich- mitteln, Druckfarben und Kitten**	238.360	51,6 (0,2)	21,7
24.40.0	Herstellung von pharma- zeutischen Erzeugnissen**	267.833	35,6 (2,5)	23,3
24.41.0	Herstellung von pharma- zeutischen Grundstoffen**	200.076	37,6 (0,8)	27,8
24.42.0	Herstellung von pharma- zeutischen Spezialitäten und sonstigen pharmazeutischen Erzeugnissen**	270.467	35,6 (2,5)	23,2
24.50.0	Herstellung von Seifen, Wasch-, Reinigungs- und Körperpflegemitteln sowie von Duftstoffen	287.497	50,5 (1,3)	18,3
24.51.0	Herstellung von Seifen, Wasch-, Reinigungs- und Poliermitteln**	312.172	53,6 (1,1)	18,5
24.52.0	Herstellung von Duftstoffen und Körperpflegemitteln**	262.976	46,9 (1,5)	18,1
24.60.0	Herstellung von sonstigen chemischen Erzeugnissen**	267.718	54,8 (1,5)	19,9
24.61.0	Herstellung von pyrotechni- schen Erzeugnissen	217.683	45,7 (0,4)	19,0
24.62.0	Herstellung von Klebstoffen und Gelatine	263.972	56,4 (0,6)	19,0
24.63.0	Herstellung von etherischen Ölen	257.155	46,9 (0,1)	20,5
24.66.0	Herstellung von sonstigen chemischen Erzeugnissen ang.**	263.320	56,0 (1,7)	19,8
24.70.0	Herstellung von Chemie- fasern**	275.779	58,8 (0,9)	19,0

* Quelle: Statistisches Bundesamt 2006 (Erhebungszeitraum 2004) – Fachserie 4, Reihe 4.3.
** Siehe auch jeweilige Kostenstrukturerhebung nach Beschäftigtengrößenklassen.
1) = „Bruttoproduktionswert" = Gesamtumsatz ohne Umsatzsteuer plus/minus Bestandsveränderungen an fertigen und unfertigen Erzeugnissen aus eigener Produktion plus selbsterstellte Anlagen.

Kostenstruktur im Produzierenden Gewerbe*				24.12.0 Herstellung von Farbstoffen und Pigmenten

Kennzahl	Beschäftigte von ... bis ...			
	20–49	50–99	100 und mehr	insgesamt
Materialverbrauch, Einsatz von Handelsware zu Anschaffungskosten (davon Lohnarbeiten) in % der Gesamtleistung[1]	57,3 (3,6)	59,9 (–)	41,4 (0,1)	42,4 (0,1)
Personalkosten einschließlich gesetzlicher und freiwilliger Sozialaufwand in % der Gesamtleistung[1]	16,7	15,8	22,5	22,2
Bruttoproduktionswert[1] je Beschäftigten in €	252.324	296.417	353.438	348.817

Kostenstruktur im Produzierenden Gewerbe*					24.13.0 Herstellung von sonstigen anorganischen Grundstoffen und Chemikalien

Kennzahl	Beschäftigte von ... bis ...				
	20–99	100–249	250–499	500 und mehr	insgesamt
Materialverbrauch, Einsatz von Handelsware zu Anschaffungskosten (davon Lohnarbeiten) in % der Gesamtleistung[1]	50,4 (0,3)	60,7 (0,2)	59,2 (0,0)	51,5 (0,3)	53,9 (0,3)
Personalkosten einschließlich gesetzlicher und freiwilliger Sozialaufwand in % der Gesamtleistung[1]	17,9	15,6	17,7	19,1	18,2
Bruttoproduktionswert[1] je Beschäftigten in €	292.919	360.584	279.609	302.182	305.833

*   Quelle: Statistisches Bundesamt 2006 (Erhebungszeitraum 2004) – Fachserie 4, Reihe 4.3.
1)   = „Bruttoproduktionswert" = Gesamtumsatz ohne Umsatzsteuer plus/minus Bestandsveränderungen an fertigen und unfertigen Erzeugnissen aus eigener Produktion plus selbsterstellte Anlagen.

Kostenstruktur im Produzierenden Gewerbe*	24.14.0 Herstellung von sonstigen organischen Grundstoffen und Chemikalien

Kennzahl	Beschäftigte von ... bis ...				
	20–99	100–249	250–499	500 und mehr	insgesamt
Materialverbrauch, Einsatz von Handelsware zu Anschaffungskosten (davon Lohnarbeiten) in % der Gesamtleistung[1]	72,6 (0,6)	62,6 (0,4)	76,3 (0,6)	55,0 (2,5)	59,5 (2,0)
Personalkosten einschließlich gesetzlicher und freiwilliger Sozialaufwand in % der Gesamtleistung[1]	10,8	14,0	7,6	17,1	15,1
Bruttoproduktionswert[1] je Beschäftigten in €	471.651	429.687	816.398	441.025	474.225

Kostenstruktur im Produzierenden Gewerbe*	24.16.0 Herstellung von Kunststoff in Primärformen

Kennzahl	Beschäftigte von ... bis ...					
	20–99	100–249	250–499	500–999	1.000 und mehr	insgesamt
Materialverbrauch, Einsatz von Handelsware zu Anschaffungskosten (davon Lohnarbeiten) in % der Gesamtleistung[1]	58,7 (1,1)	66,3 (1,0)	64,9 (1,6)	45,9 (2,4)	54,8 (0,6)	55,3 (0,8)
Personalkosten einschließlich gesetzlicher und freiwilliger Sozialaufwand in % der Gesamtleistung[1]	14,0	14,1	9,8	15,6	16,1	15,6
Bruttoproduktionswert[1] je Beschäftigten in €	307.271	358.094	624.086	411.970	454.694	445.627

* Quelle: Statistisches Bundesamt 2006 (Erhebungszeitraum 2004) – Fachserie 4, Reihe 4.3.
1) = „Bruttoproduktionswert" = Gesamtumsatz ohne Umsatzsteuer plus/minus Bestandsveränderungen an fertigen und unfertigen Erzeugnissen aus eigener Produktion plus selbsterstellte Anlagen.

Kostenstruktur im Produzierenden Gewerbe*	24.20.0 Herstellung von Schädlingsbekämpfungs-, Pflanzenschutz- und Desinfektionsmitteln

Kennzahl	Beschäftigte von ... bis ...		
	20–99	100 und mehr	insgesamt
Materialverbrauch, Einsatz von Handelsware zu Anschaffungskosten (davon Lohnarbeiten) in % der Gesamtleistung[1]	55,4 (2,7)	48,5 (5,1)	49,2 (4,9)
Personalkosten einschließlich gesetzlicher und freiwilliger Sozialaufwand in % der Gesamtleistung[1]	20,1	22,7	22,4
Bruttoproduktionswert[1] je Beschäftigten in €	216.285	298.096	285.962

Kostenstruktur im Produzierenden Gewerbe*	24.60.0 Herstellung von sonstigen chemischen Erzeugnissen

Kennzahl	Beschäftigte von ... bis ...						
	20–49	50–99	100–249	250–499	500–999	1.000 und mehr	insgesamt
Materialverbrauch, Einsatz von Handelsware zu Anschaffungskosten (davon Lohnarbeiten) in % der Gesamtleistung[1]	60,5 (0,2)	61,7 (0,5)	54,3 (0,8)	52,0 (0,8)	60,9 (0,8)	49,3 (3,7)	54,8 (1,5)
Personalkosten einschließlich gesetzlicher und freiwilliger Sozialaufwand in % der Gesamtleistung[1]	15,3	15,3	17,5	19,0	21,1	25,2	19,9
Bruttoproduktionswert[1] je Beschäftigten in €	248.494	310.401	286.196	260.212	298.857	236.743	267.718

* Quelle: Statistisches Bundesamt 2006 (Erhebungszeitraum 2004) – Fachserie 4, Reihe 4.3.

1) = „Bruttoproduktionswert" = Gesamtumsatz ohne Umsatzsteuer plus/minus Bestandsveränderungen an fertigen und unfertigen Erzeugnissen aus eigener Produktion plus selbsterstellte Anlagen.

Kostenstruktur im Produzierenden Gewerbe*	24.66.0 Herstellung von chemischen Erzeugnissen ang.

Kennzahl	Beschäftigte von ... bis ...				
	20–99	100–249	250–499	500 und mehr	insgesamt
Materialverbrauch, Einsatz von Handelsware zu Anschaffungskosten (davon Lohnarbeiten) in % der Gesamtleistung[1]	62,3 (0,4)	53,1 (0,9)	50,6 (0,3)	58,6 (4,7)	56,0 (1,7)
Personalkosten einschließlich gesetzlicher und freiwilliger Sozialaufwand in % der Gesamtleistung[1]	15,5	16,7	18,8	27,3	19,8
Bruttoproduktionswert[1] je Beschäftigten in €	272.500	303.102	280.927	215.694	263.320

Kostenstruktur im Produzierenden Gewerbe*	24.70.0 Herstellung von Chemiefasern

Kennzahl	Beschäftigte von ... bis ...		
	20–99	100 und mehr	insgesamt
Materialverbrauch, Einsatz von Handelsware zu Anschaffungskosten (davon Lohnarbeiten) in % der Gesamtleistung[1]	56,4 (1,8)	58,9 (0,9)	58,8 (0,9)
Personalkosten einschließlich gesetzlicher und freiwilliger Sozialaufwand in % der Gesamtleistung[1]	19,8	19,0	19,0
Bruttoproduktionswert[1] je Beschäftigten in €	184.581	280.627	275.779

* Quelle: Statistisches Bundesamt 2006 (Erhebungszeitraum 2004) – Fachserie 4, Reihe 4.3.
1) = „Bruttoproduktionswert" = Gesamtumsatz ohne Umsatzsteuer plus/minus Bestandsveränderungen an fertigen und unfertigen Erzeugnissen aus eigener Produktion plus selbsterstellte Anlagen.

2.2.18   Chemische Reinigungen, Wäschereien, Heißmangel

Richtsätze 2005 – Chemische Reinigung (ohne Annahmestellen)
(Gewerbeklasse 93.01.3)

Wirtschaftl. Umsatz	Deutschland		eigener Betrieb
	bis 200.000 €	über 200.000 €	
Rohgewinn I	–	–	
Rohgewinn II	–	–	
Halbreingewinn	26–70 50	26–70 50	
Reingewinn	7–37 21	5–27 15	
Rohgewinnaufschlag	–	–	

Richtsätze 2005 – Wäscherei, Heißmangelei
(Gewerbeklassen 93.01.1 und 93.01.5)

Wirtschaftl. Umsatz	Deutschland[1]		eigener Betrieb
	bis 150.000 €	über 150.000 €	
Rohgewinn I	–	–	
Rohgewinn II	–	–	
Halbreingewinn	32–68 52	32–68 52	
Reingewinn	8–43 25	5–32 16	
Rohgewinnaufschlag	–	–	

1)   Waschmittel sind Betriebsstoffe (nicht Material); Löhne sind nicht als Fertigungslöhne zu behandeln.

Markt	93.01.1 Wäscherei	93.01.3 Chemische Reinigung und Bekleidungsfärberei	93.01.5 Heißmangel und Bügelei
Anzahl der Unternehmen	2.147	2.866	640
davon:			
Einzelunternehmen	1.619	2.499	577
Personengesellschaften	203	175	–
Kapitalgesellschaften	325	192	63
davon:			
bis 250.000 € Umsatz	1.558	2.331	–
ab 250.000 € Umsatz	588	534	–
Gesamtumsatz der Branche	1.443.519 T€	478.705 T€	47.508 T€
d.h. durchschnittlich je Unternehmen	672,5 T€	167,0 T€	74,3 T€

*   Quelle: Statistisches Bundesamt 2006 (Erhebungszeitraum 2002) – Fachserie 2, Reihe 1.6.8.

Planungsunterlage Dienstleistungen   93.01.1 Wäscherei

KOSTENSTRUKTUR	Beschäftigte von … bis …											
	0-3		3-6		6-10		10-15		15-20		20 und mehr	
	€	%	€	%	€	%	€	%	€	%	€	%
1. Umsatz	35.017,60	99,2	114.195,90	98,7	110.014,30	97,1	287.993,00	97,0	427.812,70	99,7	2.968.483,50	98,9
2. Übriger Umsatz	282,40	0,8	1.504,10	1,3	3.285,70	2,9	8.907,00	3,0	1.287,30	0,3	33.016,50	1,1
3. Gesamtumsatz 1 und 2	35.300,00	100,0	115.700,00	100,0	113.300,00	100,0	296.900,00	100,0	429.100,00	100,0	3.001.500,00	100,0
4. Waren/Fremdleistungen	0,00	0,0	3.355,30	2,9	1.246,30	1,1	2.969,00	1,0	8.152,90	1,9	45.022,50	1,5
5. Roh-, Hilfs- und Betriebsstoffe	2.294,50	6,5	11.685,70	10,1	4.192,10	3,7	18.110,90	6,1	28.320,60	6,6	327.163,50	10,9
6. Summe Material/Waren 4 und 5	2.294,50	6,5	15.041,00	13,0	5.438,40	4,8	21.079,90	7,1	36.473,50	8,5	372.186,00	12,4
7. Rohertrag 3 minus 6	33.005,50	93,5	100.659,00	87,0	107.861,60	95,2	275.820,10	92,9	392.626,50	91,5	2.629.314,00	87,6
8. Personalaufwand	2.709,45	7,7	29.574,31	25,6	41.531,81	36,7	138.850,04	46,8	194.710,56	45,4	1.410.960,13	47,0
9. übriger Sachaufwand	17.764,55	50,3	53.035,49	45,8	53.073,69	46,8	96.888,56	32,6	167.878,94	39,1	1.131.310,37	37,7
10. Gesamtaufwand 6 plus 8 plus 9	22.768,50	64,5	97.650,80	71,4	100.043,90	83,5	256.818,50	79,4	399.063,00	84,5	2.914.456,50	84,7
11. Ergebnis vor Steuern 3 minus 10	12.531,50	35,5	18.049,20	28,6	13.256,10	16,5	40.081,50	20,6	30.037,00	15,5	87.043,50	15,3
12. Betriebliche Steuern und Abgaben	317,70	0,9	1.504,10	1,3	1.133,00	1,0	3.562,80	1,2	5.149,20	1,2	39.019,50	1,3
13. Reingewinn 11 minus 12	12.213,80	34,6	16.545,10	27,3	12.123,10	15,5	36.518,70	19,4	24.887,80	14,3	48.024,00	14,0

Weitere Kennzahlen

Umsatz je tätige Person	24.100	31.500	15.900	26.600	25.400	41.600
tätige Inhaber/unentgeltlich	1,2	1,1	1,1	0,9	0,8	0,6
Lohn- und Gehaltsempfänger	0,3	2,6	6,0	10,2	16,1	71,6
Personalkosten je entgeltlich Beschäftigten	9.032	11.375	6.922	13.613	12.094	19.706

Quelle: Statistisches Bundesamt 2006 (Erhebungszeitraum 2002) – Fachserie 2, Reihe 1.6.8/eigene Berechnungen; Rundungsdifferenzen möglich.

Planungsunterlage Dienstleistungen   93.01.3 Chemische Reinigung und Bekleidungsfärberei

KOSTENSTRUKTUR	0-3 €	0-3 %	3-6 €	3-6 %	6-10 €	6-10 %	10-15 €	10-15 %	15-20 €	15-20 %	20 und mehr €	20 und mehr %
1. Umsatz	45.790,70	98,9	85.695,00	98,5	187.159,50	99,5	244.456,30	97,9	421.953,00	99,4	943.432,00	99,1
2. Übriger Umsatz	509,30	1,1	1.305,00	1,5	940,50	0,5	5.243,70	2,1	2.547,00	0,6	8.568,00	0,9
3. Gesamtumsatz 1 und 2	46.300,00	100,0	87.000,00	100,0	188.100,00	100,0	249.700,00	100,0	424.500,00	100,0	952.000,00	100,0
4. Waren/Fremdleistungen	601,90	1,3	3.045,00	3,5	10.533,60	5,6	6.991,60	2,8	7.641,00	1,8	26.656,00	2,8
5. Roh-, Hilfs- und Betriebsstoffe	4.768,90	10,3	4.089,00	4,7	7.712,10	4,1	10.487,40	4,2	30.139,50	7,1	58.072,00	6,1
6. Summe Material/Waren 4 und 5	5.370,80	11,6	7.134,00	8,2	18.245,70	9,7	17.479,00	7,0	37.780,50	8,9	84.728,00	8,9
7. Rohertrag 3 minus 6	40.929,20	88,4	79.866,00	91,8	169.854,30	90,3	232.221,00	93,0	386.719,50	91,1	867.272,00	91,1
8. Personalaufwand	6.166,00	13,3	21.466,38	24,7	70.107,69	37,3	96.791,96	38,8	199.048,47	46,9	445.536,00	46,8
9. übriger Sachaufwand	23.697,50	51,2	34.909,62	40,1	63.067,11	33,5	91.232,14	36,5	124.420,53	29,3	326.536,00	34,3
10. Gesamtaufwand 6 plus 8 plus 9	35.234,30	76,1	63.510,00	73,0	151.420,50	80,5	205.503,10	82,3	361.249,50	85,1	856.800,00	90,0
11. Ergebnis vor Steuern 3 minus 10	11.065,70	23,9	23.490,00	27,0	36.679,50	19,5	44.196,90	17,7	63.250,50	14,9	95.200,00	10,0
12. Betriebliche Steuern und Abgaben	694,50	1,5	1.305,00	1,5	2.633,40	1,4	2.996,40	1,2	2.971,50	0,7	10.472,00	1,1
13. Reingewinn 11 minus 12	10.371,20	22,4	22.185,00	25,5	34.046,10	18,1	41.200,50	16,5	60.279,00	14,2	84.728,00	8,9
Weitere Kennzahlen												
Umsatz je tätige Person	27.700		24.500		25.200		20.500		25.500		27.100	
tätige Inhaber/unentgeltlich	1,0		1,3		1,3		1,3		1,1		0,8	
Lohn- und Gehaltsempfänger	0,7		2,3		6,1		10,9		15,5		34,3	
Personalkosten je entgeltlich Beschäftigten	8.809		9.333		11.493		8.880		12.842		12.989	

Quelle: Statistisches Bundesamt 2006 (Erhebungszeitraum 2002) – Fachserie 2, Reihe 1.6.8/eigene Berechnungen: Rundungsdifferenzen möglich.

Planungsunterlage Dienstleistungen   93.01.5 Heißmangelei und Bügelei

KOSTENSTRUKTUR	Beschäftigte insgesamt	
	€	%
1. Umsatz	74.225,70	99,9
2. Übriger Umsatz	74,30	0,1
3. Gesamtumsatz 1 und 2	74.300,00	100,0
4. Waren/Fremdleistungen	1.857,50	2,5
5. Roh-, Hilfs- und Betriebsstoffe	2.303,30	3,1
6. Summe Material/Waren 4 und 5	4.160,80	5,6
7. Rohertrag 3 minus 6	70.139,20	94,4
8. Personalaufwand	27.587,59	37,1
9. Übriger Sachaufwand	26.948,61	36,3
10. Gesamtaufwand 6 plus 8 plus 9	58.697,00	79,0
11. Ergebnis vor Steuern 3 minus 10	15.603,00	21,0
12. Betriebliche Steuern und Abgaben	965,90	1,3
13. Reingewinn 11 minus 12	14.637,10	19,7

Weitere Kennzahlen

Umsatz je tätige Person	14.000
tätige Inhaber/unentgeltlich	1,1
Lohn- und Gehaltsempfänger	4,2
Personalkosten je entgeltlich Beschäftigten	6.568

Quelle: Statistisches Bundesamt 2006 (Erhebungszeitraum 2002) – Fachserie 2, Reihe 1.6.8/eigene Berechnungen: Rundungsdifferenzen möglich.

2.2.19 Computer, Büromaschinen, Telekommunikationsgeräte, Informationstechnik, Datenverarbeitung und Datenbanken

Richtsätze 2005 – Computer, Software und Büromaschinen, Einzelhandel
(Gewerbeklasse 52.49.5)

Wirtschaftl. Umsatz	Deutschland		eigener Betrieb
	bis 250.000 €	über 250.000 €	
Rohgewinn I	20–66 41	15–51 32	
Rohgewinn II	–	–	
Halbreingewinn	8–43 24	7–36 20	
Reingewinn	4–33 18	2–19 9	
Rohgewinnaufschlag	25–194 69	18–104 47	

Richtsätze 2005 – Telekommunikationsendgeräte und Mobiltelefone, Einzelhandel
(Gewerbeklasse 52.49.6)

Wirtschaftl. Umsatz	Deutschland		eigener Betrieb
	bis 300.000 €	über 300.000 €	
Rohgewinn I	25–80 48	20–72 41	
Rohgewinn II	–	–	
Halbreingewinn	11–53 26	11–52 28	
Reingewinn	2–32 15	2–18 10	
Rohgewinnaufschlag	33–400 92	25–257 69	

Kostenstruktur im Produzierenden Gewerbe*		30.00.0 Herstellung von Büromaschinen, Datenverarbeitungsgeräten und -einrichtungen		

Nr. WZ 2003	Branchenbezeichnung	Bruttoproduktions-wert[1] je Beschäf-tigten in €	Materialverbrauch, Einsatz an Handels-ware und Anschaf-fungskosten, Kosten für Lohnarbeiten (davon Lohnarbeiten) in % der Gesamt-leistung[1]	Personalkosten einschl. gesetzlicher und freiwilliger Sozialaufwand in % der Gesamt-leistung[1]
30.00.0	Herstellung von Büro-maschinen, Datenver-arbeitungsgeräten und -einrichtungen**	429.991	63,3 (2,5)	14,2
30.01.0	Herstellung von Büro-maschinen	153.645	48,2 (2,2)	31,2
30.02.0	Herstellung von Daten-verarbeitungsgeräten und -einrichtungen	492.884	64,4 (2,5)	13,0

Kostenstruktur im Produzierenden Gewerbe*		30.00.0 Herstellung von Büromaschinen, Datenverarbeitungsgeräten und -einrichtungen			

Kennzahl	Beschäftigte von ... bis ...				
	20–99	100–249	250–499	500 und mehr	insge-samt
Materialverbrauch, Einsatz von Handelsware zu Anschaffungs-kosten (davon Lohnarbeiten) in % der Gesamtleistung[1]	56,9 (1,9)	54,9 (0,9)	54,2 (0,7)	65,1 (2,8)	63,3 (2,5)
Personalkosten einschließlich gesetzlicher und freiwilliger Sozialaufwand in % der Gesamtleistung[1]	24,1	25,5	23,2	12,0	14,2
Bruttoproduktionswert[1] je Beschäftigten in €	168.914	158.443	226.631	619.246	429.991

*   Quelle: Statistisches Bundesamt 2006 (Erhebungszeitraum 2004) – Fachserie 4, Reihe 4.3.
** Siehe auch jeweilige Kostenstrukturerhebung nach Beschäftigtengrößenklassen.
1) = „Bruttoproduktionswert" = Gesamtumsatz ohne Umsatzsteuer plus/minus Bestandsveränderungen an fertigen und unfertigen Erzeugnissen aus eigener Produktion plus selbsterstellte Anlagen.

Strukturerhebung im Dienstleistungsbereich*	72.00.0 Datenverarbeitung und Datenbanken

	2000 Gesamt	2003 Gesamt	2003 Umsatz ab 250 T€	2003 Umsatz unter 250 T€	2004 Gesamt	2004 Umsatz ab 250 T€	2004 Umsatz unter 250 T€
Gesamtbranche:							
Gesamtumsatz der Branche (Marktvolumen) in €[1]	41.506.110.000	56.779.866.000	54.027.539.000	2.752.327.000	58.524.602.000	55.647.103.000	2.877.499.000
Anzahl der Unternehmen	22.654	42.154	11.338	30.816	45.205	12.153	33.052
Anzahl der Beschäftigten	282.449	386.263	316.930	69.333	370.346	317.313	53.033
davon Lohn- und Gehaltsempfänger	258.335	335.689	312.271	23.418	335.241	311.665	23.576
je Unternehmen:							
Beschäftigte am 30.09.[2]	12,5	9,2	28,0	2,2	8,2	26,1	1,6
davon Lohn- und Gehaltsempfänger	11,4	8,0	27,5	0,8	7,4	25,6	0,7
Umsatz in €[3]	1.832.176	1.346.963	4.765.174	89.315	1.294.649	4.578.878	87.060
Investitionen in €[4]	153.567	86.000	307.477	k.A.	70.000	249.123	k.A.
Personalaufwand in %[5]	33,93	34,70	35,32	k.A.	33,10	33,72	k.A.
Sachaufwand in %[5]	49,09	47,50	48,28	k.A.	50,80	51,83	k.A.
Betriebliche Steuern und Abgaben in %[5]	1,64	0,73	0,69	k.A.	1,03	0,97	k.A.
Personalkosten je entgeltlich Beschäftigten in €[6]	54.512	48.664	61.115	k.A.	47.896	60.212	k.A.

*   Veröffentlichung des Statistischen Bundesamtes, Fachserie 9, Reihe 2, zuletzt für 2004 im August 2006; eigene Berechnungen; 2000 ohne Neugründungen 1999/2000.

1) Netto ohne Mehrwertsteuer einschließlich sonstige betriebliche Erträge.
2) Selbständige, mithelfende Familienangehörige, Lohn- und Gehaltsempfänger.
3) Netto ohne Mehrwertsteuer einschließlich sonstige betriebliche Erträge.
4) Einschließlich selbsterstellte Anlagen.
5) Vom Umsatz.
6) Bruttolöhne und -gehälter einschließlich Sozialaufwendungen Arbeitgeber je Lohn- und Gehaltsempfänger.

Strukturerhebung im Dienstleistungsbereich*

72.10.0 Hardwareberatung

	2000 Gesamt	2003 Gesamt	2003 Umsatz ab 250 T€	2003 Umsatz unter 250 T€	2004 Gesamt	2004 Umsatz ab 250 T€	2004 Umsatz unter 250 T€
Gesamtbranche:							
Gesamtumsatz der Branche (Marktvolumen) in €[1]	1.841.167.000	1.652.385.000	1.443.008.000	209.377.000	1.735.524.000	1.522.766.000	212.758.000
Anzahl der Unternehmen	1.824	3.145	629	2.516	3.328	707	2.621
Anzahl der Beschäftigten	13.606	12.598	8.724	3.874	13.953	10.288	3.665
davon Lohn- und Gehaltsempfänger	11.895	9.800	8.401	1.399	11.066	9.845	1.221
je Unternehmen:							
Beschäftigte am 30.09.[2]	7,5	4,0	13,9	1,5	4,2	14,6	1,4
davon Lohn- und Gehaltsempfänger	6,5	3,1	13,4	0,6	3,3	13,9	0,5
Umsatz in €[3]	1.009.412	525.401	2.294.130	83.218	521.492	2.153.842	81.174
Investitionen in €[4]	39.106	13.000	46.450	k.A.	17.000	67.765	k.A.
Personalaufwand in %[5]	34,25	24,90	26,42	k.A.	26,10	28,14	k.A.
Sachaufwand in %[5]	59,80	60,40	62,72	k.A.	57,50	60,38	k.A.
Betriebliche Steuern und Abgaben in %[5]	0,70	0,87	0,75	k.A.	0,86	0,71	k.A.
Personalkosten je entgeltlich Beschäftigten in €[6]	53.016	35.196	45.389	k.A.	34.519	43.518	k.A.

* Veröffentlichung des Statistischen Bundesamtes, Fachserie 9, Reihe 2, zuletzt für 2004 im August 2006; eigene Berechnungen; 2000 ohne Neugründungen 1999/2000.

1) Netto ohne Mehrwertsteuer einschließlich sonstige betriebliche Erträge.
2) Selbständige, mithelfende Familienangehörige, Lohn- und Gehaltsempfänger.
3) Netto ohne Mehrwertsteuer einschließlich sonstige betriebliche Erträge.
4) Einschließlich selbsterstellte Anlagen.
5) Vom Umsatz.
6) Bruttolöhne und -gehälter einschließlich Sozialaufwendungen Arbeitgeber je Lohn- und Gehaltsempfänger.

Strukturerhebung im Dienstleistungsbereich*

72.20.0 Softwarehäuser

	2000 Gesamt	2003 Gesamt	2003 Umsatz ab 250 T€	2003 Umsatz unter 250 T€	2004 Gesamt	2004 Umsatz ab 250 T€	2004 Umsatz unter 250 T€
Gesamtbranche:							
Gesamtumsatz der Branche (Marktvolumen) in €[1]	24.730.926.000	35.353.379.000	33.536.334.000	1.817.045.000	38.341.179.000	36.452.860.000	1.888.319.000
Anzahl der Unternehmen	14.014	27.268	7.829	19.439	29.105	8.336	20.769
Anzahl der Beschäftigten	174.166	232.026	200.133	31.893	238.038	205.126	32.912
davon Lohn- und Gehaltsempfänger	159.130	211.962	197.183	14.779	216.343	201.334	15.009
je Unternehmen:							
Beschäftigte am 30.09.[2]	12,4	8,5	25,6	1,6	8,2	24,6	1,6
davon Lohn- und Gehaltsempfänger	11,4	7,8	25,2	0,8	7,4	24,2	0,7
Umsatz in €[3]	1.764.730	1.296.515	4.283.604	93.474	1.317.340	4.372.944	90.920
Investitionen in €[4]	115.430	82.000	275.217	k.A.	56.000	187.077	k.A.
Personalaufwand in %[5]	37,25	36,20	36,89	k.A.	34,00	34,60	k.A.
Sachaufwand in %[5]	46,82	46,80	47,76	k.A.	49,80	50,99	k.A.
Betriebliche Steuern und Abgaben in %[5]	2,00	0,86	0,82	k.A.	1,13	1,08	k.A.
Personalkosten je entgeltlich Beschäftigten in €[6]	57.891	50.285	62.739	k.A.	50.086	62.640	k.A.

* Veröffentlichung des Statistischen Bundesamtes, Fachserie 9, Reihe 2, zuletzt für 2004 im August 2006; eigene Berechnungen; 2000 ohne Neugründungen 1999/2000.
1) Netto ohne Mehrwertsteuer einschließlich sonstige betriebliche Erträge.
2) Selbständige, mithelfende Familienangehörige, Lohn- und Gehaltsempfänger.
3) Netto ohne Mehrwertsteuer einschließlich sonstige betriebliche Erträge.
4) Einschließlich selbsterstellte Anlagen.
5) Vom Umsatz.
6) Bruttolöhne und -gehälter einschließlich Sozialaufwendungen Arbeitgeber je Lohn- und Gehaltsempfänger.

Strukturerhebung im Dienstleistungsbereich*	72.21.0 Verlegen von Software

	Gesamt	2003 Umsatz ab 250 T€	Umsatz unter 250 T€	Gesamt	2004 Umsatz ab 250 T€	Umsatz unter 250 T€
Gesamtbranche:						
Gesamtumsatz der Branche (Marktvolumen) in €[1]	2.703.397.000	2.675.753.000	27.644.000	3.383.063.000	3.358.009.000	25.054.000
Anzahl der Unternehmen	455	185	270	582	263	319
Anzahl der Beschäftigten	12.809	12.275	534	16.035	15.541	494
davon Lohn- und Gehaltsempfänger	12.556	12.214	342	15.689	15.473	216
je Unternehmen:						
Beschäftigte am 30.09.[2]	28,2	66,4	2,0	27,6	59,1	1,5
davon Lohn- und Gehaltsempfänger	27,6	66,0	1,3	27,0	58,8	0,7
Umsatz in €[3]	5.941.532	14.463.530	102.385	5.812.823	12.768.095	78.539
Investitionen in €[4]	150.000	305.654	k.A.	186.000	407.703	k.A.
Personalaufwand in %[5]	31,40	31,32	k.A.	30,90	30,92	k.A.
Sachaufwand in %[5]	50,20	50,47	k.A.	41,80	41,90	k.A.
Betriebliche Steuern und Abgaben in %[5]	0,28	0,28	k.A.	0,34	0,33	k.A.
Personalkosten je entgeltlich Beschäftigten in €[6]	57.039	68.617	k.A.	56.428	67.107	k.A.

*   Veröffentlichung des Statistischen Bundesamtes, Fachserie 9, Reihe 2, zuletzt für 2004 im August 2006; eigene Berechnungen.
1)   Netto ohne Mehrwertsteuer einschließlich sonstige betriebliche Erträge.
2)   Selbständige, mithelfende Familienangehörige, Lohn- und Gehaltsempfänger.
3)   Netto ohne Mehrwertsteuer einschließlich sonstige betriebliche Erträge.
4)   Einschließlich selbsterstellte Anlagen.
5)   Vom Umsatz.
6)   Bruttolöhne und -gehälter einschließlich Sozialaufwendungen Arbeitgeber je Lohn- und Gehaltsempfänger.

Strukturerhebung im Dienstleistungsbereich*

72.22.0 Softwareberatung und -entwicklung

	Gesamt	2003 Umsatz ab 250 T€	Umsatz unter 250 T€	Gesamt	2004 Umsatz ab 250 T€	Umsatz unter 250 T€
Gesamtbranche:						
Gesamtumsatz der Branche (Marktvolumen) in €[1]	32.649.983.000	30.860.581.000	1.789.402.000	34.958.116.000	33.094.851.000	1.863.265.000
Anzahl der Unternehmen	26.813	7.643	19.170	28.523	8.073	20.450
Anzahl der Beschäftigten	219.218	187.858	31.360	222.004	189.585	32.419
davon Lohn- und Gehaltsempfänger	199.406	184.969	14.437	200.654	185.860	14.794
je Unternehmen:						
Beschäftigte am 30.09.[2]	8,2	24,6	1,6	7,8	23,5	1,6
davon Lohn- und Gehaltsempfänger	7,4	24,2	0,8	7,0	23,0	0,7
Umsatz in €[3]	1.217.692	4.037.758	93.344	1.225.611	4.099.449	91.113
Investitionen in €[4]	81.000	274.516	k.A.	54.000	179.889	k.A.
Personalaufwand in %[5]	36,60	37,37	k.A.	34,30	34,97	k.A.
Sachaufwand in %[5]	46,50	47,53	k.A.	50,60	51,91	k.A.
Betriebliche Steuern und Abgaben in %[5]	0,91	0,87	k.A.	1,21	1,16	k.A.
Personalkosten je entgeltlich Beschäftigten in €[6]	49.860	62.351	k.A.	49.591	62.268	k.A.

* Veröffentlichung des Statistischen Bundesamtes, Fachserie 9, Reihe 2, zuletzt für 2004 im August 2006; eigene Berechnungen.
1) Netto ohne Mehrwertsteuer einschließlich sonstige betriebliche Erträge.
2) Selbständige, mithelfende Familienangehörige, Lohn- und Gehaltsempfänger.
3) Netto ohne Mehrwertsteuer einschließlich sonstige betriebliche Erträge.
4) Einschließlich selbsterstellte Anlagen.
5) Vom Umsatz.
6) Bruttolöhne und -gehälter einschließlich Sozialaufwendungen Arbeitgeber je Lohn- und Gehaltsempfänger.

Strukturerhebung im Dienstleistungsbereich*		72.30.0 Datenverarbeitungsdienste

	2000 Gesamt	2003 Gesamt	2003 Umsatz ab 250 T€	2003 Umsatz unter 250 T€	2004 Gesamt	2004 Umsatz ab 250 T€	2004 Umsatz unter 250 T€
Gesamtbranche:							
Gesamtumsatz der Branche (Marktvolumen) in €[1]	9.883.007.000	12.723.750.000	12.437.556.000	286.194.000	10.796.001.000	10.535.782.000	260.219.000
Anzahl der Unternehmen	3.628	4.780	1.221	3.559	5.027	1.440	3.587
Anzahl der Beschäftigten	62.074	75.416	68.564	6.852	68.772	62.004	6.768
davon Lohn- und Gehaltsempfänger	57.974	71.623	68.092	3.531	64.980	61.481	3.499
je Unternehmen:							
Beschäftigte am 30.09.[2]	17,1	15,8	56,2	1,9	13,7	43,1	1,9
davon Lohn- und Gehaltsempfänger	16,0	15,0	55,8	1,0	12,9	42,7	1,0
Umsatz in €[3]	2.724.092	2.661.872	10.186.369	80.414	2.147.603	7.316.515	72.545
Investitionen in €[4]	390.330	187.000	717.039	k.A.	203.000	696.976	k.A.
Personalaufwand in %[5]	29,44	34,50	34,80	k.A.	33,90	34,19	k.A.
Sachaufwand in %[5]	50,44	43,30	43,53	k.A.	51,90	52,47	k.A.
Betriebliche Steuern und Abgaben in %[5]	1,36	0,38	0,35	k.A.	0,73	0,71	k.A.
Personalkosten je entgeltlich Beschäftigten in €[6]	50.189	50.351	63.565	k.A.	46.272	58.597	k.A.

* Veröffentlichung des Statistischen Bundesamtes, Fachserie 9, Reihe 2, zuletzt für 2004 im August 2006; eigene Berechnungen; 2000 ohne Neugründungen 1999/2000.
1) Netto ohne Mehrwertsteuer einschließlich sonstige betriebliche Erträge.
2) Selbständige, mithelfende Familienangehörige, Lohn- und Gehaltsempfänger.
3) Netto ohne Mehrwertsteuer einschließlich sonstige betriebliche Erträge.
4) Einschließlich selbsterstellte Anlagen.
5) Von Umsatz.
6) Bruttolöhne und -gehälter einschließlich Sozialaufwendungen Arbeitgeber je Lohn- und Gehaltsempfänger.

Strukturerhebung im Dienstleistungsbereich*	72.40.0 Datenbanken

	2000 Gesamt	2003 Gesamt	2003 Umsatz ab 250 T€	2003 Umsatz unter 250 T€	2004 Gesamt	2004 Umsatz ab 250 T€	2004 Umsatz unter 250 T€
Gesamtbranche:							
Gesamtumsatz der Branche (Marktvolumen) in €[1]	335.517.000	583.704.000	537.656.000	46.048.000	946.643.000	887.418.000	59.225.000
Anzahl der Unternehmen	183	624	145	479	868	156	712
Anzahl der Beschäftigten	1.903	4.221	3.325	896	5.664	4.438	1.226
davon Lohn- und Gehaltsempfänger	1.775	3.645	3.220	425	4.800	4.263	537
je Unternehmen:							
Beschäftigte am 30.09.[2]	10,4	6,8	22,9	1,9	6,5	28,4	1,7
davon Lohn- und Gehaltsempfänger	9,7	5,8	22,2	0,9	5,5	27,3	0,8
Umsatz in €[3]	1.833.426	935.423	3.707.972	96.134	1.090.603	5.688.577	83.181
Investitionen in €[4]	68.219	74.000	254.359	k.A.	25.000	123.353	k.A.
Personalaufwand in %[5]	27,18	30,50	30,55	k.A.	26,40	26,04	k.A.
Sachaufwand in %[5]	43,81	51,50	53,39	k.A.	45,10	46,34	k.A.
Betriebliche Steuern und Abgaben in %[5]	1,78	1,76	1,78	k.A.	1,21	1,04	k.A.
Personalkosten je entgeltlich Beschäftigten in €[6]	51.377	40.214	51.011	k.A.	43.587	54.198	k.A.

* Veröffentlichung des Statistischen Bundesamtes, Fachserie 9, Reihe 2, zuletzt für 2004 im August 2006; eigene Berechnungen; 2000 ohne Neugründungen 1999/2000.
1) Netto ohne Mehrwertsteuer einschließlich sonstige betriebliche Erträge.
2) Selbständige, mithelfende Familienangehörige, Lohn- und Gehaltsempfänger.
3) Netto ohne Mehrwertsteuer einschließlich sonstige betriebliche Erträge.
4) Einschließlich selbsterstellte Anlagen.
5) Vom Umsatz.
6) Bruttolöhne und -gehälter einschließlich Sozialaufwendungen Arbeitgeber je Lohn- und Gehaltsempfänger.

Strukturerhebung im Dienstleistungsbereich*

72.50.0 Instandhaltung und Reparatur von Büromaschinen, Datenverarbeitungsgeräten und -einrichtungen

	2000 Gesamt	2003 Gesamt	2003 Umsatz ab 250 T€	2003 Umsatz unter 250 T€	2004 Gesamt	2004 Umsatz ab 250 T€	2004 Umsatz unter 250 T€
Gesamtbranche:							
Gesamtumsatz der Branche (Marktvolumen) in €[1]	820.314.000	949.536.000	864.768.000	84.768.000	902.261.000	809.456.000	92.805.000
Anzahl der Unternehmen	826	1.420	419	1.001	1.531	415	1.116
Anzahl der Beschäftigten	9.620	9.374	7.702	1.672	9.152	7.386	1.766
davon Lohn- und Gehaltsempfänger	8.385	8.032	7.408	624	7.762	7.102	660
je Unternehmen:							
Beschäftigte am 30.09.[2]	11,6	6,6	18,4	1,7	6,0	17,8	1,6
davon Lohn- und Gehaltsempfänger	10,2	5,7	17,7	0,6	5,1	17,1	0,6
Umsatz in €[3]	993.116	668.687	2.063.885	84.683	589.328	1.950.496	83.159
Investitionen in €[4]	33.260	18.000	53.200	k.A.	13.000	36.412	k.A.
Personalaufwand in %[4]	33,45	33,80	35,80	k.A.	31,10	33,33	k.A.
Sachaufwand in %[5]	47,85	51,10	51,06	k.A.	55,60	56,71	k.A.
Betriebliche Steuern und Abgaben in %[5]	0,85	0,67	0,56	k.A.	0,77	0,72	k.A.
Personalkosten je entgeltlich Beschäftigten in €[6]	32.728	32.477	41.795	k.A.	29.962	37.988	k.A.

*   Veröffentlichung des Statistischen Bundesamtes, Fachserie 9, Reihe 2, zuletzt für 2004 im August 2006; eigene Berechnungen; 2000 ohne Neugründungen 1999/2000.

1) Netto ohne Mehrwertsteuer einschließlich sonstige betriebliche Erträge.
2) Selbständige, mithelfende Familienangehörige, Lohn- und Gehaltsempfänger.
3) Netto ohne Mehrwertsteuer einschließlich sonstige betriebliche Erträge.
4) Einschließlich selbsterstellte Anlagen.
5) Vom Umsatz.
6) Bruttolöhne und -gehälter einschließlich Sozialaufwendungen Arbeitgeber je Lohn- und Gehaltsempfänger.

Strukturerhebung im Dienstleistungsbereich*

72.60.0 Sonstige mit der Datenverarbeitung verbundene Tätigkeiten

	2000 Gesamt	2003 Gesamt	2003 Umsatz ab 250 T€	2003 Umsatz unter 250 T€	2004 Gesamt	2004 Umsatz ab 250 T€	2004 Umsatz unter 250 T€
Gesamtbranche:							
Gesamtumsatz der Branche (Marktvolumen) in €[1]	3.895.180.000	5.517.112.000	5.208.217.000	308.895.000	5.802.993.000	5.438.820.000	364.173.000
Anzahl der Unternehmen	2.178	4.918	1.095	3.823	5.345	1.097	4.248
Anzahl der Beschäftigten	21.072	34.628	28.481	6.147	34.766	28.071	6.695
davon Lohn- und Gehaltsempfänger	19.174	30.627	27.966	2.661	30.290	27.640	2.650
je Unternehmen:							
Beschäftigte am 30.09.[2]	9,7	7,0	26,0	1,6	6,5	25,6	1,6
davon Lohn- und Gehaltsempfänger	8,8	6,2	25,5	0,7	5,7	25,2	0,6
Umsatz in €[3]	1.788.421	1.121.820	4.756.363	80.799	1.085.686	4.957.903	85.728
Investitionen in €[4]	153.133	78.000	335.711	k.A.	75.000	348.419	k.A.
Personalaufwand in %[5]	24,75	28,70	29,37	k.A.	28,80	29,84	k.A.
Sachaufwand in %[5]	55,70	56,60	57,97	k.A.	53,00	54,04	k.A.
Betriebliche Steuern und Abgaben in %[5]	0,64	0,59	0,54	k.A.	0,91	0,83	k.A.
Personalkosten je entgeltlich Beschäftigten in €[6]	50.288	43.061	54.704	k.A.	45.902	58.708	k.A.

* Veröffentlichung des Statistischen Bundesamtes, Fachserie 9, Reihe 2, zuletzt für 2004 im August 2006; eigene Berechnungen; 2000 ohne Neugründungen 1999/2000.
1) Netto ohne Mehrwertsteuer einschließlich sonstige betriebliche Erträge.
2) Selbständige, mithelfende Familienangehörige, Lohn- und Gehaltsempfänger.
3) Netto ohne Mehrwertsteuer einschließlich sonstige betriebliche Erträge.
4) Einschließlich selbsterstellte Anlagen.
5) Vom Umsatz.
6) Bruttolöhne und -gehälter einschließlich Sozialaufwendungen Arbeitgeber je Lohn- und Gehaltsempfänger.

2.2.20 Dachdeckereien

Richtsätze 2005 – Dachdeckerei
(Gewerbeklasse 45.22.1)

Wirtschaftl. Umsatz	Deutschland		eigener Betrieb
	bis 300.000 €	über 300.000 €	
Rohgewinn I	67	63	
Rohgewinn II	32–67 49	28–50 39	
Halbreingewinn	10–42 24	9–28 17	
Reingewinn	4–35 18	3–22 11	
Rohgewinnaufschlag	–	–	

2.2.21 Detekteien und Schutzdienste

Strukturerhebung im Dienstleistungsbereich*

74.60.0 Wach- und Sicherheitsdienste sowie Detekteien

	2000 Gesamt	2003 Gesamt	2003 Umsatz ab 250 T€	2003 Umsatz unter 250 T€	2004 Gesamt	2004 Umsatz ab 250 T€	2004 Umsatz unter 250 T€
Gesamtbranche:							
Gesamtumsatz der Branche (Marktvolumen) in €[1]	2.890.869.000	3.360.886.000	3.222.773.000	138.113.000	3.812.359.000	3.672.877.000	139.482.000
Anzahl der Unternehmen	1.879	2.783	1.112	1.671	2.954	1.148	1.806
Anzahl der Beschäftigten	109.876	130.282	123.799	6.483	140.774	132.833	7.941
davon Lohn- und Gehaltsempfänger	100.265	126.217	121.602	4.615	136.533	130.617	5.916
je Unternehmen:							
Beschäftigte am 30.09.[2]	58,5	46,8	111,3	3,9	47,7	115,7	4,4
davon Lohn- und Gehaltsempfänger	53,4	45,4	109,4	2,8	46,2	113,8	3,3
Umsatz in €[3]	1.538.515	1.207.649	2.898.177	82.653	1.290.575	3.199.370	77.233
Investitionen in €[4]	42.102	26.000	58.918	k.A.	27.000	64.786	k.A.
Personalaufwand in %[5]	68,10	67,90	69,56	k.A.	66,90	68,35	k.A.
Sachaufwand in %[5]	30,29	21,30	20,95	k.A.	22,10	21,85	k.A.
Betriebliche Steuern und Abgaben in %[5]	0,93	0,70	0,67	k.A.	0,71	0,69	k.A.
Personalkosten je entgeltlich Beschäftigten in €[6]	19.363	15.003	18.436	k.A.	15.416	19.221	k.A.

* Veröffentlichung des Statistischen Bundesamtes, Fachserie 9, Reihe 2, zuletzt für 2004 im August 2006; eigene Berechnungen; 2000 ohne Neugründungen 1999/2000.
1) Netto ohne Mehrwertsteuer einschließlich sonstige betriebliche Erträge.
2) Selbständige, mithelfende Familienangehörige, Lohn- und Gehaltsempfänger.
3) Netto ohne Mehrwertsteuer einschließlich sonstige betriebliche Erträge.
4) Einschließlich selbsterstellte Anlagen.
5) Vom Umsatz.
6) Bruttolöhne und -gehälter einschließlich Sozialaufwendungen Arbeitgeber je Lohn- und Gehaltsempfänger.

2.2.22 Drogerien, Parfümerien

Siehe auch 2.2.45 Körperpflegemittel, Waschmittel.

Richtsätze 2005 – Drogerien
(Gewerbeklasse 52.33.2)

	Deutschland	eigener Betrieb
Rohgewinn I	28–46 38	
Rohgewinn II	–	
Malbreingewinn	15–33 25	
Reingewinn	3–19 11	
Rohgewinnaufschlag	39–85 61	

Richtsätze 2005 – Parfümerien
(Gewerbeklasse 52.33.1)

	Deutschland[1]		eigener Betrieb
Wirtschaftl. Umsatz	bis 200.000 €	über 200.000 €	
Rohgewinn I	35–62 46	36–62 46	
Rohgewinn II	–	–	
Halbreingewinn	18–39 29	18–39 29	
Reingewinn	4–29 16	3–18 10	
Rohgewinnaufschlag	54–163 85	54–163 85	

1) Einzelhandel mit kosmetischen Erzeugnissen, Körperpflegemitteln.

Vergleichswerte Handel   52.33.0 Einzelhandel mit Parfümeriewaren und Körperpflegemitteln

	Beschäftigte 1-2		Beschäftigte 3-5		Beschäftigte 6-19		Beschäftigte 20 und mehr		Beschäftigte insgesamt	
	€	%	€	%	€	%	€	%	€	%
KOSTENSTRUKTUR										
1. Umsatz je Unternehmen	93.000,00	100,0	186.000,00	100,0	598.000,00	100,0	99.233.000,00	100,0	2.947.000,00	100,0
2. Wareneinsatz	52.266,00	56,2	114.204,00	61,4	352.222,00	58,9	67.279.974,00	67,8	1.977.437,00	67,1
3. *Rohertrag 1 minus 2*	40.734,00	43,8	71.796,00	38,6	245.778,00	41,1	31.953.026,00	32,2	969.563,00	32,9
4. übrige Aufwendungen*	19.623,00	21,1	66.774,00	35,9	201.526,00	33,7	33.143.822,00	33,4	981.351,00	33,3
5. *Überschuss 3 minus 4*	21.111,00	22,7	5.022,00	2,7	44.252,00	7,4	-1.190.796,00	-1,2	-11.788,00	-0,4
Weitere Kennzahlen										
Umsatz je Beschäftigten in €	64.000,00		53.000,00		69.000,00		114.000,00		107.000,00	
Anzahl der Beschäftigten	1,5		3,5		8,7		872,9		27,5	
Anzahl der Unternehmen	1.519		1.197		857		100		3.673	

* Ohne Fremdkapitalzinsen.

Vergleichswerte aus der letzten Kostenstrukturstatistik des Statistischen Bundesamtes 2006 (Erhebungszeitraum 2003) – Fachserie 6, Reihe 4.

2.2.23 Druckereien

Siehe auch Teil 2.2.91 Verlage, Vervielfältigungen.

Richtsätze 2005 – Druckerei
(Gewerbeklasse 22.22.0)

Wirtschaftl. Umsatz:	Deutschland			eigener Betrieb
	bis 200.000 €	über 200.000 € bis 400.000 €	über 400.000 €	
Rohgewinn I	75	74	71	
Rohgewinn II	49–81 65	41–69 54	37–62 49	
Halbreingewinn	19–53 35	12–40 25	12–33 22	
Reingewinn	9–39 24	4–26 14	3–22 11	
Rohgewinnaufschlag	–	–	–	

| Kostenstruktur im Produzierenden Gewerbe* | | 22.20.0 Druckgewerbe | | |

Nr. WZ 2003	Branchenbezeichnung	Bruttoproduktions- wert[1] je Beschäf- tigten in €	Materialverbrauch, Einsatz an Handels- ware und Anschaf- fungskosten, Kosten für Lohnarbeiten (davon Lohnarbeiten) in % der Gesamt- leistung[1]	Personalkosten einschl. gesetzlicher und freiwilliger Sozialaufwand in % der Gesamt- leistung[1]
22.20.0	Druckgewerbe	139.708	45,7 (6,5)	30,4
22.21.0	Drucken von Zeitungen**	142.828	29,4 (2,8)	37,7
22.22.0	Drucken anderer Drucker- zeugnisse**	152.557	49,7 (7,0)	28,0
22.23.0	Druckweiterverarbeitung	79.390	30,6 (5,6)	39,2
22.24.0	Druck- und Medienvorstufe	93.147	19,5 (3,3)	49,9
22.25.0	Erbringung von sonstigen druckbezogenen Dienst- leistungen	78.410	28,9 (4,4)	42,2

| Kostenstruktur im Produzierenden Gewerbe* | | 22.21.0 Drucken von Zeitungen | | | |

Kennzahl	Beschäftigte von ... bis ...				
	20–99	100–249	250–499	500 und mehr	insge- samt
Materialverbrauch, Einsatz von Handelsware zu Anschaffungs- kosten (davon Lohnarbeiten) in % der Gesamtleistung[1]	34,1 (3,7)	33,0 (2,4)	29,8 (2,1)	22,2 (3,8)	29,4 (2,8)
Personalkosten einschließlich gesetzlicher und freiwilliger Sozialaufwand in % der Gesamtleistung[1]	43,8	32,4	33,5	45,8	37,7
Bruttoproduktionswert[1] je Beschäftigten in €	101.479	161.700	166.267	129.401	142.828

* Quelle: Statistisches Bundesamt 2006 (Erhebungszeitraum 2004) – Fachserie 4, Reihe 4.3.
** Siehe auch jeweilige Kostenstrukturerhebung nach Beschäftigtengrößenklassen.
1) = „Bruttoproduktionswert" = Gesamtumsatz ohne Umsatzsteuer plus/minus Bestandsveränderungen an fertigen und unfertigen Erzeugnissen aus eigener Produktion plus selbsterstellte Anlagen.

| Kostenstruktur im Produzierenden Gewerbe* | | 22.22.0 Drucken anderer Druckerzeugnisse | | | |

Kennzahl	Beschäftigte von ... bis ...					
	20–49	50–99	100–249	250–499	500 und mehr	insge- samt
Materialverbrauch, Einsatz von Handelsware zu Anschaffungs- kosten (davon Lohnarbeiten) in % der Gesamtleistung[1]	42,6 (8,3)	45,8 (7,7)	53,3 (8,1)	52,7 (3,5)	53,3 (6,9)	49,7 (7,0)
Personalkosten einschließlich gesetzlicher und freiwilliger Sozialaufwand in % der Gesamtleistung[1]	31,6	28,5	27,3	23,6	28,5	28,0
Bruttoproduktionswert[1] je Beschäftigten in €	110.670	133.670	150.606	198.715	220.208	152.557

*   Quelle: Statistisches Bundesamt 2006 (Erhebungszeitraum 2004) – Fachserie 4, Reihe 4.3.
1)   = „Bruttoproduktionswert" = Gesamtumsatz ohne Umsatzsteuer plus/minus Bestandsveränderungen an fertigen und unfertigen Erzeugnissen aus eigener Produktion plus selbsterstellte Anlagen.

2.2.24   Elektrobranchen

Richtsätze 2005 – Elektrotechnische Erzeugnisse und Leuchten, Einzelhandel (auch Reparatur- und Instandhaltungsarbeiten)
(Gewerbeklassen 52.44.2 und 52.45.1)

	Deutschland		eigener Betrieb
Wirtschaftl. Umsatz	bis 260.000 €	über 260.000 €	
Rohgewinn I	28–62 44	28–62 44	
Rohgewinn II	–	–	
Halbreingewinn	13–41 26	13–41 26	
Reingewinn	5–27 15	3–21 10	
Rohgewinnaufschlag	39–163 79	39–163 79	

Richtsätze 2005 – Elektroinstallation (auch mit Einzelhandel)
(Gewerbeklasse 45.31.0)

	Deutschland			eigener Betrieb
Wirtschaftl. Umsatz	bis 250.000 €	über 250.000 € bis 600.000 €	über 600.000 €	
Rohgewinn I	66	62	61	
Rohgewinn II	36–72 53	30–51 40	25–47 36	
Halbreingewinn	16–46 29	10–31 21	8–27 17	
Reingewinn	6–42 23	5–23 14	3–15 9	
Rohgewinnaufschlag	–	–	–	

Vergleichswerte Handel 52.45.0 Einzelhandel mit elektrischen Haushaltsgeräten, Geräten der Unterhaltungselektronik und Musikinstrumenten

KOSTENSTRUKTUR	Beschäftigte 1-2		Beschäftigte 3-5		Beschäftigte 6-19		Beschäftigte 20 und mehr		Beschäftigte insgesamt	
	€	%	€	%	€	%	€	%	€	%
1. Umsatz je Unternehmen	131.000,00	100,0	277.000,00	100,0	1.024.000,00	100,0	14.175.000,00	100,0	709.000,00	100,0
2. Wareneinsatz	80.041,00	61,1	170.909,00	61,7	654.336,00	63,9	10.631.250,00	75,0	494.882,00	69,8
3. *Rohertrag 1 minus 2*	50.959,00	38,9	106.091,00	38,3	369.664,00	36,1	3.543.750,00	25,0	214.118,00	30,2
4. übrige Aufwendungen*	20.829,00	15,9	83.100,00	30,0	314.368,00	30,7	3.175.200,00	22,4	172.996,00	24,4
5. *Überschuss 3 minus 4*	30.130,00	23,0	22.991,00	8,3	55.296,00	5,4	368.550,00	2,6	41.122,00	5,8

Weitere Kennzahlen

Umsatz je Beschäftigten in €	90.000,00		79.000,00		111.000,00		240.000,00		145.000,00	
Anzahl der Beschäftigten	1,5		3,5		9,3		59,1		4,9	
Anzahl der Unternehmen	8.519		5.865		2.396		498		17.278	

* Ohne Fremdkapitalzinsen.

Vergleichswerte aus der letzten Kostenstrukturstatistik des Statistischen Bundesamtes 2006 (Erhebungszeitraum 2003) – Fachserie 6, Reihe 4.

| Kostenstruktur im Produzierenden Gewerbe* | | 31.00.0 Herstellung von Geräten der Elektrizitätserzeugung, -verteilung u.Ä. |

Nr. WZ 2003	Branchenbezeichnung	Bruttoproduktionswert[1] je Beschäftigten in €	Materialverbrauch, Einsatz an Handelsware und Anschaffungskosten, Kosten für Lohnarbeiten (davon Lohnarbeiten) in % der Gesamtleistung[1]	Personalkosten einschl. gesetzlicher und freiwilliger Sozialaufwand in % der Gesamtleistung[1]
31.00.0	Herstellung von Geräten der Elektrizitätserzeugung, -verteilung u.Ä.	197.659	53,4 (2,3)	27,2
31.10.0	Herstellung von Elektromotoren, Generatoren, Transformatoren**	183.698	57,4 (3,4)	24,1
31.20.0	Herstellung von Elektrizitätsverteilungs- und -schalteinrichtungen**	205.375	50,7 (1,8)	28,6
31.30.0	Herstellung von isolierten Elektrokabeln, -leitungen und -drähten**	217.568	67,2 (1,4)	19,9
31.40.0	Herstellung von Akkumulatoren und Batterien	228.867	58,1 (0,3)	21,7
31.50.0	Herstellung von elektrischen Lampen und Leuchten**	156.351	48,5 (1,5)	30,6
31.60.0	Herstellung von elektrischen Ausrüstungen ang.	191.300	57,3 (3,9)	26,1
31.61.0	Herstellung von elektrischen Ausrüstung für Motoren und Fahrzeuge ang.**	231.824	64,4 (3,4)	20,5
31.62.0	Herstellung von sonstigen elektrischen Ausrüstungen ang.**	148.551	45,7 (4,7)	35,3

* Quelle: Statistisches Bundesamt 2006 (Erhebungszeitraum 2004) – Fachserie 4, Reihe 4.3.
** Siehe auch jeweilige Kostenstrukturerhebung nach Beschäftigtengrößenklassen.
1) = „Bruttoproduktionswert" = Gesamtumsatz ohne Umsatzsteuer plus/minus Bestandsveränderungen an fertigen und unfertigen Erzeugnissen aus eigener Produktion plus selbsterstellte Anlagen.

| Kostenstruktur im Produzierenden Gewerbe* | 31.10.0 Herstellung von Elektromotoren, Generatoren, Transformatoren |

Kennzahl	Beschäftigte von ... bis ...					
	20–99	100–249	250–499	500–999	1.000 und mehr	insge- samt
Materialverbrauch, Einsatz von Handelsware zu Anschaffungs- kosten (davon Lohnarbeiten) in % der Gesamtleistung[1]	51,3 (2,2)	51,1 (5,3)	58,4 (3,9)	61,5 (3,0)	60,5 (2,5)	57,4 (3,4)
Personalkosten einschließlich gesetzlicher und freiwilliger Sozialaufwand in % der Gesamtleistung[1]	29,3	27,7	25,7	19,5	22,4	24,1
Bruttoproduktionswert[1] je Beschäftigten in €	120.269	142.362	169.532	244.280	268.290	183.698

| Kostenstruktur im Produzierenden Gewerbe* | 31.20.0 Herstellung von Elektrizitäts- und -schalteinrichtungen |

Kennzahl	Beschäftigte von ... bis ...					
	20–49	50–99	100–499	500–999	1.000 und mehr	insge- samt
Materialverbrauch, Einsatz von Handelsware zu Anschaffungs- kosten (davon Lohnarbeiten) in % der Gesamtleistung[1]	51,5 (5,1)	49,7 (4,4)	49,1 (4,2)	48,3 (1,8)	51,1 (1,1)	50,7 (1,8)
Personalkosten einschließlich gesetzlicher und freiwilliger Sozialaufwand in % der Gesamtleistung[1]	29,5	29,5	29,3	27,1	28,5	28,6
Bruttoproduktionswert[1] je Beschäftigten in €	127.782	126.486	143.050	178.545	235.995	205.375

*   Quelle: Statistisches Bundesamt 2006 (Erhebungszeitraum 2004) – Fachserie 4, Reihe 4.3.
1) = „Bruttoproduktionswert" = Gesamtumsatz ohne Umsatzsteuer plus/minus Bestandsveränderungen an fertigen und unfertigen Erzeugnissen aus eigener Produktion plus selbsterstellte Anlagen.

| Kostenstruktur im Produzierenden Gewerbe* | 31.30.0 Herstellung von isolierten Elektrokabeln, -leitungen und -drähten |

Kennzahl	Beschäftigte von ... bis ...				
	20–99	100–249	250–499	500 und mehr	insge- samt
Materialverbrauch, Einsatz von Handelsware zu Anschaffungs- kosten (davon Lohnarbeiten) in % der Gesamtleistung[1]	56,1 (2,8)	68,7 (1,4)	64,3 (0,5)	71,3 (1,6)	67,2 (1,4)
Personalkosten einschließlich gesetzlicher und freiwilliger Sozialaufwand in % der Gesamtleistung[1]	23,3	18,1	22,4	18,4	19,9
Bruttoproduktionswert[1] je Beschäftigten in €	121.980	190.831	225.950	286.649	217.568

| Kostenstruktur im Produzierenden Gewerbe* | 31.50.0 Herstellung von elektrischen Lampen und Leuchten |

Kennzahl	Beschäftigte von ... bis ...				
	20–99	100–249	250–499	500 und mehr	insge- samt
Materialverbrauch, Einsatz von Handelsware zu Anschaffungs- kosten (davon Lohnarbeiten) in % der Gesamtleistung[1]	44,6 (3,5)	47,0 (3,6)	40,2 (1,2)	52,4 (0,3)	48,5 (1,5)
Personalkosten einschließlich gesetzlicher und freiwilliger Sozialaufwand in % der Gesamtleistung[1]	29,0	28,4	33,9	31,1	30,6
Bruttoproduktionswert[1] je Beschäftigten in €	113.657	142.854	129.467	197.753	156.351

* Quelle: Statistisches Bundesamt 2006 (Erhebungszeitraum 2004) – Fachserie 4, Reihe 4.3.

1) = „Bruttoproduktionswert" = Gesamtumsatz ohne Umsatzsteuer plus/minus Bestandsveränderungen an fertigen und unfertigen Erzeugnissen aus eigener Produktion plus selbsterstellte Anlagen.

Kostenstruktur im Produzierenden Gewerbe*	31.61.0 Herstellung von elektrischen Ausrüstungen für Motoren und Fahrzeuge ang.

Kennzahl	Beschäftigte von ... bis ...		
	20–99	100 und mehr	insgesamt
Materialverbrauch, Einsatz von Handelsware zu Anschaffungskosten (davon Lohnarbeiten) in % der Gesamtleistung[1]	64,7 (11,2)	64,4 (2,9)	64,4 (3,4)
Personalkosten einschließlich gesetzlicher und freiwilliger Sozialaufwand in % der Gesamtleistung[1]	15,3	20,9	20,5
Bruttoproduktionswert[1] je Beschäftigten in €	209.474	233.412	231.824

Kostenstruktur im Produzierenden Gewerbe*	31.62.0 Herstellung von sonstigen elektrischen Ausrüstungen ang.

Kennzahl	Beschäftigte von ... bis ...		
	20–99	100 und mehr	insgesamt
Materialverbrauch, Einsatz von Handelsware zu Anschaffungskosten (davon Lohnarbeiten) in % der Gesamtleistung[1]	46,6 (4,3)	45,5 (4,8)	45,7 (4,7)
Personalkosten einschließlich gesetzlicher und freiwilliger Sozialaufwand in % der Gesamtleistung[1]	27,2	37,2	35,3
Bruttoproduktionswert[1] je Beschäftigten in €	138.687	151.041	148.551

*   Quelle: Statistisches Bundesamt 2006 (Erhebungszeitraum 2004) – Fachserie 4, Reihe 4.3.
1)   = „Bruttoproduktionswert" = Gesamtumsatz ohne Umsatzsteuer plus/minus Bestandsveränderungen an fertigen und unfertigen Erzeugnissen aus eigener Produktion plus selbsterstellte Anlagen.

Verdiensterhebung im Handwerk* – Elektrotechniker (Anlage A zur HWO Nr. 25)

	Durchschnittlicher Bruttoverdienst					
	pro Stunde			pro Monat		
	ABL	NBL und Berlin Ost	Deutschland	ABL	NBL und Berlin Ost	Deutschland
	in €					
Gesellen	13,12	9,01	12,33	2.215	1.548	2.088
Männer	13,12	9,01	12,33	2.215	1.548	2.088
Frauen	(13,15)	9,19	11,40	(2.216)	1.576	1.936
Übrige Arbeiter	10,92	8,50	10,38	1.882	1.496	1.797
Männer	10,91	8,47	10,36	1.890	1.493	1.802
Frauen	11,09	–	10,70	1.753	–	1.715
Arbeiter	12,99	8,97	12,21	2.195	1.545	2.070
Männer	13,00	8,97	12,21	2.197	1.545	2.072
Frauen	11,77	9,16	10,99	1.900	1.567	1.803

* Veröffentlichung des Statistisches Bundesamtes: Fachserie 16, Reihe 3, zuletzt für Mai 2005.

2.2.25   Fahrräder, Zweiradhandel

Richtsätze 2005 – Fahrräder, Einzelhandel mit Reparaturen
(Gewerbeklasse 52.49.7)

	Deutschland[1]	eigener Betrieb
Rohgewinn I	25–43 35	
Rohgewinn II	–	
Halbreingewinn	13–32 22	
Reingewinn	3–19 11	
Rohgewinnaufschlag	33–75 54	

1)   Auch Einzelhandel mit Ersatzteilen und Zubehör.

Vergleichswerte Handel 50.40.0 Handel mit Krafträdern, Kraftradteilen und -zubehör; Instandhaltung und Reparatur von Krafträdern

	Beschäftigte 1–2		Beschäftigte 3–5		Beschäftigte 6–19		Beschäftigte 20 und mehr		Beschäftigte insgesamt	
	€	%	€	%	€	%	€	%	€	%
KOSTENSTRUKTUR										
1. Umsatz je Unternehmen	224.000,00	100,0	547.000,00	100,0	1.853.000,00	100,0	14.362.000,00	100,0	805.000,00	100,0
2. Wareneinsatz	153.440,00	68,5	372.507,00	68,1	1.265.599,00	68,3	11.015.654,00	76,7	569.940,00	70,8
3. *Rohertrag 1 minus 2*	70.560,00	31,5	174.493,00	31,9	587.401,00	31,7	3.346.346,00	23,3	235.060,00	29,2
4. übrige Aufwendungen*	29.568,00	13,2	113.229,00	20,7	446.573,00	24,1	2.484.626,00	17,3	158.585,00	19,7
5. *Überschuss 3 minus 4*	40.992,00	18,3	61.264,00	11,2	140.829,00	7,6	861.720,00	6,0	76.475,00	9,5
Weitere Kennzahlen										
Umsatz je Beschäftigten in €	150.000,00		153.000,00		210.000,00		319.000,00		203.000,00	
Anzahl der Beschäftigten	1,5		3,6		8,8		45,0		4,0	
Anzahl der Unternehmen	1.750		1.089		495		57		3.391	

* Ohne Fremdkapitalzinsen.
Vergleichswerte aus der letzten Kostenstrukturstatistik des Statistischen Bundesamtes 2006 (Erhebungszeitraum 2003) – Fachserie 6, Reihe 4.

Kostenstruktur im Produzierenden Gewerbe*		35.40.0 Herstellung von Krafträdern, Fahrrädern und Behindertenfahrzeugen	
Nr. WZ 2003	Branchenbezeichnung	Bruttoproduktionswert[1] je Beschäftigten in €	Materialverbrauch, Einsatz an Handelsware und Anschaffungskosten, Kosten für Lohnarbeiten (davon Lohnarbeiten) in % der Gesamtleistung[1]	Personalkosten einschl. gesetzlicher und freiwilliger Sozialaufwand in % der Gesamtleistung[1]
35.40.0	Herstellung von Krafträdern, Fahrrädern und Behindertenfahrzeugen	174.532	57,3 (0,7)	21,1
35.41.0	Herstellung von Krafträdern	131.058	52,2 (1,3)	29,1
35.42.0	Herstellung von Fahrrädern	199.111	63,4 (0,7)	16,3
35.43.0	Herstellung von Behindertenfahrzeugen	157.493	43,5 (0,4)	29,1

* Quelle: Statistisches Bundesamt 2006 (Erhebungszeitraum 2004) – Fachserie 4, Reihe 4.3.

1) = „Bruttoproduktionswert" = Gesamtumsatz ohne Umsatzsteuer plus/minus Bestandsveränderungen an fertigen und unfertigen Erzeugnissen aus eigener Produktion plus selbsterstellte Anlagen.

2.2.26 Fahrschulen

Richtsätze 2005 – Fahrschulen
(Gewerbeklasse 80.41.1)

	Deutschland		eigener Betrieb
Wirtschaftl. Umsatz	bis 150.000 €	über 150.000 €	
Rohgewinn I	–	–	
Rohgewinn II	–	–	
Halbreingewinn	36–68 52	36–68 52	
Reingewinn	18–54 36	15–43 27	
Rohgewinnaufschlag	–	–	

Vergleichswerte Fahrschulen 80.41.1 Kraftfahrschulen

KOSTENSTRUKTUR	Beschäftigte von ... bis ...							
	0-3		3-5		5-6		6-10	
	€	%	€	%	€	%	€	%
1. Umsatz aus selbständiger Tätigkeit	66.913,80	97,4	112.648,10	97,7	152.744,00	97,6	235.273,20	96,9
2. Umsatz aus Handelsware	961,80	1,4	1.498,90	1,3	3.130,00	2,0	3.399,20	1,4
3. Sonstige betriebliche Erträge	824,40	1,2	1.153,00	1,0	626,00	0,4	4.127,60	1,7
4. Gesamtumsatz 1-3	68.700,00	100,0	115.300,00	100,0	156.500,00	100,0	242.800,00	100,0
5. Löhne und Gehälter	3.572,40	5,2	18.448,00	16,0	33.021,50	21,1	61.185,60	25,2
6. Sozialkosten – gesetzliche	755,70	1,1	3.920,20	3,4	6.573,00	4,2	12.382,80	5,1
7. Sozialkosten – übrige	0,00	0,0	230,60	0,2	626,00	0,4	242,80	0,1
8. Summe Personalkosten 5-7	4.328,10	6,3	22.598,80	19,6	40.220,50	25,7	73.811,20	30,4
9. Bezogene Waren und Dienstleistungen zum Wiederverkauf im unveränderten Zustand	824,40	1,2	1.153,00	1,0	2.347,50	1,5	3.399,20	1,4
10. Kfz-Kosten	11.404,20	16,6	16.603,20	14,4	24.257,50	15,5	29.136,00	12,0
11. Sonstige Kosten	17.243,70	25,1	26.288,40	22,8	33.334,50	21,3	60.700,00	25,0
12. Summe Kosten 8-11	33.800,40	49,2	66.643,40	57,8	100.160,00	64,0	167.046,40	68,8
13. Überschuss 4 minus 12	34.899,60	50,8	48.656,60	42,2	56.340,00	36,0	75.753,60	31,2

Weitere Kennzahlen

	0-3	3-5	5-6	6-10
Umsatz je tätige Person	42.938	34.939	31.300	36.239
Beschäftigte im Durchschnitt am 30.09.	1,6	3,3	5,0	6,7
davon Inhaber/unentgeltlich	1,1	1,3	1,1	1,2
Personalkosten je entgeltlich Beschäftigten	8.656	11.299	10.313	13.420
Anzahl Unternehmen	5.349	3.591	1.007	932

Quelle: Statistisches Bundesamt 2006 (Erhebungszeitraum 2002) – Fachserie 2, Reihe 1.6.5/eigene Berechnungen; Rundungsdifferenzen möglich.

Vergleichswerte Fahrschulen, Fortsetzung 80.41.1 Kraftfahrschulen

		Beschäftigte von ... bis ...		
		10-16		16 und mehr	
		€	%	€	%
KOSTENSTRUKTUR					
1.	Umsatz aus selbstständiger Tätigkeit	392.686,00	98,0	902.784,00	96,0
2.	Umsatz aus Handelsware	6.811,90	1,7	10.344,40	1,1
3.	Sonstige betriebliche Erträge	1.202,10	0,3	27.271,60	2,9
4.	Gesamtumsatz 1–3	400.700,00	100,0	940.400,00	100,0
5.	Löhne und Gehälter	155.471,60	38,8	392.146,80	41,7
6.	Sozialkosten – gesetzliche	26.045,50	6,5	73.351,20	7,8
7.	Sozialkosten – übrige	1.602,80	0,4	2.821,20	0,3
8.	Summe Personalkosten 5–7	183.119,90	45,7	468.319,20	49,8
9.	Bezogene Waren und Dienstleistungen zum Wiederverkauf im unveränderten Zustand	5.609,80	1,4	7.523,20	0,8
10.	Kfz-Kosten	48.885,40	12,2	121.311,60	12,9
11.	Sonstige Kosten	82.544,20	20,6	192.782,00	20,5
12.	Summe Kosten 8–11	320.159,30	79,9	789.936,00	84,0
13.	Überschuss 4 minus 12	80.540,70	20,1	150.464,00	16,0

Weitere Kennzahlen

Umsatz je tätige Person	35.149	38.860
Beschäftigte im Durchschnitt am 30.09.	11,4	24,2
tätige Inhaber/unentgeltlich	1,4	0,7
Personalkosten je entgeltlich Beschäftigten	18.312	19.928
Anzahl Unternehmen	153	40

Quelle: Statistisches Bundesamt 2006 (Erhebungszeitraum 2002) – Fachserie 2, Reihe 1.6.5/ eigene Berechnungen: Rundungsdifferenzen möglich.

2.2.27 Film- und Videoherstellung

Planungsunterlage Dienstleistungen   92.11.0 Film- und Videofilmherstellung

KOSTENSTRUKTUR	Beschäftigte von ... bis ...									
	0-3		3-6		6-10		10-20		20 und mehr	
	€	%	€	%	€	%	€	%	€	%
1. Dienstleistungsumsatz	133.544,30	56,9	401.336,60	62,3	730.298,40	53,4	1.445.015,00	51,7	5.557.906,00	48,5
2. Handelsumsatz	2.816,40	1,2	0,00	0,0	248.903,20	18,2	47.515,00	1,7	1.398.071,20	12,2
3. Umsatz aus Lizenzen und Rechten	91.533,00	39,0	206.144,00	32,0	295.401,60	21,6	846.885,00	30,3	3.529.556,80	30,8
4. Werbungsumsatz	3.755,20	1,6	27.700,60	4,3	24.616,80	1,8	396.890,00	14,2	813.631,60	7,1
5. Übriger Umsatz	3.051,10	1,3	9.018,80	1,4	68.380,00	5,0	58.695,00	2,1	160.434,40	1,4
6. Gesamtumsatz 1-5	234.700,00	100,0	644.200,00	100,0	1.367.600,00	100,0	2.795.000,00	100,0	11.459.600,00	100,0
7. Waren/Dienstleistungen zum Wiederverkauf	7.275,70	3,1	644,20	0,1	39.660,40	2,9	44.720,00	1,6	355.247,60	3,1
8. Roh-, Hilfs- und Betriebsstoffe	7.275,70	3,1	54.112,80	8,4	103.937,60	7,6	338.195,00	12,1	790.712,40	6,9
9. Summe Material/Waren 7 und 8	14.551,40	6,2	54.757,00	8,5	143.598,00	10,5	382.915,00	13,7	1.145.960,00	10,0
10. Rohertrag 6 minus 9	220.148,60	93,8	589.443,00	91,5	1.224.002,00	89,5	2.412.085,00	86,3	10.313.640,00	90,0
11. Personalaufwand	16.682,24	7,1	122.385,76	19,0	226.990,15	16,6	553.868,38	19,8	3.070.072,68	26,8
12. Bezogene Dienstleistungen nicht zum Wiederverkauf	125.564,50	53,5	293.755,20	45,6	633.198,80	46,3	1.218.620,00	43,6	4.434.865,20	38,7
13. übriger Sachaufwand	34.951,76	14,9	114.679,84	17,8	250.302,25	18,3	432.766,62	15,5	1.616.903,72	14,1
14. Gesamtaufwand 9 und 11 bis 13	191.749,90	81,7	585.577,80	90,9	1.254.089,20	91,7	2.588.170,00	92,6	10.267.801,60	89,6
15. Betriebliche Steuern und Abgaben	4.224,60	1,8	7.230,40	1,2	25.984,40	1,9	19.565,00	0,7	126.055,60	1,1
16. Reingewinn 6 minus 14 bis 15	38.725,50	16,5	50.891,80	7,9	87.526,40	6,4	187.265,00	6,7	1.065.742,80	9,3

Weitere Kennzahlen

	0-3	3-6	6-10	10-20	20 und mehr
Umsatz je tätige Person	173.100	164.400	187.300	213.900	146.100
tätige Inhaber/unentgeltlich	0,8	0,5	0,8	0,1	0,0
Lohn- und Gehaltsempfänger	0,5	3,4	6,5	13,0	78,4
Personalkosten je entgeltlich Beschäftigten	33.364	35.996	34.922	42.605	39.159
Anzahl Unternehmen (insgesamt: 1722)	849	413	205	141	114

Quelle: Statistisches Bundesamt 2006 (Erhebungszeitraum 2002) – Fachserie 2, Reihe 1.6.9/eigene Berechnungen; Rundungsdifferenzen möglich.

Planungsunterlage Dienstleistungen 92.12.0 Filmverleih und Videoprogrammanbieter

KOSTENSTRUKTUR	Beschäftigte von … bis …									
	0-3		3-6		6-10		10-20		20 und mehr	
	€	%	€	%	€	%	€	%	€	%
1. Dienstleistungsumsatz	131.384,40	4,2	263.648,00	28,0	270.164,10	20,1	439.341,90	4,7	13.939.120,00	33,8
2. Handelsumsatz	28.153,80	0,9	96.043,20	10,2	352.154,20	26,2	1.140.419,40	12,2	371.160,00	0,9
3. Umsatz aus Lizenzen und Rechten	2.946.764,40	94,2	542.361,60	57,6	709.684,80	52,8	7.637.070,90	81,7	24.991.440,00	60,6
4. Werbungsumsatz	0,00	0,0	0,00	0,0	1.344,10	0,1	0,00	0,0	0,00	0,0
5. Übriger Umsatz	21.897,40	0,7	39.547,20	4,2	10.752,80	0,8	130.867,80	1,4	1.938.280,00	4,7
6. Gesamtumsatz 1-5	3.128.200,00	100,0	941.600,00	100,0	1.344.100,00	100,0	9.347.700,00	100,0	41.240.000,00	100,0
7. Waren/Dienstleistungen zum Wiederverkauf	25.025,60	0,8	64.028,80	6,8	267.475,90	19,9	710.425,20	7,6	288.680,00	0,7
8. Roh-, Hilfs- und Betriebsstoffe	3.128,20	0,1	66.853,60	7,1	28.226,10	2,1	93.477,00	1,0	1.525.880,00	3,7
9. Summe Material/Waren 7 und 8	28.153,80	0,9	130.882,40	13,9	295.702,00	22,0	803.902,20	8,6	1.814.560,00	4,4
10. Rohertrag 6 minus 9	3.100.046,20	99,1	810.717,60	86,1	1.048.398,00	78,0	8.543.797,80	91,4	39.425.440,00	95,6
11. Personalaufwand	12.087,36	0,4	157.548,51	16,7	144.263,60	10,7	490.819,68	5,3	2.280.943,16	5,5
12. Bezogene Dienstleistungen nicht zum Wiederverkauf	2.834.149,20	90,6	456.676,00	48,5	353.498,30	26,3	3.234.304,20	34,6	22.970.680,00	55,7
13. übriger Sachaufwand	147.450,84	4,7	139.997,09	14,9	291.224,80	21,7	864.596,82	9,2	5.059.776,84	12,3
14. Gesamtaufwand 9 und 11 bis 13	3.021.841,20	96,6	885.104,00	94,0	1.084.688,70	80,7	5.393.622,90	57,7	32.125.960,00	77,9
15. Betriebliche Steuern und Abgaben	3.128,20	0,1	16.948,80	1,8	6.720,50	0,5	18.695,40	0,2	164.960,00	0,4
16. Reingewinn 6 minus 14 bis 15	103.230,60	3,3	39.547,20	4,2	252.690,80	18,8	3.935.381,70	42,1	8.949.080,00	21,7

Weitere Kennzahlen

	0-3	3-6	6-10	10-20	20 und mehr
Umsatz je tätige Person	1.911.200	254.100	180.900	781.400	937.700
tätige Inhaber/unentgeltlich	1,1	0,5	0,5	k.A.	k.A.
Lohn- und Gehaltsempfänger	0,5	3,2	6,9	k.A.	k.A.
Personalkosten je entgeltlich Beschäftigten	24.175	49.234	20.908	k.A.	k.A.
Anzahl Unternehmen (Insgesamt: 274)	160	29	37	26	22

Quelle: Statistisches Bundesamt 2006 (Erhebungszeitraum 2002) – Fachserie 2, Reihe 1.6.9/eigene Berechnungen: Rundungsdifferenzen möglich.

Planungsunterlage Dienstleistungen 92.13.0 Filmtheater

	KOSTENSTRUKTUR	Beschäftigte von ... bis ...									
		0–3		3–6		6–10		10–20		20 und mehr	
		€	%	€	%	€	%	€	%	€	%
1.	Dienstleistungsumsatz	58.054,40	75,2	132.801,60	75,8	243.817,80	76,6	341.216,40	68,6	2.073.211,80	68,2
2.	Handelsumsatz	16.134,80	20,9	34.339,20	19,6	57.930,60	18,2	123.852,60	24,9	705.256,80	23,2
3.	Umsatz aus Lizenzen und Rechten	0,00	0,0	0,00	0,0	0,00	0,0	5.968,80	1,2	18.239,40	0,6
4.	Werbungsumsatz	1.312,40	1,7	6.657,00	3,8	8.912,40	2,8	18.403,80	3,7	155.034,90	5,1
5.	Übriger Umsatz	1.698,40	2,2	1.401,60	0,8	7.639,20	2,4	7.968,40	1,6	88.157,10	2,9
6.	Gesamtumsatz 1-5	77.200,00	100,0	175.200,00	100,0	318.300,00	100,0	497.400,00	100,0	3.039.900,00	100,0
7.	Waren/Dienstleistungen zum Wiederverkauf	6.562,00	8,5	21.199,20	12,1	28.647,00	9,0	39.294,60	7,9	237.112,20	7,8
8.	Roh-, Hilfs- und Betriebsstoffe	0,00	0,0	1.576,80	0,9	1.909,80	0,6	4.476,60	0,9	15.199,50	0,5
9.	Summe Material/Waren 7 und 8	6.562,00	8,5	22.776,00	13,0	30.556,80	9,6	43.771,20	8,8	252.311,70	8,3
10.	Rohertrag 6 minus 9	70.638,00	91,5	152.424,00	87,0	287.743,20	90,4	453.628,80	91,2	2.787.588,30	91,7
11.	Personalaufwand	10.390,66	13,5	16.078,10	9,2	45.240,30	14,2	94.725,85	19,0	600.638,64	19,8
12.	Bezogene Dienstleistungen nicht zum Wiederverkauf	25.630,40	33,2	59.042,40	33,7	112.041,60	35,2	193.986,00	39,0	1.042.685,70	34,3
13.	übriger Sachaufwand	17.478,54	22,6	43.139,50	24,6	67.756,20	21,3	92.296,55	18,6	898.032,06	29,5
14.	Gesamtaufwand 9 und 11 bis 13	60.061,60	77,8	141.036,00	80,5	255.594,90	80,3	424.779,60	85,4	2.793.668,10	91,9
15.	Betriebliche Steuern und Abgaben	617,60	0,8	4.029,60	2,3	7.987,50	2,5	11.440,20	2,3	69.917,70	2,3
16.	Reingewinn 6 minus 14 bis 15	16.520,80	21,4	30.134,40	17,2	54.747,60	17,2	61.180,20	12,3	176.314,20	5,8

Weitere Kennzahlen

	0–3	3–6	6–10	10–20	20 und mehr
Umsatz je tätige Person	44.200	46.600	45.300	37.100	48.500
tätige Inhaber/unentgeltlich tätige	0,7	1,9	1,2	0,9	0,5
Lohn- und Gehaltsempfänger	1,0	1,9	5,9	12,5	62,2
Personalkosten je entgeltlich Beschäftigten	10.391	8.462	7.668	7.578	9.657
Beschäftigte					

Quelle: Statistisches Bundesamt 2006 (Erhebungszeitraum 2002) – Fachserie 2, Reihe 1.6.9/eigene Berechnungen; Rundungsdifferenzen möglich.

2.2.28   Fliesen-, Platten- und Mosaiklegerei einschl. Herstellung

Richtsätze 2005 – Fliesen-, Platten- und Mosaiklegerei (mit Materiallieferung)
(Gewerbeklasse 45.43.2)

	Deutschland				eigener Betrieb
Wirtschaftl. Umsatz	bis 100.000 €	über 100.000 € bis 200.000 €	über 200.000 € bis 500.000 €	über 500.000 €	
Rohgewinn I	73	70	69	66	
Rohgewinn II	52–86 69	41–72 56	32–58 44	28–48 38	
Halbreingewinn	22–62 43	16–47 32	10–35 22	9–25 17	
Reingewinn	14–58 38	10–42 26	4–28 16	4–19 11	
Rohgewinnaufschlag	–	–	–	–	

Richtsätze 2005 – Estrichlegerei (mit Materiallieferung)
(Gewerbeklasse 45.43.3)

	Deutschland		eigener Betrieb
Wirtschaftl. Umsatz	bis 300.000 €	über 300.000 €	
Rohgewinn I	68	61	
Rohgewinn II	32–71 50	27–50 39	
Halbreingewinn	11–46 26	8–22 16	
Reingewinn	7–37 22	3–17 10	
Rohgewinnaufschlag	–	–	

Kostenstruktur im Produzierenden Gewerbe*	26.30.0 Herstellung von keramischen Wand- und Bodenfliesen und -platten

Kennzahl	Beschäftigte von ... bis ...			
	20–49	50–99	100 und mehr	insgesamt
Materialverbrauch, Einsatz von Handelsware zu Anschaffungskosten (davon Lohnarbeiten) in % der Gesamtleistung[1]	44,4 (–)	39,1 (0,6)	47,4 (2,4)	46,3 (2,1)
Personalkosten einschließlich gesetzlicher und freiwilliger Sozialaufwand in % der Gesamtleistung[1]	24,2	26,3	29,6	29,1
Bruttoproduktionswert[1] je Beschäftigten in €	143.239	145.613	133.566	135.128

*　Quelle: Statistisches Bundesamt 2006 (Erhebungszeitraum 2004) – Fachserie 4, Reihe 4.3.
1)　= „Bruttoproduktionswert" = Gesamtumsatz ohne Umsatzsteuer plus/minus Bestandsveränderungen an fertigen und unfertigen Erzeugnissen aus eigener Produktion plus selbsterstellte Anlagen.

2.2.29 Forschung und Entwicklung

| Strukturerhebung im Dienstleistungsbereich* | 73.00.0 Forschung und Entwicklung |

	2000 Gesamt	2003 Gesamt	2003 Umsatz ab 250 T€	2003 Umsatz unter 250 T€	2004 Gesamt	2004 Umsatz ab 250 T€	2004 Umsatz unter 250 T€
Gesamtbranche:							
Gesamtumsatz der Branche (Marktvolumen) in €[1]	3.844.835.000	6.377.971.000	6.171.009.000	206.962.000	6.819.568.000	6.607.715.000	211.853.000
Anzahl der Unternehmen	2.795	3.734	1.442	2.292	4.185	1.671	2.514
Anzahl der Beschäftigten	55.943	85.267	78.952	6.315	87.840	81.789	6.051
davon Lohn- und Gehaltsempfänger	52.560	82.273	78.162	4.111	82.661	79.002	3.659
je Unternehmen:							
Beschäftigte am 30.09.[2]	20,0	22,8	54,8	2,8	21,0	48,9	2,4
davon Lohn- und Gehaltsempfänger	18,8	22,0	54,2	1,8	19,8	47,3	1,5
Umsatz in €[3]	1.375.612	1.708.080	4.279.479	90.301	1.629.526	3.954.348	84.269
Investitionen in €[4]	369.425	224.000	538.026	k.A.	224.000	544.330	k.A.
Personalaufwand in %[5]	59,42	58,80	58,25	k.A.	56,10	55,85	k.A.
Sachaufwand in %[5]	63,09	54,30	53,91	k.A.	58,00	56,94	k.A.
Betriebliche Steuern und Abgaben in %[5]	1,42	0,76	0,75	k.A.	0,82	0,77	k.A.
Personalkosten je entgeltlich Beschäftigten in €[6]	43.467	36.999	45.993	k.A.	37.565	46.711	k.A.

* Veröffentlichung des Statistischen Bundesamtes, Fachserie 9, Reihe 2, zuletzt für 2004 im August 2006; eigene Berechnungen; 2000 ohne Neugründungen 1999/2000.

1) Netto ohne Mehrwertsteuer einschließlich sonstige betriebliche Erträge.
2) Selbständige, mithelfende Familienangehörige, Lohn- und Gehaltsempfänger.
3) Netto ohne Mehrwertsteuer einschließlich sonstige betriebliche Erträge.
4) Einschließlich selbsterstellte Anlagen.
5) Vom Umsatz.
6) Bruttolöhne und -gehälter einschließlich Sozialaufwendungen Arbeitgeber je Lohn- und Gehaltsempfänger.

Strukturerhebung im Dienstleistungsbereich*

73.10.0 Forschung und Entwicklung im Bereich Natur-, Ingenieur-, Agrarwissenschaften und Medizin

	2000 Gesamt	2003 Gesamt	2003 Umsatz ab 250 T€	2003 Umsatz unter 250 T€	2004 Gesamt	2004 Umsatz ab 250 T€	2004 Umsatz unter 250 T€
Gesamtbranche:							
Gesamtumsatz der Branche (Marktvolumen) in €[1]	3.511.158.000	5.825.870.000	5.647.558.000	178.312.000	6.492.061.000	6.307.830.000	184.231.000
Anzahl der Unternehmen	2.305	3.240	1.270	1.970	3.638	1.491	2.147
Anzahl der Beschäftigten	51.018	77.241	71.550	5.691	82.116	76.678	5.438
davon Lohn- und Gehaltsempfänger	48.147	74.697	70.903	3.794	77.638	74.237	3.401
je Unternehmen:							
Beschäftigte am 30.09.[2]	22,1	23,8	56,3	2,9	22,6	51,4	2,5
davon Lohn- und Gehaltsempfänger	20,9	23,1	55,8	1,9	21,3	49,8	1,6
Umsatz in €[3]	1.523.279	1.798.108	4.446.896	90.514	1.784.514	4.230.604	85.809
Investitionen in €[4]	432.677	250.000	591.447	k.A.	255.000	602.713	k.A.
Personalaufwand in %[5]	60,57	58,30	57,53	k.A.	55,90	55,47	k.A.
Sachaufwand in %[5]	66,48	56,70	56,30	k.A.	58,70	57,55	k.A.
Betriebliche Steuern und Abgaben in %[5]	1,45	0,77	0,76	k.A.	0,82	0,78	k.A.
Personalkosten je entgeltlich Beschäftigten in €[6]	44.170	36.869	45.825	k.A.	37.938	47.132	k.A.

* Veröffentlichung des Statistischen Bundesamtes, Fachserie 9, Reihe 2, zuletzt für 2004 im August 2006; eigene Berechnungen; 2000 ohne Neugründungen 1999/2000.
1) Netto ohne Mehrwertsteuer einschließlich sonstige betriebliche Erträge.
2) Selbständige, mithelfende Familienangehörige, Lohn- und Gehaltsempfänger.
3) Netto ohne Mehrwertsteuer einschließlich sonstige betriebliche Erträge.
4) Einschließlich selbsterstellte Anlagen.
5) Vom Umsatz.
6) Bruttolöhne und -gehälter einschließlich Sozialaufwendungen Arbeitgeber je Lohn- und Gehaltsempfänger.

		Strukturerhebung im Dienstleistungsbereich*

73.20.0 Forschung und Entwicklung im Bereich Rechts-, Wirtschafts- und Sozialwissenschaft sowie Sprach-, Kultur- und Kunstwissenschaft

	2000 Gesamt	2003 Gesamt	2003 Umsatz ab 250 T€	2003 Umsatz unter 250 T€	2004 Gesamt	2004 Umsatz ab 250 T€	2004 Umsatz unter 250 T€
Gesamtbranche:							
Gesamtumsatz der Branche (Marktvolumen) in €[1]	333.680.000	552.101.000	523.451.000	28.650.000	327.506.000	299.885.000	27.621.000
Anzahl der Unternehmen	488	494	172	322	547	180	367
Anzahl der Beschäftigten	4.825	8.026	7.401	625	5.724	5.111	613
davon Lohn- und Gehaltsempfänger	4.412	7.576	7.259	317	5.023	4.766	257
je Unternehmen:							
Beschäftigte am 30.09.[2]	9,9	16,2	43,0	1,9	10,5	28,4	1,7
davon Lohn- und Gehaltsempfänger	9,0	15,3	42,2	1,0	9,2	26,5	0,7
Umsatz in €[3]	683.770	1.117.613	3.043.320	88.975	598.731	1.666.028	75.262
Investitionen in €[4]	72.186	52.000	143.581	k.A.	21.000	60.728	k.A.
Personalaufwand in %[5]	47,34	64,10	66,05	k.A.	60,30	63,80	k.A.
Sachaufwand in %[5]	37,92	28,30	28,15	k.A.	42,80	44,18	k.A.
Betriebliche Steuern und Abgaben in %[5]	1,15	0,67	0,66	k.A.	0,76	0,71	k.A.
Personalkosten je entgeltlich Beschäftigten in €[6]	35.801	38.287	47.630	k.A.	31.802	40.146	k.A.

* Veröffentlichung des Statistischen Bundesamtes, Fachserie 9, Reihe 2, zuletzt für 2004 im August 2006; eigene Berechnungen; 2000 ohne Neugründungen 1999/2000.
1) Netto ohne Mehrwertsteuer einschließlich sonstige betriebliche Erträge.
2) Selbständige, mithelfende Familienangehörige, Lohn- und Gehaltsempfänger.
3) Netto ohne Mehrwertsteuer einschließlich sonstige betriebliche Erträge.
4) Einschließlich selbsterstellte Anlagen.
5) Vom Umsatz.
6) Bruttolöhne und -gehälter einschließlich Sozialaufwendungen Arbeitgeber je Lohn- und Gehaltsempfänger.

2.2.30   Fotografisches Gewerbe und Fotoeinzelhandel

Richtsätze für das Jahr 2005 – Foto- und Kinogeräte, Einzelhandel
(Gewerbeklasse 52.49.4)

Wirtschaftl. Umsatz	Deutschland[1]		eigener Betrieb
	bis 200.000 €	über 200.000 €	
Rohgewinn I	41–72 55	29–62 43	
Rohgewinn II	–	–	
Halbreingewinn	18–46 33	17–39 27	
Reingewinn	5–28 15	3–15 8	
Rohgewinnaufschlag	69–257 122	41–163 75	

Richtsätze für das Jahr 2005 – Fotografisches Gewerbe, Portrait- und Werbefotografen
(Gewerbeklasse 74.81.1)

	Deutschland[1]	eigener Betrieb
Rohgewinn I	–	
Rohgewinn II	–	
Halbreingewinn	24–64 44	
Reingewinn	6–50 28	
Rohgewinnaufschlag	–	

1)   Bei Handelsware über 50 v.H. des wirtschaftlichen Umsatzes = Foto- und Kinogeräte.

Strukturerhebung im Dienstleistungsbereich*	74.81.0 Fotografisches Gewerbe und fotografische Laboratorien

	2003 Gesamt	Umsatz ab 250 T€	Umsatz unter 250 T€	2004 Gesamt	Umsatz ab 250 T€	Umsatz unter 250 T€
Gesamtbranche:						
Gesamtumsatz der Branche (Marktvolumen) in €[1]	1.511.079.000	1.100.574.000	410.505.000	1.462.552.000	1.069.288.000	393.264.000
Anzahl der Unternehmen	5.859	870	4.989	5.416	726	4.690
Anzahl der Beschäftigten	20.382	10.726	9.656	18.762	10.254	8.508
davon Lohn- und Gehaltsempfänger	14.348	9.978	4.370	13.648	9.725	3.923
je Unternehmen:						
Beschäftigte am 30.09.[2]	3,5	12,3	1,9	3,5	14,1	1,8
davon Lohn- und Gehaltsempfänger	2,4	11,5	0,9	2,5	13,4	0,8
Umsatz in €[3]	257.907	1.265.028	82.282	270.043	1.472.848	83.852
Investitionen in €[4]	29.000	159.299	k.A.	24.000	137.073	k.A.
Personalaufwand in %[5]	21,60	25,13	k.A.	21,50	25,29	k.A.
Sachaufwand in %[5]	45,10	47,12	k.A.	49,40	53,04	k.A.
Betriebliche Steuern und Abgaben in %[5]	1,21	1,15	k.A.	1,29	1,32	k.A.
Personalkosten je entgeltlich Beschäftigten in €[6]	18.876	27.717	k.A.	19.062	27.809	k.A.

*   Veröffentlichung des Statistischen Bundesamtes, Fachserie 9, Reihe 2, zuletzt für 2004 im August 2006; eigene Berechnungen.
1)   Netto ohne Mehrwertsteuer einschließlich sonstige betriebliche Erträge.
2)   Selbständige, mithelfende Familienangehörige, Lohn- und Gehaltsempfänger.
3)   Netto ohne Mehrwertsteuer einschließlich sonstige betriebliche Erträge.
4)   Einschließlich selbsterstellte Anlagen.
5)   Vom Umsatz.
6)   Bruttolöhne und -gehälter einschließlich Sozialaufwendungen Arbeitgeber je Lohn- und Gehaltsempfänger.

2.2.31   Frisörgewerbe

Richtsätze 2005 – Frisörgewerbe (auch Einzelhandel)
(Gewerbeklassen 93.02.5)

Wirtschaftl. Umsatz	Deutschland		eigener Betrieb
	bis 100.000 €	über 100.000 €	
Rohgewinn I	90	88	
Rohgewinn II	49–81 64	42–63 53	
Halbreingewinn	23–62 41	17–43 30	
Reingewinn	15–48 31	8–35 21	
Rohgewinnaufschlag	–	–	

Markt	93.02.1 Damen- und Herrenfrisörgewerbe	93.02.2 Damenfrisör	93.02.3 Herrenfrisör
Anzahl der Unternehmen	36.887	4.579	1.291
davon:			
Einzelunternehmen	31.624	4.411	1.291
Personengesellschaften	3.394		
Kapitalgesellschaften	1.886	168	–
davon:			
bis 250.000 € Umsatz	36.714	–	–
ab 250.000 € Umsatz	172	–	–
Gesamtumsatz der Branche	4.204.340 T€	372.951 T€	69.829 T€
d.h. durchschnittlich je Unternehmen	114,0 T€	81,5 T€	54,1 T€

Quelle: Statistisches Bundesamt 2006 (Erhebungszeitraum 2002) – Fachserie 2, Reihe 1.6.4.

Planungsunterlage Dienstleistungen 93.02.1 Damen- und Herrenfrisörgewerbe

	0-3		3-6		Beschäftigte von ... bis ... 6-10		10-15		15 und mehr	
KOSTENSTRUKTUR	€	%	€	%	€	%	€	%	€	%
1. Dienstleistungsumsatz	41.368,50	95,1	73.625,00	95,0	134.106,00	93,0	226.042,70	92,3	705.864,60	90,6
2. Handelsumsatz	1.609,50	3,7	3.565,00	4,6	9.805,60	6,8	16.898,10	6,9	67.002,60	8,6
3. Übriger Umsatz	522,00	1,2	310,00	0,4	288,40	0,2	1.959,20	0,8	6.232,80	0,8
4. Gesamtumsatz 1-3	43.500,00	100,0	77.500,00	100,0	144.200,00	100,0	244.900,00	100,0	779.100,00	100,0
5. Waren/Fremdleistungen	1.261,50	2,9	2.247,50	2,9	6.777,40	4,7	10.040,90	4,1	34.280,40	4,4
6. Roh-, Hilfs- und Betriebsstoffe	4.698,00	10,8	7.207,50	9,3	11.968,60	8,3	21.306,30	8,7	50.641,50	6,5
7. Summe Material/Waren 5 und 6	5.959,50	13,7	9.455,00	12,2	18.746,00	13,0	31.347,20	12,8	84.921,90	10,9
8. Rohertrag 4 minus 7	37.540,50	86,3	68.045,00	87,8	125.454,00	87,0	213.552,80	87,2	694.178,10	89,1
9. Personalaufwand	6.435,96	14,8	27.889,54	36,0	67.293,09	46,7	127.041,39	51,9	471.459,12	60,5
10. übriger Sachaufwand	13.661,04	31,4	18.997,96	24,5	28.599,91	19,8	45.858,01	18,7	181.426,68	23,3
11. Gesamtaufwand 7 plus 9 plus 10	26.056,50	59,9	56.342,50	72,7	114.639,00	79,5	204.246,60	83,4	737.807,70	94,7
12. Betriebliche Steuern und Abgaben	522,00	1,2	775,00	1,0	1.730,40	1,2	3.183,70	1,3	6.232,80	0,8
13. Reingewinn 4 minus 11 bis 12	16.921,50	38,9	20.382,50	26,3	27.830,60	19,3	37.469,70	15,3	35.059,50	4,5
Weitere Kennzahlen										
Umsatz je tätige Person	26.700		20.300		20.100		21.400		20.000	
tätige Inhaber/unentgeltlich	1,0		1,2		1,1		1,2		0,9	
Lohn- und Gehaltsempfänger	0,6		2,6		6,0		10,3		38,1	
Personalkosten je entgeltlich Beschäftigten	10.727		10.727		11.216		12.334		12.374	

Quelle: Statistisches Bundesamt 2006 (Erhebungszeitraum 2002) – Fachserie 2, Reihe 1.6.4/eigene Berechnungen: Rundungsdifferenzen möglich.

Planungsunterlage Dienstleistungen   93.02.2 Damenfrisörgewerbe

	KOSTENSTRUKTUR	Beschäftigte insgesamt		eigener Betrieb	
		€	%	€	%
1.	Dienstleistungsumsatz	74.083,50	90,9		
2.	Handelsumsatz	6.520,00	8,0		
3.	Übriger Umsatz	896,50	1,1		
4.	Gesamtumsatz 1–3	81.500,00	100,0		
5.	Waren/Fremdleistungen	3.260,00	4,0		
6.	Roh-, Hilfs- und Betriebsstoffe	8.231,50	10,1		
7.	Summe Material/Waren 5 und 6	11.491,50	14,1		
8.	Rohertrag 4 minus 7	70.008,50	85,9		
9.	Personalaufwand	29.993,79	36,8		
10.	übriger Sachaufwand	18.743,21	23,0		
11.	Gesamtaufwand 7 plus 9 bis 10	60.228,50	73,9		
12.	Betriebliche Steuern und Abgaben	815,00	1,0		
13.	Reingewinn 4 minus 11 bis 12	20.456,50	25,1		

Weitere Kennzahlen

Umsatz je tätige Person	18.100
tätige Inhaber/unentgeltlich	1,2
Lohn- und Gehaltsempfänger	3,3
Personalkosten je entgeltlich Beschäftigten	9.089

Quelle: Statistisches Bundesamt 2006 (Erhebungszeitraum 2002) – Fachserie 2, Reihe 1.6.4/
eigene Berechnungen: Rundungsdifferenzen möglich.

Planungsunterlage Dienstleistungen   93.02.3 Herrenfrisörgewerbe

	KOSTENSTRUKTUR	Beschäftigte insgesamt		eigener Betrieb	
		€	%	€	%
1.	Dienstleistungsumsatz	52.422,90	96,9		
2.	Handelsumsatz	1.677,10	3,1		
3.	Übriger Umsatz	0,00			
4.	Gesamtumsatz 1–3	54.100,00	100,0		
5.	Waren/Fremdleistungen	865,60	1,6		
6.	Roh-, Hilfs- und Betriebsstoffe	2.596,80	4,8		
7.	Summe Material/Waren 5 und 6	3.462,40	6,4		
8.	Rohertrag 4 minus 7	50.637,60	93,6		
9.	Personalaufwand	14.565,61	26,9		
10.	übriger Sachaufwand	13.295,89	24,6		
11.	Gesamtaufwand 7 plus 9 bis 10	31.323,90	57,9		
12.	Betriebliche Steuern und Abgaben	541,00	1,0		
13.	Reingewinn 4 minus 11 bis 12	22.235,10	41,1		

Weitere Kennzahlen

Umsatz je tätige Person	25.800
tätige Inhaber/unentgeltlich	1,0
Lohn- und Gehaltsempfänger	1,1
Personalkosten je entgeltlich Beschäftigten	13.241

Quelle: Statistisches Bundesamt 2006 (Erhebungszeitraum 2002) – Fachserie 2, Reihe 1.6.4/
eigene Berechnungen: Rundungsdifferenzen möglich.

2.2.32 Gastronomische Betriebe (ohne Beherbergungsgewerbe*)

Richtsätze 2005 – Cafés
(Gewerbeklassen 55.30.3)

	Deutschland	eigener Betrieb
Rohgewinn I	63–80 72	
Rohgewinn II	–	
Halbreingewinn	30–59 45	
Reingewinn	5–30 16	
Rohgewinnaufschlag	170–400 257	

Richtsätze 2005 – Eisdielen
(Gewerbeklasse 55.30.4)

	Deutschland	eigener Betrieb
Rohgewinn I	70–83 76	
Rohgewinn II	–	
Halbreingewinn	34–64 50	
Reingewinn	8–40 23	
Rohgewinnaufschlag	233–488 317	

*) Beherbergungsgewerbe siehe Teil 2.2.9.

Richtsätze 2005 – Gast-, Speise- und Schankwirtschaften
(Gewerbeklasse 55.40.1)

	Deutschland		eigener Betrieb
Wirtschaftl. Umsatz	bis 250.000 €	über 250.000 €	
Rohgewinn I	59–76 68	59–76 68	
Rohgewinn II	–	–	
Halbreingewinn	26–58 44	26–58 44	
Reingewinn	8–35 20	4–23 13	
Rohgewinnaufschlag	144–317 213	144–317 213	

Richtsätze 2005 – Imbissbetriebe
(Gewerbeklasse 55.30.5)

	Deutschland	eigener Betrieb
Rohgewinn I	53–74 64	
Rohgewinn II	–	
Halbreingewinn	29–55 42	
Reingewinn	10–35 22	
Rohgewinnaufschlag	113–285 178	

Richtsätze 2005 – Pizzerien
(Gewerbeklasse 55.30.1)

	Deutschland[1]		eigener Betrieb
Wirtschaftl. Umsatz	bis 150.000 €	über 150.000 €	
Rohgewinn I	66–80 73	66–80 73	
Rohgewinn II	–	–	
Halbreingewinn	32–60 47	32–60 47	
Reingewinn	10–35 23	7–28 16	
Rohgewinnaufschlag	194–400 270	194–400 270	

1) Überwiegend Pizzagerichte und Teigwaren im Warenangebot.

Zeitreihe Gaststättengewerbe: Unternehmen und Rohertragsquote 1993–2003[1]

55.30.0 Speisengeprägte Gastronomie (Restaurants, Cafés, Eisdielen, Imbisshallen)

Jahr	Anzahl der Unternehmen	Rohertragsquote[1] in %
1993	92.143	67,4
1995	91.459	66,2
1997	90.289	66,6
1999	86.280	67,5
2000	83.467	67,5
2001	80.773	66,7
2002	76.271	66,8
2003	87.594	67,3
2004	83.193	68,4

55.40.0 Sonstiges Gaststättengewerbe (Getränkegeprägte Gastronomie)

Jahr	Anzahl der Unternehmen	Rohertragsquote[1] in %
1993	60.580	65,8
1995	59.696	64,1
1997	57.770	64,5
1999	53.389	66,3
2000	50.981	66,1
2001	48.158	67,0
2002	44.695	67,2
2003	36.016	66,9
2004	35.669	66,8

Quelle: Statistisches Bundesamt, Fachserie 6, Reihe 7.3, zuletzt in 2006 für 2004.

55.50.0 Kantinen und Caterer

Jahr	Anzahl der Unternehmen	Rohertragsquote[1] in %
1993	6.023	59,9
1995	5.910	56,4
1997	6.001	59,1
1999	5.606	58,7
2000	5.459	58,8
2001	5.462	60,3
2002	4.927	58,9
2003	5.572	61,1
2004	5.110	62,3

1) Anteil des Rohertrags am Umsatz.
Quelle: Veröffentlichung des Statistischen Bundesamtes: Fachserie 6, Reihe 7.3, zuletzt 2006 für 2004.

Weitere Zeitreihen zur Branchenentwicklung siehe auch unter 2.2.9 Beherbungsgewerbe.

Betriebswirtschaftliche Kennzahlen Hotellerie und Gastronomie: Pacht Betriebe o. Beherbergung

	Kategorie				
	Betriebe ohne Beherbergung (Gastronomie)		Anteil Pacht am Umsatz in %		
	Speisenanteil	Umsatz	2004*	2005*	2006*
D1	bis 40 %	bis 500 T€	10,5	10,4	10,2
D2	bis 40 %	500–1.250 T€	9,9	10,1	10,4
D3	bis 40 %	über 1.250 T€	11,0	11,4	11,4
E1	40 %–60 %	bis 500 T€	9,4	9,5	9,2
E2	40 %–60 %	500–1.250 T€	9,3	9,0	9,1
E3	40 %–60 %	über 1.250 T€	9,2	9,5	9,7
F1	über 60 %	bis 500 T€	7,8	7,7	7,6
F2	über 60 %	500–1.250 T€	8,0	8,1	8,1
F3	über 60 %	über 1.250 T€	9,5	9,3	9,1

Quelle: bbg Betriebsvergleich Hotellerie und Gastronomie Deutschland
* angegeben ist jeweils das Erscheinungsjahr des Betriebsvergleichs

2.2.33 Gießereien

Kostenstruktur im Produzierenden Gewerbe*	27.50.0 Gießereien

Nr. WZ 2003	Branchenbezeichnung	Bruttoproduktionswert[1] je Beschäftigten in €	Materialverbrauch, Einsatz an Handelsware und Anschaffungskosten, Kosten für Lohnarbeiten (davon Lohnarbeiten) in % der Gesamtleistung[1]	Personalkosten einschl. gesetzlicher und freiwilliger Sozialaufwand in % der Gesamtleistung[1]
27.50.0	Gießereien**	145.109	47,5 (6,6)	30,9
27.51.0	Eisengießereien**	142.329	49,6 (5,8)	31,8
27.52.0	Stahlgießereien	140.999	47,3 (7,6)	34,8
27.53.0	Leichtmetallgießereien**	152.854	45,6 (7,2)	28,6
27.54.0	Buntmetallgießereien	125.444	46,2 (6,9)	32,3

Kostenstruktur im Produzierenden Gewerbe*	27.50.0 Gießereien

Kennzahl	Beschäftigte von ... bis ...						insgesamt
	20–49	50–99	100–249	250–499	500–999	1.000 und mehr	
Materialverbrauch, Einsatz von Handelsware zu Anschaffungskosten (davon Lohnarbeiten) in % der Gesamtleistung[1]	40,3 (3,8)	44,6 (9,3)	46,0 (7,7)	47,8 (7,1)	51,4 (10,1)	48,2 (2,9)	47,5 (6,6)
Personalkosten einschließlich gesetzlicher und freiwilliger Sozialaufwand in % der Gesamtleistung[1]	31,8	33,9	33,6	28,7	29,9	30,0	30,9
Bruttoproduktionswert[1] je Beschäftigten in €	110.999	117.451	124.323	156.317	159.735	169.992	145.109

* Quelle: Statistisches Bundesamt 2006 (Erhebungszeitraum 2004) – Fachserie 4, Reihe 4.3.
** Siehe auch jeweilige Kostenstruktur nach Beschäftigungsgrößenklassen.
1) = „Bruttoproduktionswert" = Gesamtumsatz ohne Umsatzsteuer plus/minus Bestandsveränderungen an fertigen und unfertigen Erzeugnissen aus eigener Produktion plus selbsterstellte Anlagen.

Kostenstruktur im Produzierenden Gewerbe*	27.51.0 Eisengießereien

Kennzahl	Beschäftigte von ... bis ...					
	20–99	100–249	250–499	500–999	1.000 und mehr	insgesamt
Materialverbrauch, Einsatz von Handelsware zu Anschaffungskosten (davon Lohnarbeiten) in % der Gesamtleistung[1]	44,2 (1,9)	49,6 (9,3)	49,0 (7,6)	53,7 (9,4)	49,3 (1,7)	49,6 (5,8)
Personalkosten einschließlich gesetzlicher und freiwilliger Sozialaufwand in % der Gesamtleistung[1]	36,9	33,3	28,0	36,3	30,7	31,8
Bruttoproduktionswert[1] je Beschäftigten in €	109.712	125.927	154.469	129.613	163.077	142.329

Kostenstruktur im Produzierenden Gewerbe*	27.53.0 Leichtmetallgießereien

Kennzahl	Beschäftigte von ... bis ...		
	20–99	100–499	500 und mehr	insgesamt
Materialverbrauch, Einsatz von Handelsware zu Anschaffungskosten (davon Lohnarbeiten) in % der Gesamtleistung[1]	41,8 (9,8)	44,6 (5,6)	48,2 (8,0)	45,6 (7,2)
Personalkosten einschließlich gesetzlicher und freiwilliger Sozialaufwand in % der Gesamtleistung[1]	32,4	28,9	26,6	28,6
Bruttoproduktionswert[1] je Beschäftigten in €	115.208	144.811	188.402	152.854

*   Quelle: Statistisches Bundesamt 2006 (Erhebungszeitraum 2004) – Fachserie 4, Reihe 4.3.
1)   = „Bruttoproduktionswert" = Gesamtumsatz ohne Umsatzsteuer plus/minus Bestandsveränderungen an fertigen und unfertigen Erzeugnissen aus eigener Produktion plus selbsterstellte Anlagen.

2.2.34 Glas- und Gebäudereinigung

Richtsätze 2005 – Glas- und Gebäudereinigung
(Gewerbeklasse 74.70.1)

Wirtschaftl. Umsatz	Deutschland				eigener Betrieb
	bis 100.000 €	über 100.000 € bis 175.000 €	über 175.000 € bis 400.000 €	über 400.000 €	
Rohgewinn I	–	–	–	–	
Rohgewinn II	67–100 82	55–87 69	40–71 55	32–59 45	
Halbreingewinn	30–72 51	25–60 41	11–47 26	9–31 20	
Reingewinn	28–68 46	22–51 37	5–36 20	3–19 11	
Rohgewinnaufschlag	–	–	–	–	

Strukturerhebung im Dienstleistungsbereich*	74.70.0 Reinigung von Gebäuden, Inventar und Verkehrsmitteln

	2000	2003			2004		
	Gesamt	Gesamt	Umsatz ab 250 T€	Umsatz unter 250 T€	Gesamt	Umsatz ab 250 T€	Umsatz unter 250 T€
Gesamtbranche:							
Gesamtumsatz der Branche (Marktvolumen) in €[1]	9.940.761.000	11.922.869.000	10.242.782.000	1.680.087.000	12.076.889.000	10.333.136.000	1.743.753.000
Anzahl der Unternehmen	15.495	20.158	4.780	15.378	20.582	4.831	15.751
Anzahl der Beschäftigten	631.055	740.418	676.827	63.591	757.469	694.744	62.725
davon Lohn- und Gehaltsempfänger	524.078	714.039	665.196	48.843	724.079	676.423	47.656
je Unternehmen:							
Beschäftigte am 30.09.[2]	40,7	36,7	141,6	4,1	36,8	143,8	4,0
davon Lohn- und Gehaltsempfänger	33,8	35,4	139,2	3,2	35,2	140,0	3,0
Umsatz in €[3]	641.546	591.471	2.142.841	109.253	586.769	2.138.923	110.707
Investitionen in €[4]	17.301	14.000	43.914	k.A.	14.000	42.504	k.A.
Personalaufwand in %[5]	63,08	64,40	68,79	k.A.	62,50	66,82	k.A.
Sachaufwand in %[5]	21,67	20,20	20,52	k.A.	21,70	22,15	k.A.
Betriebliche Steuern und Abgaben in %[5]	1,33	0,97	0,76	k.A.	1,08	0,92	k.A.
Personalkosten je entgeltlich Beschäftigten in €[6]	11.966	8.726	10.592	k.A.	8.479	10.208	k.A.

* Veröffentlichung des Statistischen Bundesamtes, Fachserie 9, Reihe 2, zuletzt für 2004 im August 2006; eigene Berechnungen.
1) Netto ohne Mehrwertsteuer einschließlich sonstige betriebliche Erträge.
2) Selbständige, mithelfende Familienangehörige, Lohn- und Gehaltsempfänger.
3) Netto ohne Mehrwertsteuer einschließlich sonstige betriebliche Erträge.
4) Einschließlich selbsterstellte Anlagen.
5) Vom Umsatz.
6) Bruttolöhne und -gehälter einschließlich Sozialaufwendungen Arbeitgeber je Lohn- und Gehaltsempfänger.

2.2.35   Glasergewerbe, Glas- und Glasfaserherstellung

Richtsätze 2005 – Glasergewerbe
(Gewerbeklasse 45.44.2)

Wirtschaftl. Umsatz	Deutschland			eigener Betrieb
	bis 150.000 €	über 150.000 € bis 300.000 €	über 300.000 €	
Rohgewinn I	67	65	61	
Rohgewinn II	43–77 59	36–65 50	29–52 40	
Halbreingewinn	17–55 35	16–38 27	14–32 22	
Reingewinn	9–39 26	7–30 17	4–21 11	
Rohgewinnaufschlag	–	–	–	

Kostenstruktur im Produzierenden Gewerbe*		26.10.0 Herstellung von Glas und Glaswaren	

Nr. WZ 2003	Branchenbezeichnung	Bruttoproduktionswert[1] je Beschäftigten in €	Materialverbrauch, Einsatz an Handelsware und Anschaffungskosten, Kosten für Lohnarbeiten (davon Lohnarbeiten) in % der Gesamtleistung[1]	Personalkosten einschl. gesetzlicher und freiwilliger Sozialaufwand in % der Gesamtleistung[1]
26.10.0	Herstellung von Glas und Glaswaren	155.712	45,4 (1,7)	26,7
26.11.0	Herstellung von Flachglas	265.527	49,9 (0,5)	20,8
26.12.0	Veredlung und Bearbeitung von Flachglas**	143.490	54,6 (2,3)	24,1
26.13.0	Herstellung von Hohlglas**	144.014	39,7 (1,4)	28,8
26.14.0	Herstellung von Glasfasern und Waren daraus	203.719	46,0 (0,6)	24,1
26.15.0	Herstellung, Veredlung und Bearbeitung von sonstigem Glas, einschließlich technischen Glaswaren**	142.830	36,6 (2,0)	31,9

*   Quelle: Statistisches Bundesamt 2006 (Erhebungszeitraum 2004) – Fachserie 4, Reihe 4.3.
** Siehe auch jeweilige Kostenstruktur nach Beschäftigtengrößenklassen.
1) = „Bruttoproduktionswert" = Gesamtumsatz ohne Umsatzsteuer plus/minus Bestandsveränderungen an fertigen und unfertigen Erzeugnissen aus eigener Produktion plus selbsterstellte Anlagen.

Kostenstruktur im Produzierenden Gewerbe*	26.10.0 Herstellung von Glas und Glaswaren

Kennzahl	Beschäftigte von ... bis ...					
	20–99	100–249	250–499	500–999	1.000 und mehr	insge-samt
Materialverbrauch, Einsatz von Handelsware zu Anschaffungs-kosten (davon Lohnarbeiten) in % der Gesamtleistung[1]	47,9 (1,1)	50,1 (1,3)	47,3 (1,3)	50,2 (2,9)	38,5 (1,7)	45,4 (1,7)
Personalkosten einschließlich gesetzlicher und freiwilliger Sozialaufwand in % der Gesamtleistung[1]	25,5	25,1	25,1	22,1	31,1	26,7
Bruttoproduktionswert[1] je Beschäftigten in €	121.561	129.458	163.480	208.950	168.694	155.712

Kostenstruktur im Produzierenden Gewerbe*	26.12.0 Veredlung und Bearbeitung von Flachglas

Kennzahl	Beschäftigte von ... bis ...				
	20–49	50–99	100–499	500 und mehr	insge-samt
Materialverbrauch, Einsatz von Handelsware zu Anschaffungs-kosten (davon Lohnarbeiten) in % der Gesamtleistung[1]	50,9 (1,0)	52,1 (0,6)	51,8 (1,3)	61,6 (5,3)	54,6 (2,3)
Personalkosten einschließlich gesetzlicher und freiwilliger Sozialaufwand in % der Gesamtleistung[1]	23,3	25,1	25,0	22,5	24,1
Bruttoproduktionswert[1] je Beschäftigten in €	125.440	127.256	130.496	198.385	143.490

*   Quelle: Statistisches Bundesamt 2006 (Erhebungszeitraum 2004) – Fachserie 4, Reihe 4.3.
1)   = „Bruttoproduktionswert" = Gesamtumsatz ohne Umsatzsteuer plus/minus Bestandsveränderungen an fertigen und unfertigen Erzeugnissen aus eigener Produktion plus selbsterstellte Anlagen.

Kostenstruktur im Produzierenden Gewerbe*	26.13.0 Herstellung von Hohlglas

Kennzahl	Beschäftigte von ... bis ...				
	20–99	100–249	250–499	500 und mehr	insgesamt
Materialverbrauch, Einsatz von Handelsware zu Anschaffungskosten (davon Lohnarbeiten) in % der Gesamtleistung[1]	34,4 (1,7)	45,2 (2,6)	41,3 (0,9)	37,7 (1,5)	39,7 (1,4)
Personalkosten einschließlich gesetzlicher und freiwilliger Sozialaufwand in % der Gesamtleistung[1]	32,1	26,7	29,8	28,4	28,8
Bruttoproduktionswert[1] je Beschäftigten in €	81.078	123.574	143.138	159.885	144.014

Kostenstruktur im Produzierenden Gewerbe*	26.15.0 Herstellung, Veredlung und Bearbeitung von sonstigem Glas, einschließlich technischen Glaswaren

Kennzahl	Beschäftigte von ... bis ...		
	20–99	100–499	500 und mehr	insgesamt
Materialverbrauch, Einsatz von Handelsware zu Anschaffungskosten (davon Lohnarbeiten) in % der Gesamtleistung[1]	36,9 (3,1)	46,8 (2,3)	31,2 (1,7)	36,6 (2,0)
Personalkosten einschließlich gesetzlicher und freiwilliger Sozialaufwand in % der Gesamtleistung[1]	28,4	24,0	36,5	31,9
Bruttoproduktionswert[1] je Beschäftigten in €	113.694	152.973	143.837	142.830

*   Quelle: Statistisches Bundesamt 2006 (Erhebungszeitraum 2004) – Fachserie 4, Reihe 4.3.

1) = „Bruttoproduktionswert" = Gesamtumsatz ohne Umsatzsteuer plus/minus Bestandsveränderungen an fertigen und unfertigen Erzeugnissen aus eigener Produktion plus selbsterstellte Anlagen.

2.2.36 Großhandel

Die Kostenstrukturstatistik des Statistischen Bundesamtes zum Großhandel ist in der Fachserie 6, Reihe 4 – Handel, Gastgewerbe, Tourismus integriert. Alle darin enthaltenen Spezialisierungen zum Großhandel einschließlich ihrer Nummerierung nach der WZ 2003 sind in der nachfolgenden Tabelle enthalten.

Großhandel mit ...	Nummer nach WZ 2003
Altmaterialien und Reststoffen	51.57.0
Bergwerks-, Bau- und Baustoffmaschinen	51.82.0
Blumen und Pflanzen	51.22.0
Chemischen Erzeugnissen	51.55.0
Datenverarbeitungsgeräten, peripheren Einrichtungen und Software	51.84.0
Elektrischen Haushaltsgeräten und Geräten der Unterhaltungselektronik	51.43.0
Elektronischen Bauelementen	51.86.0
Erzen, Metallen und Metallhalbzeug	51.52.0
Festen Brennstoffen und Mineralölerzeugnissen	51.51.0
Fleisch, Fleischwaren, Geflügel und Wild	51.32.0
Getränken	51.34.0
Großhandel mit Bekleidung und Schuhen	51.42.0
Haushaltswaren aus Metall, keramischen Erzeugnissen, Glaswaren, Tapeten und Reinigungsmitteln	51.44.0
Häuten, Fellen und Leder	51.24.0
Holz, Baustoffen, Anstrichmitteln und Sanitärkeramik	51.53.0
Kaffee, Tee, Kakao und Gewürzen	51.37.0
Kosmetischen Erzeugnissen und Körperpflegemitteln	51.45.0
Landwirtschaftlichen Grundstoffen und lebenden Tieren	51.20.0
Landwirtschaftlichen Maschinen und Geräten	51.88.0
Lebenden Tieren	51.23.0
Maschinen, Ausrüstungen und Zubehör	51.80.0
Metall u.Ä. für den Bau und Installationsbedarf für Gas, Wasser und Heizung usw.	51.54.0
Milch, Milcherzeugnissen, Eiern, Speiseölen und Nahrungsfetten	51.33.0
Nahrungsmitteln, Getränken und Tabakwaren	51.30.0
Nahrungsmitteln, Getränken und Tabakwaren ohne ausgeprägten Schwerpunkt	51.39.0
Nicht landwirtschaftlichen Halbwaren, Altmaterialien und Reststoffen	51.50.0
Obst, Gemüse und Kartoffeln	51.31.0

Großhandel mit ...	Nummer nach WZ 2003
Pharmazeutischen Erzeugnissen, medizinischen und orthopädischen Erzeugnissen	51.46.0
Rohtabak	51.25.0
Sonstigen Büromaschinen und Büromöbeln	51.85.0
Sonstigen Gebrauchs- und Verbrauchsgütern	51.47.0
Sonstigen Halbwaren	51.56.0
Sonstigen Maschinen, Ausrüstungen und Zubehör (ohne landwirtschaftliche Maschinen)	51.87.0
Sonstigen Nahrungsmitteln	51.38.0
Sonstiger Großhandel	51.90.0
Tabakwaren	51.35.0
Textil-, Näh- und Strickmaschinen	51.83.0
Textilien	51.41.0
Werkzeugmaschinen	51.81.0
Zucker, Süßwaren und Backwaren	51.36.0

Vergleichswerte Handel 51.20.0 Großhandel mit landwirtschaftlichen Grundstoffen und lebenden Tieren

KOSTENSTRUKTUR	Beschäftigte 1-2		Beschäftigte 3-5		Beschäftigte 6-19		Beschäftigte 20 und mehr		Beschäftigte insgesamt	
	€	%	€	%	€	%	€	%	€	%
1. Umsatz je Unternehmen	673.000,00	100,0	1.316.000,00	100,0	6.392.000,00	100,0	48.341.000,00	100,0	5.484.000,00	100,0
2. Wareneinsatz	565.320,00	84,0	1.138.340,00	86,5	5.497.120,00	86,0	42.636.762,00	88,2	4.793.016,00	87,4
3. *Rohertrag 1 minus 2*	107.680,00	16,0	177.660,00	13,5	894.880,00	14,0	5.704.238,00	11,8	690.984,00	12,6
4. übrige Aufwendungen*	54.513,00	8,1	135.548,00	10,3	543.320,00	8,5	4.495.713,00	9,3	504.528,00	9,2
5. *Überschuss 3 minus 4*	53.167,00	7,9	42.112,00	3,2	351.560,00	5,5	1.208.525,00	2,5	186.456,00	3,4
Weitere Kennzahlen										
Umsatz je Beschäftigten in €	439.000,00		363.000,00		653.000,00		724.000,00		639.000,00	
Anzahl der Beschäftigten	1,5		3,6		9,8		66,8		8,6	
Anzahl der Unternehmen	2.588		1.977		1.076		460		6.101	

* Ohne Fremdkapitalzinsen.

Vergleichswerte aus der letzten Kostenstrukturstatistik des Statistischen Bundesamtes 2006 (Erhebungszeitraum 2003) – Fachserie 6, Reihe 4.

Vergleichswerte Handel   51.21.0 Großhandel mit Getreiden, Saaten und Futtermitteln

	Beschäftigte 1–2		Beschäftigte 3–5		Beschäftigte 6–19		Beschäftigte 20 und mehr		Beschäftigte insgesamt	
	€	%	€	%	€	%	€	%	€	%
KOSTENSTRUKTUR										
1. Umsatz je Unternehmen	947.000,00	100,0	1.105.000,00	100,0	5.380.000,00	100,0	61.140.000,00	100,0	11.260.000,00	100,0
2. Wareneinsatz	804.950,00	85,0	928.200,00	84,0	4.454.640,00	82,8	54.598.020,00	89,3	9.942.580,00	88,3
3. *Rohertrag 1 minus 2*	142.050,00	15,0	176.800,00	16,0	925.360,00	17,2	6.541.980,00	10,7	1.317.420,00	11,7
4. übrige Aufwendungen*	90.912,00	9,6	137.020,00	12,4	688.640,00	12,8	5.380.320,00	8,8	1.047.180,00	9,3
5. *Überschuss 3 minus 4*	51.138,00	5,4	39.780,00	3,6	236.720,00	4,4	1.161.660,00	1,9	270.240,00	2,4
Weitere Kennzahlen										
Umsatz je Beschäftigten in €	566.000,00		298.000,00		514.000,00		844.000,00		747.000,00	
Anzahl der Beschäftigten	1,7		3,7		10,5		72,4		15,1	
Anzahl der Unternehmen	698		482		417		292		1.889	

* Ohne Fremdkapitalzinsen.

Vergleichswerte aus der letzten Kostenstrukturstatistik des Statistischen Bundesamtes 2006 (Erhebungszeitraum 2003) – Fachserie 6, Reihe 4.

Vergleichswerte Handel   51.22.0 Großhandel mit Blumen und Pflanzen

KOSTENSTRUKTUR	Beschäftigte 1-2		Beschäftigte 3-5		Beschäftigte 6-19		Beschäftigte 20 und mehr		Beschäftigte insgesamt	
	€	%	€	%	€	%	€	%	€	%
1. Umsatz je Unternehmen	345.000,00	100,0	885.000,00	100,0	2.732.000,00	100,0	17.728.000,00	100,0	2.197.000,00	100,0
2. Wareneinsatz	255.990,00	74,2	733.665,00	82,9	2.117.300,00	77,5	13.597.376,00	76,7	1.709.266,00	77,8
3. *Rohertrag 1 minus 2*	89.010,00	25,8	151.335,00	17,1	614.700,00	22,5	4.130.624,00	23,3	487.734,00	22,2
4. übrige Aufwendungen*	41.745,00	12,1	131.865,00	14,9	412.532,00	15,1	3.173.312,00	17,9	360.308,00	16,4
5. *Überschuss 3 minus 4*	47.265,00	13,7	19.470,00	2,2	202.168,00	7,4	957.312,00	5,4	127.426,00	5,8

Weitere Kennzahlen

Umsatz je Beschäftigten in €	187.000,00		246.000,00		298.000,00		281.000,00		272.000,00	
Anzahl der Beschäftigten	1,8		3,6		9,2		63,3		8,1	
Anzahl der Unternehmen	485		611		296		99		1.491	

* Ohne Fremdkapitalzinsen.

Vergleichswerte aus der letzten Kostenstrukturstatistik des Statistischen Bundesamtes 2006 (Erhebungszeitraum 2003) – Fachserie 6, Reihe 4.

Vergleichswerte Handel   51.23.0 Großhandel mit lebenden Tieren

	Beschäftigte 1-2		Beschäftigte 3-5		Beschäftigte 6-19		Beschäftigte 20 und mehr		Beschäftigte insgesamt	
	€	%	€	%	€	%	€	%	€	%
KOSTENSTRUKTUR										
1. Umsatz je Unternehmen	606.000,00	100,0	1.827.000,00	100,0	12.095.000,00	100,0	40.474.000,00	100,0	3.361.000,00	100,0
2. Wareneinsatz	527.826,00	87,1	1.605.933,00	87,9	10.909.690,00	90,2	36.709.918,00	90,7	3.011.456,00	89,6
3. *Rohertrag 1 minus 2*	78.174,00	12,9	221.067,00	12,1	1.185.310,00	9,8	3.764.082,00	9,3	349.544,00	10,4
4. übrige Aufwendungen*	35.148,00	5,8	129.717,00	7,1	520.085,00	4,3	2.549.862,00	6,3	184.855,00	5,5
5. *Überschuss 3 minus 4*	43.026,00	7,1	91.350,00	5,0	665.225,00	5,5	1.214.220,00	3,0	164.689,00	4,9
Weitere Kennzahlen										
Umsatz je Beschäftigten in €	460.000,00		513.000,00		1.213.000,00		853.000,00		802.000,00	
Anzahl der Beschäftigten	1,3		3,6		10,0		47,4		4,2	
Anzahl der Unternehmen	1.234		788		303		53		2.378	

* Ohne Fremdkapitalzinsen.
Vergleichswerte aus der letzten Kostenstrukturstatistik des Statistischen Bundesamtes 2006 (Erhebungszeitraum 2003) – Fachserie 6, Reihe 4.

Vergleichswerte Handel   51.24.0 Großhandel mit Häuten, Fellen und Leder

		Beschäftigte 1-2		Beschäftigte 3-5		Beschäftigte 6-19		Beschäftigte 20 und mehr		Beschäftigte insgesamt	
KOSTENSTRUKTUR		€	%	€	%	€	%	€	%	€	%
1.	Umsatz je Unternehmen	k.A.	k.A.	929.000,00	100,0	2.717.000,00	100,0	k.A.	k.A.	2.473.000,00	100,0
2.	Wareneinsatz	k.A.	k.A.	939.219,00	101,1	2.121.977,00	78,1	k.A.	k.A.	2.022.914,00	81,8
3.	*Rohertrag 1 minus 2*	k.A.	k.A.	-10.219,00	-1,1	595.023,00	21,9	k.A.	k.A.	450.086,00	18,2
4.	übrige Aufwendungen*	k.A.	k.A.	219.244,00	23,6	328.757,00	12,1	k.A.	k.A.	351.166,00	14,2
5.	*Überschuss 3 minus 4*	k.A.	k.A.	-229.463,00	-24,7	266.266,00	9,8	k.A.	k.A.	98.920,00	4,0
	Weitere Kennzahlen										
	Umsatz je Beschäftigten in €	k.A.		232.000,00		373.000,00		k.A.		406.000,00	
	Anzahl der Beschäftigten	k.A.		4,0		7,3		k.A.		6,1	
	Anzahl der Unternehmen	k.A.		96		60		k.A.		303	

* Ohne Fremdkapitalzinsen.

Vergleichswerte aus der letzten Kostenstrukturstatistik des Statistischen Bundesamtes 2006 (Erhebungszeitraum 2003) – Fachserie 6, Reihe 4.

Vergleichswerte Handel   51.25.0 Großhandel mit Rohtabak

	Beschäftigte 1–2		Beschäftigte 3–5		Beschäftigte 6–19		Beschäftigte 20 und mehr		Beschäftigte insgesamt	
KOSTENSTRUKTUR	€	%	€	%	€	%	€	%	€	%
1. Umsatz je Unternehmen	k.A.	k.A.	k.A.	k.A.	k.A.	k.A.	k.A.	k.A.	4.393.000,00	100,0
2. Wareneinsatz	k.A.	k.A.	k.A.	k.A.	k.A.	k.A.	k.A.	k.A.	3.422.147,00	77,9
3. *Rohertrag 1 minus 2*	k.A.	k.A.	k.A.	k.A.	k.A.	k.A.	k.A.	k.A.	970.853,00	22,1
4. übrige Aufwendungen*	k.A.	k.A.	k.A.	k.A.	k.A.	k.A.	k.A.	k.A.	285.545,00	6,5
5. *Überschuss 3 minus 4*	k.A.	k.A.	k.A.	k.A.	k.A.	k.A.	k.A.	k.A.	685.308,00	15,6

Weitere Kennzahlen

Umsatz je Beschäftigten in €	k.A.		k.A.		k.A.		k.A.		2.093.000,00	
Anzahl der Beschäftigten	k.A.		k.A.		k.A.		k.A.		2,1	
Anzahl der Unternehmen	k.A.		k.A.		k.A.		k.A.		41	

* Ohne Fremdkapitalzinsen.

Vergleichswerte aus der letzten Kostenstrukturstatistik des Statistischen Bundesamtes 2006 (Erhebungszeitraum 2003) – Fachserie 6, Reihe 4.

Vergleichswerte Handel   51.30.0 Großhandel mit Nahrungsmitteln, Getränken und Tabakwaren

KOSTENSTRUKTUR	Beschäftigte 1-2		Beschäftigte 3-5		Beschäftigte 6-19		Beschäftigte 20 und mehr		Beschäftigte insgesamt	
	€	%	€	%	€	%	€	%	€	%
1. Umsatz je Unternehmen	1.659.000,00	100,0	1.691.000,00	100,0	5.398.000,00	100,0	51.300.000,00	100,0	11.333.000,00	100,0
2. Wareneinsatz	1.527.939,00	92,1	1.491.462,00	88,2	4.528.922,00	83,9	44.118.000,00	86,0	9.746.380,00	86,0
3. *Rohertrag 1 minus 2*	131.061,00	7,9	199.538,00	11,8	869.078,00	16,1	7.182.000,00	14,0	1.586.620,00	14,0
4. übrige Aufwendungen*	92.904,00	5,6	165.718,00	9,8	647.760,00	12,0	7.028.100,00	13,7	1.473.290,00	13,0
5. *Überschuss 3 minus 4*	38.157,00	2,3	33.820,00	2,0	221.318,00	4,1	153.900,00	0,3	113.330,00	1,0
Weitere Kennzahlen										
Umsatz je Beschäftigten in €	1.122.000,00		469.000,00		486.000,00		583.000,00		570.000,00	
Anzahl der Beschäftigten	1,5		3,6		11,1		88,0		19,9	
Anzahl der Unternehmen	2.742		2.938		3.508		1.893		11.081	

* Ohne Fremdkapitalzinsen.

Vergleichswerte aus der letzten Kostenstrukturstatistik des Statistischen Bundesamtes 2006 (Erhebungszeitraum 2003) – Fachserie 6, Reihe 4.

Vergleichswerte Handel   51.31.0 Großhandel mit Obst, Gemüse und Kartoffeln

	Beschäftigte 1–2		Beschäftigte 3–5		Beschäftigte 6–19		Beschäftigte 20 und mehr		Beschäftigte insgesamt	
KOSTENSTRUKTUR	€	%	€	%	€	%	€	%	€	%
1. Umsatz je Unternehmen	1.475.000,00	100,0	2.473.000,00	100,0	6.499.000,00	100,0	28.925.000,00	100,0	8.988.000,00	100,0
2. Wareneinsatz	1.295.050,00	87,8	2.151.510,00	87,0	5.452.661,00	83,9	24.441.625,00	84,5	7.603.848,00	84,6
3. *Rohertrag 1 minus 2*	179.950,00	12,2	321.490,00	13,0	1.046.339,00	16,1	4.483.375,00	15,5	1.384.152,00	15,4
4. übrige Aufwendungen*	104.725,00	7,1	262.138,00		656.399,00	10,1	3.991.650,00	13,8	1.123.500,00	12,5
5. *Überschuss 3 minus 4*	75.225,00	5,1	59.352,00		389.940,00	6,0	491.725,00	1,7	260.652,00	2,9

Weitere Kennzahlen

Umsatz je Beschäftigten in €	1.013.000,00		669.000,00		617.000,00		469.000,00		519.000,00	
Anzahl der Beschäftigten	1,5		3,7		10,5		61,7		17,3	
Anzahl der Unternehmen	505		418		633		406		1.961	

* Ohne Fremdkapitalzinsen.
Vergleichswerte aus der letzten Kostenstrukturstatistik des Statistischen Bundesamtes 2006 (Erhebungszeitraum 2003) – Fachserie 6, Reihe 4.

Vergleichswerte Handel

51.32.0 Großhandel mit Fleisch, Fleischwaren, Geflügel und Wild

KOSTENSTRUKTUR	Beschäftigte 1-2 €	%	Beschäftigte 3-5 €	%	Beschäftigte 6-19 €	%	Beschäftigte 20 und mehr €	%	Beschäftigte insgesamt €	%
1. Umsatz je Unternehmen	1.703.000,00	100,0	2.805.000,00	100,0	6.492.000,00	100,0	27.872.000,00	100,0	10.003.000,00	100,0
2. Wareneinsatz	1.548.027,00	90,9	2.516.085,00	89,7	5.596.104,00	86,2	22.855.040,00	82,0	8.362.508,00	83,6
3. *Rohertrag 1 minus 2*	154.973,00	9,1	288.915,00	10,3	895.896,00	13,8	5.016.960,00	18,0	1.640.492,00	16,4
4. übrige Aufwendungen*	166.894,00	9,8	238.425,00	8,5	558.312,00	8,6	4.403.776,00	15,8	1.380.414,00	13,8
5. *Überschuss 3 minus 4*	-11.921,00	-0,7	50.490,00	1,8	337.584,00	5,2	613.184,00	2,2	260.078,00	2,6
Weitere Kennzahlen										
Umsatz je Beschäftigten in €	1.357.000,00		820.000,00		630.000,00		505.000,00		552.000,00	
Anzahl der Beschäftigten	1,3		3,4		10,3		55,3		18,1	
Anzahl der Unternehmen	342		321		394		365		1.422	

* Ohne Fremdkapitalzinsen.

Vergleichswerte aus der letzten Kostenstrukturstatistik des Statistischen Bundesamtes 2006 (Erhebungszeitraum 2003) – Fachserie 6, Reihe 4.

Vergleichswerte Handel   51.33.0 Großhandel mit Milcherzeugnissen, Eiern, Speiseölen und Nahrungsfetten

KOSTENSTRUKTUR	Beschäftigte 1-2		Beschäftigte 3-5		Beschäftigte 6-19		Beschäftigte 20 und mehr		Beschäftigte insgesamt	
	€	%	€	%	€	%	€	%	€	%
1. Umsatz je Unternehmen	8.052.000,00	100,0	7.456.000,00	100,0	17.798.000,00	100,0	27.671.000,00	100,0	14.681.000,00	100,0
2. Wareneinsatz	7.778.232,00	96,6	7.113.024,00	95,4	16.302.968,00	91,6	23.990.757,00	86,7	13.286.305,00	90,5
3. *Rohertrag 1 minus 2*	273.768,00	3,4	342.976,00	4,6	1.495.032,00	8,4	3.680.243,00	13,3	1.394.695,00	9,5
4. übrige Aufwendungen*	152.988,00	1,9	320.608,00	4,3	1.352.648,00	7,6	3.237.507,00	11,7	1.203.842,00	8,2
5. *Überschuss 3 minus 4*	120.780,00	1,5	22.368,00	0,3	142.384,00	0,8	442.736,00	1,6	190.853,00	1,3
Weitere Kennzahlen										
Umsatz je Beschäftigten in €	5.462.000,00		2.107.000,00		1.334.000,00		658.000,00		994.000,00	
Anzahl der Beschäftigten	1,5		3,5		13,3		42,1		14,8	
Anzahl der Unternehmen	214		127		80		161		582	

* Ohne Fremdkapitalzinsen.
Vergleichswerte aus der letzten Kostenstrukturstatistik des Statistischen Bundesamtes 2006 (Erhebungszeitraum 2003) – Fachserie 6, Reihe 4.

Vergleichswerte Handel   51.34.0 Großhandel mit Getränken

KOSTENSTRUKTUR	Beschäftigte 1-2		Beschäftigte 3-5		Beschäftigte 6-19		Beschäftigte 20 und mehr		Beschäftigte insgesamt	
	€	%	€	%	€	%	€	%	€	%
1. Umsatz je Unternehmen	898.000,00	100,0	734.000,00	100,0	2.152.000,00	100,0	32.262.000,00	100,0	5.672.000,00	100,0
2. Wareneinsatz	828.854,00	92,3	581.328,00	79,2	1.592.480,00	74,0	26.422.578,00	81,9	4.611.336,00	81,3
3. *Rohertrag 1 minus 2*	69.146,00	7,7	152.672,00	20,8	559.520,00	26,0	5.839.422,00	18,1	1.060.664,00	18,7
4. übrige Aufwendungen*	45.798,00	5,1	109.366,00	14,9	426.096,00	19,8	6.291.090,00	19,5	1.066.336,00	18,8
5. *Überschuss 3 minus 4*	23.348,00	2,6	43.306,00	5,9	133.424,00	6,2	-451.668,00	-1,4	-5.672,00	-0,1
Weitere Kennzahlen										
Umsatz je Beschäftigten in €	603.000,00		194.000,00		195.000,00		414.000,00		359.000,00	
Anzahl der Beschäftigten	1,5		3,8		11,0		78,0		15,8	
Anzahl der Unternehmen	1.038		945		1.084		505		3.572	

* Ohne Fremdkapitalzinsen.

Vergleichswerte aus der letzten Kostenstrukturstatistik des Statistischen Bundesamtes 2006 (Erhebungszeitraum 2003) – Fachserie 6, Reihe 4.

Vergleichswerte Handel   51.35.0 Großhandel mit Tabakwaren

	Beschäftigte 1-2		Beschäftigte 3-5		Beschäftigte 6-19		Beschäftigte 20 und mehr		Beschäftigte insgesamt	
KOSTENSTRUKTUR	€	%	€	%	€	%	€	%	€	%
1. Umsatz je Unternehmen	1.057.000,00	100,0	3.082.000,00	100,0	12.739.000,00	100,0	269.139.000,00	100,0	46.249.000,00	100,0
2. Wareneinsatz	963.984,00	91,2	2.869.342,00	93,1	11.936.443,00	93,7	250.030.131,00	92,9	43.011.570,00	93,0
3. *Rohertrag 1 minus 2*	93.016,00	8,8	212.658,00	6,9	802.557,00	6,3	19.108.869,00	7,1	3.237.430,00	7,0
4. übrige Aufwendungen*	63.420,00	6,0	64.722,00	2,1	535.038,00	4,2	15.879.201,00	5,9	2.589.944,00	5,6
5. *Überschuss 3 minus 4*	29.596,00	2,8	147.936,00	4,8	267.519,00	2,1	3.229.668,00	1,2	647.486,00	1,4

Weitere Kennzahlen

Umsatz je Beschäftigten in €	544.000,00	790.000,00	1.106.000,00	1.235.000,00	1.201.000,00
Anzahl der Beschäftigten	1,9	3,9	11,5	217,4	38,5
Anzahl der Unternehmen	34	109	93	42	278

* Ohne Fremdkapitalzinsen.

Vergleichswerte aus der letzten Kostenstrukturstatistik des Statistischen Bundesamtes 2006 (Erhebungszeitraum 2003) – Fachserie 6, Reihe 4.

Vergleichswerte Handel   51.36.0 Großhandel mit Zucker, Süßwaren und Backwaren

KOSTENSTRUKTUR	Beschäftigte 1-2		Beschäftigte 3-5		Beschäftigte 6-19		Beschäftigte 20 und mehr		Beschäftigte insgesamt	
	€	%	€	%	€	%	€	%	€	%
1. Umsatz je Unternehmen	13.386.000,00	100,0	4.498.000,00	100,0	12.244.000,00	100,0	26.549.000,00	100,0	18.294.000,00	100,0
2. Wareneinsatz	12.810.402,00	95,7	1.380.886,00	30,7	10.052.324,00	82,1	18.717.045,00	70,5	13.720.500,00	75,0
3. *Rohertrag 1 minus 2*	575.598,00	4,3	3.117.114,00	69,3	2.191.676,00	17,9	7.831.955,00	29,5	4.573.500,00	25,0
4. übrige Aufwendungen*	455.124,00	3,4	494.780,00	11,0	1.273.376,00	10,4	6.876.191,00	25,0	3.622.212,00	19,8
5. *Überschuss 3 minus 4*	120.474,00	0,9	2.622.334,00	58,3	918.300,00	7,5	955.764,00	3,6	951.288,00	5,2

Weitere Kennzahlen

	Beschäftigte 1-2	Beschäftigte 3-5	Beschäftigte 6-19	Beschäftigte 20 und mehr	Beschäftigte insgesamt
Umsatz je Beschäftigten in €	7.649.000,00	1.161.000,00	1.095.000,00	622.000,00	766.000,00
Anzahl der Beschäftigten	1,8	3,9	11,2	42,5	23,9
Anzahl der Unternehmen	16	8	76	79	179

* Ohne Fremdkapitalzinsen.
Vergleichswerte aus der letzten Kostenstrukturstatistik des Statistischen Bundesamtes 2006 (Erhebungszeitraum 2003) – Fachserie 6, Reihe 4.

Vergleichswerte Handel   51.37.0 Großhandel mit Kaffee, Tee, Kakao und Gewürzen

	Beschäftigte 1-2		Beschäftigte 3-5		Beschäftigte 6-19		Beschäftigte 20 und mehr		Beschäftigte insgesamt	
KOSTENSTRUKTUR	€	%	€	%	€	%	€	%	€	%
1. Umsatz je Unternehmen	6.964.000,00	100,0	287.000,00	100,0	7.164.000,00	100,0	72.036.000,00	100,0	14.236.000,00	100,0
2. Wareneinsatz	6.058.680,00	87,0	179.949,00	62,7	5.745.528,00	80,2	50.353.164,00	69,9	10.420.752,00	73,2
3. *Rohertrag 1 minus 2*	905.320,00	13,0	107.051,00	37,3	1.418.472,00	19,8	21.682.836,00	30,1	3.815.248,00	26,8
4. übrige Aufwendungen*	654.616,00	9,4	68.880,00	24,0	1.182.060,00	16,5	13.182.588,00	18,3	2.519.772,00	17,7
5. *Überschuss 3 minus 4*	250.704,00	3,6	38.171,00	13,3	236.412,00	3,3	8.500.248,00	11,8	1.295.476,00	9,1
Weitere Kennzahlen										
Umsatz je Beschäftigten in €	3.981.000,00		68.000,00		549.000,00		923.000,00		738.000,00	
Anzahl der Beschäftigten	1,8		4,2		13,1		76,8		19,3	
Anzahl der Unternehmen	8		54		135		31		228	

* Ohne Fremdkapitalzinsen.

Vergleichswerte aus der letzten Kostenstrukturstatistik des Statistischen Bundesamtes 2006 (Erhebungszeitraum 2003) – Fachserie 6, Reihe 4.

Vergleichswerte Handel   51.38.0 Großhandel mit sonstigen Nahrungsmitteln

KOSTENSTRUKTUR	Beschäftigte 1-2		Beschäftigte 3-5		Beschäftigte 6-19		Beschäftigte 20 und mehr		Beschäftigte insgesamt	
	€	%	€	%	€	%	€	%	€	%
1. Umsatz je Unternehmen	730.000,00	100,0	1.358.000,00	100,0	5.478.000,00	100,0	106.125.000,00	100,0	11.375.000,00	100,0
2. Wareneinsatz	532.900,00	73,0	1.199.114,00	88,3	4.623.432,00	84,4	96.467.625,00	90,9	10.169.250,00	89,4
3. *Rohertrag 1 minus 2*	197.100,00	27,0	158.886,00	11,7	854.568,00	15,6	9.657.375,00	9,1	1.205.750,00	10,6
4. übrige Aufwendungen*	158.410,00	21,7	177.898,00	13,1	717.618,00	13,1	12.310.500,00	11,6	1.376.375,00	12,1
5. *Überschuss 3 minus 4*	38.690,00	5,3	-19.012,00	-1,4	136.950,00	2,5	-2.653.125,00	-2,5	-170.625,00	-1,5
Weitere Kennzahlen										
Umsatz je Beschäftigten in €	430.000,00		389.000,00		548.000,00		677.000,00		626.000,00	
Anzahl der Beschäftigten	1,7		3,5		10,0		157,4		18,2	
Anzahl der Unternehmen	261		544		524		119		1.448	

* Ohne Fremdkapitalzinsen.

Vergleichswerte aus der letzten Kostenstrukturstatistik des Statistischen Bundesamtes 2006 (Erhebungszeitraum 2003) – Fachserie 6, Reihe 4.

Vergleichswerte Handel 51.39.0 Großhandel mit Nahrungsmitteln, Getränken und Tabakwaren oaS

	Beschäftigte 1-2		Beschäftigte 3-5		Beschäftigte 6-19		Beschäftigte 20 und mehr		Beschäftigte insgesamt	
KOSTENSTRUKTUR	€	%	€	%	€	%	€	%	€	%
1. Umsatz je Unternehmen	210.000,00	100,0	649.000,00	100,0	5.229.000,00	100,0	141.528.000,00	100,0	20.619.000,00	100,0
2. Wareneinsatz	159.810,00	76,1	573.716,00	88,4	4.355.757,00	83,3	124.544.640,00	88,0	18.041.625,00	87,5
3. *Rohertrag 1 minus 2*	50.190,00	23,9	75.284,00	11,6	873.243,00	16,7	16.983.360,00	12,0	2.577.375,00	12,5
4. übrige Aufwendungen*	28.560,00	13,6	109.032,00	16,8	779.121,00	14,9	17.832.528,00	12,6	2.659.851,00	12,9
5. *Überschuss 3 minus 4*	21.630,00	10,3	-33.748,00	-5,2	94.122,00	1,8	-849.168,00	-0,6	-82.476,00	-0,4
Weitere Kennzahlen										
Umsatz je Beschäftigten in €	143.000,00		200.000,00		407.000,00		630.000,00		586.000,00	
Anzahl der Beschäftigten	1,5		3,2		12,8		224,6		35,2	
Anzahl der Unternehmen	325		413		489		185		1.412	

* Ohne Fremdkapitalzinsen.

Vergleichswerte aus der letzten Kostenstrukturstatistik des Statistischen Bundesamtes 2006 (Erhebungszeitraum 2003) – Fachserie 6, Reihe 4.

Vergleichswerte Handel   51.40.0 Großhandel mit Gebrauchs- und Verbrauchsgütern

KOSTENSTRUKTUR	Beschäftigte 1-2 €	%	Beschäftigte 3-5 €	%	Beschäftigte 6-19 €	%	Beschäftigte 20 und mehr €	%	Beschäftigte insgesamt €	%
1. Umsatz je Unternehmen	806.000,00	100,0	959.000,00	100,0	3.749.000,00	100,0	43.270.000,00	100,0	7.197.000,00	100,0
2. Wareneinsatz	695.578,00	86,3	742.266,00	77,4	2.781.758,00	74,2	32.885.200,00	76,0	5.484.114,00	76,2
3. *Rohertrag 1 minus 2*	110.422,00	13,7	216.734,00	22,6	967.242,00	25,8	10.384.800,00	24,0	1.712.886,00	23,8
4. übrige Aufwendungen*	75.764,00	9,4	164.948,00	17,2	678.569,00	18,1	8.827.080,00	20,4	1.410.612,00	19,6
5. *Überschuss 3 minus 4*	34.658,00	4,3	51.786,00	5,4	288.673,00	7,7	1.557.720,00	3,6	302.274,00	4,2

Weitere Kennzahlen

	Beschäftigte 1-2	Beschäftigte 3-5	Beschäftigte 6-19	Beschäftigte 20 und mehr	Beschäftigte insgesamt
Umsatz je Beschäftigten in €	562.000,00	267.000,00	358.000,00	492.000,00	460.000,00
Anzahl der Beschäftigten	1,4	3,6	10,5	88,0	15,7
Anzahl der Unternehmen	7.697	5.416	4.909	2.769	20.791

* Ohne Fremdkapitalzinsen.
Vergleichswerte aus der letzten Kostenstrukturstatistik des Statistischen Bundesamtes 2006 [Erhebungszeitraum 2003] – Fachserie 6, Reihe 4.

Vergleichswerte Handel   51.41.0 Großhandel mit Textilien

	Beschäftigte 1-2		Beschäftigte 3-5		Beschäftigte 6-19		Beschäftigte 20 und mehr		Beschäftigte insgesamt	
	€	%	€	%	€	%	€	%	€	%
KOSTENSTRUKTUR										
1. Umsatz je Unternehmen	395.000,00	100,0	940.000,00	100,0	3.877.000,00	100,0	13.076.000,00	100,0	3.334.000,00	100,0
2. Wareneinsatz	320.740,00	81,2	664.580,00	70,7	2.985.290,00	77,0	8.930.908,00	68,3	2.360.472,00	70,8
3. *Rohertrag 1 minus 2*	74.260,00	18,8	275.420,00	29,3	891.710,00	23,0	4.145.092,00	31,7	973.528,00	29,2
4. übrige Aufwendungen*	47.400,00	12,0	166.380,00	17,7	631.951,00	16,3	3.112.088,00	23,8	710.142,00	21,3
5. *Überschuss 3 minus 4*	26.860,00	6,8	109.040,00	11,6	259.759,00	6,7	1.033.004,00	7,9	263.386,00	7,9
Weitere Kennzahlen										
Umsatz je Beschäftigten in €	251.000,00		274.000,00		363.000,00		275.000,00		287.000,00	
Anzahl der Beschäftigten	1,6		3,4		10,7		47,5		11,6	
Anzahl der Unternehmen	449		221		169		180		1.019	

* Ohne Fremdkapitalzinsen.

Vergleichswerte aus der letzten Kostenstrukturstatistik des Statistischen Bundesamtes 2006 (Erhebungszeitraum 2003) – Fachserie 6, Reihe 4.

Vergleichswerte Handel   51.42.0 Großhandel mit Bekleidung und Schuhen

KOSTENSTRUKTUR	Beschäftigte 1-2		Beschäftigte 3-5		Beschäftigte 6-19		Beschäftigte 20 und mehr		Beschäftigte insgesamt	
	€	%	€	%	€	%	€	%	€	%
1. Umsatz je Unternehmen	302.000,00	100,0	1.147.000,00	100,0	3.313.000,00	100,0	24.388.000,00	100,0	3.378.000,00	100,0
2. Wareneinsatz	214.118,00	70,9	869.426,00	75,8	2.315.787,00	69,9	17.534.972,00	71,9	2.425.404,00	71,8
3. *Rohertrag 1 minus 2*	87.882,00	29,1	277.574,00	24,2	997.213,00	30,1	6.853.028,00	28,1	952.596,00	28,2
4. übrige Aufwendungen*	63.722,00	21,1	185.814,00	16,2	705.669,00	21,3	4.950.764,00	20,3	678.978,00	20,1
5. *Überschuss 3 minus 4*	24.160,00	8,0	91.760,00	8,0	291.544,00	8,8	1.902.264,00	7,8	273.618,00	8,1

Weitere Kennzahlen

Umsatz je Beschäftigten in €	194.000,00	323.000,00	285.000,00	405.000,00	350.000,00
Anzahl der Beschäftigten	1,6	3,6	11,6	60,3	9,7
Anzahl der Unternehmen	1.153	889	683	265	2.990

* Ohne Fremdkapitalzinsen.

Vergleichswerte aus der letzten Kostenstrukturstatistik des Statistischen Bundesamtes 2006 (Erhebungszeitraum 2003) – Fachserie 6, Reihe 4.

Vergleichswerte Handel 51.43.0 Großhandel mit elektrischen Haushaltsgeräten und Geräten der Unterhaltungselektronik

	Beschäftigte 1-2		Beschäftigte 3-5		Beschäftigte 6-19		Beschäftigte 20 und mehr		Beschäftigte insgesamt	
	€	%	€	%	€	%	€	%	€	%
KOSTENSTRUKTUR										
1. Umsatz je Unternehmen	2.222.000,00	100,0	825.000,00	100,0	4.880.000,00	100,0	51.069.000,00	100,0	9.852.000,00	100,0
2. Wareneinsatz	2.126.454,00	95,7	622.875,00	75,5	3.689.280,00	75,6	41.059.476,00	80,4	7.989.972,00	81,1
3. *Rohertrag 1 minus 2*	95.546,00	4,3	202.125,00	24,5	1.190.720,00	24,4	10.009.524,00	19,6	1.862.028,00	18,9
4. übrige Aufwendungen*	84.436,00	3,8	170.775,00	20,7	814.960,00	16,7	9.243.489,00	18,1	1.645.284,00	16,7
5. *Überschuss 3 minus 4*	11.110,00	0,5	31.350,00	3,8	375.760,00	7,7	766.035,00	1,5	216.744,00	2,2
Weitere Kennzahlen										
Umsatz je Beschäftigten in €	1.510.000,00		219.000,00		448.000,00		616.000,00		599.000,00	
Anzahl der Beschäftigten	1,5		3,8		10,9		83,0		16,5	
Anzahl der Unternehmen	1.557		980		958		618		4.113	

* Ohne Fremdkapitalzinsen.

Vergleichswerte aus der letzten Kostenstrukturstatistik des Statistischen Bundesamtes 2006 (Erhebungszeitraum 2003) – Fachserie 6, Reihe 4.

Vergleichswerte Handel — 51.44.0 Großhandel mit Haushaltswaren aus Metall, keramischen Erzeugnissen, Glaswaren, Tapeten und Reinigungsmitteln

KOSTENSTRUKTUR	Beschäftigte 1-2		Beschäftigte 3-5		Beschäftigte 6-19		Beschäftigte 20 und mehr		Beschäftigte insgesamt	
	€	%	€	%	€	%	€	%	€	%
1. Umsatz je Unternehmen	121.000,00	100,0	507.000,00	100,0	3.484.000,00	100,0	20.834.000,00	100,0	3.413.000,00	100,0
2. Wareneinsatz	85.547,00	70,7	336.141,00	66,3	2.564.224,00	73,6	13.062.918,00	62,7	2.215.037,00	64,9
3. *Rohertrag 1 minus 2*	35.453,00	29,3	170.859,00	33,7	919.776,00	26,4	7.771.082,00	37,3	1.197.963,00	35,1
4. übrige Aufwendungen*	21.659,00	17,9	153.114,00	30,2	574.860,00	16,5	5.166.832,00	24,8	798.642,00	23,4
5. *Überschuss 3 minus 4*	13.794,00	11,4	17.745,00	3,5	344.916,00	9,9	2.604.250,00	12,5	399.321,00	11,7

Weitere Kennzahlen

	Beschäftigte 1-2	Beschäftigte 3-5	Beschäftigte 6-19	Beschäftigte 20 und mehr	Beschäftigte insgesamt
Umsatz je Beschäftigten in €	89.000,00	149.000,00	370.000,00	374.000,00	338.000,00
Anzahl der Beschäftigten	1,4	3,4	9,4	55,9	10,1
Anzahl der Unternehmen	580	279	212	155	1.227

* Ohne Fremdkapitalzinsen.

Vergleichswerte aus der letzten Kostenstrukturstatistik des Statistischen Bundesamtes 2006 (Erhebungszeitraum 2003) – Fachserie 6, Reihe 4.

Vergleichswerte Handel 51.45.0 Großhandel mit kosmetischen Erzeugnissen und Körperpflegemitteln

		Beschäftigte 1-2		Beschäftigte 3-5		Beschäftigte 6-19		Beschäftigte 20 und mehr		Beschäftigte insgesamt	
		€	%	€	%	€	%	€	%	€	%
	KOSTENSTRUKTUR										
1.	Umsatz je Unternehmen	164.000,00	100,0	620.000,00	100,0	3.724.000,00	100,0	51.603.000,00	100,0	7.365.000,00	100,0
2.	Wareneinsatz	100.696,00	61,4	426.560,00	68,8	2.982.924,00	80,1	20.486.391,00	39,7	3.255.330,00	44,2
3.	*Rohertrag 1 minus 2*	63.304,00	38,6	193.440,00	31,2	741.076,00	19,9	31.116.609,00	60,3	4.109.670,00	55,8
4.	übrige Aufwendungen*	41.820,00	25,5	129.580,00	20,9	517.636,00	13,9	27.297.987,00	52,9	3.572.025,00	48,5
5.	*Überschuss 3 minus 4*	21.484,00	13,1	63.860,00	10,3	223.440,00	6,0	3.818.622,00	7,4	537.645,00	7,3
	Weitere Kennzahlen										
	Umsatz je Beschäftigten in €	110.000,00		184.000,00		431.000,00		321.000,00		318.000,00	
	Anzahl der Beschäftigten	1,5		3,4		8,6		160,3		23,1	
	Anzahl der Unternehmen	375		125		140		92		732	

* Ohne Fremdkapitalzinsen.
Vergleichswerte aus der letzten Kostenstrukturstatistik des Statistischen Bundesamtes 2006 (Erhebungszeitraum 2003) – Fachserie 6, Reihe 4.

Vergleichswerte Handel　51.46.0 Großhandel mit pharmazeutischen, medizinischen und orthopädischen Erzeugnissen

KOSTENSTRUKTUR	Beschäftigte 1-2 €	%	Beschäftigte 3-5 €	%	Beschäftigte 6-19 €	%	Beschäftigte 20 und mehr €	%	Beschäftigte insgesamt €	%
1. Umsatz je Unternehmen	1.305.000,00	100,0	862.000,00	100,0	4.692.000,00	100,0	87.127.000,00	100,0	16.417.000,00	100,0
2. Wareneinsatz	1.003.545,00	76,9	618.054,00	71,7	3.579.996,00	76,3	68.743.203,00	78,9	12.887.345,00	78,5
3. *Rohertrag 1 minus 2*	301.455,00	23,1	243.946,00	28,3	1.112.004,00	23,7	18.383.797,00	21,1	3.529.655,00	21,5
4. übrige Aufwendungen*	253.170,00	19,4	164.642,00	19,1	802.332,00	17,1	16.205.622,00	18,6	3.037.145,00	18,5
5. *Überschuss 3 minus 4*	48.285,00	3,7	79.304,00	9,2	309.672,00	6,6	2.178.175,00	2,5	492.510,00	3,0
Weitere Kennzahlen										
Umsatz je Beschäftigten in €	942.000,00		242.000,00		437.000,00		591.000,00		566.000,00	
Anzahl der Beschäftigten	1,4		3,6		10,7		147,7		29,0	
Anzahl der Unternehmen	705		806		817		463		2.791	

* Ohne Fremdkapitalzinsen.

Vergleichswerte aus der letzten Kostenstrukturstatistik des Statistischen Bundesamtes 2006 (Erhebungszeitraum 2003) – Fachserie 6, Reihe 4.

Vergleichswerte Handel 51.47.0 Großhandel mit sonstigen Gebrauchs- und Verbrauchsgütern

		Beschäftigte 1–2		Beschäftigte 3–5		Beschäftigte 6–19		Beschäftigte 20 und mehr		Beschäftigte insgesamt	
		€	%	€	%	€	%	€	%	€	%
	KOSTENSTRUKTUR										
1.	Umsatz je Unternehmen	404.000,00	100,0	1.060.000,00	100,0	2.963.000,00	100,0	31.237.000,00	100,0	507.000,00	100,0
2.	Wareneinsatz	296.940,00	73,5	870.260,00	82,1	2.151.138,00	72,6	23.771.357,00	76,1	384.306,00	75,8
3.	*Rohertrag 1 minus 2*	107.060,00	26,5	189.740,00	17,9	811.862,00	27,4	7.465.643,00	23,9	122.694,00	24,2
4.	übrige Aufwendungen*	52.116,00	12,9	159.000,00	15,0	574.822,00	19,4	6.028.741,00	19,3	95.823,00	18,9
5.	*Überschuss 3 minus 4*	54.944,00	13,6	30.740,00	2,9	237.040,00	8,0	1.436.902,00	4,6	26.871,00	5,3
	Weitere Kennzahlen										
	Umsatz je Beschäftigten in €	297.000,00		295.000,00		296.000,00		409.000,00		376.000,00	
	Anzahl der Beschäftigten	1,4		3,6		10,0		76,4		13,5	
	Anzahl der Unternehmen	2.878		2.116		1.930		995		7.919	

* Ohne Fremdkapitalzinsen.

Vergleichswerte aus der letzten Kostenstrukturstatistik des Statistischen Bundesamtes 2006 (Erhebungszeitraum 2003) – Fachserie 6, Reihe 4.

Vergleichswerte Handel 51.50.0 Großhandel mit nicht landwirtschaftlichen Halbwaren, Altmaterialien und Reststoffen

KOSTENSTRUKTUR	Beschäftigte 1-2		Beschäftigte 3-5		Beschäftigte 6-19		Beschäftigte 20 und mehr		Beschäftigte insgesamt	
	€	%	€	%	€	%	€	%	€	%
1. Umsatz je Unternehmen	3.864.000,00	100,0	1.555.000,00	100,0	5.695.000,00	100,0	46.147.000,00	100,0	10.757.000,00	100,0
2. Wareneinsatz	3.759.672,00	97,3	1.254.885,00	80,7	4.715.460,00	82,8	39.040.362,00	84,6	9.186.478,00	85,4
3. *Rohertrag 1 minus 2*	104.328,00	2,7	300.115,00	19,3	979.540,00	17,2	7.106.638,00	15,4	1.570.522,00	14,6
4. übrige Aufwendungen*	69.552,00	1,8	194.375,00	12,5	723.265,00	12,7	5.676.081,00	12,3	1.226.298,00	11,4
5. *Überschuss 3 minus 4*	34.776,00	0,9	105.740,00	6,8	256.275,00	4,5	1.430.557,00	3,1	344.224,00	3,2
Weitere Kennzahlen										
Umsatz je Beschäftigten in €	2.666.000,00		415.000,00		551.000,00		632.000,00		651.000,00	
Anzahl der Beschäftigten	1,4		3,7		10,3		73,1		16,5	
Anzahl der Unternehmen	4.853		5.090		5.210		3.014		18.167	

* Ohne Fremdkapitalzinsen.

Vergleichswerte aus der letzten Kostenstrukturstatistik des Statistischen Bundesamtes 2006 (Erhebungszeitraum 2003) – Fachserie 6, Reihe 4.

Vergleichswerte Handel   51.51.0 Großhandel mit festen Brennstoffen und Mineralölerzeugnissen

	Beschäftigte 1-2		Beschäftigte 3-5		Beschäftigte 6-19		Beschäftigte 20 und mehr		Beschäftigte insgesamt	
KOSTENSTRUKTUR	€	%	€	%	€	%	€	%	€	%
1. Umsatz je Unternehmen	73.685.000,00	100,0	7.328.000,00	100,0	25.646.000,00	100,0	308.278.000,00	100,0	79.200.000,00	100,0
2. Wareneinsatz	73.463.945,00	99,7	6.441.312,00	87,9	23.619.966,00	92,1	287.315.096,00	93,2	74.527.200,00	94,1
3. *Rohertrag 1 minus 2*	221.055,00	0,3	886.688,00	12,1	2.026.034,00	7,9	20.962.904,00	6,8	4.672.800,00	5,9
4. Übrige Aufwendungen*	73.685,00	0,1	293.120,00	4,0	1.102.778,00	4,3	12.947.676,00	4,2	2.692.800,00	3,4
5. *Überschuss 3 minus 4*	147.370,00	0,2	593.568,00	8,1	923.256,00	3,6	8.015.228,00	2,6	1.980.000,00	2,5
Weitere Kennzahlen										
Umsatz je Beschäftigten in €	53.086.000,00		1.983.000,00		2.268.000,00		3.863.000,00		4.144.000,00	
Anzahl der Beschäftigten	1,4		3,7		11,3		79,7		19,1	
Anzahl der Unternehmen	202		330		326		185		1.043	

* Ohne Fremdkapitalzinsen.
Vergleichswerte aus der letzten Kostenstrukturstatistik des Statistischen Bundesamtes 2006 (Erhebungszeitraum 2003) – Fachserie 6, Reihe 4.

Vergleichswerte Handel   51.52.0 Großhandel mit Erzen, Metallen und Metallhalbzeug

KOSTENSTRUKTUR	Beschäftigte 1-2		Beschäftigte 3-5		Beschäftigte 6-19		Beschäftigte 20 und mehr		Beschäftigte insgesamt	
	€	%	€	%	€	%	€	%	€	%
1. Umsatz je Unternehmen	3.720.000,00	100,0	2.575.000,00	100,0	9.278.000,00	100,0	46.378.000,00	100,0	15.323.000,00	100,0
2. Wareneinsatz	3.530.280,00	94,9	2.191.325,00	85,1	7.552.292,00	81,4	38.632.874,00	83,3	12.825.351,00	83,7
3. *Rohertrag 1 minus 2*	189.720,00	5,1	383.675,00	14,9	1.725.708,00	18,6	7.745.126,00	16,7	2.497.649,00	16,3
4. übrige Aufwendungen*	100.440,00	2,7	275.525,00	10,7	1.271.086,00	13,7	6.307.408,00	13,6	1.976.667,00	12,9
5. *Überschuss 3 minus 4*	89.280,00	2,4	108.150,00	4,2	454.622,00	4,9	1.437.718,00	3,1	520.982,00	3,4
Weitere Kennzahlen										
Umsatz je Beschäftigten in €	2.862.000,00		625.000,00		863.000,00		601.000,00		671.000,00	
Anzahl der Beschäftigten	1,3		4,1		10,8		77,1		22,8	
Anzahl der Unternehmen	468		445		667		488		2.068	

* Ohne Fremdkapitalzinsen.

Vergleichswerte aus der letzten Kostenstrukturstatistik des Statistischen Bundesamtes 2006 (Erhebungszeitraum 2003) – Fachserie 6, Reihe 4.

Vergleichswerte Handel   51.53.0 Großhandel mit Holz, Baustoffen, Anstrichmitteln und Sanitärkeramik

	Beschäftigte 1-2		Beschäftigte 3-5		Beschäftigte 6-19		Beschäftigte 20 und mehr		Beschäftigte insgesamt	
KOSTENSTRUKTUR	€	%	€	%	€	%	€	%	€	%
1. Umsatz je Unternehmen	527.000,00	100,0	790.000,00	100,0	2.784.000,00	100,0	19.584.000,00	100,0	4.493.000,00	100,0
2. Wareneinsatz	432.667,00	82,1	571.170,00	72,3	2.113.056,00	75,9	15.373.440,00	78,5	3.500.047,00	77,9
3. *Rohertrag 1 minus 2*	94.333,00	17,9	218.830,00	27,7	670.944,00	24,1	4.210.560,00	21,5	992.953,00	22,1
4. übrige Aufwendungen*	72.199,00	13,7	155.630,00	19,7	509.472,00	18,3	3.662.208,00	18,7	826.712,00	18,4
5. *Überschuss 3 minus 4*	22.134,00	4,2	63.200,00	8,0	161.472,00	5,8	548.352,00	2,8	166.241,00	3,7
Weitere Kennzahlen										
Umsatz je Beschäftigten in €	363.000,00		214.000,00		283.000,00		339.000,00		319.000,00	
Anzahl der Beschäftigten	1,5		3,7		9,9		57,7		14,1	
Anzahl der Unternehmen	1.848		2.072		2.258		1.250		7.428	

* Ohne Fremdkapitalzinsen.

Vergleichswerte aus der letzten Kostenstrukturstatistik des Statistischen Bundesamtes 2006 (Erhebungszeitraum 2003) – Fachserie 6, Reihe 4.

Vergleichswerte Handel

51.54.0 Großhandel mit Metall- und Kunststoffwaren für Bauzwecke sowie Installationsbedarf für Gas, Wasser und Heizung

KOSTENSTRUKTUR	Beschäftigte 1-2		Beschäftigte 3-5		Beschäftigte 6-19		Beschäftigte 20 und mehr		Beschäftigte insgesamt	
	€	%	€	%	€	%	€	%	€	%
1. Umsatz je Unternehmen	327.000,00	100,0	726.000,00	100,0	2.214.000,00	100,0	23.293.000,00	100,0	4.984.000,00	100,0
2. Wareneinsatz	253.752,00	77,6	500.214,00	68,9	1.527.660,00	69,0	16.491.444,00	70,8	3.518.704,00	70,6
3. *Rohertrag 1 minus 2*	73.248,00	22,4	225.786,00	31,1	686.340,00	31,0	6.801.556,00	29,2	1.465.296,00	29,4
4. übrige Aufwendungen*	56.244,00	17,2	141.570,00	19,5	584.496,00	26,4	5.986.301,00	25,7	1.260.952,00	25,3
5. *Überschuss 3 minus 4*	17.004,00	5,2	84.216,00	11,6	101.844,00	4,6	815.255,00	3,5	204.344,00	4,1

Weitere Kennzahlen

	Beschäftigte 1-2	Beschäftigte 3-5	Beschäftigte 6-19	Beschäftigte 20 und mehr	Beschäftigte insgesamt
Umsatz je Beschäftigten in €	236.000,00	195.000,00	204.000,00	245.000,00	237.000,00
Anzahl der Beschäftigten	1,4	3,7	10,9	95,0	21,0
Anzahl der Unternehmen	1.059	1.257	1.054	721	4.091

* Ohne Fremdkapitalzinsen.

Vergleichswerte aus der letzten Kostenstrukturstatistik des Statistischen Bundesamtes 2006 (Erhebungszeitraum 2003) – Fachserie 6, Reihe 4.

Vergleichswerte Handel   51.55.0 Großhandel mit chemischen Erzeugnissen

	Beschäftigte 1-2		Beschäftigte 3-5		Beschäftigte 6-19		Beschäftigte 20 und mehr		Beschäftigte insgesamt	
	€	%	€	%	€	%	€	%	€	%
KOSTENSTRUKTUR										
1. Umsatz je Unternehmen	928.000,00	100,0	1.535.000,00	100,0	9.502.000,00	100,0	57.721.000,00	100,0	10.261.000,00	100,0
2. Wareneinsatz	804.576,00	86,7	1.223.395,00	79,7	7.991.182,00	84,1	46.061.358,00	79,8	8.311.410,00	81,0
3. *Rohertrag 1 minus 2*	123.424,00	13,3	311.605,00	20,3	1.510.818,00	15,9	11.659.642,00	20,2	1.949.590,00	19,0
4. übrige Aufwendungen*	95.584,00	10,3	250.205,00	16,3	1.111.734,00	11,7	9.062.197,00	15,7	1.508.367,00	14,7
5. *Überschuss 3 minus 4*	27.840,00	3,0	61.400,00	4,0	399.084,00	4,2	2.597.445,00	4,5	441.223,00	4,3
Weitere Kennzahlen										
Umsatz je Beschäftigten in €	587.000,00		377.000,00		897.000,00		689.000,00		699.000,00	
Anzahl der Beschäftigten	1,6		4,1		10,6		83,8		14,7	
Anzahl der Unternehmen	692		494		458		234		1.878	

* Ohne Fremdkapitalzinsen.

Vergleichswerte aus der letzten Kostenstrukturstatistik des Statistischen Bundesamtes 2006 (Erhebungszeitraum 2003) – Fachserie 6, Reihe 4.

Vergleichswerte Handel 51.56.0 Großhandel mit sonstigen Halbwaren

	Beschäftigte 1-2		Beschäftigte 3-5		Beschäftigte 6-19		Beschäftigte 20 und mehr		Beschäftigte insgesamt	
KOSTENSTRUKTUR	€	%	€	%	€	%	€	%	€	%
1. Umsatz je Unternehmen	433.000,00	100,0	3.276.000,00	100,0	5.755.000,00	100,0	56.718.000,00	100,0	5.530.000,00	100,0
2. Wareneinsatz	336.441,00	77,7	2.709.252,00	82,7	5.058.645,00	87,9	49.741.686,00	87,7	4.822.160,00	87,2
3. *Rohertrag 1 minus 2*	96.559,00	22,3	566.748,00	17,3	696.355,00	12,1	6.976.314,00	12,3	707.840,00	12,8
4. übrige Aufwendungen*	42.434,00	9,8	394.956,00	10,6	771.170,00	13,4	5.501.646,00	9,7	613.830,00	11,1
5. *Überschuss 3 minus 4*	54.125,00	12,5	219.492,00	6,7	-74.815,00	-1,3	1.474.668,00	2,6	94.010,00	1,7

Weitere Kennzahlen

Umsatz je Beschäftigten in €	268.000,00		818.000,00		707.000,00		795.000,00	703.000,00
Anzahl der Beschäftigten	1,6		4,0		8,1		71,3	7,9
Anzahl der Unternehmen	130		9		78		13	230

* Ohne Fremdkapitalzinsen.
Vergleichswerte aus der letzten Kostenstrukturstatistik des Statistischen Bundesamtes 2006 (Erhebungszeitraum 2003) – Fachserie 6, Reihe 4.

Vergleichswerte Handel   51.57.0 Großhandel mit Altmaterialien und Reststoffen

KOSTENSTRUKTUR	Beschäftigte 1-2		Beschäftigte 3-5		Beschäftigte 6-19		Beschäftigte 20 und mehr		Beschäftigte insgesamt	
	€	%	€	%	€	%	€	%	€	%
1. Umsatz je Unternehmen	294.000,00	100,0	2.101.000,00	100,0	4.607.000,00	100,0	32.292.000,00	100,0	4.778.000,00	100,0
2. Wareneinsatz	228.732,00	77,8	1.745.931,00	83,1	3.773.133,00	81,9	25.607.556,00	79,3	3.846.290,00	80,5
3. *Rohertrag 1 minus 2*	65.268,00	22,2	355.069,00	16,9	833.867,00	18,1	6.684.444,00	20,7	931.710,00	19,5
4. Übrige Aufwendungen*	46.746,00	15,9	289.938,00	13,8	658.801,00	14,3	6.329.232,00	19,6	831.372,00	17,4
5. *Überschuss 3 minus 4*	18.522,00	6,3	65.131,00	3,1	175.066,00	3,8	355.212,00	1,1	100.338,00	2,1
Weitere Kennzahlen										
Umsatz je Beschäftigten in €	193.000,00		615.000,00		442.000,00		599.000,00		532.000,00	
Anzahl der Beschäftigten	1,5		3,4		10,4		54,0		9,0	
Anzahl der Unternehmen	454		482		369		123		1.428	

* Ohne Fremdkapitalzinsen.
Vergleichswerte aus der letzten Kostenstrukturstatistik des Statistischen Bundesamtes 2006 (Erhebungszeitraum 2003) – Fachserie 6, Reihe 4.

Vergleichswerte Handel   51.80.0 Großhandel mit Maschinen, Ausrüstungen und Zubehör

	Beschäftigte 1-2		Beschäftigte 3-5		Beschäftigte 6-19		Beschäftigte 20 und mehr		Beschäftigte insgesamt	
KOSTENSTRUKTUR	€	%	€	%	€	%	€	%	€	%
1. Umsatz je Unternehmen	372.000,00	100,0	637.000,00	100,0	2.769.000,00	100,0	29.297.000,00	100,0	4.619.000,00	100,0
2. Wareneinsatz	282.348,00	75,9	451.633,00	70,9	2.035.215,00	73,5	22.939.551,00	78,3	3.561.249,00	77,1
3. *Rohertrag 1 minus 2*	89.652,00	24,1	185.367,00	29,1	733.785,00	26,5	6.357.449,00	21,7	1.057.751,00	22,9
4. übrige Aufwendungen*	53.196,00	14,3	161.161,00	25,3	578.721,00	20,9	5.449.242,00	18,6	886.848,00	19,2
5. *Überschuss 3 minus 4*	36.456,00	9,8	24.206,00	3,8	155.064,00	5,6	907.897,00	3,1	170.903,00	3,7
Weitere Kennzahlen										
Umsatz je Beschäftigten in €	254.000,00		171.000,00		279.000,00		462.000,00		385.000,00	
Anzahl der Beschäftigten	1,5		3,7		9,9		63,5		12,0	
Anzahl der Unternehmen	5.059		4.602		4.846		1.976		16.483	

* Ohne Fremdkapitalzinsen.

Vergleichswerte aus der letzten Kostenstrukturstatistik des Statistischen Bundesamtes 2006 (Erhebungszeitraum 2003) – Fachserie 6, Reihe 4.

Vergleichswerte Handel   51.81.0 Großhandel mit Werkzeugmaschinen

	Beschäftigte 1-2		Beschäftigte 3-5		Beschäftigte 6-19		Beschäftigte 20 und mehr		Beschäftigte insgesamt	
	€	%	€	%	€	%	€	%	€	%
KOSTENSTRUKTUR										
1. Umsatz je Unternehmen	323.000,00	100,0	527.000,00	100,0	1.895.000,00	100,0	14.439.000,00	100,0	2.820.000,00	100,0
2. Wareneinsatz	238.051,00	73,7	303.552,00	57,6	1.245.015,00	65,7	9.948.471,00	68,9	1.911.960,00	67,8
3. *Rohertrag 1 minus 2*	84.949,00	26,3	223.448,00	42,4	649.985,00	34,3	4.490.529,00	31,1	908.040,00	32,2
4. übrige Aufwendungen*	73.644,00	22,8	193.409,00	36,7	420.690,00	22,2	4.230.627,00	29,3	809.340,00	28,7
5. *Überschuss 3 minus 4*	11.305,00	3,5	30.039,00	5,7	229.295,00	12,1	259.902,00	1,8	98.700,00	3,5
Weitere Kennzahlen										
Umsatz je Beschäftigten in €	226.000,00		140.000,00		245.000,00		399.000,00		322.000,00	
Anzahl der Beschäftigten	1,4		3,8		7,7		36,2		8,8	
Anzahl der Unternehmen	266		367		197		145		975	

* Ohne Fremdkapitalzinsen.
Vergleichswerte aus der letzten Kostenstrukturstatistik des Statistischen Bundesamtes 2006 (Erhebungszeitraum 2003) – Fachserie 6, Reihe 4.

Vergleichswerte Handel   51.82.0 Großhandel mit Bergwerks-, Bau- und Baustoffmaschinen

KOSTENSTRUKTUR	Beschäftigte 1-2		Beschäftigte 3-5		Beschäftigte 6-19		Beschäftigte 20 und mehr		Beschäftigte insgesamt	
	€	%	€	%	€	%	€	%	€	%
1. Umsatz je Unternehmen	525.000,00	100,0	632.000,00	100,0	2.992.000,00	100,0	36.280.000,00	100,0	3.922.000,00	100,0
2. Wareneinsatz	382.725,00	72,9	451.248,00	71,4	2.154.240,00	72,0	27.282.560,00	75,2	2.906.202,00	74,1
3. *Rohertrag 1 minus 2*	142.275,00	27,1	180.752,00	28,6	837.760,00	28,0	8.997.440,00	24,8	1.015.798,00	25,9
4. übrige Aufwendungen*	71.925,00	13,7	137.776,00	21,8	580.448,00	19,4	6.167.600,00	17,0	672.672,00	17,6
5. *Überschuss 3 minus 4*	70.350,00	13,4	42.976,00	6,8	257.312,00	8,6	2.829.840,00	7,8	325.526,00	8,3

Weitere Kennzahlen										
Umsatz je Beschäftigten in €	330.000,00		186.000,00		324.000,00		444.000,00		383.000,00	
Anzahl der Beschäftigten	1,6		3,4		9,2		81,7		10,2	
Anzahl der Unternehmen	355		162		323		63		903	

* Ohne Fremdkapitalzinsen.

Vergleichswerte aus der letzten Kostenstrukturstatistik des Statistischen Bundesamtes 2006 (Erhebungszeitraum 2003) – Fachserie 6, Reihe 4.

Vergleichswerte Handel 51.83.0 Großhandel mit Textil-, Näh- und Strickmaschinen

	Beschäftigte 1-2		Beschäftigte 3-5		Beschäftigte 6-19		Beschäftigte 20 und mehr		Beschäftigte insgesamt	
	€	%	€	%	€	%	€	%	€	%
KOSTENSTRUKTUR										
1. Umsatz je Unternehmen	k.A.	k.A.	444.000,00	100,0	6.724.000,00	100,0	18.297.000,00	100,0	2.025.000,00	100,0
2. Wareneinsatz	k.A.	k.A.	365.856,00	82,4	4.700.076,00	69,9	12.021.129,00	65,7	1.413.450,00	69,8
3. *Rohertrag 1 minus 2*	k.A.	k.A.	78.144,00	17,6	2.023.924,00	30,1	6.275.871,00	34,3	611.550,00	30,2
4. übrige Aufwendungen*	k.A.	k.A.	154.512,00	34,8	1.143.080,00	17,0	5.489.100,00	30,0	577.125,00	28,5
5. *KOSTENSTRUKTUR*	k.A.	k.A.	-76.368,00	-17,2	880.844,00	13,1	786.771,00	4,3	34.425,00	1,7
Weitere Kennzahlen										
Umsatz je Beschäftigten in €	k.A.		146.000,00		480.000,00		195.000,00		206.000,00	
Anzahl der Beschäftigten	k.A.		3,1		14,0		94,3		9,8	
Anzahl der Unternehmen	k.A.		130		9		10		149	

* Ohne Fremdkapitalzinsen.

Vergleichswerte aus der letzten Kostenstrukturstatistik des Statistischen Bundesamtes 2006 (Erhebungszeitraum 2003) – Fachserie 6, Reihe 4.

Vergleichswerte Handel — 51.84.0 Großhandel mit Datenverarbeitungsgeräten, peripheren Einheiten und Software

KOSTENSTRUKTUR	Beschäftigte 1-2 €	%	Beschäftigte 3-5 €	%	Beschäftigte 6-19 €	%	Beschäftigte 20 und mehr €	%	Beschäftigte insgesamt €	%
1. Umsatz je Unternehmen	183.000,00	100,0	612.000,00	100,0	2.235.000,00	100,0	57.310.000,00	100,0	10.338.000,00	100,0
2. Wareneinsatz	119.499,00	65,3	463.284,00	75,7	1.546.620,00	69,2	47.280.750,00	82,5	8.425.470,00	81,5
3. *Rohertrag 1 minus 2*	63.501,00	34,7	148.716,00	24,3	688.380,00	30,8	10.029.250,00	17,5	1.912.530,00	18,5
4. übrige Aufwendungen*	34.404,00	18,8	138.924,00	22,7	645.915,00	28,9	8.596.500,00	15,0	1.654.080,00	16,0
5. *Überschuss 3 minus 4*	29.097,00	15,9	9.792,00	1,6	42.465,00	1,9	1.432.750,00	2,5	258.450,00	2,5
Weitere Kennzahlen										
Umsatz je Beschäftigten in €	130.000,00		172.000,00		209.000,00		609.000,00		523.000,00	
Anzahl der Beschäftigten	1,4		3,6		10,7		94,2		19,8	
Anzahl der Unternehmen	961		710		728		480		2.879	

* Ohne Fremdkapitalzinsen.

Vergleichswerte aus der letzten Kostenstrukturstatistik des Statistischen Bundesamtes 2006 (Erhebungszeitraum 2003) – Fachserie 6, Reihe 4.

Vergleichswerte Handel   51.85.0 Großhandel mit sonstigen Büromaschinen und Büromöbeln

	Beschäftigte 1-2		Beschäftigte 3-5		Beschäftigte 6-19		Beschäftigte 20 und mehr		Beschäftigte insgesamt	
KOSTENSTRUKTUR	€	%	€	%	€	%	€	%	€	%
1. Umsatz je Unternehmen	237.000,00	100,0	557.000,00	100,0	2.017.000,00	100,0	18.321.000,00	100,0	2.372.000,00	100,0
2. Wareneinsatz	185.097,00	78,1	355.366,00	63,8	1.228.353,00	60,9	11.139.168,00	60,8	1.456.408,00	61,4
3. *Rohertrag 1 minus 2*	51.903,00	21,9	201.634,00	36,2	788.647,00	39,1	7.181.832,00	39,2	915.592,00	38,6
4. übrige Aufwendungen*	35.076,00	14,8	195.507,00	35,1	659.559,00	32,7	6.100.893,00	33,3	785.132,00	33,1
5. *Überschuss 3 minus 4*	16.827,00	7,1	6.127,00	1,1	129.088,00	6,4	1.080.939,00	5,9	130.460,00	5,5
Weitere Kennzahlen										
Umsatz je Beschäftigten in €	183.000,00		148.000,00		194.000,00		297.000,00		236.000,00	
Anzahl der Beschäftigten	1,3		3,8		10,4		61,7		10,1	
Anzahl der Unternehmen	177		471		336		85		1.069	

* Ohne Fremdkapitalzinsen.

Vergleichswerte aus der letzten Kostenstrukturstatistik des Statistischen Bundesamtes 2006 (Erhebungszeitraum 2003) – Fachserie 6, Reihe 4.

Vergleichswerte Handel   51.86.0 Großhandel mit elektronischen Bauelementen

KOSTENSTRUKTUR	Beschäftigte 1-2		Beschäftigte 3-5		Beschäftigte 6-19		Beschäftigte 20 und mehr		Beschäftigte insgesamt	
	€	%	€	%	€	%	€	%	€	%
1. Umsatz je Unternehmen	731.000,00	100,0	612.000,00	100,0	12.184.000,00	100,0	24.807.000,00	100,0	10.508.000,00	100,0
2. Wareneinsatz	581.876,00	79,6	485.928,00	79,4	10.709.736,00	87,9	21.085.950,00	85,0	9.036.880,00	86,0
3. *Rohertrag 1 minus 2*	149.124,00	20,4	126.072,00	20,6	1.474.264,00	12,1	3.721.050,00	15,0	1.471.120,00	14,0
4. übrige Aufwendungen*	118.422,00	16,2	194.004,00	31,7	962.536,00	7,9	3.076.068,00	12,4	1.145.372,00	10,9
5. *Überschuss 3 minus 4*	30.702,00	4,2	-67.932,00	-11,1	511.728,00	4,2	644.982,00	2,6	325.748,00	3,1

Weitere Kennzahlen					
Umsatz je Beschäftigten in €	731.000,00	174.000,00	991.000,00	548.000,00	652.000,00
Anzahl der Beschäftigten	1,0	3,5	12,3	45,3	16,1
Anzahl der Unternehmen	98	103	172	118	490

* Ohne Fremdkapitalzinsen.

Vergleichswerte aus der letzten Kostenstrukturstatistik des Statistischen Bundesamtes 2006 (Erhebungszeitraum 2003) – Fachserie 6, Reihe 4.

Vergleichswerte Handel 51.87.0 Großhandel mit sonstigen Maschinen, Ausrüstungen und Zubehör (ohne landwirtschaftliche Maschinen)

	Beschäftigte 1–2		Beschäftigte 3–5		Beschäftigte 6–19		Beschäftigte 20 und mehr		Beschäftigte insgesamt	
	€	%	€	%	€	%	€	%	€	%
KOSTENSTRUKTUR										
1. Umsatz je Unternehmen	422.000,00	100,0	713.000,00	100,0	2.594.000,00	100,0	20.394.000,00	100,0	3.080.000,00	100,0
2. Wareneinsatz	326.628,00	77,4	509.795,00	71,5	1.867.680,00	72,0	15.009.984,00	73,6	2.254.560,00	73,2
3. *Rohertrag 1 minus 2*	95.372,00	22,6	203.205,00	28,5	726.320,00	28,0	5.384.016,00	26,4	825.440,00	26,8
4. übrige Aufwendungen*	58.236,00	13,8	163.277,00	22,9	581.056,00	22,4	4.588.650,00	22,5	683.760,00	22,2
5. *Überschuss 3 minus 4*	37.136,00	8,8	39.928,00	5,6	145.264,00	5,6	795.366,00	3,9	141.680,00	4,6
Weitere Kennzahlen										
Umsatz je Beschäftigten in €	294.000,00		186.000,00		265.000,00		374.000,00		316.000,00	
Anzahl der Beschäftigten	1,4		3,8		9,8		54,5		9,7	
Anzahl der Unternehmen	2.759		2.433		2.560		828		8.580	

* Ohne Fremdkapitalzinsen.

Vergleichswerte aus der letzten Kostenstrukturstatistik des Statistischen Bundesamtes 2006 (Erhebungszeitraum 2003) – Fachserie 6, Reihe 4.

Vergleichswerte Handel   51.88.0 Großhandel mit landwirtschaftlichen Maschinen und Geräten

KOSTENSTRUKTUR	Beschäftigte 1-2		Beschäftigte 3-5		Beschäftigte 6-19		Beschäftigte 20 und mehr		Beschäftigte insgesamt	
	€	%	€	%	€	%	€	%	€	%
1. Umsatz je Unternehmen	346.000,00	100,0	374.000,00	100,0	1.874.000,00	100,0	17.983.000,00	100,0	3.940.000,00	100,0
2. Wareneinsatz	271.610,00	78,5	261.052,00	69,8	1.377.390,00	73,5	14.188.587,00	78,9	3.065.320,00	77,8
3. *Rohertrag 1 minus 2*	74.390,00	21,5	112.948,00	30,2	496.610,00	26,5	3.794.413,00	21,1	874.680,00	22,2
4. übrige Aufwendungen*	29.064,00	8,4	94.996,00	25,4	346.690,00	18,5	3.488.702,00	19,4	752.540,00	19,1
5. *Überschuss 3 minus 4*	45.326,00	13,1	17.952,00	4,8	149.920,00	8,0	305.711,00	1,7	122.140,00	3,1
Weitere Kennzahlen										
Umsatz je Beschäftigten in €	189.000,00		107.000,00		200.000,00		337.000,00		288.000,00	
Anzahl der Beschäftigten	1,8		3,5		9,4		53,4		13,7	
Anzahl der Unternehmen	443		225		522		247		1.437	

* Ohne Fremdkapitalzinsen.

Vergleichswerte aus der letzten Kostenstrukturstatistik des Statistischen Bundesamtes 2006 (Erhebungszeitraum 2003) – Fachserie 6, Reihe 4.

Vergleichswerte Handel   51.90.0 Sonstiger Großhandel

KOSTENSTRUKTUR	Beschäftigte 1-2 €	%	Beschäftigte 3-5 €	%	Beschäftigte 6-19 €	%	Beschäftigte 20 und mehr €	%	Beschäftigte insgesamt €	%
1. Umsatz je Unternehmen	655.000,00	100,0	16.870.000,00	100,0	15.465.000,00	100,0	201.339.000,00	100,0	26.097.000,00	100,0
2. Wareneinsatz	533.825,00	81,5	16.532.600,00	98,0	2.768.235,00	17,9	161.473.878,00	80,2	19.337.877,00	74,1
3. *Rohertrag 1 minus 2*	121.175,00	18,5	337.400,00	2,0	12.696.765,00	82,1	39.865.122,00	19,8	6.759.123,00	25,9
4. übrige Aufwendungen*	62.880,00	9,6	286.790,00	1,7	510.345,00	3,3	33.824.952,00	16,8	3.105.543,00	11,9
5. *Überschuss 3 minus 4*	58.295,00	8,9	50.610,00	0,3	12.186.420,00	78,3	6.040.170,00	3,0	3.653.580,00	14,0

Weitere Kennzahlen

Umsatz je Beschäftigten in €	431.000,00	4.605.000,00	1.610.000,00	463.000,00	637.000,00
Anzahl der Beschäftigten	1,5	3,7	9,6	433,1	41,0
Anzahl der Unternehmen	682	521	463	155	1.821

* Ohne Fremdkapitalzinsen.

Vergleichswerte aus der letzten Kostenstrukturstatistik des Statistischen Bundesamtes 2006 (Erhebungszeitraum 2003) – Fachserie 6, Reihe 4.

2.2.37 Grundstücks- und Wohnungswesen, Immobilienwirtschaft

| **Strukturerhebung im Dienstleistungsbereich*** | **70.00.0 Grundstücks- und Wohnungswesen** | | | | | |

	2000 Gesamt	2003 Gesamt	2003 Umsatz ab 250 T€	2003 Umsatz unter 250 T€	2004 Gesamt	2004 Umsatz ab 250 T€	2004 Umsatz unter 250 T€
Gesamtbranche:							
Gesamtumsatz der Branche (Marktvolumen) in €[1]	78.135.700.000	95.205.512.000	84.822.362.000	10.383.150.000	94.487.207.000	83.681.986.000	10.805.221.000
Anzahl der Unternehmen	124.110	173.087	34.912	138.175	175.620	35.979	139.641
Anzahl der Beschäftigten	304.401	409.340	231.097	178.243	383.122	220.004	163.118
davon Lohn- und Gehaltsempfänger	186.831	247.441	204.604	42.837	235.312	191.485	43.827
je Unternehmen:							
Beschäftigte am 30.09.[2]	2,5	2,4	6,6	1,3	2,2	6,1	1,2
davon Lohn- und Gehaltsempfänger	1,5	1,4	5,9	0,3	1,3	5,3	0,3
Umsatz in €[3]	629.568	550.044	2.429.605	75.145	538.021	2.325.856	77.379
Investitionen in €[4]	173.353	110.000	508.091	k.A.	110.000	491.518	k.A.
Personalaufwand in %[5]	9,13	9,40	9,76	k.A.	8,90	9,26	k.A.
Sachaufwand in %[5]	42,82	40,30	42,40	k.A.	41,60	43,26	k.A.
Betriebliche Steuern und Abgaben in %[5]	2,11	2,52	1,90	k.A.	2,17	2,12	k.A.
Personalkosten je entgeltlich Beschäftigten in €[6]	38.203	29.454	40.468	k.A.	29.414	40.461	k.A.

* Veröffentlichung des Statistischen Bundesamtes, Fachserie 9, Reihe 2, zuletzt für 2004 im August 2006; eigene Berechnungen.
1) Netto ohne Mehrwertsteuer einschließlich sonstige betriebliche Erträge.
2) Selbständige, mithelfende Familienangehörige, Lohn- und Gehaltsempfänger.
3) Netto ohne Mehrwertsteuer einschließlich sonstige betriebliche Erträge.
4) Einschließlich selbsterstellte Anlagen.
5) Vom Umsatz.
6) Bruttolöhne und -gehälter einschließlich Sozialaufwendungen Arbeitgeber je Lohn- und Gehaltsempfänger.

Strukturerhebung im Dienstleistungsbereich*							

70.10.0 Erschließung, Kauf und Verkauf von Immobilien

	2000	2003			2004		
	Gesamt	Gesamt	Umsatz ab 250 T€	Umsatz unter 250 T€	Gesamt	Umsatz ab 250 T€	Umsatz unter 250 T€
Gesamtbranche:							
Gesamtumsatz der Branche (Marktvolumen) in €[1]	17.189.328.000	18.546.817.000	18.230.101.000	316.716.000	17.485.151.000	17.210.650.000	274.501.000
Anzahl der Unternehmen	6.793	8.662	5.834	2.828	8.092	5.506	2.586
Anzahl der Beschäftigten	36.277	37.099	31.973	5.126	34.753	30.288	4.465
davon Lohn- und Gehaltsempfänger	29.847	30.860	28.479	2.381	28.953	26.611	2.342
je Unternehmen:							
Beschäftigte am 30.09.[2]	5,3	4,3	5,5	1,8	4,3	5,5	1,7
davon Lohn- und Gehaltsempfänger	4,4	3,6	4,9	0,8	3,6	4,8	0,9
Umsatz in €[3]	2.530.447	2.141.170	3.124.803	111.993	2.160.795	3.125.799	106.149
Investitionen in €[4]	307.435	147.000	199.519	k.A.	157.000	219.590	k.A.
Personalaufwand in %[5]	8,08	7,20	6,96	k.A.	7,10	6,85	k.A.
Sachaufwand in %[5]	72,81	64,70	64,05	k.A.	67,20	65,53	k.A.
Betriebliche Steuern und Abgaben in %[5]	1,14	0,89	0,85	k.A.	0,97	0,94	k.A.
Personalkosten je entgeltlich Beschäftigten in €[6]	46.513	36.203	44.531	k.A.	36.133	44.323	k.A.

* Veröffentlichung des Statistischen Bundesamtes, Fachserie 9, Reihe 2, zuletzt für 2004 im August 2006; eigene Berechnungen.
1) Netto ohne Mehrwertsteuer einschließlich sonstige betriebliche Erträge.
2) Selbständige, mithelfende Familienangehörige, Lohn- und Gehaltsempfänger.
3) Netto ohne Mehrwertsteuer einschließlich sonstige betriebliche Erträge.
4) Einschließlich selbsterstellte Anlagen.
5) Vom Umsatz.
6) Bruttolöhne und -gehälter einschließlich Sozialaufwendungen Arbeitgeber je Lohn- und Gehaltsempfänger.

Strukturerhebung im Dienstleistungsbereich*	**70.11.0 Erschließung von Grundstücken**

	2003			2004		
	Gesamt	Umsatz ab 250 T€	Umsatz unter 250 T€	Gesamt	Umsatz ab 250 T€	Umsatz unter 250 T€
Gesamtbranche:						
Gesamtumsatz der Branche (Marktvolumen) in €[1]	13.907.856.000	13.701.577.000	206.279.000	13.691.383.000	13.517.545.000	173.838.000
Anzahl der Unternehmen	6.166	4.400	1.766	5.793	4.230	1.563
Anzahl der Beschäftigten	26.853	23.402	3.451	26.885	23.832	3.053
davon Lohn- und Gehaltsempfänger	23.020	21.120	1.900	23.014	21.207	1.807
je Unternehmen:						
Beschäftigte am 30.09.[2]	4,4	5,3	2,0	4,6	5,6	2,0
davon Lohn- und Gehaltsempfänger	3,7	4,8	1,1	4,0	5,0	1,2
Umsatz in €[3]	2.255.572	3.113.995	116.806	2.363.436	3.195.637	111.221
Investitionen in €[4]	106.000	127.582	k.A.	95.000	124.991	k.A.
Personalaufwand in %[5]	7,10	6,91	k.A.	7,10	6,89	k.A.
Sachaufwand in %[5]	66,20	65,73	k.A.	71,50	69,41	k.A.
Betriebliche Steuern und Abgaben in %[5]	0,77	0,75	k.A.	0,74	0,71	k.A.
Personalkosten je entgeltlich Beschäftigten in €[6]	36.335	44.845	k.A.	35.808	43.887	k.A.

* Veröffentlichung des Statistischen Bundesamtes, Fachserie 9, Reihe 2, zuletzt für 2004 im August 2006; eigene Berechnungen.
1) Netto ohne Mehrwertsteuer einschließlich sonstige betriebliche Erträge.
2) Selbständige, mithelfende Familienangehörige, Lohn- und Gehaltsempfänger.
3) Netto ohne Mehrwertsteuer einschließlich sonstige betriebliche Erträge.
4) Einschließlich selbsterstellte Anlagen.
5) Vom Umsatz.
6) Bruttolöhne und -gehälter einschließlich Sozialaufwendungen Arbeitgeber je Lohn- und Gehaltsempfänger.

| Strukturerhebung im Dienstleistungsbereich* | | 70.12.0 Kauf und Verkauf von eigenen Immobilien | | |

| | | 2003 | | | 2004 | | |
	Gesamt	Umsatz ab 250 T€	Umsatz unter 250 T€	Gesamt	Umsatz ab 250 T€	Umsatz unter 250 T€
Gesamtbranche:						
Gesamtumsatz der Branche (Marktvolumen) in €[1]	4.638.961.000	4.528.524.000	110.437.000	3.793.767.000	3.693.105.000	100.662.000
Anzahl der Unternehmen	2.496	1.435	1.061	2.298	1.276	1.022
Anzahl der Beschäftigten	10.246	8.572	1.674	7.867	6.456	1.411
davon Lohn- und Gehalts-empfänger	7.840	7.359	481	5.939	5.404	535
je Unternehmen:						
Beschäftigte am 30.09.[2]	4,1	6,0	1,6	3,4	5,1	1,4
davon Lohn- und Gehalts-empfänger	3,1	5,1	0,5	2,6	4,2	0,5
Umsatz in €[3]	1.858.558	3.155.766	104.088	1.650.899	2.894.283	98.495
Investitionen in €[4]	249.000	419.953	k.A.	313.000	533.189	k.A.
Personalaufwand in %[5]	7,20	7,09	k.A.	6,80	6,74	k.A.
Sachaufwand in %[5]	60,50	58,96	k.A.	52,00	51,33	k.A.
Betriebliche Steuern und Abgaben in %[5]	1,23	1,17	k.A.	1,81	1,78	k.A.
Personalkosten je entgeltlich Beschäftigten in €[6]	35.816	43.632	k.A.	37.395	46.034	k.A.

*   Veröffentlichung des Statistischen Bundesamtes, Fachserie 9, Reihe 2, zuletzt für 2004 im August 2006; eigene
      Berechnungen.
1)   Netto ohne Mehrwertsteuer einschließlich sonstige betriebliche Erträge.
2)   Selbständige, mithelfende Familienangehörige, Lohn- und Gehaltsempfänger.
3)   Netto ohne Mehrwertsteuer einschließlich sonstige betriebliche Erträge.
4)   Einschließlich selbsterstellte Anlagen.
5)   Vom Umsatz.
6)   Bruttolöhne und -gehälter einschließlich Sozialaufwendungen Arbeitgeber je Lohn- und Gehaltsempfänger.

Strukturerhebung im Dienstleistungsbereich*

70.20.0 Vermietung und Verpachtung von eigenen Immobilien

	2000 Gesamt	2003 Gesamt	2003 Umsatz ab 250 T€	2003 Umsatz unter 250 T€	2004 Gesamt	2004 Umsatz ab 250 T€	2004 Umsatz unter 250 T€
Gesamtbranche:							
Gesamtumsatz der Branche (Marktvolumen) in €[1]	50.955.900.000	60.110.037.000	51.887.189.000	8.222.848.000	60.838.379.000	52.251.101.000	8.587.278.000
Anzahl der Unternehmen	94.935	137.061	23.347	113.714	139.455	24.915	114.540
Anzahl der Beschäftigten	188.496	244.695	118.752	125.943	221.179	111.111	110.068
davon Lohn- und Gehaltsempfänger	97.471	112.070	99.131	12.939	103.716	91.126	12.590
je Unternehmen:							
Beschäftigte am 30.09.[2]	2,0	1,8	5,1	1,1	1,6	4,5	1,0
davon Lohn- und Gehaltsempfänger	1,0	0,8	4,2	0,1	0,7	3,7	0,1
Umsatz in €[3]	536.745	438.564	2.222.435	72.312	436.268	2.097.174	74.972
Investitionen in €[4]	190.016	102.000	556.408	k.A.	114.000	580.851	k.A.
Personalaufwand in %[4]	7,49	6,70	7,44	k.A.	6,10	6,77	k.A.
Sachaufwand in %[5]	33,09	31,50	33,64	k.A.	32,80	34,39	k.A.
Betriebliche Steuern und Abgaben in %[5]	2,44	3,29	2,37	k.A.	2,62	2,61	k.A.
Personalkosten je entgeltlich Beschäftigten in €[6]	39.154	28.348	38.944	k.A.	28.459	38.810	k.A.

* Veröffentlichung des Statistischen Bundesamtes, Fachserie 9, Reihe 2, zuletzt für 2004 im August 2006; eigene Berechnungen.
1) Netto ohne Mehrwertsteuer einschließlich sonstige betriebliche Erträge.
2) Selbständige, mithelfende Familienangehörige, Lohn- und Gehaltsempfänger.
3) Netto ohne Mehrwertsteuer einschließlich sonstige betriebliche Erträge.
4) Einschließlich selbsterstellte Anlagen.
5) Vom Umsatz.
6) Bruttolöhne und -gehälter einschließlich Sozialaufwendungen Arbeitgeber je Lohn- und Gehaltsempfänger.

Strukturerhebung im Dienstleistungsbereich*	70.30.0 Vermittlung und Verwaltung von fremden Immobilien

	2000	2003			2004		
	Gesamt	Gesamt	Umsatz ab 250 T€	Umsatz unter 250 T€	Gesamt	Umsatz ab 250 T€	Umsatz unter 250 T€
Gesamtbranche:							
Gesamtumsatz der Branche (Marktvolumen) in €[1]	9.990.471.000	16.548.658.000	14.705.072.000	1.843.586.000	16.163.677.000	14.220.235.000	1.943.442.000
Anzahl der Unternehmen	22.384	27.364	5.731	21.633	28.073	5.557	22.516
Anzahl der Beschäftigten	79.629	127.545	80.371	47.174	127.190	78.605	48.585
davon Lohn- und Gehaltsempfänger	59.513	104.510	76.994	27.516	102.643	73.748	28.895
je Unternehmen:							
Beschäftigte am 30.09.[2]	3,6	4,7	14,0	2,2	4,5	14,1	2,2
davon Lohn- und Gehaltsempfänger	2,7	3,8	13,4	1,3	3,7	13,3	1,3
Umsatz in €[3]	446.322	604.760	2.565.882	85.221	575.773	2.558.977	86.314
Investitionen in €[4]	61.974	137.000	625.375	k.A.	75.000	360.514	k.A.
Personalaufwand in %[5]	19,35	21,90	21,43	k.A.	21,80	21,32	k.A.
Sachaufwand in %[5]	40,87	44,80	46,51	k.A.	47,00	48,88	k.A.
Betriebliche Steuern und Abgaben in %[5]	2,11	1,59	1,53	k.A.	1,79	1,73	k.A.
Personalkosten je entgeltlich Beschäftigten in €[6]	32.478	28.647	40.927	k.A.	28.484	41.108	k.A.

* Veröffentlichung des Statistischen Bundesamtes, Fachserie 9, Reihe 2, zuletzt für 2004 im August 2006; eigene Berechnungen.
1) Netto ohne Mehrwertsteuer einschließlich sonstige betriebliche Erträge.
2) Selbständige, mithelfende Familienangehörige, Lohn- und Gehaltsempfänger.
3) Netto ohne Mehrwertsteuer einschließlich sonstige betriebliche Erträge.
4) Einschließlich selbsterstellte Anlagen.
5) Vom Umsatz.
6) Bruttolöhne und -gehälter einschließlich Sozialaufwendungen Arbeitgeber je Lohn- und Gehaltsempfänger.

Strukturerhebung im Dienstleistungsbereich*	70.31.0 Vermittlung von fremden Immobilien

| | | 2003 | | | 2004 | |
	Gesamt	Umsatz ab 250 T€	Umsatz unter 250 T€	Gesamt	Umsatz ab 250 T€	Umsatz unter 250 T€
Gesamtbranche:						
Gesamtumsatz der Branche (Marktvolumen) in €[1]	5.116.627.000	4.244.220.000	872.407.000	5.534.782.000	4.650.767.000	884.015.000
Anzahl der Unternehmen	13.180	2.401	10.779	13.248	2.436	10.812
Anzahl der Beschäftigten	36.646	17.190	19.456	37.457	18.145	19.312
davon Lohn- und Gehalts-empfänger	25.011	15.677	9.334	25.616	16.463	9.153
je Unternehmen:						
Beschäftigte am 30.09.[2]	2,8	7,2	1,8	2,8	7,4	1,8
davon Lohn- und Gehalts-empfänger	1,9	6,5	0,9	1,9	6,8	0,8
Umsatz in €[3]	388.211	1.767.688	80.936	417.782	1.909.182	81.762
Investitionen in €[4]	143.000	761.786	k.A.	61.000	310.443	k.A.
Personalaufwand in %[5]	15,00	14,20	k.A.	15,20	14,77	k.A.
Sachaufwand in %[5]	49,70	53,24	k.A.	55,60	59,53	k.A.
Betriebliche Steuern und Abgaben in %[5]	1,65	1,61	k.A.	1,73	1,62	k.A.
Personalkosten je entgeltlich Beschäftigten in €[6]	25.909	38.455	k.A.	27.924	41.717	k.A.

*   Veröffentlichung des Statistischen Bundesamtes, Fachserie 9, Reihe 2, zuletzt für 2004 im August 2006; eigene Berechnungen.
1)   Netto ohne Mehrwertsteuer einschließlich sonstige betriebliche Erträge.
2)   Selbständige, mithelfende Familienangehörige, Lohn- und Gehaltsempfänger.
3)   Netto ohne Mehrwertsteuer einschließlich sonstige betriebliche Erträge.
4)   Einschließlich selbsterstellte Anlagen.
5)   Vom Umsatz.
6)   Bruttolöhne und -gehälter einschließlich Sozialaufwendungen Arbeitgeber je Lohn- und Gehaltsempfänger.

Strukturerhebung im Dienstleistungsbereich*	70.32.0 Verwaltung von fremden Immobilien

	2003			2004		
	Gesamt	Umsatz ab 250 T€	Umsatz unter 250 T€	Gesamt	Umsatz ab 250 T€	Umsatz unter 250 T€
Gesamtbranche:						
Gesamtumsatz der Branche (Marktvolumen) in €[1]	11.432.031.000	10.460.852.000	971.179.000	10.628.895.000	9.569.468.000	1.059.427.000
Anzahl der Unternehmen	14.183	3.300	10.883	14.825	3.121	11.704
Anzahl der Beschäftigten	90.898	63.181	27.717	89.734	60.460	29.274
davon Lohn- und Gehaltsempfänger	79.499	61.317	18.182	77.027	57.285	19.742
je Unternehmen:						
Beschäftigte am 30.09.[2]	6,4	19,1	2,5	6,1	19,4	2,5
davon Lohn- und Gehaltsempfänger	5,6	18,6	1,7	5,2	18,4	1,7
Umsatz in €[3]	806.038	3.169.955	89.238	716.958	3.066.154	90.518
Investitionen in €[4]	131.000	531.811	k.A.	88.000	399.595	k.A.
Personalaufwand in %[5]	25,00	24,36	k.A.	25,30	24,50	k.A.
Sachaufwand in %[5]	42,60	43,78	k.A.	42,60	43,70	k.A.
Betriebliche Steuern und Abgaben in %[5]	1,56	1,50	k.A.	1,82	1,78	k.A.
Personalkosten je entgeltlich Beschäftigten in €[6]	29.508	41.558	k.A.	28.671	40.933	k.A.

* Veröffentlichung des Statistischen Bundesamtes, Fachserie 9, Reihe 2, zuletzt für 2004 im August 2006; eigene Berechnungen.
1) Netto ohne Mehrwertsteuer einschließlich sonstige betriebliche Erträge.
2) Selbständige, mithelfende Familienangehörige, Lohn- und Gehaltsempfänger.
3) Netto ohne Mehrwertsteuer einschließlich sonstige betriebliche Erträge.
4) Einschließlich selbsterstellte Anlagen.
5) Vom Umsatz.
6) Bruttolöhne und -gehälter einschließlich Sozialaufwendungen Arbeitgeber je Lohn- und Gehaltsempfänger.

2.2.38   Gummi- und Kunststoffwaren

Kostenstruktur im Produzierenden Gewerbe*	25.00.0 Herstellung von Gummi- und Kunststoffwaren

Nr. WZ 2003	Branchenbezeichnung	Bruttoproduktions- wert[1] je Beschäf- tigten in €	Materialverbrauch, Einsatz an Handels- ware und Anschaf- fungskosten, Kosten für Lohnarbeiten (davon Lohnarbeiten) in % der Gesamt- leistung[1]	Personalkosten einschl. gesetzlicher und freiwilliger Sozialaufwand in % der Gesamt- leistung[1]
25.00.0	Herstellung von Gummi- und Kunststoffwaren	165.981	52,1 (1,8)	24,1
25.10.0	Herstellung von Gummi- waren**	192.619	53,1 (1,1)	23,6
25.11.0	Herstellung von Bereifungen	284.358	56,8 (0,5)	19,3
25.12.0	Runderneuerung von Bereifungen	109.000	54,5 (–)	27,4
25.13.0	Herstellung von sonstigen Gummiwaren**	149.570	49,7 (1,6)	27,6
25.20.0	Herstellung von Kunst- stoffwaren	158.972	51,8 (2,0)	24,3
25.21.0	Herstellung von Platten, Folien, Schläuchen und Profilen aus Kunststoff**	200.676	55,6 (1,3)	21,9
25.22.0	Herstellung von Ver- packungsmitteln aus Kunststoff**	165.501	50,4 (1,5)	22,5
25.23.0	Herstellung von Baubedarfs- artikeln aus Kunststoff**	143.349	51,8 (2,5)	25,4
25.24.0	Herstellung von sonstigen Kunststoffwaren	136.191	49,0 (2,6)	26,7

*   Quelle: Statistisches Bundesamt 2006 (Erhebungszeitraum 2004) – Fachserie 4, Reihe 4.3.
** Siehe auch jeweilige Kostenstruktur nach Beschäftigtengrößenklassen.
1) = „Bruttoproduktionswert" = Gesamtumsatz ohne Umsatzsteuer plus/minus Bestandsveränderungen an fertigen und unfertigen Erzeugnissen aus eigener Produktion plus selbsterstellte Anlagen.

Kostenstruktur im Produzierenden Gewerbe*	25.10.0 Herstellung von Gummiwaren

Kennzahl	Beschäftigte von ... bis ...						
	20–49	50–99	100–249	250–499	500–999	1.000 und mehr	insgesamt
Materialverbrauch, Einsatz von Handelsware zu Anschaffungskosten (davon Lohnarbeiten) in % der Gesamtleistung[1]	48,5 (0,6)	49,5 (0,9)	48,5 (0,9)	54,1 (2,5)	47,8 (1,0)	55,4 (1,0)	53,1 (1,1)
Personalkosten einschließlich gesetzlicher und freiwilliger Sozialaufwand in % der Gesamtleistung[1]	28,7	25,8	24,7	27,0	28,7	21,4	23,6
Bruttoproduktionswert[1] je Beschäftigten in €	112.707	133.293	139.955	147.989	168.686	238.018	192.619

Kostenstruktur im Produzierenden Gewerbe*	25.13.0 Herstellung von sonstigen Gummiwaren

Kennzahl	Beschäftigte von ... bis ...				
	20–99	100–499	500–999	1.000 und mehr	insgesamt
Materialverbrauch, Einsatz von Handelsware zu Anschaffungskosten (davon Lohnarbeiten) in % der Gesamtleistung[1]	48,8 (0,8)	50,9 (1,8)	47,8 (1,0)	50,8 (2,6)	49,7 (1,6)
Personalkosten einschließlich gesetzlicher und freiwilliger Sozialaufwand in % der Gesamtleistung[1]	26,9	25,9	28,7	28,5	27,6
Bruttoproduktionswert[1] je Beschäftigten in €	126.485	143.904	168.686	151.287	149.570

*   Quelle: Statistisches Bundesamt 2006 (Erhebungszeitraum 2004) – Fachserie 4, Reihe 4.3.

1)   = „Bruttoproduktionswert" = Gesamtumsatz ohne Umsatzsteuer plus/minus Bestandsveränderungen an fertigen und unfertigen Erzeugnissen aus eigener Produktion plus selbsterstellte Anlagen.

Kostenstruktur im Produzierenden Gewerbe*	25.21.0 Herstellung von Platten, Folien, Schläuchen und Profilen aus Kunststoff

Kennzahl	Beschäftigte von ... bis ...					
	20–49	50–99	100–499	500–999	1.000 und mehr	insge-samt
Materialverbrauch, Einsatz von Handelsware zu Anschaffungskosten (davon Lohnarbeiten) in % der Gesamtleistung[1]	60,1 (1,2)	57,2 (0,7)	57,0 (1,0)	51,8 (1,8)	55,3 (1,5)	55,6 (1,3)
Personalkosten einschließlich gesetzlicher und freiwilliger Sozialaufwand in % der Gesamtleistung[1]	20,7	18,5	19,5	24,9	24,1	21,9
Bruttoproduktionswert[1] je Beschäftigten in €	177.361	211.961	211.517	194.503	195.038	200.676

Kostenstruktur im Produzierenden Gewerbe*	25.22.0 Herstellung von Verpackungsmitteln aus Kunststoff

Kennzahl	Beschäftigte von ... bis ...				
	20–49	50–99	100–499	500 und mehr	insge-samt
Materialverbrauch, Einsatz von Handelsware zu Anschaffungskosten (davon Lohnarbeiten) in % der Gesamtleistung[1]	52,2 (0,7)	43,9 (1,3)	51,5 (1,7)	51,2 (1,4)	50,4 (1,5)
Personalkosten einschließlich gesetzlicher und freiwilliger Sozialaufwand in % der Gesamtleistung[1]	20,6	23,5	22,8	21,8	22,5
Bruttoproduktionswert[1] je Beschäftigten in €	156.002	130.523	168.103	200.970	165.501

* Quelle: Statistisches Bundesamt 2006 (Erhebungszeitraum 2004) – Fachserie 4, Reihe 4.3.
1) = „Bruttoproduktionswert" = Gesamtumsatz ohne Umsatzsteuer plus/minus Bestandsveränderungen an fertigen und unfertigen Erzeugnissen aus eigener Produktion plus selbsterstellte Anlagen.

Kostenstruktur im Produzierenden Gewerbe*	25.23.0 Herstellung von Baubedarfsartikeln aus Kunststoff

Kennzahl	Beschäftigte von ... bis ...					
	20–49	50–99	100–249	250–499	500 und mehr	insgesamt
Materialverbrauch, Einsatz von Handelsware zu Anschaffungskosten (davon Lohnarbeiten) in % der Gesamtleistung[1]	52,0 (3,3)	53,1 (3,8)	48,7 (0,7)	47,1 (3,2)	60,1 (2,9)	51,8 (2,5)
Personalkosten einschließlich gesetzlicher und freiwilliger Sozialaufwand in % der Gesamtleistung[1]	27,7	26,7	27,3	24,3	20,4	25,4
Bruttoproduktionswert[1] je Beschäftigten in €	115.833	126.770	133.917	155.463	222.379	143.349

Kostenstruktur im Produzierenden Gewerbe*	25.24.0 Herstellung von sonstigen Kunststoffwaren

Kennzahl	Beschäftigte von ... bis ...					
	20–49	50–99	100–499	500–999	1.000 und mehr	insgesamt
Materialverbrauch, Einsatz von Handelsware zu Anschaffungskosten (davon Lohnarbeiten) in % der Gesamtleistung[1]	44,0 (1,9)	47,2 (5,8)	48,1 (2,1)	51,6 (3,4)	53,3 (0,8)	49,0 (2,6)
Personalkosten einschließlich gesetzlicher und freiwilliger Sozialaufwand in % der Gesamtleistung[1]	28,9	29,0	26,6	26,5	23,9	26,7
Bruttoproduktionswert[1] je Beschäftigten in €	104.188	110.193	135.481	158.105	188.388	136.191

* Quelle: Statistisches Bundesamt 2006 (Erhebungszeitraum 2004) – Fachserie 4, Reihe 4.3.

1) = „Bruttoproduktionswert" = Gesamtumsatz ohne Umsatzsteuer plus/minus Bestandsveränderungen an fertigen und unfertigen Erzeugnissen aus eigener Produktion plus selbsterstellte Anlagen.

2.2.39 Handelsvertreter und Handelsmakler

Die Kostenstrukturstatistik des Statistischen Bundesamtes zur Handelsvermittlung ist in der Fachserie 6, Reihe 4 – Handel, Gastgewerbe, Tourismus integriert. Darin enthalten sind keine Spezialisierungen zur Handelsvermittlung mehr, sondern lediglich allgemein gültige Zahlen zu 51.10.0 Handelsvermittlung.

Vergleichswerte Handel 51.10.0 Handelsvermittlung

	Beschäftigte 1-2		Beschäftigte 3-5		Beschäftigte 6-19		Beschäftigte 20 und mehr		Beschäftigte insgesamt	
	€	%	€	%	€	%	€	%	€	%
KOSTENSTRUKTUR										
1. Umsatz je Unternehmen	103.000,00	100,0	212.000,00	100,0	896.000,00	100,0	11.850.000,00	100,0	220.000,00	100,0
2. Wareneinsatz	5.459,00	5,3	11.872,00	5,6	84.224,00	9,4	1.623.450,00	13,7	19.140,00	8,7
3. *Rohertrag 1 minus 2*	97.541,00	94,7	200.128,00	94,4	811.776,00	90,6	10.226.550,00	86,3	200.860,00	91,3
4. übrige Aufwendungen*	25.441,00	24,7	122.536,00	57,8	514.304,00	57,4	5.996.100,00	50,6	93.720,00	42,6
5. *Überschuss 3 minus 4*	72.100,00	70,0	77.592,00	36,6	297.472,00	36,6	4.230.450,00	35,7	107.140,00	48,7
Weitere Kennzahlen										
Umsatz je Beschäftigten in €	79.000,00		63.000,00		83.000,00		183.000,00		94.000,00	
Anzahl der Beschäftigten	1,3		3,4		10,8		64,6		2,3	
Anzahl der Unternehmen	20.356		2.967		1.089		143		24.554	

* Ohne Fremdkapitalzinsen.

Vergleichswerte aus der letzten Kostenstrukturstatistik des Statistischen Bundesamtes 2006 (Erhebungszeitraum 2003) – Fachserie 6, Reihe 4.

2.2.40   Haushaltswaren, Geschenkartikel

Richtsätze 2005 – Haushaltswaren aus Metall- und Kunststoff, Keramische Erzeugnisse, Glas-, Eisen- und Metallwaren, Einzelhandel
(Gewerbeklasse 52.44.3, 52.44.4 und 52.46.1)

	Deutschland	eigener Betrieb
Rohgewinn I	32–53 42	
Rohgewinn II	–	
Halbreingewinn	17–39 28	
Reingewinn	3–22 12	
Rohgewinnaufschlag	47–113 72	

Richtsätze 2005 – Kunstgewerbliche Erzeugnisse, Geschenkartikel (Einzelhandel)
(Gewerbeklasse 52.48.2)

	Deutschland	eigener Betrieb
Rohgewinn I	36–64 49	
Rohgewinn II	–	
Halbreingewinn	16–46 31	
Reingewinn	4–29 16	
Rohgewinnaufschlag	56–178 96	

Kostenstruktur im Produzierenden Gewerbe*	26.21.0 Herstellung von keramischen Haushaltswaren und Ziergegenständen

Kennzahl	Beschäftigte von ... bis ...			
	20–99	100–499	500 und mehr	insgesamt
Materialverbrauch, Einsatz von Handelsware zu Anschaffungskosten (davon Lohnarbeiten) in % der Gesamtleistung[1]	30,1 (0,9)	29,3 (2,9)	24,7 (3,3)	26,7 (2,9)
Personalkosten einschließlich gesetzlicher und freiwilliger Sozialaufwand in % der Gesamtleistung[1]	41,0	52,3	48,3	48,5
Bruttoproduktionswert[1] je Beschäftigten in €	50.889	57.712	67.512	62.050

Kostenstruktur im Produzierenden Gewerbe*	28.61.0 Herstellung von Schneidwaren und Bestecken aus unedlen Metallen

Kennzahl	Beschäftigte von ... bis ...			
	20–99	100–249	250 und mehr	insgesamt
Materialverbrauch, Einsatz von Handelsware zu Anschaffungskosten (davon Lohnarbeiten) in % der Gesamtleistung[1]	41,7 (3,2)	37,8 (3,6)	27,5 (1,9)	32,2 (2,4)
Personalkosten einschließlich gesetzlicher und freiwilliger Sozialaufwand in % der Gesamtleistung[1]	31,6	34,3	34,4	33,8
Bruttoproduktionswert[1] je Beschäftigten in €	104.689	113.896	157.692	134.654

* Quelle: Statistisches Bundesamt 2006 (Erhebungszeitraum 2004) – Fachserie 4, Reihe 4.3.

1) = „Bruttoproduktionswert" = Gesamtumsatz ohne Umsatzsteuer plus/minus Bestandsveränderungen an fertigen und unfertigen Erzeugnissen aus eigener Produktion plus selbsterstellte Anlagen.

2.2.41 Heilberufe, Sonstige Berufe des Gesundheitswesens

Gesundheitspersonal nach Berufen in 1000*

	2003	2004	Weiterführend im Fachbuch, siehe
Gesundheitsdienstberufe	*2.233*	*2.243*	
Ärzte, Zahnärzte, Apotheker	424	427	
Ärzte	304	306	2.2.5
Apotheker	55	56	2.2.3
Zahnärzte	65	65	2.2.95
Übrige Gesundheitsberufe	1.809	1.816	
Arzthelfer/zahnmedizinische Fachangestellte	510	512	
darunter: zahnmedizinische Fachangestellte	195	197	
Diätassistenten	13	14	
Heilpraktiker	17	18	
Helfer in der Krankenpflege	224	221	
Gesundheits- und Krankenpfleger	713	713	
darunter: Hebammen	18	17	2.2.41
Physiotherapeuten, Masseure, med. Bademeister**	135	139	2.2.41
darunter: Physiotherapeuten	77	79	2.2.41
medizinisch-technische Assistenten	86	87	
pharmazeutisch-technische Assistenten	51	52	
therapeutische Berufe	60	61	
Soziale Berufe	*309*	*315*	
Altenpfleger	288	295	
Heilerziehungspfleger	7	7	
Heilpädagogen	13	12	
Gesundheitshandwerker	*138*	*140*	
Augenoptiker	40	40	2.2.60
Orthopädiemechaniker	12	10	2.2.53
Zahntechniker	69	72	2.2.96
Sonstige Gesundheitshandwerker	17	18	2.2.53
Sonstige Gesundheitsfachberufe	*87*	*84*	
Gesundheitsingenieur	15	13	
gesundheitssichernde Berufe	13	12	
Gesundheitstechniker	8	7	
Pharmakanten	7	7	2.2.3
pharmazeutisch-kaufmännische Angestellte	45	44	2.2.3
andere Berufe im Gesundheitswesen	*1.463*	*1.454*	
Berufe insgesamt	**4.230**	**4.235**	

*   Alle – selbständig und angestellt.
** Nicht medizinische Bäder, Saunas, Massagesalons, Solarien, siehe Teil 2.2.46.
    Diese und viele weitere gesundheitsbezogene Daten finden Sie auch unter www.gbe-bund.de im Informationssystem der Gesundheitsberichterstattung.

Vergleichswerte 85.14.2 Praxen von Masseuren, med. Bademeistern, Krankengymnasten, Hebammen und verwandten Berufen

	Einnahmen in €									
	12.500–50.000		50.000–100.000		100.000–250.000		250.000–500.000		500.000 und mehr	
	€	%	€	%	€	%	€	%	€	%
KOSTENSTRUKTUR										
1. Einnahmen aus selbständiger Tätigkeit	35.145,00	99,0	74.748,80	99,4	160.133,40	99,4	326.827,20	99,4	805.338,80	99,4
2. Umsatz von Handelswaren	35,50	0,1	225,60	0,3	322,20	0,2	657,60	0,2	810,20	0,1
3. Sonstige betriebliche Erträge	319,50	0,9	225,60	0,3	644,40	0,4	1.315,20	0,4	4.051,00	0,5
4. *Summe der Einnahmen 1-3*	35.500,00	100,0	75.200,00	100,0	161.100,00	100,0	328.800,00	100,0	810.200,00	100,0
5. Löhne und Gehälter	4.650,50	13,1	14.062,40	18,7	46.396,80	28,8	121.656,00	37,0	355.677,80	43,9
6. Sozialkosten – gesetzliche	1.029,50	2,9	2.932,80	3,9	9.666,00	6,0	24.988,80	7,6	72.107,80	8,9
7. Sozialkosten – übrige	35,50	0,1	150,40	0,2	644,40	0,4	1.972,80	0,6	4.861,20	0,6
8. *Summe Personalkosten 5-7*	5.715,50	16,1	17.145,60	22,8	56.707,20	35,2	148.617,60	45,2	432.646,80	53,4
9. Bezogene Waren und Dienstleistungen zum Wiederverkauf	35,50	0,1	150,40	0,2	322,20	0,2	328,80	0,1	810,20	0,1
10. Kfz-Kosten	1.455,50	4,1	2.105,60	2,8	3.705,30	2,3	5.589,60	1,7	9.722,40	1,2
11. Bezogene Dienstleistungen und sonstige Aufwendungen	6.709,50	18,9	11.280,00	15,0	25.453,80	15,8	50.635,20	15,4	114.238,20	14,1
12. Mieten, Pachten und Leasing	3.940,50	11,1	8.422,40	11,2	12.726,90	7,9	23.673,60	7,2	76.158,80	9,4
13. *Summe Kosten 8-12*	17.856,50	50,3	39.104,00	52,0	98.915,40	61,4	228.844,80	69,6	633.576,40	78,2
14. *Reinertrag 4 minus 13*	17.643,50	49,7	36.096,00	48,0	62.184,60	38,6	99.955,20	30,4	176.623,60	21,8
Weitere Kennzahlen										
Gesamtleistung je Beschäftigten	17.750,00		25.066,67		28.767,86		32.880,00		35.691,63	
Beschäftigte im Durchschnitt	2,0		3,0		5,6		10,0		22,7	
davon Inhaber/unentgeltlich	1,1		1,2		1,3		1,3		1,5	
Personalkosten je entgeltl. Beschäftigten	6.350,56		9.525,33		13.187,72		17.082,48		20.407,87	

Vergleichswerte aus der letzten Kostenstrukturstatistik des Statistischen Bundesamtes 2004 (Erhebungszeitraum 2002) – Fachserie 2, Reihe 1.6.6.

Vergleichswerte

85.14.4 Sonstige selbständige Tätigkeiten im Gesundheitswesen

	12.500–50.000		50.000–100.000		100.000–250.000		250.000–500.000		500.000 und mehr	
KOSTENSTRUKTUR	€	%	€	%	€	%	€	%	€	%
1. Einnahmen aus selbständiger Tätigkeit	29.785,00	92,5	76.616,10	98,1	159.697,50	99,5	346.743,40	98,9	2.019.941,70	95,9
2. Umsatz von Handelswaren	2.157,40	6,7	1.327,70	1,7	321,00	0,2	3.856,60	1,1	12.637,80	0,6
3. Sonstige betriebliche Erträge	257,60	0,8	156,20	0,2	481,50	0,3	0,00	0,0	73.720,50	3,5
4. *Summe der Einnahmen 1-3*	32.200,00	100,0	78.100,00	100,0	160.500,00	100,0	350.600,00	100,0	2.106.300,00	100,0
5. Löhne und Gehälter	2.382,80	7,4	17.728,70	22,7	54.730,50	34,1	137.785,80	39,3	958.366,50	45,5
6. Sozialkosten – gesetzliche	483,00	1,5	3.670,70	4,7	11.395,50	7,1	28.048,00	8,0	191.673,30	9,1
7. Sozialkosten – übrige	32,20	0,1	234,30	0,3	642,00	0,4	1.051,80	0,3	6.318,90	0,3
8. *Summe Personalkosten 5-7*	2.898,00	9,0	21.633,70	27,7	66.768,00	41,6	166.885,60	47,6	1.156.358,70	54,9
9. Bezogene Waren und Dienstleistungen zum Wiederverkauf	1.545,60	4,8	1.093,40	1,4	160,50	0,1	2.454,20	0,7	2.106,30	0,1
10. Kfz-Kosten	1.867,60	5,8	2.499,20	3,2	2.889,00	1,8	6.310,80	1,8	12.637,80	0,6
11. Bezogene Dienstleistungen und sonstige Aufwendungen	5.184,20	16,1	13.823,70	17,7	23.914,50	14,9	46.980,40	13,4	587.657,70	27,9
12. Mieten, Pachten und Leasing	3.670,80	11,4	6.560,40	8,4	12.679,50	7,9	26.295,00	7,5	50.551,20	2,4
13. *Summe Kosten 8-12*	15.166,20	47,1	45.610,40	58,4	106.411,50	66,3	248.926,00	71,0	1.809.311,70	85,9
14. *Reinertrag 4 minus 13*	17.033,80	52,9	32.489,60	41,6	54.088,50	33,7	101.674,00	29,0	296.988,30	14,1
Weitere Kennzahlen										
Gesamtleistung je Beschäftigten	23.000,00		26.033,33		29.181,82		34.712,87		39.816,64	
Beschäftigte im Durchschnitt	1,4		3,0		5,5		10,1		52,9	
davon Inhaber/unentgeltlich	1,0		1,1		1,2		1,3		1,3	
Personalkosten je entgeltl. Beschäftigten	7.245,00		11.386,16		15.527,44		18.964,27		22.410,05	

Vergleichswerte aus der letzten Kostenstrukturstatistik des Statistischen Bundesamtes 2004 (Erhebungszeitraum 2002) – Fachserie 2, Reihe 1.6.6.

2.2.42   Heizungs-, Gas- und Wasserinstallation, Klempnerei

Richtsätze 2005 – Heizungs-, Gas- und Wasserinstallation, Klempnerei (Flaschnerei, Spenglerei)
(Gewerbeklasse 45.33.0)

Wirtschaftl. Umsatz	Deutschland			eigener Betrieb
	bis 200.000 €	über 200.000 € bis 600.000 €	über 600.000 €	
Rohgewinn I	57	56	54	
Rohgewinn II	34–62 48	28–51 39	25–43 33	
Halbreingewinn	13–41 26	11–30 20	10–28 17	
Reingewinn	10–36 21	6–24 14	3–19 10	
Rohgewinnaufschlag	–	–	–	

Verdiensterhebung im Handwerk* – Klempner (Anlage A zur HWO Nr. 23)

	Durchschnittlicher Bruttoverdienst					
	pro Stunde			pro Monat		
	ABL	NBL und Berlin Ost	Deutschland	ABL	NBL und Berlin Ost	Deutschland
	in €					
Gesellen	13,59	9,74	12,95	2.273	1.680	2.176
Männer	13,60	9,74	12,95	2.274	1.679	2.177
Frauen	–	–	–	–	–	–
Übrige Arbeiter	11,27	9,54	11,08	1.853	1.626	1.828
Männer	11,30	9,83	11,14	1.853	1.670	1.834
Frauen	10,91	–	10,32	1.854	–	1.764
Arbeiter	13,31	9,73	12,74	2.222	1.676	2.137
Männer	13,34	9,74	12,76	2.226	1.678	2.140
Frauen	11,10	–	10,63	1.875	–	1.806

* Veröffentlichung des Statistischen Bundesamtes: Fachserie 16, Reihe 3, zuletzt für Mai 2005.

Verdiensterhebung im Handwerk* – Installateuer und Heizungsbauer (Gas- und Wasser) (Anlage A zur HWO Nr. 24)

	Durchschnittlicher Bruttoverdienst					
	pro Stunde			pro Monat		
	ABL	NBL und Berlin Ost	Deutschland	ABL	NBL und Berlin Ost	Deutschland
	in €					
Gesellen	13,71	9,29	13,05	2.291	1.580	2.187
Männer	13,71	9,29	13,05	2.291	1.580	2.187
Frauen	–	–	–	–	–	–
Übrige Arbeiter	12,44	8,96	11,65	2.072	1.528	1.951
Männer	12,47	9,07	11,72	2.080	1.547	1.963
Frauen	(11,52)	.	(10,04)	(1.868)	.	(1.654)
Arbeiter	13,64	9,26	12,97	2.278	1.575	2.172
Männer	13,64	9,27	12,98	2.280	1.577	2.174
Frauen	(11,67)	–	(10,69)	(1.913)	–	(1.766)

* Veröffentlichung des Statistischen Bundesamtes: Fachserie 16, Reihe 3, zuletzt für Mai 2005.

Verdiensterhebung im Handwerk* – Installateuer und Heizungsbauer (Zentralheizungs- und Lüftungsbauer) (Anlage A zur HWO Nr. 24)

	Durchschnittlicher Bruttoverdienst					
	pro Stunde			pro Monat		
	ABL	NBL und Berlin Ost	Deutschland	ABL	NBL und Berlin Ost	Deutschland
	in €					
Gesellen	13,61	9,15	12,75	2.269	1.584	2.140
Männer	16,61	9,14	12,75	2.270	1.582	2.141
Frauen	(11,05)	–	(11,20)	(1.853)	–	(1.914)
Übrige Arbeiter	12,65	8,81	12,14	2.104	1.510	2.027
Männer	12,65	8,72	12,13	2.114	1.494	2.034
Frauen	(12,59)	–	(12,48)	(1.878)	–	(1.888)
Arbeiter	13,56	9,14	12,72	2.261	1.582	2.135
Männer	13,57	9,13	12,72	2.262	1.579	2.136
Frauen	11,78	–	11,74	1.866	–	1.902

*   Veröffentlichung des Statistischen Bundesamtes: Fachserie 16, Reihe 3, zuletzt für Mai 2005.

2.2.43 Keramik

Siehe auch Teil 2.2.8 Baugewerbe, Baustoffe und Teil 2.2.35 Glasgewerbe, Glas- und Glasfaserherstellung

Kostenstruktur im Produzierenden Gewerbe*		26.20.0 Herstellung von keramischen Erzeugnissen (ohne Herstellung von Ziegeln und Baukeramik)

Nr. WZ 2003	Branchenbezeichnung	Bruttoproduktionswert[1] je Beschäftigten in €	Materialverbrauch, Einsatz an Handelsware und Anschaffungskosten, Kosten für Lohnarbeiten (davon Lohnarbeiten) in % der Gesamtleistung[1]	Personalkosten einschl. gesetzlicher und freiwilliger Sozialaufwand in % der Gesamtleistung[1]
26.20.0	Herstellung von keramischen Erzeugnissen (ohne Herstellung von Ziegeln und Baukeramik)	126.658	40,1 (1,5)	30,9
26.21.0	Herstellung von keramischen Haushaltswaren und Ziergegenständen**	62.050	26,7 (2,9)	48,5
26.22.0	Herstellung von Sanitärkeramik	163.714	46,0 (1,0)	24,8
26.23.0	Herstellung von keramischen Isolatoren und Isolierteilen	96.562	32,3 (0,5)	42,3
26.24.0	Herstellung von keramischen Erzeugnissen für sonstige technische Zwecke	130.037	29,4 (2,3)	32,9
26.25.0	Herstellung von keramischen Erzeugnissen ang.	109.489	30,1 (0,6)	33,5
26.26.0	Herstellung von feuerfesten keramischen Werkstoffen	193.494	49,2 (1,2)	24,5

*   Quelle: Statistisches Bundesamt 2006 (Erhebungszeitraum 2004) – Fachserie 4, Reihe 4.3.
** Siehe auch jeweilige Kostenstruktur nach Beschäftigtengrößenklassen.
1) = „Bruttoproduktionswert" = Gesamtumsatz ohne Umsatzsteuer plus/minus Bestandsveränderungen an fertigen und unfertigen Erzeugnissen aus eigener Produktion plus selbsterstellte Anlagen.

| Kostenstruktur im Produzierenden Gewerbe* | 26.20.0 Herstellung von keramischen Erzeugnissen (ohne Herstellung von Ziegeln und Baukeramik) |

Kennzahl	Beschäftigte von ... bis ...					
	20–99	100–249	250–499	500–999	1.000 und mehr	insge-samt
Materialverbrauch, Einsatz von Handelsware zu Anschaffungs-kosten (davon Lohnarbeiten) in % der Gesamtleistung[1]	40,5 (1,9)	41,2 (1,6)	38,3 (1,0)	39,7 (0,6)	40,8 (2,1)	40,1 (1,5)
Personalkosten einschließlich gesetzlicher und freiwilliger Sozialaufwand in % der Gesamtleistung[1]	30,1	33,2	30,8	28,9	31,3	30,9
Bruttoproduktionswert[1] je Beschäftigten in €	107.232	116.317	129.818	135.524	134.643	126.658

*   Quelle: Statistisches Bundesamt 2006 (Erhebungszeitraum 2004) – Fachserie 4, Reihe 4.3.

1)   = „Bruttoproduktionswert" = Gesamtumsatz ohne Umsatzsteuer plus/minus Bestandsveränderungen an fertigen und unfertigen Erzeugnissen aus eigener Produktion plus selbsterstellte Anlagen.

2.2.44 Kokerei, Mineralölverarbeitung

Kostenstruktur im Produzierenden Gewerbe*		23.00.0 Kokerei, Mineralölverarbeitung, Herstellung von Brutstoffen	
Nr. WZ 2003	Branchenbezeichnung	Bruttoproduktions- wert[1] je Beschäf- tigten in €	Materialverbrauch, Einsatz an Handels- ware und Anschaf- fungskosten, Kosten für Lohnarbeiten (davon Lohnarbeiten) in % der Gesamt- leistung[1]	Personalkosten einschl. gesetzlicher und freiwilliger Sozialaufwand in % der Gesamt- leistung[1]
23.00.0	Kokerei, Mineralölver- arbeitung, Herstellung von Brutstoffen	5.564.799	58,8 (1,0)	1,5

* Quelle: Statistisches Bundesamt 2006 (Erhebungszeitraum 2004) – Fachserie 4, Reihe 4.3.
** Siehe auch jeweilige Kostenstruktur nach Beschäftigtengrößenklassen.
1) = „Bruttoproduktionswert" = Gesamtumsatz ohne Umsatzsteuer plus/minus Bestandsveränderungen an fertigen und unfertigen Erzeugnissen aus eigener Produktion plus selbsterstellte Anlagen.

2.2.45 Körperpflegemittel, Waschmittel

Siehe auch Teil 2.2.17 Chemische Industrie, Teil 2.2.22 Drogerien, Parfümerien

| Kostenstruktur im Produzierenden Gewerbe* | 24.51.0 Herstellung von Seifen, Wasch-, Reinigungs- und Poliermitteln |

Kennzahl	Beschäftigte von ... bis ...				
	20–49	50–99	100–499	500 und mehr	insge-samt
Materialverbrauch, Einsatz von Handelsware zu Anschaffungs-kosten (davon Lohnarbeiten) in % der Gesamtleistung[1]	42,8 (0,1)	47,1 (1,5)	54,6 (0,6)	54,3 (1,3)	53,6 (1,1)
Personalkosten einschließlich gesetzlicher und freiwilliger Sozialaufwand in % der Gesamtleistung[1]	21,9	23,3	17,2	18,3	18,5
Bruttoproduktionswert[1] je Beschäftigten in €	165.531	174.156	273.898	364.129	312.172

| Kostenstruktur im Produzierenden Gewerbe* | 21.52.0 Herstellung von Duftstoffen und Körperpflegemitteln |

Kennzahl	Beschäftigte von ... bis ...					
	20–49	50–99	100–249	250–499	500 und mehr	insge-samt
Materialverbrauch, Einsatz von Handelsware zu Anschaffungs-kosten (davon Lohnarbeiten) in % der Gesamtleistung[1]	43,1 (3,7)	53,8 (1,3)	47,6 (0,5)	48,5 (1,8)	45,7 (1,6)	46,9 (1,5)
Personalkosten einschließlich gesetzlicher und freiwilliger Sozialaufwand in % der Gesamtleistung[1]	22,4	18,1	18,4	15,8	18,6	18,1
Bruttoproduktionswert[1] je Beschäftigten in €	150.840	173.988	215.850	247.344	316.943	262.976

* Quelle: Statistisches Bundesamt 2006 (Erhebungszeitraum 2004) – Fachserie 4, Reihe 4.3.
1) = „Bruttoproduktionswert" = Gesamtumsatz ohne Umsatzsteuer plus/minus Bestandsveränderungen an fertigen und unfertigen Erzeugnissen aus eigener Produktion plus selbsterstellte Anlagen.

2.2.46 Kosmetiksalons, Solarien und Massagesalons (ohne medizinische Massage)

Richtsätze 2005 – Kosmetiksalons
(Gewerbeklassen 93.02.4)

	Deutschland		eigener Betrieb
Wirtschaftl. Umsatz	bis 75.000 €	über 75.000 €	
Rohgewinn I	64–90 77	59–83 71	
Rohgewinn II	–	–	
Halbreingewinn	30–70 50	25–59 42	
Reingewinn	16–56 36	11–37 23	
Rohgewinnaufschlag	178–900 335	144–488 245	

Richtsätze 2005 – Solarien
(Gewerbeklassen 93.04.2)

	Deutschland	eigener Betrieb
Wirtschaftl. Umsatz		
Rohgewinn I		
Rohgewinn II		
Halbreingewinn	28–64 47	
Reingewinn	4–34 18	
Rohgewinnaufschlag		

Markt	93.02.4 Kosmetiksalons
Anzahl der Unternehmen	9.868
davon:	
Einzelunternehmen	9.605
Personengesellschaften	256
Kapitalgesellschaften	–
davon:	
bis 250.000 € Umsatz	9.782
ab 250.000 € Umsatz	86
Gesamtumsatz der Branche	533.050 T€
d.h. durchschnittlich je Unternehmen	54,0 T€

Quelle: Statistisches Bundesamt 2006 (Erhebungszeitraum 2002) – Fachserie 2, Reihe 1.6.4.

Markt	93.04.1 Bäder und Saunas (ohne medizinische Bäder)	93.04.2 Solarien, Massage-salons (ohne medizinische Massagen), Fitnesszentren u.Ä.
Anzahl der Unternehmen	488	3.195
davon:		
Einzelunternehmen	385	2.083
Personengesellschaften	64	814
Kapitalgesellschaften	40	298
davon:		
bis 1.000.000 € Umsatz	461	3.132
ab 1.000.000 € Umsatz	27	63
Gesamtumsatz der Branche	169.983 T€	674.254 T€
d.h. durchschnittlich je Unternehmen	348,3 T€	211,1 T€

Quelle: Statistisches Bundesamt 2006 (Erhebungszeitraum 2002) – Fachserie 2, Reihe 1.6.3.

Planungsunterlage Dienstleistungen 93.02.4 Kosmetiksalons

KOSTENSTRUKTUR	Beschäftigte von ... bis									
	0-3		3-6		6-10		10-15		20 und mehr	
	€	%	€	%	€	%	€	%	€	%
1. Dienstleistungsumsatz	34.519,60	84,4	76.962,60	85,8	150.212,00	68,0	290.414,60	56,6	913.498,00	83,0
2. Handelsumsatz	6.175,90	15,1	12.288,90	13,7	70.688,00	32,0	219.606,80	42,8	139.776,20	12,7
3. Übriger Umsatz	163,60	0,4	358,80	0,4	0,00	0,0	3.078,60	0,6	46.225,20	4,2
4. Gesamtumsatz 1-3	40.900,00	100,0	89.700,00	100,0	220.900,00	100,0	513.100,00	100,0	1.100.600,00	100,0
5. Waren/Fremdleistungen	4.130,90	10,1	9.687,60	10,8	32.914,10	14,9	113.908,20	22,2	155.184,60	14,1
6. Roh-, Hilfs- und Betriebsstoffe	5.317,00	13,0	7.355,40	8,2	10.382,30	4,7	49.257,60	9,6	106.758,20	9,7
7. Summe Material/Waren 5 und 6	9.447,90	23,1	17.043,00	19,0	43.296,40	19,6	163.165,80	31,8	261.942,80	23,8
8. Rohertrag 4 minus 7	31.452,10	76,9	72.657,00	81,0	177.603,60	80,4	349.934,20	68,2	838.657,20	76,2
9. Personalaufwand	2.884,60	7,1	27.693,62	30,9	116.311,80	52,7	123.016,75	24,0	500.414,20	45,5
10. übriger Sachaufwand	12.534,70	30,6	24.152,98	26,9	45.166,10	20,4	68.882,65	13,4	242.490,80	22,0
11. Gesamtaufwand 7 plus 9 plus 10	24.867,20	60,8	68.889,60	76,8	204.774,30	92,7	355.065,20	69,2	1.004.847,80	91,3
12. Betriebliche Steuern und Abgaben	490,80	1,2	807,30	0,9	220,90	0,1	11.801,30	2,3	6.603,60	0,6
13. Reingewinn 4 minus 11 bis 12	15.542,00	38,0	20.003,10	22,3	15.904,80	7,2	146.233,50	28,5	89.148,60	8,1

Weitere Kennzahlen

	0-3	3-6	6-10	10-15	20 und mehr
Umsatz je tätige Person	29.800	27.200	29.500	46.600	30.100
tätige Inhaber/unentgeltlich	1,0	1,1	1,0	1,5	1,1
Lohn- und Gehaltsempfänger	0,4	2,2	6,5	9,5	35,4
Personalkosten je entgeltlich Beschäftigten	7.211	12.588	17.894	7.251	14.136

Quelle: Statistisches Bundesamt 2006 (Erhebungszeitraum 2002) – Fachserie 2, Reihe 1.6.4/eigene Berechnungen; Rundungsdifferenzen möglich.

Planungsunterlage Dienstleistungen 93.04.1 Bäder und Saunas (ohne medizinische Bäder)

	0-6		6-15		15-20		20-50		50 und mehr	
KOSTENSTRUKTUR	€	%	€	%	€	%	€	%	€	%
1. Dienstleistungsumsatz	63.430,50	86,3	229.480,90	91,1	477.126,30	88,9	1.052.919,00	81,0	5.750.239,60	96,1
2. Handelsumsatz	9.555,00	13,0	15.365,90	6,1	28.981,80	5,4	101.392,20	7,8	71.803,20	1,2
3. Übriger Umsatz	514,50	0,7	7.053,20	2,8	30.591,90	5,7	145.588,80	11,2	161.557,20	2,7
4. Gesamtumsatz 1-3	73.500,00	100,0	251.900,00	100,0	536.700,00	100,0	1.299.900,00	100,0	5.983.600,00	100,0
5. Waren/Fremdleistungen	3.748,50	5,1	7.808,90	3,1	11.270,70	2,1	45.496,50	3,5	41.885,20	0,7
6. Roh-, Hilfs- und Betriebsstoffe	3.307,50	4,5	13.098,80	5,2	36.495,60	6,8	37.697,10	2,9	221.393,20	3,7
7. Summe Material/Waren 5 und 6	7.056,00	9,6	20.907,70	8,3	47.766,30	8,9	83.193,60	6,4	263.278,40	4,4
8. Rohertrag 4 minus 7	66.444,00	90,4	230.992,30	91,7	488.933,70	91,1	1.216.706,40	93,6	5.720.321,60	95,6
9. Personalaufwand	8.882,33	12,1	67.050,24	26,6	190.143,15	35,4	463.362,35	35,6	1.727.297,78	28,9
10. übriger Sachaufwand	32.865,67	44,7	117.088,66	46,5	224.725,95	41,9	641.552,65	49,4	2.461.222,22	41,1
11. Gesamtaufwand 7 plus 9 plus 10	48.804,00	66,4	205.046,60	81,4	462.635,40	86,2	1.188.108,60	91,4	4.451.798,40	74,4
12. Betriebliche Steuern und Abgaben	1.323,00	1,8	4.786,10	1,9	25.761,60	4,8	11.699,10	0,9	155.573,60	2,6
13. Reingewinn 4 minus 11 bis 12	23.373,00	31,8	42.067,30	16,7	48.303,00	9,0	100.092,30	7,7	1.376.228,00	23,0
Weitere Kennzahlen										
Umsatz je tätige Person	28.900		30.200		31.300		45.300		71.400	
tätige Inhaber/unentgeltlich	1,3		1,4		0,5		0,7		0,7	
Lohn- und Gehaltsempfänger	1,3		7,0		16,7		28,0		83,1	
Personalkosten je entgeltlich Beschäftigten	6.833		9.579		11.386		16.549		20.786	

Beschäftigte von ... bis ...

Quelle: Statistisches Bundesamt 2006 (Erhebungszeitraum 2002) – Fachserie 2, Reihe 1.6.3/eigene Berechnungen: Rundungsdifferenzen möglich.

Planungsunterlage Dienstleistungen 93.04.2 Solarien, Massagesalons (ohne medizinische Massagen), Fitnesszentren u.Ä.

KOSTENSTRUKTUR	Beschäftigte von ... bis									
	0-6		6-15		15-20		20-50		50 und mehr	
	€	%	€	%	€	%	€	%	€	%
1. Dienstleistungsumsatz	78.476,00	92,0	175.963,80	93,3	351.621,10	94,7	491.043,00	93,8	1.561.234,50	94,5
2. Handelsumsatz	5.971,00	7,0	11.881,80	6,3	16.337,20	4,4	28.269,00	5,4	75.996,60	4,6
3. Übriger Umsatz	853,00	1,0	754,40	0,4	3.341,70	0,9	4.188,00	0,8	14.868,90	0,9
4. Gesamtumsatz 1-3	85.300,00	100,0	188.600,00	100,0	371.300,00	100,0	523.500,00	100,0	1.652.100,00	100,0
5. Waren/Fremdleistungen	3.838,50	4,5	6.789,60	3,6	11.510,30	3,1	13.087,50	2,5	44.606,70	2,7
6. Roh-, Hilfs- und Betriebsstoffe	4.009,10	4,7	6.789,60	3,6	11.881,60	3,2	18.846,00	3,6	67.736,10	4,1
7. Summe Material/Waren 5 und 6	7.847,60	9,2	13.579,20	7,2	23.391,90	6,3	31.933,50	6,1	112.342,80	6,8
8. Rohertrag 4 minus 7	77.452,40	90,8	175.020,80	92,8	347.908,10	93,7	491.566,50	93,9	1.539.757,20	93,2
9. Personalaufwand	13.128,69	15,4	48.383,07	25,7	102.231,51	27,5	159.416,74	30,5	513.357,03	31,1
10. übriger Sachaufwand	40.951,51	48,0	92.123,93	48,8	187.011,19	50,4	255.195,26	48,7	704.240,67	42,6
11. Gesamtaufwand 7 plus 9 plus 10	61.927,80	72,6	154.086,20	81,7	312.634,60	84,2	446.545,50	85,3	1.329.940,50	80,5
12. Betriebliche Steuern und Abgaben	853,00	1,0	1.886,00	1,0	2.970,40	0,8	9.946,50	1,9	24.781,50	1,5
13. Reingewinn 4 minus 11 bis 12	22.519,20	26,4	32.627,80	17,3	55.695,00	15,0	67.008,00	12,8	297.378,00	18,0

Weitere Kennzahlen

Umsatz je tätige Person	30.200	19.600	21.800	17.800	19.900
tätige Inhaber/unentgeltlich	1,3	1,3	1,1	1,6	4,0
Lohn- und Gehaltsempfänger	1,6	8,3	15,9	27,8	79,1
Personalkosten je entgeltlich Beschäftigten	8.205	5.829	6.430	5.734	6.490

Quelle: Statistisches Bundesamt 2006 (Erhebungszeitraum 2002) – Fachserie 2, Reihe 1.6.3/eigene Berechnungen: Rundungsdifferenzen möglich.

2.2.47 Kraftfahrzeugbranchen, Fahrzeugbau

Richtsätze für das Jahr 2005 – Kraftfahrzeuglackiererei
(Gewerbeklasse 50.20.3)

Wirtschaftl. Umsatz	Deutschland			eigener Betrieb
	bis 200.000 €	über 200.000 € bis 400.000 €	über 400.000 €	
Rohgewinn I	78	78	78	
Rohgewinn II	48–78 63	43–66 53	39–59 49	
Halbreingewinn	22–57 37	16–46 30	14–37 26	
Reingewinn	9–36 23	5–28 16	5–22 12	
Rohgewinnaufschlag	–	–	–	

Richtsätze 2005 – Kraftfahrzeugreparatur
(Gewerbeklasse 50.20.5)

Wirtschaftl. Umsatz	Deutschland[1]			eigener Betrieb
	bis 150.000 €	über 150.000 € bis 300.000 €	über 300.000 €	
Rohgewinn I	62	58	54	
Rohgewinn II	46–68 57	35–56 45	28–50 39	
Halbreingewinn	19–50 35	15–38 27	12–32 22	
Reingewinn	11–41 25	8–27 18	5–22 13	
Rohgewinnaufschlag	–	–	–	

1) Ohne Tankstelle, Garagenvermietung und Fahrschule.

Richtsätze für das Jahr 2005 – Kraftfahrzeugzubehörhandel
(Gewerbeklasse 50.30.3)

Wirtschaftl. Umsatz	Deutschland[1]		eigener Betrieb
	bis 250.000 €	über 250.000 €	
Rohgewinn I	26–53 38	24–46 33	
Rohgewinn II	–	–	
Halbreingewinn	13–33 24	12–29 21	
Reingewinn	4–26 15	3–18 9	
Rohgewinnaufschlag	35–113 61	32–85 49	

1) Einzelhandel mit Kraftwagenteilen und -zubehör

Richtsätze für das Jahr 2005 – Kraftfahrzeug-Einzelhandel
(Gewerbeklasse 50.10.3)

Wirtschaftl. Umsatz	Deutschland		eigener Betrieb
	bis 500.000 €	über 500.000 €	
Rohgewinn I	13–44 26	8–29 17	
Rohgewinn II	–	–	
Halbreingewinn	5–29 16	4–18 10	
Reingewinn	3–20 10	1–8 4	
Rohgewinnaufschlag	15–79 35	9–41 20	

Vergleichswerte Handel   50.10.0 Handel mit Kraftwagen

	Beschäftigte 1-2		Beschäftigte 3-5		Beschäftigte 6-19		Beschäftigte 20 und mehr		Beschäftigte insgesamt	
KOSTENSTRUKTUR	€	%	€	%	€	%	€	%	€	%
1. Umsatz je Unternehmen	904.000,00	100,0	1.067.000,00	100,0	2.868.000,00	100,0	22.099.000,00	100,0	4.171.000,00	100,0
2. Wareneinsatz	674.384,00	74,6	845.064,00	79,2	2.176.812,00	75,9	16.883.636,00	76,4	3.182.473,00	76,3
3. *Rohertrag 1 minus 2*	229.616,00	25,4	221.936,00	20,8	691.188,00	24,1	5.215.364,00	23,6	988.527,00	23,7
4. übrige Aufwendungen*	70.512,00	7,8	128.040,00	12,0	447.408,00	15,6	3.513.741,00	15,9	625.650,00	15,0
5. *Überschuss 3 minus 4*	159.104,00	17,6	93.896,00	8,8	243.780,00	8,5	1.701.623,00	7,7	362.877,00	
Weitere Kennzahlen										
Umsatz je Beschäftigten in €	658.000,00		301.000,00		264.000,00		389.000,00		367.000,00	
Anzahl der Beschäftigten	1,4		3,5		10,9		56,8		11,4	
Anzahl der Unternehmen	11.320		7.436		6.898		3.851		29.505	

* Ohne Fremdkapitalzinsen.
Vergleichswerte aus der letzten Kostenstrukturstatistik des Statistischen Bundesamtes 2006 (Erhebungszeitraum 2003) – Fachserie 6, Reihe 4.

Vergleichswerte Handel   50.20.0 Instandhaltung und Reparatur von Kraftwagen

KOSTENSTRUKTUR	Beschäftigte 1-2		Beschäftigte 3-5		Beschäftigte 6-19		Beschäftigte 20 und mehr		Beschäftigte insgesamt	
	€	%	€	%	€	%	€	%	€	%
1. Umsatz je Unternehmen	116.000,00	100,0	266.000,00	100,0	841.000,00	100,0	5.709.000,00	100,0	551.000,00	100,0
2. Wareneinsatz	52.548,00	45,3	125.818,00	47,3	440.684,00	52,4	3.185.622,00	55,8	287.622,00	52,2
3. Rohertrag 1 minus 2	63.452,00	54,7	140.182,00	52,7	400.316,00	47,6	2.523.378,00	44,2	263.378,00	47,8
4. übrige Aufwendungen*	31.552,00	27,2	87.514,00	32,9	277.530,00	33,0	1.844.007,00	32,3	177.973,00	32,3
5. Überschuss 3 minus 4	31.900,00	27,5	52.668,00	19,8	122.786,00	14,6	679.371,00	11,9	85.405,00	15,5

Weitere Kennzahlen

	Beschäftigte 1-2	Beschäftigte 3-5	Beschäftigte 6-19	Beschäftigte 20 und mehr	Beschäftigte insgesamt
Umsatz je Beschäftigten in €	77.000,00	72.000,00	91.000,00	130.000,00	95.000,00
Anzahl der Beschäftigten	1,5	3,7	9,2	43,8	5,8
Anzahl der Unternehmen	9.889	11.259	7.912	1.008	30.067

* Ohne Fremdkapitalzinsen.

Vergleichswerte aus der letzten Kostenstrukturstatistik des Statistischen Bundesamtes 2006 (Erhebungszeitraum 2003) – Fachserie 6, Reihe 4.

Vergleichswerte Handel 50.30.0 Handel mit Kraftwagenteilen und -zubehör

	Beschäftigte 1-2		Beschäftigte 3-5		Beschäftigte 6-19		Beschäftigte 20 und mehr		Beschäftigte insgesamt	
KOSTENSTRUKTUR	€	%	€	%	€	%	€	%	€	%
1. Umsatz je Unternehmen	190.000,00	100,0	397.000,00	100,0	1.849.000,00	100,0	24.548.000,00	100,0	1.683.000,00	100,0
2. Wareneinsatz	131.860,00	69,4	288.222,00	72,6	946.688,00	51,2	16.766.284,00	68,3	1.092.267,00	64,9
3. Rohertrag 1 minus 2	58.140,00	30,6	108.778,00	27,4	902.312,00	48,8	7.781.716,00	31,7	590.733,00	35,1
4. übrige Aufwendungen*	28.880,00	15,2	84.958,00	21,4	397.535,00	21,5	6.284.288,00	25,6	402.237,00	23,9
5. Überschuss 3 minus 4	29.260,00	15,4	23.820,00	6,0	504.777,00	27,3	1.497.428,00	6,1	188.496,00	11,2
Weitere Kennzahlen										
Umsatz je Beschäftigten in €	138.000,00		114.000,00		178.000,00		213.000,00		188.000,00	
Anzahl der Beschäftigten	1,4		3,5		10,4		115,2		9,0	
Anzahl der Unternehmen	4.528		3.242		2.064		463		10.297	

* Ohne Fremdkapitalzinsen.

Vergleichswerte aus der letzten Kostenstrukturstatistik des Statistischen Bundesamtes 2006 (Erhebungszeitraum 2003) – Fachserie 6, Reihe 4.

Kostenstruktur im Produzierenden Gewerbe*	34.00.0 Herstellung von Kraftwagen und Kraftwagenteilen

Nr. WZ 2003	Branchenbezeichnung	Bruttoproduktionswert[1] je Beschäftigten in €	Materialverbrauch, Einsatz an Handelsware und Anschaffungskosten, Kosten für Lohnarbeiten (davon Lohnarbeiten) in % der Gesamtleistung[1]	Personalkosten einschl. gesetzlicher und freiwilliger Sozialaufwand in % der Gesamtleistung[1]
34.00.0	Herstellung von Kraftwagen und Kraftwagenteilen	345.705	69,8 (1,1)	17,9
34.10.0	Herstellung von Kraftwagen und Kraftwagenmotoren**	421.161	73,1 (0,7)	16,3
34.20.0	Herstellung von Karosserien, Aufbauten und Anhängern**	215.820	66,9 (2,5)	17,8
34.30.0	Herstellung von Teilen und Zubehör für Kraftwagen und Kraftwagenmotoren**	229.517	59,5 (2,2)	23,3

Kostenstruktur im Produzierenden Gewerbe*	34.10.0 Herstellung von Kraftwagen und Kraftwagenmotoren

Kennzahl	Beschäftigte von ... bis ...				
	20–99	100–249	250–999	1.000 und mehr	insgesamt
Materialverbrauch, Einsatz von Handelsware zu Anschaffungskosten (davon Lohnarbeiten) in % der Gesamtleistung[1]	65,1 (0,9)	60,6 (0,6)	58,8 (1,3)	73,4 (0,7)	73,1 (0,7)
Personalkosten einschließlich gesetzlicher und freiwilliger Sozialaufwand in % der Gesamtleistung[1]	23,3	21,7	13,1	16,3	16,3
Bruttoproduktionswert[1] je Beschäftigten in €	149.211	193.721	402.743	423.041	421.161

* Quelle: Statistisches Bundesamt 2006 (Erhebungszeitraum 2004) – Fachserie 4, Reihe 4.3.
** Siehe auch jeweilige Kostenstruktur nach Beschäftigtengrößenklassen.
1) = „Bruttoproduktionswert" = Gesamtumsatz ohne Umsatzsteuer plus/minus Bestandsveränderungen an fertigen und unfertigen Erzeugnissen aus eigener Produktion plus selbsterstellte Anlagen.

| Kostenstruktur im Produzierenden Gewerbe* | 34.20.0 Herstellung von Karosserien, Aufbauten und Anhängern |

Kennzahl	Beschäftigte von ... bis ...					
	20–49	50–99	100–249	250–999	1.000 und mehr	insge- samt
Materialverbrauch, Einsatz von Handelsware zu Anschaffungs- kosten (davon Lohnarbeiten) in % der Gesamtleistung[1]	58,3 (1,7)	57,1 (2,0)	65,3 (3,1)	69,7 (2,9)	70,4 (1,8)	66,9 (2,5)
Personalkosten einschließlich gesetzlicher und freiwilliger Sozialaufwand in % der Gesamtleistung[1]	23,6	25,9	19,7	16,7	12,8	17,8
Bruttoproduktionswert[1] je Beschäftigten in €	132.376	131.070	179.878	251.054	367.823	215.820

| Kostenstruktur im Produzierenden Gewerbe* | 34.30.0 Herstellung von Teilen und Zubehör für Kraftwagen und Kraftwagenmotoren |

Kennzahl	Beschäftigte von ... bis ...					
	20–99	100–249	250–499	500–999	1.000 und mehr	insge- samt
Materialverbrauch, Einsatz von Handelsware zu Anschaffungs- kosten (davon Lohnarbeiten) in % der Gesamtleistung[1]	56,3 (3,6)	62,2 (4,5)	65,6 (3,2)	57,4 (2,4)	58,8 (1,7)	59,5 (2,2)
Personalkosten einschließlich gesetzlicher und freiwilliger Sozialaufwand in % der Gesamtleistung[1]	20,8	19,4	19,9	23,4	24,4	23,3
Bruttoproduktionswert[1] je Beschäftigten in €	175.233	203.580	228.244	200.868	242.420	229.517

* Quelle: Statistisches Bundesamt 2006 (Erhebungszeitraum 2004) – Fachserie 4, Reihe 4.3.
1) = „Bruttoproduktionswert" = Gesamtumsatz ohne Umsatzsteuer plus/minus Bestandsveränderungen an fertigen und unfertigen Erzeugnissen aus eigener Produktion plus selbsterstellte Anlagen.

| Kostenstruktur im Produzierenden Gewerbe* | | 35.00.0 Sonstiger Fahrzeugbau | | |

Nr. WZ 2003	Branchenbezeichnung	Bruttoproduktions-wert[1] je Beschäf-tigten in €	Materialverbrauch, Einsatz an Handels-ware und Anschaf-fungskosten, Kosten für Lohnarbeiten (davon Lohnarbeiten) in % der Gesamt-leistung[1]	Personalkosten einschl. gesetzlicher und freiwilliger Sozialaufwand in % der Gesamt-leistung[1]
35.00.0	Sonstiger Fahrzeugbau	211.012	55,8 (8,8)	28,1
35.10.0	Schiffs- und Bootsbau**	232.811	67,9 (10,3)	20,0
35.11.0	Schiffbau (ohne Boots- und Yachtbau)	224.224	69,2 (11,2)	21,2
35.12.0	Boots- und Yachtbau	287.457	61,5 (5,6)	14,0
35.20.0	Bahnindustrie	179.943	58,4 (4,4)	27,9
35.30.0	Luft- und Raumfahrzeug-bau**	221.940	51,2 (10,4)	31,3
35.40.0	Herstellung von Krafträdern, Fahrrädern und Behinderten-fahrzeugen	174.532	57,3 (0,7)	21,1
35.41.0	Herstellung von Krafträdern	131.058	52,2 (1,3)	29,1
35.42.0	Herstellung von Fahrrädern	199.111	63,4 (0,7)	16,3
35.43.0	Herstellung von Behinder-tenfahrzeugen	157.493	43,5 (0,4)	29,1
35.50.0	Fahzeugbau ang.	124.144	43,7 (2,9)	31,5

*   Quelle: Statistisches Bundesamt 2006 (Erhebungszeitraum 2004) – Fachserie 4, Reihe 4.3.
**   Siehe auch jeweilige Kostenstruktur nach Beschäftigtengrößenklassen.
1) = „Bruttoproduktionswert" = Gesamtumsatz ohne Umsatzsteuer plus/minus Bestandsveränderungen an fertigen und unfertigen Erzeugnissen aus eigener Produktion plus selbsterstellte Anlagen.

| Kostenstruktur im Produzierenden Gewerbe* | 35.10.0 Schiffs- und Bootsbau |

Kennzahl	Beschäftigte von ... bis ...				
	20–99	100–249	250–499	500 und mehr	insge- samt
Materialverbrauch, Einsatz von Handelsware zu Anschaffungs- kosten (davon Lohnarbeiten) in % der Gesamtleistung[1]	49,9 (14,3)	78,8 (4,5)	62,9 (15,0)	69,5 (9,7)	67,9 (10,3)
Personalkosten einschließlich gesetzlicher und freiwilliger Sozialaufwand in % der Gesamtleistung[1]	33,2	18,4	22,9	18,4	20,0
Bruttoproduktionswert[1] je Beschäftigten in €	116.820	211.917	211.818	264.911	232.811

| Kostenstruktur im Produzierenden Gewerbe* | 35.30.0 Luft- und Raumfahrzeugbau |

Kennzahl	Beschäftigte von ... bis ...					
	20–99	100–249	250–499	500–999	1.000 und mehr	insge- samt
Materialverbrauch, Einsatz von Handelsware zu Anschaffungs- kosten (davon Lohnarbeiten) in % der Gesamtleistung[1]	42,7 (2,0)	48,9 (3,6)	46,7 (4,9)	47,9 (9,1)	51,8 (11,0)	51,2 (10,4)
Personalkosten einschließlich gesetzlicher und freiwilliger Sozialaufwand in % der Gesamtleistung[1]	30,6	31,5	36,3	33,6	30,8	31,3
Bruttoproduktionswert[1] je Beschäftigten in €	143.492	179.634	160.781	175.840	233.620	221.940

* Quelle: Statistisches Bundesamt 2006 (Erhebungszeitraum 2004) – Fachserie 4, Reihe 4.3.
1) = „Bruttoproduktionswert" = Gesamtumsatz ohne Umsatzsteuer plus/minus Bestandsveränderungen an fertigen und unfertigen Erzeugnissen aus eigener Produktion plus selbsterstellte Anlagen.

Verdiensterhebung im Handwerk* – Kraftfahrzeugmechaniker (Anlage A zur HWO Nr. 20)

	Durchschnittlicher Bruttoverdienst					
	pro Stunde			pro Monat		
	ABL	NBL und Berlin Ost	Deutschland	ABL	NBL und Berlin Ost	Deutschland
	in €					
Gesellen	13,30	9,35	12,39	2.209	1.624	2.079
Männer	13,31	9,37	12,40	2.211	1.627	2.082
Frauen	(10,13)	(7,21)	9,06	(1.700)	(1.284)	1.553
Übrige Arbeiter	11,76	8,49	10,79	1.940	1.455	1.799
Männer	11,90	8,87	11,06	1.969	1.520	1.847
Frauen	10,34	6,71	8,71	1.662	1.150	1.441
Arbeiter	13,16	9,24	12,23	2.185	1.603	2.051
Männer	13,19	9,31	12,29	2.191	1.616	2.061
Frauen	10,27	6,83	8,81	1.673	1.181	1.471

* Veröffentlichung des Statistischen Bundesamtes: Fachserie 16, Reihe 3, zuletzt für Mai 2005.

2.2.48   Lacke, Farben und sonstiger Anstrichbedarf sowie Tapeten, Fußbodenbelag

Siehe auch Teil 2.2.17 Chemische Industrie

Richtsätze 2005 – Lacke, Farben und sonstiger Anstrichbedarf sowie Tapeten, Fußbodenbelag, Einzelhandel
(Gewerbeklassen 52.46.2 und 52.48.1)

Wirtschaftl. Umsatz	Deutschland		eigener Betrieb
	bis 210.000 €	über 210.000 €	
Rohgewinn I	33–52 42	33–52 42	
Rohgewinn II	–	–	
Halbreingewinn	18–36 27	18–36 27	
Reingewinn	7–24 15	3–17 9	
Rohgewinnaufschlag	49–108 72	49–108 72	

Vergleichswerte Handel 52.46.0 Einzelhandel mit Metallwaren, Anstrichmitteln, Bau- und Heimwerkerbedarf

KOSTENSTRUKTUR	Beschäftigte 1-2 €	%	Beschäftigte 3-5 €	%	Beschäftigte 6-19 €	%	Beschäftigte 20 und mehr €	%	Beschäftigte insgesamt €	%
1. Umsatz je Unternehmen	142.000,00	100,0	306.000,00	100,0	1.362.000,00	100,0	24.805.000,00	100,0	1.416.000,00	100,0
2. Wareneinsatz	92.442,00	65,1	200.124,00	65,4	766.806,00	56,3	16.420.910,00	66,2	917.568,00	64,8
3. Rohertrag 1 minus 2	49.558,00	34,9	105.876,00	34,6	595.194,00	43,7	8.384.090,00	33,8	498.432,00	35,2
4. übrige Aufwendungen*	23.714,00	16,7	85.374,00	27,9	329.604,00	24,2	7.540.720,00	30,4	407.808,00	28,8
5. Überschuss 3 minus 4	25.844,00	18,2	20.502,00	6,7	265.590,00	19,5	843.370,00	3,4	90.624,00	6,4

Weitere Kennzahlen

Umsatz je Beschäftigten in €	102.000,00		86.000,00		144.000,00		166.000,00		149.000,00	
Anzahl der Beschäftigten	1,4		3,6		9,5		149,4		9,5	
Anzahl der Unternehmen	5.889		3.949		1.614		512		11.964	

* Ohne Fremdkapitalzinsen.

Vergleichswerte aus der letzten Kostenstrukturstatistik des Statistischen Bundesamtes 2006 (Erhebungszeitraum 2003) – Fachserie 6, Reihe 4.

Vergleichswerte Handel 52.48.0 Einzelhandel mit Tapeten, Bodenbelägen, Kunstgegenständen, Briefmarken, Münzen, Geschenkartikeln, Uhren, Schmuck und Spielwaren

	Beschäftigte 1–2		Beschäftigte 3–5		Beschäftigte 6–19		Beschäftigte 20 und mehr		Beschäftigte insgesamt	
KOSTENSTRUKTUR	€	%	€	%	€	%	€	%	€	%
1. Umsatz je Unternehmen	108.000,00	100,0	201.000,00	100,0	639.000,00	100,0	6.964.000,00	100,0	336.000,00	100,0
2. Wareneinsatz	63.720,00	59,0	116.379,00	57,9	371.259,00	58,1	4.108.760,00	59,0	196.896,00	58,6
3. Rohertrag 1 minus 2	44.280,00	41,0	84.621,00	42,1	267.741,00	41,9	2.855.240,00	41,0	139.104,00	41,4
4. übrige Aufwendungen*	23.436,00	21,7	71.757,00	35,7	210.870,00	33,0	2.416.508,00	34,7	108.864,00	32,4
5. Überschuss 3 minus 4	20.844,00	19,3	12.864,00	6,4	56.871,00	8,9	438.732,00	6,3	30.240,00	9,0
Weitere Kennzahlen										
Umsatz je Beschäftigten in €	76.000,00		57.000,00		77.000,00		105.000,00		79.000,00	
Anzahl der Beschäftigten	1,4		3,5		8,3		66,3		4,3	
Anzahl der Unternehmen	10.222		7.348		2.588		384		20.542	

* Ohne Fremdkapitalzinsen.

Vergleichswerte aus der letzten Kostenstrukturstatistik des Statistischen Bundesamtes 2006 (Erhebungszeitraum 2003) – Fachserie 6, Reihe 4.

Kostenstruktur im Produzierenden Gewerbe*	21.24.0 Herstellung von Tapeten

Kennzahl	Beschäftigte von ... bis ...		
	20–99	100 und mehr	insgesamt
Materialverbrauch, Einsatz von Handelsware zu Anschaffungskosten (davon Lohnarbeiten) in % der Gesamtleistung[1]	70,3 (-)	50,3 (0,9)	54,0 (0,7)
Personalkosten einschließlich gesetzlicher und freiwilliger Sozialaufwand in % der Gesamtleistung[1]	12,5	22,8	20,9
Bruttoproduktionswert[1] je Beschäftigten in €	276.308	182.560	194.734

Kostenstruktur im Produzierenden Gewerbe*	24.30.0 Herstellung von Anstrichmitteln, Druckfarben und Kitten

Kennzahl	Beschäftigte von ... bis ...				
	20–99	100–249	250–499	500 und mehr	insgesamt
Materialverbrauch, Einsatz von Handelsware zu Anschaffungskosten (davon Lohnarbeiten) in % der Gesamtleistung[1]	53,2 (0,2)	57,6 (0,1)	54,6 (0,4)	48,3 (0,3)	51,6 (0,2)
Personalkosten einschließlich gesetzlicher und freiwilliger Sozialaufwand in % der Gesamtleistung[1]	21,3	20,2	21,2	22,5	21,7
Bruttoproduktionswert[1] je Beschäftigten in €	207.188	239.707	231.148	249.913	238.360

* Quelle: Statistisches Bundesamt 2006 (Erhebungszeitraum 2004) – Fachserie 4, Reihe 4.3.
1) = „Bruttoproduktionswert" = Gesamtumsatz ohne Umsatzsteuer plus/minus Bestandsveränderungen an fertigen und unfertigen Erzeugnissen aus eigener Produktion plus selbsterstellte Anlagen.

2.2.49   Lebensmittelbranchen

Richtsätze 2005 – Fische und Fischerzeugnisse, Einzelhandel
(Gewerbeklasse 52.23.0)

	Deutschland	eigener Betrieb
Rohgewinn I	31–54 43	
Rohgewinn II	–	
Halbreingewinn	13–39 25	
Reingewinn	4–19 12	
Rohgewinnaufschlag	45–117 75	

Richtsätze 2005 – Getränke, Einzelhandel
(Gewerbeklasse 52.25.0)

	Deutschland	eigener Betrieb
Rohgewinn I	16–35 26	
Rohgewinn II	–	
Halbreingewinn	9–24 16	
Reingewinn	3–15 9	
Rohgewinnaufschlag	19–54 35	

1)   Auch mit Wein und Spirituosen.

Richtsätze für das Jahr 2005 – Nahrungs- und Genussmittel verschiedener Art, Einzelhandel
(Gewerbeklassen 52.11.0 und 52.27.5)

Wirtschaftl. Umsatz	Deutschland		eigener Betrieb
	bis 400.000 €	über 400.000 €	
Rohgewinn I	17–45 28	19–28 23	
Rohgewinn II	–	–	
Halbreingewinn	9–32 18	12–21 16	
Reingewinn	4–16 9	2–8 4	
Rohgewinnaufschlag	20–82 39	23–39 30	

Richtsätze für das Jahr 2005 – Obst, Gemüse, Südfrüchte und Kartoffeln, Einzelhandel
(Gewerbeklasse 52.21.0)

Wirtschaftl. Umsatz	Deutschland		eigener Betrieb
	bis 200.000 €	über 200.000 €	
Rohgewinn I	29–48 38	23–39 31	
Rohgewinn II	–	–	
Halbreingewinn	14–36 24	10–27 20	
Reingewinn	5–23 15	3–18 10	
Rohgewinnaufschlag	41–92 61	30–64 45	

Vergleichswerte Handel 52.11.0 Einzelhandel mit Waren verschiedener Art, Hauptrichtung Nahrungsmittel, Getränke und Tabakwaren

	Beschäftigte 1-2		Beschäftigte 3-5		Beschäftigte 6-19		Beschäftigte 20 und mehr		Beschäftigte insgesamt	
	€	%	€	%	€	%	€	%	€	%
KOSTENSTRUKTUR										
1. Umsatz je Unternehmen	190.000,00	100,0	263.000,00	100,0	1.083.000,00	100,0	41.291.000,00	100,0	5.420.000,00	100,0
2. Wareneinsatz	140.980,00	74,2	193.042,00	73,4	781.926,00	72,2	31.959.234,00	77,4	4.173.400,00	77,0
3. *Rohertrag 1 minus 2*	49.020,00	25,8	69.958,00	26,6	301.074,00	27,8	9.331.766,00	22,6	1.246.600,00	23,0
4. übrige Aufwendungen*	26.220,00	13,8	53.915,00	20,5	205.770,00	19,0	9.042.729,00	21,9	1.176.140,00	21,7
5. *Überschuss 3 minus 4*	22.800,00	12,0	16.043,00	6,1	95.304,00	8,8	289.037,00	0,7	70.460,00	1,3
Weitere Kennzahlen										
Umsatz je Beschäftigten in €	121.000,00		76.000,00		105.000,00		190.000,00		179.000,00	
Anzahl der Beschäftigten	1,6		3,5		10,3		217,1		30,3	
Anzahl der Unternehmen	8.194		6.336		4.875		2.695		22.100	

* Ohne Fremdkapitalzinsen.
Vergleichswerte aus der letzten Kostenstrukturstatistik des Statistischen Bundesamtes 2006 (Erhebungszeitraum 2003) – Fachserie 6, Reihe 4.

Vergleichswerte Handel

52.11.1 Einzelhandel mit Nahrungsmitteln, Getränken und Tabakwaren, ohne ausgeprägten Schwerpunkt

KOSTENSTRUKTUR	Beschäftigte 1-2		Beschäftigte 3-5		Beschäftigte 6-19		Beschäftigte 20 und mehr		Beschäftigte insgesamt	
	€	%	€	%	€	%	€	%	€	%
1. Umsatz je Unternehmen	194.000,00	100,0	266.000,00	100,0	1.089.000,00	100,0	39.902.000,00	100,0	5.193.000,00	100,0
2. Wareneinsatz	144.724,00	74,6	192.584,00	72,4	792.792,00	72,8	30.844.246,00	77,3	3.998.610,00	77,0
3. *Rohertrag 1 minus 2*	49.276,00	25,4	73.416,00	27,6	296.208,00	27,2	9.057.754,00	22,7	1.194.390,00	23,0
4. übrige Aufwendungen*	27.354,00	14,1	55.594,00	20,9	206.910,00	19,0	8.658.734,00	21,7	1.111.302,00	21,4
5. *Überschuss 3 minus 4*	21.922,00	11,3	17.822,00	6,7	89.298,00	8,2	399.020,00	1,0	83.088,00	1,6
Weitere Kennzahlen										
Umsatz je Beschäftigten in €	123.000,00		77.000,00		105.000,00		194.000,00		182.000,00	
Anzahl der Beschäftigten	1,6		3,5		10,4		205,9		28,5	
Anzahl der Unternehmen	6.632		4.858		3.497		2.058		17.045	

* Ohne Fremdkapitalzinsen.

Vergleichswerte aus der letzten Kostenstrukturstatistik des Statistischen Bundesamtes 2006 (Erhebungszeitraum 2003) – Fachserie 6, Reihe 4.

Vergleichswerte Handel   52.11.2 Sonstiger Einzelhandel mit Waren verschiedener Art, Hauptrichtung Nahrungsmittel, Getränke und Tabakwaren

	Beschäftigte 1-2		Beschäftigte 3-5		Beschäftigte 6-19		Beschäftigte 20 und mehr		Beschäftigte insgesamt	
	€	%	€	%	€	%	€	%	€	%
KOSTENSTRUKTUR										
1. Umsatz je Unternehmen	171.000,00	100,0	253.000,00	100,0	1.068.000,00	100,0	45.777.000,00	100,0	6.187.000,00	100,0
2. Wareneinsatz	123.291,00	72,1	194.051,00	76,7	755.076,00	70,7	35.477.175,00	77,5	4.770.177,00	77,1
3. *Rohertrag 1 minus 2*	47.709,00	27,9	58.949,00	23,3	312.924,00	29,3	10.299.825,00	22,5	1.416.823,00	22,9
4. übrige Aufwendungen*	21.375,00	12,5	49.588,00	19,6	200.784,00	18,8	10.345.602,00	22,6	1.379.701,00	22,3
5. *Überschuss 3 minus 4*	26.334,00	15,4	9.361,00	3,7	112.140,00	10,5	-45.777,00	-0,1	37.122,00	0,6
Weitere Kennzahlen										
Umsatz je Beschäftigten in €	113.000,00		72.000,00		105.000,00		181.000,00		171.000,00	
Anzahl der Beschäftigten	1,5		3,5		10,2		253,5		36,2	
Anzahl der Unternehmen	1.562		1.479		1.378		637		5.055	

* Ohne Fremdkapitalzinsen.

Vergleichswerte aus der letzten Kostenstrukturstatistik des Statistischen Bundesamtes 2006 (Erhebungszeitraum 2003) – Fachserie 6, Reihe 4.

Vergleichswerte Handel 52.20.0 Facheinzelhandel mit Nahrungsmitteln, Getränken und Tabakwaren (in Verkaufsräumen)

KOSTENSTRUKTUR	Beschäftigte 1-2		Beschäftigte 3-5		Beschäftigte 6-19		Beschäftigte 20 und mehr		Beschäftigte insgesamt	
	€	%	€	%	€	%	€	%	€	%
1. Umsatz je Unternehmen	157.000,00	100,0	247.000,00	100,0	708.000,00	100,0	5.333.000,00	100,0	455.000,00	100,0
2. Wareneinsatz	111.941,00	71,3	170.924,00	69,2	454.536,00	64,2	3.311.793,00	62,1	297.570,00	65,4
3. *Rohertrag 1 minus 2*	45.059,00	28,7	76.076,00	30,8	253.464,00	35,8	2.021.207,00	37,9	157.430,00	34,6
4. übrige Aufwendungen*	21.509,00	13,7	57.057,00	23,1	167.796,00	23,7	1.706.560,00	32,0	115.115,00	25,3
5. *Überschuss 3 minus 4*	23.550,00	15,0	19.019,00	7,7	85.668,00	12,1	314.647,00	5,9	42.315,00	9,3
Weitere Kennzahlen										
Umsatz je Beschäftigten in €	104.000,00		70.000,00		78.000,00		89.000,00		83.000,00	
Anzahl der Beschäftigten	1,5		3,5		9,1		59,9		5,5	
Anzahl der Unternehmen	13.322		11.321		5.441		1.015		31.098	

* Ohne Fremdkapitalzinsen.

Vergleichswerte aus der letzten Kostenstrukturstatistik des Statistischen Bundesamtes 2006 (Erhebungszeitraum 2003) – Fachserie 6, Reihe 4.

Vergleichswerte Handel — 52.21.0 Einzelhandel mit Obst, Gemüse und Kartoffeln

	Beschäftigte 1–2		Beschäftigte 3–5		Beschäftigte 6–19		Beschäftigte 20 und mehr		Beschäftigte insgesamt	
	€	%	€	%	€	%	€	%	€	%
KOSTENSTRUKTUR										
1. Umsatz je Unternehmen	135.000,00	100,0	193.000,00	100,0	535.000,00	100,0	1.963.000,00	100,0	252.000,00	100,0
2. Wareneinsatz	90.450,00	67,0	137.995,00	71,5	356.845,00	66,7	1.244.542,00	63,4	170.856,00	67,8
3. *Rohertrag 1 minus 2*	44.550,00	33,0	55.005,00	28,5	178.155,00	33,3	718.458,00	36,6	81.144,00	32,2
4. übrige Aufwendungen*	21.195,00	15,7	51.145,00	26,5	127.865,00	23,9	614.419,00	31,3	59.724,00	23,7
5. *Überschuss 3 minus 4*	23.255,00	17,3	3.860,00	2,0	50.290,00	9,4	104.039,00	5,3	21.420,00	8,5
Weitere Kennzahlen										
Umsatz je Beschäftigten in €	87.000,00		57.000,00		64.000,00		66.000,00		66.000,00	
Anzahl der Beschäftigten	1,6		3,4		8,4		30,1		3,8	
Anzahl der Unternehmen	2.007		1.773		738		76		4.594	

* Ohne Fremdkapitalzinsen.

Vergleichswerte aus der letzten Kostenstrukturstatistik des Statistischen Bundesamtes 2006 (Erhebungszeitraum 2003) – Fachserie 6, Reihe 4.

Vergleichswerte Handel   52.23.0 Einzelhandel mit Fisch, Meeresfrüchten und Fischerzeugnissen

KOSTENSTRUKTUR	Beschäftigte 1-2		Beschäftigte 3-5		Beschäftigte 6-19		Beschäftigte 20 und mehr		Beschäftigte insgesamt	
	€	%	€	%	€	%	€	%	€	%
1. Umsatz je Unternehmen	129.000,00	100,0	188.000,00	100,0	505.000,00	100,0	1.826.000,00	100,0	280.000,00	100,0
2. Wareneinsatz	81.141,00	62,9	111.860,00	59,5	280.780,00	55,6	1.046.298,00	57,3	162.120,00	57,9
3. *Rohertrag 1 minus 2*	47.859,00	37,1	76.140,00	40,5	224.220,00	44,4	779.702,00	42,7	117.880,00	42,1
4. übrige Aufwendungen*	17.802,00	13,8	71.816,00	38,2	145.945,00	28,9	582.494,00	31,9	83.440,00	29,8
5. *Überschuss 3 minus 4*	30.057,00	23,3	4.324,00	2,3	78.275,00	15,5	197.208,00	10,8	34.440,00	12,3

Weitere Kennzahlen

Umsatz je Beschäftigten in €	95.000,00		52.000,00		56.000,00		68.000,00		59.000,00	
Anzahl der Beschäftigten	1,4		3,6		9,0		26,9		4,7	
Anzahl der Unternehmen	334		470		282		20		1.105	

* Ohne Fremdkapitalzinsen.

Vergleichswerte aus der letzten Kostenstrukturstatistik des Statistischen Bundesamtes 2006 (Erhebungszeitraum 2003) – Fachserie 6, Reihe 4.

Vergleichswerte Handel 52.25.0 Einzelhandel mit Getränken

	Beschäftigte 1-2		Beschäftigte 3-5		Beschäftigte 6-19		Beschäftigte 20 und mehr		Beschäftigte insgesamt	
	€	%	€	%	€	%	€	%	€	%
KOSTENSTRUKTUR										
1. Umsatz je Unternehmen	146.000,00	100,0	306.000,00	100,0	1.174.000,00	100,0	10.050.000,00	100,0	577.000,00	100,0
2. Wareneinsatz	104.390,00	71,5	220.626,00	72,1	830.018,00	70,7	7.215.900,00	71,8	412.555,00	71,5
3. *Rohertrag 1 minus 2*	41.610,00	28,5	85.374,00	27,9	343.982,00	29,3	2.834.100,00	28,2	164.445,00	28,5
4. übrige Aufwendungen*	18.250,00	12,5	57.222,00	18,7	214.842,00	18,3	2.271.300,00	22,6	111.938,00	19,4
5. *Überschuss 3 minus 4*	23.360,00	16,0	28.152,00	9,2	129.140,00	11,0	562.800,00	5,6	52.507,00	9,1
Weitere Kennzahlen										
Umsatz je Beschäftigten in €	104.000,00		89.000,00		127.000,00		171.000,00		129.000,00	
Anzahl der Beschäftigten	1,4		3,4		9,2		58,8		4,5	
Anzahl der Unternehmen	4.900		2.541		1.148		223		8.812	

* Ohne Fremdkapitalzinsen.
Vergleichswerte aus der letzten Kostenstrukturstatistik des Statistischen Bundesamtes 2006 (Erhebungszeitraum 2003) – Fachserie 6, Reihe 4.

Vergleichswerte Handel   52.27.0 Sonstiger Facheinzelhandel mit Nahrungsmitteln

KOSTENSTRUKTUR	Beschäftigte 1-2		Beschäftigte 3-5		Beschäftigte 6-19		Beschäftigte 20 und mehr		Beschäftigte insgesamt	
	€	%	€	%	€	%	€	%	€	%
1. Umsatz je Unternehmen	140.000,00	100,0	186.000,00	100,0	782.000,00	100,0	3.664.000,00	100,0	364.000,00	100,0
2. Wareneinsatz	93.100,00	66,5	123.132,00	66,2	437.138,00	55,9	2.359.616,00	64,4	227.864,00	62,6
3. *Rohertrag 1 minus 2*	46.900,00	33,5	62.868,00	33,8	344.862,00	44,1	1.304.384,00	35,6	136.136,00	37,4
4. übrige Aufwendungen*	21.840,00	15,6	56.358,00	30,3	175.168,00	22,4	1.168.816,00	31,9	94.640,00	26,0
5. *Überschuss 3 minus 4*	25.060,00	17,9	6.510,00	3,5	169.694,00	21,7	135.568,00	3,7	41.496,00	11,4

Weitere Kennzahlen

Umsatz je Beschäftigten in €	90.000,00	54.000,00	85.000,00	84.000,00	76.000,00
Anzahl der Beschäftigten	1,6	3,4	9,2	43,6	4,8
Anzahl der Unternehmen	2.001	1.842	636	155	4.634

* Ohne Fremdkapitalzinsen.

Vergleichswerte aus der letzten Kostenstrukturstatistik des Statistischen Bundesamtes 2006 (Erhebungszeitraum 2003) – Fachserie 6, Reihe 4.

| Kostenstruktur im Produzierenden Gewerbe* | | 15.00.0 Ernährungsgewerbe | | |

Nr. WZ 2003	Branchenbezeichnung	Bruttoproduktions- wert[1] je Beschäf- tigten in €	Materialverbrauch, Einsatz an Handels- ware und Anschaf- fungskosten, Kosten für Lohnarbeiten (davon Lohnarbeiten) in % der Gesamt- leistung[1]	Personalkosten einschl. gesetzlicher und freiwilliger Sozialaufwand in % der Gesamt- leistung[1]
15.00.0	Ernährungsgewerbe	224.205	60,5 (0,7)	14,1
15.10.0	Schlachten und Fleisch- verarbeitung	231.744	73,6 (1,6)	11,3
15.11.0	Schlachten (ohne Schlachten von Geflügel)**	545.746	84,9 (2,7)	6,0
15.12.0	Schlachten von Geflügel**	272.827	74,0 (0,8)	9,5
15.13.0	Fleischverarbeitung**	172.365	67,3 (1,1)	14,6
15.20.0	Fischverarbeitung**	210.632	63,2 (0,7)	15,6
15 30.0	Obst- und Gemüsever- arbeitung	266.209	62,0 (0,3)	12,9
15.31.0	Kartoffelverarbeitung**	186.734	56,0 (0,3)	16,6
15.32.0	Herstellung von Frucht- und Gemüsesäften**	396.375	67,9 (0,6)	10,2
15.33.0	Obst und Gemüsever- arbeitung, ang.**	240.897	59,7 (2,0)	13,8
15.40.0	Herstellung von pflanzlichen und tierischen Ölen und Fetten**	866.018	77,7 (0,6)	6,6
15.41.0	Herstellung von rohen Ölen und Fetten	2.599.535	92,8 (0,7)	2,0
15.50.0	Milchverarbeitung, Her- stellung von Speiseeis**	578.700	74,2 (0,3)	7,8
15.51.0	Milchverarbeitung	616.465	77,3 (0,3)	7,2
15.52.0	Herstellung von Speiseeis	381.489	47,8 (0,0)	12,9
15.60.0	Mahl- und Schälmühlen, Herstellung von Stärke und Stärkeerzeugnissen	383.102	66,5 (0,5)	10,8
15.61.0	Mahl- und Schälmühlen**	342.031	67,6 (0,4)	10,9
15.62.0	Herstellung von Stärke und Stärkeerzeugnissen**	524.667	64,0 (0,9)	10,5

| Kostenstruktur im Produzierenden Gewerbe* | | 15.00.0 Ernährungsgewerbe | | |

Nr. WZ 2003	Branchenbezeichnung	Bruttoproduktions-wert[1] je Beschäf-tigten in €	Materialverbrauch, Einsatz an Handels-ware und Anschaf-fungskosten, Kosten für Lohnarbeiten (davon Lohnarbeiten) in % der Gesamt-leistung[1]	Personalkosten einschl. gesetzlicher und freiwilliger Sozialaufwand in % der Gesamt-leistung[1]
15.70.0	Herstellung von Futtermitteln	478.195	70,5 (0,6)	9,3
15.71.0	Herstellung von Futtermitteln für Nutztiere**	484.532	80,8 (0,4)	7,9
15.72.0	Herstellung von Futtermitteln für sonstige Tiere**	469.616	56,0 (0,9)	11,1
15.80.0	Sonstige Ernährungs-gewerbe (ohne Getränkeherstellung)	125.654	47,7 (0,6)	20,9
15.81.0	Herstellung von Backwaren (ohne Dauerbackwaren)**	55.316	33,4 (0,3)	33,9
15.82.0	Herstellung von Dauerback-waren**	156.107	53,6 (0,2)	19,2
15.83.0	Herstellung von Zucker	499.026	66,0 (0,3)	11,8
15.84.0	Herstellung von Süßwaren (ohne Dauerbackwaren)**	229.785	55,6 (0,8)	14,9
15.85.0	Herstellung von Teigwaren**	200.968	49,6 (0,2)	16,1
15.86.0	Verarbeitung von Kaffee und Tee, Herstellung von Kaffee-Ersatz**	426.434	50,1 (1,6)	13,4
15.87.0	Herstellung von Würzmitteln und Saucen**	265.993	44,6 (0,5)	16,5
15.88.0	Herstellung von homogeni-sierten und diätischen Nahrungsmitteln	265.846	54,4 (0,0)	16,0
15.89.0	Herstellung von sonstigen Nahrungsmitteln (ohne Getränke)**	231.025	51,6 (0,6)	19,4
15.90.0	Herstellung von Getränken	283.019	41,3 (0,4)	16,7
15.91.0	Herstellung von Spirituosen**	769.603	41,9 (0,1)	4,8
15.93.0	Herstellung von Traubenwein	413.127	42,2 (0,4)	10,1

Kostenstruktur im Produzierenden Gewerbe*	15.00.0 Ernährungsgewerbe

Nr. WZ 2003	Branchenbezeichnung	Bruttoproduktions- wert[1] je Beschäf- tigten in €	Materialverbrauch, Einsatz an Handels- ware und Anschaf- fungskosten, Kosten für Lohnarbeiten (davon Lohnarbeiten) in % der Gesamt- leistung[1]	Personalkosten einschl. gesetzlicher und freiwilliger Sozialaufwand in % der Gesamt- leistung[1]
15.94.0	Herstellung von Apfelwein und sonstigen Fruchtweinen	198.724	44,3 (–)	20,2
15.96.0	Herstellung von Bier**	255.888	30,4 (0,7)	19,8
15.97.0	Herstellung von Malz	695.469	76,8 (0,1)	6,5
15.98.0	Gewinnung natürlicher Mineralwässer, Herstellung von Erfrischungsgetränken**	230.690	53,2 (0,3)	19,4

* Quelle: Statistisches Bundesamt 2006 (Erhebungszeitraum 2004) – Fachserie 4, Reihe 4.3.
** Siehe auch jeweilige Kostenstruktur nach Beschäftigtengrößenklassen.
1) = „Bruttoproduktionswert" = Gesamtumsatz ohne Umsatzsteuer plus/minus Bestandsveränderungen an fertigen und unfertigen Erzeugnissen aus eigener Produktion plus selbsterstellte Anlagen.

<table>
<tr><td colspan="2">Kostenstruktur im
Produzierenden Gewerbe*</td><td colspan="2">15.20.0 Fischverarbeitung</td></tr>
</table>

Kennzahl	Beschäftigte von ... bis ...				
	20–99	100–249	250–499	500 und mehr	insge-samt
Materialverbrauch, Einsatz von Handelsware zu Anschaffungskosten (davon Lohnarbeiten) in % der Gesamtleistung[1]	63,7 (2,6)	62,4 (0,6)	58,3 (–)	64,8 (0,4)	63,2 (0,7)
Personalkosten einschließlich gesetzlicher und freiwilliger Sozialaufwand in % der Gesamtleistung[1]	14,9	15,6	13,6	16,4	15,6
Bruttoproduktionswert[1] je Beschäftigten in €	186.327	167.858	230.184	234.641	210.632

<table>
<tr><td colspan="2">Kostenstruktur im
Produzierenden Gewerbe*</td><td colspan="2">15.31.0 Kartoffelverarbeitung</td></tr>
</table>

Kennzahl	Beschäftigte von ... bis ...				
	20–49	50–99	100–249	250 und mehr	insge-samt
Materialverbrauch, Einsatz von Handelsware zu Anschaffungskosten (davon Lohnarbeiten) in % der Gesamtleistung[1]	48,2 (–)	61,3 (–)	57,2 (0,2)	55,0 (0,4)	56,0 (0,3)
Personalkosten einschließlich gesetzlicher und freiwilliger Sozialaufwand in % der Gesamtleistung[1]	25,9	15,4	15,8	16,7	16,6
Bruttoproduktionswert[1] je Beschäftigten in €	69.139	162.630	208.022	193.238	186.734

*   Quelle: Statistisches Bundesamt 2006 (Erhebungszeitraum 2004) – Fachserie 4, Reihe 4.3.
1)   = „Bruttoproduktionswert" = Gesamtumsatz ohne Umsatzsteuer plus/minus Bestandsveränderungen an fertigen und unfertigen Erzeugnissen aus eigener Produktion plus selbsterstellte Anlagen.

Kostenstruktur im Produzierenden Gewerbe*	15.32.0 Herstellung von Frucht- und Gemüsesäften

Kennzahl	Beschäftigte von ... bis ...				
	20–49	50–99	100–249	250 und mehr	insge- samt
Materialverbrauch, Einsatz von Handelsware zu Anschaffungs- kosten (davon Lohnarbeiten) in % der Gesamtleistung[1]	63,0 (0,6)	62,5 (0,5)	70,6 (1,1)	69,1 (0,2)	67,9 (0,6)
Personalkosten einschließlich gesetzlicher und freiwilliger Sozialaufwand in % der Gesamtleistung[1]	16,9	13,6	7,9	9,2	10,2
Bruttoproduktionswert[1] je Beschäftigten in €	205.424	297.554	474.745	501.899	396.375

Kostenstruktur im Produzierenden Gewerbe*	15.33.0 Obst- und Gemüseverarbeitung, ang.

Kennzahl	Beschäftigte von ... bis ...					
	20–49	50–99	100–249	250–499	500 und mehr	insge- samt
Materialverbrauch, Einsatz von Handelsware zu Anschaffungs- kosten (davon Lohnarbeiten) in % der Gesamtleistung[1]	54,0 (0,2)	71,1 (0,2)	64,2 (0,1)	67,0 (0,3)	48,6 (0,2)	59,7 (0,2)
Personalkosten einschließlich gesetzlicher und freiwilliger Sozialaufwand in % der Gesamtleistung[1]	16,6	6,7	13,9	12,4	18,0	13,8
Bruttoproduktionswert[1] je Beschäftigten in €	152.664	374.833	206.646	278.193	221.789	240.897

* Quelle: Statistisches Bundesamt 2006 (Erhebungszeitraum 2004) – Fachserie 4, Reihe 4.3.

1) = „Bruttoproduktionswert" = Gesamtumsatz ohne Umsatzsteuer plus/minus Bestandsveränderungen an fertigen und unfertigen Erzeugnissen aus eigener Produktion plus selbsterstellte Anlagen.

Kostenstruktur im Produzierenden Gewerbe*	15.40.0 Herstellung von pflanzlichen und tierischen Ölen und Fetten

Kennzahl	Beschäftigte von ... bis ...			
	20–99	100–249	250 und mehr	insgesamt
Materialverbrauch, Einsatz von Handelsware zu Anschaffungskosten (davon Lohnarbeiten) in % der Gesamtleistung[1]	90,5 (1,9)	87,1 (0,1)	70,0 (0,4)	77,7 (0,6)
Personalkosten einschließlich gesetzlicher und freiwilliger Sozialaufwand in % der Gesamtleistung[1]	3,0	5,2	8,2	6,6
Bruttoproduktionswert[1] je Beschäftigten in €	1.416.385	1.062.114	726.127	866.018

Kostenstruktur im Produzierenden Gewerbe*	15.50.0 Milchverarbeitung; Herstellung von Speiseeis

Kennzahl	Beschäftigte von ... bis ...						
	20–49	50–99	100–249	250–499	500–999	1.000 und mehr	insgesamt
Materialverbrauch, Einsatz von Handelsware zu Anschaffungskosten (davon Lohnarbeiten) in % der Gesamtleistung[1]	84,7 (0,1)	86,2 (1,5)	82,4 (0,0)	74,8 (0,0)	72,1 (0,0)	65,8 (0,5)	74,2 (0,3)
Personalkosten einschließlich gesetzlicher und freiwilliger Sozialaufwand in % der Gesamtleistung[1]	4,3	5,6	6,6	8,0	6,6	10,6	7,8
Bruttoproduktionswert[1] je Beschäftigten in €	698.783	680.358	597.732	541.078	741.620	474.720	578.700

* Quelle: Statistisches Bundesamt 2006 (Erhebungszeitraum 2004) – Fachserie 4, Reihe 4.3.
1) = „Bruttoproduktionswert" = Gesamtumsatz ohne Umsatzsteuer plus/minus Bestandsveränderungen an fertigen und unfertigen Erzeugnissen aus eigener Produktion plus selbsterstellte Anlagen.

Kostenstruktur im Produzierenden Gewerbe*	15.61.0 Mahl- und Schälmühlen

Kennzahl	Beschäftigte von ... bis ...		
	20–99	100 und mehr	insgesamt
Materialverbrauch, Einsatz von Handelsware zu Anschaffungskosten (davon Lohnarbeiten) in % der Gesamtleistung[1]	75,2 (0,2)	63,7 (0,5)	67,6 (0,4)
Personalkosten einschließlich gesetzlicher und freiwilliger Sozialaufwand in % der Gesamtleistung[1]	8,2	12,3	10,9
Bruttoproduktionswert[1] je Beschäftigten in €	432.685	309.420	342.031

Kostenstruktur im Produzierenden Gewerbe*	15.62.0 Herstellung von Stärke und Stärkeerzeugnissen

Kennzahl	Beschäftigte von ... bis ...		
	20–99	100 und mehr	insgesamt
Materialverbrauch, Einsatz von Handelsware zu Anschaffungskosten (davon Lohnarbeiten) in % der Gesamtleistung[1]	71,8 (0,0)	62,9 (1,0)	64,0 (0,9)
Personalkosten einschließlich gesetzlicher und freiwilliger Sozialaufwand in % der Gesamtleistung[1]	6,9	11,0	10,5
Bruttoproduktionswert[1] je Beschäftigten in €	670.980	509.873	524.667

*   Quelle: Statistisches Bundesamt 2006 (Erhebungszeitraum 2004) – Fachserie 4, Reihe 4.3.
1)   = „Bruttoproduktionswert" = Gesamtumsatz ohne Umsatzsteuer plus/minus Bestandsveränderungen an fertigen und unfertigen Erzeugnissen aus eigener Produktion plus selbsterstellte Anlagen.

Kostenstruktur im Produzierenden Gewerbe*					15.84.0 Herstellung von Süßwaren (ohne Dauerbackwaren)

Kennzahl	Beschäftigte von ... bis ...				
	20–99	100–499	500–999	1.000 und mehr	insge-samt
Materialverbrauch, Einsatz von Handelsware zu Anschaffungs-kosten (davon Lohnarbeiten) in % der Gesamtleistung[1]	58,6 (0,3)	62,5 (0,7)	59,8 (1,3)	49,7 (0,7)	55,6 (0,8)
Personalkosten einschließlich gesetzlicher und freiwilliger Sozialaufwand in % der Gesamtleistung[1]	15,7	14,5	15,4	14,9	14,9
Bruttoproduktionswert[1] je Beschäftigten in €	173.048	196.796	213.356	279.732	229.785

Kostenstruktur im Produzierenden Gewerbe*				15.85.0 Herstellung von Teigwaren

Kennzahl	Beschäftigte von ... bis ...			
	20–49	50–99	100 und mehr	insgesamt
Materialverbrauch, Einsatz von Handelsware zu Anschaffungs-kosten (davon Lohnarbeiten) in % der Gesamtleistung[1]	50,1 (–)	58,9 (–)	47,3 (0,2)	49,6 (0,2)
Personalkosten einschließlich gesetzlicher und freiwilliger Sozialaufwand in % der Gesamtleistung[1]	18,6	18,6	15,0	16,1
Bruttoproduktionswert[1] je Beschäftigten in €	162.365	177.679	218.258	200.968

* Quelle: Statistisches Bundesamt 2006 (Erhebungszeitraum 2004) – Fachserie 4, Reihe 4.3.
1) = „Bruttoproduktionswert" = Gesamtumsatz ohne Umsatzsteuer plus/minus Bestandsveränderungen an fertigen und unfertigen Erzeugnissen aus eigener Produktion plus selbsterstellte Anlagen.

Kostenstruktur im Produzierenden Gewerbe*	15.86.0 Verarbeitung von Kaffee und Tee, Herstellung von Kaffee-Ersatz

Kennzahl	Beschäftigte von ... bis ...				
	20–49	50–99	100–249	250 und mehr	insgesamt
Materialverbrauch, Einsatz von Handelsware zu Anschaffungskosten (davon Lohnarbeiten) in % der Gesamtleistung[1]	47,7 (0,0)	46,3 (1,0)	43,0 (0,8)	53,2 (2,0)	50,1 (1,6)
Personalkosten einschließlich gesetzlicher und freiwilliger Sozialaufwand in % der Gesamtleistung[1]	3,3	11,2	8,7	16,3	13,4
Bruttoproduktionswert[1] je Beschäftigten in €	943.173	293.288	520.785	397.674	426.434

Kostenstruktur im Produzierenden Gewerbe*	15.87.0 Herstellung von Würzmitteln und Saucen

Kennzahl	Beschäftigte von ... bis ...			
	20–99	100–499	500 und mehr	insgesamt
Materialverbrauch, Einsatz von Handelsware zu Anschaffungskosten (davon Lohnarbeiten) in % der Gesamtleistung[1]	52,0 (0,1)	56,6 (1,4)	39,9 (0,2)	44,6 (0,5)
Personalkosten einschließlich gesetzlicher und freiwilliger Sozialaufwand in % der Gesamtleistung[1]	19,0	13,9	17,2	16,5
Bruttoproduktionswert[1] je Beschäftigten in €	171.680	271.987	275.844	265.993

* Quelle: Statistisches Bundesamt 2006 (Erhebungszeitraum 2004) – Fachserie 4, Reihe 4.3.
1) = „Bruttoproduktionswert" = Gesamtumsatz ohne Umsatzsteuer plus/minus Bestandsveränderungen an fertigen und unfertigen Erzeugnissen aus eigener Produktion plus selbsterstellte Anlagen.

| Kostenstruktur im Produzierenden Gewerbe* | | 15.89.0 Herstellung von sonstigen Nahrungsmitteln (ohne Getränke) | | | |

Kennzahl	Beschäftigte von ... bis ...					
	20–49	50–99	100–249	250–499	500 und mehr	insgesamt
Materialverbrauch, Einsatz von Handelsware zu Anschaffungskosten (davon Lohnarbeiten) in % der Gesamtleistung[1]	45,7 (0,1)	46,6 (0,5)	52,1 (0,8)	49,2 (0,9)	54,1 (0,4)	51,6 (0,6)
Personalkosten einschließlich gesetzlicher und freiwilliger Sozialaufwand in % der Gesamtleistung[1]	15,1	17,0	19,4	22,0	19,5	19,4
Bruttoproduktionswert[1] je Beschäftigten in €	240.924	217.658	195.136	218.869	260.639	231.025

| Kostenstruktur im Produzierenden Gewerbe* | | 15.91.0 Herstellung von Spirituosen | |

Kennzahl	Beschäftigte von ... bis ...			
	20–49	50–99	100 und mehr	insgesamt
Materialverbrauch, Einsatz von Handelsware zu Anschaffungskosten (davon Lohnarbeiten) in % der Gesamtleistung[1]	68,4 (0,1)	25,9 (0,2)	35,1 (0,1)	41,9 (0,1)
Personalkosten einschließlich gesetzlicher und freiwilliger Sozialaufwand in % der Gesamtleistung[1]	4,1	6,0	4,9	4,8
Bruttoproduktionswert[1] je Beschäftigten in €	787.866	602.510	809.019	769.603

* Quelle: Statistisches Bundesamt 2006 (Erhebungszeitraum 2004) – Fachserie 4, Reihe 4.3.
1) = „Bruttoproduktionswert" = Gesamtumsatz ohne Umsatzsteuer plus/minus Bestandsveränderungen an fertigen und unfertigen Erzeugnissen aus eigener Produktion plus selbsterstellte Anlagen.

Kostenstruktur im Produzierenden Gewerbe*	15.96.0 Herstellung von Bier

Kennzahl	Beschäftigte von ... bis ...				
	20–99	100–249	250–499	500 und mehr	insge- samt
Materialverbrauch, Einsatz von Handelsware zu Anschaffungs- kosten (davon Lohnarbeiten) in % der Gesamtleistung[1]	26,7 (0,6)	30,7 (0,5)	26,2 (0,8)	33,6 (0,8)	30,4 (0,7)
Personalkosten einschließlich gesetzlicher und freiwilliger Sozialaufwand in % der Gesamtleistung[1]	26,6	20,3	16,9	18,5	19,8
Bruttoproduktionswert[1] je Beschäftigten in €	145.058	228.446	305.326	341.252	255.888

Kostenstruktur im Produzierenden Gewerbe*	15.98.0 Gewinnung natürlicher Mineralwässer, Herstellung von Erfrischungsgetränken

Kennzahl	Beschäftigte von ... bis ...				
	20–99	100–249	250–499	500 und mehr	insge- samt
Materialverbrauch, Einsatz von Handelsware zu Anschaffungs- kosten (davon Lohnarbeiten) in % der Gesamtleistung[1]	53,1 (1,3)	59,0 (0,2)	52,4 (0,0)	49,7 (0,0)	53,2 (0,3)
Personalkosten einschließlich gesetzlicher und freiwilliger Sozialaufwand in % der Gesamtleistung[1]	18,3	14,3	15,1	26,2	19,4
Bruttoproduktionswert[1] je Beschäftigten in €	207.125	299.897	270.896	191.082	230.690

*   Quelle: Statistisches Bundesamt 2006 (Erhebungszeitraum 2004) – Fachserie 4, Reihe 4.3.

1)   = „Bruttoproduktionswert" = Gesamtumsatz ohne Umsatzsteuer plus/minus Bestandsveränderungen an fertigen und unfertigen Erzeugnissen aus eigener Produktion plus selbsterstellte Anlagen.

2.2.50   Ledergewerbe, Lederwaren

Siehe auch Teil 2.2.86 Textilwaren und Bekleidung

Richtsätze 2005 – Leder- und Täschnerwaren, Einzelhandel
(Gewerbeklasse 52.43.2)

	Deutschland	eigener Betrieb
Rohgewinn I	38–54 47	
Rohgewinn II	–	
Halbreingewinn	21–42 32	
Reingewinn	5–24 14	
Rohgewinnaufschlag	61–117 89	

Vergleichswerte Handel   52.43.0 Einzelhandel mit Schuhen und Lederwaren

	Beschäftigte 1-2		Beschäftigte 3-5		Beschäftigte 6-19		Beschäftigte 20 und mehr		Beschäftigte insgesamt	
KOSTENSTRUKTUR	€	%	€	%	€	%	€	%	€	%
1. Umsatz je Unternehmen	120.000,00	100,0	209.000,00	100,0	652.000,00	100,0	13.307.000,00	100,0	809.000,00	100,0
2. Wareneinsatz	69.120,00	57,6	125.609,00	60,1	369.684,00	56,7	7.225.701,00	54,3	449.804,00	55,6
3. *Rohertrag 1 minus 2*	50.880,00	42,4	83.391,00	39,9	282.316,00	43,3	6.081.299,00	45,7	359.196,00	44,4
4. übrige Aufwendungen*	23.520,00	19,6	66.462,00	31,8	229.504,00	35,2	5.322.800,00	40,0	300.948,00	37,2
5. *Überschuss 3 minus 4*	27.360,00	22,8	16.929,00	8,1	52.812,00	8,1	758.499,00	5,7	58.248,00	7,2
Weitere Kennzahlen										
Umsatz je Beschäftigten in €	76.000,00		57.000,00		69.000,00		90.000,00		80.000,00	
Anzahl der Beschäftigten	1,6		3,7		9,4		147,9		10,1	
Anzahl der Unternehmen	2.462		3.254		1.836		315		7.867	

* Ohne Fremdkapitalzinsen.
Vergleichswerte aus der letzten Kostenstrukturstatistik des Statistischen Bundesamtes 2006 (Erhebungszeitraum 2003) – Fachserie 6, Reihe 4.

Kostenstruktur im Produzierenden Gewerbe*	19.00.0 Ledergewerbe

Nr. WZ 2003	Branchenbezeichnung	Bruttoproduktions- wert[1] je Beschäf- tigten in €	Materialverbrauch, Einsatz an Handels- ware und Anschaf- fungskosten, Kosten für Lohnarbeiten (davon Lohnarbeiten) in % der Gesamt- leistung[1]	Personalkosten einschl. gesetzlicher und freiwilliger Sozialaufwand in % der Gesamt- leistung[1]
19.00.0	Ledergewerbe**	181.991	63,8 (4,2)	17,3
19.10.0	Herstellung von Leder und Lederfaserstoff**	177.385	63,0 (6,9)	19,9
19.20.0	Lederverarbeitung (ohne Herstellung von Leder- bekleidung und Schuhen)**	133.058	60,6 (2,2)	20,4
19.30.0	Herstellung von Schuhen**	201.759	64,8 (4,1)	15,9

*   Quelle: Statistisches Bundesamt 2006 (Erhebungszeitraum 2004) – Fachserie 4, Reihe 4.3.
** Siehe auch jeweilige Kostenstruktur nach Beschäftigtengrößenklassen.
1) = „Bruttoproduktionswert" = Gesamtumsatz ohne Umsatzsteuer plus/minus Bestandsveränderungen an fertigen und unfertigen Erzeugnissen aus eigener Produktion plus selbsterstellte Anlagen.

Kostenstruktur im Produzierenden Gewerbe*	19.10.0 Herstellung von Leder und Lederfaserstoff

Kennzahl	Beschäftigte von ... bis ...		
	20–99	100 und mehr	insgesamt
Materialverbrauch, Einsatz von Handelsware zu Anschaffungskosten (davon Lohnarbeiten) in % der Gesamtleistung[1]	65,2 (4,0)	62,0 (8,1)	63,0 (6,9)
Personalkosten einschließlich gesetzlicher und freiwilliger Sozialaufwand in % der Gesamtleistung[1]	20,8	19,5	19,9
Bruttoproduktionswert[1] je Beschäftigten in €	145.835	194.818	177.385

Kostenstruktur im Produzierenden Gewerbe*	19.20.0 Lederverarbeitung (ohne Herstellung von Lederbekleidung und Schuhen)

Kennzahl	Beschäftigte von ... bis ...		
	20–99	100 und mehr	insgesamt
Materialverbrauch, Einsatz von Handelsware zu Anschaffungskosten (davon Lohnarbeiten) in % der Gesamtleistung[1]	63,7 (3,0)	52,7 (0,1)	60,6 (2,2)
Personalkosten einschließlich gesetzlicher und freiwilliger Sozialaufwand in % der Gesamtleistung[1]	19,5	22,8	20,4
Bruttoproduktionswert[1] je Beschäftigten in €	136.277	125.435	133.058

* Quelle: Statistisches Bundesamt 2006 (Erhebungszeitraum 2004) – Fachserie 4, Reihe 4.3.

1) = „Bruttoproduktionswert" = Gesamtumsatz ohne Umsatzsteuer plus/minus Bestandsveränderungen an fertigen und unfertigen Erzeugnissen aus eigener Produktion plus selbsterstellte Anlagen.

2.2.51 Maler- und Lackierergewerbe, Tapezierer

Siehe auch Teil 2.2.8 Baugewerbe, Baustoffe

Richtsätze für das Jahr 2005 – Maler- und Lackierergewerbe, Tapezierer
(Gewerbeklassen 45.44.1 und 45.43.5)

Wirtschaftl. Umsatz	Deutschland				eigener Betrieb
	bis 100.000 €	über 100.000 € bis 200.000 €	über 200.000 € bis 500.000 €	über 500.000 €	
Rohgewinn I	83	81	80	77	
Rohgewinn II	53–89 73	40–72 56	35–62 48	31–52 41	
Halbreingewinn	26–64 47	15–48 32	13–37 24	10–33 19	
Reingewinn	21–61 41	10–40 25	8–30 18	5–25 12	
Rohgewinnaufschlag	–	–	–	–	

Verdiensterhebung im Handwerk* – Maler und Lackierer
(Anlage A zur HWO Nr. 10)

	Durchschnittlicher Bruttoverdienst					
	pro Stunde			pro Monat		
	ABL	NBL und Berlin Ost	Deutschland	ABL	NBL und Berlin Ost	Deutschland
	in €					
Gesellen	13,49	9,93	12,97	2.280	1.701	2.197
Männer	13,50	9,93	12,98	2.282	1.701	2.199
Frauen	12,89	(9,99)	12,55	2.192	(1.710)	2.135
Übrige Arbeiter	12,36	9,98	11,71	2.088	1.543	1.984
Männer	12,38	9,07	11,76	2.090	1.561	1.993
Frauen	11,94	(7,82)	10,45	2.007	(1.325)	1.760
Arbeiter	13,40	9,82	12,87	2.265	1.684	2.180
Männer	13,41	9,84	12,88	2.267	1.687	2.182
Frauen	12,76	9,14	12,18	2.167	1.558	2.070

* Veröffentlichung des Statistischen Bundesamtes: Fachserie 16, Reihe 3, zuletzt für Mai 2005.

2.2.52 Maschinenbau

Kostenstruktur im Produzierenden Gewerbe*	29.00.0 Maschinenbau

Nr. WZ 2003	Branchenbezeichnung	Bruttoproduktions- wert[1] je Beschäf- tigten in €	Materialverbrauch, Einsatz an Handels- ware und Anschaf- fungskosten, Kosten für Lohnarbeiten (davon Lohnarbeiten) in % der Gesamt- leistung[1]	Personalkosten einschl. gesetzlicher und freiwilliger Sozialaufwand in % der Gesamt- leistung[1]
29.00.0	Maschinenbau	177.302	50,5 (3,4)	28,7
29.10.0	Herstellung von Maschinen für die Erzeugung und Nutzung von mechanischer Energie (ohne Motoren für Luft- und Straßenfahrzeuge)	174.721	47,6 (3,1)	29,9
29.11.0	Herstellung von Verbren- nungsmotoren und Turbinen (ohne Motoren für Luft- Straßenfahrzeugbau)**	231.597	51,2 (4,5)	26,1
29.12.0	Herstellung von Pumpen und Kompressoren**	180.507	49,3 (2,9)	28,3
29.13.0	Herstellung von Armaturen**	164.619	43,7 (2,7)	31,4
29.14.0	Herstellung von Lagern, Getrieben, Zahnrädern, Antriebselementen**	163.564	47,9 (3,2)	31,5
29.20.0	Herstellung von sonstigen nicht wirtschaftszweig- spezifischen Maschinen	177.565	50,2 (3,4)	29,1
29.21.0	Herstellung von Öfen und Brennern**	173.321	48,7 (3,4)	31,8
29.22.0	Herstellung von Hebezeugen und Fördermitteln**	158.381	48,3 (3,7)	32,4
29.23.0	Herstellung von kälte- u. luft- technischen Erzeugnissen, nicht für den Haushalt**	202.541	55,5 (2,0)	25,5

*   Quelle: Statistisches Bundesamt 2006 (Erhebungszeitraum 2004) – Fachserie 4, Reihe 4.3.
**   Siehe auch jeweilige Kostenstruktur nach Beschäftigtengrößenklassen.
1)   = „Bruttoproduktionswert" = Gesamtumsatz ohne Umsatzsteuer plus/minus Bestandsveränderungen an fertigen und unfertigen Erzeugnissen aus eigener Produktion plus selbsterstellte Anlagen.

Kostenstruktur im Produzierenden Gewerbe*	29.00.0 Maschinenbau

Nr. WZ 2003	Branchenbezeichnung	Bruttoproduktions-wert[1] je Beschäftigten in €	Materialverbrauch, Einsatz an Handelsware und Anschaffungskosten, Kosten für Lohnarbeiten (davon Lohnarbeiten) in % der Gesamtleistung[1]	Personalkosten einschl. gesetzlicher und freiwilliger Sozialaufwand in % der Gesamtleistung[1]
29.24.0	Herstellung von sonstigen nicht wirtschaftsspezifischen Maschinen, ang.**	177.620	48,1 (4,1)	29,0
29.30.0	Herstellung von land- und forstwirtschaftlichen Maschinen**	249.125	64,8 (1,9)	19,0
29.31.0	Herstellung von land- und forstwirtschaftlichen Zugmaschinen**	398.679	76,8 (2,3)	13,9
29.32.0	Herstellung von land- und forstwirtschaftlichen Zugmaschinen (ohne Reparatur)	197.338	56,5 (1,6)	22,6
29.40.0	Herstellung von Werkzeugmaschinen**	158.934	48,8 (3,9)	31,1
29.41.0	Herstellung von handgeführten kraftbetriebenen Werkzeugen	188.100	46,6 (1,2)	29,1
29.42.0	Herstellung von Werkzeugen für die Metallverarbeitung	159.492	49,3 (4,0)	31,4
29.43.0	Herstellung von Werkzeugmaschinen ang.	150.685	48,7 (4,6)	31,3
29.50.0	Herstellung von Maschinen für sonstige bestimmte Wirtschaftszweige	174.103	50,8 (4,1)	28,5
29.51.0	Herstellung von Maschinen für die Metallerzeugung, von Walzwerkseinrichtung und Gießmaschinen	182.272	50,2 (1,3)	30,8

*   Quelle: Statistisches Bundesamt 2006 (Erhebungszeitraum 2004) – Fachserie 4, Reihe 4.3.
** Siehe auch jeweilige Kostenstruktur nach Beschäftigtengrößenklassen.
1) = „Bruttoproduktionswert" = Gesamtumsatz ohne Umsatzsteuer plus/minus Bestandsveränderungen an fertigen und unfertigen Erzeugnissen aus eigener Produktion plus selbsterstellte Anlagen.

Kostenstruktur im Produzierenden Gewerbe*	29.00.0 Maschinenbau

Nr. WZ 2003	Branchenbezeichnung	Bruttoproduktions- wert[1] je Beschäf- tigten in €	Materialverbrauch, Einsatz an Handels- ware und Anschaf- fungskosten, Kosten für Lohnarbeiten (davon Lohnarbeiten) in % der Gesamt- leistung[1]	Personalkosten einschl. gesetzlicher und freiwilliger Sozialaufwand in % der Gesamt- leistung[1]
29.52.0	Herstellung von Bergwerks-, Bau- und Baustoffma- schinen**	239.919	57,8 (1,9)	21,4
29.53.0	Herstellung von Maschinen für das Ernährungsgewerbe und die Tabakverarbeitung**	180.772	49,3 (3,3)	27,7
29.54.0	Herstellung von Maschinen für das Textil-, Bekleidungs- und Ledergewerbe**	163.012	52,2 (3,6)	29,6
29.55.0	Herstellung von Maschinen für das Papiergewerbe**	187.278	50,1 (4,2)	29,8
29.56.0	Herstellung von Maschinen für bestimmte Wirtschafts- zweige, ang.**	159.212	48,4 (5,3)	30,5
29.60.0	Herstellung von Waffen und Munition**	176.631	44,5 (6,4)	31,7
29.70.0	Herstellung von Haushalts- geräten, ang.**	207.192	56,3 (1,2)	25,4
29.71.0	Herstellung von elektrischen Haushaltsgeräten**	208.590	56,9 (1,1)	25,8
29.72.0	Herstellung von nicht- elektrischen Heiz-, Koch-, Heißwasser und Heißluft- geräten, ang.**	194.714	50,2 (1,5)	21,9

* Quelle: Statistisches Bundesamt 2006 (Erhebungszeitraum 2004) – Fachserie 4, Reihe 4.3.
** Siehe auch jeweilige Kostenstruktur nach Beschäftigtengrößenklassen.
1) = „Bruttoproduktionswert" = Gesamtumsatz ohne Umsatzsteuer plus/minus Bestandsveränderungen an fertigen und unfertigen Erzeugnissen aus eigener Produktion plus selbsterstellte Anlagen.

Kostenstruktur im Produzierenden Gewerbe*	29.11.0 Herstellung von Verbrennungsmotoren und Turbinen (ohne Motoren für Luft- und Straßenfahrzeugbau)

Kennzahl	Beschäftigte von ... bis ...			
	20–99	100–499	500 und mehr	insgesamt
Materialverbrauch, Einsatz von Handelsware zu Anschaffungskosten (davon Lohnarbeiten) in % der Gesamtleistung[1]	56,6 (4,7)	50,1 (9,3)	51,0 (4,1)	51,2 (4,5)
Personalkosten einschließlich gesetzlicher und freiwilliger Sozialaufwand in % der Gesamtleistung[1]	24,1	25,5	26,3	26,1
Bruttoproduktionswert[1] je Beschäftigten in €	208.282	231.901	232.870	231.597

Kostenstruktur im Produzierenden Gewerbe*	29.12.0 Herstellung von Pumpen und Kompressoren

Kennzahl	Beschäftigte von ... bis ...			
	20–99	100–499	500 und mehr	insgesamt
Materialverbrauch, Einsatz von Handelsware zu Anschaffungskosten (davon Lohnarbeiten) in % der Gesamtleistung[1]	43,7 (1,6)	46,5 (2,6)	52,4 (2,7)	49,3 (2,7)
Personalkosten einschließlich gesetzlicher und freiwilliger Sozialaufwand in % der Gesamtleistung[1]	13,6	29,3	27,0	28,3
Bruttoproduktionswert[1] je Beschäftigten in €	129.523	167.853	207.681	180.507

* Quelle: Statistisches Bundesamt 2006 (Erhebungszeitraum 2004) – Fachserie 4, Reihe 4.3.
1) = „Bruttoproduktionswert" = Gesamtumsatz ohne Umsatzsteuer plus/minus Bestandsveränderungen an fertigen und unfertigen Erzeugnissen aus eigener Produktion plus selbsterstellte Anlagen.

Kostenstruktur im Produzierenden Gewerbe*		29.13.0 Herstellung von Armaturen			

Kennzahl	Beschäftigte von ... bis ...				
	20–99	100–249	250–499	500–999	1.000 und mehr	insgesamt
Materialverbrauch, Einsatz von Handelsware zu Anschaffungskosten (davon Lohnarbeiten) in % der Gesamtleistung[1]	42,2 (2,0)	46,9 (2,0)	40,5 (2,9)	46,4 (1,2)	43,2 (3,4)	43,7 (2,7)
Personalkosten einschließlich gesetzlicher und freiwilliger Sozialaufwand in % der Gesamtleistung[1]	29,9	27,9	33,0	27,0	33,6	31,4
Bruttoproduktionswert[1] je Beschäftigten in €	141.297	148.717	163.858	181.207	174.414	164.619

Kostenstruktur im Produzierenden Gewerbe*		29.14.0 Herstellung von Lagern, Getrieben, Zahnrädern, Antriebselementen			

Kennzahl	Beschäftigte von ... bis ...				
	20–99	100–249	250–499	500–999	1.000 und mehr	insgesamt
Materialverbrauch, Einsatz von Handelsware zu Anschaffungskosten (davon Lohnarbeiten) in % der Gesamtleistung[1]	41,2 (5,3)	47,1 (4,4)	49,5 (2,8)	53,0 (3,6)	48,1 (2,8)	47,9 (3,2)
Personalkosten einschließlich gesetzlicher und freiwilliger Sozialaufwand in % der Gesamtleistung[1]	34,4	31,7	30,7	28,2	31,5	31,5
Bruttoproduktionswert[1] je Beschäftigten in €	119.670	146.441	156.282	199.285	174.554	163.564

*   Quelle: Statistisches Bundesamt 2006 (Erhebungszeitraum 2004) – Fachserie 4, Reihe 4.3.

1)   = „Bruttoproduktionswert" = Gesamtumsatz ohne Umsatzsteuer plus/minus Bestandsveränderungen an fertigen und unfertigen Erzeugnissen aus eigener Produktion plus selbsterstellte Anlagen.

Kostenstruktur im Produzierenden Gewerbe*	29.21.0 Herstellung von Öfen und Brennern

Kennzahl	Beschäftigte von ... bis ...			
	20–99	100–249	250 und mehr	insgesamt
Materialverbrauch, Einsatz von Handelsware zu Anschaffungskosten (davon Lohnarbeiten) in % der Gesamtleistung[1]	47,8 (2,2)	54,4 (4,2)	44,7 (3,6)	48,7 (3,4)
Personalkosten einschließlich gesetzlicher und freiwilliger Sozialaufwand in % der Gesamtleistung[1]	33,9	29,2	32,7	31,8
Bruttoproduktionswert[1] je Beschäftigten in €	143.275	188.092	183.195	173.321

Kostenstruktur im Produzierenden Gewerbe*	29.22.0 Herstellung von Hebezeugen und Fördermitteln

Kennzahl	Beschäftigte von ... bis ...			
	20–99	100–249	250 und mehr	insgesamt
Materialverbrauch, Einsatz von Handelsware zu Anschaffungskosten (davon Lohnarbeiten) in % der Gesamtleistung[1]	45,8 (3,0)	54,2 (6,3)	47,1 (2,9)	48,3 (3,7)
Personalkosten einschließlich gesetzlicher und freiwilliger Sozialaufwand in % der Gesamtleistung[1]	31,1	31,7	33,3	32,4
Bruttoproduktionswert[1] je Beschäftigten in €	137.037	151.998	173.491	158.381

*   Quelle: Statistisches Bundesamt 2006 (Erhebungszeitraum 2004) – Fachserie 4, Reihe 4.3.
1) = „Bruttoproduktionswert" = Gesamtumsatz ohne Umsatzsteuer plus/minus Bestandsveränderungen an fertigen und unfertigen Erzeugnissen aus eigener Produktion plus selbsterstellte Anlagen.

| Kostenstruktur im Produzierenden Gewerbe* | | 29.23.0 Herstellung von kälte- und lufttechnischen Erzeugnissen, nicht für den Haushalt | | | | | |

Kennzahl	Beschäftigte von ... bis ...						
	20–49	50–99	100–249	250–499	500–999	1.000 und mehr	insge- samt
Materialverbrauch, Einsatz von Handelsware zu Anschaffungs- kosten (davon Lohnarbeiten) in % der Gesamtleistung[1]	52,9 (4,1)	53,5 (1,3)	50,1 (2,1)	54,3 (2,3)	61,9 (1,7)	57,4 (1,7)	55,5 (2,0)
Personalkosten einschließlich gesetzlicher und freiwilliger Sozialaufwand in % der Gesamtleistung[1]	29,4	25,9	30,3	26,9	21,2	23,7	25,5
Bruttoproduktionswert[1] je Beschäftigten in €	126.138	163.758	156.607	179.899	224.796	266.624	202.541

| Kostenstruktur im Produzierenden Gewerbe* | | 29.24.0 Herstellung von sonstigen nicht wirtschaftszweigspezifischen Maschinen, ang. | | | | | |

Kennzahl	Beschäftigte von ... bis ...					
	20–49	50–99	100–249	250–499	500 und mehr	insge- samt
Materialverbrauch, Einsatz von Handelsware zu Anschaffungs- kosten (davon Lohnarbeiten) in % der Gesamtleistung[1]	47,5 (3,1)	47,6 (2,7)	43,2 (1,9)	49,2 (7,7)	53,5 (5,6)	48,1 (4,1)
Personalkosten einschließlich gesetzlicher und freiwilliger Sozialaufwand in % der Gesamtleistung[1]	31,7	33,2	30,0	25,5	27,6	29,0
Bruttoproduktionswert[1] je Beschäftigten in €	129.872	135.079	169.891	214.048	204.651	177.620

* Quelle: Statistisches Bundesamt 2006 (Erhebungszeitraum 2004) – Fachserie 4, Reihe 4.3.
1) = „Bruttoproduktionswert" = Gesamtumsatz ohne Umsatzsteuer plus/minus Bestandsveränderungen an fertigen und unfertigen Erzeugnissen aus eigener Produktion plus selbsterstellte Anlagen.

| Kostenstruktur im Produzierenden Gewerbe* | | | | | | | 29.30.0 Herstellung von land- und forstwirtschaftlichen Maschinen |

Kennzahl	Beschäftigte von ... bis ...				
	20–99	100–249	250–499	500 und mehr	insgesamt
Materialverbrauch, Einsatz von Handelsware zu Anschaffungskosten (davon Lohnarbeiten) in % der Gesamtleistung[1]	56,6 (3,5)	56,8 (1,6)	63,2 (0,7)	68,2 (1,8)	64,8 (1,9)
Personalkosten einschließlich gesetzlicher und freiwilliger Sozialaufwand in % der Gesamtleistung[1]	24,8	21,1	20,0	17,4	19,0
Bruttoproduktionswert[1] je Beschäftigten in €	139.038	200.730	245.629	309.235	249.125

| Kostenstruktur im Produzierenden Gewerbe* | | | | | | | 29.40.0 Herstellung von Werkzeugmaschinen |

Kennzahl	Beschäftigte von ... bis ...						
	20–49	50–99	100–249	250–499	500–999	1.000 und mehr	insgesamt
Materialverbrauch, Einsatz von Handelsware zu Anschaffungskosten (davon Lohnarbeiten) in % der Gesamtleistung[1]	43,2 (2,9)	47,9 (3,1)	48,4 (3,1)	47,3 (4,7)	52,3 (4,7)	49,7 (3,7)	48,8 (3,9)
Personalkosten einschließlich gesetzlicher und freiwilliger Sozialaufwand in % der Gesamtleistung[1]	35,4	33,1	32,5	30,1	29,1	30,6	31,1
Bruttoproduktionswert[1] je Beschäftigten in €	115.016	128.353	140.718	169.711	186.977	186.151	158.934

*   Quelle: Statistisches Bundesamt 2006 (Erhebungszeitraum 2004) – Fachserie 4, Reihe 4.3.

1)   = „Bruttoproduktionswert" = Gesamtumsatz ohne Umsatzsteuer plus/minus Bestandsveränderungen an fertigen und unfertigen Erzeugnissen aus eigener Produktion plus selbsterstellte Anlagen.

Kostenstruktur im Produzierenden Gewerbe*	29.52.0 Herstellung von Bergwerks-, Bau- und Baustoffmaschinen

Kennzahl	Beschäftigte von ... bis ...						
	20–49	50–99	100–249	250–499	500–999	1.000 und mehr	insgesamt
Materialverbrauch, Einsatz von Handelsware zu Anschaffungskosten (davon Lohnarbeiten) in % der Gesamtleistung[1]	49,8 (3,0)	56,4 (1,7)	63,1 (1,4)	61,9 (1,9)	51,4 (1,2)	58,5 (3,2)	57,8 (1,9)
Personalkosten einschließlich gesetzlicher und freiwilliger Sozialaufwand in % der Gesamtleistung[1]	27,6	27,0	21,0	19,8	23,8	18,2	21,4
Bruttoproduktionswert[1] je Beschäftigten in €	127.869	181.310	227.288	268.406	231.559	302.796	239.919

Kostenstruktur im Produzierenden Gewerbe*	29.53.0 Herstellung von Maschinen für das Ernährungsgewerbe und die Tabakverarbeitung

Kennzahl	Beschäftigte von ... bis ...		insgesamt
	20–249	250 und mehr	
Materialverbrauch, Einsatz von Handelsware zu Anschaffungskosten (davon Lohnarbeiten) in % der Gesamtleistung[1]	47,7 (2,4)	51,0 (4,3)	49,3 (3,3)
Personalkosten einschließlich gesetzlicher und freiwilliger Sozialaufwand in % der Gesamtleistung[1]	29,7	25,6	27,7
Bruttoproduktionswert[1] je Beschäftigten in €	151.709	226.535	180.772

* Quelle: Statistisches Bundesamt 2006 (Erhebungszeitraum 2004) – Fachserie 4, Reihe 4.3.

1) = „Bruttoproduktionswert" = Gesamtumsatz ohne Umsatzsteuer plus/minus Bestandsveränderungen an fertigen und unfertigen Erzeugnissen aus eigener Produktion plus selbsterstellte Anlagen.

Kostenstruktur im Produzierenden Gewerbe*	29.54.0 Herstellung von Maschinen für das Textil-, Bekleidungs- und Ledergewerbe

Kennzahl	Beschäftigte von ... bis ...				
	20–99	100–499	500–999	1.000 und mehr	insge-samt
Materialverbrauch, Einsatz von Handelsware zu Anschaffungs-kosten (davon Lohnarbeiten) in % der Gesamtleistung[1]	50,1 (2,2)	51,1 (4,7)	53,1 (3,8)	53,1 (3,2)	52,2 (3,6)
Personalkosten einschließlich gesetzlicher und freiwilliger Sozialaufwand in % der Gesamtleistung[1]	29,5	32,9	27,8	28,3	29,6
Bruttoproduktionswert[1] je Beschäftigten in €	138.810	131.084	185.820	195.880	163.012

Kostenstruktur im Produzierenden Gewerbe*	29.55.0 Herstellung von Maschinen für das Papiergewerbe

Kennzahl	Beschäftigte von ... bis ...				
	20–99	100–249	250–499	500 und mehr	insge-samt
Materialverbrauch, Einsatz von Handelsware zu Anschaffungs-kosten (davon Lohnarbeiten) in % der Gesamtleistung[1]	46,0 (6,2)	41,7 (3,8)	46,5 (2,1)	54,7 (4,2)	50,1 (4,2)
Personalkosten einschließlich gesetzlicher und freiwilliger Sozialaufwand in % der Gesamtleistung[1]	34,6	34,6	29,0	27,2	29,8
Bruttoproduktionswert[1] je Beschäftigten in €	134.103	156.215	218.152	217.065	187.278

* Quelle: Statistisches Bundesamt 2006 (Erhebungszeitraum 2004) – Fachserie 4, Reihe 4.3.
1) = „Bruttoproduktionswert" = Gesamtumsatz ohne Umsatzsteuer plus/minus Bestandsveränderungen an fertigen und unfertigen Erzeugnissen aus eigener Produktion plus selbsterstellte Anlagen.

Kostenstruktur im Produzierenden Gewerbe*	29.56.0 Herstellung von Maschinen für bestimmte Wirtschaftszweige ang.

Kennzahl	Beschäftigte von ... bis ...						
	20–49	50–99	100–249	250–499	500–999	1.000 und mehr	insgesamt
Materialverbrauch, Einsatz von Handelsware zu Anschaffungskosten (davon Lohnarbeiten) in % der Gesamtleistung[1]	40,8 (5,1)	43,7 (4,7)	47,3 (6,1)	54,7 (5,2)	56,1 (8,2)	47,4 (3,8)	48,4 (5,3)
Personalkosten einschließlich gesetzlicher und freiwilliger Sozialaufwand in % der Gesamtleistung[1]	32,5	32,8	31,1	24,4	27,3	32,4	30,5
Bruttoproduktionswert[1] je Beschäftigten in €	110.159	128.588	151.338	217.403	205.690	171.295	159.212

Kostenstruktur im Produzierenden Gewerbe*	29.60.0 Herstellung von Waffen und Munition

Kennzahl	Beschäftigte von ... bis ...			
	20–99	100–499	500 und mehr	insgesamt
Materialverbrauch, Einsatz von Handelsware zu Anschaffungskosten (davon Lohnarbeiten) in % der Gesamtleistung[1]	50,4 (1,3)	44,7 (3,7)	44,1 (7,4)	44,5 (6,4)
Personalkosten einschließlich gesetzlicher und freiwilliger Sozialaufwand in % der Gesamtleistung[1]	25,3	27,3	33,3	31,7
Bruttoproduktionswert[1] je Beschäftigten in €	157.639	150.758	187.487	176.631

*   Quelle: Statistisches Bundesamt 2006 (Erhebungszeitraum 2004) – Fachserie 4, Reihe 4.3.

1)   = „Bruttoproduktionswert" = Gesamtumsatz ohne Umsatzsteuer plus/minus Bestandsveränderungen an fertigen und unfertigen Erzeugnissen aus eigener Produktion plus selbsterstellte Anlagen.

Kostenstruktur im Produzierenden Gewerbe*	29.70.0 Herstellung von Haushaltsgeräten ang.

Kennzahl	Beschäftigte von ... bis ...					
	20–49	50–99	100–499	500–999	1.000 und mehr	insgesamt
Materialverbrauch, Einsatz von Handelsware zu Anschaffungskosten (davon Lohnarbeiten) in % der Gesamtleistung[1]	53,6 (0,6)	51,6 (2,0)	56,8 (1,2)	39,0 (0,2)	57,9 (1,2)	56,3 (1,2)
Personalkosten einschließlich gesetzlicher und freiwilliger Sozialaufwand in % der Gesamtleistung[1]	27,0	24,3	21,5	22,3	26,3	25,4
Bruttoproduktionswert[1] je Beschäftigten in €	120.597	144.928	190.573	210.615	215.160	207.192

Kostenstruktur im Produzierenden Gewerbe*	29.71.0 Herstellung von elektrischen Haushaltsgeräten

Kennzahl	Beschäftigte von ... bis ...		
	20–99	100 und mehr	insgesamt
Materialverbrauch, Einsatz von Handelsware zu Anschaffungskosten (davon Lohnarbeiten) in % der Gesamtleistung[1]	48,4 (0,5)	57,1 (1,2)	56,9 (1,1)
Personalkosten einschließlich gesetzlicher und freiwilliger Sozialaufwand in % der Gesamtleistung[1]	27,3	25,7	25,8
Bruttoproduktionswert[1] je Beschäftigten in €	121.551	211.836	208.590

*　Quelle: Statistisches Bundesamt 2006 (Erhebungszeitraum 2004) – Fachserie 4, Reihe 4.3.
1)　= „Bruttoproduktionswert" = Gesamtumsatz ohne Umsatzsteuer plus/minus Bestandsveränderungen an fertigen und unfertigen Erzeugnissen aus eigener Produktion plus selbsterstellte Anlagen.

Kostenstruktur im Produzierenden Gewerbe*	29.72.0 Herstellung von nichtelektrischen Heiz-, Koch-, Heißwasser und Heißluftgeräten, ang.

Kennzahl	Beschäftigte von ... bis ...		
	20–99	100 und mehr	insgesamt
Materialverbrauch, Einsatz von Handelsware zu Anschaffungskosten (davon Lohnarbeiten) in % der Gesamtleistung[1]	56,2 (2,7)	48,8 (1,2)	50,2 (1,5)
Personalkosten einschließlich gesetzlicher und freiwilliger Sozialaufwand in % der Gesamtleistung[1]	22,9	21,6	21,9
Bruttoproduktionswert[1] je Beschäftigten in €	155.822	206.847	194.714

* Quelle: Statistisches Bundesamt 2006 (Erhebungszeitraum 2004) – Fachserie 4, Reihe 4.3.
1) = „Bruttoproduktionswert" = Gesamtumsatz ohne Umsatzsteuer plus/minus Bestandsveränderungen an fertigen und unfertigen Erzeugnissen aus eigener Produktion plus selbsterstellte Anlagen.

2.2.53   Medizin-, Mess-, Steuer- und Regelungstechnik

Vergleichswerte Handel   52.30.0 Apotheken; Facheinzelhandel mit medizinischen und kosmetischen Artikeln (in Verkaufsräumen)

KOSTENSTRUKTUR	Beschäftigte 1-2		Beschäftigte 3-5		Beschäftigte 6-19		Beschäftigte 20 und mehr		Beschäftigte insgesamt	
	€	%	€	%	€	%	€	%	€	%
1. Umsatz je Unternehmen	233.000,00	100,0	593.000,00	100,0	1.462.000,00	100,0	12.715.000,00	100,0	1.593.000,00	100,0
2. Wareneinsatz	152.615,00	65,5	412.135,00	69,5	1.016.090,00	69,5	8.468.190,00	66,6	1.091.205,00	68,5
3. *Rohertrag 1 minus 2*	80.385,00	34,5	180.865,00	30,5	445.910,00	30,5	4.246.810,00	33,4	501.795,00	31,5
4. übrige Aufwendungen*	43.338,00	18,6	117.414,00	19,8	274.856,00	18,8	4.056.085,00	31,9	369.576,00	23,2
5. *Überschuss 3 minus 4*	37.047,00	15,9	63.451,00	10,7	171.054,00	11,7	190.725,00	1,5	132.219,00	8,3
Weitere Kennzahlen										
Umsatz je Beschäftigten in €	153.000,00		149.000,00		151.000,00		117.000,00		138.000,00	
Anzahl der Beschäftigten	1,5		4,0		9,7		108,7		11,6	
Anzahl der Unternehmen	3.279		5.790		16.176		1.111		26.356	

* Ohne Fremdkapitalzinsen.

Vergleichswerte aus der letzten Kostenstrukturstatistik des Statistischen Bundesamtes 2006 (Erhebungszeitraum 2003) – Fachserie 6, Reihe 4.

Vergleichswerte Handel 52.32.0 Einzelhandel mit medizinischen und orthopädischen Artikeln

KOSTENSTRUKTUR	Beschäftigte 1-2		Beschäftigte 3-5		Beschäftigte 6-19		Beschäftigte 20 und mehr		Beschäftigte insgesamt	
	€	%	€	%	€	%	€	%	€	%
1. Umsatz je Unternehmen	194.000,00	100,0	313.000,00	100,0	1.020.000,00	100,0	3.855.000,00	100,0	926.000,00	100,0
2. Wareneinsatz	114.654,00	59,1	169.333,00	54,1	559.980,00	54,9	1.885.095,00	48,9	481.520,00	52,0
3. *Rohertrag 1 minus 2*	79.346,00	40,9	143.667,00	45,9	460.020,00	45,1	1.969.905,00	51,1	444.480,00	48,0
4. übrige Aufwendungen*	40.546,00	20,9	114.245,00	36,5	350.880,00	34,4	1.765.590,00	45,8	367.622,00	39,7
5. *Überschuss 3 minus 4*	38.800,00	20,0	29.422,00	9,4	109.140,00	10,7	204.315,00	5,3	76.858,00	8,3

Weitere Kennzahlen

Umsatz je Beschäftigten in €	133.000,00		85.000,00		105.000,00		90.000,00		96.000,00	
Anzahl der Beschäftigten	1,5		3,7		9,7		42,8		9,7	
Anzahl der Unternehmen	904		852		899		376		3.031	

* Ohne Fremdkapitalzinsen.

Vergleichswerte aus der letzten Kostenstrukturstatistik des Statistischen Bundesamtes 2006 (Erhebungszeitraum 2003) – Fachserie 6, Reihe 4.

| Kostenstruktur im Produzierenden Gewerbe* | | 33.00.0 Medizin-, Mess-, Steuer- und Regelungstechnik, Optik, Herstellung von Uhren | |

Nr. WZ 2003	Branchenbezeichnung	Bruttoproduktions-wert[1] je Beschäftigten in €	Materialverbrauch, Einsatz an Handelsware und Anschaffungskosten, Kosten für Lohnarbeiten (davon Lohnarbeiten) in % der Gesamt-leistung[1]	Personalkosten einschl. gesetzlicher und freiwilliger Sozialaufwand in % der Gesamt-leistung[1]
33.00.0	Medizin-, Mess-, Steuer- und Regelungstechnik, Optik, Herstellung von Uhren	152.387	42,7 (2,9)	31,1
33.10.0	Herstellung von medizinischen Geräten und orthopädischen Erzeugnissen**	142.618	39,8 (1,9)	29,0
33.20.0	Herstellung von Mess-, Kontroll-, Navigations- u.ä. Instrumenten und Vorrichtungen**	155.790	44,0 (3,3)	32,6
33.30.0	Herstellung von industriellen Prozesssteuerungsein-richtungen	179.542	45,9 (7,1)	32,4
33.40.0	Herstellung von optischen und fotografischen Geräten**	162.097	44,6 (2,7)	31,6
33.50.0	Herstellung von Uhren**	139.088	45,2 (1,4)	29,7

* Quelle: Statistisches Bundesamt 2006 (Erhebungszeitraum 2004) – Fachserie 4, Reihe 4.3.
** Siehe auch jeweilige Kostenstruktur nach Beschäftigtengrößenklassen.
1) = „Bruttoproduktionswert" = Gesamtumsatz ohne Umsatzsteuer plus/minus Bestandsveränderungen an fertigen und unfertigen Erzeugnissen aus eigener Produktion plus selbsterstellte Anlagen.

Kostenstruktur im Produzierenden Gewerbe*	33.10.0 Herstellung von medizinischen Geräten und orthopädischen Erzeugnissen

Kennzahl	Beschäftigte von ... bis ...					
	20–49	50–99	100–249	250–499	500 und mehr	insgesamt
Materialverbrauch, Einsatz von Handelsware zu Anschaffungskosten (davon Lohnarbeiten) in % der Gesamtleistung[1]	30,9 (1,5)	39,0 (1,5)	41,6 (1,7)	38,7 (2,0)	41,9 (2,0)	39,8 (1,9)
Personalkosten einschließlich gesetzlicher und freiwilliger Sozialaufwand in % der Gesamtleistung[1]	43,2	31,6	30,2	26,7	25,3	29,0
Bruttoproduktionswert[1] je Beschäftigten in €	68.882	95.990	131.117	179.368	212.172	142.618

Kostenstruktur im Produzierenden Gewerbe*	33.20.0 Herstellung von Mess-, Kontroll-, Navigations- u.ä. Instrumenten und Vorrichtungen

Kennzahl	Beschäftigte von ... bis ...					
	20–99	100–249	250–499	500–999	1.000 und mehr	insgesamt
Materialverbrauch, Einsatz von Handelsware zu Anschaffungskosten (davon Lohnarbeiten) in % der Gesamtleistung[1]	41,8 (2,3)	47,2 (1,3)	47,5 (3,3)	40,4 (1,8)	41,6 (7,3)	44,0 (3,3)
Personalkosten einschließlich gesetzlicher und freiwilliger Sozialaufwand in % der Gesamtleistung[1]	32,0	31,4	30,7	37,7	33,3	32,6
Bruttoproduktionswert[1] je Beschäftigten in €	133.383	160.174	175.425	145.965	172.422	155.790

*   Quelle: Statistisches Bundesamt 2006 (Erhebungszeitraum 2004) – Fachserie 4, Reihe 4.3.

1)   = „Bruttoproduktionswert" = Gesamtumsatz ohne Umsatzsteuer plus/minus Bestandsveränderungen an fertigen und unfertigen Erzeugnissen aus eigener Produktion plus selbsterstellte Anlagen.

Kostenstruktur im Produzierenden Gewerbe*	33.30.0 Herstellung von industriellen Prozesssteuerungseinrichtungen

Kennzahl	Beschäftigte von ... bis ...			
	20–99	100–499	500 und mehr	insgesamt
Materialverbrauch, Einsatz von Handelsware zu Anschaffungskosten (davon Lohnarbeiten) in % der Gesamtleistung[1]	45,4 (8,2)	46,0 (8,2)	46,1 (6,2)	45,9 (7,1)
Personalkosten einschließlich gesetzlicher und freiwilliger Sozialaufwand in % der Gesamtleistung[1]	33,9	34,2	31,0	32,4
Bruttoproduktionswert[1] je Beschäftigten in €	125.423	158.086	227.385	179.542

*   Quelle: Statistisches Bundesamt 2006 (Erhebungszeitraum 2004) – Fachserie 4, Reihe 4.3.
1)   = „Bruttoproduktionswert" = Gesamtumsatz ohne Umsatzsteuer plus/minus Bestandsveränderungen an fertigen und unfertigen Erzeugnissen aus eigener Produktion plus selbsterstellte Anlagen.

2.2.54 Metallerzeugung, -bearbeitung, Metallerzeugnisse

Vergleichswerte Handel — 52.46.0 Einzelhandel mit Metallwaren, Anstrichmitteln, Bau- und Heimwerkerbedarf

	Beschäftigte 1-2		Beschäftigte 3-5		Beschäftigte 6-19		Beschäftigte 20 und mehr		Beschäftigte insgesamt	
	€	%	€	%	€	%	€	%	€	%
KOSTENSTRUKTUR										
1. Umsatz je Unternehmen	142.000,00	100,0	306.000,00	100,0	1.362.000,00	100,0	24.805.000,00	100,0	1.416.000,00	100,0
2. Wareneinsatz	92.442,00	65,1	200.124,00	65,4	766.806,00	56,3	16.420.910,00	66,2	917.568,00	64,8
3. *Rohertrag 1 minus 2*	49.558,00	34,9	105.876,00	34,6	595.194,00	43,7	8.384.090,00	33,8	498.432,00	35,2
4. übrige Aufwendungen*	23.714,00	16,7	85.374,00	27,9	329.604,00	24,2	7.540.720,00	30,4	407.808,00	28,8
5. *Überschuss 3 minus 4*	25.844,00	18,2	20.502,00	6,7	265.590,00	19,5	843.370,00	3,4	90.624,00	6,4
Weitere Kennzahlen										
Umsatz je Beschäftigten in €	102.000,00		86.000,00		144.000,00		166.000,00		149.000,00	
Anzahl der Beschäftigten	1,4		3,5		9,4		149,0		9,5	
Anzahl der Unternehmen	5.889		3.949		1.614		512		11.964	

* Ohne Fremdkapitalzinsen.

Vergleichswerte aus der letzten Kostenstrukturstatistik des Statistischen Bundesamtes 2006 (Erhebungszeitraum 2003) – Fachserie 6, Reihe 4.

Kostenstruktur im Produzierenden Gewerbe*		27.00.0 Metallerzeugung und -bearbeitung		

Nr. WZ 2003	Branchenbezeichnung	Bruttoproduktions- wert[1] je Beschäf- tigten in €	Materialverbrauch, Einsatz an Handels- ware und Anschaf- fungskosten, Kosten für Lohnarbeiten (davon Lohnarbeiten) in % der Gesamt- leistung[1]	Personalkosten einschl. gesetzlicher und freiwilliger Sozialaufwand in % der Gesamt- leistung[1]
27.00.0	Metallerzeugung und -bearbeitung	290.435	63,5 (3,0)	17,3
27.10.0	Erzeugung von Roheisen, Stahl u. Ferrolegierungen**	356.791	62,5 (2,4)	14,9
27.20.0	Herstellung von Rohren**	220.331	60,3 (3,1)	21,4
27.21.0	Herstellung von Rohren, Rohrform-, Rohrverschluss- und Rohrverbindungsstücken aus Gusseisen	159.832	49,3 (4,0)	30,9
27.22.0	Herstellung von Stahlrohren, Rorform-, Rohrverschluss- und Rohrverbindungsstücken aus Stahl	228.508	61,3 (3,0)	20,5
27.30.0	Sonstige erste Bearbeitung von Eisen und Stahl**	306.738	67,4 (0,9)	16,1
27.31.0	Herstellung von Blankstahl	311.713	68,0 (0,7)	15,4
27.32.0	Herstellung von Kaltband mit einer Breite von weniger als 600 mm**	315.216	66,3 (0,8)	16,9
27.33.0	Herstellung von Kaltprofilen	274.321	66,3 (2,1)	16,4
27.34.0	Herstellung von gezogenem Draht**	306.288	69,5 (0,6)	14,9
27.40.0	Erzeugung und erste Bear- beitung von NE-Metallen**	393.566	71,4 (2,7)	13,8
27.41.0	Erzeugung und erste Bearbeitung von Edel- metallen	703.466	84,1 (1,1)	8,6

*   Quelle: Statistisches Bundesamt 2006 (Erhebungszeitraum 2004) – Fachserie 4, Reihe 4.3.
**   Siehe auch jeweilige Kostenstruktur nach Beschäftigtengrößenklassen.
1)   = „Bruttoproduktionswert" = Gesamtumsatz ohne Umsatzsteuer plus/minus Bestandsveränderungen an fertigen und unfertigen Erzeugnissen aus eigener Produktion plus selbsterstellte Anlagen.

Kostenstruktur im Produzierenden Gewerbe*	27.00.0 Metallerzeugung und -bearbeitung

Nr. WZ 2003	Branchenbezeichnung	Bruttoproduktions- wert[1] je Beschäf- tigten in €	Materialverbrauch, Einsatz an Handels- ware und Anschaf- fungskosten, Kosten für Lohnarbeiten (davon Lohnarbeiten) in % der Gesamt- leistung[1]	Personalkosten einschl. gesetzlicher und freiwilliger Sozialaufwand in % der Gesamt- leistung[1]
27.42.0	Erzeugung und erste Bear- beitung von Aluminium**	353.711	66,5 (4,0)	15,3
27.43.0	Erzeugung und erste Bear- beitung von Blei, Zink und Zinn	350.718	65,1 (2,2)	14,2
27.44.0	Erzeugung und erste Bear- beitung von Kupfer**	402.491	73,1 (1,2)	13,5
27.45.0	Erzeugung und erste Bear- beitung von sonstigen NE-Metallen	263.007	71,1 (6,5)	19,7

*   Quelle: Statistisches Bundesamt 2006 (Erhebungszeitraum 2004) – Fachserie 4, Reihe 4.3.
**   Siehe auch jeweilige Kostenstruktur nach Beschäftigtengrößenklassen.
1)   = „Bruttoproduktionswert" = Gesamtumsatz ohne Umsatzsteuer plus/minus Bestandsveränderungen an fertigen und unfertigen Erzeugnissen aus eigener Produktion plus selbsterstellte Anlagen.

Kostenstruktur im Produzierenden Gewerbe*	27.10.0 Erzeugung von Roheisen, Stahl und Ferrolegierungen

Kennzahl	Beschäftigte von ... bis ...					
	20–99	100–249	250–499	500–999	1.000 und mehr	insge- samt
Materialverbrauch, Einsatz von Handelsware zu Anschaffungs- kosten (davon Lohnarbeiten) in % der Gesamtleistung[1]	59,6 (1,7)	66,9 (2,0)	66,9 (0,9)	69,7 (1,0)	60,7 (2,8)	62,5 (2,4)
Personalkosten einschließlich gesetzlicher und freiwilliger Sozialaufwand in % der Gesamtleistung[1]	17,7	11,6	13,5	11,2	15,8	14,9
Bruttoproduktionswert[1] je Beschäftigten in €	273.872	430.379	343.679	456.040	342.842	356.791

Kostenstruktur im Produzierenden Gewerbe*	27.20.0 Herstellung von Rohren

Kennzahl	Beschäftigte von ... bis ...				
	20–99	100–249	250–499	500 und mehr	insge- samt
Materialverbrauch, Einsatz von Handelsware zu Anschaffungs- kosten (davon Lohnarbeiten) in % der Gesamtleistung[1]	57,4 (2,7)	56,1 (4,8)	65,8 (1,5)	60,6 (3,1)	60,3 (3,1)
Personalkosten einschließlich gesetzlicher und freiwilliger Sozialaufwand in % der Gesamtleistung[1]	23,9	23,2	18,0	21,2	21,4
Bruttoproduktionswert[1] je Beschäftigten in €	156.224	180.246	282.973	243.616	220.331

* Quelle: Statistisches Bundesamt 2006 (Erhebungszeitraum 2004) – Fachserie 4, Reihe 4.3.
1) = „Bruttoproduktionswert" = Gesamtumsatz ohne Umsatzsteuer plus/minus Bestandsveränderungen an fertigen und unfertigen Erzeugnissen aus eigener Produktion plus selbsterstellte Anlagen.

Kostenstruktur im Produzierenden Gewerbe*	27.30.0 Sonstige erste Bearbeitung von Eisen und Stahl

Kennzahl	Beschäftigte von ... bis ...				
	20–49	50–99	100–249	250 und mehr	insge- samt
Materialverbrauch, Einsatz von Handelsware zu Anschaffungs- kosten (davon Lohnarbeiten) in % der Gesamtleistung[1]	66,2 (0,4)	70,3 (1,9)	65,6 (1,1)	67,5 (0,4)	67,4 (0,9)
Personalkosten einschließlich gesetzlicher und freiwilliger Sozialaufwand in % der Gesamtleistung[1]	15,1	13,8	16,7	16,7	16,1
Bruttoproduktionswert[1] je Beschäftigten in €	273.012	332.034	298.742	308.411	306.738

Kostenstruktur im Produzierenden Gewerbe*	27.32.0 Herstellung von Kaltband mit einer Breite von weniger als 600 mm

Kennzahl	Beschäftigte von ... bis ...				
	20–99	100–249	250–499	500 und mehr	insge- samt
Materialverbrauch, Einsatz von Handelsware zu Anschaffungs- kosten (davon Lohnarbeiten) in % der Gesamtleistung[1]	73,4 (1,8)	68,2 (1,0)	62,9 (0,5)	64,3 (0,4)	66,3 (0,8)
Personalkosten einschließlich gesetzlicher und freiwilliger Sozialaufwand in % der Gesamtleistung[1]	11,4	16,1	19,7	17,8	16,9
Bruttoproduktionswert[1] je Beschäftigten in €	395.832	332.790	284.784	300.122	315.216

* Quelle: Statistisches Bundesamt 2006 (Erhebungszeitraum 2004) – Fachserie 4, Reihe 4.3.

1) = „Bruttoproduktionswert" = Gesamtumsatz ohne Umsatzsteuer plus/minus Bestandsveränderungen an fertigen und unfertigen Erzeugnissen aus eigener Produktion plus selbsterstellte Anlagen.

Kostenstruktur im Produzierenden Gewerbe*		27.34.0 Herstellung von gezogenem Draht		

Kennzahl	Beschäftigte von ... bis ...			
	20–99	100–249	250 und mehr	insgesamt
Materialverbrauch, Einsatz von Handelsware zu Anschaffungskosten (davon Lohnarbeiten) in % der Gesamtleistung[1]	65,7 (0,6)	59,7 (1,9)	76,0 (0,1)	69,5 (0,6)
Personalkosten einschließlich gesetzlicher und freiwilliger Sozialaufwand in % der Gesamtleistung[1]	15,4	19,3	12,7	14,9
Bruttoproduktionswert[1] je Beschäftigten in €	290.243	240.463	361.575	306.288

Kostenstruktur im Produzierenden Gewerbe*		27.40.0 Erzeugung und erste Bearbeitung von NE-Metallen					

Kennzahl	Beschäftigte von ... bis ...						
	20–49	50–99	100–249	250–499	500–999	1.000 und mehr	insgesamt
Materialverbrauch, Einsatz von Handelsware zu Anschaffungskosten (davon Lohnarbeiten) in % der Gesamtleistung[1]	64,1 (2,6)	63,2 (1,2)	68,0 (2,4)	70,7 (2,3)	54,7 (2,5)	74,4 (2,9)	71,4 (2,7)
Personalkosten einschließlich gesetzlicher und freiwilliger Sozialaufwand in % der Gesamtleistung[1]	15,2	16,1	14,8	12,7	24,6	12,7	13,8
Bruttoproduktionswert[1] je Beschäftigten in €	240.024	270.313	325.510	394.797	217.269	464.963	393.566

* Quelle: Statistisches Bundesamt 2006 (Erhebungszeitraum 2004) – Fachserie 4, Reihe 4.3.
1) = „Bruttoproduktionswert" = Gesamtumsatz ohne Umsatzsteuer plus/minus Bestandsveränderungen an fertigen und unfertigen Erzeugnissen aus eigener Produktion plus selbsterstellte Anlagen.

| Kostenstruktur im Produzierenden Gewerbe* | | | 27.42.0 Erzeugung und erste Bearbeitung von Aluminium | | | |

Kennzahl	Beschäftigte von ... bis ...					
	20–49	50–99	100–249	250–999	1.000 und mehr	insge-samt
Materialverbrauch, Einsatz von Handelsware zu Anschaffungs-kosten (davon Lohnarbeiten) in % der Gesamtleistung[1]	65,1 (1,2)	69,6 (0,6)	70,0 (2,0)	72,2 (3,3)	64,8 (4,6)	66,5 (4,0)
Personalkosten einschließlich gesetzlicher und freiwilliger Sozialaufwand in % der Gesamtleistung[1]	13,6	12,4	13,7	13,5	16,1	15,3
Bruttoproduktionswert[1] je Beschäftigten in €	266.877	372.689	350.280	367.420	353.923	353.711

| Kostenstruktur im Produzierenden Gewerbe* | | | 27.44.0 Erzeugung und erste Bearbeitung von Kupfer | | | |

Kennzahl	Beschäftigte von ... bis ...					
	20–49	50–99	100–249	250–499	500 und mehr	insge-samt
Materialverbrauch, Einsatz von Handelsware zu Anschaffungs-kosten (davon Lohnarbeiten) in % der Gesamtleistung[1]	71,7 (0,2)	64,4 (0,7)	56,9 (3,0)	71,0 (0,7)	74,7 (1,3)	73,1 (1,2)
Personalkosten einschließlich gesetzlicher und freiwilliger Sozialaufwand in % der Gesamtleistung[1]	16,7	18,3	21,2	8,8	13,8	13,5
Bruttoproduktionswert[1] je Beschäftigten in €	281.912	234.911	225.055	573.242	409.815	402.491

* Quelle: Statistisches Bundesamt 2006 (Erhebungszeitraum 2004) – Fachserie 4, Reihe 4.3.
1) = „Bruttoproduktionswert" = Gesamtumsatz ohne Umsatzsteuer plus/minus Bestandsveränderungen an fertigen und unfertigen Erzeugnissen aus eigener Produktion plus selbsterstellte Anlagen.

Kostenstruktur im Produzierenden Gewerbe*		28.00.0 Herstellung von Metallerzeugnissen	

Nr. WZ 2003	Branchenbezeichnung	Bruttoproduktionswert[1] je Beschäftigten in €	Materialverbrauch, Einsatz an Handelsware und Anschaffungskosten, Kosten für Lohnarbeiten (davon Lohnarbeiten) in % der Gesamtleistung[1]	Personalkosten einschl. gesetzlicher und freiwilliger Sozialaufwand in % der Gesamtleistung[1]
28.00.0	Herstellung von Metallerzeugnissen	141.550	47,5 (4,9)	28,7
28.10.0	Stahl- und Leichtmetallbau	139.572	53,1 (7,7)	26,7
28.11.0	Herstellung von Metallkonstruktionen**	141.729	54,0 (8,2)	26,4
28.12.0	Herstellung von Ausbauelementen aus Metall**	132.078	49,7 (5,8)	27,9
28.20.0	Herstellung von Metallbehältern mit einem Fassungsvermögen von mehr als 300 l; Herstellung von Heizkörpern und -kesseln für Zentralheizungen**	189.126	53,6 (2,8)	24,5
28.21.0	Herstellung von Metallbehältern mit einem Fassungsvermögen von mehr als 300 l**	143.012	49,3 (7,6)	28,0
28.22.0	Herstellung von Heizkörpern und -kesseln für Zentralheizungen**	222.423	55,6 (0,6)	22,8
28.30.0	Herstellung von Dampfkesseln (ohne Zentralheizungskessel)**	162.830	41,6 (12,5)	31,1
28.40.0	Herstellung von Schmiede-, Press-, Zieh- und Stanzteilen, gewalzten Ringen und pulvermetallurgischen Erzeugnissen**	153.908	50,2 (5,2)	27,5
28.50.0	Oberflächenveredlung und Wärmebehandlung; Mechanik, ang.	104.575	37,1 (4,2)	33,3

* Quelle: Statistisches Bundesamt 2006 (Erhebungszeitraum 2004) – Fachserie 4, Reihe 4.3.
** Siehe auch jeweilige Kostenstruktur nach Beschäftigtengrößenklassen.
1) = „Bruttoproduktionswert" = Gesamtumsatz ohne Umsatzsteuer plus/minus Bestandsveränderungen an fertigen und unfertigen Erzeugnissen aus eigener Produktion plus selbsterstellte Anlagen.

Kostenstruktur im Produzierenden Gewerbe*		28.00.0 Herstellung von Metallerzeugnissen		

Nr. WZ 2003	Branchenbezeichnung	Bruttoproduktionswert[1] je Beschäftigten in €	Materialverbrauch, Einsatz an Handelsware und Anschaffungskosten, Kosten für Lohnarbeiten (davon Lohnarbeiten) in % der Gesamtleistung[1]	Personalkosten einschl. gesetzlicher und freiwilliger Sozialaufwand in % der Gesamtleistung[1]
28.51.0	Oberflächenveredlung und Wärmebehandlung**	103.630	31,7 (2,7)	34,1
28.52.0	Mechanik ang.**	105.328	41,4 (5,4)	32,7
28.60.0	Herstellung von Schneidwaren, Werkzeugen, Schlössern und Beschlägen aus unedlen Metallen	135.633	43,7 (3,7)	31,9
28.61.0	Herstellung von Schneidwaren und Bestecken aus unedlen Metallen**	134.654	32,3 (2,4)	33,8
28.62.0	Herstellung von Werkzeugen**	121.092	39,6 (4,4)	35,3
28.63.0	Herstellung von Schlössern und Beschlägen aus unedlen Metallen**	152.346	48,6 (3,1)	28,6
28.70.0	Herstellung von sonstigen Metallwaren	156.337	49,5 (2,8)	26,6
28.71.0	Herstellung von Metallbehältern mit einem Fassungsvermögen von 300 l oder weniger	192.747	54,1 (1,2)	22,5
28.72.0	Herstellung von Verpackungen und Verschlüssen aus Eisen, Stahl und NE-Metallen**	190.594	55,7 (1,3)	24,5
28.73.0	Herstellung von Drahtwaren**	196.695	60,0 (1,4)	20,9
28.74.0	Herstellung von Schrauben, Nieten, Ketten und Federn**	140.960	42,4 (6,2)	30,2
28.75.0	Herstellung von sonstigen Metallwaren, ang.**	148.449	49,2 (1,6)	26,7

*   Quelle: Statistisches Bundesamt 2006 (Erhebungszeitraum 2004) – Fachserie 4, Reihe 4.3.
** Siehe auch jeweilige Kostenstruktur nach Beschäftigtengrößenklassen.
1) = „Bruttoproduktionswert" = Gesamtumsatz ohne Umsatzsteuer plus/minus Bestandsveränderungen an fertigen und unfertigen Erzeugnissen aus eigener Produktion plus selbsterstellte Anlagen.

Kostenstruktur im Produzierenden Gewerbe*	28.11.0 Herstellung von Metall-konstruktionen

Kennzahl	Beschäftigte von ... bis ...					
	20–49	50–99	100–249	250–499	500 und mehr	insge-samt
Materialverbrauch, Einsatz von Handelsware zu Anschaffungs-kosten (davon Lohnarbeiten) in % der Gesamtleistung[1]	52,7 (7,6)	49,7 (7,3)	57,2 (8,0)	56,9 (8,9)	52,5 (10,5)	54,0 (8,2)
Personalkosten einschließlich gesetzlicher und freiwilliger Sozialaufwand in % der Gesamtleistung[1]	29,4	29,6	24,9	21,7	24,3	26,4
Bruttoproduktionswert[1] je Beschäftigten in €	110.134	116.882	159.343	208.248	188.926	141.729

Kostenstruktur im Produzierenden Gewerbe*	28.12.0 Herstellung von Ausbau-elementen aus Metall

Kennzahl	Beschäftigte von ... bis ...					
	20–49	50–99	100–249	250–499	500 und mehr	insge-samt
Materialverbrauch, Einsatz von Handelsware zu Anschaffungs-kosten (davon Lohnarbeiten) in % der Gesamtleistung[1]	51,2 (4,3)	50,6 (5,2)	51,5 (10,2)	42,7 (3,6)	50,2 (5,1)	49,7 (5,8)
Personalkosten einschließlich gesetzlicher und freiwilliger Sozialaufwand in % der Gesamtleistung[1]	30,9	30,0	26,7	32,3	19,7	27,9
Bruttoproduktionswert[1] je Beschäftigten in €	100.628	113.259	148.210	132.955	239.430	132.078

*   Quelle: Statistisches Bundesamt 2006 (Erhebungszeitraum 2004) – Fachserie 4, Reihe 4.3.

1)   = „Bruttoproduktionswert" = Gesamtumsatz ohne Umsatzsteuer plus/minus Bestandsveränderungen an fertigen und unfertigen Erzeugnissen aus eigener Produktion plus selbsterstellte Anlagen.

Kostenstruktur im Produzierenden Gewerbe*	28.20.0 Herstellung von Metallbehältern mit einem Fassungsvermögen von mehr als 300 l; Herstellung von Heizkörpern und -kesseln für Zentralheizungen

Kennzahl	Beschäftigte von ... bis ...				
	20–49	50–99	100–249	250 und mehr	insgesamt
Materialverbrauch, Einsatz von Handelsware zu Anschaffungskosten (davon Lohnarbeiten) in % der Gesamtleistung[1]	50,8 (2,9)	48,7 (4,6)	50,6 (11,0)	55,1 (1,2)	53,6 (2,8)
Personalkosten einschließlich gesetzlicher und freiwilliger Sozialaufwand in % der Gesamtleistung[1]	26,6	27,9	24,3	23,8	24,5
Bruttoproduktionswert[1] je Beschäftigten in €	124.969	139.740	164.349	217.357	189.126

Kostenstruktur im Produzierenden Gewerbe*	28.21.0 Herstellung von Metallbehältern mit einem Fassungsvermögen von mehr als 300 l

Kennzahl	Beschäftigte von ... bis ...		
	20–99	100 und mehr	insgesamt
Materialverbrauch, Einsatz von Handelsware zu Anschaffungskosten (davon Lohnarbeiten) in % der Gesamtleistung[1]	47,5 (4,5)	50,6 (10,0)	49,3 (7,6)
Personalkosten einschließlich gesetzlicher und freiwilliger Sozialaufwand in % der Gesamtleistung[1]	28,5	27,7	28,0
Bruttoproduktionswert[1] je Beschäftigten in €	126.276	159.203	143.012

*   Quelle: Statistisches Bundesamt 2006 (Erhebungszeitraum 2004) – Fachserie 4, Reihe 4.3.
1) = „Bruttoproduktionswert" = Gesamtumsatz ohne Umsatzsteuer plus/minus Bestandsveränderungen an fertigen und unfertigen Erzeugnissen aus eigener Produktion plus selbsterstellte Anlagen.

Kostenstruktur im Produzierenden Gewerbe*	28.22.0 Herstellung von Heizkörpern und -kesseln für Zentralheizungen

| Kennzahl | Beschäftigte von ... bis ... | | |
	20–99	100 und mehr	insgesamt
Materialverbrauch, Einsatz von Handelsware zu Anschaffungskosten (davon Lohnarbeiten) in % der Gesamtleistung[1]	56,5 (2,1)	55,6 (0,6)	55,6 (0,6)
Personalkosten einschließlich gesetzlicher und freiwilliger Sozialaufwand in % der Gesamtleistung[1]	23,5	22,8	22,8
Bruttoproduktionswert[1] je Beschäftigten in €	166.541	227.135	222.423

Kostenstruktur im Produzierenden Gewerbe*	28.30.0 Herstellung von Dampfkesseln (ohne Zentralheizungskessel)

| Kennzahl | Beschäftigte von ... bis ... | | |
	20–499	500 und mehr	insgesamt
Materialverbrauch, Einsatz von Handelsware zu Anschaffungskosten (davon Lohnarbeiten) in % der Gesamtleistung[1]	43,0 (12,9)	37,6 (11,4)	41,6 (12,5)
Personalkosten einschließlich gesetzlicher und freiwilliger Sozialaufwand in % der Gesamtleistung[1]	29,2	36,2	31,1
Bruttoproduktionswert[1] je Beschäftigten in €	165.157	156.921	162.830

*   Quelle: Statistisches Bundesamt 2006 (Erhebungszeitraum 2004) – Fachserie 4, Reihe 4.3.
1) = „Bruttoproduktionswert" = Gesamtumsatz ohne Umsatzsteuer plus/minus Bestandsveränderungen an fertigen und unfertigen Erzeugnissen aus eigener Produktion plus selbsterstellte Anlagen.

| Kostenstruktur im Produzierenden Gewerbe* | | 28.40.0 Herstellung von Schmiede-, Press-, Zieh- und Stanzteilen, gewalzten Ringen und pulvermetallurgischen Erzeugnissen |

Kennzahl	Beschäftigte von ... bis ...						
	20–49	50–99	100–249	250–499	500–999	1.000 und mehr	insgesamt
Materialverbrauch, Einsatz von Handelsware zu Anschaffungskosten (davon Lohnarbeiten) in % der Gesamtleistung[1]	47,4 (5,1)	51,0 (5,1)	51,5 (5,1)	49,8 (8,3)	50,9 (2,9)	49,0 (2,3)	50,2 (5,2)
Personalkosten einschließlich gesetzlicher und freiwilliger Sozialaufwand in % der Gesamtleistung[1]	29,7	26,2	27,7	26,6	28,1	28,2	27,5
Bruttoproduktionswert[1] je Beschäftigten in €	117.561	142.979	140.288	168.046	170.845	178.871	153.908

| Kostenstruktur im Produzierenden Gewerbe* | | 28.51.0 Oberflächenveredlung und Wärmebehandlung |

Kennzahl	Beschäftigte von ... bis ...			
	20–49	50–99	100 und mehr	insgesamt
Materialverbrauch, Einsatz von Handelsware zu Anschaffungskosten (davon Lohnarbeiten) in % der Gesamtleistung[1]	25,1 (2,7)	33,2 (4,0)	45,4 (1,2)	31,7 (2,7)
Personalkosten einschließlich gesetzlicher und freiwilliger Sozialaufwand in % der Gesamtleistung[1]	35,7	36,3	27,9	34,1
Bruttoproduktionswert[1] je Beschäftigten in €	93.031	93.631	166.767	103.630

* Quelle: Statistisches Bundesamt 2006 (Erhebungszeitraum 2004) – Fachserie 4, Reihe 4.3.
1) = „Bruttoproduktionswert" = Gesamtumsatz ohne Umsatzsteuer plus/minus Bestandsveränderungen an fertigen und unfertigen Erzeugnissen aus eigener Produktion plus selbsterstellte Anlagen.

Kostenstruktur im Produzierenden Gewerbe*	28.52.0 Mechanik ang.

Kennzahl	Beschäftigte von ... bis ...			
	20–99	100–249	250 und mehr	insgesamt
Materialverbrauch, Einsatz von Handelsware zu Anschaffungskosten (davon Lohnarbeiten) in % der Gesamtleistung[1]	37,6 (6,4)	43,9 (3,9)	48,2 (4,8)	41,4 (5,4)
Personalkosten einschließlich gesetzlicher und freiwilliger Sozialaufwand in % der Gesamtleistung[1]	35,2	28,8	30,8	32,7
Bruttoproduktionswert[1] je Beschäftigten in €	93.909	119.269	127.546	105.328

Kostenstruktur im Produzierenden Gewerbe*	28.62.0 Herstellung von Werkzeugen

Kennzahl	Beschäftigte von ... bis ...			
	20–249	250–499	500 und mehr	insgesamt
Materialverbrauch, Einsatz von Handelsware zu Anschaffungskosten (davon Lohnarbeiten) in % der Gesamtleistung[1]	37,5 (4,4)	38,8 (5,0)	47,6 (2,8)	39,6 (4,4)
Personalkosten einschließlich gesetzlicher und freiwilliger Sozialaufwand in % der Gesamtleistung[1]	34,6	36,7	34,5	35,3
Bruttoproduktionswert[1] je Beschäftigten in €	109.583	128.097	152.560	121.092

* Quelle: Statistisches Bundesamt 2006 (Erhebungszeitraum 2004) – Fachserie 4, Reihe 4.3.
1) = „Bruttoproduktionswert" = Gesamtumsatz ohne Umsatzsteuer plus/minus Bestandsveränderungen an fertigen und unfertigen Erzeugnissen aus eigener Produktion plus selbsterstellte Anlagen.

| Kostenstruktur im Produzierenden Gewerbe* | 28.63.0 Herstellung von Schlössern und Beschlägen aus unedlen Metallen |

Kennzahl	Beschäftigte von ... bis ...			
	20–99	100–249	250 und mehr	insgesamt
Materialverbrauch, Einsatz von Handelsware zu Anschaffungskosten (davon Lohnarbeiten) in % der Gesamtleistung[1]	43,8 (4,3)	42,5 (3,9)	50,2 (2,9)	48,6 (3,1)
Personalkosten einschließlich gesetzlicher und freiwilliger Sozialaufwand in % der Gesamtleistung[1]	31,6	30,3	28,0	28,6
Bruttoproduktionswert[1] je Beschäftigten in €	111.530	130.839	163.608	152.346

| Kostenstruktur im Produzierenden Gewerbe* | 28.72.0 Herstellung von Verpackungen und Verschlüssen aus Eisen, Stahl und NE-Metall |

Kennzahl	Beschäftigte von ... bis ...		
	20–99	100 und mehr	insgesamt
Materialverbrauch, Einsatz von Handelsware zu Anschaffungskosten (davon Lohnarbeiten) in % der Gesamtleistung[1]	60,5 (1,7)	55,0 (1,2)	55,7 (1,3)
Personalkosten einschließlich gesetzlicher und freiwilliger Sozialaufwand in % der Gesamtleistung[1]	20,5	25,1	24,5
Bruttoproduktionswert[1] je Beschäftigten in €	203.869	188.890	190.594

*   Quelle: Statistisches Bundesamt 2006 (Erhebungszeitraum 2004) – Fachserie 4, Reihe 4.3.
1)   = „Bruttoproduktionswert" = Gesamtumsatz ohne Umsatzsteuer plus/minus Bestandsveränderungen an fertigen und unfertigen Erzeugnissen aus eigener Produktion plus selbsterstellte Anlagen.

Kostenstruktur im Produzierenden Gewerbe*	28.73.0 Herstellung von Drahtwaren

Kennzahl	Beschäftigte von ... bis ...		
	20–99	100 und mehr	insgesamt
Materialverbrauch, Einsatz von Handelsware zu Anschaffungskosten (davon Lohnarbeiten) in % der Gesamtleistung[1]	64,6 (2,1)	56,9 (0,9)	60,0 (1,4)
Personalkosten einschließlich gesetzlicher und freiwilliger Sozialaufwand in % der Gesamtleistung[1]	17,4	23,3	20,9
Bruttoproduktionswert[1] je Beschäftigten in €	211.020	188.077	196.695

Kostenstruktur im Produzierenden Gewerbe*	28.74.0 Herstellung von Schrauben, Nieten, Ketten und Federn

Kennzahl	Beschäftigte von ... bis ...			
	20–99	100–499	500 und mehr	insgesamt
Materialverbrauch, Einsatz von Handelsware zu Anschaffungskosten (davon Lohnarbeiten) in % der Gesamtleistung[1]	39,6 (3,9)	41,9 (6,7)	46,3 (7,4)	42,4 (6,2)
Personalkosten einschließlich gesetzlicher und freiwilliger Sozialaufwand in % der Gesamtleistung[1]	30,0	30,0	30,9	30,2
Bruttoproduktionswert[1] je Beschäftigten in €	121.097	145.916	153.087	140.960

* Quelle: Statistisches Bundesamt 2006 (Erhebungszeitraum 2004) – Fachserie 4, Reihe 4.3.
1) = „Bruttoproduktionswert" = Gesamtumsatz ohne Umsatzsteuer plus/minus Bestandsveränderungen an fertigen und unfertigen Erzeugnissen aus eigener Produktion plus selbsterstellte Anlagen.

Kostenstruktur im Produzierenden Gewerbe*	28.75.0 Herstellung von sonstigen Metallwaren, ang.

Kennzahl	Beschäftigte von ... bis ...				
	20–99	100–249	250–499	500 und mehr	insgesamt
Materialverbrauch, Einsatz von Handelsware zu Anschaffungskosten (davon Lohnarbeiten) in % der Gesamtleistung[1]	49,1 (2,1)	46,2 (2,4)	41,5 (0,9)	53,3 (1,1)	49,2 (1,6)
Personalkosten einschließlich gesetzlicher und freiwilliger Sozialaufwand in % der Gesamtleistung[1]	26,2	25,5	30,1	26,6	26,7
Bruttoproduktionswert[1] je Beschäftigten in €	129.265	143.430	146.015	170.462	148.449

* Quelle: Statistisches Bundesamt 2006 (Erhebungszeitraum 2004) – Fachserie 4, Reihe 4.3.
1) = „Bruttoproduktionswert" = Gesamtumsatz ohne Umsatzsteuer plus/minus Bestandsveränderungen an fertigen und unfertigen Erzeugnissen aus eigener Produktion plus selbsterstellte Anlagen.

Verdiensterhebung im Handwerk* – Metallbauer (Anlage A zur HWO Nr. 13)

	Durchschnittlicher Bruttoverdienst					
	pro Stunde			pro Monat		
	ABL	NBL und Berlin Ost	Deutschland	ABL	NBL und Berlin Ost	Deutschland
	in €					
Gesellen	13,60	9,37	12,69	2.311	1.640	2.170
Männer	16,61	9,37	12,69	2.313	1.639	2.171
Frauen	12,06	(9,89)	11,64	1.942	(1.717)	1.901
Übrige Arbeiter	11,78	9,15	11,15	2.036	1.572	1.924
Männer	11,83	9,23	11,20	2.055	1.583	1.939
Frauen	10,95	(7,50)	11,38	1.784	(1.311)	1.711
Arbeiter	13,32	9,33	12,44	2.269	1.628	2.131
Männer	13,35	9,35	12,47	2.276	1.630	2.136
Frauen	11,28	8,29	10,76	1.830	1.447	1.768

* Veröffentlichung des Statistischen Bundesamtes: Fachserie 16, Reihe 3, zuletzt für Mai 2005.

2.2.55　Metzgerei, Fleischverarbeitung

Siehe auch Teil 2.2.49 Lebensmittelbranchen

Richtsätze für das Jahr 2005 – Metzgerei, Fleischerei, Schlachterei
(Gewerbeklassen 15.13.0 und 52.22.0)

	Deutschland[1]	eigener Betrieb
Rohgewinn I	46–62 54	
Rohgewinn II	–	
Halbreingewinn	23–44 34	
Reingewinn	3–20 10	
Rohgewinnaufschlag	85–163 117	

1) Auch mit Fleisch- und Handelswarenzukauf.

Verdiensterhebung im Handwerk* – Fleischer (Anlage A zur HWO Nr. 32)

	Durchschnittlicher Bruttoverdienst					
	pro Stunde			pro Monat		
	ABL	NBL und Berlin Ost	Deutschland	ABL	NBL und Berlin Ost	Deutschland
	in €					
Gesellen	11,95	7,67	11,31	2.045	1.351	1.943
Männer	12,33	7,89	11,73	2.114	1.386	2.018
Frauen	9,48	6,92	8,88	1.600	1.324	1.517
Übrige Arbeiter	10,03	6,92	9,27	1.705	1.157	1.585
Männer	10,84	7,34	10,56	1.824	1.297	1.784
Frauen	9,14	6,48	8,24	1.570	1.131	1.423
Arbeiter	11,31	7,19	10,59	1.931	1.263	1.816
Männer	11,99	7,81	11,47	2.046	1.373	1.965
Frauen	9,26	6,59	8,45	1.581	1.156	1.454

* Veröffentlichung des Statistischen Bundesamtes: Fachserie 16, Reihe 3, zuletzt für Mai 2005.

Vergleichswerte Handel   52.22.0 Einzelhandel mit Fleisch, Fleischwaren, Geflügel und Wild

KOSTENSTRUKTUR	Beschäftigte 1-2		Beschäftigte 3-5		Beschäftigte 6-19		Beschäftigte 20 und mehr		Beschäftigte insgesamt	
	€	%	€	%	€	%	€	%	€	%
1. Umsatz je Unternehmen	189.000,00	100,0	222.000,00	100,0	481.000,00	100,0	4.721.000,00	100,0	605.000,00	100,0
2. Wareneinsatz	133.245,00	70,5	146.076,00	65,8	252.525,00	52,5	2.629.597,00	55,7	346.060,00	57,2
3. *Rohertrag 1 minus 2*	55.755,00	29,5	75.924,00	34,2	228.475,00	47,5	2.091.403,00	44,3	258.940,00	42,8
4. übrige Aufwendungen*	26.838,00	14,2	69.708,00	31,4	167.388,00	34,8	1.784.538,00	37,8	208.725,00	34,5
5. *Überschuss 3 minus 4*	28.917,00	15,3	6.216,00	2,8	61.087,00	12,7	306.865,00	6,5	50.215,00	8,3
Weitere Kennzahlen										
Umsatz je Beschäftigten in €	127.000,00		58.000,00		53.000,00		75.000,00		67.000,00	
Anzahl der Beschäftigten	1,5		3,8		9,1		63,1		9,0	
Anzahl der Unternehmen	763		1.288		1.167		232		3.450	

* Ohne Fremdkapitalzinsen.

Vergleichswerte aus der letzten Kostenstrukturstatistik des Statistischen Bundesamtes 2006 (Erhebungszeitraum 2003) – Fachserie 6, Reihe 4.

Kostenstruktur im Produzierenden Gewerbe*	15.11.0 Schlachten (ohne Schlachten von Geflügel)

Kennzahl	Beschäftigte von ... bis ...				
	20–49	50–99	100–249	250 und mehr	insgesamt
Materialverbrauch, Einsatz von Handelsware zu Anschaffungskosten (davon Lohnarbeiten) in % der Gesamtleistung[1]	75,6 (2,8)	86,9 (1,6)	84,5 (2,5)	85,8 (3,5)	84,9 (2,7)
Personalkosten einschließlich gesetzlicher und freiwilliger Sozialaufwand in % der Gesamtleistung[1]	11,8	4,8	6,0	5,6	6,0
Bruttoproduktionswert[1] je Beschäftigten in €	224.142	621.935	533.760	692.357	545.746

Kostenstruktur im Produzierenden Gewerbe*	15.12.0 Schlachten von Geflügel

Kennzahl	Beschäftigte von ... bis ...				
	20–49	50–99	100–249	250 und mehr	insgesamt
Materialverbrauch, Einsatz von Handelsware zu Anschaffungskosten (davon Lohnarbeiten) in % der Gesamtleistung[1]	65,3 (2,3)	79,3 (1,2)	69,7 (1,2)	74,5 (0,6)	74,0 (0,8)
Personalkosten einschließlich gesetzlicher und freiwilliger Sozialaufwand in % der Gesamtleistung[1]	14,8	7,3	13,1	8,8	9,5
Bruttoproduktionswert[1] je Beschäftigten in €	149.014	399.040	173.780	303.107	272.827

* Quelle: Statistisches Bundesamt 2006 (Erhebungszeitraum 2004) – Fachserie 4, Reihe 4.3.
1) = „Bruttoproduktionswert" = Gesamtumsatz ohne Umsatzsteuer plus/minus Bestandsveränderungen an fertigen und unfertigen Erzeugnissen aus eigener Produktion plus selbsterstellte Anlagen.

Kostenstruktur im Produzierenden Gewerbe*	15.13.0 Fleischverarbeitung

Kennzahl	Beschäftigte von ... bis ...					
	20–49	50–99	100–249	250–499	500 und mehr	insgesamt
Materialverbrauch, Einsatz von Handelsware zu Anschaffungskosten (davon Lohnarbeiten) in % der Gesamtleistung[1]	56,6 (0,4)	58,6 (0,3)	65,4 (0,7)	74,5 (1,5)	68,7 (1,6)	67,3 (1,1)
Personalkosten einschließlich gesetzlicher und freiwilliger Sozialaufwand in % der Gesamtleistung[1]	23,1	17,6	15,9	10,1	14,1	14,6
Bruttoproduktionswert[1] je Beschäftigten in €	83.993	115.521	159.588	289.338	222.830	172.365

*   Quelle: Statistisches Bundesamt 2006 (Erhebungszeitraum 2004) – Fachserie 4, Reihe 4.3.
1)   = „Bruttoproduktionswert" = Gesamtumsatz ohne Umsatzsteuer plus/minus Bestandsveränderungen an fertigen und unfertigen Erzeugnissen aus eigener Produktion plus selbsterstellte Anlagen.

2.2.56   Möbel und sonstige Einrichtungsgegenstände

Richtsätze 2005 – Möbel und sonstige Einrichtungsgegenstände, Einzelhandel
(Gewerbeklasse 52.44.1)

	Deutschland	eigener Betrieb
Rohgewinn I	31–48 40	
Rohgewinn II	–	
Halbreingewinn	14–33 24	
Reingewinn	2–16 9	
Rohgewinnaufschlag	45–92 67	

Vergleichswerte Handel   52.44.0 Einzelhandel mit Möbeln, Einrichtungsgegenständen und Hausrat, anderweitig nicht genannt

KOSTENSTRUKTUR	Beschäftigte 1–2		Beschäftigte 3–5		Beschäftigte 6–19		Beschäftigte 20 und mehr		Beschäftigte insgesamt	
	€	%	€	%	€	%	€	%	€	%
1. Umsatz je Unternehmen	132.000,00	100,0	253.000,00	100,0	899.000,00	100,0	17.138.000,00	100,0	1.286.000,00	100,0
2. Wareneinsatz	78.804,00	59,7	153.571,00	60,7	527.713,00	58,7	9.940.040,00	58,0	751.024,00	58,4
3. *Rohertrag 1 minus 2*	53.196,00	40,3	99.429,00	39,3	371.287,00	41,3	7.197.960,00	42,0	534.976,00	41,6
4. übrige Aufwendungen*	27.720,00	21,0	81.719,00	32,3	306.559,00	34,1	5.964.024,00	34,8	435.954,00	33,9
5. *Überschuss 3 minus 4*	25.476,00	19,3	17.710,00	7,0	64.728,00	7,2	1.233.936,00	7,2	99.022,00	7,7
Weitere Kennzahlen										
Umsatz je Beschäftigten in €	87.000,00		72.000,00		100.000,00		160.000,00		133.000,00	
Anzahl der Beschäftigten	1,5		3,5		9,0		106,7		9,7	
Anzahl der Unternehmen	6.127		5.553		3.148		884		15.713	

* Ohne Fremdkapitalzinsen.

Vergleichswerte aus der letzten Kostenstrukturstatistik des Statistischen Bundesamtes 2006 (Erhebungszeitraum 2003) – Fachserie 6, Reihe 4.

| Kostenstruktur im Produzierenden Gewerbe* | | 36.10.0 Herstellung von Möbeln | | |

Nr. WZ 2003	Branchenbezeichnung	Bruttoproduktionswert[1] je Beschäftigten in €	Materialverbrauch, Einsatz an Handelsware und Anschaffungskosten, Kosten für Lohnarbeiten (davon Lohnarbeiten) in % der Gesamtleistung[1]	Personalkosten einschl. gesetzlicher und freiwilliger Sozialaufwand in % der Gesamtleistung[1]
36.10.0	Herstellung von Möbeln	152.189	55,2 (1,6)	25,3
36.11.0	Herstellung von Sitzmöbeln**	181.931	64,3 (1,6)	21,7
36.12.0	Herstellung von Büro- und Ladenmöbeln**	119.522	48,3 (3,4)	33,2
36.13.0	Herstellung von Küchenmöbeln**	191.267	51,4 (0,5)	22,3
36.14.0	Herstellung von sonstigen Möbeln**	128.347	49,2 (1,5)	28,7
36.15.0	Herstellung von Matratzen	149.028	58,2 (0,2)	19,7

* Quelle: Statistisches Bundesamt 2006 (Erhebungszeitraum 2004) – Fachserie 4, Reihe 4.3.
** Siehe auch jeweilige Kostenstruktur nach Beschäftigtengrößenklassen.
1) = „Bruttoproduktionswert" = Gesamtumsatz ohne Umsatzsteuer plus/minus Bestandsveränderungen an fertigen und unfertigen Erzeugnissen aus eigener Produktion plus selbsterstellte Anlagen.

Kostenstruktur im Produzierenden Gewerbe*

36.11.0 Herstellung von Sitzmöbeln

Kennzahl	Beschäftigte von ... bis ...						
	20–49	50–99	100–249	250–499	500–999	1.000 und mehr	insgesamt
Materialverbrauch, Einsatz von Handelsware zu Anschaffungskosten (davon Lohnarbeiten) in % der Gesamtleistung[1]	47,5 (0,2)	60,0 (3,5)	54,9 (3,4)	64,9 (1,1)	65,4 (3,0)	70,6 (0,4)	64,3 (1,6)
Personalkosten einschließlich gesetzlicher und freiwilliger Sozialaufwand in % der Gesamtleistung[1]	29,1	17,7	28,6	20,3	17,4	21,5	21,7
Bruttoproduktionswert[1] je Beschäftigten in €	99.042	174.079	125.739	196.084	222.854	223.655	181.931

Kostenstruktur im Produzierenden Gewerbe*

36.12.0 Herstellung von Büro- und Ladenmöbeln

Kennzahl	Beschäftigte von ... bis ...			
	20–99	100–249	250 und mehr	insgesamt
Materialverbrauch, Einsatz von Handelsware zu Anschaffungskosten (davon Lohnarbeiten) in % der Gesamtleistung[1]	47,9 (4,1)	48,1 (1,6)	49,1 (3,8)	48,3 (3,4)
Personalkosten einschließlich gesetzlicher und freiwilliger Sozialaufwand in % der Gesamtleistung[1]	31,9	30,9	36,2	33,2
Bruttoproduktionswert[1] je Beschäftigten in €	107.259	126.971	130.989	119.522

* Quelle: Statistisches Bundesamt 2006 (Erhebungszeitraum 2004) – Fachserie 4, Reihe 4.3.
1) = „Bruttoproduktionswert" = Gesamtumsatz ohne Umsatzsteuer plus/minus Bestandsveränderungen an fertigen und unfertigen Erzeugnissen aus eigener Produktion plus selbsterstellte Anlagen.

| Kostenstruktur im Produzierenden Gewerbe* | 36.13.0 Herstellung von Küchenmöbeln |

Kennzahl	Beschäftigte von ... bis ...			
	20–99	100–499	500 und mehr	insgesamt
Materialverbrauch, Einsatz von Handelsware zu Anschaffungskosten (davon Lohnarbeiten) in % der Gesamtleistung[1]	51,4 (1,8)	52,4 (0,6)	50,7 (0,2)	51,4 (0,5)
Personalkosten einschließlich gesetzlicher und freiwilliger Sozialaufwand in % der Gesamtleistung[1]	24,1	23,2	21,4	22,3
Bruttoproduktionswert[1] je Beschäftigten in €	131.926	174.029	229.737	191.267

| Kostenstruktur im Produzierenden Gewerbe* | 36.14.0 Herstellung von sonstigen Möbeln |

Kennzahl	Beschäftigte von ... bis ...			
	20–99	100–499	500 und mehr	insgesamt
Materialverbrauch, Einsatz von Handelsware zu Anschaffungskosten (davon Lohnarbeiten) in % der Gesamtleistung[1]	48,4 (1,8)	49,4 (1,3)	50,0 (1,9)	49,2 (1,5)
Personalkosten einschließlich gesetzlicher und freiwilliger Sozialaufwand in % der Gesamtleistung[1]	30,3	27,5	29,5	28,7
Bruttoproduktionswert[1] je Beschäftigten in €	113.621	135.673	133.489	128.347

* Quelle: Statistisches Bundesamt 2006 (Erhebungszeitraum 2004) – Fachserie 4, Reihe 4.3.
1) = „Bruttoproduktionswert" = Gesamtumsatz ohne Umsatzsteuer plus/minus Bestandsveränderungen an fertigen und unfertigen Erzeugnissen aus eigener Produktion plus selbsterstellte Anlagen.

2.2.57 Musikfachhandel, Herstellung von Musikinstrumenten

Siehe auch Teil 2.2.67 Rundfunk-, Fernseh- und Nachrichtentechnik

Kostenstruktur im Produzierenden Gewerbe*	36.30.0 Herstellung von Musikinstrumenten

Kennzahl	Beschäftigte von ... bis ...		insgesamt
	20–99	100 und mehr	
Materialverbrauch, Einsatz von Handelsware zu Anschaffungskosten (davon Lohnarbeiten) in % der Gesamtleistung[1]	32,8 (1,2)	37,4 (2,3)	35,4 (1,8)
Personalkosten einschließlich gesetzlicher und freiwilliger Sozialaufwand in % der Gesamtleistung[1]	41,7	40,5	41,0
Bruttoproduktionswert[1] je Beschäftigten in €	79.598	97.308	88.545

* Quelle: Statistisches Bundesamt 2006 (Erhebungszeitraum 2004) – Fachserie 4, Reihe 4.3.
1) = „Bruttoproduktionswert" = Gesamtumsatz ohne Umsatzsteuer plus/minus Bestandsveränderungen an fertigen und unfertigen Erzeugnissen aus eigener Produktion plus selbsterstellte Anlagen.

Vergleichswerte Handel   **52.45.0 Einzelhandel mit elektrischen Haushaltsgeräten, Geräten der Unterhaltungselektronik und Musikinstrumenten**

	Beschäftigte 1–2		Beschäftigte 3–5		Beschäftigte 6–19		Beschäftigte 20 und mehr		Beschäftigte insgesamt	
KOSTENSTRUKTUR	€	%	€	%	€	%	€	%	€	%
1. Umsatz je Unternehmen	131.000,00	100,0	277.000,00	100,0	1.024.000,00	100,0	14.175.000,00	100,0	709.000,00	100,0
2. Wareneinsatz	80.041,00	61,1	170.909,00	61,7	654.336,00	63,9	10.631.250,00	75,0	494.882,00	69,8
3. *Rohertrag 1 minus 2*	50.959,00	38,9	106.091,00	38,3	369.664,00	36,1	3.543.750,00	25,0	214.118,00	30,2
4. übrige Aufwendungen*	20.829,00	15,9	83.100,00	30,0	314.368,00	30,7	3.175.200,00	22,4	172.996,00	24,4
5. *Überschuss 3 minus 4*	30.130,00	23,00	22.991,00	8,3	55.296,00	5,4	368.550,00	2,6	41.122,00	5,8
Weitere Kennzahlen										
Umsatz je Beschäftigten in €	90.000,00		79.000,00		111.000,00		240.000,00		145.000,00	
Anzahl der Beschäftigten	1,5		3,5		9,2		59,1		4,9	
Anzahl der Unternehmen	8.519		5.865		2.396		498		17.278	

* Ohne Fremdkapitalzinsen.
Vergleichswerte aus der letzten Kostenstrukturstatistik des Statistischen Bundesamtes 2006 (Erhebungszeitraum 2003) – Fachserie 6, Reihe 4.

2.2.58 Nachrichtenübermittlung/Telekommunikation

| Strukturerhebung im Dienstleistungsbereich* | 64.00.0 Nachrichtenübermittlung |

	2003			2004		
	Gesamt	Umsatz ab 250 T€	Umsatz unter 250 T€	Gesamt	Umsatz ab 250 T€	Umsatz unter 250 T€
Gesamtbranche:						
Gesamtumsatz der Branche (Marktvolumen) in €[1]	92.250.291.000	91.828.093.000	422.198.000	101.715.325.000	101.285.959.000	429.366.000
Anzahl der Unternehmen	7.447	2.051	5.396	8.137	2.396	5.741
Anzahl der Beschäftigten	610.727	591.624	19.103	610.549	592.895	17.654
davon Lohn- und Gehaltsempfänger	597.941	584.837	13.104	596.596	584.640	11.956
je Unternehmen:						
Beschäftigte am 30.09 [2]	82,0	288,5	3,5	75,0	247,5	3,1
davon Lohn- und Gehaltsempfänger	80,3	285,1	2,4	73,3	244,0	2,1
Umsatz in € [3]	12.387.578	44.772.352	78.243	12.500.347	42.272.938	74.789
Investitionen in € [4]	798.000	2.882.211	k.A.	1.275.000	4.320.181	k.A.
Personalaufwand in % [5]	23,30	23,29	k.A.	21,70	21,68	k.A.
Sachaufwand in % [5]	52,60	52,66	k.A.	50,60	50,62	k.A.
Betriebliche Steuern und Abgaben in % [5]	0,27	0,27	k.A.	0,50	0,50	k.A.
Personalkosten je entgeltlich Beschäftigten in € [6]	26.750	36.577	k.A.	27.976	36.589	k.A.

* Veröffentlichung des Statistischen Bundesamtes, Fachserie 9, Reihe 1, zuletzt für 2004 im Juli 2006; eigene Berechnungen.
1) Netto ohne Mehrwertsteuer einschließlich sonstige betriebliche Erträge.
2) Selbständige, mithelfende Familienangehörige, Lohn- und Gehaltsempfänger.
3) Netto ohne Mehrwertsteuer einschließlich sonstige betriebliche Erträge.
4) Einschließlich selbsterstellte Anlagen.
5) Vom Umsatz.
6) Bruttolöhne und -gehälter einschließlich Sozialaufwendungen Arbeitgeber je Lohn- und Gehaltsempfänger.

Strukturerhebung im Dienstleistungsbereich*

64.30.0 Fernmeldedienste

	2003 Gesamt	2003 Umsatz ab 250 T€	2003 Umsatz unter 250 T€	2004 Gesamt	2004 Umsatz ab 250 T€	2004 Umsatz unter 250 T€
Gesamtbranche:						
Gesamtumsatz der Branche (Marktvolumen) in €[1]	69.271.693.000	69.241.817.000	29.876.000	77.360.525.000	77.316.602.000	43.923.000
Anzahl der Unternehmen	858	487	371	1.009	530	479
Anzahl der Beschäftigten	196.291	195.629	662	209.615	208.457	1.158
davon Lohn- und Gehaltsempfänger	195.807	195.522	285	208.885	208.289	596
je Unternehmen:						
Beschäftigte am 30.09.[2]	228,8	401,7	1,8	207,7	393,3	2,4
davon Lohn- und Gehaltsempfänger	228,2	401,5	0,8	207,0	393,0	1,2
Umsatz in €[3]	80.736.239	142.180.322	80.528	76.670.491	145.880.381	91.697
Investitionen in €[4]	6.254.000	11.011.478	k.A.	9.632.000	18.341.621	k.A.
Personalaufwand in %[5]	17,10	17,07	k.A.	15,70	15,74	k.A.
Sachaufwand in %[5]	56,10	56,13	k.A.	51,80	51,78	k.A.
Betriebliche Steuern und Abgaben in %[5]	0,20	0,20	k.A.	0,49	0,49	k.A.
Personalkosten je entgeltlich Beschäftigten in €[6]	43.360	60.459	k.A.	44.401	58.429	k.A.

* Veröffentlichung des Statistischen Bundesamtes, Fachserie 9, Reihe 1, zuletzt für 2004 im Juli 2006; eigene Berechnungen.
1) Netto ohne Mehrwertsteuer einschließlich sonstige betriebliche Erträge.
2) Selbständige, mithelfende Familienangehörige, Lohn- und Gehaltsempfänger.
3) Netto ohne Mehrwertsteuer einschließlich sonstige betriebliche Erträge.
4) Einschließlich selbsterstellte Anlagen.
5) Vom Umsatz.
6) Bruttolöhne und -gehälter einschließlich Sozialaufwendungen Arbeitgeber je Lohn- und Gehaltsempfänger.

2.2.59 Naturstein- und Mineralerzeugnisse

Kostenstruktur im Produzierenden Gewerbe*	26.70.0 Be- und Vearbeitung von Naturwerksteinen und Natursteinen ang. 26.80.0 Herstellung von sonstigen Erzeugnissen aus nicht-metallischen Mineralien

Nr. WZ 2003	Branchenbezeichnung	Bruttoproduktions-wert[1] je Beschäf-tigten in €	Materialverbrauch, Einsatz an Handels-ware und Anschaf-fungskosten, Kosten für Lohnarbeiten (davon Lohnarbeiten) in % der Gesamt-leistung[1]	Personalkosten einschl. gesetzlicher und freiwilliger Sozialaufwand in % der Gesamt-leistung[1]
26.70.0	Be- und Vearbeitung von Naturwerksteinen und Natursteinen, ang.**	93.400	44,9 (3,8)	33,7
26.80.0	Herstellung von sonstigen Erzeugnissen aus nicht-metallischen Mineralien	206.544	51,6 (0,5)	22,8
26.81.0	Herstellung von Mühl-, Mahl-, Schleif-, Wetz- und Poliersteinen sowie Schleifstoffen**	141.334	45,4 (0,8)	30,4
26.82.0	Herstellung von sonstigen Erzeugnissen aus nicht-metallischen Mineralien, ang.**	240.185	53,5 (0,5)	20,4

*   Quelle: Statistisches Bundesamt 2006 (Erhebungszeitraum 2004) – Fachserie 4, Reihe 4.3.
**   Siehe auch jeweilige Kostenstruktur nach Beschäftigtengrößenklassen.
1)   = „Bruttoproduktionswert" = Gesamtumsatz ohne Umsatzsteuer plus/minus Bestandsveränderungen an fertigen und unfertigen Erzeugnissen aus eigener Produktion plus selbsterstellte Anlagen.

| Kostenstruktur im Produzierenden Gewerbe* | 26.70.0 Be- und Verarbeitung von Naturwerksteinen und Natursteinen ang. |

Kennzahl	Beschäftigte von ... bis ...		
	20–99	100 und mehr	insgesamt
Materialverbrauch, Einsatz von Handelsware zu Anschaffungs- kosten (davon Lohnarbeiten) in % der Gesamtleistung[1]	46,8 (4,2)	36,9 (2,3)	44,9 (3,8)
Personalkosten einschließlich gesetzlicher und freiwilliger Sozialaufwand in % der Gesamtleistung[1]	33,7	33,6	33,7
Bruttoproduktionswert[1] je Beschäftigten in €	93.804	91.806	93.400

| Kostenstruktur im Produzierenden Gewerbe* | 26.81.0 Herstellung von Mühl-, Mahl-, Schleif-, Wetz- und Polier- steinen sowie Schleifstoffen |

Kennzahl	Beschäftigte von ... bis ...			
	20–99	100–499	500 und mehr	insgesamt
Materialverbrauch, Einsatz von Handelsware zu Anschaffungs- kosten (davon Lohnarbeiten) in % der Gesamtleistung[1]	37,9 (0,5)	43,6 (1,2)	50,5 (0,2)	45,4 (0,8)
Personalkosten einschließlich gesetzlicher und freiwilliger Sozialaufwand in % der Gesamtleistung[1]	35,5	28,1	31,7	30,4
Bruttoproduktionswert[1] je Beschäftigten in €	115.107	143.846	150.295	141.334

* Quelle: Statistisches Bundesamt 2006 (Erhebungszeitraum 2004) – Fachserie 4, Reihe 4.3.
1) = „Bruttoproduktionswert" = Gesamtumsatz ohne Umsatzsteuer plus/minus Bestandsveränderungen an fertigen und unfertigen Erzeugnissen aus eigener Produktion plus selbsterstellte Anlagen.

Kostenstruktur im Produzierenden Gewerbe*				

26.82.0 Herstellung von sonstigen Erzeugnissen aus nicht-metallischen Mineralien, ang.

Kennzahl	Beschäftigte von ... bis ...				
	20–49	50–99	100–499	500 und mehr	insge-samt
Materialverbrauch, Einsatz von Handelsware zu Anschaffungs-kosten (davon Lohnarbeiten) in % der Gesamtleistung[1]	54,7 (1,1)	53,1 (0,5)	54,6 (0,1)	53,2 (0,4)	53,5 (0,5)
Personalkosten einschließlich gesetzlicher und freiwilliger Sozialaufwand in % der Gesamtleistung[1]	18,6	17,4	22,1	22,3	20,4
Bruttoproduktionswert[1] je Beschäftigten in €	210.289	245.748	236.968	243.469	240.185

* Quelle: Statistisches Bundesamt 2006 (Erhebungszeitraum 2004) – Fachserie 4, Reihe 4.3.
1) = „Bruttoproduktionswert" = Gesamtumsatz ohne Umsatzsteuer plus/minus Bestandsveränderungen an fertigen und unfertigen Erzeugnissen aus eigener Produktion plus selbsterstellte Anlagen.

2.2.60   Optik

Siehe auch in Teil 2.2.53 Medizin-, Mess-, Steuer- und Regelungstechnik

Richtsätze für das Jahr 2005 – Optiker
(Gewerbeklasse 52.49.3)

	Deutschland	eigener Betrieb
Rohgewinn I	59–73 66	
Rohgewinn II	–	
Halbreingewinn	31–55 44	
Reingewinn	8–34 20	
Rohgewinnaufschlag	144–270 194	

Kostenstruktur im Produzierenden Gewerbe*	33.40.0 Herstellung von optischen und fotografischen Geräten

Kennzahl	Beschäftigte von ... bis ...			
	20–99	100–249	250 und mehr	insgesamt
Materialverbrauch, Einsatz von Handelsware zu Anschaffungs-kosten (davon Lohnarbeiten) in % der Gesamtleistung[1]	44,9 (2,8)	50,9 (3,7)	42,9 (2,5)	44,6 (2,7)
Personalkosten einschließlich gesetzlicher und freiwilliger Sozialaufwand in % der Gesamtleistung[1]	31,0	26,2	33,1	31,6
Bruttoproduktionswert[1] je Beschäftigten in €	131.727	174.654	166.174	162.097

* Quelle: Statistisches Bundesamt 2006 (Erhebungszeitraum 2004) – Fachserie 4, Reihe 4.3.

1) = „Bruttoproduktionswert" = Gesamtumsatz ohne Umsatzsteuer plus/minus Bestandsveränderungen an fertigen und unfertigen Erzeugnissen aus eigener Produktion plus selbsterstellte Anlagen.

2.2.61 Papier und Pappe

Kostenstruktur im Produzierenden Gewerbe*		21.00.0 Papiergewerbe	

Nr. WZ 2003	Branchenbezeichnung	Bruttoproduktions-wert[1] je Beschäf-tigten in €	Materialverbrauch, Einsatz an Handels-ware und Anschaf-fungskosten, Kosten für Lohnarbeiten (davon Lohnarbeiten) in % der Gesamt-leistung[1]	Personalkosten einschl. gesetzlicher und freiwilliger Sozialaufwand in % der Gesamt-leistung[1]
21.00.0	Papiergewerbe	224.427	54,3 (0,9)	19,8
21.10.0	Herstellung von Holz- und Zellstoff, Papier, Karton und Pappe**	317.093	56,9 (0,2)	15,8
21.11.0	Herstellung von Holz- und Zellstoff	252.864	50,5 (-)	16,1
21.12.0	Herstellung von Papier, Karton und Pappe	319.654	57,1 (0,2)	15,8
21.20.0	Herstellung von Waren aus Papier, Karton und Pappe	181.100	52,1 (1,5)	23,0
21.21.0	Herstellung von Wellpapier und -pappe sowie Ver-packungsmitteln aus Papier, Karton und Pappe**	171.416	52,9 (1,5)	23,4
21.22.0	Herstellung von Haushalts-, Hygiene- und Toiletten-artikeln aus Zellstoff, Papier und Pappe**	232.700	51,0 (1,0)	21,2
21.23.0	Herstellung von Schreib-waren und Bürobedarf aus Papier, Karton und Pappe**	163.389	56,8 (4,2)	22,9
21.24.0	Herstellung von Tapeten**	194.734	54,0 (0,7)	20,9
21.25.0	Herstellung von sonstigen Waren aus Papier, Karton und Pappe**	162.756	48,1 (0,9)	24,9

*   Quelle: Statistisches Bundesamt 2006 (Erhebungszeitraum 2004) – Fachserie 4, Reihe 4.3.
** Siehe auch jeweilige Kostenstruktur nach Beschäftigtengrößenklassen.
1) = „Bruttoproduktionswert" = Gesamtumsatz ohne Umsatzsteuer plus/minus Bestandsveränderungen an fertigen und unfertigen Erzeugnissen aus eigener Produktion plus selbsterstellte Anlagen.

Kostenstruktur im Produzierenden Gewerbe*	21.10.0 Herstellung von Holz- und Zellstoff, Papier, Karton und Pappe

Kennzahl	Beschäftigte von ... bis ...					
	20–99	100–249	250–499	500–999	1.000 und mehr	insgesamt
Materialverbrauch, Einsatz von Handelsware zu Anschaffungskosten (davon Lohnarbeiten) in % der Gesamtleistung[1]	56,7 (0,8)	58,3 (0,3)	53,5 (0,2)	60,2 (0,2)	54,7 (0,0)	56,9 (0,2)
Personalkosten einschließlich gesetzlicher und freiwilliger Sozialaufwand in % der Gesamtleistung[1]	19,8	16,3	16,6	14,6	16,0	15,8
Bruttoproduktionswert[1] je Beschäftigten in €	197.188	286.453	298.970	359.530	334.578	317.093

Kostenstruktur im Produzierenden Gewerbe*	21.21.0 Herstellung von Wellpapier und -pappe sowie Verpackungsmittel aus Papier, Karton und Pappe

Kennzahl	Beschäftigte von ... bis ...					
	20–99	100–249	250–499	500–999	1.000 und mehr	insgesamt
Materialverbrauch, Einsatz von Handelsware zu Anschaffungskosten (davon Lohnarbeiten) in % der Gesamtleistung[1]	50,3 (1,7)	54,2 (1,7)	52,7 (1,6)	49,0 (1,2)	56,3 (0,8)	52,9 (1,5)
Personalkosten einschließlich gesetzlicher und freiwilliger Sozialaufwand in % der Gesamtleistung[1]	25,0	23,2	24,0	27,9	17,4	23,4
Bruttoproduktionswert[1] je Beschäftigten in €	132.433	178.799	152.828	160.506	298.851	171.416

* Quelle: Statistisches Bundesamt 2006 (Erhebungszeitraum 2004) – Fachserie 4, Reihe 4.3.
1) = „Bruttoproduktionswert" = Gesamtumsatz ohne Umsatzsteuer plus/minus Bestandsveränderungen an fertigen und unfertigen Erzeugnissen aus eigener Produktion plus selbsterstellte Anlagen.

Kostenstruktur im Produzierenden Gewerbe*	21.22.0 Herstellung von Haushalts-, Hygiene- und Toilettenartikel aus Zellstoff, Papier und Pappe

Kennzahl	Beschäftigte von … bis …			
	20–99	100–249	250 und mehr	insgesamt
Materialverbrauch, Einsatz von Handelsware zu Anschaffungskosten (davon Lohnarbeiten) in % der Gesamtleistung[1]	53,6 (0,3)	59,6 (1,3)	50,0 (1,0)	51,0 (1,0)
Personalkosten einschließlich gesetzlicher und freiwilliger Sozialaufwand in % der Gesamtleistung[1]	21,7	14,8	21,9	21,2
Bruttoproduktionswert[1] je Beschäftigten in €	141.372	231.426	238.999	232.700

Kostenstruktur im Produzierenden Gewerbe*	21.25.0 Herstellung von sonstigen Waren aus Papier, Karton und Pappe

Kennzahl	Beschäftigte von … bis …				
	20–99	100–249	250–499	500 und mehr	insgesamt
Materialverbrauch, Einsatz von Handelsware zu Anschaffungskosten (davon Lohnarbeiten) in % der Gesamtleistung[1]	48,0 (0,9)	42,9 (1,3)	50,6 (1,0)	49,2 (0,3)	48,1 (0,9)
Personalkosten einschließlich gesetzlicher und freiwilliger Sozialaufwand in % der Gesamtleistung[1]	25,7	29,3	24,0	21,0	24,9
Bruttoproduktionswert[1] je Beschäftigten in €	136.480	137.742	174.635	247.608	162.756

* Quelle: Statistisches Bundesamt 2006 (Erhebungszeitraum 2004) – Fachserie 4, Reihe 4.3.
1) = „Bruttoproduktionswert" = Gesamtumsatz ohne Umsatzsteuer plus/minus Bestandsveränderungen an fertigen und unfertigen Erzeugnissen aus eigener Produktion plus selbsterstellte Anlagen.

2.2.62 Raumausstatter (Dekorateure und Polsterer)

Siehe auch Teil 2.2.8 Baugewerbe, Baustoffe

Richtsätze 2005 – Raumausstatter (Dekorateure und Polsterer)
(Gewerbeklasse 45.43.6 und 52.44.7)

Wirtschaftl. Umsatz	Deutschland		eigener Betrieb
	bis 150.000 €	über 150.000 €	
Rohgewinn I	63	57	
Rohgewinn II	45–71 57	33–56 44	
Halbreingewinn	21–45 34	13–37 24	
Reingewinn	7–39 24	4–23 13	
Rohgewinnaufschlag	–	–	

2.2.63 Rechtsanwälte, Anwaltsnotare

| Strukturerhebung im Dienstleistungsbereich* | 74.11.0 Rechtsberatung |

	2003 Gesamt	2003 Umsatz ab 250 T€	2003 Umsatz unter 250 T€	2004 Gesamt	2004 Umsatz ab 250 T€	2004 Umsatz unter 250 T€
Gesamtbranche:						
Gesamtumsatz der Branche (Marktvolumen) in €[1]	13.242.969.000	10.423.422.000	2.819.547.000	14.357.722.000	11.391.445.000	2.966.277.000
Anzahl der Unternehmen	39.046	10.537	28.509	40.804	11.153	29.651
Anzahl der Beschäftigten	213.509	135.256	78.253	222.766	141.411	81.355
davon Lohn- und Gehaltsempfänger	159.038	113.342	45.696	165.193	116.938	48.255
je Unternehmen:						
Beschäftigte am 30.09.[2]	5,5	12,8	2,7	5,5	12,7	2,7
davon Lohn- und Gehaltsempfänger	4,1	10,8	1,6	4,0	10,5	1,6
Umsatz in €[3]	339.163	989.221	98.900	351.870	1.021.379	100.040
Investitionen in €[4]	8.000	21.611	k.A.	8.000	20.203	k.A.
Personalaufwand in %[5]	27,20	28,62	k.A.	26,20	27,63	k.A.
Sachaufwand in %[5]	26,30	25,64	k.A.	27,30	26,76	k.A.
Betriebliche Steuern und Abgaben in %[5]	0,49	0,44	k.A.	0,55	0,41	k.A.
Personalkosten je entgeltlich Beschäftigten in €[6]	18.454	26.322	k.A.	18.609	26.916	k.A.

* Veröffentlichung des Statistischen Bundesamtes, Fachserie 9, Reihe 2, zuletzt für 2004 im August 2006; eigene Berechnungen.
1) Netto ohne Mehrwertsteuer einschließlich sonstige betriebliche Erträge.
2) Selbständige, mithelfende Familienangehörige, Lohn- und Gehaltsempfänger.
3) Netto ohne Mehrwertsteuer einschließlich sonstige betriebliche Erträge.
4) Einschließlich selbsterstellte Anlagen.
5) Vom Umsatz.
6) Bruttolöhne und -gehälter einschließlich Sozialaufwendungen Arbeitgeber je Lohn- und Gehaltsempfänger.

2.2.64 Recycling

Kostenstruktur im Produzierenden Gewerbe*		37.00.0 Recycling

Nr. WZ 2003	Branchenbezeichnung	Bruttoproduktions-wert[1] je Beschäftigten in €	Materialverbrauch, Einsatz an Handels-ware und Anschaffungskosten, Kosten für Lohnarbeiten (davon Lohnarbeiten) in % der Gesamt-leistung[1]	Personalkosten einschl. gesetzlicher und freiwilliger Sozialaufwand in % der Gesamt-leistung[1]
37.00.0	Recycling**	369.091	70,2 (1,4)	9,9
37.10.0	Recycling aus metallischen Altmaterialien und Rest-stoffen	737.223	82,4 (0,4)	5,7
37.20.0	Recycling von nicht-metallischen Altmaterialien und Reststoffen	165.080	39,9 (4,0)	20,3

Kostenstruktur im Produzierenden Gewerbe*		37.00.0 Recycling

Kennzahl	Beschäftigte von ... bis ...			
	20–49	50–99	100 und mehr	insgesamt
Materialverbrauch, Einsatz von Handelsware zu Anschaffungs-kosten (davon Lohnarbeiten) in % der Gesamtleistung[1]	54,0 (2,9)	55,7 (4,0)	77,0 (0,5)	70,2 (1,4)
Personalkosten einschließlich gesetzlicher und freiwilliger Sozialaufwand in % der Gesamtleistung[1]	16,0	13,5	7,8	9,9
Bruttoproduktionswert[1] je Beschäftigten in €	206.839	247.991	513.150	369.091

*   Quelle: Statistisches Bundesamt 2006 (Erhebungszeitraum 2004) – Fachserie 4, Reihe 4.3.
** Siehe auch jeweilige Kostenstruktur nach Beschäftigtengrößenklassen.
1) = „Bruttoproduktionswert" = Gesamtumsatz ohne Umsatzsteuer plus/minus Bestandsveränderungen an fertigen und unfertigen Erzeugnissen aus eigener Produktion plus selbsterstellte Anlagen.

2.2.65 Reformwaren, Naturkost

Richtsätze 2005 – Reformwaren (Naturkost), Einzelhandel
(Gewerbeklasse 52.27.1)

	Deutschland	eigener Betrieb
Rohgewinn I	27–38 33	
Rohgewinn II	–	
Halbreingewinn	14–27 22	
Reingewinn	3–16 9	
Rohgewinnaufschlag	37–61 49	

2.2.66 Reisebüros, Reiseveranstalter

Entwicklung der Zahl der deutschen Reisebüros und Reisevermittlungsstellen

	2005/06	2004/05	2003/04	2002/03	2001/02	2000/01	1999/00	1998/99
Klassische Reisebüros	3.596	3.636	3.970	4.316	4.978	5.173	5.040	4.904
Touristische Reisebüros	7.394	8.023	8.739	8.351	8.050	7.657	8.015	9.696
Business Travel	876	980	1.044	1.017	1.207	1.175	1.158	1.175
Summe Reisebüros	**11.866**	**12.639**	**13.753**	**13.684**	**14.235**	**14.005**	**14.213**	**15.775**
Sonstige Buchungsstellen*	2.596	2.905	2.524	2.876	5.018	6.525	5.405	5.096
Vertriebsstellen insgesamt	**14.462**	**15.544**	**16.277**	**16.560**	**19.253**	**20.530**	**19.618**	**20.871**
davon IATA-Agenturen	4.250	4.465	4.520	4.648	4.745	4.810	4.756	4.690
DB-Agenturen	3.135	3.246	3.445	3.668	3.741	3.871	3.980	3.824

* nur eine Veranstalterlizenz/vermutlich Nebenerwerbsvertriebsstellen
Quelle: DRV Vertriebsdatenbank, Zahlen für 2005/2006 vorläufig; DER Marktforschung 2006

Strukturerhebung im Dienstleistungsbereich*	63.30.0 Reisebüros und Reiseveranstalter

	2003			2004		
	Gesamt	Umsatz ab 250 T€	Umsatz unter 250 T€	Gesamt	Umsatz ab 250 T€	Umsatz unter 250 T€
Gesamtbranche:						
Gesamtumsatz der Branche (Marktvolumen) in €[1]	18.653.640.000	18.091.201.000	562.439.000	19.036.887.000	18.436.510.000	600.377.000
Anzahl der Unternehmen	8.818	3.225	5.593	8.904	3.186	5.718
Anzahl der Beschäftigten	61.934	45.983	15.951	61.373	45.771	15.602
davon Lohn- und Gehaltsempfänger	54.739	43.681	11.058	54.749	43.793	10.956
je Unternehmen:						
Beschäftigte am 30.09.[2]	7,0	14,3	2,9	6,9	14,4	2,7
davon Lohn- und Gehaltsempfänger	6,2	13,5	2,0	6,1	13,7	1,9
Umsatz in €[3]	2.115.405	5.609.675	100.561	2.138.015	5.786.726	104.998
Investitionen in €[4]	21.000	52.137	k.A.	41.000	109.304	k.A.
Personalaufwand in %[5]	8,40	7,65	k.A.	7,90	7,24	k.A.
Sachaufwand in %[5]	73,50	74,59	k.A.	67,70	68,62	k.A.
Betriebliche Steuern und Abgaben in %[5]	0,26	0,23	k.A.	0,33	0,30	k.A.
Personalkosten je entgeltlich Beschäftigten in €[6]	23.450	31.684	k.A.	22.813	30.495	k.A.

* Veröffentlichung des Statistischen Bundesamtes, Fachserie 9, Reihe 1, zuletzt für 2004 im Juli 2006; eigene Berechnungen.
1) Netto ohne Mehrwertsteuer einschließlich sonstige betriebliche Erträge.
2) Selbständige, mithelfende Familienangehörige, Lohn- und Gehaltsempfänger.
3) Netto ohne Mehrwertsteuer einschließlich sonstige betriebliche Erträge.
4) Einschließlich selbsterstellte Anlagen.
5) Vom Umsatz.
6) Bruttolöhne und -gehälter einschließlich Sozialaufwendungen Arbeitgeber je Lohn- und Gehaltsempfänger.

2.2.67 Rundfunk-, Fernseh- und Nachrichtentechnik

Richtsätze 2005 – Unterhaltungselektronik, Einzelhandel
(Gewerbeklasse 52.45.2)

Wirtschaftl. Umsatz	Deutschland[1]		eigener Betrieb
	bis 300.000 €	über 300.000 €	
Rohgewinn I	28–51 38	28–51 38	
Rohgewinn II	–	–	
Halbreingewinn	12–34 23	12–34 23	
Reingewinn	6–26 14	3–14 8	
Rohgewinnaufschlag	39–104 61	39–104 61	

1) Auch mit Reparaturen und Einzelhandel mit sonstigen elektrotechnischen Erzeugnissen in geringem Umfang.

Vergleichswerte Handel   52.45.0 Einzelhandel mit elektrischen Haushaltsgeräten, Geräten der Unterhaltungselektronik und Musikinstrumenten

	Beschäftigte 1-2		Beschäftigte 3-5		Beschäftigte 6-19		Beschäftigte 20 und mehr		Beschäftigte insgesamt	
	€	%	€	%	€	%	€	%	€	%
KOSTENSTRUKTUR										
1. Umsatz je Unternehmen	131.000,00	100,0	277.000,00	100,0	1.024.000,00	100,0	14.175.000,00	100,0	709.000,00	100,0
2. Wareneinsatz	80.041,00	61,1	170.909,00	61,7	654.336,00	63,9	10.631.250,00	75,0	494.882,00	69,8
3. *Rohertrag 1 minus 2*	50.959,00	38,9	106.091,00	38,3	369.664,00	36,1	3.543.750,00	25,0	214.118,00	30,2
4. übrige Aufwendungen*	20.829,00	15,9	83.100,00	30,0	314.368,00	30,7	3.175.200,00	22,4	172.996,00	24,4
5. *Überschuss 3 minus 4*	30.130,00	23,0	22.991,00	8,3	55.296,00	5,4	368.550,00	2,6	41.122,00	5,8
Weitere Kennzahlen										
Umsatz je Beschäftigten in €	90.000,00		79.000,00		111.000,00		240.000,00		145.000,00	
Anzahl der Beschäftigten	1,5		3,5		9,2		59,1		4,9	
Anzahl der Unternehmen	8.519		5.865		2.396		498		17.278	

* Ohne Fremdkapitalzinsen.
Vergleichswerte aus der letzten Kostenstrukturstatistik des Statistischen Bundesamtes 2006 (Erhebungszeitraum 2003) – Fachserie 6, Reihe 4.

| Kostenstruktur im Produzierenden Gewerbe* | | 32.00.0 Rundfunk- und Nachrichtentechnik | | |

Nr. WZ 2003	Branchenbezeichnung	Bruttoproduktions-wert[1] je Beschäf-tigten in €	Materialverbrauch, Einsatz an Handels-ware und Anschaf-fungskosten, Kosten für Lohnarbeiten (davon Lohnarbeiten) in % der Gesamt-leistung[1]	Personalkosten einschl. gesetzlicher und freiwilliger Sozialaufwand in % der Gesamt-leistung[1]
32.00.0	Rundfunk- und Nachrichten-technik	331.109	62,4 (1,7)	16,7
32.10.0	Herstellung von elektroni-schen Bauelementen**	325.087	56,9 (1,6)	16,2
32.20.0	Herstellung von Geräten und Einrichtungen der Tele-kommunikationstechnik**	358.865	68,4 (2,0)	17,3
32.30.0	Herstellung von Rundfunk-geräten sowie phono- und videotechnischen Geräten**	297.204	65,2 (1,2)	16,9

| Kostenstruktur im Produzierenden Gewerbe* | | 32.10.0 Herstellung von elektronischen Bauelementen | | | | |

Kennzahl	Beschäftigte von ... bis ...					
	20–99	100–249	250–499	500–999	1.000 und mehr	insge-samt
Materialverbrauch, Einsatz von Handelsware zu Anschaffungs-kosten (davon Lohnarbeiten) in % der Gesamtleistung[1]	47,7 (2,8)	60,6 (1,5)	56,6 (1,6)	54,6 (2,2)	57,5 (1,4)	56,9 (1,6)
Personalkosten einschließlich gesetzlicher und freiwilliger Sozialaufwand in % der Gesamtleistung[1]	29,6	22,8	22,4	23,2	13,2	16,2
Bruttoproduktionswert[1] je Beschäftigten in €	121.188	171.891	199.283	207.049	489.461	325.087

* Quelle: Statistisches Bundesamt 2006 (Erhebungszeitraum 2004) – Fachserie 4, Reihe 4.3.
** Siehe auch jeweilige Kostenstruktur nach Beschäftigtengrößenklassen.
1) = „Bruttoproduktionswert" = Gesamtumsatz ohne Umsatzsteuer plus/minus Bestandsveränderungen an fertigen und unfertigen Erzeugnissen aus eigener Produktion plus selbsterstellte Anlagen.

Kostenstruktur im Produzierenden Gewerbe*	32.20.0 Herstellung von Geräten und Einrichtungen der Telekommunikationstechnik

Kennzahl	Beschäftigte von … bis …				
	20–99	100–499	500–999	1.000 und mehr	insgesamt
Materialverbrauch, Einsatz von Handelsware zu Anschaffungskosten (davon Lohnarbeiten) in % der Gesamtleistung[1]	53,5 (4,0)	42,7 (3,3)	60,4 (1,1)	73,9 (1,8)	68,4 (2,0)
Personalkosten einschließlich gesetzlicher und freiwilliger Sozialaufwand in % der Gesamtleistung[1]	28,4	31,5	18,6	14,6	17,3
Bruttoproduktionswert[1] je Beschäftigten in €	144.466	169.415	323.361	477.739	358.865

Kostenstruktur im Produzierenden Gewerbe*	32.30.0 Herstellung von Rundfunkgeräten sowie phono- und videotechnischen Geräten

Kennzahl	Beschäftigte von … bis …				
	20–99	100–499	500–999	1.000 und mehr	insgesamt
Materialverbrauch, Einsatz von Handelsware zu Anschaffungskosten (davon Lohnarbeiten) in % der Gesamtleistung[1]	50,7 (1,6)	64,1 (0,3)	55,5 (2,6)	68,5 (1,2)	65,2 (1,2)
Personalkosten einschließlich gesetzlicher und freiwilliger Sozialaufwand in % der Gesamtleistung[1]	26,6	19,7	29,5	13,0	16,9
Bruttoproduktionswert[1] je Beschäftigten in €	140.649	221.495	160.717	469.964	297.204

* Quelle: Statistisches Bundesamt 2006 (Erhebungszeitraum 2004) – Fachserie 4, Reihe 4.3.

1) = „Bruttoproduktionswert" = Gesamtumsatz ohne Umsatzsteuer plus/minus Bestandsveränderungen an fertigen und unfertigen Erzeugnissen aus eigener Produktion plus selbsterstellte Anlagen.

2.2.68 Rundfunkveranstalter, Herstellung von Hörfunk und Fernsehprogrammen

Planungsunterlage Dienstleistungen   92.20.0 Hörfunk- und Fernsehanstalten, Herstellung von Hörfunk- und Fernsehprogrammen

KOSTENSTRUKTUR	Beschäftigte von ... bis ...									
	0-3		3-6		6-10		10-20		20 und mehr	
	€	%	€	%	€	%	€	%	€	%
1. Dienstleistungsumsatz	415.338,00	37,2	238.442,40	37,8	525.135,60	53,4	564.155,10	42,3	17.912.863,50	30,5
2. Handelsumsatz	0,00	0,0	0,00	0,0	0,00	0,0	4.001,10	0,3	587.307,00	1,0
3. Umsatz aus Lizenzen und Rechten	126.164,50	11,3	0,00	0,0	3.993,60	0,4	18.671,80	1,4	1.820.651,70	3,1
4. Werbungsumsatz	540.386,00	48,4	367.125,60	58,2	446.463,60	45,4	725.532,80	54,4	36.354.303,30	61,9
5. Übriger Umsatz	34.611,50	3,1	25.232,00	4,0	7.867,20	0,8	21.339,20	1,6	2.055.574,50	3,5
6. Gesamtumsatz 1-5	1.116.500,00	100,0	630.800,00	100,0	983.400,00	100,0	1.333.700,00	100,0	58.730.700,00	100,0
7. Waren/Dienstleistungen zum Wiederverkauf	0,00	0,0	0,00	0,0	983,40	0,1	4.001,10	0,3	234.922,80	0,4
8. Roh-, Hilfs- und Betriebsstoffe	30.145,50	2,7	19.554,80	3,1	49.170,00	5,0	37.343,60	2,8	1.468.267,50	2,5
9. Summe Material/Waren 7 und 8	30.145,50	2,7	19.554,80	3,1	50.153,40	5,1	41.344,70	3,1	1.703.190,30	2,9
10. Rohertrag 6 minus 9	1.086.354,50	97,3	611.245,20	96,9	933.246,60	94,9	1.292.355,30	96,9	57.027.509,70	97,1
11. Personalaufwand	30.761,81	2,8	110.132,63	17,5	221.353,51	22,5	461.886,98	34,6	5.085.432,58	8,7
12. Bezogene Dienstleistungen nicht zum Wiederverkauf	665.434,00	59,6	293.322,00	46,5	437.613,00	44,5	413.447,00	31,0	47.630.597,70	81,1
13. übriger Sachaufwand	234.965,19	21,0	202.744,17	32,1	190.691,09	19,4	331.664,52	24,9	8.363.897,72	14,2
14. Gesamtaufwand 9 plus 11 bis 13	961.306,50	86,1	625.753,60	99,2	899.811,00	91,5	1.248.343,20	93,6	62.783.118,30	106,9
15. Betriebliche Steuern und Abgaben	0,00	0,0	3.784,80	0,6	6.883,80	0,7	4.001,10	0,3	176.192,10	0,3
16. Reingewinn 6 minus 14 bis 15	155.193,50	13,9	1.261,00	0,2	76.705,20	7,8	81.355,70	6,1	-4.228.610,40	-7,2
Weitere Kennzahlen										
Umsatz je tätige Person	1.115.700		167.500		134.100		97.800		596.200	
tätige Inhaber/unentgeltlich	0,3		k.A.		k.A.		0,4		0,3	
Lohn- und Gehaltsempfänger	0,7		k.A.		k.A.		13,2		98,2	
Personalkosten je entgeltlich Beschäftigten	43.945		k.A.		k.A.		34.991		51.786	

Quelle: Statistisches Bundesamt 2006 (Erhebungszeitraum 2002) – Fachserie 2, Reihe 1.6.9/eigene Berechnungen; Rundungsdifferenzen möglich.

2.2.69 Säge- und Hobelwerke

Richtsätze 2005 – Säge- und Hobelwerke
(Gewerbeklasse 20.10.0)

Wirtschaftl. Umsatz	Deutschland		eigener Betrieb
	bis 500.000 €	über 500.000 €	
Rohgewinn I	62	50	
Rohgewinn II	29–69 48	25–45 33	
Halbreingewinn	8–37 20	6–21 13	
Reingewinn	4–30 13	2–13 7	
Rohgewinnaufschlag	–	–	

| Kostenstruktur im Produzierenden Gewerbe* | 20.10.0 Säge-, Hobel- und Holz- imprägnierwerke | | | | |

Kennzahl	Beschäftigte von ... bis ...				
	20–49	50–99	100–249	250 und mehr	insge- samt
Materialverbrauch, Einsatz von Handelsware zu Anschaffungs- kosten (davon Lohnarbeiten) in % der Gesamtleistung[1]	59,5 (1,4)	62,0 (0,5)	62,4 (1,3)	63,6 (1,5)	62,0 (1,2)
Personalkosten einschließlich gesetzlicher und freiwilliger Sozialaufwand in % der Gesamtleistung[1]	17,3	15,5	12,7	13,3	14,4
Bruttoproduktionswert[1] je Beschäftigten in €	187.696	215.571	280.908	291.302	241.634

*   Quelle: Statistisches Bundesamt 2006 (Erhebungszeitraum 2004) – Fachserie 4, Reihe 4.3.
1) = „Bruttoproduktionswert" = Gesamtumsatz ohne Umsatzsteuer plus/minus Bestandsveränderungen an fertigen und unfertigen Erzeugnissen aus eigener Produktion plus selbsterstellte Anlagen.

2.2.70 Schlosserei und Schmiede

Siehe in Teil 2.2.54 Metallerzeugung, -bearbeitung, Metallerzeugnisse

Richtsätze 2005 – Schlosserei
(Gewerbeklasse 28.52.1)

Wirtschaftl. Umsatz	Deutschland				eigener Betrieb
	bis 150.000 €	über 150.000 € bis 300.000 €	über 300.000 € bis 500.000 €	über 500.000 €	
Rohgewinn I	75	71	68	66	
Rohgewinn II	51–87 66	36–66 52	33–58 44	27–53 40	
Halbreingewinn	19–55 37	15–42 28	13–38 24	10–29 19	
Reingewinn	10–46 28	8–33 19	7–25 16	3–22 12	
Rohgewinnaufschlag	–	–	–	–	

2.2.71   Schneiderei (einschl. Kürschnerei)

Siehe auch Teil 2.2.86 Textilwaren und Bekleidung

Richtsätze 2005 – Schneiderei
(Gewerbeklasse 18.22.0)

	Deutschland[1]	eigener Betrieb
Rohgewinn I	–	
Rohgewinn II	56–98 80	
Halbreingewinn	32–80 59	
Reingewinn	16–64 42	
Rohgewinnaufschlag	–	

1) Änderungsschneiderei.

2.2.69 Schornsteinfegergewerbe

Die letzten Zahlen des Statistischen Bundesamtes stammen aus der Handwerksstatistik für 1998. Sie wurden letztmals der Vorauflage auf der Seite 461 als Planungsunterlage dargestellt.

2.2.73 Schreib- und Papierwaren, Schul- und Büroartikel

Siehe auch 2.2.61 Papier und Pappe, 2.2.15 Bücher

Richtsätze 2005 – Schreib- und Papierwaren, Schul- und Büroartikel, Einzelhandel (Gewerbeklasse 52.47.1)

	Deutschland	eigener Betrieb
Rohgewinn I	24–47 35	
Rohgewinn II	–	
Halbreingewinn	14–33 23	
Reingewinn	5–19 11	
Rohgewinnaufschlag	32–89 54	

Vergleichswerte Handel   52.47.0 Einzelhandel mit Büchern, Zeitschriften, Zeitungen, Schreibwaren und Bürobedarf

	Beschäftigte 1–2		Beschäftigte 3–5		Beschäftigte 6–19		Beschäftigte 20 und mehr		Beschäftigte insgesamt	
KOSTENSTRUKTUR	€	%	€	%	€	%	€	%	€	%
1. Umsatz je Unternehmen	146.000,00	100,0	253.000,00	100,0	789.000,00	100,0	8.368.000,00	100,0	537.000,00	100,0
2. Wareneinsatz	99.134,00	67,9	178.618,00	70,6	490.758,00	62,2	5.020.800,00	60,0	340.458,00	63,4
3. *Rohertrag 1 minus 2*	46.866,00	32,1	74.382,00	29,4	298.242,00	37,8	3.347.200,00	40,0	196.542,00	36,6
4. übrige Aufwendungen*	23.944,00	16,4	57.684,00	22,8	197.250,00	25,0	2.845.120,00	34,0	147.138,00	27,4
5. *Überschuss 3 minus 4*	22.922,00	15,7	16.698,00	6,6	100.992,00	12,8	502.080,00	6,0	49.404,00	9,2
Weitere Kennzahlen										
Umsatz je Beschäftigten in €	97.000,00		70.000,00		87.000,00		113.000,00		93.000,00	
Anzahl der Beschäftigten	1,5		3,6		9,1		74,1		5,8	
Anzahl der Unternehmen	4.204		4.254		2.254		291		11.003	

* Ohne Fremdkapitalzinsen.
Vergleichswerte aus der letzten Kostenstrukturstatistik des Statistischen Bundesamtes 2006 (Erhebungszeitraum 2003) – Fachserie 6, Reihe 4.

Kostenstruktur im Produzierenden Gewerbe*	21.23.0 Herstellung von Schreibwaren und Bürobedarf aus Papier, Karton und Pappe

Kennzahl	Beschäftigte von ... bis ...		insgesamt
	20–99	100 und mehr	
Materialverbrauch, Einsatz von Handelsware zu Anschaffungskosten (davon Lohnarbeiten) in % der Gesamtleistung[1]	55,6 (1,7)	57,0 (4,8)	56,8 (4,2)
Personalkosten einschließlich gesetzlicher und freiwilliger Sozialaufwand in % der Gesamtleistung[1]	22,7	22,9	22,9
Bruttoproduktionswert[1] je Beschäftigten in €	115.566	182.360	163.389

* Quelle: Statistisches Bundesamt 2006 (Erhebungszeitraum 2004) – Fachserie 4, Reihe 4.3.
1) = „Bruttoproduktionswert" = Gesamtumsatz ohne Umsatzsteuer plus/minus Bestandsveränderungen an fertigen und unfertigen Erzeugnissen aus eigener Produktion plus selbsterstellte Anlagen.

2.2.74 Schreinerei, Tischlerei (Bau- und Möbeltischlerei)

Siehe auch Teil 2.2.97 Zimmerei, 2.2.8 Baugewerbe, Baustoffe, 2.2.12 Bestattungswesen

Richtsätze 2005 – Schreinerei, Tischlerei (Bau- und Möbeltischlerei)
(Gewerbeklassen 20.30.0, 36.14.0 und 45.42.0)

Wirtschaftl. Umsatz	Deutschland			eigener Betrieb
	bis 150.000 €	über 150.000 € –300.000 €	über 300.000 €	
Rohgewinn I	66	63	59	
Rohgewinn II	37–79 55	33–55 44	25–47 36	
Halbreingewinn	11–47 28	14–33 23	9–28 18	
Reingewinn	7–39 21	6–26 16	3–18 10	
Rohgewinnaufschlag	–	–	–	

Verdiensterhebung im Handwerk* – Tischler (Anlage A zur HWO Nr. 27)

	Durchschnittlicher Bruttoverdienst					
	pro Stunde			pro Monat		
	ABL	NBL und Berlin Ost	Deutschland	ABL	NBL und Berlin Ost	Deutschland
	in €					
Gesellen	13,22	8,81	12,60	2.264	1.567	2.170
Männer	13,23	8,82	12,61	2.266	1.568	2.172
Frauen	12,11	(8,34)	11,39	2.048	(1.452)	1.937
Übrige Arbeiter	12,05	8,04	11,21	2.032	1.440	1.914
Männer	12,15	8,33	11,45	2.049	1.493	1.952
Frauen	9,20	6,72	7,73	1.529	1.207	1.344
Arbeiter	13,11	8,70	12,46	2.242	1.549	2.144
Männer	13,13	8,76	12,50	2.246	1.559	2.151
Frauen	11,28	7,19	9,77	1.899	1.279	1.678

* Veröffentlichung des Statistischen Bundesamtes: Fachserie 16, Reihe 3, zuletzt für Mai 2005.

Kostenstruktur im Produzierenden Gewerbe*		20.00.0 Holzgewerbe (ohne Herstellung von Möbeln)	

Nr. WZ 2003	Branchenbezeichnung	Bruttoproduktions-wert[1] je Beschäf-tigten in €	Materialverbrauch, Einsatz an Handels-ware und Anschaf-fungskosten, Kosten für Lohnarbeiten (davon Lohnarbeiten) in % der Gesamt-leistung[1]	Personalkosten einschl. gesetzlicher und freiwilliger Sozialaufwand in % der Gesamt-leistung[1]
20.00.0	Holzgewerbe (ohne Herstellung vom Möbeln)	183.008	57,6 (3,8)	20,1
20.10.0	Säge-, Hobel- und Holz-imprägnierwerke**	241.634	62,0 (1,2)	14,4
20.20.0	Herstellung von Furnier-, Sperrholz-, Holzfaserplatten und Holzspanplatten**	265.171	60,5 (0,8)	16,2
20.30.0	Herstellung von Konstruk-tionsteilen, Fertigbauteilen, Ausbauelementen und Fertigteilbauten aus Holz**	140.623	52,7 (8,7)	26,0
20.40.0	Herstellung von Ver-packungsmitteln, Lagerbe-hältern und Ladungsträgern aus Holz**	149.329	59,8 (1,6)	22,3
20.50.0	Herstellung von Holzwaren ang. sowie von Kork-, Flecht- und Korbwaren (ohne Herstellung von Möbeln)**	111.776	50,5 (1,1)	27,0
20.51.0	Herstellung von Holzwaren ang. (ohne Herstellung von Möbeln)	108.140	49,4 (1,2)	27,8
20.52.0	Herstellung von Kork-, Flecht- und Korbwaren (ohne Herstellung von Möbeln)	273.904	70,0 (0,1)	13,3
36.62.0	Herstellung von Besen und Bürsten	111.897	43,3 (1,3)	28,3

* Quelle: Statistisches Bundesamt 2006 (Erhebungszeitraum 2004) – Fachserie 4, Reihe 4.3.
** Siehe auch jeweilige Kostenstruktur nach Beschäftigtengrößenklassen.
1) = „Bruttoproduktionswert" = Gesamtumsatz ohne Umsatzsteuer plus/minus Bestandsveränderungen an fertigen und unfertigen Erzeugnissen aus eigener Produktion plus selbsterstellte Anlagen.

Kostenstruktur im Produzierenden Gewerbe*	20.10.0 Säge-, Hobel- und Holzimprägnierwerke

Kennzahl	Beschäftigte von ... bis ...				
	20–49	50–99	100–249	250 und mehr	insge-samt
Materialverbrauch, Einsatz von Handelsware zu Anschaffungs-kosten (davon Lohnarbeiten) in % der Gesamtleistung[1]	59,5 (1,4)	62,0 (0,5)	62,4 (1,3)	63,6 (1,5)	62,0 (1,2)
Personalkosten einschließlich gesetzlicher und freiwilliger Sozialaufwand in % der Gesamtleistung[1]	17,3	15,5	12,7	13,3	14,4
Bruttoproduktionswert[1] je Beschäftigten in €	187.696	215.571	280.908	291.302	241.634

Kostenstruktur im Produzierenden Gewerbe*	20.20.0 Herstellung von Furnier-, Sperrholz-, Holzfaserplatten- und Holzspanplatten

Kennzahl	Beschäftigte von ... bis ...				
	20–99	100–249	250–499	500 und mehr	insge-samt
Materialverbrauch, Einsatz von Handelsware zu Anschaffungs-kosten (davon Lohnarbeiten) in % der Gesamtleistung[1]	55,5 (0,6)	63,9 (0,5)	61,1 (2,3)	57,1 (0,5)	60,5 (0,8)
Personalkosten einschließlich gesetzlicher und freiwilliger Sozialaufwand in % der Gesamtleistung[1]	23,5	11,4	14,6	21,1	16,2
Bruttoproduktionswert[1] je Beschäftigten in €	145.436	353.559	274.833	232.155	265.171

* Quelle: Statistisches Bundesamt 2006 (Erhebungszeitraum 2004) – Fachserie 4, Reihe 4.3.
1) = „Bruttoproduktionswert" = Gesamtumsatz ohne Umsatzsteuer plus/minus Bestandsveränderungen an fertigen und unfertigen Erzeugnissen aus eigener Produktion plus selbsterstellte Anlagen.

Kostenstruktur im Produzierenden Gewerbe*	20.30.0 Herstellung von Konstruktionsteilen, Fertigbauteilen, Ausbauelementen und Fertigteilbauten aus Holz

Kennzahl	Beschäftigte von ... bis ...				
	20–49	50–99	100–249	250 und mehr	insgesamt
Materialverbrauch, Einsatz von Handelsware zu Anschaffungskosten (davon Lohnarbeiten) in % der Gesamtleistung[1]	48,0 (2,3)	53,6 (9,5)	52,1 (11,2)	54,6 (9,3)	52,7 (8,7)
Personalkosten einschließlich gesetzlicher und freiwilliger Sozialaufwand in % der Gesamtleistung[1]	32,2	27,2	23,4	24,6	26,0
Bruttoproduktionswert[1] je Beschäftigten in €	94.526	120.735	160.729	171.838	140.623

Kostenstruktur im Produzierenden Gewerbe*	20.40.0 Herstellung von Verpackungsmitteln, Lagerbehältern und Ladungsträgern aus Holz

Kennzahl	Beschäftigte von ... bis ...		
	20–99	100 und mehr	insgesamt
Materialverbrauch, Einsatz von Handelsware zu Anschaffungskosten (davon Lohnarbeiten) in % der Gesamtleistung[1]	58,4 (1,4)	62,5 (1,9)	59,8 (1,6)
Personalkosten einschließlich gesetzlicher und freiwilliger Sozialaufwand in % der Gesamtleistung[1]	22,2	22,5	22,3
Bruttoproduktionswert[1] je Beschäftigten in €	137.062	178.267	149.329

*   Quelle: Statistisches Bundesamt 2006 (Erhebungszeitraum 2004) – Fachserie 4, Reihe 4.3.
1) = „Bruttoproduktionswert" = Gesamtumsatz ohne Umsatzsteuer plus/minus Bestandsveränderungen an fertigen und unfertigen Erzeugnissen aus eigener Produktion plus selbsterstellte Anlagen.

Kostenstruktur im Produzierenden Gewerbe*	20.50.0 Herstellung von Holzwaren ang. sowie von Kork-, Flecht- und Korbwaren (ohne Herstellung von Möbeln)

Kennzahl	Beschäftigte von ... bis ...			
	20–99	100–249	250 und mehr	insgesamt
Materialverbrauch, Einsatz von Handelsware zu Anschaffungskosten (davon Lohnarbeiten) in % der Gesamtleistung[1]	49,7 (0,7)	54,3 (3,6)	50,6 (0,9)	50,5 (1,1)
Personalkosten einschließlich gesetzlicher und freiwilliger Sozialaufwand in % der Gesamtleistung[1]	30,5	31,0	22,0	27,0
Bruttoproduktionswert[1] je Beschäftigten in €	97.893	72.665	159.675	111.776

*   Quelle: Statistisches Bundesamt 2006 (Erhebungszeitraum 2004) – Fachserie 4, Reihe 4.3.

1)   = „Bruttoproduktionswert" = Gesamtumsatz ohne Umsatzsteuer plus/minus Bestandsveränderungen an fertigen und unfertigen Erzeugnissen aus eigener Produktion plus selbsterstellte Anlagen.

2.2.75   Schuhe und Schuhwaren

Siehe auch Teil 2.2.50 Ledergewerbe, Lederwaren

Richtsätze 2005 – Schuhe und Schuhwaren, Einzelhandel
(Gewerbeklasse 52.43.1)

	Deutschland[1]	eigener Betrieb
Rohgewinn I	34–51 43	
Rohgewinn II	–	
Halbreingewinn	20–38 29	
Reingewinn	3–22 11	
Rohgewinnaufschlag	52–104 75	

1) Auch mit Reparaturen.

Richtsätze 2005 – Schuhmacherei
(Gewerbeklasse 52.71.0)

	Deutschland[1]		eigener Betrieb
Wirtschaftl. Umsatz	bis 80.000 €	über 80.000 €	
Rohgewinn I	82	79	
Rohgewinn II	69–89 79	50–79 65	
Halbreingewinn	46–72 59	30–63 45	
Reingewinn	24–60 44	13–49 31	
Rohgewinnaufschlag	–	–	

1) Auch orthopädische.

Vergleichswerte Handel 52.43.0 Einzelhandel mit Schuhen und Lederwaren

	Beschäftigte 1-2		Beschäftigte 3-5		Beschäftigte 6-19		Beschäftigte 20 und mehr		Beschäftigte insgesamt	
	€	%	€	%	€	%	€	%	€	%
KOSTENSTRUKTUR										
1. Umsatz je Unternehmen	120.000,00	100,0	209.000,00	100,0	652.000,00	100,0	13.307.000,00	100,0	809.000,00	100,0
2. Wareneinsatz	69.120,00	57,6	125.609,00	60,1	369.684,00	56,7	7.225.701,00	54,3	449.804,00	55,6
3. *Rohertrag 1 minus 2*	50.880,00	42,4	83.391,00	39,9	282.316,00	43,3	6.081.299,00	45,7	359.196,00	44,4
4. übrige Aufwendungen*	23.520,00	19,6	66.462,00	31,8	229.504,00	35,2	5.322.800,00	40,0	300.948,00	37,2
5. *Überschuss 3 minus 4*	27.360,00	22,8	16.929,00	8,1	52.812,00	8,1	758.499,00	5,7	58.248,00	7,2
Weitere Kennzahlen										
Umsatz je Beschäftigten in €	76.000,00		57.000,00		69.000,00		90.000,00		80.000,00	
Anzahl der Beschäftigten	1,6		3,5		9,5		147,3		10,1	
Anzahl der Unternehmen	2.462		3.254		1.836		315		7.867	

* Ohne Fremdkapitalzinsen.
Vergleichswerte aus der letzten Kostenstrukturstatistik des Statistischen Bundesamtes 2006 (Erhebungszeitraum 2003) – Fachserie 6, Reihe 4.

Kostenstruktur im Produzierenden Gewerbe*		19.30.0 Herstellung von Schuhen		

Kennzahl	Beschäftigte von ... bis ...				
	20–99	100–249	250–499	500 und mehr	insge- samt
Materialverbrauch, Einsatz von Handelsware zu Anschaffungs- kosten (davon Lohnarbeiten) in % der Gesamtleistung[1]	53,9 (4,4)	66,4 (6,2)	70,6 (1,9)	59,4 (2,4)	64,8 (4,1)
Personalkosten einschließlich gesetzlicher und freiwilliger Sozialaufwand in % der Gesamtleistung[1]	23,1	14,2	12,3	21,2	15,9
Bruttoproduktionswert[1] je Beschäftigten in €	121.311	221.632	326.273	144.140	201.759

* Quelle: Statistisches Bundesamt 2006 (Erhebungszeitraum 2004) – Fachserie 4, Reihe 4.3.
1) = „Bruttoproduktionswert" = Gesamtumsatz ohne Umsatzsteuer plus/minus Bestandsveränderungen an fertigen und unfertigen Erzeugnissen aus eigener Produktion plus selbsterstellte Anlagen.

2.2.76   Sekretariats-, Schreib- und Übersetzungsbüros (Büroservice)

Strukturerhebung im Dienstleistungsbereich*	74.85.0 Sekretariats-, Schreib- und Übersetzungsbüros; Copy-Shops

	Gesamt	2003 Umsatz ab 250 T€	Umsatz unter 250 T€	Gesamt	2004 Umsatz ab 250 T€	Umsatz unter 250 T€
Gesamtbranche:						
Gesamtumsatz der Branche (Marktvolumen) in €[1]	1.016.532.000	558.997.000	457.535.000	1.036.998.000	569.551.000	467.447.000
Anzahl der Unternehmen	9.040	407	8.633	9.254	456	8.798
Anzahl der Beschäftigten	19.635	6.975	12.660	18.691	6.418	12.273
davon Lohn- und Gehaltsempfänger	10.461	6.648	3.813	9.627	5.925	3.702
je Unternehmen:						
Beschäftigte am 30.09.[2]	2,2	17,1	1,5	2,0	14,1	1,4
davon Lohn- und Gehaltsempfänger	1,2	16,3	0,4	1,0	13,0	0,4
Umsatz in €[3]	112.448	1.373.457	52.998	112.059	1.249.015	53.131
Investitionen in €[4]	3.000	28.752	k.A.	3.000	31.491	k.A.
Personalaufwand in %[5]	23,70	36,27	k.A.	21,90	32,94	k.A.
Sachaufwand in %[5]	39,70	48,17	k.A.	43,20	53,74	k.A.
Betriebliche Steuern und Abgaben in %[5]	0,92	0,73	k.A.	1,00	0,87	k.A.
Personalkosten je entgeltlich Beschäftigten in €[6]	19.239	30.495	k.A.	19.535	31.664	k.A.

* Veröffentlichung des Statistischen Bundesamtes, Fachserie 9, Reihe 2, zuletzt für 2004 im August 2006; eigene Berechnungen.
1) Netto ohne Mehrwertsteuer einschließlich sonstige betriebliche Erträge.
2) Selbständige, mithelfende Familienangehörige, Lohn- und Gehaltsempfänger.
3) Netto ohne Mehrwertsteuer einschließlich sonstige betriebliche Erträge.
4) Einschließlich selbsterstellte Anlagen.
5) Vom Umsatz.
6) Bruttolöhne und -gehälter einschließlich Sozialaufwendungen Arbeitgeber je Lohn- und Gehaltsempfänger.

2.2.77 Speditionen, Lagereien, Logistik, Kurierdienste

Richtsätze 2005 – Fuhrgewerbe (Straßenverkehr), Güterbeförderung mit Kraftfahrzeugen (Gewerbeklasse 60.24.0), **Taxiunternehmen und Mietwagen mit Fahrer** (Gewerbeklasse 60.22.0) **und Busunternehmen** (Gewerbeklassen 60.21.1, 60.21.2 und 60.23.0)

	Deutschland								eigener Betrieb
	Güterbeförderung mit Kraftfahrzeugen			Taxiunternehmen und Mietwagen mit Fahrer			Busunternehmen		
Wirtschaftlicher Umsatz	bis 150.000 €	über 150.000 € bis 500.000 €	über 500.000 €	bis 100.000 €	über 100.000 € bis 200.000 €	über 200.000 €	bis 300.000 €	über 300.000 €	
Rohgewinn I	–	–	–	–	–	–	–	–	
Rohgewinn II	–	–	–	–	–	–	–	–	
Halbreingewinn	21–65 45	16–56 36	10–48 31	22–62 43	22–62 43	22–62 43	15–55 35	12–50 33	
Reingewinn	12–57 35	7–34 19	2–24 11	19–58 37	12–42 26	7–34 18	7–38 20	3–19 11	
Rohgewinnaufschlag	–	–	–	–	–	–	–	–	

Strukturerhebung im Dienstleistungsbereich*	60.22.0 Betrieb von Taxis und Mietwagen mit Fahrern

	2003			2004		
	Gesamt	Umsatz ab 250 T€	Umsatz unter 250 T€	Gesamt	Umsatz ab 250 T€	Umsatz unter 250 T€
Gesamtbranche:						
Gesamtumsatz der Branche (Marktvolumen) in €[1]	2.115.436.000	988.098.000	1.127.338.000	2.002.821.000	865.560.000	1.137.261.000
Anzahl der Unternehmen	18.464	1.824	16.640	18.338	1.623	16.715
Anzahl der Beschäftigten	96.389	41.836	54.553	96.521	41.356	55.165
davon Lohn- und Gehaltsempfänger	75.713	38.282	37.431	75.754	37.852	37.902
je Unternehmen:						
Beschäftigte am 30.09.[2]	5,2	22,9	3,3	5,3	25,5	3,3
davon Lohn- und Gehaltsempfänger	4,1	21,0	2,2	4,1	23,3	2,3
Umsatz in €[3]	114.571	541.720	67.749	109.217	533.309	68.038
Investitionen in €[4]	12.000	51.485	k.A.	11.000	54.677	k.A.
Personalaufwand in %[5]	32,60	40,18	k.A.	32,60	41,70	k.A.
Sachaufwand in %[5]	33,30	33,81	k.A.	34,10	33,26	k.A.
Betriebliche Steuern und Abgaben in %[5]	1,65	1,68	k.A.	1,60	1,31	k.A.
Personalkosten je entgeltlich Beschäftigten in €[6]	7.293	10.371	k.A.	6.857	9.535	k.A.

* Veröffentlichung des Statistischen Bundesamtes, Fachserie 9, Reihe 1, zuletzt für 2004 im Juli 2006; eigene Berechnungen.
1) Netto ohne Mehrwertsteuer einschließlich sonstige betriebliche Erträge.
2) Selbständige, mithelfende Familienangehörige, Lohn- und Gehaltsempfänger.
3) Netto ohne Mehrwertsteuer einschließlich sonstige betriebliche Erträge.
4) Einschließlich selbsterstellte Anlagen.
5) Vom Umsatz.
6) Bruttolöhne und -gehälter einschließlich Sozialaufwendungen Arbeitgeber je Lohn- und Gehaltsempfänger.

Strukturerhebung im Dienstleistungsbereich*	**60.24.0 Güterbeförderung im Straßenverkehr**

	2003			2004		
	Gesamt	Umsatz ab 250 T€	Umsatz unter 250 T€	Gesamt	Umsatz ab 250 T€	Umsatz unter 250 T€
Gesamtbranche:						
Gesamtumsatz der Branche (Marktvolumen) in €[1]	23.380.576.000	21.302.624.000	2.077.952.000	25.085.365.000	22.983.299.000	2.102.066.000
Anzahl der Unternehmen	34.038	14.375	19.663	34.030	14.486	19.544
Anzahl der Beschäftigten	275.207	232.354	42.853	284.527	241.544	42.983
davon Lohn- und Gehaltsempfänger	239.723	216.609	23.114	251.539	227.097	24.442
je Unternehmen:						
Beschäftigte am 30.09.[2]	8,1	16,2	2,2	8,4	16,7	2,2
davon Lohn- und Gehaltsempfänger	7,0	15,1	1,2	7,4	15,7	1,3
Umsatz in €[3]	686.896	1.481.922	105.678	737.154	1.586.587	107.556
Investitionen in €[4]	51.000	108.242	k.A.	56.000	117.291	k.A.
Personalaufwand in %[5]	27,30	28,27	k.A.	26,80	27,66	k.A.
Sachaufwand in %[5]	50,70	51,98	k.A.	53,90	55,19	k.A.
Betriebliche Steuern und Abgaben in %[5]	1,47	1,41	k.A.	1,48	1,41	k.A.
Personalkosten je entgeltlich Beschäftigten in €[6]	21.377	27.801	k.A.	21.491	27.998	k.A.

* Veröffentlichung des Statistischen Bundesamtes, Fachserie 9, Reihe 1, zuletzt für 2004 im Juli 2006; eigene Berechnungen.
1) Netto ohne Mehrwertsteuer einschließlich sonstige betriebliche Erträge.
2) Selbständige, mithelfende Familienangehörige, Lohn- und Gehaltsempfänger.
3) Netto ohne Mehrwertsteuer einschließlich sonstige betriebliche Erträge.
4) Einschließlich selbsterstellte Anlagen.
5) Vom Umsatz.
6) Bruttolöhne und -gehälter einschließlich Sozialaufwendungen Arbeitgeber je Lohn- und Gehaltsempfänger.

| Strukturerhebung im Dienstleistungsbereich* | 60.30.0 Transport in Rohrfernleitungen |

	Gesamt	2003 Umsatz ab 250 T€	2003 Umsatz unter 250 T€	Gesamt	2004 Umsatz ab 250 T€	2004 Umsatz unter 250 T€
Gesamtbranche:						
Gesamtumsatz der Branche (Marktvolumen) in €[1]	429.193.000	428.542.000	651.000	458.297.000	457.926.000	371.000
Anzahl der Unternehmen	26	18	8	21	14	7
Anzahl der Beschäftigten	511	497	14	498	490	8
davon Lohn- und Gehaltsempfänger	498	491	7	491	489	2
je Unternehmen:						
Beschäftigte am 30.09.[2]	19,7	27,6	1,8	23,7	35,0	1,1
davon Lohn- und Gehaltsempfänger	19,2	27,3	0,9	23,4	34,9	0,3
Umsatz in €[3]	16.507.423	23.807.889	81.375	21.823.667	32.709.000	53.000
Investitionen in €[4]	2.482.000	3.591.389	k.A.	1.054.000	1.581.143	k.A.
Personalaufwand in %[5]	8,10	8,10	k.A.	7,40	7,40	k.A.
Sachaufwand in %[5]	48,20	48,25	k.A.	33,90	33,94	k.A.
Betriebliche Steuern und Abgaben in %[5]	3,88	3,89	k.A.	4,38	4,38	k.A.
Personalkosten je entgeltlich Beschäftigten in €[6]	51.900	31.054.530	k.A.	51.630	69.335	k.A.

* Veröffentlichung des Statistischen Bundesamtes, Fachserie 9, Reihe 1, zuletzt für 2004 im Juli 2006; eigene Berechnungen.
1) Netto ohne Mehrwertsteuer einschließlich sonstige betriebliche Erträge.
2) Selbständige, mithelfende Familienangehörige, Lohn- und Gehaltsempfänger.
3) Netto ohne Mehrwertsteuer einschließlich sonstige betriebliche Erträge.
4) Einschließlich selbsterstellte Anlagen.
5) Vom Umsatz.
6) Bruttolöhne und -gehälter einschließlich Sozialaufwendungen Arbeitgeber je Lohn- und Gehaltsempfänger.

Strukturerhebung im Dienstleistungsbereich*

63.10.0 Frachtumschlag und Lagerei

	2003			2004		
	Gesamt	Umsatz ab 250 T€	Umsatz unter 250 T€	Gesamt	Umsatz ab 250 T€	Umsatz unter 250 T€
Gesamtbranche:						
Gesamtumsatz der Branche (Marktvolumen) in €[1]	4.197.609.000	4.165.951.000	31.658.000	4.863.664.000	4.824.659.000	39.005.000
Anzahl der Unternehmen	1.006	734	272	1.181	801	380
Anzahl der Beschäftigten	30.309	29.600	709	38.503	34.106	4.397
davon Lohn- und Gehaltsempfänger	29.470	29.035	435	37.553	33.480	4.073
je Unternehmen:						
Beschäftigte am 30.09.[2]	30,1	40,3	2,6	32,6	42,6	11,6
davon Lohn- und Gehaltsempfänger	29,3	39,6	1,6	31,8	41,8	10,7
Umsatz in €[3]	4.172.574	5.675.683	116.390	4.118.259	6.023.295	102.645
Investitionen in €[4]	207.000	281.616	k.A.	349.000	468.539	k.A.
Personalaufwand in %[5]	23,90	23,84	k.A.	23,90	23,88	k.A.
Sachaufwand in %[5]	61,50	61,74	k.A.	61,20	61,37	k.A.
Betriebliche Steuern und Abgaben in %[5]	0,87	0,86	k.A.	0,80	0,79	k.A.
Personalkosten je entgeltlich Beschäftigten in €[6]	27.659	34.205	k.A.	25.323	34.410	k.A.

* Veröffentlichung des Statistischen Bundesamtes, Fachserie 9, Reihe 1, zuletzt für 2004 im Juli 2006; eigene Berechnungen.
1) Netto ohne Mehrwertsteuer einschließlich sonstige betriebliche Erträge.
2) Selbständige, mithelfende Familienangehörige, Lohn- und Gehaltsempfänger.
3) Netto ohne Mehrwertsteuer einschließlich sonstige betriebliche Erträge.
4) Einschließlich selbsterstellte Anlagen.
5) Vom Umsatz.
6) Bruttolöhne und -gehälter einschließlich Sozialaufwendungen Arbeitgeber je Lohn- und Gehaltsempfänger.

Strukturerhebung im Dienstleistungsbereich*	63.11.0 Frachtumschlag

	2003			2004		
	Gesamt	Umsatz ab 250 T€	Umsatz unter 250 T€	Gesamt	Umsatz ab 250 T€	Umsatz unter 250 T€
Gesamtbranche:						
Gesamtumsatz der Branche (Marktvolumen) in €[1]	1.511.803.000	1.501.066.000	10.737.000	1.981.115.000	1.968.382.000	12.733.000
Anzahl der Unternehmen	320	229	91	370	258	112
Anzahl der Beschäftigten	10.048	9.822	226	17.551	13.738	3.813
davon Lohn- und Gehaltsempfänger	9.741	9.622	119	17.269	13.551	3.718
je Unternehmen:						
Beschäftigte am 30.09.[2]	31,4	42,9	2,5	47,4	53,2	34,0
davon Lohn- und Gehaltsempfänger	30,4	42,0	1,3	46,7	52,5	33,2
Umsatz in €[3]	4.724.384	6.554.873	117.989	5.354.365	7.629.388	113.688
Investitionen in €[4]	383.000	531.410	k.A.	442.000	626.174	k.A.
Personalaufwand in %[5]	27,20	27,21	k.A.	25,40	25,34	k.A.
Sachaufwand in %[5]	61,20	61,38	k.A.	56,70	56,87	k.A.
Betriebliche Steuern und Abgaben in %[5]	0,80	0,79	k.A.	0,61	0,61	k.A.
Personalkosten je entgeltlich Beschäftigten in €[6]	34.228	42.456	k.A.	23.544	36.808	k.A.

* Veröffentlichung des Statistischen Bundesamtes, Fachserie 9, Reihe 1, zuletzt für 2004 im Juli 2006; eigene Berechnungen.
1) Netto ohne Mehrwertsteuer einschließlich sonstige betriebliche Erträge.
2) Selbständige, mithelfende Familienangehörige, Lohn- und Gehaltsempfänger.
3) Netto ohne Mehrwertsteuer einschließlich sonstige betriebliche Erträge.
4) Einschließlich selbsterstellte Anlagen.
5) Vom Umsatz.
6) Bruttolöhne und -gehälter einschließlich Sozialaufwendungen Arbeitgeber je Lohn- und Gehaltsempfänger.

Strukturerhebung im Dienstleistungsbereich*	63.12.0 Lagerei

	2003			2004		
	Gesamt	Umsatz ab 250 T€	Umsatz unter 250 T€	Gesamt	Umsatz ab 250 T€	Umsatz unter 250 T€
Gesamtbranche:						
Gesamtumsatz der Branche (Marktvolumen) in €[1]	2.685.806.000	2.664.886.000	20.920.000	2.882.549.000	2.856.277.000	26.272.000
Anzahl der Unternehmen	686	505	181	812	543	269
Anzahl der Beschäftigten	20.261	19.777	484	20.952	20.368	584
davon Lohn- und Gehaltsempfänger	19.729	19.413	316	20.283	19.929	354
je Unternehmen:						
Beschäftigte am 30.09.[2]	29,5	39,2	2,7	25,8	37,5	2,2
davon Lohn- und Gehaltsempfänger	28,8	38,4	1,7	25,0	36,7	1,3
Umsatz in €[3]	3.915.169	5.277.002	115.580	3.549.937	5.260.179	97.665
Investitionen in €[3]	125.000	168.343	k.A.	307.000	393.641	k.A.
Personalaufwand in €[4]	22,00	21,94	k.A.	22,90	22,87	k.A.
Sachaufwand in %[5]	61,70	61,93	k.A.	64,20	64,48	k.A.
Betriebliche Steuern und Abgaben in %[5]	0,92	0,90	k.A.	0,93	0,92	k.A.
Personalkosten je entgeltlich Beschäftigten in €[6]	24.416	30.116	k.A.	26.837	32.780	k.A.

* Veröffentlichung des Statistischen Bundesamtes, Fachserie 9, Reihe 1, zuletzt für 2004 im Juli 2006; eigene Berechnungen.
1) Netto ohne Mehrwertsteuer einschließlich sonstige betriebliche Erträge.
2) Selbständige, mithelfende Familienangehörige, Lohn- und Gehaltsempfänger.
3) Netto ohne Mehrwertsteuer einschließlich sonstige betriebliche Erträge.
4) Einschließlich selbsterstellte Anlagen.
5) Vom Umsatz.
6) Bruttolöhne und -gehälter einschließlich Sozialaufwendungen Arbeitgeber je Lohn- und Gehaltsempfänger.

| | Strukturerhebung im Dienstleistungsbereich* | | | 63.20.0 Sonstige Hilfs- und Nebentätigkeiten für den Verkehr | | |

	2003			2004		
	Gesamt	Umsatz ab 250 T€	Umsatz unter 250 T€	Gesamt	Umsatz ab 250 T€	Umsatz unter 250 T€
Gesamtbranche:						
Gesamtumsatz der Branche (Marktvolumen) in €[1]	13.330.795.000	13.283.547.000	47.248.000	14.083.041.000	14.015.653.000	67.388.000
Anzahl der Unternehmen	1.029	579	450	1.283	604	679
Anzahl der Beschäftigten	117.711	116.527	1.184	119.118	117.207	1.911
davon Lohn- und Gehaltsempfänger	116.592	115.821	771	117.680	116.368	1.312
je Unternehmen:						
Beschäftigte am 30.09.[2]	114,4	201,3	2,6	92,8	194,1	2,8
davon Lohn- und Gehaltsempfänger	113,3	200,0	1,7	91,7	192,7	1,9
Umsatz in €[3]	12.955.097	22.942.223	104.996	10.976.649	23.204.724	99.246
Investitionen in €[4]	3.314.000	5.878.202	k.A.	5.087.000	10.801.159	k.A.
Personalaufwand in %[5]	37,80	37,82	k.A.	35,60	35,61	k.A.
Sachaufwand in %[5]	48,60	48,65	k.A.	40,70	40,72	k.A.
Betriebliche Steuern und Abgaben in %[5]	0,87	0,86	k.A.	1,21	1,21	k.A.
Personalkosten je entgeltlich Beschäftigten in €[6]	34.271	43.371	k.A.	34.008	42.892	k.A.

* Veröffentlichung des Statistischen Bundesamtes, Fachserie 9, Reihe 1, zuletzt für 2004 im Juli 2006; eigene Berechnungen.
1) Netto ohne Mehrwertsteuer einschließlich sonstige betriebliche Erträge.
2) Selbständige, mithelfende Familienangehörige, Lohn- und Gehaltsempfänger.
3) Netto ohne Mehrwertsteuer einschließlich sonstige betriebliche Erträge.
4) Einschließlich selbsterstellte Anlagen.
5) Vom Umsatz.
6) Bruttolöhne und -gehälter einschließlich Sozialaufwendungen Arbeitgeber je Lohn- und Gehaltsempfänger.

Strukturerhebung im Dienstleistungsbereich*	63.21.0 Sonstige Hilfs- und Nebentätigkeiten für den Landverkehr

	2003			2004		
	Gesamt	Umsatz ab 250 T€	Umsatz unter 250 T€	Gesamt	Umsatz ab 250 T€	Umsatz unter 250 T€
Gesamtbranche:						
Gesamtumsatz der Branche (Marktvolumen) in €[1]	6.940.194.000	6.914.193.000	26.001.000	7.063.344.000	7.018.758.000	44.586.000
Anzahl der Unternehmen	533	276	257	633	272	361
Anzahl der Beschäftigten	65.264	64.609	655	65.409	64.158	1.251
davon Lohn- und Gehaltsempfänger	64.527	64.117	410	64.625	63.667	958
je Unternehmen:						
Beschäftigte am 30.09.[2]	122,4	234,1	2,5	103,3	235,9	3,5
davon Lohn- und Gehaltsempfänger	121,1	232,3	1,6	102,1	234,1	2,7
Umsatz in €[3]	13.021.002	25.051.424	101.171	11.158.521	25.804.257	123.507
Investitionen in €[4]	4.684.000	9.037.975	k.A.	8.965.000	20.848.555	k.A.
Personalaufwand in %[5]	34,50	34,59	k.A.	34,00	34,05	k.A.
Sachaufwand in %[5]	59,20	59,25	k.A.	39,50	39,48	k.A.
Betriebliche Steuern und Abgaben in %[5]	0,35	0,33	k.A.	0,25	0,24	k.A.
Personalkosten je entgeltlich Beschäftigten in €[6]	30.265	37.298	k.A.	30.487	37.535	k.A.

* Veröffentlichung des Statistischen Bundesamtes, Fachserie 9, Reihe 1, zuletzt für 2004 im Juli 2006; eigene Berechnungen.
1) Netto ohne Mehrwertsteuer einschließlich sonstige betriebliche Erträge.
2) Selbständige, mithelfende Familienangehörige, Lohn- und Gehaltsempfänger.
3) Netto ohne Mehrwertsteuer einschließlich sonstige betriebliche Erträge.
4) Einschließlich selbsterstellte Anlagen.
5) Vom Umsatz.
6) Bruttolöhne und -gehälter einschließlich Sozialaufwendungen Arbeitgeber je Lohn- und Gehaltsempfänger.

Strukturerhebung im Dienstleistungsbereich*

63.22.0 Sonstige Hilfs- und Nebentätigkeiten für die Schifffahrt

	2003			2004		
	Gesamt	Umsatz ab 250 T€	Umsatz unter 250 T€	Gesamt	Umsatz ab 250 T€	Umsatz unter 250 T€
Gesamtbranche:						
Gesamtumsatz der Branche (Marktvolumen) in €[1]	1.079.996.000	1.072.705.000	7.291.000	1.291.125.000	1.282.748.000	8.377.000
Anzahl der Unternehmen	183	114	69	213	129	84
Anzahl der Beschäftigten	7.436	7.311	125	7.309	7.187	122
davon Lohn- und Gehaltsempfänger	7.322	7.254	68	7.198	7.140	58
je Unternehmen:						
Beschäftigte am 30.09.[2]	40,6	64,1	1,8	34,3	55,7	1,5
davon Lohn- und Gehaltsempfänger	40,0	63,6	1,0	33,8	55,3	0,7
Umsatz in €[3]	5.901.617	9.409.693	105.667	6.061.620	9.943.783	99.726
Investitionen in €[4]	745.000	1.197.482	k.A.	780.000	1.286.798	k.A.
Personalaufwand in %[4]	38,40	38,52	k.A.	30,40	30,48	k.A.
Sachaufwand in %[5]	39,20	39,21	k.A.	47,70	47,85	k.A.
Betriebliche Steuern und Abgaben in %[5]	0,95	0,93	k.A.	1,43	1,42	k.A.
Personalkosten je entgeltlich Beschäftigten in €[6]	44.924	56.969	k.A.	43.406	54.753	k.A.

* Veröffentlichung des Statistischen Bundesamtes, Fachserie 9, Reihe 1, zuletzt für 2004 im Juli 2006; eigene Berechnungen.
1) Netto ohne Mehrwertsteuer einschließlich sonstige betriebliche Erträge.
2) Selbständige, mithelfende Familienangehörige, Lohn- und Gehaltsempfänger.
3) Netto ohne Mehrwertsteuer einschließlich sonstige betriebliche Erträge.
4) Einschließlich selbsterstellte Anlagen.
5) Vom Umsatz.
6) Bruttolöhne und -gehälter einschließlich Sozialaufwendungen Arbeitgeber je Lohn- und Gehaltsempfänger.

Strukturerhebung im Dienstleistungsbereich*

63.23.0 Sonstige Hilfs- und Neben-tätigkeiten für die Luftfahrt

	2003			2004		
	Gesamt	Umsatz ab 250 T€	Umsatz unter 250 T€	Gesamt	Umsatz ab 250 T€	Umsatz unter 250 T€
Gesamtbranche:						
Gesamtumsatz der Branche (Marktvolumen) in €[1]	5.310.605.000	5.296.648.000	13.957.000	5.728.572.000	5.714.147.000	14.425.000
Anzahl der Unternehmen	312	189	123	438	203	235
Anzahl der Beschäftigten	45.011	44.607	404	46.400	45.862	538
davon Lohn- und Gehaltsempfänger	44.743	44.451	292	45.857	45.561	296
je Unternehmen:						
Beschäftigte am 30.09.[2]	144,3	236,0	3,3	105,9	225,9	2,3
davon Lohn- und Gehaltsempfänger	143,4	235,2	2,4	104,7	224,4	1,3
Umsatz in €[3]	17.021.170	28.024.593	113.472	13.078.932	28.148.507	61.383
Investitionen in €[4]	2.483.000	4.087.222	k.A.	1.573.000	3.384.714	k.A.
Personalaufwand in %[5]	41,90	41,89	k.A.	38,70	38,68	k.A.
Sachaufwand in %[5]	36,80	36,73	k.A.	40,70	40,64	k.A.
Betriebliche Steuern und Abgaben in %[5]	1,53	1,53	k.A.	2,36	2,36	k.A.
Personalkosten je entgeltlich Beschäftigten in €[6]	38.306	49.912	k.A.	37.494	48.517	k.A.

* Veröffentlichung des Statistischen Bundesamtes, Fachserie 9, Reihe 1, zuletzt für 2004 im Juli 2006; eigene Berechnungen.
1) Netto ohne Mehrwertsteuer einschließlich sonstige betriebliche Erträge.
2) Selbständige, mithelfende Familienangehörige, Lohn- und Gehaltsempfänger.
3) Netto ohne Mehrwertsteuer einschließlich sonstige betriebliche Erträge.
4) Einschließlich selbsterstellte Anlagen.
5) Vom Umsatz.
6) Bruttolöhne und -gehälter einschließlich Sozialaufwendungen Arbeitgeber je Lohn- und Gehaltsempfänger.

Strukturerhebung im Dienstleistungsbereich*

63.40.0 Spedition, sonstige Verkehrsvermittlung

	2003 Gesamt	2003 Umsatz ab 250 T€	2003 Umsatz unter 250 T€	2004 Gesamt	2004 Umsatz ab 250 T€	2004 Umsatz unter 250 T€
Gesamtbranche:						
Gesamtumsatz der Branche (Marktvolumen) in €[1]	44.388.912.000	44.002.186.000	386.726.000	49.989.280.000	49.593.806.000	395.474.000
Anzahl der Unternehmen	10.882	7.594	3.288	10.889	7.703	3.186
Anzahl der Beschäftigten	261.114	251.699	9.415	282.730	274.486	8.244
davon Lohn- und Gehaltsempfänger	247.614	241.680	5.934	273.454	268.130	5.324
je Unternehmen:						
Beschäftigte am 30.09.[2]	24,0	33,1	2,9	26,0	35,6	2,6
davon Lohn- und Gehaltsempfänger	22,8	31,8	1,8	25,1	34,8	1,7
Umsatz in €[3]	4.079.113	5.794.336	117.617	4.590.805	6.438.246	124.129
Investitionen in €[4]	135.000	188.737	k.A.	129.000	180.045	k.A.
Personalaufwand in %[5]	17,90	17,83	k.A.	17,70	17,68	k.A.
Sachaufwand in %[5]	66,30	66,58	k.A.	66,50	66,73	k.A.
Betriebliche Steuern und Abgaben in %[5]	0,65	0,64	k.A.	0,69	0,68	k.A.
Personalkosten je entgeltlich Beschäftigten in €[6]	26.075	32.470	k.A.	26.418	32.707	k.A.

* Veröffentlichung des Statistischen Bundesamtes, Fachserie 9, Reihe 1, zuletzt für 2004 im Juli 2006; eigene Berechnungen.
1) Netto ohne Mehrwertsteuer einschließlich sonstige betriebliche Erträge.
2) Selbständige, mithelfende Familienangehörige, Lohn- und Gehaltsempfänger.
3) Netto ohne Mehrwertsteuer einschließlich sonstige betriebliche Erträge.
4) Einschließlich selbsterstellte Anlagen.
5) Vom Umsatz.
6) Bruttolöhne und -gehälter einschließlich Sozialaufwendungen Arbeitgeber je Lohn- und Gehaltsempfänger.

Strukturerhebung im Dienstleistungsbereich*	64.12.0 Private Post- und Kurierdienste

	2003			2004		
	Gesamt	Umsatz ab 250 T€	Umsatz unter 250 T€	Gesamt	Umsatz ab 250 T€	Umsatz unter 250 T€
Gesamtbranche:						
Gesamtumsatz der Branche (Marktvolumen) in €[1]	22.978.598.000	22.586.276.000	392.322.000	24.354.801.000	23.969.357.000	385.444.000
Anzahl der Unternehmen	6.590	1.564	5.026	7.128	1.866	5.262
Anzahl der Beschäftigten	414.436	395.995	18.441	400.934	384.438	16.496
davon Lohn- und Gehaltsempfänger	402.134	389.315	12.819	387.710	376.350	11.360
je Unternehmen:						
Beschäftigte am 30.09.[2]	62,9	253,2	3,7	56,2	206,0	3,1
davon Lohn- und Gehaltsempfänger	61,0	248,9	2,6	54,4	201,7	2,2
Umsatz in €[3]	3.486.889	14.441.353	78.058	3.416.779	12.845.315	73.250
Investitionen in €[4]	88.000	350.911	k.A.	92.000	337.671	k.A.
Personalaufwand in %[5]	42,00	42,37	k.A.	40,50	40,86	k.A.
Sachaufwand in %[5]	41,90	42,05	k.A.	46,70	46,87	k.A.
Betriebliche Steuern und Abgaben in %[5]	0,49	0,47	k.A.	0,56	0,54	k.A.
Personalkosten je entgeltlich Beschäftigten in €[6]	18.662	24.582	k.A.	19.127	26.022	k.A.

* Veröffentlichung des Statistischen Bundesamtes, Fachserie 9, Reihe 1, zuletzt für 2004 im Juli 2006; eigene Berechnungen.
1) Netto ohne Mehrwertsteuer einschließlich sonstige betriebliche Erträge.
2) Selbständige, mithelfende Familienangehörige, Lohn- und Gehaltsempfänger.
3) Netto ohne Mehrwertsteuer einschließlich sonstige betriebliche Erträge.
4) Einschließlich selbsterstellte Anlagen.
5) Vom Umsatz.
6) Bruttolöhne und -gehälter einschließlich Sozialaufwendungen Arbeitgeber je Lohn- und Gehaltsempfänger.

2.2.78 Spielhallen und Betrieb von Spielautomaten

Richtsätze 2005 – Spielhallen und Betrieb von Spielautomaten
(Gewerbeklasse 92.71.1)

	Deutschland		eigener Betrieb
Wirtschaftl. Umsatz	bis 400.000 €	über 400.000 €	
Rohgewinn I	–	–	
Rohgewinn II	–	–	
Halbreingewinn	14–64 38	19–67 48	
Reingewinn	5–33 17	3–26 14	
Rohgewinnaufschlag	–	–	

2.2.79 Spielwaren

Richtsätze 2005 – Spielwaren, Einzelhandel
(Gewerbeklasse 52.48.6)

	Deutschland	eigener Betrieb
Rohgewinn I	27–46 36	
Rohgewinn II	–	
Halbreingewinn	14–34 24	
Reingewinn	3–18 10	
Rohgewinnaufschlag	37–85 56	

Vergleichswerte Handel   52.48.0 Einzelhandel mit Tapeten, Bodenbelägen, Kunstgegenständen, Briefmarken, Münzen, Geschenkartikeln, Uhren, Schmuck und Spielwaren

KOSTENSTRUKTUR	Beschäftigte 1-2		Beschäftigte 3-5		Beschäftigte 6-19		Beschäftigte 20 und mehr		Beschäftigte insgesamt	
	€	%	€	%	€	%	€	%	€	%
1. Umsatz je Unternehmen	108.000,00	100,0	201.000,00	100,0	639.000,00	100,0	6.964.000,00	100,0	336.000,00	100,0
2. Wareneinsatz	63.720,00	59,0	116.379,00	57,9	371.259,00	58,1	4.108.760,00	59,0	196.896,00	58,6
3. *Rohertrag 1 minus 2*	44.280,00	41,0	84.621,00	42,1	267.741,00	41,9	2.855.240,00	41,0	139.104,00	41,4
4. übrige Aufwendungen*	23.436,00	21,7	71.757,00	35,7	210.870,00	33,0	2.416.508,00	34,7	108.864,00	32,4
5. *Überschuss 3 minus 4*	20.844,00	19,3	12.864,00	6,4	56.871,00	8,9	438.732,00	6,3	30.240,00	9,0

Weitere Kennzahlen

Umsatz je Beschäftigten in €	76.000,00		57.000,00		77.000,00		105.000,00		79.000,00	
Anzahl der Beschäftigten	1,4		3,5		8,3		66,1		4,3	
Anzahl der Unternehmen	10.222		7.348		2.588		384		20.542	

* Ohne Fremdkapitalzinsen.

Vergleichswerte aus der letzten Kostenstrukturstatistik des Statistischen Bundesamtes 2006 (Erhebungszeitraum 2003) – Fachserie 6, Reihe 4.

Kostenstruktur im Produzierenden Gewerbe*	36.50.0 Herstellung von Spielwaren

Kennzahl	Beschäftigte von ... bis ...				
	20–99	100–249	250–499	500 und mehr	insge- samt
Materialverbrauch, Einsatz von Handelsware zu Anschaffungs- kosten (davon Lohnarbeiten) in % der Gesamtleistung[1]	41,3 (1,8)	37,4 (1,7)	28,0 (4,1)	48,3 (5,7)	43,4 (4,0)
Personalkosten einschließlich gesetzlicher und freiwilliger Sozialaufwand in % der Gesamtleistung[1]	23,6	29,3	44,8	19,7	24,0
Bruttoproduktionswert[1] je Beschäftigten in €	115.481	120.110	72.495	199.803	144.542

*   Quelle: Statistisches Bundesamt 2006 (Erhebungszeitraum 2004) – Fachserie 4, Reihe 4.3.
1)   = „Bruttoproduktionswert" = Gesamtumsatz ohne Umsatzsteuer plus/minus Bestandsveränderungen an fertigen und unfertigen Erzeugnissen aus eigener Produktion plus selbsterstellte Anlagen.

2.2.80   Sport- und Campingartikel

Richtsätze 2005 – Sport- und Campingartikel, Einzelhandel
(Gewerbeklasse 52.49.8)

Wirtschaftl. Umsatz	Deutschland		eigener Betrieb
	bis 400.000 €	über 400.000 €	
Rohgewinn I	30–45 38	30–45 38	
Rohgewinn II	–	–	
Halbreingewinn	15–30 23	15–30 23	
Reingewinn	3–23 12	2–13 7	
Rohgewinnaufschlag	43–82 61	43–82 61	

Kostenstruktur im Produzierenden Gewerbe*	36.40.0 Herstellung von Sportgeräten

Kennzahl	Beschäftigte von ... bis ...			
	20–49	50–99	100 und mehr	insgesamt
Materialverbrauch, Einsatz von Handelsware zu Anschaffungskosten (davon Lohnarbeiten) in % der Gesamtleistung[1]	52,0 (1,1)	40,6 (3,4)	43,9 (1,7)	44,9 (2,1)
Personalkosten einschließlich gesetzlicher und freiwilliger Sozialaufwand in % der Gesamtleistung[1]	24,1	21,6	29,3	25,5
Bruttoproduktionswert[1] je Beschäftigten in €	117.198	132.775	109.014	117.769

*   Quelle: Statistisches Bundesamt 2006 (Erhebungszeitraum 2004) – Fachserie 4, Reihe 4.3.
1)   = „Bruttoproduktionswert" = Gesamtumsatz ohne Umsatzsteuer plus/minus Bestandsveränderungen an fertigen und unfertigen Erzeugnissen aus eigener Produktion plus selbsterstellte Anlagen.

2.2.81 Steinbildhauerei und Steinmetzerei

Richtsätze 2005 – Steinbildhauerei und Steinmetzerei
(Gewerbeklasse 26.70.1)

Wirtschaftl. Umsatz	Deutschland		eigener Betrieb
	bis 150.000 €	über 150.000 €	
Rohgewinn I	70	67	
Rohgewinn II	49–76 63	38–62 49	
Halbreingewinn	20–56 38	15–39 26	
Reingewinn	13–48 30	7–28 18	
Rohgewinnaufschlag	–	–	

2.2.82 Steuerberater, Steuerbevollmächtigte, Wirtschaftsprüfer

Strukturerhebung im Dienstleistungsbereich*	74.12.0 Wirtschafts- und Buchprüfung und Steuerberatung; Buchführung

	2003			2004		
	Gesamt	Umsatz ab 250 T€	Umsatz unter 250 T€	Gesamt	Umsatz ab 250 T€	Umsatz unter 250 T€
Gesamtbranche:						
Gesamtumsatz der Branche (Marktvolumen) in €[1]	19.731.872.000	17.280.322.000	2.451.550.000	19.958.633.000	17.403.883.000	2.554.750.000
Anzahl der Unternehmen	41.595	16.360	25.235	42.732	16.669	26.063
Anzahl der Beschäftigten	320.550	258.544	62.006	309.728	247.059	62.669
davon Lohn- und Gehaltsempfänger	277.361	239.645	37.716	265.971	227.730	38.241
je Unternehmen:						
Beschäftigte am 30.09.[2]	7,7	15,8	2,5	7,2	14,8	2,4
davon Lohn- und Gehaltsempfänger	6,7	14,6	1,5	6,2	13,7	1,5
Umsatz in €[3]	474.381	1.056.264	97.149	467.065	1.044.087	98.022
Investitionen in €[4]	15.000	31.143	k.A.	13.000	27.536	k.A.
Personalaufwand in %[5]	47,00	49,88	k.A.	47,70	50,75	k.A.
Sachaufwand in %[5]	26,30	26,18	k.A.	27,10	26,72	k.A.
Betriebliche Steuern und Abgaben in %[5]	0,46	0,45	k.A.	0,49	0,48	k.A.
Personalkosten je entgeltlich Beschäftigten in €[6]	27.549	35.965	k.A.	29.826	38.783	k.A.

* Veröffentlichung des Statistischen Bundesamtes, Fachserie 9, Reihe 2, zuletzt für 2004 im August 2006; eigene Berechnungen.
1) Netto ohne Mehrwertsteuer einschließlich sonstige betriebliche Erträge.
2) Selbständige, mitfeflende Familienangehörige, Lohn- und Gehaltsempfänger.
3) Netto ohne Mehrwertsteuer einschließlich sonstige betriebliche Erträge.
4) Einschließlich selbsterstellte Anlagen.
5) Vom Umsatz.
6) Bruttolöhne und -gehälter einschließlich Sozialaufwendungen Arbeitgeber je Lohn- und Gehaltsempfänger.

2.2.83   Stuckateurgewerbe, Gipserei und Verputzerei

Siehe auch Teil 2.2.8 Baugewerbe, Baustoffe

Richtsätze 2005 – Stuckateurgewerbe, Gipserei und Verputzerei
(Gewerbeklasse 45.41.0)

Wirtschaftl. Umsatz	Deutschland			eigener Betrieb
	bis 100.000 €	über 100.000 € bis 250.000 €	über 250.000 €	
Rohgewinn I	86	76	74	
Rohgewinn II	62–96 80	40–68 53	33–58 45	
Halbreingewinn	23–66 46	10–48 28	11–31 20	
Reingewinn	21–61 41	7–40 21	4–25 14	
Rohgewinnaufschlag	–	–	–	

2.2.84 Tabakwaren, Zeitschriften, Einzelhandel, Kiosk usw.

Richtsätze 2005 – Tabakwaren und Zeitschriften, Einzelhandel
(Gewerbeklassen 52.26.0 und 52.47.3)

	Deutschland	eigener Betrieb
Rohgewinn I	13–25 18	
Rohgewinn II	–	
Halbreingewinn	8–17 12	
Reingewinn	3–12 7	
Rohgewinnaufschlag	15–33 22	

Vergleichswerte Handel   52.26.0 Einzelhandel mit Tabakwaren

	Beschäftigte 1-2		Beschäftigte 3-5		Beschäftigte 6-19		Beschäftigte 20 und mehr		Beschäftigte insgesamt	
KOSTENSTRUKTUR	€	%	€	%	€	%	€	%	€	%
1. Umsatz je Unternehmen	230.000,00	100,0	348.000,00	100,0	973.000,00	100,0	11.681.000,00	100,0	434.000,00	100,0
2. Wareneinsatz	183.080,00	79,6	255.084,00	73,3	743.372,00	76,4	7.639.374,00	65,4	322.896,00	74,4
3. *Rohertrag 1 minus 2*	46.920,00	20,4	92.916,00	26,7	229.628,00	23,6	4.041.626,00	34,6	111.104,00	25,6
4. übrige Aufwendungen*	25.070,00	10,9	55.332,00	15,9	155.680,00	16,0	2.160.985,00	18,5	65.968,00	15,2
5. *Überschuss 3 minus 4*	21.850,00	9,5	37.584,00	10,8	73.948,00	7,6	1.880.641,00	16,1	45.136,00	10,4
Weitere Kennzahlen										
Umsatz je Beschäftigten in €	139.000,00		97.000,00		110.000,00		137.000,00		113.000,00	
Anzahl der Beschäftigten	1,7		3,6		8,8		85,3		3,8	
Anzahl der Unternehmen	2.019		2.146		579		25		4.770	

* Ohne Fremdkapitalzinsen.

Vergleichswerte aus der letzten Kostenstrukturstatistik des Statistischen Bundesamtes 2006 (Erhebungszeitraum 2003) – Fachserie 6, Reihe 4.

Kostenstruktur im Produzierenden Gewerbe*	16.00.0 Tabakverarbeitung

Kennzahl	Beschäftigte von ... bis ...				
	20–49	50–99	100–499	500 und mehr	insgesamt
Materialverbrauch, Einsatz von Handelsware zu Anschaffungskosten (davon Lohnarbeiten) in % der Gesamtleistung[1]	10,1 (0,0)	70,8 (-)	16,1 (0,6)	32,9 (0,1)	33,6 (0,1)
Personalkosten einschließlich gesetzlicher und freiwilliger Sozialaufwand in % der Gesamtleistung[1]	4,6	2,5	6,0	6,4	6,1
Bruttoproduktionswert[1] je Beschäftigten in €	607.916	1.305.734	707.381	1.927.091	1.610.433

*   Quelle: Statistisches Bundesamt 2006 (Erhebungszeitraum 2004) – Fachserie 4, Reihe 4.3.
1)   = „Bruttoproduktionswert" = Gesamtumsatz ohne Umsatzsteuer plus/minus Bestandsveränderungen an fertigen und unfertigen Erzeugnissen aus eigener Produktion plus selbsterstellte Anlagen.

2.2.85 Tankstellen

Vergleichswerte Handel — 50.00.0 Tankstellen

KOSTENSTRUKTUR	Beschäftigte 1-2 €	%	Beschäftigte 3-5 €	%	Beschäftigte 6-19 €	%	Beschäftigte 20 und mehr €	%	Beschäftigte insgesamt €	%
1. Umsatz je Unternehmen	538.000,00	100,0	853.000,00	100,0	1.591.000,00	100,0	5.867.000,00	100,0	1.465.000,00	100,0
2. Wareneinsatz	402.424,00	74,8	597.953,00	70,1	1.113.700,00	70,0	3.696.210,00	63,0	1.004.990,00	68,6
3. *Rohertrag 1 minus 2*	135.576,00	25,2	255.047,00	29,9	477.300,00	30,0	2.170.790,00	37,0	460.010,00	31,4
4. übrige Aufwendungen*	37.122,00	6,9	159.511,00	18,7	356.384,00	22,4	1.818.770,00	31,0	320.835,00	21,9
5. *Überschuss 3 minus 4*	98.454,00	18,3	95.536,00	11,2	120.916,00	7,6	352.020,00	6,0	139.174,00	9,5

Weitere Kennzahlen

	Beschäftigte 1-2	Beschäftigte 3-5	Beschäftigte 6-19	Beschäftigte 20 und mehr	Beschäftigte insgesamt
Umsatz je Beschäftigten in €	332.000,00	221.000,00	143.000,00	177.000,00	167.000,00
Anzahl der Beschäftigten	1,6	3,9	11,2	33,1	8,8
Anzahl der Unternehmen	1.368	1.342	2.884	393	5.987

* Ohne Fremdkapitalzinsen.

Vergleichswerte aus der letzten Kostenstrukturstatistik des Statistischen Bundesamtes 2006 (Erhebungszeitraum 2003) – Fachserie 6, Reihe 4.

2.2.86   Textilwaren und Bekleidung

Richtsätze 2005 – Textilwaren verschiedener Art und Oberbekleidung, Einzelhandel
(Gewerbeklassen 52.41.2, 52.42.1, 52.42.2, 52.42.3 und 52.42.4)

	Deutschland	eigener Betrieb
Rohgewinn I	35–53 43	
Rohgewinn II	–	
Halbreingewinn	18–38 28	
Reingewinn	3–22 12	
Rohgewinnaufschlag	54–113 75	

Vergleichswerte Handel 52.41.0 Einzelhandel mit Textilien

	Beschäftigte 1-2		Beschäftigte 3-5		Beschäftigte 6-19		Beschäftigte 20 und mehr		Beschäftigte insgesamt	
	€	%	€	%	€	%	€	%	€	%
KOSTENSTRUKTUR										
1. Umsatz je Unternehmen	88.000,00	100,0	150.000,00	100,0	570.000,00	100,0	7.237.000,00	100,0	329.000,00	100,0
2. Wareneinsatz	52.888,00	60,1	91.050,00	60,7	309.510,00	54,3	3.582.315,00	49,5	177.660,00	54,0
3. *Rohertrag 1 minus 2*	35.112,00	39,9	58.950,00	39,3	260.490,00	45,7	3.654.685,00	50,5	151.340,00	46,0
4. übrige Aufwendungen*	22.176,00	25,2	57.000,00	38,0	205.770,00	36,1	3.307.309,00	45,7	130.613,00	39,7
5. *Überschuss 3 minus 4*	12.936,00	14,7	1.950,00	1,3	54.720,00	9,6	347.376,00	4,8	20.727,00	6,3
Weitere Kennzahlen										
Umsatz je Beschäftigten in €	62.000,00		44.000,00		66.000,00		89.000,00		67.000,00	
Anzahl der Beschäftigten	1,4		3,4		8,7		80,6		4,9	
Anzahl der Unternehmen	1.462		1.502		514		72		3.550	

* Ohne Fremdkapitalzinsen.

Vergleichswerte aus der letzten Kostenstrukturstatistik des Statistischen Bundesamtes 2006 (Erhebungszeitraum 2003) – Fachserie 6, Reihe 4.

Vergleichswerte Handel   52.42.0 Einzelhandel mit Bekleidung

KOSTENSTRUKTUR	Beschäftigte 1-2		Beschäftigte 3-5		Beschäftigte 6-19		Beschäftigte 20 und mehr		Beschäftigte insgesamt	
	€	%	€	%	€	%	€	%	€	%
1. Umsatz je Unternehmen	131.000,00	100,0	194.000,00	100,0	758.000,00	100,0	17.744.000,00	100,0	901.000,00	100,0
2. Wareneinsatz	76.635,00	58,5	120.086,00	61,9	455.558,00	60,1	9.812.432,00	55,3	510.867,00	56,7
3. *Rohertrag 1 minus 2*	54.365,00	41,5	73.914,00	38,1	302.442,00	39,9	7.931.568,00	44,7	390.133,00	43,3
4. übrige Aufwendungen*	31.702,00	24,2	62.662,00	32,3	229.674,00	30,3	7.683.152,00	43,3	355.895,00	39,5
5. *Überschuss 3 minus 4*	22.663,00	17,3	11.252,00	5,8	72.768,00	9,6	248.416,00	1,4	34.238,00	3,8
Weitere Kennzahlen										
Umsatz je Beschäftigten in €	84.000,00		54.000,00		81.000,00		101.000,00		90.000,00	
Anzahl der Beschäftigten	1,6		3,6		9,4		176,6		10,0	
Anzahl der Unternehmen	10.682		10.505		4.500		968		26.656	

* Ohne Fremdkapitalzinsen.

Vergleichswerte aus der letzten Kostenstrukturstatistik des Statistischen Bundesamtes 2006 (Erhebungszeitraum 2003) – Fachserie 6, Reihe 4.

Kostenstruktur im Produzierenden Gewerbe*	17.00.0 Textilgewerbe

Nr. WZ 2003	Branchenbezeichnung	Bruttoproduktions-wert[1] je Beschäftigten in €	Materialverbrauch, Einsatz an Handelsware und Anschaffungskosten, Kosten für Lohnarbeiten (davon Lohnarbeiten) in % der Gesamtleistung[1]	Personalkosten einschl. gesetzlicher und freiwilliger Sozialaufwand in % der Gesamtleistung[1]
17.00.0	Textilgewerbe	143.990	54,4 (4,4)	24,3
17.10.0	Spinnstoffaufbereitung und Spinnerei**	170.644	64,6 (3,9)	21,1
17.11.0	Baumwollaufbereitung und -spinnerei**	137.269	66,2 (5,7)	23,3
17.13.0	Wollaufbereitung und Kammgarnspinnerei	337.830	73,5 (3,8)	11,8
17.16.0	Herstellung von Nähgarn**	159.051	55,3 (2,1)	26,0
17.20.0	Weberei**	152.254	57,2 (6,5)	23,9
17.21.0	Baumwollweberei**	136.246	55,6 (5,7)	26,1
17.22.0	Streichgarnweberei	83.294	46,6 (2,9)	33,7
17.23.0	Kammgarnweberei**	151.621	66,2 (15,0)	24,3
17.24.0	Seiden- und Filamentgarnweberei**	183.782	56,3 (4,9)	20,7
17.25.0	Sonstige Weberei	184.752	57,5 (3,6)	20,7
17.30.0	Textilveredlung**	99.663	44,2 (1,5)	33,1
17.40.0	Herstellung von konfektionierten Textilwaren (ohne Bekleidung)**	130.256	55,7 (4,2)	22,7
17.50.0	Sonstige Textilgewerbe (ohne Herstellung von Maschenware)**	160.045	53,2 (1,9)	24,1
17.51.0	Herstellung von Teppichen**	188.034	65,4 (0,9)	20,2
17.52.0	Herstellung von Seilerwaren	116.531	51,1 (0,1)	24,9
17.53.0	Herstellung von Vliesstoff und Erzeugnissen daraus (ohne Bekleidung)	192.573	52,7 (1,7)	23,3

*   Quelle: Statistisches Bundesamt 2006 (Erhebungszeitraum 2004) – Fachserie 4, Reihe 4.3.
** Siehe auch jeweilige Kostenstruktur nach Beschäftigtengrößenklassen.
1) = „Bruttoproduktionswert" = Gesamtumsatz ohne Umsatzsteuer plus/minus Bestandsveränderungen an fertigen und unfertigen Erzeugnissen aus eigener Produktion plus selbsterstellte Anlagen.

Kostenstruktur im Produzierenden Gewerbe*	17.00.0 Textilgewerbe

Nr. WZ 2003	Branchenbezeichnung	Bruttoproduktions- wert[1] je Beschäf- tigten in €	Materialverbrauch, Einsatz an Handels- ware und Anschaf- fungskosten, Kosten für Lohnarbeiten (davon Lohnarbeiten) in % der Gesamt- leistung[1]	Personalkosten einschl. gesetzlicher und freiwilliger Sozialaufwand in % der Gesamt- leistung[1]
17.54.0	Textilgewerbe ang.**	139.739	48,1 (2,6)	26,2
17.60.0	Herstellung von gewirkten und gestricktem Stoff**	158.219	57,3 (13,7)	21,5
17.70.0	Herstellung von gewirkten und gestrickten Fertig- erzeugnissen**	115.225	42,8 (9,4)	26,4
17.71.0	Herstellung von Strumpf- waren	118.579	38,8 (8,5)	27,8
17.72.0	Herstellung von Pullovern, Strickjacken u. ä. Waren	109.278	50,4 (11,3)	23,8

*   Quelle: Statistisches Bundesamt 2006 (Erhebungszeitraum 2004) – Fachserie 4, Reihe 4.3.
**   Siehe auch jeweilige Kostenstruktur nach Beschäftigtengrößenklassen.
1)   = „Bruttoproduktionswert" = Gesamtumsatz ohne Umsatzsteuer plus/minus Bestandsveränderungen an fertigen und unfertigen Erzeugnissen aus eigener Produktion plus selbsterstellte Anlagen.

Kostenstruktur im Produzierenden Gewerbe*	17.10.0 Spinnaufbereitung und Spinnerei

Kennzahl	Beschäftigte von ... bis ...			insgesamt
	20–49	50–99	100 und mehr	
Materialverbrauch, Einsatz von Handelsware zu Anschaffungskosten (davon Lohnarbeiten) in % der Gesamtleistung[1]	52,8 (3,2)	64,2 (1,4)	65,5 (4,8)	64,6 (3,9)
Personalkosten einschließlich gesetzlicher und freiwilliger Sozialaufwand in % der Gesamtleistung[1]	26,2	14,8	22,7	21,1
Bruttoproduktionswert[1] je Beschäftigten in €	132.301	216.466	162.810	170.644

Kostenstruktur im Produzierenden Gewerbe*	17.11.0 Baumwollaufbereitung und -spinnerei

Kennzahl	Beschäftigte von ... bis ...		insgesamt
	20–99	100 und mehr	
Materialverbrauch, Einsatz von Handelsware zu Anschaffungskosten (davon Lohnarbeiten) in % der Gesamtleistung[1]	58,5 (1,8)	69,1 (7,1)	66,2 (5,7)
Personalkosten einschließlich gesetzlicher und freiwilliger Sozialaufwand in % der Gesamtleistung[1]	25,4	22,5	23,3
Bruttoproduktionswert[1] je Beschäftigten in €	122.920	143.580	137.269

* Quelle: Statistisches Bundesamt 2006 (Erhebungszeitraum 2004) – Fachserie 4, Reihe 4.3.
1) = „Bruttoproduktionswert" = Gesamtumsatz ohne Umsatzsteuer plus/minus Bestandsveränderungen an fertigen und unfertigen Erzeugnissen aus eigener Produktion plus selbsterstellte Anlagen.

Kostenstruktur im Produzierenden Gewerbe*	17.16.0 Herstellung von Nähgarn

Kennzahl	Beschäftigte von ... bis ...		
	20–99	100 und mehr	insgesamt
Materialverbrauch, Einsatz von Handelsware zu Anschaffungskosten (davon Lohnarbeiten) in % der Gesamtleistung[1]	46,5 (8,7)	56,4 (1,3)	55,3 (2,1)
Personalkosten einschließlich gesetzlicher und freiwilliger Sozialaufwand in % der Gesamtleistung[1]	23,0	26,4	26,0
Bruttoproduktionswert[1] je Beschäftigten in €	149.611	160.308	159.051

Kostenstruktur im Produzierenden Gewerbe*	17.20.0 Weberei

Kennzahl	Beschäftigte von ... bis ...				
	20–99	100–249	250–499	500 und mehr	insgesamt
Materialverbrauch, Einsatz von Handelsware zu Anschaffungskosten (davon Lohnarbeiten) in % der Gesamtleistung[1]	56,9 (8,9)	57,5 (6,9)	59,6 (2,3)	53,8 (6,9)	57,2 (6,5)
Personalkosten einschließlich gesetzlicher und freiwilliger Sozialaufwand in % der Gesamtleistung[1]	23,2	22,7	23,4	29,1	23,9
Bruttoproduktionswert[1] je Beschäftigten in €	143.475	159.206	183.951	121.502	152.254

* Quelle: Statistisches Bundesamt 2006 (Erhebungszeitraum 2004) – Fachserie 4, Reihe 4.3.

1) = „Bruttoproduktionswert" = Gesamtumsatz ohne Umsatzsteuer plus/minus Bestandsveränderungen an fertigen und unfertigen Erzeugnissen aus eigener Produktion plus selbsterstellte Anlagen.

Kostenstruktur im Produzierenden Gewerbe*	17.21.0 Baumwollweberei

Kennzahl	Beschäftigte von ... bis ...				
	20–49	50–99	100–249	250 und mehr	insgesamt
Materialverbrauch, Einsatz von Handelsware zu Anschaffungs- kosten (davon Lohnarbeiten) in % der Gesamtleistung[1]	65,9 (17,3)	56,0 (4,3)	52,0 (5,4)	59,2 (4,2)	55,6 (5,7)
Personalkosten einschließlich gesetzlicher und freiwilliger Sozialaufwand in % der Gesamtleistung[1]	21,9	27,0	25,8	27,1	26,1
Bruttoproduktionswert[1] je Beschäftigten in €	133.106	122.228	128.517	158.432	136.246

Kostenstruktur im Produzierenden Gewerbe*	17.23.0 Kammgarnweberei

Kennzahl	Beschäftigte von ... bis ...		
	20–99	100 und mehr	insgesamt
Materialverbrauch, Einsatz von Handelsware zu Anschaffungs- kosten (davon Lohnarbeiten) in % der Gesamtleistung[1]	64,7 (20,8)	66,4 (14,3)	66,2 (15,0)
Personalkosten einschließlich gesetzlicher und freiwilliger Sozialaufwand in % der Gesamtleistung[1]	21,9	24,6	24,3
Bruttoproduktionswert[1] je Beschäftigten in €	156.954	150.936	151.621

* Quelle: Statistisches Bundesamt 2006 (Erhebungszeitraum 2004) – Fachserie 4, Reihe 4.3.
1) = „Bruttoproduktionswert" = Gesamtumsatz ohne Umsatzsteuer plus/minus Bestandsveränderungen an fertigen und unfertigen Erzeugnissen aus eigener Produktion plus selbsterstellte Anlagen.

| Kostenstruktur im Produzierenden Gewerbe* | | | | 17.24.0 Seiden- und Filamentgarnweberei |

Kennzahl	Beschäftigte von ... bis ...		
	20–99	100 und mehr	insgesamt
Materialverbrauch, Einsatz von Handelsware zu Anschaffungskosten (davon Lohnarbeiten) in % der Gesamtleistung[1]	51,6 (5,9)	57,2 (4,7)	56,3 (4,9)
Personalkosten einschließlich gesetzlicher und freiwilliger Sozialaufwand in % der Gesamtleistung[1]	20,9	20,6	20,7
Bruttoproduktionswert[1] je Beschäftigten in €	173.988	185.891	183.782

| Kostenstruktur im Produzierenden Gewerbe* | | | | | 17.30.0 Textilveredlung |

Kennzahl	Beschäftigte von ... bis ...			
	20–49	50–99	100 und mehr	insgesamt
Materialverbrauch, Einsatz von Handelsware zu Anschaffungskosten (davon Lohnarbeiten) in % der Gesamtleistung[1]	47,2 (0,9)	42,4 (2,3)	42,9 (1,1)	44,2 (1,5)
Personalkosten einschließlich gesetzlicher und freiwilliger Sozialaufwand in % der Gesamtleistung[1]	32,9	33,0	33,5	33,1
Bruttoproduktionswert[1] je Beschäftigten in €	93.330	105.019	101.520	99.663

*   Quelle: Statistisches Bundesamt 2006 (Erhebungszeitraum 2004) – Fachserie 4, Reihe 4.3.
1)   = „Bruttoproduktionswert" = Gesamtumsatz ohne Umsatzsteuer plus/minus Bestandsveränderungen an fertigen und unfertigen Erzeugnissen aus eigener Produktion plus selbsterstellte Anlagen.

| Kostenstruktur im Produzierenden Gewerbe* | | 17.40.0 Herstellung von konfektionierten Textilwaren (ohne Bekleidung) | | |

Kennzahl	Beschäftigte von ... bis ...				
	20–49	50–99	100–249	250 und mehr	insge- samt
Materialverbrauch, Einsatz von Handelsware zu Anschaffungs- kosten (davon Lohnarbeiten) in % der Gesamtleistung[1]	59,1 (4,6)	56,5 (7,2)	54,3 (3,3)	53,6 (2,1)	55,7 (4,2)
Personalkosten einschließlich gesetzlicher und freiwilliger Sozialaufwand in % der Gesamtleistung[1]	20,2	22,7	22,3	27,1	22,7
Bruttoproduktionswert[1] je Beschäftigten in €	114.643	119.656	146.509	135.662	130.256

| Kostenstruktur im Produzierenden Gewerbe* | | 17.50.0 Sonstiges Textilgewerbe (ohne Herstellung von Maschenware) | | |

Kennzahl	Beschäftigte von ... bis ...				
	20–99	100–249	250–499	500 und mehr	insge- samt
Materialverbrauch, Einsatz von Handelsware zu Anschaffungs- kosten (davon Lohnarbeiten) in % der Gesamtleistung[1]	52,6 (1,7)	55,9 (2,6)	57,6 (1,7)	45,5 (1,7)	53,2 (1,9)
Personalkosten einschließlich gesetzlicher und freiwilliger Sozialaufwand in % der Gesamtleistung[1]	25,4	22,5	21,0	28,3	24,1
Bruttoproduktionswert[1] je Beschäftigten in €	122.799	161.390	190.592	180.400	160.045

*   Quelle: Statistisches Bundesamt 2006 (Erhebungszeitraum 2004) – Fachserie 4, Reihe 4.3.

1)   = „Bruttoproduktionswert" = Gesamtumsatz ohne Umsatzsteuer plus/minus Bestandsveränderungen an fertigen und unfertigen Erzeugnissen aus eigener Produktion plus selbsterstellte Anlagen.

Kostenstruktur im Produzierenden Gewerbe*	17.51.0 Herstellung von Teppichen

Kennzahl	Beschäftigte von ... bis ...				
	20–49	50–99	100–249	250 und mehr	insgesamt
Materialverbrauch, Einsatz von Handelsware zu Anschaffungskosten (davon Lohnarbeiten) in % der Gesamtleistung[1]	62,2 (7,9)	61,3 (0,5)	63,9 (0,2)	67,9 (0,7)	65,4 (0,9)
Personalkosten einschließlich gesetzlicher und freiwilliger Sozialaufwand in % der Gesamtleistung[1]	24,9	20,8	19,9	19,7	20,2
Bruttoproduktionswert[1] je Beschäftigten in €	141.196	164.278	193.725	202.248	188.034

Kostenstruktur im Produzierenden Gewerbe*	17.54.0 Textilgewerbe ang.

Kennzahl	Beschäftigte von ... bis ...			
	20–99	100–249	250 und mehr	insgesamt
Materialverbrauch, Einsatz von Handelsware zu Anschaffungskosten (davon Lohnarbeiten) in % der Gesamtleistung[1]	47,5 (2,1)	51,9 (5,4)	46,7 (1,6)	48,1 (2,6)
Personalkosten einschließlich gesetzlicher und freiwilliger Sozialaufwand in % der Gesamtleistung[1]	28,9	25,5	25,1	21,3
Bruttoproduktionswert[1] je Beschäftigten in €	101.412	128.907	179.804	139.739

*   Quelle: Statistisches Bundesamt 2006 (Erhebungszeitraum 2004) – Fachserie 4, Reihe 4.3.
1) = „Bruttoproduktionswert" = Gesamtumsatz ohne Umsatzsteuer plus/minus Bestandsveränderungen an fertigen und unfertigen Erzeugnissen aus eigener Produktion plus selbsterstellte Anlagen.

Kostenstruktur im Produzierenden Gewerbe*	17.60.0 Herstellung von gewirktem und gestricktem Stoff

Kennzahl	Beschäftigte von ... bis ...			
	20–99	100–249	250 und mehr	insgesamt
Materialverbrauch, Einsatz von Handelsware zu Anschaffungskosten (davon Lohnarbeiten) in % der Gesamtleistung[1]	59,1 (13,4)	57,8 (17,1)	51,6 (1,1)	57,3 (13,7)
Personalkosten einschließlich gesetzlicher und freiwilliger Sozialaufwand in % der Gesamtleistung[1]	19,0	22,2	24,8	21,5
Bruttoproduktionswert[1] je Beschäftigten in €	177.046	167.296	109.431	158.219

Kostenstruktur im Produzierenden Gewerbe*	17.70.0 Herstellung von gewirkten und gestrickten Fertigerzeugnissen

Kennzahl	Beschäftigte von ... bis ...		
	20–99	100 und mehr	insgesamt
Materialverbrauch, Einsatz von Handelsware zu Anschaffungskosten (davon Lohnarbeiten) in % der Gesamtleistung[1]	54,0 (9,6)	38,1 (9,4)	42,8 (9,4)
Personalkosten einschließlich gesetzlicher und freiwilliger Sozialaufwand in % der Gesamtleistung[1]	23,9	27,5	26,4
Bruttoproduktionswert[1] je Beschäftigten in €	97.240	124.940	115.225

*   Quelle: Statistisches Bundesamt 2006 (Erhebungszeitraum 2004) – Fachserie 4, Reihe 4.3.

1)   = „Bruttoproduktionswert" = Gesamtumsatz ohne Umsatzsteuer plus/minus Bestandsveränderungen an fertigen und unfertigen Erzeugnissen aus eigener Produktion plus selbsterstellte Anlagen.

| Kostenstruktur im Produzierenden Gewerbe* | | 18.00.0 Bekleidungsgewerbe | | |

Nr. WZ 2003	Branchenbezeichnung	Bruttoproduktions-wert[1] je Beschäf-tigten in €	Materialverbrauch, Einsatz an Handels-ware und Anschaf-fungskosten, Kosten für Lohnarbeiten (davon Lohnarbeiten) in % der Gesamt-leistung[1]	Personalkosten einschl. gesetzlicher und freiwilliger Sozialaufwand in % der Gesamt-leistung[1]
18.00.0	Bekleidungsgewerbe	203.638	59,5 (11,2)	16,9
18.10.0	Herstellung von Leder-bekleidung	147.181	61,8 (6,8)	16,9
18.20.0	Herstellung von Bekleidung (ohne Lederbekleidung)	204.267	59,5 (11,2)	16,9
18.21.0	Herstellung von Arbeits- und Berufsbekleidung**	152.639	62,5 (10,3)	20,2
18.22.0	Herstellung von Oberbe-kleidung (ohne Arbeits- und Berufskleidung)**	239.699	61,0 (12,4)	15,4
18.23.0	Herstellung von Wäsche**	155.418	55,6 (9,5)	20,5
18.24.0	Herstellung von sonstiger Bekleidung und Bekleidungs-zubehör**	131.567	51,6 (3,8)	20,7
18.30.0	Zurichten und Färben von Fellen, Herstellung von Pelzwaren	161.631	57,8 (2,9)	18,4

*   Quelle: Statistisches Bundesamt 2006 (Erhebungszeitraum 2004) – Fachserie 4, Reihe 4.3.
**   Siehe auch jeweilige Kostenstruktur nach Beschäftigtengrößenklassen.
1)   = „Bruttoproduktionswert" = Gesamtumsatz ohne Umsatzsteuer plus/minus Bestandsveränderungen an fertigen und unfertigen Erzeugnissen aus eigener Produktion plus selbsterstellte Anlagen.

| Kostenstruktur im Produzierenden Gewerbe* | 18.21.0 Herstellung von Arbeits- und Berufsbekleidung |

Kennzahl	Beschäftigte von ... bis ...			
	20–49	50–99	100 und mehr	insgesamt
Materialverbrauch, Einsatz von Handelsware zu Anschaffungs- kosten (davon Lohnarbeiten) in % der Gesamtleistung[1]	71,2 (8,1)	55,7 (7,6)	60,7 (12,3)	62,5 (10,3)
Personalkosten einschließlich gesetzlicher und freiwilliger Sozialaufwand in % der Gesamtleistung[1]	19,4	20,1	20,6	20,2
Bruttoproduktionswert[1] je Beschäftigten in €	145.071	125.758	169.218	152.639

| Kostenstruktur im Produzierenden Gewerbe* | 18.22.0 Herstellung von Oberbekleidung (ohne Arbeits- und Berufsbe- kleidung) |

Kennzahl	Beschäftigte von ... bis ...					
	20–49	50–99	100–249	250–499	500 und mehr	insge- samt
Materialverbrauch, Einsatz von Handelsware zu Anschaffungs- kosten (davon Lohnarbeiten) in % der Gesamtleistung[1]	65,9 (16,2)	60,8 (11,3)	62,0 (9,0)	59,4 (15,6)	59,9 (13,8)	61,0 (12,4)
Personalkosten einschließlich gesetzlicher und freiwilliger Sozialaufwand in % der Gesamtleistung[1]	19,2	12,0	14,5	16,8	16,5	15,4
Bruttoproduktionswert[1] je Beschäftigten in €	146.354	283.364	258.400	215.289	258.831	239.699

* Quelle: Statistisches Bundesamt 2006 (Erhebungszeitraum 2004) – Fachserie 4, Reihe 4.3.
** Siehe auch jeweilige Kostenstruktur nach Beschäftigtengrößenklassen.
1) = „Bruttoproduktionswert" = Gesamtumsatz ohne Umsatzsteuer plus/minus Bestandsveränderungen an fertigen und unfertigen Erzeugnissen aus eigener Produktion plus selbsterstellte Anlagen.

Kostenstruktur im Produzierenden Gewerbe*	18.23.0 Herstellung von Wäsche

Kennzahl	Beschäftigte von … bis …				
	20–99	100–249	250–499	500 und mehr	insgesamt
Materialverbrauch, Einsatz von Handelsware zu Anschaffungskosten (davon Lohnarbeiten) in % der Gesamtleistung[1]	56,5 (11,8)	60,5 (11,0)	51,9 (8,9)	51,0 (5,9)	55,6 (9,5)
Personalkosten einschließlich gesetzlicher und freiwilliger Sozialaufwand in % der Gesamtleistung[1]	16,1	17,0	25,2	27,0	20,5
Bruttoproduktionswert[1] je Beschäftigten in €	160.568	210.189	119.503	129.635	155.418

Kostenstruktur im Produzierenden Gewerbe*	18.24.0 Herstellung von sonstiger Bekleidung und Bekleidungszubehör

Kennzahl	Beschäftigte von … bis …		
	20–99	100 und mehr	insgesamt
Materialverbrauch, Einsatz von Handelsware zu Anschaffungskosten (davon Lohnarbeiten) in % der Gesamtleistung[1]	58,9 (5,0)	42,8 (2,3)	51,6 (3,8)
Personalkosten einschließlich gesetzlicher und freiwilliger Sozialaufwand in % der Gesamtleistung[1]	18,8	23,1	20,7
Bruttoproduktionswert[1] je Beschäftigten in €	145.868	117.527	131.567

*   Quelle: Statistisches Bundesamt 2006 (Erhebungszeitraum 2004) – Fachserie 4, Reihe 4.3.
1)   = „Bruttoproduktionswert" = Gesamtumsatz ohne Umsatzsteuer plus/minus Bestandsveränderungen an fertigen und unfertigen Erzeugnissen aus eigener Produktion plus selbsterstellte Anlagen.

2.2.87 Tierärzte

Vergleichswerte Tierarztpraxen 85.20.0 Tierärzte/Tierärztinnen

KOSTENSTRUKTUR	Einnahmen in € unter 125.000 €	%	Einnahmen in € 125.000–250.000 €	%	Einnahmen in € 250.000–500.000 €	%	Einnahmen in € 500.000 und mehr €	%
1. Einnahmen aus selbständiger Tätigkeit	66.000,00	88,0	153.224,00	85,6	285.714,00	85,8	725.855,00	85,9
2. Verkauf von Medikamenten, Zusatzsortimenten	8.550,00	11,4	24.165,00	13,5	44.289,00	13,3	117.455,00	13,9
3. Sonstige selbständige tierärztliche Tätigkeit	450,00	0,6	1.432,00	0,8	2.664,00	0,8	1.690,00	0,2
4. Summe der Einnahmen 1-3	75.000,00	100,0	179.000,00	100,0	333.000,00	100,0	845.000,00	100,0
5. Löhne und Gehälter	6.075,00	8,1	18.974,00	10,6	44.622,00	13,4	162.240,00	19,2
6. Sozialkosten – gesetzliche	1.350,00	1,8	4.117,00	2,3	9.657,00	2,9	34.645,00	4,1
7. Sozialkosten – übrige	75,00	0,1	358,00	0,2	666,00	0,2	1.690,00	0,2
8. Summe Personalkosten 5-7	7.500,00	10,0	23.449,00	13,1	54.945,00	16,5	198.575,00	23,5
9. Material, Medikamente	21.375,00	28,5	51.552,00	28,8	100.566,00	30,2	245.050,00	29,0
10. Honorare für Assistenz und Stellvertretung	300,00	0,4	1.074,00	0,6	2.331,00	0,7	3.380,00	0,4
11. Miete/Leasing (einschl. Mietwert)	5.250,00	7,0	9.666,00	5,4	13.653,00	4,1	32.955,00	3,9
12. Strom, Gas, Wasser, Heizung	1.200,00	1,6	1.969,00	1,1	2.664,00	0,8	6.760,00	0,8
13. Versicherungen, Beiträge und Gebühren	1.500,00	2,0	2.327,00	1,3	2.664,00	0,8	6.760,00	0,8
14. Kfz-Kosten	3.900,00	5,2	6.623,00	3,7	11.322,00	3,4	26.195,00	3,1
15. Abschreibungen auf Anlagen	3.225,00	4,3	7.160,00	4,0	12.987,00	3,9	28.730,00	3,4
16. Geringwertige Wirtschaftsgüter	300,00	0,4	716,00	0,4	1.332,00	0,4	1.690,00	0,2
17. Sonstige Kosten	7.350,00	9,8	17.005,00	9,5	28.305,00	8,5	66.755,00	7,9
18. Summe Kosten 8-17	51.900,00	69,2	121.541,00	67,9	230.769,00	69,3	616.850,00	73,0
19. Zwischensaldo I 4 minus 18	23.100,00	30,8	57.459,00	32,1	102.231,00	30,7	228.150,00	27,0
20. Fremdkapitalzinsen	1.350,00	1,8	3.222,00	1,8	4.662,00	1,4	6.760,00	0,8
21. Reinertrag 19 minus 20	21.750,00	29,0	54.237,00	30,3	97.569,00	29,3	221.390,00	26,2

Weitere Kennzahlen

Gesamtleistung je Beschäftigten	34.090,91	49.722,22	58.421,05	72.844,83
Beschäftigte im Durchschnitt	2,2	3,6	5,7	11,6
davon Inhaber/unentgeltlich	1,0	1,1	1,2	1,7
Personalkosten je entgeltl. Beschäftigten	6.250,00	9.379,60	12.210,00	20.058,08

Vergleichswerte aus der letzten Kostenstrukturstatistik des Statistischen Bundesamtes 2006 (Erhebungszeitraum 2003) – Fachserie 2, Reihe 1.6.1.

Vergleichswerte Tierarztpraxen Einzelpraxen   85.20.0 Tierärzte/Tierärztinnen

KOSTENSTRUKTUR	Einnahmen in € unter 125.000		Einnahmen in € 125.000–250.000		Einnahmen in € 250.000–500.000		Einnahmen in € 500.000 und mehr	
	€	%	€	%	€	%	€	%
1. Einnahmen aus selbständiger Tätigkeit	65.925,00	87,9	150.500,00	86,0	286.646,00	86,6	733.382,00	87,1
2. Verkauf von Medikamenten, Zusatzsortimenten	8.625,00	11,5	22.750,00	13,0	40.713,00	12,3	106.092,00	12,6
3. Sonstige selbständige tierärztliche Tätigkeit	450,00	0,6	1.575,00	0,9	3.310,00	1,0	1.684,00	0,2
4. Summe der Einnahmen 1-3	75.000,00	100,0	175.000,00	100,0	331.000,00	100,0	842.000,00	100,0
5. Löhne und Gehälter	6.000,00	8,0	18.550,00	10,6	45.016,00	13,6	178.504,00	21,2
6. Sozialkosten – gesetzliche	1.350,00	1,8	4.025,00	2,3	9.930,00	3,0	37.048,00	4,4
7. Sozialkosten – übrige	75,00	0,1	350,00	0,2	662,00	0,2	1.684,00	0,2
8. Summe Personalkosten 5-7	7.425,00	9,9	22.925,00	13,1	55.608,00	16,8	217.236,00	25,8
9. Material, Medikamente	21.525,00	28,7	50.750,00	29,0	103.334,00	31,4	255.968,00	30,4
10. Honorare für Assistenz und Stellvertretung	300,00	0,4	1.225,00	0,7	2.648,00	0,8	5.894,00	0,7
11. Miete/Leasing (einschl. Mietwert)	5.175,00	6,9	9.460,00	5,4	12.578,00	3,8	34.522,00	4,1
12. Strom, Gas, Wasser, Heizung	1.200,00	1,6	1.925,00	1,1	2.648,00	0,8	6.736,00	0,8
13. Versicherungen, Beiträge und Gebühren	1.500,00	2,0	2.275,00	1,3	2.648,00	0,8	6.736,00	0,8
14. Kfz-Kosten	3.975,00	5,3	6.475,00	3,7	11.916,00	3,6	24.418,00	2,9
15. Abschreibungen auf Anlagen	3.150,00	4,2	6.660,00	3,8	11.916,00	3,6	31.154,00	3,7
16. Geringwertige Wirtschaftsgüter	300,00	0,4	525,00	0,3	1.324,00	0,4	2.526,00	0,3
17. Sonstige Kosten	7.275,00	9,7	17.150,00	9,8	28.466,00	8,6	62.308,00	7,4
18. Summe Kosten 8-17	51.825,00	69,1	119.350,00	68,2	233.686,00	70,6	647.498,00	76,9
19. Zwischensaldo 4 minus 18	23.175,00	30,9	55.650,00	31,8	97.314,00	29,4	194.502,00	23,1
20. Fremdkapitalzinsen	1.275,00	1,7	3.325,00	1,9	4.965,00	1,5	8.420,00	1,0
21. Reinertrag 19 minus 20	21.900,00	29,2	52.325,00	29,9	92.349,00	27,9	186.082,00	22,1
Weitere Kennzahlen								
Gesamtleistung je Beschäftigten	34.090,91		50.000,00		60.181,82		71.965,81	
Beschäftigte im Durchschnitt	2,2		3,5		5,5		11,7	
davon Inhaber/unentgeltlich	1,0		1,0		1,0		1,0	
Personalkosten je entgeltl. Beschäftigten	6.187,50		9.170,00		12.357,33		20.302,43	

Vergleichswerte aus der letzten Kostenstrukturstatistik des Statistischen Bundesamtes 2006 (Erhebungszeitraum 2003) – Fachserie 2, Reihe 1.6.1.

Vergleichswerte Tierarztpraxen Einzelpraxen für Kleintiere — 85.20.0 Tierärzte/Tierärztinnen

KOSTENSTRUKTUR	Einnahmen in € unter 125.000 €	%	Einnahmen in € 125.000–250.000 €	%	Einnahmen in € 250.000–500.000 €	%	Einnahmen in € 500.000 und mehr €	%
1. Einnahmen aus selbständiger Tätigkeit	67.624,00	85,6	151.677,00	88,7	290.140,00	89,0	752.514,00	94,3
2. Verkauf von Medikamenten, Zusatzsortimenten	10.981,00	13,9	18.297,00	10,7	35.534,00	10,9	45.486,00	5,7
3. Sonstige selbständige tierärztliche Tätigkeit	316,00	0,4	1.026,00	0,6	326,00	0,1	0,00	0,0
4. Summe der Einnahmen 1–3	79.000,00	100,0	171.000,00	100,0	326.000,00	100,0	798.000,00	100,0
5. Löhne und Gehälter	7.821,00	9,9	26.334,00	15,4	60.962,00	18,7	195.510,00	24,5
6. Sozialkosten – gesetzliche	1.738,00	2,2	5.643,00	3,3	13.692,00	4,2	41.496,00	5,2
7. Sozialkosten – übrige	79,00	0,1	684,00	0,4	652,00	0,2	1.596,00	0,2
8. Summe Personalkosten 5–7	9.638,00	12,2	32.661,00	19,1	75.306,00	23,1	238.602,00	29,9
9. Material, Medikamente	22.594,00	28,6	44.289,00	25,9	77.914,00	23,9	150.822,00	18,9
10. Honorare für Assistenz und Stellvertretung	316,00	0,4	1.197,00	0,7	1.956,00	0,6	798,00	0,1
11. Miete/Leasing (einschl. Mietwert)	6.873,00	8,7	9.918,00	5,8	16.300,00	5,0	31.122,00	3,9
12. Strom, Gas, Wasser, Heizung	1.264,00	1,6	2.052,00	1,2	2.934,00	0,9	8.778,00	1,1
13. Versicherungen, Beiträge und Gebühren	1.501,00	1,9	1.881,00	1,1	2.282,00	0,7	4.788,00	0,6
14. Kfz-Kosten	3.081,00	3,9	3.933,00	2,3	7.824,00	2,4	8.778,00	1,1
15. Abschreibungen auf Anlagen	3.792,00	4,8	6.156,00	3,6	14.670,00	4,5	24.738,00	3,1
16. Geringwertige Wirtschaftsgüter	474,00	0,6	684,00	0,4	1.304,00	0,4	2.394,00	0,3
17. Sonstige Kosten	8.058,00	10,2	17.955,00	10,5	33.904,00	10,4	80.598,00	10,1
18. *Summe Kosten 8–17*	57.591,00	72,9	120.726,00	70,6	234.394,00	71,9	551.418,00	69,1
19. *Zwischensaldo 4 minus 18*	21.409,00	27,1	50.274,00	29,4	91.606,00	28,1	246.582,00	30,9
20. Fremdkapitalzinsen	1.896,00	2,4	3.762,00	2,2	4.890,00	1,5	5.586,00	0,7
21. *Reinertrag 19 minus 20*	19.513,00	24,7	46.512,00	27,2	86.716,00	26,6	240.996,00	30,2

Weitere Kennzahlen

Gesamtleistung je Beschäftigten	30.384,62	41.707,32	47.941,18	56.595,74
Beschäftigte im Durchschnitt	2,6	4,1	6,8	14,1
davon Inhaber/unentgeltlich	1,0	1,0	1,0	1,0
Personalkosten je entgeltl. Beschäftigten	6.023,75	10.535,81	12.983,79	18.213,89

Vergleichswerte aus der letzten Kostenstrukturstatistik des Statistischen Bundesamtes 2006 (Erhebungszeitraum 2003) – Fachserie 2, Reihe 1.6.1.

Vergleichswerte Tierarztpraxen Einzelpraxen für Großtiere   85.20.0 Tierärzte/Tierärztinnen

KOSTENSTRUKTUR	Einnahmen in € 12.500 und mehr	
	€	%
1. Einnahmen aus selbständiger Tätigkeit	152.040,00	84,0
2. Verkauf von Medikamenten, Zusatzsortimenten	28.960,00	16,0
3. Sonstige selbständige tierärztliche Tätigkeit	0,00	0,0
4. *Summe der Einnahmen 1-3*	181.000,00	100,0
5. Löhne und Gehälter	14.118,00	7,8
6. Sozialkosten – gesetzliche	2.896,00	1,6
7. Sozialkosten – übrige	181,00	0,1
8. *Summe Personalkosten 5-7*	17.195,00	9,5
9. Material, Medikamente	53.033,00	29,3
10. Honorare für Assistenz und Stellvertretung	543,00	0,3
11. Miete/Leasing (einschl. Mietwert)	6.697,00	3,7
12. Strom, Gas, Wasser, Heizung	905,00	0,5
13. Versicherungen, Beiträge und Gebühren	3.077,00	1,7
14. Kfz-Kosten	9.593,00	5,3
15. Abschreibungen auf Anlagen	5.611,00	3,1
16. Geringwertige Wirtschaftsgüter	362,00	0,2
17. Sonstige Kosten	17.557,00	9,7
18. *Summe Kosten 8-17*	114.573,00	63,3
19. *Zwischensaldo / 4 minus 18*	66.427,00	36,7
20. Fremdkapitalzinsen	2.534,00	1,4
21. *Reinertrag 19 minus 20*	63.893,00	35,3

Weitere Kennzahlen

Gesamtleistung je Beschäftigten	75.416,67
Beschäftigte im Durchschnitt	2,4
davon Inhaber/unentgeltlich	1,0
Personalkosten je entgeltl. Beschäftigten	12.282,14

Vergleichswerte aus der letzten Kostenstrukturstatistik des Statistischen Bundesamtes 2006 (Erhebungszeitraum 2003) – Fachserie 2, Reihe 1.6.1.

Vergleichswerte Tierarztpraxen Einzelpraxen für Klein- und Großtiere 85.20.0 Tierärzte/Tierärztinnen

	Einnahmen in € unter 125.000		Einnahmen in € 125.000–250.000		Einnahmen in € 250.000–500.000		Einnahmen in € 500.000 und mehr	
KOSTENSTRUKTUR	€	%	€	%	€	%	€	%
1. Einnahmen aus selbständiger Tätigkeit	60.724,00	89,3	154.635,00	84,5	287.095,00	85,7	737.020,00	85,7
2. Verkauf von Medikamenten, Zusatzsortimenten	6.732,00	9,9	25.803,00	14,1	42.545,00	12,7	119.540,00	13,9
3. Sonstige selbständige tierärztliche Tätigkeit	612,00	0,9	2.745,00	1,5	5.360,00	1,6	3.440,00	0,4
4. *Summe der Einnahmen 1-3*	68.000,00	100,0	183.000,00	100,0	335.000,00	100,0	860.000,00	100,0
5. Löhne und Gehälter	4.012,00	5,9	14.457,00	7,9	37.520,00	11,2	170.280,00	19,8
6. Sozialkosten – gesetzliche	884,00	1,3	3.294,00	1,8	8.040,00	2,4	36.120,00	4,2
7. Sozialkosten – übrige	68,00	0,1	183,00	0,1	1.005,00	0,3	1.720,00	0,2
8. *Summe Personalkosten 5-7*	4.964,00	7,3	17.934,00	9,8	46.565,00	13,9	208.120,00	24,2
9. Material, Medikamente	20.400,00	30,0	58.743,00	32,1	120.935,00	36,1	282.080,00	32,8
10. Honorare für Assistenz und Stellvertretung	272,00	0,4	1.464,00	0,8	3.350,00	1,0	7.740,00	0,9
11. Miete/Leasing (einschl. Mietwert)	3.264,00	4,8	9.699,00	5,3	10.720,00	3,2	37.840,00	4,4
12. Strom, Gas, Wasser, Heizung	1.156,00	1,7	2.013,00	1,1	2.345,00	0,7	6.020,00	0,7
13. Versicherungen, Beiträge und Gebühren	1.428,00	2,1	2.196,00	1,2	2.680,00	0,8	8.600,00	1,0
14. Kfz-Kosten	4.760,00	7,0	8.601,00	4,7	13.735,00	4,1	30.960,00	3,6
15. Abschreibungen auf Anlagen	2.312,00	3,4	7.686,00	4,2	10.720,00	3,2	35.260,00	4,1
16. Geringwertige Wirtschaftsgüter	136,00	0,2	549,00	0,3	1.340,00	0,4	2.580,00	0,3
17. Sonstige Kosten	6.120,00	9,0	15.738,00	8,6	26.465,00	7,9	54.180,00	6,3
18. *Summe Kosten 8-17*	44.812,00	65,9	124.623,00	68,1	238.585,00	71,3	673.380,00	78,3
19. *Zwischensaldo I 4 minus 18*	23.188,00	34,1	58.377,00	31,9	96.145,00	28,7	186.620,00	21,7
20. Fremdkapitalzinsen	476,00	0,7	3.294,00	1,8	4.690,00	1,4	9.460,00	1,1
21. *Reinertrag 19 minus 20*	22.712,00	33,4	55.083,00	30,1	91.455,00	27,3	177.160,00	20,6

Weitere Kennzahlen

Gesamtleistung je Beschäftigten	37.777,78	59.032,26	67.000,00	78.181,82
Beschäftigte im Durchschnitt	1,8	3,1	5,0	11,0
davon Inhaber/unentgeltlich	1,0	1,0	1,0	1,0
Personalkosten je entgeltl. Beschäftigten	6.205,00	8.540,00	11.641,25	20.812,00

Vergleichswerte aus der letzten Kostenstrukturstatistik des Statistischen Bundesamtes 2006 (Erhebungszeitraum 2003) – Fachserie 2, Reihe 1.6.1.

Vergleichswerte Tierarztpraxen Gemeinschaftspraxen   85.20.0 Tierärzte/Tierärztinnen

KOSTENSTRUKTUR	Einnahmen in € unter 250.000		Einnahmen in € 250.000–500.000		Einnahmen in € 500.000 und mehr	
	€	%	€	%	€	%
1. Einnahmen aus selbständiger Tätigkeit	178.665,00	83,1	281.709,00	83,1	717.405,00	84,5
2. Verkauf von Medikamenten, Zusatzsortimenten	36.120,00	16,8	56.613,00	16,7	130.746,00	15,4
3. Sonstige selbständige tierärztliche Tätigkeit	215,00	0,1	678,00	0,2	849,00	0,1
4. *Summe der Einnahmen 1-3*	215.000,00	100,0	339.000,00	100,0	849.000,00	100,0
5. Löhne und Gehälter	22.360,00	10,4	43.053,00	12,7	144.330,00	17,0
6. Sozialkosten – gesetzliche	5.160,00	2,4	8.814,00	2,6	31.413,00	3,7
7. Sozialkosten – übrige	215,00	0,1	678,00	0,2	1.698,00	0,2
8. *Summe Personalkosten 5-7*	27.735,00	12,9	52.545,00	15,5	177.441,00	20,9
9. Material, Medikamente	57.190,00	26,6	88.479,00	26,1	232.626,00	27,4
10. Honorare für Assistenz und Stellvertretung	430,00	0,2	1.017,00	0,3	1.698,00	0,2
11. Miete/Leasing (einschl. Mietwert)	13.545,00	6,3	17.289,00	5,1	30.564,00	3,6
12. Strom, Gas, Wasser, Heizung	2.580,00	1,2	3.051,00	0,9	7.641,00	0,9
13. Versicherungen, Beiträge und Gebühren	2.580,00	1,2	2.712,00	0,8	7.641,00	0,9
14. Kfz-Kosten	7.310,00	3,4	9.492,00	2,8	28.866,00	3,4
15. Abschreibungen auf Anlagen	11.610,00	5,4	16.272,00	4,8	26.319,00	3,1
16. Geringwertige Wirtschaftsgüter	1.290,00	0,6	1.017,00	0,3	849,00	0,1
17. Sonstige Kosten	16.125,00	7,5	28.476,00	8,4	72.165,00	8,5
18. *Summe Kosten 8-17*	140.395,00	65,3	220.350,00	65,0	585.810,00	69,0
19. *Zwischensaldo I 4 minus 18*	74.605,00	34,7	118.650,00	35,0	263.190,00	31,0
20. Fremdkapitalzinsen	2.795,00	1,3	3.051,00	0,9	5.094,00	0,6
21. *Reinertrag 19 minus 20*	71.810,00	33,4	115.599,00	34,1	258.096,00	30,4

Weitere Kennzahlen

Gesamtleistung je Beschäftigten	42.156,86		52.968,75		73.826,09	
Beschäftigte im Durchschnitt	5,1		6,4		11,5	
davon Inhaber/unentgeltlich	2,2		2,1		2,4	
Personalkosten je entgeltl. Beschäftigten	9.563,79		12.219,77		19.499,01	
Reinertrag je Praxis	72.000,00		116.000,00		55.000,00	
Reinertrag je Praxisinhaber	32.000,00		258.000,00		109.000,00	

Vergleichswerte aus der letzten Kostenstrukturstatistik des Statistischen Bundesamtes 2006 (Erhebungszeitraum 2003) – Fachserie 2, Reihe 1.6.1.

Vergleichswerte Tierarztpraxen Gemeinschaftspraxen für Groß- und Kleintiere 85.20.0 Tierärzte/Tierärztinnen

KOSTENSTRUKTUR	Einnahmen in € unter 500.000		Einnahmen in € 500.000 und mehr	
	€	%	€	%
1. Einnahmen aus selbständiger Tätigkeit	221.387,00	82,3	578.920,00	82,0
2. Verkauf von Medikamenten, Zusatzsortimenten	47.613,00	17,7	127.080,00	18,0
3. Sonstige selbständige tierärztliche Tätigkeit	0,00	0,0	0,00	0,0
4. Summe der Einnahmen 1-3	269.000,00	100,0	706.000,00	100,0
5. Löhne und Gehälter	24.479,00	9,1	98.840,00	14,0
6. Sozialkosten – gesetzliche	4.842,00	1,8	21.180,00	3,0
7. Sozialkosten – übrige	269,00	0,1	1.412,00	0,2
8. Summe Personalkosten 5-7	29.590,00	11,0	121.432,00	17,2
9. Material, Medikamente	84.197,00	31,3	239.334,00	33,9
10. Honorare für Assistenz und Stellvertretung	538,00	0,2	2.118,00	0,3
11. Miete/Leasing (einschl. Mietwert)	14.257,00	5,3	26.122,00	3,7
12. Strom, Gas, Wasser, Heizung	2.959,00	1,1	4.236,00	0,6
13. Versicherungen, Beiträge und Gebühren	3.228,00	1,2	7.060,00	1,0
14. Kfz-Kosten	12.105,00	4,5	28.946,00	4,1
15. Abschreibungen auf Anlagen	18.292,00	6,8	11.296,00	1,6
16. Geringwertige Wirtschaftsgüter	1.345,00	0,5	706,00	0,1
17. Sonstige Kosten	18.830,00	7,0	53.656,00	7,6
18. Summe Kosten 8-17	185.341,00	68,9	494.906,00	70,1
19. Zwischensaldo I 4 minus 18	83.659,00	31,1	211.094,00	29,9
20. Fremdkapitalzinsen	3.228,00	1,2	3.530,00	0,5
21. Reinertrag 19 minus 20	80.431,00	29,9	207.564,00	29,4

Weitere Kennzahlen

Gesamtleistung je Beschäftigten	54.897,96		84.047,62	
Beschäftigte im Durchschnitt	4,9		8,4	
davon Inhaber/unentgeltlich	2,1		2,1	
Personalkosten je entgeltl. Beschäftigten	10.567,86		19.274,92	
Reinertrag je Praxis	81.000,00		38.000,00	
Reinertrag je Praxisinhaber	208.000,00		99.000,00	

Vergleichswerte aus der letzten Kostenstrukturstatistik des Statistischen Bundesamtes 2006 (Erhebungszeitraum 2003) – Fachserie 2, Reihe 1.6.1.

2.2.88   Uhren, Edelmetall- und Schmuckwaren

Siehe auch Teil 2.2.53 Medizin-, Mess-, Steuer- und Regelungstechnik

Richtsätze 2005 – Uhren, Edelmetall-und Schmuckwaren, Einzelhandel
(Gewerbeklasse 52.48.5)

	Deutschland	eigener Betrieb
Rohgewinn I	43–63 52	
Rohgewinn II	–	
Halbreingewinn	23–46 35	
Reingewinn	4–27 15	
Rohgewinnaufschlag	75–170 108	

1) Auch mit Reparaturen.

Vergleichswerte Handel 52.48.0 Einzelhandel mit Tapeten, Bodenbelägen, Kunstgegenständen, Briefmarken, Münzen, Geschenkartikeln, Uhren, Schmuck und Spielwaren

	Beschäftigte 1-2		Beschäftigte 3-5		Beschäftigte 6-19		Beschäftigte 20 und mehr		Beschäftigte insgesamt	
	€	%	€	%	€	%	€	%	€	%
KOSTENSTRUKTUR										
1. Umsatz je Unternehmen	108.000,00	100,0	201.000,00	100,0	639.000,00	100,0	6.964.000,00	100,0	336.000,00	100,0
2. Wareneinsatz	63.720,00	59,0	116.379,00	57,9	371.259,00	58,1	4.108.760,00	59,0	196.896,00	58,6
3. *Rohertrag 1 minus 2*	44.280,00	41,0	84.621,00	42,1	267.741,00	41,9	2.855.240,00	41,0	139.104,00	41,4
4. übrige Aufwendungen*	23.436,00	21,7	71.757,00	35,7	210.870,00	33,0	2.416.508,00	34,7	108.864,00	32,4
5. *Überschuss 3 minus 4*	20.844,00	19,3	12.864,00	6,4	56.871,00	8,9	438.732,00	6,3	30.240,00	9,0
Weitere Kennzahlen										
Umsatz je Beschäftigten in €	76.000,00		57.000,00		77.000,00		105.000,00		79.000,00	
Anzahl der Beschäftigten	1,4		3,5		8,3		66,3		4,3	
Anzahl der Unternehmen	10.222		7.348		2.588		384		20.542	

* Ohne Fremdkapitalzinsen.

Vergleichswerte aus der letzten Kostenstrukturstatistik des Statistischen Bundesamtes 2006 (Erhebungszeitraum 2003) – Fachserie 6, Reihe 4.

486   Uhren, Edelmetall- und Schmuckwaren

| Kostenstruktur im Produzierenden Gewerbe* | | 33.50.0 Herstellung von Uhren | |

Kennzahl	Beschäftigte von ... bis ...			
	20–99	100–249	250 und mehr	insgesamt
Materialverbrauch, Einsatz von Handelsware zu Anschaffungskosten (davon Lohnarbeiten) in % der Gesamtleistung[1]	51,2 (1,6)	44,6 (1,3)	41,6 (1,4)	45,2 (1,4)
Personalkosten einschließlich gesetzlicher und freiwilliger Sozialaufwand in % der Gesamtleistung[1]	31,0	29,3	29,0	29,7
Bruttoproduktionswert[1] je Beschäftigten in €	107.989	141.365	170.364	139.088

| Kostenstruktur im Produzierenden Gewerbe* | | 36.20.0 Herstellung von Schmuck u.ä. Erzeugnissen | |

Kennzahl	Beschäftigte von ... bis ...		
	20–99	100 und mehr	insgesamt
Materialverbrauch, Einsatz von Handelsware zu Anschaffungskosten (davon Lohnarbeiten) in % der Gesamtleistung[1]	46,5 (2,3)	50,4 (2,1)	48,6 (2,2)
Personalkosten einschließlich gesetzlicher und freiwilliger Sozialaufwand in % der Gesamtleistung[1]	29,8	26,3	27,9
Bruttoproduktionswert[1] je Beschäftigten in €	117.391	122.286	119.934

*   Quelle: Statistisches Bundesamt 2006 (Erhebungszeitraum 2004) – Fachserie 4, Reihe 4.3.
1)   = „Bruttoproduktionswert" = Gesamtumsatz ohne Umsatzsteuer plus/minus Bestandsveränderungen an fertigen und unfertigen Erzeugnissen aus eigener Produktion plus selbsterstellte Anlagen.

Kostenstruktur im Produzierenden Gewerbe*	27.41.0 Erzeugung und erste Bearbeitung von Edelmetallen 36.61.0 Herstellung von Phantasieschmuck

Nr. WZ 2003	Branchenbezeichnung	Bruttoproduktionswert[1] je Beschäftigten in €	Materialverbrauch, Einsatz an Handelsware und Anschaffungskosten, Kosten für Lohnarbeiten (davon Lohnarbeiten) in % der Gesamtleistung[1]	Personalkosten einschl. gesetzlicher und freiwilliger Sozialaufwand in % der Gesamtleistung[1]
27.41.0	Erzeugung und erste Bearbeitung von Edelmetallen	703.466	84,1 (1,1)	8,6
36.61.0	Herstellung von Phantasieschmuck	134.755	37,0 (12,8)	19,9

*   Quelle: Statistisches Bundesamt 2006 (Erhebungszeitraum 2004) – Fachserie 4, Reihe 4.3.
1)   = „Bruttoproduktionswert" = Gesamtumsatz ohne Umsatzsteuer plus/minus Bestandsveränderungen an fertigen und unfertigen Erzeugnissen aus eigener Produktion plus selbsterstellte Anlagen.

2.2.89 Unternehmensberater – Unternehmen der Wirtschafts- und Unternehmensberatung

Strukturerhebung im Dienstleistungsbereich*	74.13.0 Markt- und Meinungsforschung

	2003 Gesamt	2003 Umsatz ab 250 T€	2003 Umsatz unter 250 T€	2004 Gesamt	2004 Umsatz ab 250 T€	2004 Umsatz unter 250 T€
Gesamtbranche:						
Gesamtumsatz der Branche (Marktvolumen) in €[1]	1.729.000.000	1.640.413.000	88.587.000	1.641.215.000	1.555.997.000	85.218.000
Anzahl der Unternehmen	1.729	547	1.182	1.578	505	1.073
Anzahl der Beschäftigten	15.508	13.579	1.929	15.517	13.852	1.665
davon Lohn- und Gehaltsempfänger	13.997	13.183	814	13.693	12.988	705
je Unternehmen:						
Beschäftigte am 30.09.[2]	9,0	24,8	1,6	9,8	27,4	1,6
davon Lohn- und Gehaltsempfänger	8,1	24,1	0,7	8,7	25,7	0,7
Umsatz in €[3]	1.000.000	2.998.927	74.947	1.040.060	3.081.182	79.420
Investitionen in €[4]	28.000	84.013	k.A.	24.000	69.628	k.A.
Personalaufwand in %[5]	31,50	32,00	k.A.	31,50	31,98	k.A.
Sachaufwand in %[5]	53,90	53,95	k.A.	54,50	54,70	k.A.
Betriebliche Steuern und Abgaben in %[5]	1,02	0,99	k.A.	1,30	1,29	k.A.
Personalkosten je entgeltlich Beschäftigten in €[6]	32.797	39.814	k.A.	31.685	38.312	k.A.

* Veröffentlichung des Statistischen Bundesamtes, Fachserie 9, Reihe 2, zuletzt für 2004 im August 2006; eigene Berechnungen.
1) Netto ohne Mehrwertsteuer einschließlich sonstige betriebliche Erträge.
2) Selbständige, mithelfende Familienangehörige, Lohn- und Gehaltsempfänger.
3) Netto ohne Mehrwertsteuer einschließlich sonstige betriebliche Erträge.
4) Einschließlich selbsterstellte Anlagen.
5) Vom Umsatz.
6) Bruttolöhne und -gehälter einschließlich Sozialaufwendungen Arbeitgeber je Lohn- und Gehaltsempfänger.

Strukturerhebung im Dienstleistungsbereich*	74.14.0 Unternehmens- und Public-Relations-Beratung

		2003			2004	
	Gesamt	Umsatz ab 250 T€	Umsatz unter 250 T€	Gesamt	Umsatz ab 250 T€	Umsatz unter 250 T€
Gesamtbranche:						
Gesamtumsatz der Branche (Marktvolumen) in €[1)]	16.686.093.000	14.271.343.000	2.414.750.000	16.663.684.000	14.169.320.000	2.494.364.000
Anzahl der Unternehmen	34.592	7.180	27.412	36.615	7.834	28.781
Anzahl der Beschäftigten	142.725	99.368	43.357	136.847	91.588	45.259
davon Lohn- und Gehaltsempfänger	114.223	95.283	18.940	105.610	86.475	19.135
je Unternehmen:						
Beschäftigte am 30.09.[2)]	4,1	13,8	1,6	3,7	11,7	1,6
davon Lohn- und Gehaltsempfänger	3,3	13,3	0,7	2,9	11,0	0,7
Umsatz in €[3)]	482.369	1.987.652	88.091	455.105	1.808.695	86.667
Investitionen in €[4)]	17.000	65.350	k.A.	12.000	41.218	k.A.
Personalaufwand in %[5)]	35,00	37,82	k.A.	34,00	37,07	k.A.
Sachaufwand in %[5)]	41,60	43,53	k.A.	41,60	43,43	k.A.
Betriebliche Steuern und Abgaben in %[5)]	1,39	1,32	k.A.	1,74	1,69	k.A.
Personalkosten je entgeltlich Beschäftigten in €[6)]	43.832	56.653	k.A.	45.963	60.745	k.A.

* Veröffentlichung des Statistischen Bundesamtes, Fachserie 9, Reihe 2, zuletzt für 2004 im August 2006; eigene Berechnungen.
1) Netto ohne Mehrwertsteuer einschließlich sonstige betriebliche Erträge.
2) Selbständige, mithelfende Familienangehörige, Lohn- und Gehaltsempfänger.
3) Netto ohne Mehrwertsteuer einschließlich sonstige betriebliche Erträge.
4) Einschließlich selbsterstellte Anlagen.
5) Vom Umsatz.
6) Bruttolöhne und -gehälter einschließlich Sozialaufwendungen Arbeitgeber je Lohn- und Gehaltsempfänger.

Strukturerhebung im Dienstleistungsbereich*	74.15.0 Managementtätigkeiten von Holdinggesellschaften

	2003			2004		
	Gesamt	Umsatz ab 250 T€	Umsatz unter 250 T€	Gesamt	Umsatz ab 250 T€	Umsatz unter 250 T€
Gesamtbranche:						
Gesamtumsatz der Branche (Marktvolumen) in €[1]	25.957.432.000	25.600.099.000	357.333.000	26.673.110.000	26.255.249.000	417.861.000
Anzahl der Unternehmen	7.390	3.792	3.598	8.544	4.471	4.073
Anzahl der Beschäftigten	89.228	83.340	5.888	95.649	88.621	7.028
davon Lohn- und Gehaltsempfänger	84.269	81.235	3.034	89.189	85.958	3.231
je Unternehmen:						
Beschäftigte am 30.09.[2]	12,1	22,0	1,6	11,2	19,8	1,7
davon Lohn- und Gehaltsempfänger	11,4	21,4	0,8	10,4	19,2	0,8
Umsatz in €[3]	3.512.508	6.751.081	99.314	3.121.853	5.872.344	102.593
Investitionen in €[4]	369.000	702.188	k.A.	296.000	530.791	k.A
Personalaufwand in %[4]	21,20	20,95	k.A.	25,20	24,99	k.A.
Sachaufwand in %[5]	70,20	70,59	k.A.	69,70	70,02	k.A.
Betriebliche Steuern und Abgaben in %[5]	4,07	3,99	k.A.	4,49	4,43	k.A.
Personalkosten je entgeltlich Beschäftigten in €[6]	52.264	66.025	k.A.	60.903	76.322	k.A.

* Veröffentlichung des Statistischen Bundesamtes, Fachserie 9, Reihe 2, zuletzt für 2004 im August 2006; eigene Berechnungen.
1) Netto ohne Mehrwertsteuer einschließlich sonstige betriebliche Erträge.
2) Selbständige, mithelfende Familienangehörige, Lohn- und Gehaltsempfänger.
3) Netto ohne Mehrwertsteuer einschließlich sonstige betriebliche Erträge.
4) Einschließlich selbsterstellte Anlagen.
5) Vom Umsatz.
6) Bruttolöhne und -gehälter einschließlich Sozialaufwendungen Arbeitgeber je Lohn- und Gehaltsempfänger.

2.2.90 Verkehr (Land- und Luftverkehr, Schifffahrt)

Strukturerhebung im Dienstleistungsbereich*	60.10.0 Eisenbahnverkehr

	2000 Gesamt	2003 Gesamt	2003 Umsatz ab 250 T€	2003 Umsatz unter 250 T€	2004 Gesamt	2004 Umsatz ab 250 T€	2004 Umsatz unter 250 T€
Gesamtbranche:							
Gesamtumsatz der Branche (Marktvolumen) in €[1]	12.707.643.000	14.596.283.000	14.590.404.000	5.879.000	14.587.228.000	14.580.566.000	6.662.000
Anzahl der Unternehmen	106	197	148	49	227	156	71
Anzahl der Beschäftigten	90.630	87.752	87.599	153	82.627	82.513	114
davon Lohn- und Gehaltsempfänger	90.206	87.532	87.438	94	82.383	82.330	53
je Unternehmen:							
Beschäftigte am 30.09.[2]	855,0	445,4	591,9	3,1	364,0	528,9	1,6
davon Lohn- und Gehaltsempfänger	851,0	444,3	590,8	1,9	362,9	527,8	0,7
Umsatz in €[3]	119.883.425	74.092.807	98.583.811	119.980	64.260.916	93.465.167	93.831
Investitionen in €[4]	15.239.830	9.549.000	12.715.669	k.A.	6.852.000	9.951.417	k.A.
Personalaufwand in %[5]	31,48	23,00	23,01	k.A.	21,40	21,38	k.A.
Sachaufwand in %[5]	70,52	69,30	69,28	k.A.	71,20	71,23	k.A.
Betriebliche Steuern und Abgaben in %[5]	0,85	0,12	0,12	k.A.	0,07	0,07	k.A.
Personalkosten je entgeltlich Beschäftigten in €[6]	44.336	31.150	38.396	k.A.	30.862	37.855	k.A.

* Veröffentlichung des Statistischen Bundesamtes, Fachserie 9, Reihe 1, zuletzt für 2004 im Juli 2006; eigene Berechnungen.
1) Netto ohne Mehrwertsteuer einschließlich sonstige betriebliche Erträge.
2) Selbständige, mithelfende Familienangehörige, Lohn- und Gehaltsempfänger.
3) Netto ohne Mehrwertsteuer einschließlich sonstige betriebliche Erträge.
4) Einschließlich selbsterstellte Anlagen.
5) Vom Umsatz.
6) Bruttolöhne und -gehälter einschließlich Sozialaufwendungen Arbeitgeber je Lohn- und Gehaltsempfänger.

Strukturerhebung im Dienstleistungsbereich*	60.20.0 Sonstiger Landverkehr

	2003			2004		
	Gesamt	Umsatz ab 250 T€	Umsatz unter 250 T€	Gesamt	Umsatz ab 250 T€	Umsatz unter 250 T€
Gesamtbranche:						
Gesamtumsatz der Branche (Marktvolumen) in €[1]	37.619.485.000	34.164.713.000	3.454.772.000	40.701.605.000	37.206.978.000	3.494.627.000
Anzahl der Unternehmen	58.292	19.783	38.509	58.081	19.678	38.403
Anzahl der Beschäftigten	554.733	449.728	105.005	573.472	467.700	105.772
davon Lohn- und Gehaltsempfänger	491.768	426.212	65.556	511.068	443.770	67.298
je Unternehmen:						
Beschäftigte am 30.09.[2]	9,5	22,7	2,7	9,9	23,8	2,8
davon Lohn- und Gehaltsempfänger	8,4	21,5	1,7	8,8	22,6	1,8
Umsatz in €[3]	645.363	1.726.973	89.713	700.773	1.890.791	90.999
Investitionen in €[4]	72.000	193.615	k.A.	75.000	201.893	k.A.
Personalaufwand in %[5]	34,80	36,31	k.A.	33,40	34,63	k.A.
Sachaufwand in %[5]	49,70	51,06	k.A.	53,40	54,80	k.A.
Betriebliche Steuern und Abgaben in %[5]	1,21	1,13	k.A.	1,19	1,10	k.A.
Personalkosten je entgeltlich Beschäftigten in €[6]	21.136	29.105	k.A.	21.081	29.039	k.A.

* Veröffentlichung des Statistischen Bundesamtes, Fachserie 9, Reihe 1, zuletzt für 2004 im Juli 2006; eigene Berechnungen.
1) Netto ohne Mehrwertsteuer einschließlich sonstige betriebliche Erträge.
2) Selbständige, mithelfende Familienangehörige, Lohn- und Gehaltsempfänger.
3) Netto ohne Mehrwertsteuer einschließlich sonstige betriebliche Erträge.
4) Einschließlich selbsterstellte Anlagen.
5) Vom Umsatz.
6) Bruttolöhne und -gehälter einschließlich Sozialaufwendungen Arbeitgeber je Lohn- und Gehaltsempfänger.

| Strukturerhebung im Dienstleistungsbereich* | | 60.21.0 Personenbeförderung im Linienverkehr zu Lande |

	Gesamt	2003 Umsatz ab 250 T€	Umsatz unter 250 T€	Gesamt	2004 Umsatz ab 250 T€	Umsatz unter 250 T€
Gesamtbranche:						
Gesamtumsatz der Branche (Marktvolumen) in €[1]	10.112.558.000	9.997.783.000	114.775.000	11.736.944.000	11.620.810.000	116.134.000
Anzahl der Unternehmen	3.181	2.177	1.004	3.251	2.245	1.006
Anzahl der Beschäftigten	150.173	146.612	3.561	160.119	156.219	3.900
davon Lohn- und Gehaltsempfänger	146.585	144.209	2.376	155.056	152.261	2.795
je Unternehmen:						
Beschäftigte am 30.09.[2]	47,2	67,3	3,5	49,3	69,6	3,9
davon Lohn- und Gehaltsempfänger	46,1	66,2	2,4	47,7	67,8	2,8
Umsatz in €[3]	3.179.050	4.592.459	114.318	3.610.257	5.176.307	115.441
Investitionen in €[4]	608.000	882.051	k.A.	609.000	874.082	k.A.
Personalaufwand in %[5]	54,10	54,48	k.A.	48,40	48,67	k.A.
Sachaufwand in %[5]	51,80	52,02	k.A.	56,70	56,93	k.A.
Betriebliche Steuern und Abgaben in %[5]	0,50	0,47	k.A.	0,48	0,47	k.A.
Personalkosten je entgeltlich Beschäftigten in €[6]	29.078	37.773	k.A.	28.464	37.148	k.A.

* Veröffentlichung des Statistischen Bundesamtes, Fachserie 9, Reihe 1, zuletzt für 2004 im Juli 2006; eigene Berechnungen.
1) Netto ohne Mehrwertsteuer einschließlich sonstige betriebliche Erträge.
2) Selbständige, mithelfende Familienangehörige, Lohn- und Gehaltsempfänger.
3) Netto ohne Mehrwertsteuer einschließlich sonstige betriebliche Erträge.
4) Einschließlich selbsterstellte Anlagen.
5) Vom Umsatz.
6) Bruttolöhne und -gehälter einschließlich Sozialaufwendungen Arbeitgeber je Lohn- und Gehaltsempfänger.

Strukturerhebung im Dienstleistungsbereich*	60.23.0 Sonstige Personenbeförderung im Landverkehr

	2003			2004		
	Gesamt	Umsatz ab 250 T€	Umsatz unter 250 T€	Gesamt	Umsatz ab 250 T€	Umsatz unter 250 T€
Gesamtbranche:						
Gesamtumsatz der Branche (Marktvolumen) in €[1]	2.010.915.000	1.876.208.000	134.707.000	1.876.475.000	1.737.309.000	139.166.000
Anzahl der Unternehmen	2.609	1.407	1.202	2.463	1.324	1.139
Anzahl der Beschäftigten	32.964	28.927	4.037	32.305	28.581	3.724
davon Lohn- und Gehaltsempfänger	29.748	27.111	2.637	28.718	26.559	2.159
je Unternehmen:						
Beschäftigte am 30.09.[2]	12,6	20,6	3,4	13,1	21,6	3,3
davon Lohn- und Gehaltsempfänger	11,4	19,3	2,2	11,7	20,1	1,9
Umsatz in €[3]	770.761	1.333.481	112.069	761.866	1.312.167	122.183
Investitionen in €[4]	111.000	184.920	k.A.	101.000	168.222	k.A.
Personalaufwand in %[5]	27,90	28,71	k.A.	28,50	29,43	k.A.
Sachaufwand in %[5]	44,20	44,52	k.A.	45,80	46,10	k.A.
Betriebliche Steuern und Abgaben in %[5]	1,27	1,22	k.A.	1,31	1,23	k.A.
Personalkosten je entgeltlich Beschäftigten in €[6]	15.287	19.869	k.A.	15.141	19.253	k.A.

* Veröffentlichung des Statistischen Bundesamtes, Fachserie 9, Reihe 1, zuletzt für 2004 im Juli 2006; eigene Berechnungen.
1) Netto ohne Mehrwertsteuer einschließlich sonstige betriebliche Erträge.
2) Selbständige, mithelfende Familienangehörige, Lohn- und Gehaltsempfänger.
3) Netto ohne Mehrwertsteuer einschließlich sonstige betriebliche Erträge.
4) Einschließlich selbsterstellte Anlagen.
5) Von Umsatz.
6) Bruttolöhne und -gehälter einschließlich Sozialaufwendungen Arbeitgeber je Lohn- und Gehaltsempfänger.

| Strukturerhebung im Dienstleistungsbereich* | | | 61.00.0 Schifffahrt | | |

		2003			2004	
	Gesamt	Umsatz ab 250 T€	Umsatz unter 250 T€	Gesamt	Umsatz ab 250 T€	Umsatz unter 250 T€
Gesamtbranche:						
Gesamtumsatz der Branche (Marktvolumen) in €[1]	15.945.443.000	15.849.763.000	95.680.000	18.108.769.000	18.017.001.000	91.768.000
Anzahl der Unternehmen	2.394	1.721	673	2.408	1.771	637
Anzahl der Beschäftigten	26.122	24.253	1.869	26.678	24.827	1.851
davon Lohn- und Gehaltsempfänger	24.131	22.905	1.226	24.995	23.756	1.239
je Unternehmen:						
Beschäftigte am 30.09.[2]	10,9	14,1	2,8	11,1	14,0	2,9
davon Lohn- und Gehaltsempfänger	10,1	13,3	1,8	10,4	13,4	1,9
Umsatz in €[3]	6.660.586	9.209.624	142.169	7.520.253	10.173.349	144.063
Investitionen in €[4]	320.000	441.830	k.A.	301.000	404.729	k.A.
Personalaufwand in %[5]	6,40	6,31	k.A.	6,10	6,01	k.A.
Sachaufwand in %[5]	68,60	68,80	k.A.	67,30	67,42	k.A.
Betriebliche Steuern und Abgaben in %[5]	0,36	0,35	k.A.	0,46	0,45	k.A.
Personalkosten je entgeltlich Beschäftigten in €[6]	35.079	43.662	k.A.	36.850	45.582	k.A.

* Veröffentlichung des Statistischen Bundesamtes, Fachserie 9, Reihe 1, zuletzt für 2004 im Juli 2006; eigene Berechnungen.
1) Netto ohne Mehrwertsteuer einschließlich sonstige betriebliche Erträge.
2) Selbständige, mithelfende Familienangehörige, Lohn- und Gehaltsempfänger.
3) Netto ohne Mehrwertsteuer einschließlich sonstige betriebliche Erträge.
4) Einschließlich selbsterstellte Anlagen.
5) Vom Umsatz.
6) Bruttolöhne und -gehälter einschließlich Sozialaufwendungen Arbeitgeber je Lohn- und Gehaltsempfänger.

Strukturerhebung im Dienstleistungsbereich*

61.10.0 See- und Küstenschifffahrt

	2003			2004		
	Gesamt	Umsatz ab 250 T€	Umsatz unter 250 T€	Gesamt	Umsatz ab 250 T€	Umsatz unter 250 T€
Gesamtbranche:						
Gesamtumsatz der Branche (Marktvolumen) in €[1]	14.235.091.000	14.220.300.000	14.791.000	16.532.540.000	16.521.656.000	10.884.000
Anzahl der Unternehmen	1.288	1.151	137	1.305	1.197	108
Anzahl der Beschäftigten	17.089	16.799	290	17.875	17.616	259
davon Lohn- und Gehaltsempfänger	16.202	16.032	170	17.147	17.027	120
je Unternehmen:						
Beschäftigte am 30.09.[2]	13,3	14,6	2,1	13,7	14,7	2,4
davon Lohn- und Gehaltsempfänger	12,6	13,9	1,2	13,1	14,2	1,1
Umsatz in €[3]	11.052.089	12.354.735	107.964	12.668.613	13.802.553	100.778
Investitionen in €[4]	550.000	614.552	k.A.	502.000	546.551	k.A.
Personalaufwand in %[5]	5,40	5,34	k.A.	5,10	5,10	k.A.
Sachaufwand in %[5]	68,80	68,81	k.A.	67,00	67,03	k.A.
Betriebliche Steuern und Abgaben in %[5]	0,31	0,30	k.A.	0,41	0,41	k.A.
Personalkosten je entgeltlich Beschäftigten in €[6]	39.546	47.375	k.A.	41.707	49.461	k.A.

* Veröffentlichung des Statistischen Bundesamtes, Fachserie 9, Reihe 1, zuletzt für 2004 im Juli 2006; eigene Berechnungen.
1) Netto ohne Mehrwertsteuer einschließlich sonstige betriebliche Erträge.
2) Selbständige, mithelfende Familienangehörige, Lohn- und Gehaltsempfänger.
3) Netto ohne Mehrwertsteuer einschließlich sonstige betriebliche Erträge.
4) Einschließlich selbsterstellte Anlagen.
5) Vom Umsatz.
6) Bruttolöhne und -gehälter einschließlich Sozialaufwendungen Arbeitgeber je Lohn- und Gehaltsempfänger.

| Strukturerhebung im Dienstleistungsbereich* | | 61.20.0 Binnenschifffahrt |

	2003			2004		
	Gesamt	Umsatz ab 250 T€	Umsatz unter 250 T€	Gesamt	Umsatz ab 250 T€	Umsatz unter 250 T€
Gesamtbranche:						
Gesamtumsatz der Branche (Marktvolumen) in €[1]	1.710.352.000	1.629.463.000	80.889.000	1.576.229.000	1.495.345.000	80.884.000
Anzahl der Unternehmen	1.106	570	536	1.103	573	530
Anzahl der Beschäftigten	9.034	7.454	1.580	8.803	7.211	1.592
davon Lohn- und Gehaltsempfänger	7.929	6.873	1.056	7.848	6.729	1.119
je Unternehmen:						
Beschäftigte am 30.09.[2]	8,2	13,1	2,9	8,0	12,6	3,0
davon Lohn- und Gehaltsempfänger	7,2	12,1	2,0	7,1	11,7	2,1
Umsatz in €[3]	1.546.430	2.858.707	150.912	1.429.038	2.609.677	152.611
Investitionen in €[4]	53.000	93.054	k.A.	64.000	109.169	k.A.
Personalaufwand in %[5]	15,00	14,76	k.A.	16,30	16,09	k.A.
Sachaufwand in %[5]	67,30	68,69	k.A.	70,30	71,74	k.A.
Betriebliche Steuern und Abgaben in %[5]	0,82	0,80	k.A.	0,96	0,91	k.A.
Personalkosten je entgeltlich Beschäftigten in €[6]	25.950	35.001	k.A.	26.235	35.766	k.A.

* Veröffentlichung des Statistischen Bundesamtes, Fachserie 9, Reihe 1, zuletzt für 2004 im Juli 2006; eigene Berechnungen.
1) Netto ohne Mehrwertsteuer einschließlich sonstige betriebliche Erträge.
2) Selbständige, mithelfende Familienangehörige, Lohn- und Gehaltsempfänger.
3) Netto ohne Mehrwertsteuer einschließlich sonstige betriebliche Erträge.
4) Einschließlich selbsterstellte Anlagen.
5) Vom Umsatz.
6) Bruttolöhne und -gehälter einschließlich Sozialaufwendungen Arbeitgeber je Lohn- und Gehaltsempfänger.

Strukturerhebung im Dienstleistungsbereich*

62.00.0 Luftfahrt

	2003			2004		
	Gesamt	Umsatz ab 250 T€	Umsatz unter 250 T€	Gesamt	Umsatz ab 250 T€	Umsatz unter 250 T€
Gesamtbranche:						
Gesamtumsatz der Branche (Marktvolumen) in €[1]	12.782.069.000	12.762.978.000	19.091.000	11.765.064.000	11.744.694.000	20.370.000
Anzahl der Unternehmen	419	199	220	409	178	231
Anzahl der Beschäftigten	51.471	50.936	535	53.002	52.494	508
davon Lohn- und Gehaltsempfänger	51.173	50.841	332	52.701	52.414	287
je Unternehmen:						
Beschäftigte am 30.09[2]	122,8	256,0	2,4	129,6	294,9	2,2
davon Lohn- und Gehaltsempfänger	122,1	255,5	1,5	128,9	294,5	1,2
Umsatz in €[3]	30.506.131	64.135.568	86.777	28.765.438	65.981.427	88.182
Investitionen in €[4]	2.350.000	4.940.362	k.A.	3.497.000	8.014.185	k.A.
Personalaufwand in %[5]	26,20	26,20	k.A.	30,40	30,44	k.A.
Sachaufwand in %[5]	96,20	96,29	k.A.	108,40	108,47	k.A.
Betriebliche Steuern und Abgaben in %[5]	0,32	0,32	k.A.	0,35	0,35	k.A.
Personalkosten je entgeltlich Beschäftigten in €[6]	48.714	65.760	k.A.	49.361	68.199	k.A.

*   Veröffentlichung des Statistischen Bundesamtes, Fachserie 9, Reihe 1, zuletzt für 2004 im Juli 2006; eigene Berechnungen.
1)   Netto ohne Mehrwertsteuer einschließlich sonstige betriebliche Erträge.
2)   Selbständige, mithelfende Familienangehörige, Lohn- und Gehaltsempfänger.
3)   Netto ohne Mehrwertsteuer einschließlich sonstige betriebliche Erträge.
4)   Einschließlich selbsterstellte Anlagen.
5)   Vom Umsatz.
6)   Bruttolöhne und -gehälter einschließlich Sozialaufwendungen Arbeitgeber je Lohn- und Gehaltsempfänger.

Strukturerhebung im Dienstleistungsbereich*

62.10.0 Linienflugverkehr

	Gesamt	2003 Umsatz ab 250 T€	Umsatz unter 250 T€	Gesamt	2004 Umsatz ab 250 T€	Umsatz unter 250 T€
Gesamtbranche:						
Gesamtumsatz der Branche (Marktvolumen) in €[1]	12.309.363.000	12.307.617.000	1.746.000	10.354.441.000	10.351.961.000	2.480.000
Anzahl der Unternehmen	55	42	13	56	43	13
Anzahl der Beschäftigten	49.348	49.246	102	47.926	47.848	78
davon Lohn- und Gehaltsempfänger	49.330	49.233	97	47.902	47.830	72
je Unternehmen:						
Beschäftigte am 30.09.[2]	897,2	1.172,5	7,8	855,8	1.112,7	6,0
davon Lohn- und Gehaltsempfänger	896,9	1.172,2	7,5	855,4	1.112,3	5,5
Umsatz in €[3]	223.806.600	293.038.500	134.308	184.900.732	240.743.279	190.769
Investitionen in €[4]	16.554.000	21.826.500	k.A.	25.127.000	32.437.581	k.A.
Personalaufwand in %[5]	26,60	26,57	k.A.	32,30	32,32	k.A.
Sachaufwand in %[5]	97,50	97,48	k.A.	112,00	111,97	k.A.
Betriebliche Steuern und Abgaben in %[5]	0,31	0,31	k.A.	0,35	0,35	k.A.
Personalkosten je entgeltlich Beschäftigten in €[6]	49.222	66.417	k.A.	50.349	69.948	k.A.

* Veröffentlichung des Statistischen Bundesamtes, Fachserie 9, Reihe 1, zuletzt für 2004 im Juli 2006; eigene Berechnungen.
1) Netto ohne Mehrwertsteuer einschließlich sonstige betriebliche Erträge.
2) Selbständige, mithelfende Familienangehörige, Lohn- und Gehaltsempfänger.
3) Netto ohne Mehrwertsteuer einschließlich sonstige betriebliche Erträge.
4) Einschließlich selbsterstellte Anlagen.
5) Vom Umsatz.
6) Bruttolöhne und -gehälter einschließlich Sozialaufwendungen Arbeitgeber je Lohn- und Gehaltsempfänger.

Strukturerhebung im Dienstleistungsbereich*

62.20.0 Gelegenheitsflugverkehr

	2003			2004		
	Gesamt	Umsatz ab 250 T€	Umsatz unter 250 T€	Gesamt	Umsatz ab 250 T€	Umsatz unter 250 T€
Gesamtbranche:						
Gesamtumsatz der Branche (Marktvolumen) in €[1]	472.706.000	455.361.000	17.345.000	1.407.088.000	1.389.199.000	17.890.000
Anzahl der Unternehmen	364	157	207	352	134	218
Anzahl der Beschäftigten	2.123	1.690	433	5.022	4.593	429
davon Lohn- und Gehaltsempfänger	1.843	1.608	235	4.745	4.530	215
je Unternehmen:						
Beschäftigte am 30.09.[2]	5,8	10,8	2,1	14,3	34,3	2,0
davon Lohn- und Gehaltsempfänger	5,1	10,2	1,1	13,5	33,8	1,0
Umsatz in €[3]	1.298.643	2.900.389	83.792	3.997.412	10.367.157	82.064
Investitionen in €[4]	188.000	423.051	k.A.	94.000	227.627	k.A.
Personalaufwand in %[5]	16,20	16,19	k.A.	16,40	16,34	k.A.
Sachaufwand in %[5]	63,90	64,30	k.A.	82,30	82,54	k.A.
Betriebliche Steuern und Abgaben in %[5]	0,61	0,57	k.A.	0,31	0,28	k.A.
Personalkosten je entgeltlich Beschäftigten in €[6]	35.105	45.840	k.A.	39.622	50.119	k.A.

* Veröffentlichung des Statistischen Bundesamtes, Fachserie 9, Reihe 1, zuletzt für 2004 im Juli 2006; eigene Berechnungen.
1) Netto ohne Mehrwertsteuer einschließlich sonstige betriebliche Erträge.
2) Selbständige, mithelfende Familienangehörige, Lohn- und Gehaltsempfänger.
3) Netto ohne Mehrwertsteuer einschließlich sonstige betriebliche Erträge.
4) Einschließlich selbsterstellte Anlagen.
5) Vom Umsatz.
6) Bruttolöhne und -gehälter einschließlich Sozialaufwendungen Arbeitgeber je Lohn- und Gehaltsempfänger.

2.2.91   Verlage, Vervielfältigungen

Siehe auch unter Teil 2.2.23 Druckereien

| Kostenstruktur im Produzierenden Gewerbe* | | 22.00.0 Verlagsgewerbe, Druckgewerbe, Vervielfältigung von bespielten Ton-, Bild- und Datenträgern | |

Nr. WZ 2003	Branchenbezeichnung	Bruttoproduktions- wert[1] je Beschäf- tigten in €	Materialverbrauch, Einsatz an Handels- ware und Anschaf- fungskosten, Kosten für Lohnarbeiten (davon Lohnarbeiten) in % der Gesamt- leistung[1]	Personalkosten einschl. gesetzlicher und freiwilliger Sozialaufwand in % der Gesamt- leistung[1]
22.00.0	Verlagsgewerbe, Druckge- werbe, Vervielfältigung von bespielten Ton-, Bild- und Datenträgern	141.105	38,0 (11,9)	28,3
22.10.0	Verlagsgewerbe	140.090	32,8 (16,0)	27,3
22.11.0	Verlegen von Büchern**	219.488	34,9 (15,7)	21,6
22.12.0	Verlegen von Zeitungen**	143.977	28,6 (14,9)	30,6
22.13.0	Verlegen von Zeitschriften**	100.740	36,3 (16,9)	26,4
22.14.0	Verlegen von bespielten Tonträgern und Musikalien	448.490	63,1 (45,9)	12,5
22.15.0	Sonstiges Verlagsgewerbe	109.633	44,0 (7,5)	31,9
22.30.0	Vervielfältigung von bespielten Ton-, Bild- und Datenträgern**	188.356	38,9 (2,7)	21,3
22.31.0	Vervielfältigung von bespielten Tonträgern	193.545	37,0 (1,3)	21,1

*   Quelle: Statistisches Bundesamt 2006 (Erhebungszeitraum 2004) – Fachserie 4, Reihe 4.3.
** Siehe auch jeweilige Kostenstruktur nach Beschäftigtengrößenklassen.
1) = „Bruttoproduktionswert" = Gesamtumsatz ohne Umsatzsteuer plus/minus Bestandsveränderungen an fertigen und unfertigen Erzeugnissen aus eigener Produktion plus selbsterstellte Anlagen.

Kostenstruktur im Produzierenden Gewerbe*	22.11.0 Verlegen von Büchern

Kennzahl	Beschäftigte von ... bis ...				
	20–99	100–249	250–499	500 und mehr	insge-samt
Materialverbrauch, Einsatz von Handelsware zu Anschaffungs-kosten (davon Lohnarbeiten) in % der Gesamtleistung[1]	42,4 (19,1)	32,2 (9,7)	21,7 (10,5)	40,1 (23,5)	34,9 (15,7)
Personalkosten einschließlich gesetzlicher und freiwilliger Sozialaufwand in % der Gesamtleistung[1]	19,4	21,4	23,5	23,4	21,6
Bruttoproduktionswert[1] je Beschäftigten in €	231.302	219.402	207.581	214.560	219.488

Kostenstruktur im Produzierenden Gewerbe*	22.12.0 Verlegen von Zeitungen

Kennzahl	Beschäftigte von ... bis ...				
	20–99	100–249	250–499	500 und mehr	insge-samt
Materialverbrauch, Einsatz von Handelsware zu Anschaffungs-kosten (davon Lohnarbeiten) in % der Gesamtleistung[1]	34,5 (17,9)	28,9 (18,1)	28,6 (16,1)	27,0 (12,4)	28,6 (14,9)
Personalkosten einschließlich gesetzlicher und freiwilliger Sozialaufwand in % der Gesamtleistung[1]	25,0	24,4	32,2	33,6	30,6
Bruttoproduktionswert[1] je Beschäftigten in €	167.838	188.449	134.985	131.569	143.977

* Quelle: Statistisches Bundesamt 2006 (Erhebungszeitraum 2004) – Fachserie 4, Reihe 4.3.
1) = „Bruttoproduktionswert" = Gesamtumsatz ohne Umsatzsteuer plus/minus Bestandsveränderungen an fertigen und unfertigen Erzeugnissen aus eigener Produktion plus selbsterstellte Anlagen.

Kostenstruktur im Produzierenden Gewerbe*		22.13.0 Verlegen von Zeitschriften		

Kennzahl	Beschäftigte von ... bis ...			
	20–99	100–499	500 und mehr	insgesamt
Materialverbrauch, Einsatz von Handelsware zu Anschaffungskosten (davon Lohnarbeiten) in % der Gesamtleistung[1]	37,4 (16,3)	36,1 (16,7)	35,4 (18,0)	36,3 (16,9)
Personalkosten einschließlich gesetzlicher und freiwilliger Sozialaufwand in % der Gesamtleistung[1]	26,1	22,9	33,3	26,4
Bruttoproduktionswert[1] je Beschäftigten in €	197.158	227.156	36.969	100.740

Kostenstruktur im Produzierenden Gewerbe*		22.30.0 Vervielfältigung von bespielten Ton-, Bild- und Datenträgern		

Kennzahl	Beschäftigte von ... bis ...			
	20–99	100–499	500 und mehr	insgesamt
Materialverbrauch, Einsatz von Handelsware zu Anschaffungskosten (davon Lohnarbeiten) in % der Gesamtleistung[1]	44,4 (1,8)	27,5 (2,6)	44,0 (2,9)	38,9 (2,7)
Personalkosten einschließlich gesetzlicher und freiwilliger Sozialaufwand in % der Gesamtleistung[1]	23,2	17,8	22,9	21,3
Bruttoproduktionswert[1] je Beschäftigten in €	141.066	204.706	189.168	188.356

* Quelle: Statistisches Bundesamt 2006 (Erhebungszeitraum 2004) – Fachserie 4, Reihe 4.3.

1) = „Bruttoproduktionswert" = Gesamtumsatz ohne Umsatzsteuer plus/minus Bestandsveränderungen an fertigen und unfertigen Erzeugnissen aus eigener Produktion plus selbsterstellte Anlagen.

2.2.92 Vermietung beweglicher Sachen ohne Bedienungspersonal

Strukturerhebung im Dienstleistungsbereich*	71.00.0 Vermietung beweglicher Sachen ohne Bedienungspersonal

	2000 Gesamt	2003 Gesamt	2003 Umsatz ab 250 T€	2003 Umsatz unter 250 T€	2004 Gesamt	2004 Umsatz ab 250 T€	2004 Umsatz unter 250 T€
Gesamtbranche:							
Gesamtumsatz der Branche (Marktvolumen) in €[1]	23.049.918.000	23.888.561.000	23.008.267.000	880.294.000	26.984.230.000	26.107.170.000	877.060.000
Anzahl der Unternehmen	10.964	14.300	4.349	9.951	14.464	4.517	9.947
Anzahl der Beschäftigten	73.090	82.675	63.161	19.514	80.217	62.000	18.217
davon Lohn- und Gehaltsempfänger	58.397	68.165	59.765	8.400	66.132	58.118	8.014
je Unternehmen:							
Beschäftigte am 30.09.[2]	6,7	5,8	14,5	2,0	5,5	13,7	1,8
davon Lohn- und Gehaltsempfänger	5,3	4,8	13,7	0,8	4,6	12,9	0,8
Umsatz in €[3]	2.102.327	1.670.529	5.290.473	88.463	1.865.613	5.779.759	88.173
Investitionen in €[4]	914.487	748.000	2.415.472	k.A.	888.000	2.799.135	k.A.
Personalaufwand in %[5]	8,79	8,30	8,23	k.A.	7,30	7,21	k.A.
Sachaufwand in %[5]	45,14	36,20	36,20	k.A.	36,80	36,73	k.A.
Betriebliche Steuern und Abgaben in %[5]	1,02	0,89	0,86	k.A.	1,06	1,03	k.A.
Personalkosten je entgeltlich Beschäftigten in €[6]	34.694	24.032	31.698	k.A.	24.480	32.375	k.A.

* Veröffentlichung des Statistischen Bundesamtes, Fachserie 9, Reihe 2, zuletzt für 2004 im August 2006; eigene Berechnungen.
1) Netto ohne Mehrwertsteuer einschließlich sonstige betriebliche Erträge.
2) Selbständige, mithelfende Familienangehörige, Lohn- und Gehaltsempfänger.
3) Netto ohne Mehrwertsteuer einschließlich sonstige betriebliche Erträge.
4) Einschließlich selbsterstellte Anlagen.
5) Vom Umsatz.
6) Bruttolöhne und -gehälter einschließlich Sozialaufwendungen Arbeitgeber je Lohn- und Gehaltsempfänger.

Strukturerhebung im Dienstleistungsbereich*		71.10.0 Vermietung von Kraftwagen bis 3,5 t Gesamtgewicht

	2000 Gesamt	2003 Gesamt	2003 Umsatz ab 250 T€	2003 Umsatz unter 250 T€	2004 Gesamt	2004 Umsatz ab 250 T€	2004 Umsatz unter 250 T€
Gesamtbranche:							
Gesamtumsatz der Branche (Marktvolumen) in €[1])	11.763.960.000	10.754.034.000	10.599.682.000	154.352.000	12.986.037.000	12.859.141.000	126.896.000
Anzahl der Unternehmen	2.232	2.403	823	1.580	2.168	843	1.325
Anzahl der Beschäftigten	16.447	17.882	14.803	3.079	17.852	15.398	2.454
davon Lohn- und Gehaltsempfänger	12.912	15.600	14.125	1.475	15.744	14.570	1.174
Je Unternehmen:							
Beschäftigte am 30.09.[2])	7,4	7,4	18,0	1,9	8,2	18,3	1,9
davon Lohn- und Gehaltsempfänger	5,8	6,5	17,2	0,9	7,3	17,3	0,9
Umsatz in €[3])	5.270.591	4.475.253	12.879.322	97.691	5.989.869	15.254.023	95.771
Investitionen in €[4])	3.331.759	2.811.000	8.151.422	k.A.	3.921.000	10.042.254	k.A.
Personalaufwand in %[5])	3,78	4,50	4,39	k.A.	3,90	3,80	k.A.
Sachaufwand in %[5])	42,74	41,80	41,84	k.A.	37,10	37,03	k.A.
Betriebliche Steuern und Abgaben in %[5])	1,17	0,80	0,79	k.A.	0,76	0,75	k.A.
Personalkosten je entgeltlich Beschäftigten in €[6])	34.446	25.482	32.928	k.A.	26.266	33.576	k.A.

* Veröffentlichung des Statistischen Bundesamtes, Fachserie 9, Reihe 2, zuletzt für 2004 im August 2006; eigene Berechnungen.
1) Netto ohne Mehrwertsteuer einschließlich sonstige betriebliche Erträge.
2) Selbständige, mithelfende Familienangehörige, Lohn- und Gehaltsempfänger.
3) Netto ohne Mehrwertsteuer einschließlich sonstige betriebliche Erträge.
4) Einschließlich selbsterstellte Anlagen.
5) Vom Umsatz.
6) Bruttolöhne und -gehälter einschließlich Sozialaufwendungen Arbeitgeber je Lohn- und Gehaltsempfänger.

Strukturerhebung im Dienstleistungsbereich*

71.20.0 Vermietung von sonstigen Verkehrsmitteln

	2000 Gesamt	2003 Gesamt	2003 Umsatz ab 250 T€	2003 Umsatz unter 250 T€	2004 Gesamt	2004 Umsatz ab 250 T€	2004 Umsatz unter 250 T€
Gesamtbranche:							
Gesamtumsatz der Branche (Marktvolumen) in €[1]	3.897.287.000	2.371.551.000	2.253.195.000	118.356.000	2.375.402.000	2.269.780.000	105.622.000
Anzahl der Unternehmen	1.511	2.136	809	1.327	2.145	839	1.306
Anzahl der Beschäftigten	15.207	7.067	4.910	2.157	5.900	3.803	2.097
davon Lohn- und Gehaltsempfänger	13.715	5.157	4.380	777	4.033	3.355	678
je Unternehmen:							
Beschäftigte am 30.09.[2]	10,1	3,3	6,1	1,6	2,8	4,5	1,6
davon Lohn- und Gehaltsempfänger	9,1	2,4	5,4	0,6	1,9	4,0	0,5
Umsatz in €[3]	2.579.277	1.110.277	2.785.161	89.191	1.107.414	2.705.340	80.874
Investitionen in €[3]	293.236	205.000	512.889	k.A.	218.000	518.874	k.A.
Personalaufwand in %[4]	16,85	6,80	6,64	k.A.	5,30	5,13	k.A.
Sachaufwand in %[5]	56,13	24,40	23,56	k.A.	32,10	31,64	k.A.
Betriebliche Steuern und Abgaben in %[5]	0,52	1,25	1,22	k.A.	1,05	0,99	k.A.
Personalkosten je entgeltlich Beschäftigten in €[6]	47.894	25.822	34.183	k.A.	25.667	34.680	k.A.

* Veröffentlichung des Statistischen Bundesamtes, Fachserie 9, Reihe 2, zuletzt für 2004 im August 2006; eigene Berechnungen.
1) Netto ohne Mehrwertsteuer einschließlich sonstige betriebliche Erträge.
2) Selbständige, mithelfende Familienangehörige, Lohn- und Gehaltsempfänger.
3) Netto ohne Mehrwertsteuer einschließlich sonstige betriebliche Erträge.
4) Einschließlich selbsterstellte Anlagen.
5) Vom Umsatz.
6) Bruttolöhne und -gehälter einschließlich Sozialaufwendungen Arbeigeber je Lohn- und Gehaltsempfänger.

Strukturerhebung im Dienstleistungsbereich*	71.21.0 Vermietung von Landfahrzeugen (ohne Kraftwagen bis 3,5 t)

	2003			2004		
	Gesamt	Umsatz ab 250 T€	Umsatz unter 250 T€	Gesamt	Umsatz ab 250 T€	Umsatz unter 250 T€
Gesamtbranche:						
Gesamtumsatz der Branche (Marktvolumen) in €[1]	1.102.102.000	1.028.144.000	73.958.000	948.959.000	881.079.000	67.880.000
Anzahl der Unternehmen	1.205	446	759	1.162	428	734
Anzahl der Beschäftigten	5.209	3.980	1.229	4.207	3.087	1.120
davon Lohn- und Gehaltsempfänger	4.100	3.620	480	3.170	2.811	359
je Unternehmen:						
Beschäftigte am 30.09.[2]	4,3	8,9	1,6	3,6	7,2	1,5
davon Lohn- und Gehaltsempfänger	3,4	8,1	0,6	2,7	6,6	0,5
Umsatz in €[3]	914.607	2.305.256	97.441	816.660	2.058.596	92.480
Investitionen in €[4]	215.000	544.529	k.A.	314.000	784.790	k.A.
Personalaufwand in %[5]	11,60	11,64	k.A.	10,90	11,00	k.A.
Sachaufwand in %[5]	30,40	29,89	k.A.	51,70	52,40	k.A.
Betriebliche Steuern und Abgaben in %[5]	1,39	1,36	k.A.	1,49	1,39	k.A.
Personalkosten je entgeltlich Beschäftigten in €[6]	25.827	33.054	k.A.	26.894	34.471	k.A.

* Veröffentlichung des Statistischen Bundesamtes, Fachserie 9, Reihe 2, zuletzt für 2004 im August 2006; eigene Berechnungen.
1) Netto ohne Mehrwertsteuer einschließlich sonstige betriebliche Erträge.
2) Selbständige, mithelfende Familienangehörige, Lohn- und Gehaltsempfänger.
3) Netto ohne Mehrwertsteuer einschließlich sonstige betriebliche Erträge.
4) Einschließlich selbsterstellte Anlagen.
5) Vom Umsatz.
6) Bruttolöhne und -gehälter einschließlich Sozialaufwendungen Arbeitgeber je Lohn- und Gehaltsempfänger.

Strukturerhebung im Dienstleistungsbereich*

71.22.0 Vermietung von Wasserfahrzeugen

	2003			2004		
	Gesamt	**Umsatz ab 250 T€**	**Umsatz unter 250 T€**	**Gesamt**	**Umsatz ab 250 T€**	**Umsatz unter 250 T€**
Gesamtbranche:						
Gesamtumsatz der Branche (Marktvolumen) in €¹⁾	382.873.000	347.953.000	34.920.000	443.467.000	413.133.000	30.334.000
Anzahl der Unternehmen	589	118	471	628	130	498
Anzahl der Beschäftigten	1.279	516	763	1.207	341	866
davon Lohn- und Gehaltsempfänger	741	481	260	613	314	299
je Unternehmen:						
Beschäftigte am 30.09.²⁾	2,2	4,4	1,6	1,9	2,6	1,7
davon Lohn- und Gehaltsempfänger	1,3	4,1	0,6	1,0	2,4	0,6
Umsatz in €³⁾	650.039	2.948.754	74.140	706.158	3.177.946	60.912
Investitionen in €⁴⁾	56.000	243.008	k.A.	147.000	692.108	k.A.
Personalaufwand in %⁵⁾	6,00	5,93	k.A.	3,20	2,85	k.A.
Sachaufwand in %⁵⁾	37,20	36,56	k.A.	31,20	30,92	k.A.
Betriebliche Steuern und Abgaben in %⁵⁾	0,32	0,18	k.A.	0,20	0,10	k.A.
Personalkosten je entgeltlich Beschäftigten in €⁶⁾	25.435	42.931	k.A.	18.943	37.538	k.A.

* Veröffentlichung des Statistischen Bundesamtes, Fachserie 9, Reihe 2, zuletzt für 2004 im August 2006; eigene Berechnungen.
1) Netto ohne Mehrwertsteuer einschließlich sonstige betriebliche Erträge.
2) Selbständige, mithelfende Familienangehörige, Lohn- und Gehaltsempfänger.
3) Netto ohne Mehrwertsteuer einschließlich sonstige betriebliche Erträge.
4) Einschließlich selbsterstellte Anlagen.
5) Von Umsatz.
6) Bruttolöhne und -gehälter einschließlich Sozialaufwendungen Arbeitgeber je Lohn- und Gehaltsempfänger.

Strukturerhebung im Dienstleistungsbereich*

71.23.0 Vermietung von Luftfahrzeugen

	Gesamt	2003 Umsatz ab 250 T€	2003 Umsatz unter 250 T€	Gesamt	2004 Umsatz ab 250 T€	2004 Umsatz unter 250 T€
Gesamtbranche:						
Gesamtumsatz der Branche (Marktvolumen) in €[1]	886.576.000	877.098.000	9.478.000	982.975.000	975.567.000	7.408.000
Anzahl der Unternehmen	342	245	97	355	282	73
Anzahl der Beschäftigten	579	414	165	486	376	110
davon Lohn- und Gehaltsempfänger	316	279	37	250	231	19
je Unternehmen:						
Beschäftigte am 30.09.[2]	1,7	1,7	1,7	1,4	1,3	1,5
davon Lohn- und Gehaltsempfänger	0,9	1,1	0,4	0,7	0,8	0,3
Umsatz in €[3]	2.592.327	3.579.992	97.711	2.768.944	3.459.457	101.479
Investitionen in €[4]	429.000	585.176	k.A.	32.000	33.585	k.A.
Personalaufwand in %[5]	1,10	1,07	k.A.	0,80	0,79	k.A.
Sachaufwand in %[5]	11,40	10,99	k.A.	13,50	13,21	k.A.
Betriebliche Steuern und Abgaben in %[5]	1,48	1,47	k.A.	1,00	1,01	k.A.
Personalkosten je entgeltlich Beschäftigten in €[6]	26.666	33.742	k.A.	26.597	33.177	k.A.

* Veröffentlichung des Statistischen Bundesamtes, Fachserie 9, Reihe 2, zuletzt für 2004 im August 2006; eigene Berechnungen.
1) Netto ohne Mehrwertsteuer einschließlich sonstige betriebliche Erträge.
2) Selbständige, mithelfende Familienangehörige, Lohn- und Gehaltsempfänger.
3) Netto ohne Mehrwertsteuer einschließlich sonstige betriebliche Erträge.
4) Einschließlich selbsterstellte Anlagen.
5) Vom Umsatz.
6) Bruttolöhne und -gehälter einschließlich Sozialaufwendungen Arbeitgeber je Lohn- und Gehaltsempfänger.

Strukturerhebung im Dienstleistungsbereich*	71.30.0 Vermietung von Maschinen und Geräten

	2000 Gesamt	2003 Gesamt	2003 Umsatz ab 250 T€	2003 Umsatz unter 250 T€	2004 Gesamt	2004 Umsatz ab 250 T€	2004 Umsatz unter 250 T€
Gesamtbranche:							
Gesamtumsatz der Branche (Marktvolumen) in €[1]	5.376.386.000	7.419.650.000	7.012.774.000	406.876.000	7.653.105.000	7.220.027.000	433.078.000
Anzahl der Unternehmen	5.032	6.445	1.796	4.649	6.736	1.904	4.832
Anzahl der Beschäftigten	22.618	27.453	19.554	7.899	25.858	18.598	7.260
davon Lohn- und Gehaltsempfänger	17.054	20.978	18.388	2.590	19.665	17.109	2.556
je Unternehmen:							
Beschäftigte am 30.09.[2]	4,5	4,3	10,9	1,7	3,8	9,8	1,5
davon Lohn- und Gehaltsempfänger	3,4	3,3	10,2	0,6	2,9	9,0	0,5
Umsatz in €[3]	1.068.439	1.151.226	3.904.663	87.519	1.136.150	3.792.031	89.627
Investitionen in €[4]	356.265	459.000	1.590.791	k.A.	481.000	1.638.893	k.A.
Personalaufwand in %[5]	10,70	10,20	10,23	k.A.	9,30	9,34	k.A.
Sachaufwand in %[5]	45,36	26,10	25,83	k.A.	30,60	30,47	k.A.
Betriebliche Steuern und Abgaben in %[5]	0,92	0,91	0,83	k.A.	1,40	1,35	k.A.
Personalkosten je entgeltlich Beschäftigten in €[6]	33.745	29.846	39.031	k.A.	29.891	39.395	k.A.

* Veröffentlichung des Statistischen Bundesamtes, Fachserie 9, Reihe 2, zuletzt für 2004 im August 2006; eigene Berechnungen.
1) Netto ohne Mehrwertsteuer einschließlich sonstige betriebliche Erträge.
2) Selbständige, mithelfende Familienangehörige, Lohn- und Gehaltsempfänger.
3) Netto ohne Mehrwertsteuer einschließlich sonstige betriebliche Erträge.
4) Einschließlich selbsterstellte Anlagen.
5) Vom Umsatz.
6) Bruttolöhne und -gehälter einschließlich Sozialaufwendungen Arbeitgeber je Lohn- und Gehaltsempfänger.

Strukturerhebung im Dienstleistungsbereich*

71.31.0 Vermietung von landwirtschaftlichen Maschinen und Geräten

	Gesamt	2003 Umsatz ab 250 T€	Umsatz unter 250 T€	Gesamt	2004 Umsatz ab 250 T€	Umsatz unter 250 T€
Gesamtbranche:						
Gesamtumsatz der Branche (Marktvolumen) in €[1]	314.765.000	283.983.000	30.782.000	337.552.000	314.721.000	22.831.000
Anzahl der Unternehmen	439	99	340	358	107	251
Anzahl der Beschäftigten	1.910	1.116	794	1.322	770	552
davon Lohn- und Gehaltsempfänger	1.348	1.041	307	798	652	146
je Unternehmen:						
Beschäftigte am 30.09.[2]	4,4	11,3	2,3	3,7	7,2	2,2
davon Lohn- und Gehaltsempfänger	3,1	10,5	0,9	2,2	6,1	0,6
Umsatz in €[3]	717.005	2.868.515	90.535	942.883	2.941.318	90.960
Investitionen in €[4]	342.000	1.379.000	k.A.	650.000	1.946.542	k.A.
Personalaufwand in %[5]	12,50	12,01	k.A.	8,50	8,25	k.A.
Sachaufwand in %[5]	17,30	16,04	k.A.	18,80	17,82	k.A.
Betriebliche Steuern und Abgaben in %[5]	0,57	0,39	k.A.	0,60	0,57	k.A.
Personalkosten je entgeltlich Beschäftigten in €[6]	23.134	32.759	k.A.	29.628	39.807	k.A.

* Veröffentlichung des Statistischen Bundesamtes, Fachserie 9, Reihe 2, zuletzt für 2004 im August 2006; eigene Berechnungen.
1) Netto ohne Mehrwertsteuer einschließlich sonstige betriebliche Erträge.
2) Selbständige, mithelfende Familienangehörige, Lohn- und Gehaltsempfänger.
3) Netto ohne Mehrwertsteuer einschließlich sonstige betriebliche Erträge.
4) Einschließlich selbsterstellte Anlagen.
5) Vom Umsatz.
6) Bruttolöhne und -gehälter einschließlich Sozialaufwendungen Arbeitgeber je Lohn- und Gehaltsempfänger.

Strukturerhebung im Dienstleistungsbereich*

71.32.0 Vermietung von Baumaschinen und -geräten

	2003			2004		
	Gesamt	Umsatz ab 250 T€	Umsatz unter 250 T€	Gesamt	Umsatz ab 250 T€	Umsatz unter 250 T€
Gesamtbranche:						
Gesamtumsatz der Branche (Marktvolumen) in €[1]	1.476.801.000	1.332.007.000	144.794.000	1.570.777.000	1.404.124.000	166.653.000
Anzahl der Unternehmen	2.235	671	1.564	2.531	709	1.822
Anzahl der Beschäftigten	11.144	8.529	2.615	10.758	8.031	2.727
davon Lohn- und Gehaltsempfänger	9.042	8.074	968	8.453	7.469	984
je Unternehmen:						
Beschäftigte am 30.09.[2]	5,0	12,7	1,7	4,3	11,3	1,5
davon Lohn- und Gehaltsempfänger	4,0	12,0	0,6	3,3	10,5	0,5
Umsatz in €[3]	660.761	1.985.107	92.579	620.615	1.980.429	91.467
Investitionen in €[4]	130.000	374.261	k.A.	125.000	381.512	k.A.
Personalaufwand in %[5]	21,20	22,26	k.A.	18,60	19,70	k.A.
Sachaufwand in %[5]	45,00	46,88	k.A.	47,50	49,53	k.A.
Betriebliche Steuern und Abgaben in %[5]	1,10	1,01	k.A.	1,25	1,10	k.A.
Personalkosten je entgeltlich Beschäftigten in €[6]	28.370	36.731	k.A.	28.347	37.040	k.A.

* Veröffentlichung des Statistischen Bundesamtes, Fachserie 9, Reihe 2, zuletzt für 2004 im August 2006; eigene Berechnungen.
1) Netto ohne Mehrwertsteuer einschließlich sonstige betriebliche Erträge.
2) Selbständige, mithelfende Familienangehörige, Lohn- und Gehaltsempfänger.
3) Netto ohne Mehrwertsteuer einschließlich sonstige betriebliche Erträge.
4) Einschließlich selbsterstellte Anlagen.
5) Vom Umsatz.
6) Bruttolöhne und -gehälter einschließlich Sozialaufwendungen Arbeitgeber je Lohn- und Gehaltsempfänger.

Strukturerhebung im Dienstleistungsbereich*

71.33.0 Vermietung von Büromaschinen, Datenverarbeitungsgeräten und -einrichtungen

	2003			2004		
	Gesamt	Umsatz ab 250 T€	Umsatz unter 250 T€	Gesamt	Umsatz ab 250 T€	Umsatz unter 250 T€
Gesamtbranche:						
Gesamtumsatz der Branche (Marktvolumen) in €[1]	2.585.075.000	2.561.981.000	23.094.000	2.089.115.000	2.070.883.000	18.232.000
Anzahl der Unternehmen	410	130	280	342	109	233
Anzahl der Beschäftigten	2.714	2.210	504	2.152	1.750	402
davon Lohn- und Gehaltsempfänger	2.345	2.156	189	1.868	1.701	167
je Unternehmen:						
Beschäftigte am 30.09.[2]	6,6	17,0	1,8	6,3	16,1	1,7
davon Lohn- und Gehaltsempfänger	5,7	16,6	0,7	5,5	15,6	0,7
Umsatz in €[3]	6.305.061	19.707.546	82.479	6.108.523	18.998.927	78.249
Investitionen in €[4]	3.171.000	9.962.946	k.A.	3.561.000	11.157.633	k.A.
Personalaufwand in %[5]	4,80	4,80	k.A.	4,90	4,89	k.A.
Sachaufwand in %[5]	13,30	12,97	k.A.	10,30	9,98	k.A.
Betriebliche Steuern und Abgaben in %[5]	0,47	0,42	k.A.	1,46	1,47	k.A.
Personalkosten je entgeltlich Beschäftigten in €[6]	45.904	56.981	k.A.	47.773	59.501	k.A.

* Veröffentlichung des Statistischen Bundesamtes, Fachserie 9, Reihe 2, zuletzt für 2004 im August 2006; eigene Berechnungen.
1) Netto ohne Mehrwertsteuer einschließlich sonstige betriebliche Erträge.
2) Selbständige, mithelfende Familienangehörige, Lohn- und Gehaltsempfänger.
3) Netto ohne Mehrwertsteuer einschließlich sonstige betriebliche Erträge.
4) Einschließlich selbsterstellte Anlagen.
5) Vom Umsatz.
6) Bruttolöhne und -gehälter einschließlich Sozialaufwendungen Arbeitgeber je Lohn- und Gehaltsempfänger.

Strukturerhebung im Dienstleistungsbereich*

71.34.0 Vermietung von sonstigen Maschinen und Geräten

	2003 Gesamt	2003 Umsatz ab 250 T€	2003 Umsatz unter 250 T€	2004 Gesamt	2004 Umsatz ab 250 T€	2004 Umsatz unter 250 T€
Gesamtbranche:						
Gesamtumsatz der Branche (Marktvolumen) in €[1]	3.043.009.000	2.834.804.000	208.205.000	3.655.661.000	3.430.300.000	225.361.000
Anzahl der Unternehmen	3.361	896	2.465	3.504	978	2.526
Anzahl der Beschäftigten	11.684	7.699	3.985	11.626	8.047	3.579
davon Lohn- und Gehaltsempfänger	8.244	7.116	1.128	8.547	7.287	1.260
je Unternehmen:						
Beschäftigte am 30.09.[2]	3,5	8,6	1,6	3,3	8,2	1,4
davon Lohn- und Gehaltsempfänger	2,5	7,9	0,5	2,4	7,5	0,5
Umsatz in €[3]	905.388	3.163.844	84.465	1.043.282	3.507.464	89.217
Investitionen in €[4]	362.000	1.310.522	k.A.	419.000	1.457.565	k.A.
Personalaufwand in %[5]	9,20	9,32	k.A.	7,80	7,88	k.A.
Sachaufwand in %[5]	28,70	28,53	k.A.	36,10	36,20	k.A.
Betriebliche Steuern und Abgaben in %[5]	1,22	1,15	k.A.	1,51	1,46	k.A.
Personalkosten je entgeltlich Beschäftigten in €[6]	27.996	37.125	k.A.	27.534	37.078	k.A.

*   Veröffentlichung des Statistischen Bundesamtes, Fachserie 9, Reihe 2, zuletzt für 2004 im August 2006; eigene Berechnungen.
1) Netto ohne Mehrwertsteuer einschließlich sonstige betriebliche Erträge.
2) Selbständige, mithelfende Familienangehörige, Lohn- und Gehaltsempfänger.
3) Netto ohne Mehrwertsteuer einschließlich sonstige betriebliche Erträge.
4) Einschließlich selbsterstellte Anlagen.
5) Vom Umsatz.
6) Bruttolöhne und -gehälter einschließlich Sozialaufwendungen Arbeitgeber je Lohn- und Gehaltsempfänger.

Strukturerhebung im Dienstleistungsbereich*

71.40.0 Vermietung von Gebrauchsgütern, ang.

	2000 Gesamt	2003 Gesamt	2003 Umsatz ab 250 T€	2003 Umsatz unter 250 T€	2004 Gesamt	2004 Umsatz ab 250 T€	2004 Umsatz unter 250 T€
Gesamtbranche:							
Gesamtumsatz der Branche (Marktvolumen) in €[1]	2.012.286.000	3.343.325.000	3.142.616.000	200.709.000	3.969.686.000	3.758.221.000	211.465.000
Anzahl der Unternehmen	2.190	3.316	922	2.394	3.416	930	2.486
Anzahl der Beschäftigten	18.816	30.272	23.864	6.408	30.607	24.200	6.407
davon Lohn- und Gehaltsempfänger	14.716	26.429	22.873	3.556	26.691	23.083	3.608
je Unternehmen:							
Beschäftigte am 30.09.[2]	8,6	9,1	25,9	2,7	9,0	26,0	2,6
davon Lohn- und Gehaltsempfänger	6,7	8,0	24,8	1,5	7,8	24,8	1,5
Umsatz in €[3]	918.852	1.008.240	3.408.477	83.838	1.162.086	4.041.098	85.062
Investitionen in €[4]	161.734	166.000	568.657	k.A.	188.000	669.124	k.A.
Personalaufwand in %[5]	17,60	17,60	17,88	k.A.	15,80	16,02	k.A.
Sachaufwand in %[5]	37,36	48,90	49,37	k.A.	50,30	50,77	k.A.
Betriebliche Steuern und Abgaben in %[5]	1,37	0,90	0,88	k.A.	1,41	1,42	k.A.
Personalkosten je entgeltlich Beschäftigten in €[6]	23.709	18.212	24.566	k.A.	19.261	26.079	k.A.

* Veröffentlichung des Statistischen Bundesamtes, Fachserie 9, Reihe 2, zuletzt für 2004 im August 2006; eigene Berechnungen.
1) Netto ohne Mehrwertsteuer einschließlich sonstige betriebliche Erträge.
2) Selbständige, mithelfende Familienangehörige, Lohn- und Gehaltsempfänger.
3) Netto ohne Mehrwertsteuer einschließlich sonstige betriebliche Erträge.
4) Einschließlich selbsterstellte Anlagen.
5) Vom Umsatz.
6) Bruttolöhne und -gehälter einschließlich Sozialaufwendungen Arbeitgeber je Lohn- und Gehaltsempfänger.

2.2.93 Versandhandel, Einzelhandel nicht in Verkaufsräumen

Vergleichswerte Handel   52.60.0 Einzelhandel (nicht in Verkaufsräumen)

KOSTENSTRUKTUR	Beschäftigte 1-2		Beschäftigte 3-5		Beschäftigte 6-19		Beschäftigte 20 und mehr		Beschäftigte insgesamt	
	€	%	€	%	€	%	€	%	€	%
1. Umsatz je Unternehmen	139.000,00	100,0	277.000,00	100,0	1.980.000,00	100,0	45.880.000,00	100,0	1.196.000,00	100,0
2. Wareneinsatz	84.373,00	60,7	201.379,00	72,7	1.451.340,00	73,3	26.977.440,00	58,8	739.128,00	61,8
3. *Rohertrag 1 minus 2*	54.627,00	39,3	75.621,00	27,3	528.660,00	26,7	18.902.560,00	41,2	456.872,00	38,2
4. übrige Aufwendungen*	26.132,00	18,8	69.572,00	25,1	312.840,00	15,8	14.681.600,00	32,0	342.056,00	28,6
5. *Überschuss 3 minus 4*	28.495,00	20,5	6.094,00	2,2	215.820,00	10,9	4.220.960,00	9,2	114.816,00	9,6
Weitere Kennzahlen										
Umsatz je Beschäftigten in €	99.000,00		84.000,00		215.000,00		247.000,00		195.000,00	
Anzahl der Beschäftigten	1,4		3,3		9,2		185,6		6,1	
Anzahl der Unternehmen	13.764		8.234		1.777		464		24.239	

* Ohne Fremdkapitalzinsen.
Vergleichswerte aus der letzten Kostenstrukturstatistik des Statistischen Bundesamtes 2006 (Erhebungszeitraum 2003) – Fachserie 6, Reihe 4.

Vergleichswerte Handel   52.61.0 Versandhandel

KOSTENSTRUKTUR	Beschäftigte 1-2		Beschäftigte 3-5		Beschäftigte 6-19		Beschäftigte 20 und mehr		Beschäftigte insgesamt	
	€	%	€	%	€	%	€	%	€	%
1. Umsatz je Unternehmen	202.000,00	100,0	230.000,00	100,0	1.498.000,00	100,0	104.022.000,00	100,0	5.353.000,00	100,0
2. Wareneinsatz	106.454,00	52,7	152.260,00	66,2	894.306,00	59,7	58.044.276,00	55,8	2.997.680,00	56,0
3. *Rohertrag 1 minus 2*	95.546,00	47,3	77.740,00	33,8	603.694,00	40,3	45.977.724,00	44,2	2.355.320,00	44,0
4. übrige Aufwendungen*	62.216,00	30,8	74.520,00	32,4	425.432,00	28,4	35.679.546,00	34,3	1.820.020,00	34,0
5. *Überschuss 3 minus 4*	33.330,00	16,5	3.220,00	1,4	178.262,00	11,9	10.298.178,00	9,9	535.300,00	10,0
Weitere Kennzahlen										
Umsatz je Beschäftigten in €	142.000,00		68.000,00		160.000,00		256.000,00		241.000,00	
Anzahl der Beschäftigten	1,4		3,4		9,4		405,1		22,2	
Anzahl der Unternehmen	2.109		947		268		170		3.494	

* Ohne Fremdkapitalzinsen.
Vergleichswerte aus der letzten Kostenstrukturstatistik des Statistischen Bundesamtes 2006 (Erhebungszeitraum 2003) – Fachserie 6, Reihe 4.

Vergleichswerte Handel   52.62.0 Einzelhandel an Verkaufsständen und auf Märkten

KOSTENSTRUKTUR	Beschäftigte 1-2		Beschäftigte 3-5		Beschäftigte 6-19		Beschäftigte 20 und mehr		Beschäftigte insgesamt	
	€	%	€	%	€	%	€	%	€	%
1. Umsatz je Unternehmen	95.000,00	100,0	153.000,00	100,0	604.000,00	100,0	5.819.000,00	100,0	176.000,00	100,0
2. Wareneinsatz	57.285,00	60,3	102.969,00	67,3	372.064,00	61,6	3.683.427,00	63,3	111.056,00	63,1
3. *Rohertrag 1 minus 2*	37.715,00	39,7	50.031,00	32,7	231.936,00	38,4	2.135.573,00	36,7	64.944,00	36,9
4. übrige Aufwendungen*	16.625,00	17,5	55.233,00	36,1	155.228,00	25,7	1.972.641,00	33,9	48.752,00	27,7
5. *Überschuss 3 minus 4*	21.090,00	22,2	-5.202,00	-3,4	76.708,00	12,7	162.932,00	2,8	16.192,00	9,2
Weitere Kennzahlen										
Umsatz je Beschäftigten in €	64.000,00		46.000,00		66.000,00		95.000,00		61.000,00	
Anzahl der Beschäftigten	1,5		3,3		9,1		61,5		2,9	
Anzahl der Unternehmen	4.982		2.874		535		43		8.434	

* Ohne Fremdkapitalzinsen.

Vergleichswerte aus der letzten Kostenstrukturstatistik des Statistischen Bundesamtes 2006 (Erhebungszeitraum 2003) – Fachserie 6, Reihe 4.

Vergleichswerte Handel   52.63.0 Sonstiger Einzelhandel (nicht in Verkaufsräumen)

	Beschäftigte 1-2		Beschäftigte 3-5		Beschäftigte 6-19		Beschäftigte 20 und mehr		Beschäftigte insgesamt	
KOSTENSTRUKTUR	€	%	€	%	€	%	€	%	€	%
1. Umsatz je Unternehmen	152.000,00	100,0	369.000,00	100,0	2.868.000,00	100,0	13.404.000,00	100,0	714.000,00	100,0
2. Wareneinsatz	97.736,00	64,3	276.750,00	75,0	2.196.888,00	76,6	9.918.960,00	74,0	527.646,00	73,9
3. *Rohertrag 1 minus 2*	54.264,00	35,7	92.250,00	25,0	671.112,00	23,4	3.485.040,00	26,0	186.354,00	26,1
4. übrige Aufwendungen*	21.584,00	14,2	77.859,00	21,1	369.972,00	12,9	2.653.992,00	19,8	122.808,00	17,2
5. *Überschuss 3 minus 4*	32.680,00	21,5	14.391,00	3,9	301.140,00	10,5	831.048,00	6,2	63.546,00	8,9
Weitere Kennzahlen										
Umsatz je Beschäftigten in €	115.000,00		113.000,00		310.000,00		230.000,00		188.000,00	
Anzahl der Beschäftigten	1,3		3,3		9,3		58,2		3,8	
Anzahl der Unternehmen	6.674		4.413		974		251		12.312	

* Ohne Fremdkapitalzinsen.

Vergleichswerte aus der letzten Kostenstrukturstatistik des Statistischen Bundesamtes 2006 (Erhebungszeitraum 2003) – Fachserie 6, Reihe 4.

2.2.94 Werbung

| Strukturerhebung im Dienstleistungsbereich* | 74.40.0 Werbung |

	2000 Gesamt	2003 Gesamt	2003 Umsatz ab 250 T€	2003 Umsatz unter 250 T€	2004 Gesamt	2004 Umsatz ab 250 T€	2004 Umsatz unter 250 T€
Gesamtbranche:							
Gesamtumsatz der Branche (Marktvolumen) in €1)	15.837.549.000	15.960.724.000	14.495.762.000	1.464.962.000	16.824.727.000	15.334.778.000	1.489.949.000
Anzahl der Unternehmen	20.878	24.766	6.928	17.838	25.035	7.009	18.026
Anzahl der Beschäftigten	162.511	181.445	145.617	35.828	211.584	175.990	35.594
davon Lohn- und Gehaltsempfänger	131.170	157.663	140.123	17.540	186.756	169.292	17.464
je Unternehmen:							
Beschäftigte am 30.09.2)	7,8	7,3	21,0	2,0	8,5	25,1	2,0
davon Lohn- und Gehaltsempfänger	6,3	6,4	20,2	1,0	7,5	24,2	1,0
Umsatz in €3)	758.576	644.461	2.092.344	82.126	672.048	2.187.870	82.656
Investitionen in €4)	38.862	26.000	82.740	k.A.	22.000	69.066	k.A.
Personalaufwand in %5)	17,17	19,70	20,27	k.A.	19,00	19,50	k.A.
Sachaufwand in %5)	66,39	57,10	58,74	k.A.	62,80	64,82	k.A.
Betriebliche Steuern und Abgaben in %5)	1,18	1,02	0,99	k.A.	1,05	1,02	k.A.
Personalkosten je (entgeltlich) Beschäftigten in €6)	20.572	16.875	20.971	k.A.	14.430	17.663	k.A.

* Veröffentlichung des Statistischen Bundesamtes, Fachserie 9, Reihe 2, zuletzt für 2004 im August 2006; eigene Berechnungen.
1) Netto ohne Mehrwertsteuer einschließlich sonstige betriebliche Erträge.
2) Selbständige, mithelfende Familienangehörige, Lohn- und Gehaltsempfänger.
3) Netto ohne Mehrwertsteuer einschließlich sonstige betriebliche Erträge.
4) Einschließlich selbsterstellte Anlagen.
5) Vom Umsatz.
6) Bruttolöhne und -gehälter einschließlich Sozialaufwendungen Arbeitgeber je Lohn- und Gehaltsempfänger.

2.2.95   Zahnärzte

Für existierende Praxen sollte insbesondere auch der DATEV-Betriebsvergleich für Zahnarztpraxen genutzt werden, der aktuelle Vergleichszahlen liefert (vgl. auch Teil 1.3.5).

Angemessene Arztdichte nach Bedarfsplanungsrichtlinien für Kassenärzte: 1.300 bis 1.700 Einwohner je Zahnarzt.

Tatsächliche steigen die Zahlen ständig an: Zuletzt waren 79,1 Zahnärzte und Zahnärztinnen je 100.000 Einwohner zu verzeichnen, d.h. 1.264 Einwohner je praktizierenden Zahnarzt (vgl. auch nachstehende Tabelle zur zahlenmäßigen Entwicklung). Damit haben sich die Werte in den alten und den neuen Bundesländern praktisch angeglichen (siehe die Entwicklung in den Tabellen Seite 535/536).

Zahnärztinnen und Zahnärzte in Deutschland (Anzahl und Dichte)

Angezeigte Werte beziehen sich auf: Beide Geschlechter, Deutschland, behandelnd tätige Zahnärzt(e)/innen

Jahr	Zahnärzt(e)/innen	
	Anzahl	je 100.000 Einwohner
1995	60.616	74,1
1996	61.404	74.9
1997	62.024	75,6
1998	62.277	75.9
1999	62.564	76.1
2000	63.202	76.8
2001	63.854	77.5
2002	64.484	78.1
2003	64.609	78,3
2004	64.997	78.8
2005	65.207	79,1

Quelle: Die Tabelle wurde erstellt am 02.10.2006, 11:38 Uhr unter www.gbe-bund.de. Dort sind auch laufend weitere aktuelle Daten verfügbar.

Vergleichswerte Einzelpraxen   85.13.0 Zahnärzte/Zahnärztinnen

KOSTENSTRUKTUR	Einnahmen in € unter 125.000		Einnahmen in € 125.000–150.000		Einnahmen in € 150.000–200.000		Einnahmen in € 200.000–250.000	
	€	%	€	%	€	%	€	%
1. Einnahmen über KZBV vereinnahmt	73.920,00	77,0	104.856,00	77,1	125.475,00	71,7	154.133,00	67,9
2. Einnahmen nicht über KZBV vereinnahmt	22.080,00	23,0	31.144,00	22,9	49.525,00	28,3	72.867,00	32,1
3. *Summe der Einnahmen 1-2*	96.000,00	100,0	136.000,00	100,0	175.000,00	100,0	227.000,00	100,0
4. Löhne und Gehälter	19.488,00	20,3	25.024,00	18,4	29.050,00	16,6	39.952,00	17,6
5. Sozialkosten – gesetzliche	4.032,00	4,2	5.168,00	3,8	6.125,00	3,5	8.399,00	3,7
6. Sozialkosten – übrige	288,00	0,3	272,00	0,2	525,00	0,3	908,00	0,4
7. *Summe Personalkosten 4-6*	23.808,00	24,8	30.464,00	22,4	35.700,00	20,4	49.259,00	21,7
8. Materialverbrauch eigene Praxis und eigenes Labor	4.128,00	4,3	5.848,00	4,3	8.750,00	5,0	11.804,00	5,2
9. Fremde Laborarbeiten	22.272,00	23,2	36.720,00	27,0	42.350,00	24,2	52.437,00	23,1
10. Honorare für Assistenz und Stellvertretung	0,00	0,0	0,00	0,0	0,00	0,0	227,00	0,1
11. Miete/Leasing (einschl. Mietwert)	10.176,00	10,6	6.528,00	4,8	12.075,00	6,9	13.620,00	6,0
12. Strom, Gas, Wasser, Heizung	1.440,00	1,5	1.496,00	1,1	1.925,00	1,1	2.270,00	1,0
13. Versicherungen, Beiträge, Gebühren*	2.592,00	2,7	2.448,00	1,8	3.150,00	1,8	2.951,00	1,3
14. Kfz-Kosten	1.536,00	1,6	1.632,00	1,2	2.800,00	1,6	3.405,00	1,5
15. Abschreibungen auf Anlagen	2.400,00	2,5	7.072,00	5,2	6.825,00	3,9	7.264,00	3,2
16. Geringwertige Wirtschaftsgüter	288,00	0,3	136,00	0,1	350,00	0,2	681,00	0,3
17. Sonstige Kosten	7.872,00	8,2	9.792,00	7,2	12.775,00	7,3	16.117,00	7,1
18. *Summe Kosten 7-17*	76.512,00	79,7	102.136,00	75,1	126.700,00	72,4	160.035,00	70,5
19. *Zwischensaldo 3 minus 18*	19.488,00	20,3	33.864,00	24,9	48.300,00	27,6	66.965,00	29,5
20. Fremdkapitalzinsen	4.320,00	4,5	5.168,00	3,8	5.775,00	3,3	7.945,00	3,5
21. *Reinertrag 19 minus 20*	15.168,00	15,8	28.696,00	21,1	42.525,00	24,3	59.020,00	26,0

Weitere Kennzahlen

Praxiseinnahmen	96.000,00	136.000,00	175.000,00	227.000,00
./. Fremde Laborleistungen	22.272,00	36.720,00	42.350,00	52.437,00
= Praxisleistung	73.728,00	99.280,00	132.650,00	174.563,00
Praxisleistung je Beschäftigten	30.967,74	40.000,00	44.871,79	45.400,00
Beschäftigte im Durchschnitt	3,1	3,4	3,9	5,0
davon Inhaber/unentgeltlich	1,0	1,0	1,0	1,0
Personalkosten je entgeltl. Beschäftigten	11.337,14	12.693,33	12.310,34	12.314,75

Vergleichswerte aus der letzten Kostenstrukturstatistik des Statistischen Bundesamtes 2006 (Erhebungszeitraum 2003) – Fachserie 2, Reihe 1.6.1.
* KV- bzw. KZV-Verwaltungskosten sind in Zeile 17 „Sonstige Kosten" enthalten, ebenso wie die früher gesondert ausgewiesenen Fort- und Weiterbildungskosten.

Vergleichswerte Einzelpraxen 85.13.0 Zahnärzte/Zahnärztinnen

	Einnahmen in € 250.000–300.000		Einnahmen in € 300.000–350.000		Einnahmen in € 350.000–400.000		Einnahmen in € 400.000–450.000	
KOSTENSTRUKTUR	€	%	€	%	€	%	€	%
1. Einnahmen über KZBV vereinnahmt	186.421,00	67,3	215.800,00	66,4	239.940,00	64,5	249.900,00	58,8
2. Einnahmen nicht über KZBV vereinnahmt	90.579,00	32,7	109.200,00	33,6	132.060,00	35,5	175.100,00	41,2
3. *Summe der Einnahmen 1–2*	277.000,00	100,0	325.000,00	100,0	372.000,00	100,0	425.000,00	100,0
4. Löhne und Gehälter	45.151,00	16,3	52.650,00	16,2	66.960,00	18,0	69.275,00	16,3
5. Sozialkosten – gesetzliche	9.418,00	3,4	10.725,00	3,3	14.136,00	3,8	14.875,00	3,5
6. Sozialkosten – übrige	1.108,00	0,4	975,00	0,3	1.116,00	0,3	1.275,00	0,3
7. *Summe Personalkosten 4–6*	55.677,00	20,1	64.350,00	19,8	82.212,00	22,1	85.425,00	20,1
8. Materialverbrauch eigene Praxis und eigenes Labor	14.681,00	5,3	16.900,00	5,2	19.716,00	5,3	24.650,00	5,8
9. Fremde Laborarbeiten	65.095,00	23,5	77.025,00	23,7	82.212,00	22,1	101.150,00	23,8
10. Honorare für Assistenz und Stellvertretung	277,00	0,1	325,00	0,1	372,00	0,1	850,00	0,2
11. Miete/Leasing (einschl. Mietwert)	14.404,00	5,2	14.300,00	4,4	16.740,00	4,5	17.000,00	4,0
12. Strom, Gas, Wasser, Heizung	2.216,00	0,8	2.600,00	0,8	2.604,00	0,7	2.975,00	0,7
13. Versicherungen, Beiträge, Gebühren*	3.324,00	1,2	3.900,00	1,2	4.092,00	1,1	4.250,00	1,0
14. Kfz-Kosten	3.601,00	1,3	3.575,00	1,1	4.092,00	1,1	4.250,00	1,0
15. Abschreibungen auf Anlagen	10.803,00	3,9	13.325,00	4,1	13.020,00	3,5	14.875,00	3,5
16. Geringwertige Wirtschaftsgüter	831,00	0,3	975,00	0,3	1.116,00	0,3	1.275,00	0,3
17. Sonstige Kosten	19.113,00	6,9	19.825,00	6,1	25.296,00	6,8	26.775,00	6,3
18. *Summe Kosten 7 bis 17*	190.022,00	68,6	217.100,00	66,8	251.472,00	67,6	283.475,00	66,7
19. *Zwischensaldo l 3 minus 18*	86.978,00	31,4	107.900,00	33,2	120.528,00	32,4	141.525,00	33,3
20. Fremdkapitalzinsen	8.864,00	3,2	11.050,00	3,4	10.044,00	2,7	11.050,00	2,6
21. *Reinertrag 19 minus 20*	78.114,00	28,2	96.850,00	29,8	110.484,00	29,7	130.475,00	30,7
Weitere Kennzahlen								
Praxiseinnahmen	277.000,00		325.000,00		372.000,00		425.000,00	
./. Fremde Laborleistungen	65.095,00		77.025,00		82.212,00		101.150,00	
= Praxisleistung	211.905,00		247.975,00		289.788,00		323.850,00	
Praxisleistung je Beschäftigten	51.296,30		56.034,48		57.230,77		61.594,20	
Beschäftigte im Durchschnitt	5,4		5,8		6,5		6,9	
davon Inhaber/unentgeltlich	1,0		1,0		1,0		1,0	
Personalkosten je entgeltl. Beschäftigten	12.653,86		13.406,25		14.947,64		14.478,81	

Vergleichswerte aus der letzten Kostenstrukturstatistik des Statistischen Bundesamtes 2006 (Erhebungszeitraum 2003) – Fachserie 2, Reihe 1.6.1.
* KV- bzw. KZV-Verwaltungskosten sind in Zeile 17 „Sonstige Kosten" enthalten, ebenso wie die früher gesondert ausgewiesenen Fort- und Weiterbildungskosten.

Vergleichswerte Einzelpraxen   85.13.0 Zahnärzte/Zahnärztinnen

	KOSTENSTRUKTUR	Einnahmen in € 450.000–500.000		Einnahmen in € 500.000–1 Mio.		Einnahmen in € 1 Mio. und mehr	
		€	%	€	%	€	%
1.	Einnahmen über KZBV vereinnahmt	271.872,00	57,6	318.634,00	50,9	370.640,00	32,8
2.	Einnahmen nicht über KZBV vereinnahmt	200.128,00	42,4	307.366,00	49,1	759.360,00	67,2
3.	*Summe der Einnahmen 1–2*	472.000,00	100,0	626.000,00	100,0	1.130.000,00	100,0
4.	Löhne und Gehälter	82.128,00	17,4	113.932,00	18,2	262.160,00	23,2
5.	Sozialkosten – gesetzliche	16.992,00	3,6	23.798,00	3,8	50.850,00	4,5
6.	Sozialkosten – übrige	1.888,00	0,4	1.878,00	0,3	6.780,00	0,6
7.	*Summe Personalkosten 4–6*	101.008,00	21,4	139.598,00	22,3	319.790,00	28,3
8.	Materialverbrauch eigene Praxis und eigenes Labor	28.320,00	6,0	45.698,00	7,3	131.080,00	11,6
9.	Fremde Laborarbeiten	108.560,00	23,0	125.200,00	20,0	50.850,00	4,5
10.	Honorare für Assistenz und Stellvertretung	0,00	0,0	1.878,00	0,3	3.390,00	0,3
11.	Miete/Leasing (einschl. Mietwert)	18.408,00	3,9	21.910,00	3,5	39.550,00	3,5
12.	Strom, Gas, Wasser, Heizung	3.304,00	0,7	3.756,00	0,6	7.910,00	0,7
13.	Versicherungen, Beiträge, Gebühren*	5.192,00	1,1	6.260,00	1,0	16.950,00	1,5
14.	Kfz-Kosten	4.720,00	1,0	5.634,00	0,9	11.300,00	1,0
15.	Abschreibungen auf Anlagen	21.240,00	4,5	22.536,00	3,6	27.120,00	2,4
16.	Geringwertige Wirtschaftsgüter	1.416,00	0,3	1.252,00	0,2	2.260,00	0,2
17.	Sonstige Kosten	27.376,00	5,8	41.316,00	6,6	93.790,00	8,3
18.	*Summe Kosten 7–17*	319.544,00	67,7	415.038,00	66,3	703.990,00	62,3
19.	*Zwischensaldo I 3 minus 18*	152.456,00	32,3	210.962,00	33,7	426.010,00	37,7
20.	Fremdkapitalzinsen	13.688,00	2,9	17.528,00	2,8	13.560,00	1,2
21.	*Reinertrag 19 minus 20*	138.768,00	29,4	193.434,00	30,9	412.450,00	36,5

Weitere Kennzahlen

	Praxiseinnahmen	472.000,00		626.000,00	1.130.000,00
./.	Fremde Laborleistungen	108.560,00		125.200,00	50.880,00
=	Praxisleistung	363.440,00		500.800,00	1.079.150,00
	Praxisleistung je Beschäftigten	62.105,26		68.791,21	82.481,75
	Beschäftigte im Durchschnitt	7,6		9,1	13,7
	davon Inhaber/unentgeltlich	1,0		1,0	1,0
	Personalkosten je entgeltl. Beschäftigten	15.304,24		17.234,32	25.180,31

* KV- bzw. KZV-Verwaltungskosten sind in Zeile 17 „Sonstige Kosten" enthalten, ebenso wie die früher gesondert ausgewiesenen Fort- und Weiterbildungskosten.

Vergleichswerte aus der letzten Kostenstrukturstatistik des Statistischen Bundesamtes 2006 (Erhebungszeitraum 2003) – Fachserie 2, Reihe 1.6.1.

Vergleichswerte Gemeinschaftspraxen 85.13.0 Zahnärzte/Zahnärztinnen

	Einnahmen in € unter 350.000	%	Einnahmen in € 350.000–450.000	%	Einnahmen in € 450.000–500.000	%	Einnahmen in € 500.000–1 Mio.	%
KOSTENSTRUKTUR	€	%	€	%	€	%	€	%
1. Einnahmen über KZBV vereinnahmt	194.452,00	69,2	265.441,00	64,9	322.929,00	67,7	419.728,00	59,2
2. Einnahmen nicht über KZBV vereinnahmt	86.548,00	30,8	143.559,00	35,1	154.071,00	32,3	289.272,00	40,8
3. *Summe der Einnahmen 1–2*	281.000,00	100,0	409.000,00	100,0	477.000,00	100,0	709.000,00	100,0
4. Löhne und Gehälter	39.902,00	14,2	57.669,00	14,1	71.550,00	15,0	126.911,00	17,9
5. Sozialkosten – gesetzliche	8.149,00	2,9	13.088,00	3,2	15.264,00	3,2	26.233,00	3,7
6. Sozialkosten – übrige	562,00	0,2	818,00	0,2	1.908,00	0,4	2.836,00	0,4
7. *Summe Personalkosten 4–6*	48.613,00	17,3	71.575,00	17,5	88.722,00	18,6	155.980,00	22,0
8. Materialverbrauch eigene Praxis und eigenes Labor	15.174,00	5,4	21.268,00	5,2	23.850,00	5,0	50.339,00	7,1
9. Fremde Laborarbeiten	64.911,00	23,1	94.479,00	23,1	120.681,00	25,3	129.747,00	18,3
10. Honorare für Assistenz und Stellvertretung	843,00	0,3	0,00	0,0	0,00	0,0	709,00	0,1
11. Miete/Leasing (einschl. Mietwert)	14.331,00	5,1	13.497,00	3,3	12.879,00	2,7	22.688,00	3,2
12. Strom, Gas, Wasser, Heizung	2.529,00	0,9	2.045,00	0,5	2.862,00	0,6	4.963,00	0,7
13. Versicherungen, Beiträge, Gebühren*	3.934,00	1,4	4.499,00	1,1	5.724,00	1,2	7.799,00	1,1
14. Kfz-Kosten	1.686,00	0,6	4.499,00	1,1	4.293,00	0,9	4.254,00	0,6
15. Abschreibungen auf Anlagen	11.521,00	4,1	13.088,00	3,2	12.879,00	2,7	19.852,00	2,8
16. Geringwertige Wirtschaftsgüter	843,00	0,3	1.227,00	0,3	954,00	0,2	2.127,00	0,3
17. Sonstige Kosten	17.703,00	6,3	24.540,00	6,0	34.344,00	7,2	46.794,00	6,6
18. *Summe Kosten 7 bis 17*	182.088,00	64,8	250.717,00	61,3	307.188,00	64,4	445.252,00	62,8
19. *Zwischensaldo I 3 minus 18*	98.912,00	35,2	158.283,00	38,7	169.812,00	35,6	263.748,00	37,2
20. Fremdkapitalzinsen	3.091,00	1,1	3.681,00	0,9	9.063,00	1,9	12.053,00	1,7
21. *Reinertrag 19 minus 20*	95.821,00	34,1	154.602,00	37,8	160.749,00	33,7	251.695,00	35,5

Weitere Kennzahlen

Praxiseinnahmen	281.000,00	409.000,00	477.000,00	709.000,00
./. Fremde Laborleistungen	64.911,00	94.479,00	120.681,00	129.747,00
= Praxisleistung	216.089,00	314.521,00	356.319,00	579.253,00
Praxisleistung je Beschäftigten	43.230,77	50.493,83	58.170,73	60.084,75
Beschäftigte im Durchschnitt	6,5	8,1	8,2	11,8
davon Inhaber/unentgeltlich	2,0	2,2	2,1	2,1
Personalkosten je entgeltl. Beschäftigten	10.802,89	12.131,36	14.544,59	16.080,41
Reinertrag je Praxis	95.000,00	155.000,00	161.000,00	251.000,00
Reinertrag je Praxisinhaber	48.000,00	72.000,00	77.000,00	120.000,00

Vergleichswerte aus der letzten Kostenstrukturstatistik des Statistischen Bundesamtes 2006 (Erhebungszeitraum 2003) – Fachserie 2, Reihe 1.6.1.
* KV- bzw. KZV-Verwaltungskosten sind in Zeile 17 „Sonstige Kosten" enthalten, ebenso wie die früher gesondert ausgewiesenen Fort- und Weiterbildungskosten.

Vergleichswerte Gemeinschaftspraxen   85.13.0 Zahnärzte/Zahnärztinnen

KOSTENSTRUKTUR	Einnahmen in € 1 Mio. und mehr	
	€	%
1. Einnahmen über KZBV vereinnahmt	656.880,00	47,6
2. Einnahmen nicht über KZBV vereinnahmt	723.120,00	52,4
3. *Summe der Einnahmen 1-2*	1.380.000,00	100,0
4. Löhne und Gehälter	244.260,00	17,7
5. Sozialkosten – gesetzliche	51.060,00	3,7
6. Sozialkosten – übrige	4.140,00	0,3
7. *Summe Personalkosten 4-6*	299.460,00	21,7
8. Materialverbrauch eigene Praxis und eigenes Labor	121.440,00	8,8
9. Fremde Laborarbeiten	264.960,00	19,2
10. Honorare für Assistenz und Stellvertretung	2.760,00	0,2
11. Miete/Leasing (einschl. Mietwert)	44.160,00	3,2
12. Strom, Gas, Wasser, Heizung	6.900,00	0,5
13. Versicherungen, Beiträge, Gebühren*	9.660,00	0,7
14. Kfz-Kosten	11.040,00	0,8
15. Abschreibungen auf Anlagen	37.260,00	2,7
16. Geringwertige Wirtschaftsgüter	2.760,00	0,2
17. Sonstige Kosten	99.360,00	7,2
18. *Summe Kosten 7-17*	899.760,00	65,2
19. *Zwischensaldo I 3 minus 18*	480.240,00	34,8
20. Fremdkapitalzinsen	20.700,00	1,5
21. *Reinertrag 19 minus 20*	459.540,00	33,3

Weitere Kennzahlen	
Praxiseinnahmen	1.380.000,00
./. Fremde Laborleistungen	264.960,00
= Praxisleistung	1.115.040,00
Praxisleistung je Beschäftigten	73.404,26
Beschäftigte im Durchschnitt	18,8
davon Inhaber/unentgeltlich	2,5
Personalkosten je entgeltl. Beschäftigten	18.371,78
Reinertrag je Praxis	461.000,00
Reinertrag je Praxisinhaber	181.000,00

Vergleichswerte aus der letzten Kostenstrukturstatistik des Statistischen Bundesamtes 2006 (Erhebungszeitraum 2003) – Fachserie 2, Reihe 1.6.1.

* KV- bzw. KZV-Verwaltungskosten sind in Zeile 17 „Sonstige Kosten" enthalten, ebenso wie die früher gesondert ausgewiesenen Fort- und Weiterbildungskosten.

Entwicklung der Praxisüberschüsse bei Zahnärzten (je Praxisinhaber)

Steuerliche Einnahmen-Überschussrechnung je Praxisinhaber – Alte Bundesländer* –

	2003		2004		Veränderung
	€	%	€	%	%
Einnahmen aus selbständiger zahnärztlicher Tätigkeit					
über KZV vereinnahmt	210.470	56,3	199.869	52,9	–5,0
nicht über KZV vereinnahmt	163.502	43,7	177.722	47,1	8,7
Gesamteinnahmen	**373.972**	**100,0**	**377.591**	**100,0**	**1,0**
Personalausgaben	82.245	31,2	81.207	30,8	–1,3
Ausgaben für Arbeiten von Fremdlaboratorien	83.240	31,6	85.153	32,3	2,3
Ausgaben für Material für Praxis und Labor	23.455	8,9	23.822	9,0	1,6
Raumkosten (Miete bzw. anteilige steuerl. absetzb. Hauskosten, Strom, Gas, Wasser, usw.)	17.536	6,7	17.552	6,7	0,1
Zinsen für Praxisdarlehen	9.468	3,6	8.657	3,3	–8,6
Abschreibungen	15.129	5,7	14.055	5,3	–7,1
Übrige Betriebsausgaben	32.604	12,4	33.082	12,6	1,5
Betriebsausgaben	**263.677**	**70,5**	**263.528**	**69,8**	**–0,1**
Einnahmen-Überschuss	**110.295**	**29,5**	**114.063**	**30,2**	**3,4**

* Quelle: KZBV-Jahrbuch 2005 (2004: Auswertung auf der Basis des Rücklaufs bis 14.10.2005).

Steuerliche Einnahmen-Überschussrechnung je Praxisinhaber
– Neue Bundesländer* –

	2003		2004		Veränderung
	€	%	€	%	%
Einnahmen aus selbständiger zahnärztlicher Tätigkeit					
über KZV vereinnahmt	195.897	73,0	190.949	70,7	–2,5
nicht über KZV vereinnahmt	72.598	27,0	79.249	29,3	9,2
Gesamteinnahmen	**268.495**	**100,0**	**270.198**	**100,0**	**0,6**
Personalausgaben	49.718	27,9	49.757	28,2	0,1
Ausgaben für Arbeiten von Fremdlaboratorien	62.136	34,9	62.607	35,5	0,8
Ausgaben für Material für Praxis und Labor"	13.689	7,7	13.399	7,6	–2,1
Raumkosten (Miete bzw. anteilige steuerl. absetzb. Hauskosten, Strom, Gas, Wasser, usw.)	12.715	7,1	12.457	7,1	–2,0
Zinsen für Praxisdarlehen	6.735	3,8	5.846	3,3	–13,2
Abschreibungen	9.873	5,5	9.069	5,1	–8,1
Übrige Betriebsausgaben	23.112	13,0	23.155	13,1	0,2
Betriebsausgaben	**177.978**	**66,3**	**176.290**	**65,2**	**–0,9**
Einnahmen-Überschuss	**90.517**	**33,7**	**93.908**	**34,8**	**3,7**

* Quelle: KZBV-Jahrbuch 2005 (2004: Auswertung auf der Basis des Rücklaufs bis 14.10.2005).

Steuerliche Einnahmenüberschussrechnung je Praxisinhaber 1976-2004

	Umsatz (aus selbst. zahnärztl. Tätigkeit)	Veränderung	Kosten (= steuerliche Betriebsausgaben)	Veränderung	Anteil am Umsatz	Umsatz minus Kosten (= steuerlicher Einnahmenüberschuss)	Veränderung	Median des Einnahmenüberschusses bei
	€	%	€	%	%	€	%	€
Alte Bundesländer								bis 1982
1976	218.986		116.472		53,2	102.514		Median
								nicht
1980	293.513	Ø + 7,6	179.910	Ø + 11,5	61,3	113.603	Ø + 2,6	ermittelt
1985	314.667	Ø + 1,4	207.639	Ø + 2,9	66,0	107.028	Ø - 1,2	90.620
1990	292.876	Ø - 1,4	199.074	Ø - 0,8	68,0	93.802	Ø - 2,6	82.300
1991	322.304	+10,0	221.834	+11,4	68,8	100.470	+ 7,1	87.700
1992	355.312	+ 10,2	251.000	+13,1	70,6	104.312	+ 3,8	92.300
1993	328.338	- 7,6	235.901	- 6,0	71,8	92.437	-11,4	80.380
1994	350.482	+ 6,7	249.498	+ 5,8	71,2	100.984	+ 9,2	88.180
1995[1]	356.029	+ 2,6	258.174	+ 4,5	72,5	97.855	- 2,1	84.750
1996	372.509	+ 4,6	270.716	+ 4,9	72,7	101.793	+ 4,0	88.230
1997	383.884	+ 3,1	280.320	+ 3,5	73,0	103.564	+ 1,7	90.780
1998	338.623	- 11,8	243.289	- 13,2	71,8	95.334	- 7,9	84.320
1999	335.572	- 0,9	242.140	- 0,5	72,2	93.432	- 2,0	80.610
2000	355.185	+ 5,8	255.514	+ 5,5	71,9	99.671	+ 6,7	86.340
2001	361.522	+ 1,8	254.291	- 0,5	70,3	107.231	+ 7,6	95.110
2002	365.746	+ 1,2	256.853	+ 1,0	70,2	108.893	+ 1,5	97.080
2003	373.972	+ 2,2	263.677	+ 2,7	70,5	110.295	+ 1,3	98.542
2004	377.591	+ 1,0	263.528	- 0,1	69,8	114.063	+ 3,4	102.970
Neue Bundesländer								
1991	140.861		102.156		72,5	38.705		37.220
1992	268.253		189.375		70,6	78.878		70.790
1993	239.144	-10,9	167.482	-11,6	70,0	71.662	- 9,1	62.000
1994	257.478	+ 7,7	180.884	+ 8,0	70,3	76.594	+ 6,9	67.950
1995[1]	261.903	+ 0,3	185.955	+ 1,6	71,0	75.948	- 2,7	68.670
1996	271.378	+ 3,6	187.498	+ 0,8	69,1	83.880	+10,4	75.110
1997	283.644	+ 4,5	193.128	+ 3,0	68,1	90.516	+ 7,9	80.990
1998	246.168	-13,2	164.813	- 14,7	67,0	81.355	-10,1	74.180
1999	237.469	- 3,5	161.004	- 2,3	67,8	76.465	- 6,0	69.020
2000	254.634	+ 7,2	171.463	+ 6,5	67,3	83.171	+ 8,8	74.900
2001	259.393	+ 1,9	170.324	- 0,7	65,7	89.069	+ 7,1	79.980
2002	259.993	+ 0,2	171.531	+ 0,7	66,0	88.462	- 0,7	79.300
2003	268.495	+ 3,3	177.978	+ 3,8	66,3	90.517	+ 2,3	82.980
2004	270.198	+ 0,6	176.290	- 0,9	65,2	93.908	+ 3,7	85.570

1) Berlin-Ost ist ab 1995 unter den alten Bundesländern subsumiert. Die Veränderungsraten 1995 sind entsprechend bereinigt. Veränderung jeweils gegenüber dem Vorjahr (bei Ost kein Ausweis 1992/1991 aufgrund der Aufbauphase der Praxen in 1991) – Steuerlicher Einnahmenüberschuss = Einkommen vor Steuern.
Grundlagen: Erhebung KZBV für 1976, Erhebungen GEBERA für 1977–1980, Erhebungen KZBV für 1981–2004, KZBV Jahrbuch 2005 (2004: Auswertung auf der Basis des Rücklaufs bis 14.10.2005).

Aufteilung der Gesamteinnahmen und Betriebsausgaben je Praxisinhaber 1977–2004

	über KZV vereinnahmt	nicht über KZV vereinnahmt	Personal- ausgaben	Ausgaben für Arbeiten von Fremdlabors	Ausgaben für Material für Praxis u. Labor	Restliche Betriebs- ausgaben
	%	%	%	%	%	%
Alte Bundesländer						
1980	74,0	26,0	25,1	40,7	12,7	21,5
1981	74,6	25,4	24,6	43,1	10,1	22,1
1982	74,8	25,2	27,4	38,7	9,3	24,5
1983	73,7	26,3	28,8	36,7	9,4	25,2
1984	73,8	26,2	27,9	37,2	9,1	25,7
1985	73,8	26,2	28,1	36,9	8,5	26,5
1986	74,2	25,8	28,8	35,6	8,1	27,6
1987	73,3	26,7	29,0	35,0	8,0	28,0
1988	71,6	28,4	25,7	40,5	8,4	25,4
1989	60,8	39,2	29,1	33,4	8,4	29,1
1990	48,5	51,5	30,7	32,1	8,0	29,2
1991	46,6	53,4	30,0	33,7	7,8	28,5
1992	44,2	55,8	28,8	36,0	7,5	27,6
1993	55,0	45,0	29,5	33,0	7,7	29,8
1994	59,7	40,3	29,3	34,4	7,5	28,9
1995	59,1	40,9	29,0	35,6	7,5	28,0
1996	59,4	40,6	28,7	35,9	7,9	27,6
1997	58,6	41,4	28,5	36,5	7,7	27,3
1998	45,4	54,6	32,3	30,1	7,7	29,9
1999	55,2	44,8	32,2	29,8	8,1	29,9
2000	58,3	41,7	30,3	32,3	8,8	28,7
2001	57,7	42,3	30,9	32,3	8,3	28,5
2002	57,5	42,5	31,9	30,5	8,7	28,8
2003	56,3	43,7	31,2	31,6	8,9	28,3
2004	52,9	47,1	30,8	32,3	9,0	27,8
Neue Bundesländer						
1991	53,4	46,6	16,8	40,8	9,8	32,6
1992	48,2	51,8	15,5	48,2	6,4	29,9
1993	68,4	31,6	20,2	37,1	6,5	36,2
1994	75,3	24,7	21,3	37,5	6,3	34,9
1995	75,8	24,2	22,3	37,0	6,3	34,4
1996	75,9	24,1	24,0	37,4	6,2	32,4
1997	75,0	25,0	24,0	38,1	6,5	31,4
1998	61,8	38,2	27,5	30,6	6,6	35,3
1999	73,9	26,1	27,4	31,5	7,0	34,0
2000	75,7	24,3	26,6	34,5	7,1	31,7
2001	75,5	24,5	27,5	33,9	7,1	31,5
2002	74,5	25,5	28,8	32,3	7,5	31,3
2003	73,0	27,0	27,9	34,9	7,7	29,5
2004	70,7	29,3	28,2	35,5	7,6	28,7

Grundlagen: Erhebungen GEBERA für 1977–1980, Erhebungen KZBV 1981–2004, KZBV Jahrbuch 2005.

Einnahmen- und Betriebsausgabenarten je Praxisinhaber
– Jährliche Veränderungsraten –

	über KZV vereinnahmt	nicht über KZV vereinnahmt	Personal-ausgaben	Ausgaben für Arbeiten von Fremdlabors	Ausgaben für Material für Praxis u. Labor	Restliche Betriebs-ausgaben
	%	%	%	%	%	%
Alte Bundesländer						
1978	+ 1,9	+12,7	+14,2	+ 1,9	+ 11,2	+ 3,2
1979	+10,3	+ 6,4	+ 5,3	+ 23,2	+14,1	+14,0
1980	+ 8,6	+ 9,6	+ 8,0	+10,7	+ 20,5	+10,0
1981	+ 9,0	+ 5,3	+10,3	+19,3	– 10,3	+16,0
1982	– 1,0	– 2,0	+ 7,7	– 13,3	– 11,3	+ 6,9
1983	– 6,4	– 0,8	+ 4,0	– 6,3	– 0,5	+ 1,7
1984	+ 5,6	+ 5,0	+ 2,7	+ 7,5	+ 2,8	+ 8,1
1985	+ 0,2	+ 0,2	+ 1,9	+ 0,6	– 4,9	+ 4,3
1986	– 2,0	– 3,8	– 0,1	– 6,4	– 8,0	+ 1,3
1987	– 7,0	– 2,8	– 4,6	– 6,5	– 5,4	– 3,7
1988	+ 11,0	+ 21,3	+ 5,7	+ 38,1	+ 24,6	+ 8,4
1989	– 15,3	+ 37,6	+ 4,0	– 24,3	– 8,2	+ 5,4
1990	– 28,7	+ 17,4	+ 0,2	– 9,1	– 9,4	– 5,2
1991	+ 5,8	+ 14,1	+ 8,8	+ 17,1	+ 8,4	+ 8,8
1992	+ 4,4	+ 15,3	+ 8,7	+ 21,0	+ 8,8	+ 9,7
1993	+ 15,1	– 25,5	– 3,7	– 14,1	– 3,6	+ 1,4
1994	+15,8	– 4,4	+ 4,7	+ 10,3	+ 3,2	+ 2,5
1995	+ 1,3	+ 4,5	+ 4,0	+ 7,9	+ 4,3	+ 1,1
1996	+ 5,2	+ 3,8	+ 3,7	+ 5,9	+ 10,5	+ 3,3
1997	+ 1,7	+ 5,1	+ 3,0	+ 5,2	+ 1,8	+ 2,5
1998	– 31,8	+ 16,5	– 1,8	– 28,4	–13,3	– 4,8
1999	+ 20,6	– 18,8	– 0,8	– 1,6	+ 5,1	– 0,5
2000	+ 11,8	– 1,5	– 0,7	+ 14,4	+ 14,3	+ 1,0
2001	+ 0,7	+ 3,3	+ 1,5	– 0,4	– 6,1	– 9,9
2002	+ 0,9	+ 1,6	+ 4,5	– 4,6	+ 6,1	+ 2,1
2003	+ 0,0	+ 5,3	+ 0,3	+ 6,3	+ 4,4	+ 0,9
2004	– 5,0	+ 8,7	– 1,3	+ 2,3	+ 1,6	– 1,9
Neue Bundesländer						
1993	+ 26,5	– 45,6	+15,6	– 32,1	– 10,2	+ 7,2
1994	+18,5	–15,8	+13,5	+ 9,3	+ 5,3	+ 4,1
1995	+ 0,3	+ 0,3	+ 6,9	+ 0,9	– 0,1	– 0,5
1996	+ 3,8	+ 3,0	+ 8,2	+ 2,0	– 0,4	– 5,0
1997	+ 3,3	+ 8,5	+ 3,3	+ 5,0	+ 7,3	– 0,3
1998	– 28,6	+ 32,9	– 2,4	–31,5	– 13,3	– 4,0
1999	+ 15,5	– 34,2	– 2,5	+ 0,6	+ 4,7	– 6,0
2000	+ 9,9	– 0,2	+ 3,2	+ 16,6	+ 7,9	– 0,5
2001	+ 1,6	+ 2,8	+ 2,8	– 2,6	– 1,4	– 1,3
2002	– 1,1	+ 4,2	+ 5,6	– 3,9	+7,0	– 0,1
2003	+ 1,1	+ 9,7	+ 0,5	+ 12,0	+ 6,0	– 2,3
2004	– 2,5	+ 9,2	+ 0,1	+ 0,8	– 2,1	– 3,6

Kein Ausweis der Veränderung 1992/1991 aufgrund der Aufbauphase der Praxen in 1991. Ab 1995 ist Berlin-Ost unter den alten Bundesländern subsumiert. Die Veränderungsraten 1995 sind entsprechend bereinigt.
Grundlagen: Erhebungen GEBERA für 1978–1980, Erhebungen KZBV 1981–2004, KZBV Jahrbuch 2005.

Punktwerte 1976–2005

| | Primärkassen | | VdAK | | AEV | | | |
| | | | | | ohne Schwäbisch-Gmünder | | Schwäbisch-Gmünder | |
	€	Veränd. %	€	Veränd. %	€	Veränd. %	€	Veränd. %
Alte Bundesländer								
1976	0,4984		0,5317		0,5126			
1980	0,5599	Ø + 3,0	0,6040	Ø + 3,2	0,5835	Ø + 3,3		
1985	0,6161	Ø + 1,9	0,6647	Ø + 1,9	0,6187	Ø + 1,2	0,6442[1]	Ø + 2,0
1990	0,6737[2]	Ø + 1,8	0,7227	Ø + 1,7	0,6727	Ø + 1,7	0,7006	Ø + 1,7
1991	0,7067[2]	+ 4,9	0,7552	+ 4,5	0,7025	+ 4,4	0,7322	+ 4,5
1992	0,7377[2]	+ 4,4	0,7879	+ 4,3	0,7327	+ 4,3	0,7639	+ 4,3
1993[3]	0,7548	+ 2,3	0,8161	+ 3,6	0,7570	+ 3,3	0,7886	+ 3,2
[4]	0,6639	– 10,0	0,7091	– 10,0	0,6594	– 10,0	0,6875	– 10,0
1994[3]	0,7666	+ 1,6	0,8238	+ 1,0	0,7653	+ 1,1	0,7966	+ 1,0
[4]	0,6834	+ 2,9	0,7299	+ 2,9	0,6783	+ 2,9	0,7075	+ 2,9
1995[3]	0,7733	+ 0,9	0,8349	+ 1,3	0,7767	+ 1,5	0,8075	+ 1,4
[4]	0,6925	+ 1,3	0,7335	+ 0,5	0,6822	+ 0,6	0,7110	+ 0,5
1996[3]	0,7700	– 0,4	0,8409	+ 0,7	0,7836	+ 0,9	0,8138	+ 0,8
[4]	0,6941	+ 0,2	0,7353	+ 0,2	0,6839	+ 0,3	0,7130	+ 0,3
1997[3]	0,7724	+ 0,3	0,8422	+ 0,2	0,7847	+ 0,1	0,8150	+ 0,1
[4]	0,6909	– 0,5	0,7361	+ 0,1	0,6847	+ 0,1	0,7137	+ 0,1
1998[3]	0,7804	+ 1,0	0,8388	– 0,4	0,7815	– 0,4	0,8117	– 0,4
[4]	0,6921	+ 0,2	0,7337	– 0,3	0,6824	– 0,3	0,7113	– 0,3
1999[3]	0,7855	+ 0,6	0,8497	+ 1,3	0,7920	+ 1,3	0,8226	+ 1,3
[4]	0,6585	– 4,8	0,6969	– 5,0	0,6482	– 5,0	0,6756	– 5,0
2000[3]	0,7965	+ 1,4	0,8583	+ 1,0	0,8099	+ 2,3	0,8354	+ 1,6
[4]	0,6779	+ 2,9	0,7243	+ 3,9	0,6807	+ 5,0	0,7052	+ 4,4
2001[3]	0,8100	+ 1,7	0,8754	+ 2,0	0,8274	+ 2,2	0,8527	+ 2,1
[4]	0,6873	+ 1,4	0,7350	+ 1,5	0,6913	+ 1,5	0,7161	+ 1,5
2002[3]	0,8247	+ 1,8	0,8862	+ 1,2	0,8373	+ 1,2	0,8628	+ 1,2
[4]	0,7019	+ 2,1	0,7509	+ 2,2	0,7089	+ 2,5	0,7316	+ 2,2
2003[3]	0,8297	+ 0,6	0,8895	+ 0,4	0,8397	+ 0,3	0,8653	+ 0,3
[4]	0,7075	+ 0,6	0,7505	– 0,1	0,7098	+ 0,1	0,7327	+ 0,2
2004[3]	0,8302	+ 0,1	0,8909	+ 0,2	0,8394	– 0,0	0,8645	– 0,1
[4]	0,7080	+ 0,1	0,7508	+ 0,0	0,7098	+ 0,0	0,7321	– 0,1
2005[3]	0,8314	+ 0,1	0,8911	+ 0,0	0,8408	+ 0,2	0,8659	+ 0,2
[4]	0,7092	+ 0,2	0,7474	– 0,5	0,7030	– 1,0	0,7253	– 0,9

1) Bis 30.06.1983 einheitlicher Punktwert bei den AEV-Kassen.
2) 1990, 1991 keine Empfehlungsvereinbarung. 1992 Empfehlungsvereinbarung. Ausgewiesen werden die durchschnittlichen (vereinbarten bzw. vom Schiedsamt festgesetzten) Punktwerte der KZVen.
3) In den Jahren 1993–2004 bzw. im 1. Halbjahr 2005 durchschnittlich vereinbarte bzw. vom Schiedsamt festgesetzte Punktwerte bei Kons (ohne IP), Par und Kieferbruch.
4) Durchschnittliche Punktwerte bei ZE und Kfo in den Jahren 1993–2004 (1998 nur Kfo) bzw. im 1. Halbjahr 2005 (aufgrund des GSK 1993 und des GKV-SolG 1999 reduziert); Punktwerte aller Leistungsbereiche haben vorläufigen Charakter.
Berlin-Ost ist ab dem 01.01.1995 dem Rechtskreis West zugeordnet.
Grundlage: Abrechnungsstatistik der KZBV.
Quelle: KZBV-Jahrbuch 2005.

Punktwerte 1976–2005

	Primärkassen		VdAK		AEV ohne Schwäbisch-Gmünder		Schwäbisch-Gmünder	
	€	Veränd.	€	Veränd.	€	Veränd.	€	Veränd.
Neue Bundesländer								
1991	0,4883		0,4883		0,4883			
1992	0,5752	+ 17,8 %	0,5752	+17,8 %	0,5752	+17,8 %		
1993[3]	0,5977	+ 3,9 %	0,6238	+ 8,4 %	0,6238	+ 8,4 %	Punktwerte identisch
[4]	0,5371	– 6,6 %	0,5361	– 6,8 %	0,5361	– 6,8 %	zu AEV ohne
1994[3]	0,6464	+ 8,1 %	0,6621	+ 6,1 %	0,6621	+ 6,1 %	Schwäbisch–
[4]	0,5817	+ 8,3 %	0,5829	+ 8,7 %	0,5829	+ 8,7 %	Gmünder
1995[3]	0,6822	+ 5,5 % ,	0,7145	+ 7,9 %	0,7145	+ 7,9 %	
[4]	0,6050	+ 4,0 %	0,6101	+ 4,7 %	0,6101	+ 4,7 %	
1996[3]	0,6970	+ 2,2 %	0,7553	+ 5,7 %	0,7553	+ 5,7 %	
[4]	0,6222	+ 2,9 %	0,6270	+ 2,8 %	0,6270	+ 2,8 %	
1997[3]	0,7040	+ 1,0 %	0,7625	+ 1,0 %	0,7625	+ 1,0 %	
[4]	0,6279	+ 0,9 %	0,6347	+ 1,2 %	0,6347	+ 1,2 %	
1998[3]	0,7091	+ 0,7 %	0,7703	+ 1,0 %	0,7703	+ 1,0 %	
[4]	0,6288	+ 0,1 %	0,6335	– 0,2 %	0,6335	– 0,2 %	
1999[3]	0,7073	– 0,3 %	0,7414	– 3,8 %	0,7414	– 3,8 %	
[4]	0,5931	– 5,7 %	0,5974	– 5,7 %	0,5974	– 5,7 %	
2000[3]	0,7156	+ 1,2 %	0,7520	+ 1,4 %	0,7520	+ 1,4 %	
[4]	0,6118	+ 3,1 %	0,6151	+ 3,0 %	0,6151	+ 3,0 %	
2001[3]	0,7241	+ 1,2 %	0,7665	+ 1,9 %	0,7665	+ 1,9 %	
[4]	0,6332	+ 3,5 %	0,6330	+ 2,9 %	0,6330	+ 2,9 %	
2002[3]	0,7330	+ 1,2 %	0,7758	+ 1,2 %	0,7661	– 0,1 %	
[4]	0,6391	+ 0,9 %	0,6401	+ 1,1 %	0,6401	+ 1,1 %	
2003[3]	0,7328	– 0,0 %	0,7768	+ 0,1 %	0,7718	+ 0,7 %	
[4]	0,6395	+ 0,1 %	0,6433	+ 0,5 %	0,6420	+ 0,3 %	
2004[3]	0,7274	– 0,7 %	0,7766	– 0,0 %	0,7704	– 0,2 %	
[4]	0,6418	+ 0,4 %	0,6441	+ 0,1 %	0,6427	+ 0,1 %	
2005[3]	0,7287	+ 0,2 %	0,7797	+ 0,4 %	0,7750	+ 0,6 %	
[4]	0,6467	+ 0,8 %	0,6506	+ 1,0 %	0,6453	+ 0,4 %	

3) In den Jahren 1993–2004 bzw. im 1. Halbjahr 2005 durchschnittlich vereinbarte bzw. vom Schiedsamt festgesetzte Punktwerte bei Kons (ohne IP), Par und Kieferbruch.
4) Durchschnittliche Punktwerte bei ZE und Kfo in den Jahren 1993–2004 bzw. im 1. Halbjahr 2005; 1998 und 1. Halbjahr 2005 nur Kfo (aufgrund des GSG 1993 und des GKV-SolG 1999 reduziert); Punktwerte aller Leistungsbereiche haben vorläufigen Charakter.
Berlin-Ost ist ab dem 01.01.1995 dem Rechtskreis West zugeordnet.
Grundlage: Abrechnungsstatistik der KZBV
Quelle: KZBV-Jahrbuch 2005.

Gesamtfinanzierungsvolumen bei Neugründung einer zahnärztlichen Einzelpraxis in €
Alte Bundesländer einschließlich Berlin

	1990	1995	2000	2001	2003	2005
med.-techn. Geräte und Einrichtung	156.000	174.000	196.000	208.000	210.000	233.000
+ Bau- und Umbaukosten	22.000	29.000	45.000	39.000	46.000	40.000
= Praxisinvestitionen	178.000	203.000	241.000	247.000	256.000	273.000
+ Betriebsmittelkredit	51.000	58.000	69.000	75.000	73.000	82.000
= Gesamtfinanzierungs- volumen	**229.000**	**261.000**	**310.000**	**322.000**	**329.000**	**355.000**

Quelle: IDZ/Apobank; zitiert nach IDZ-Information 3/06.

Gesamtfinanzierungsvolumen bei Übernahme einer zahnärztlichen Einzelpraxis in €
Alte Bundesländer einschließlich Berlin

	1990	1995	2000	2001	2003	2005
Substanzwert zzgl. Neuanschaffungen	68.000	103.000	104.000	112.000	103.000	116.000
+ Goodwill	62.000	67.000	80.000	84.000	73.000	76.000
+ Bau- und Umbaukosten	13.000	10.000	11.000	12.000	9.000	10.000
= Praxisinvestitionen	143.000	180.000	195.000	208.000	185.000	202.000
+ Betriebsmittelkredit	41.000	46.000	49.000	56.000	52.000	62.000
= Gesamtfinanzierungs- volumen	**184.000**	**228.000**	**244.000**	**264.000**	**237.000**	**264.000**

Quelle: IDZ/Apobank; zitiert nach IDZ-Information 3/06.

Gesamtfinanzierungsvolumen bei Übernahme einer zahnärztlichen Einzelpraxis in €
Neue Bundesländer

	2000	2001	2003	2005
Substanzwert zzgl. Neuanschaffungen	85.000	100.000	78.000	71.000
+ Goodwill	61.000	54.000	50.000	46.000
+ Bau- und Umbaukosten	4.000	4.000	2.000	7.000
= Praxisinvestitionen	150.000	158.000	130.000	124.000
+ Betriebsmittelkredit	37.000	37.000	35.000	38.000
= Gesamtfinanzierungsvolumen	187.000	195.000	165.000	162.000

Quelle: IDZ/Apobank; zitiert nach IDZ-Information 3/06. Für Neugründung 2003 bis 2005 keine aktuellen Zahlen.

Entwicklung der Zahnärztedichte 1968–2004
– Stand jeweils Jahresende –

	Wohnbevölkerung	Zahnärzte insgesamt	niedergelassene Zahnärzte	behandelnd tätige Zahnärzte	Einwohner je behandelnd tätigen Zahnarzt
Alte Bundesländer					
1968	60.463.000	36.138	27.852	31.456	1.922
1970	61.001.000	36.612	27.443	31.422	1.941
1974	61.991.000	38.357	26.951	31.902	1.943
1978	61.322.000	41.906	27.318	34.150	1.796
1980	61.658.000	42.902	27.651	34.630	1.780
1981	61.713.000	43.966	28.059	34.788	1.774
1982	61.546.000	45.910	28.698	35.767	1.721
1983	61.307.000	46.488	28.966	36.192	1.694
1984	61.049.000	47.273	29.390	36.452	1.675
1985	61.020.000	47.403	29.991	36.817	1.657
1986	61.140.000	49.064	30.752	38.027	1.608
1987	61.238.000	50.260	31.373	38.769	1.580
1988	61.715.000	51.545	31.955	39.608	1.558
1989	62.679.000	53.692	32.532	40.766	1.538
1990	63.726.000	55.141	33.018	41.724	1.527
1991	64.485.000	56.942	33.806	43.101	1.496
1992	65.289.000	58.561	34.859	44.444	1.469
1993	65.740.000	60.152	37.371	46.114	1.426
1994	66.007.000	61.108	37.840	46.848	1.409
1995[1]	67.643.000	63.829	40.025	49.499	1.367
1996	67.880.000	64.107	40.662	50.211	1.352
1997	67.974.000	64.936	41.376	50.880	1.336
1998	68.021.000	65.359	42.071	51.103	1.331
1999	68.215.000	65.361	43.041	51.367	1.328
2000	68.410.000	65.874	43.950	52.032	1.315
2001	68.711.000	65.660	44.599	52.655	1.305
2002	68.920.000	67.199	44.991	53.277	1.294
2003	69.008.000	67.356	45.434	53.360	1.293
2004	69.067.000	67.858	45.975	53.794	1.284

1) Berlin-Ost ist ab 1995 unter Neue Bundesländer subsumiert.
Grundlagen: Statistik der Bundeszahnärztekammer, Statistisches Bundesamt in KZBV, Jahrbuch 2005.

Entwicklung der Zahnärztedichte 1968–2004
– Stand jeweils Jahresende –

	Wohnbevölkerung	Zahnärzte insgesamt	niedergelassene Zahnärzte	behandelnd tätige Zahnärzte	Einwohner je behandelnd tätigen Zahnarzt
Neue Bundesländer					
1991	15.790.000	12.742	9.708	–	–
1992	15.685.000	12.967	9.469	11.812	1.328
1993	15.598.000	13.325	10.165	12.080	1.291
1994	15.531.000	13.536	10.497	12.363	1.259
1995[1]	14.174.000	12.169	9.685	11.117	1.275
1996	14.132.000	12.283	9.761	11.193	1.263
1997	14.083.000	12.413	9.810	11.144	1.264
1998	14.016.000	12.536	9.890	11.174	1.254
1999	13.948.000	12.707	9.954	11.197	1.246
2000	13.850.000	12.825	9.964	11.170	1.240
2001	13.729.000	12.919	9.963	11.199	1.226
2002	13.617.000	13.086	9.962	11.207	1.215
2003	13.524.000	13.159	9.940	11.249	1.202
2004	13.433.000	13.271	9.908	11.203	1.199
Deutschland					
1991	80.275.000	69.684	43.514	–	–
1992	80.974.000	71.528	44.328	56.256	1.439
1993	81.338.000	73.477	47.536	58.194	1.398
1994	81.538.000	74.644	48.337	59.211	1.377
1995	81.818.000	75.998	49.710	60.616	1.350
1996	82.012.000	76.390	50.423	61.404	1.336
1997	82.057.000	77.349	51.186	62.024	1.323
1998	82.037.000	77.895	51.961	62.277	1.317
1999	82.163.000	78.068	52.995	62.564	1.313
2000	82.260.000	78.699	53.914	63.202	1.302
2001	82.440.000	78.579	54.562	63.854	1.291
2002	82.537.000	80.285	54.953	64.484	1.280
2003	82.532.000	80.515	55.374	64.609	1.277
2004	82.501.000	81.129	55.883	64.997	1.269

1) Berlin-Ost ist ab 1995 unter Neue Bundesländer subsumiert.
Grundlagen: Statistik der Bundeszahnärztekammer, Statistisches Bundesamt in KZBV, Jahrbuch 2005.

2.2.96 Zahntechnik

Marktanteile gewerbliche Labors/Zahnarztlabors 1984–2004
– Prothetik und Kieferorthopädie/Hochrechnung –

| | Mat.- u. Lab.-Kosten insgesamt[1] (einschl. Privatvers.) | davon: | | | |
| | | gewerbliche Labors | | Zahnarztlabors | |
	Mrd. €	Prothetik	Kieferorthopädie	Prothetik	Kieferorthopädie
Alte Bundesländer					
1984	2,92	67,5 %	2,1 %	24,9 %	5,6 %
1985	2,98	67,9 %	1,8 %	24,5 %	5,8 %
1986	2,84	67,5 %	1,8 %	24,5 %	6,2 %
1987	2,62	66,8 %	1,8 %	24,6 %	6,8 %
1988[2]	3,84	70,9 %	1,2 %	23,2 %	4,7 %
1989	2,53	67,5 %	1,6 %	24,2 %	6,7 %
1990	2,71	67,6 %	1,5 %	24,1 %	6,8 %
1991	3,10	68,6 %	1,5 %	23,4 %	6,4 %
1992	3,83	70,9 %	1,3 %	21,7 %	6,0 %
1993	3,46	71,6 %	1,2 %	21,0 %	6,2 %
1994	4,16	71,8 %	1,0 %	21,2 %	6,0 %
1995[3]	4,44	71,8 %	1,1 %	21,2 %	5,9 %
1996	4,83	71,6 %	1,1 %	21,6 %	5,7 %
1997	4,95	71,3 %	1,0 %	22,0 %	5,7 %
1998[4]					
1999	4,13	66,9 %	1,3 %	24,1 %	7,7 %
2000	4,47	67,6 %	1,1 %	24,1 %	7,2 %
2001	4,80	68,1 %	1,1 %	23,9 %	6,9 %
2002	4,69	68,1 %	1,0 %	23,9 %	7,0 %
2003	4,93	68,9 %	0,8 %	23,9 %	6,4 %
2004	5,04	69,2 %	0,8 %	23,4 %	6,6 %

1) ohne in der Zahnarztpraxis anfallende Kosten für Abformmaterial, Hülsen, provisorische Kronen, direkte Unterfütterungen, Versand.
2) ab 1988 geänderte Methodik, Basis KJ1.
3) Berlin-Ost ist ab dem 01.01.95 dem Rechtskreis West zugeordnet.
4) Für 1998 keine Reihenfortsetzung aufgrund der Direktabrechnung bei Kieferorthopädie und Zahnersatz (Festzuschüsse).
Grundlage: Abrechnungsstatistik der KZBV, KJ1.
Quelle: KZBV Jahrbuch 2005.

	Mat.- u. Lab.-Kosten insgesamt[1] (einschl. Privatvers.)	davon: gewerbliche Labors		Zahnarztlabors	
	Mrd. €	Prothetik	Kieferorthopädie	Prothetik	Kieferorthopädie
Neue Bundesländer					
1991	0,43	79,8 %	2,4 %	14,3 %	3,6 %
1992	1,05	81,1 %	1,5 %	14,6 %	2,9 %
1993	0,65	85,2 %	3,1 %	7,0 %	4,7 %
1994	0,79	83,9 %	3,2 %	7,1 %	5,8 %
1995[3]	0,71	84,3 %	2,8 %	7,5 %	5,4 %
1996	0,77	83,6 %	2,6 %	8,0 %	5,8 %
1997	0,83	84,0 %	2,2 %	8,3 %	5,5 %
1998[4]					
1999	0,60	78,4 %	2,4 %	10,7 %	8,5 %
2000	0,66	80,3 %	2,0 %	10,8 %	6,9 %
2001	0,69	80,6 %	1,8 %	11,0 %	6,6 %
2002	0,68	80,5 %	1,5 %	11,6 %	6,4 %
2003	0,73	81,8 %	1,1 %	11,6 %	5,5 %
2004	0,77	82,4 %	1,0 %	11,3 %	5,3 %
Deutschland					
1991	3,53	70,0 %	1,6%	22,3 %	6,1 %
1992	4,88	73,1 %	1,4 %	20,2 %	5,3 %
1993	4,11	73,7 %	1,5 %	18,8 %	6,0 %
1994	4,95	73,7 %	1,4 %	18,9 %	6,0 %
1995	5,15	73,5 %	1,3 %	19,3 %	5,9 %
1996	5,60	73,3 %	1,3 %	19,7 %	5,7 %
1997	5,78	73,1 %	1,2 %	20,0 %	5,7 %
1998[4]					
1999	4,73	68,4 %	1,4 %	22,4 %	7,8 %
2000	5,13	69,2 %	1,3 %	22,3 %	7,2 %
2001	5,49	69,6 %	1,2 %	22,3 %	6,9 %
2002	5,37	69,7 %	1,1 %	22,3 %	6,9 %
2003	5,66	70,5 %	0,9 %	22,3 %	6,3 %
2004	5,81	70,9 %	0,8 %	21,8 %	6,5 %

1) ohne in der Zahnarztpraxis anfallende Kosten für Abformmaterial, Hülsen, provisorische Kronen, direkte Unterfütterungen, Versand.
2) ab 1988 geänderte Methodik, Basis KJ1.
3) Berlin-Ost ist ab dem 01.01.95 dem Rechtskreis West zugeordnet.
4) Für 1998 keine Reihenfortsetzung aufgrund der Direktabrechnung bei Kieferorthopädie und Zahnersatz (Festzuschüsse).
Grundlage: Abrechnungsstatistik der KZBV, KJ1.
Quelle: KZBV Jahrbuch 2005.

Marktvolumen	2004			
	ABL		NBL	
	Mio. €	%	Mio. €	%
Material- und Laborkosten	5.044	100,0	765	100,0
Zahnarztlabor	1.514	30,0	128	16,7
Gewerbliches Labor	3.530	70,0	637	83,3
Kfo	373	7,4	48	6,3
Zahnarztlabor	333	6,6	41	5,3
gewerbliches Labor	40	0,8	7	1,0
Prothektik	4.671	92,6	717	93,7
Zahnarztlabor	1.181	23,4	87	11,4
Gewerbliches Labor	3.490	69,2	630	82,3

Quelle: Zusammengestellt nach KZBV Jahrbuch 2005.

Ausstattung der Praxen mit Labors/Beschäftigung von Zahntechnikern

	Alte Bundesländer										Neue Bundesländer									
	1993	1995	1997	1998	1999	2000	2001	2002	2003	2004	1993	1995	1997	1998	1999	2000	2001	2002	2003	2004
Praxen ohne Labor	67,0 %	66,5 %	67,2 %	67,8 %	67,0 %	67,4 %	67,8 %	67,9 %	67,4 %	66,3 %	84,1 %	79,4 %	78,7 %	79,6 %	77,6 %	79,5 %	78,0 %	75,6 %	77,5 %	79,0 %
Praxen mit Labor ohne Zahntechniker	16,9 %	17,6 %	16,6 %	15,8 %	15,5 %	15,8 %	14,7 %	13,7 %	13,8 %	14,5 %	6,5 %	11,8 %	11,6 %	10,9 %	12,3 %	10,9 %	11,1 %	11,5 %	12,0 %	10,5 %
Praxen mit Labor mit Zahntechniker	16,1 %	15,9 %	16,2 %	16,4 %	17,5 %	16,8 %	17,5 %	18,4 %	18,8 %	19,2 %	9,4 %	8,8 %	9,7 %	9,5 %	10,1 %	9,6 %	10,9 %	12,9 %	10,5 %	10,5 %
davon:																				
1 Zahntechniker	76,4 %	80,4 %	80,2 %	81,0 %	76,9 %	76,4 %	75,5 %	74,4 %	75,9 %	78,9 %	92,7 %	93,0 %	89,8 %	90,6 %	88,9 %	90,5 %	90,0 %	87,5 %	90,6 %	87,4 %
2 Zahntechniker	20,3 %	15,0 %	14,6 %	14,5 %	17,6 %	18,1 %	18,5 %	19,1 %	18,0 %	17,0 %	7,3 %	6,0 %	9,2 %	8,9 %	10,3 %	9,0 %	9,5 %	10,5 %	8,2 %	10,6 %
3 Zahntechniker	2,0 %	3,1 %	3,2 %	2,8 %	3,5 %	3,4 %	3,8 %	4,0 %	4,9 %	2,7 %	–	1,0 %	1,0 %	0,5 %	0,8 %	0,5 %	0,5 %	1,5 %	1,0 %	1,7 %
4 Zahntechniker und mehr	1,3 %	1,5 %	2,0 %	1,7 %	2,0 %	2,1 %	2,2 %	2,5 %	1,2 %	1,4 %	–	–	–	–	–	–	–	0,5 %	0,2 %	0,3 %
Durchschnittlich beschäftigten alle Praxen ... Zahntechniker	0,20	0,20	0,20	0,20	0,22	0,22	0,23	0,24	0,25	0,24	0,08	0,08	0,09	0,09	0,10	0,09	0,11	0,12	0,12	0,12
Praxen mit angestellten Zahntechnikern beschäftigten ... Zahntechniker	1,3	1,3	1,3	1,3	1,3	1,3	1,3	1,3	1,3	1,3	0,9	1,0	1,0	1,0	1,0	1,0	1,1	1,0	1,1	1,1

Grundlagen: Erhebungen KZBV für 1993 – 2004
(2004: Auswertung auf der Basis des Rücklaufs bis 14.10.2005)
Quelle: KZBV Jahrbuch 2005.

2.2.97 Zimmerei

Siehe auch Teil 2.2.74 Schreinerei, Tischlerei (Bau- und Möbeltischlerei)

Richtsätze 2005 – Zimmerei (mit Materiallieferung)
(Gewerbeklasse 45.22.3)

	Deutschland		eigener Betrieb
Wirtschaftl. Umsatz	bis 200.000 €	über 200.000 €	
Rohgewinn I	64	60	
Rohgewinn II	35–72 51	27–48 37	
Halbreingewinn	14–42 27	8–26 16	
Reingewinn	7–35 22	4–19 11	
Rohgewinnaufschlag	–	–	

2.2.98   Zoologischer Bedarf, Lebende Tiere

Richtsätze 2005 – Zoologischer Bedarf, Lebende Tiere, Einzelhandel
(Gewerbeklasse 52.49.2)

	Deutschland[1]		eigener Betrieb
Wirtschaftl. Umsatz	bis 150.000 €	über 150.000 €	
Rohgewinn I	35–54 43	35–54 43	
Rohgewinn II	–	–	
Halbreingewinn	17–39 27	17–39 27	
Reingewinn	4–24 15	4–16 9	
Rohgewinnaufschlag	54–117 75	54–117 75	

Kostenstruktur im Produzierenden Gewerbe*			15.70.0 Herstellung von Futtermitteln			
Kennzahl	Beschäftigte von ... bis ...					
	20–49	50–99	100–249	250–499	500 und mehr	insge-samt
Materialverbrauch, Einsatz von Handelsware zu Anschaffungs-kosten (davon Lohnarbeiten) in % der Gesamtleistung[1]	76,5 (0,0)	79,5 (0,1)	75,5 (0,8)	61,2 (2,8)	65,6 (–)	70,5 (0,6)
Personalkosten einschließlich gesetzlicher und freiwilliger Sozialaufwand in % der Gesamtleistung[1]	8,6	7,9	9,8	9,2	9,8	9,3
Bruttoproduktionswert[1] je Beschäftigten in €	361.670	473.447	397.609	414.086	643.850	478.195

*   Quelle: Statistisches Bundesamt 2006 (Erhebungszeitraum 2004) – Fachserie 4, Reihe 4.3.
1)   = „Bruttoproduktionswert" = Gesamtumsatz ohne Umsatzsteuer plus/minus Bestandsveränderungen an fertigen und unfertigen Erzeugnissen aus eigener Produktion plus selbsterstellte Anlagen.

3 Gesamtwirtschaftliche Daten

3.1 Jahresgutachten 2006/2007 des Sachverständigenrats zur Begutachtung der gesamtwirtschaftlichen Entwicklung

Das vollständige Gutachten ist auf den Internetseiten des Sachverständigenrats, www.sachverstaendigenrat-wirtschaft.de, verfügbar oder kann in gedruckter Form bezogen werden über den Buchhandel oder SFG-Servicecenter Fachverlage GmbH, Tel.: 07071 935350, E-Mail: destatis@s-f-g.com.

Mit dem Titel

„Widerstreitende Interessen – ungenutzte Chancen"

soll zum Ausdruck gebracht werden, dass trotz der guten konjunkturellen Entwicklung und vielversprechender erster Schritte wie der Anhebung des Renteneintrittsalters und der Verabschiedung der ersten Stufe der Föderalismusreform die Anstrengungen auf wichtigen Politikfeldern im Dickicht widerstreitender Interessen stecken blieben. In der Summe war die wirtschaftspolitische Bilanz daher durchwachsen. Ungeachtet eines erheblichen Nachbesserungsbedarfs ist kaum zu erwarten, dass die Politik das mühsam zustande gebrachte Gesundheitspaket noch einmal aufschnüren wird, und die Chance zu einem wirklich großen Wurf bei der gebotenen Neuordnung der Unternehmensbesteuerung dürfte ebenfalls vertan sein. Hoffnungen auf weitreichende Maßnahmen müssen sich daher auf ein wirksames, möglichst über die engen Vorgaben des Koalitionsvertrags hinausgehendes Maßnahmenpaket zur Verbesserung der prekären Beschäftigungssituation von Geringqualifizierten und Langzeitarbeitslosen, eine überfällige Reform der Pflegeversicherung und die Fortführung der Föderalismusreform richten. Für diese Baustellen liegen Blaupausen für zielführende Reformen vor. Wenn es der Politik gelingt, die durch den Widerstreit der Interessen entstandene Selbstblockade aufzulösen, bieten die unverändert günstigen wirtschaftlichen Rahmenbedingungen im Jahr 2007 eine gute Voraussetzung dafür, im kommenden Jahr auf dem Feld der Wirtschaftspolitik wieder besser Tritt zu fassen und an die Erfolge vom Beginn der Legislaturperiode anzuknüpfen.

Wirtschaftliche Eckdaten für Deutschland

	Einheit	2003	2004	2005	2006[1]	2007[1]
Bruttoinlandsprodukt	%[2]	– 0,2	1,2	0,9	2,4	1,8
Inlandsnachfrage[3]	%[2]	0,6	0,0	0,5	1,8	1,0
Ausrüstungsinvestitionen	%[2]	– 0,1	4,2	6,1	6,9	6,0
Bauinvestitionen	%[2]	– 1,6	– 3,8	– 3,6	2,5	1,7
Sonstige Anlagen	%[2]	2,5	1,2	4,7	4,1	3,5
Konsumausgaben, zusammen	%[2]	0,0	– 0,3	0,2	0,9	0,3
Private Konsumausgaben[4]	%[2]	– 0,1	0,1	0,1	0,9	0,3
Staatliche Konsumausgaben	%[2]	0,4	– 1,3	0,6	0,9	0,5
Exporte von Waren und Dienstleistungen	%[2]	2,4	9,6	6,9	10,2	6,6
Importe von Waren und Dienstleistungen	%[2]	5,4	6,9	6,5	9,9	5,3
Erwerbstätige (Inland)	Tausend	38.724	38.875	38.823	39.045	39.299
Registrierte Arbeitslose	Tausend	4.377	4.381	4.861	4.532	4.266
Sozialversicherungspflichtig Beschäftigte[5]	Tausend	27.007	26.561	26.236	26.326	26.623
Arbeitslosenquote[6]	%	10,5	10,5	11,7	10,9	10,2
Verbraucherpreise[7]	%	1,1	1,6	2,0	1,7	2,3
Finanzierungssaldo des Staates[8]	%	– 4,0	– 3,7	– 3,2	– 2,2	– 1,5

1) Jahr 2006: eigene Schätzung, Jahr 2007: Prognose.
2) Preisbereinigt (Vorjahrespreisbasis); Veränderung gegenüber dem Vorjahr.
3) Inländische Verwendung.
4) Einschließlich private Organisationen ohne Erwerbszweck.
5) Zum 01.04.2003 wurde die Obergrenze des Arbeitsentgelts für geringfügig entlohnte Beschäftigungsverhältnisse (Mini-Jobs) von 325 € auf 400 € angehoben. Ein Vorjahresvergleich der sozialversicherungspflichtigen Beschäftigten ist in diesem Jahr daher nur bedingt möglich.
6) Registrierte Arbeitslose in % an allen zivilen Erwerbspersonen (abhängig zivile Erwerbspersonen, Selbständige, mithelfende Familienangehörige). Von 2003–2005 Quelle: BA.
7) Verbraucherpreisindex (2000 = 100), Veränderung gegenüber dem Vorjahr.
8) Finanzierungssaldo der Gebietskörperschaften und Sozialversicherung in der Abgrenzung der Volkswirtschaftlichen Gesamtrechnungen in Relation zum nominalen Bruttoinlandsprodukt.

Im Jahr 2006 erreichte die zuvor weitgehend von der Auslandsnachfrage getragene konjunkturelle Belebung erstmals in größerem Umfang die Binnenwirtschaft. Haupttriebkräfte für den überraschend starken Zuwachs des Bruttoinlandsprodukts von 2,4 % waren neben der weiterhin kräftigen Exportentwicklung die private Investitionsnachfrage und, wenn auch überzeichnet durch Sondereinflüsse, die Privaten Konsumausgaben. Besonders erfreulich ist, dass die konjunkturelle Belebung auf den Arbeitsmarkt übergriff. Obgleich von der Fiskalpolitik im kommenden Jahr mit der Anhebung der Regelsätze von Umsatzsteuer und Versicherungsteuer um jeweils drei Prozentpunkte und dem Abbau weiterer Steuervergünstigungen deutlich restriktive Impulse ausgehen, ist mit Blick auf die voraussichtliche Entwicklung im Jahr 2007 nicht mit einem Einbruch der Konjunktur zu rechnen. Vielmehr sind die Voraussetzungen für eine fortgesetzte – wenn auch etwas gedämpfte – Dynamik gegeben, denn die deutsche Volkswirtschaft startet mit einer guten Auftragslage sowie bemerkenswertem Schwung in das neue Jahr. **Das Bruttoinlandsprodukt steigt daher im Jahr 2007 um 1,8 %.**

Die Situation der **öffentlichen Haushalte** wird sich im kommenden Jahr noch einmal erkennbar verbessern. Die gesamtstaatliche Defizitquote wird sich auf einen Wert von 1,5 % verringern, was gegenüber dem Jahr 2006 einer markanten Abnahme um 0,7 Prozentpunkte entspricht. Gleichzeitig wird zum ersten Mal seit dem Jahr 2000 wieder ein Primärüberschuss erzielt, so dass die Einnahmen des Staates (ohne die empfangenen Vermögenseinkommen) die Ausgaben ohne Zinsausgaben überschreiten und die bestehende Tragfähigkeitslücke für sich genommen zumindest geringfügig abgebaut werden kann. Ausschlaggebend für die positive Entwicklung ist in erster Linie die zum 01.01. in Kraft tretende Erhöhung von Umsatzsteuer und Versicherungsteuer, die – nach Abzug desjenigen Teils, der der Senkung des Beitragssatzes zur Arbeitslosenversicherung dient – zu Mehreinnahmen von mehr als 1/2 % in Relation zum nominalen Bruttoinlandsprodukt führen wird. Hinzu kommen Einsparungen aufgrund der Kürzung von Steuervergünstigungen und des Wegfalls der Eigenheimzulage für Neufälle von zusammen 1/3 % gemessen am nominalen Bruttoinlandsprodukt. Schließlich liegt der Prognose die Annahme zugrunde, dass sich die im Ganzen moderate Ausgabenpolitik der vergangenen Jahre fortsetzen wird. Die Verringerung des Defizits im Jahr 2007 ist vor diesem Hintergrund zu einem großen Teil struktureller Natur, was sich aus heutiger Sicht in einem ebenfalls deutlichen Rückgang des konjunkturbereinigten Defizits und in einem ausgeprägt restriktiven Fiskalimpuls niederschlägt.

Erstmals seit dem Jahr 1999 trug das krisengeschüttelte **Baugewerbe** positiv zur wirtschaftlichen Entwicklung bei. Im gewerblichen Bau und im Wohnungsbau wurden die Investitionen sichtbar ausgeweitet. Für das folgende Jahr zeichnet sich demgegenüber eine gespaltene Entwicklung ab, denn während die gewerblichen Bauinvestitionen weiter zunehmen, belastet der Wegfall von positiven Sonderfaktoren, wie etwa Vorzieheffekten, die Aktivitäten im Wohnungsbau nachhaltig. Die hohe Auslastung der Kapazitäten hat dem Wirtschaftsbau sichtlich Auftrieb verliehen, nicht zuletzt da insbesondere Erweiterungsinvestitionen erheblich an Bedeutung gewonnen haben. Die Aufträge im gewerblichen Hochbau liegen deutlich über dem Niveau des Vorjahres, und die in den vergangenen Jahren belastenden Angebotsüberhänge bei Gewerbeimmobilien dürften weiter abgebaut worden sein. Zudem scheint in vielen Städten der Rückgang der gewerblichen Mieten gestoppt. Es ist daher davon auszugehen, dass die Aufwärtsbewegung im gewerblichen Bau zunächst anhält, wenngleich die Dynamik im Prognosezeitraum zusehends abflachen wird.

Die **öffentlichen Bauinvestitionen** werden im kommenden Jahr mit einer Rate von 1,7 % zunehmen, weil sich aufgrund einer fiskalisch bemerkenswert positiven Entwicklung der Einnahmen aus der Gewerbesteuer in vielen Kommunalhaushalten neue Spielräume eröffnen. Alles in allem nehmen die Bauinvestitionen insgesamt im nächsten Jahr um 1,7 % zu.

Erstmals seit dem Jahr 2002 ließ sich für die **Privaten Konsumausgaben** im abgelaufenen Jahr ein nennenswerter Zuwachs beobachten (0,9 %). Dabei stand insbesondere die Konsumentwicklung in der zweiten Hälfte des Jahres unter dem Einfluss der zu Beginn des Jahres 2007 in Kraft tretenden Anhebung der Umsatzsteuer. Hauptsächlich Ausgaben für langlebige Konsumgüter wurden verstärkt getätigt, um auf diesem Weg die belastenden Wirkungen der bevorstehenden Anhebung des Regelsatzes der Umsatzsteuer zu reduzieren. Das Vorziehvolumen dürfte dabei in einer Größenordnung von reichlich 3 Mrd. € gelegen haben, die Sparquote für das Jahr 2006 sank auch infolge des Vorzieheffekts auf 10,4 % Für sich genommen werden diese Ausgaben im nächsten Jahr „fehlen" und die Konsumentwicklung leicht abschwächen.

Die **Bruttolöhne und -gehälter** werden bei etwas höheren Tariflohnabschlüssen und einer weiteren Erholung am Arbeitsmarkt, insbesondere in Form einer Zunahme der sozialversicherungspflichtigen Beschäftigung, mit einer nominalen Rate von 1,9 % ansteigen. Aufgrund einer anhaltenden negativen Lohndrift wird dabei, wenngleich weniger stark ausgeprägt als in diesem Jahr, die Einkommensentwicklung für sich genommen nochmals gedämpft. Der Zuwachs der Arbeitnehmerentgelte, die sich aus den Bruttolöhnen und -gehältern sowie den Arbeitgeberbeiträgen zusammensetzen, fällt aufgrund einer Entlastung bei den Sozialabgaben geringer aus.

Der Beitragssatz in der **Gesetzlichen Rentenversicherung** steigt zwar um 0,4 Prozentpunkte, und die Beitragssätze in der Gesetzlichen Krankenversicherung werden im Durchschnitt um 0,6 Prozentpunkte zunehmen, der Beitragssatz in der Arbeitslosenversicherung wird aber um mindestens 2 Prozentpunkte sinken. Zusammengenommen bedeutet dies, dass die Beitragsbelastung von Arbeitgebern und Versicherten um über 5 Mrd. € abnimmt, entsprechend geringer fällt der Zuwachs der Arbeitnehmerentgelte aus (1,3 %). Die übrigen Primäreinkommen der privaten Haushalte, hierzu zählen der Betriebsüberschuss von Personenunternehmen, die Selbständigeneinkommen sowie die empfangenen Vermögenseinkommen der privaten Haushalte, legen demgegenüber nochmals merklich zu.

Die **monetären Sozialleistungen** werden im nächsten Jahr trotz der Umstellung vom Erziehungsgeld auf das Elterngeld sogar leicht zurückgehen. Dämpfend auf die Zunahme der verfügbaren Einkommen wirken sich zudem steigende direkte Steuern infolge der Halbierung des Sparerfreibetrags und der Verringerung der Entfernungspauschale sowie der Wegfall der Eigenheimzulage für Neufälle aus. Die Renten werden nach Lage der Dinge zum vierten Mal in Folge nicht angehoben, so dass es unter Berücksichtigung des höheren Beitragssatzes zur Krankenversicherung der Rentner abermals zu Kürzungen der Rentenzahlbeträge kommen wird. Schließlich reduzieren sich im Bereich des Arbeitslosengeldes und des Arbeitslosengeldes II die Transferleistungen. Alles zusammen genommen werden die verfügbaren Einkommen der privaten Haushalte nominal um 2,5 % steigen.

Die positive **Entwicklung der Erwerbstätigkeit** wird sich im Jahr 2007 fortsetzen. Zwar werden sich im kommenden Jahr die Dynamik abschwächen und der weitere Aufbau der Erwerbstätigkeit verlangsamen, die Zunahme der Anzahl der erwerbstätigen Personen im Jahresdurchschnitt 2007 wird allerdings mit fast 0,7 % oder etwas mehr als 250.000 Personen gegenüber dem Vorjahr größer ausfallen.

Die **Zahl der Selbständigen** wird aufgrund des Wegfalls von Existenzgründungszuschuss und Überbrückungsgeld und der Einführung des neuen arbeitsmarktpolitischen Instruments des Gründungszuschusses nur noch leicht um knapp 0,5 % zunehmen, wobei die Zahl der Selbständigen im Jahresverlauf tendenziell rückläufig sein dürfte.

Nachdem es bei der **sozialversicherungspflichtigen Beschäftigung** im Jahr 2006 nicht nur zur lang erwarteten Trendwende kam, sondern auch eine beachtliche Dynamik in der unterjährigen Entwicklung zu beobachten war, wird sich dieser Aufwärtstrend im Jahr 2007 – wenngleich in abgeschwächter Form – fortsetzen. Im Jahresmittel wird es im Jahr 2007 rund 26,62 Millionen sozialversicherungspflichtig beschäftigte Personen geben. Die **geringfügige Beschäftigung** wird im Jahr 2007 ebenfalls zunehmen, bei jedoch deutlich schwächerer Zuwachsrate in Folge der Anhebung der Abgabenpauschale von 25 % auf 30 %; allerdings dürfte der sozialversicherungspflichtigen Beschäftigung – vor allem in Form einer Zunahme der Midijobs – diese geringere Attraktivität der Minijobs nutzen. Die Zahl der Arbeitnehmer wird im Jahr 2007 etwas stärker als im Vorjahr steigen.

Die Zahl der **registrierten Arbeitslosen** wird im Jahr 2007 bei durchschnittlich rund 4,27 Millionen Personen liegen. Gegenüber dem Vorjahr bedeutet dies einen weiteren Rückgang um fast 270.000 Personen, nachdem im Jahr 2006 die Zahl der registrierten Arbeitslosen um rund 330.000 Personen abgenommen hatte. Die Arbeitslosenquote wird im Jahresdurchschnitt 10,2 % betragen, wobei in der zweiten Jahreshälfte die Grenze von 10 % unterschritten werden dürfte. Die Arbeitsgelegenheiten als zahlenmäßig bedeutsamstes arbeitsmarktpolitisches Instrument werden im Jahresmittel nur noch in sehr geringem Umfang mit weniger als 1 % zunehmen.

Die wichtigsten Daten der Volkswirtschaftlichen Gesamtrechnungen für Deutschland[1]

Schätzung für das Jahr 2006 und Vorausschau auf das Jahr 2007

	2005 Mrd. €	2004	2005	2006	2007
		Veränderung gegenüber dem Vorjahr in %			
Verwendung des Inlandsprodukts					
Preisbereinigt (Vorjahrespreisbasis)					
Konsumausgaben, zusammen	X	− 0,3	+ 0,2	+ 0,9	+ 0,3
Private Konsumausgaben[2]	X	+ 0,1	+ 0,1	+ 0,9	+ 0,3
Staatliche Konsumausgaben	X	− 1,3	+ 0,6	+ 0,9	+ 0,5
Bruttoanlageinvestitionen	X	− 0,4	+ 0,8	+ 4,4	+ 3,6
Ausrüstungsinvestitionen	X	+ 4,2	+ 6,1	+ 6,9	+ 6,0
Bauinvestitionen	X	− 3,8	− 3,6	+ 2,5	+ 1,7
Sonstige Anlagen	X	+ 1,2	+ 4,7	+ 4,1	+ 3,5
Vorratsveränderungen[3][4]	X	+ 0,3	+ 0,2	+ 0,3	+ 0,1
Inländische Verwendung	X	+ 0,0	+ 0,5	+ 1,8	+ 1,0
Außenbeitrag[3]	X	+ 1,2	+ 0,4	+ 0,6	+ 0,8
Exporte von Waren und Dienstleistungen	X	+ 9,6	+ 6,9	+ 10,2	+ 6,6
Importe von Waren und Dienstleistungen	X	+ 6,9	+ 6,5	+ 9,9	+ 5,3
Bruttoinlandsprodukt	X	**+ 1,2**	**+ 0,9**	**+ 2,4**	**+ 1,8**
Verwendung des Inlandsprodukts					
In jeweiligen Preisen					
Konsumausgaben, zusammen	1.740,70	+ 1,1	+ 1,3	+ 2,2	+ 2,4
Private Konsumausgaben[2]	1.321,06	+ 1,7	+ 1,4	+ 2,4	+ 2,6
Staatliche Konsumausgaben	419,64	− 0,5	+ 1,1	+ 1,6	+ 1,6
Bruttoanlageinvestitionen	386,90	− 0,1	+ 0,7	+ 4,8	+ 3,9
Ausrüstungsinvestitionen	159,40	+ 3,1	+ 5,0	+ 6,0	+ 5,2
Bauinvestitionen	202,31	− 2,5	− 2,7	+ 4,1	+ 3,0
Sonstige Anlagen	25,19	+ 1,5	+ 2,1	+ 2,9	+ 2,4
Vorratsveränderungen[4]	−2,61				
Inländische Verwendung	2.124,99	+ 1,0	+ 1,4	+ 2,9	+ 2,6
Außenbeitrag	+ 116,01				
Exporte von Waren und Dienstleistungen	912,27	+ 9,5	+ 8,1	+ 12,9	+ 7,6
Importe von Waren und Dienstleistungen	796,26	+ 7,0	+ 8,6	+13,7	+ 6,5
Bruttoinlandsprodukt	**2.241,00**	**+ 2,1**	**+ 1,5**	**+ 3,2**	**+ 3,3**
Preisentwicklung (Deflatoren)					
Konsumausgaben, zusammen	X	+ 1,4	+ 1,1	+ 1,3	+ 2,0
Private Konsumausgaben[2]	X	+ 1,6	+ 1,3	+ 1,5	+ 2,4
Staatliche Konsumausgaben	X	+ 0,8	+ 0,5	+ 0,8	+ 1,1
Bruttoinlandsprodukt	X	+ 0,9	+ 0,6	+ 0,8	+ 1,5
Inländische Verwendung	X	+ 1,0	+ 0,9	+ 1,1	+ 1,6
Entstehung des Inlandsprodukts					
Erwerbstätige (Inland)	X	+ 0,4	− 0,1	+ 0,6	+ 0,7
Arbeitsvolumen	X	+ 0,6	− 0,4	+ 0,3	+ 0,4
Produktivität/Stunde	X	+ 0,7	+ 1,3	+ 2,0	+ 1,4
Verteilung des Volkseinkommens					
Volkseinkommen	1.675,13	+ 3,4	+ 1,5	+ 3,2	+ 2,9
Arbeitnehmerentgelte	1.129,26	+ 0,5	− 0,7	+ 1,0	+ 1,3
darunter: Nettoarbeitnehmerentgelte[5]	601,43	+ 2,5	− 0,3	+ 0,4	+ 2,4
Unternehmens- und Vermögenseinkommen	545,87	+ 10,4	+ 6,2	+ 7,7	+ 6,1
Verfügbares Einkommen der privaten Haushalte[2]	1.459,76	+ 1,7	+ 1,7	+ 2,1	+ 2,5
Sparen der privaten Haushalte[2][6] (Sparquote)	156,85	10,4	10,6	10,4	10,4
Nachrichtlich:					
Lohnstückkosten[7] (Inlandskonzept)	X	− 0,4	− 1,1	− 1,4	− 0,5
Verbraucherpreise (Verbraucherpreisindex 2000 = 100)	X	+ 1,6	+ 2,0	+ 1,7	+ 2,3

1) Abweichungen in den Summen durch Runden der Zahlen.
2) Einschließlich private Organisationen ohne Erwerbszweck.
3) Wachstumsbeiträge in Prozentpunkten.
4) Einschließlich Nettozugang an Wertsachen.
5) Nettolöhne und -gehälter.
6) Verfügbares Einkommen abzüglich Private Konsumausgaben zuzüglich Zunahme betrieblicher Versorgungsansprüche und Ansprüche aus der „Riester-Rente".
7) Arbeitnehmerentgelte je Arbeitnehmer in Relation zum Bruttoinlandsprodukt (preisbereinigt) je Erwerbstätigen.

Die voraussichtliche Entwicklung in ausgewählten Ländern und Ländergruppen

Land/Ländergruppe	Bruttoinlandsprodukt (real)[1]		Verbraucherpreise[1][2]		Anteil an der Ausfuhr[3] Deutschlands
	2006	2007	2006	2007	2005
	Veränderung gegenüber dem Vorjahr in %				%
Deutschland	+ 2,4	+ 1,8	+ 1,7	+ 2,4	X
Frankreich	+ 2,4	+ 2,3	+ 2,0	+ 1,8	10,2
Italien	+ 1,8	+ 1,4	+ 2,3	+ 2,0	6,9
Niederlande	+ 3,2	+ 2,9	+ 1,7	+ 2,0	6,1
Österreich	+ 3,1	+ 2,6	+ 1,9	+ 1,9	5,4
Belgien	+ 2,7	+ 2,3	+ 2,6	+ 1,9	5,6
Spanien	+ 3,8	+ 3,4	+ 3,7	+ 3,2	5,1
Finnland	+ 4,7	+ 3,0	+ 1,4	+ 1,7	1,0
Portugal	+ 1,4	+ 1,6	+ 2,6	+ 2,2	0,9
Griechenland	+ 3,8	+ 3,7	+ 3,4	+ 3,3	0,8
Irland	+ 5,4	+ 5,2	+ 2,9	+ 2,6	0,6
Luxemburg	+ 5,5	+ 4,5	+ 3,6	+ 3,2	0,5
Slowenien	+ 4,8	+ 4,2	+ 2,6	+ 2,5	0,4
Euro-Raum[4]	+ 2,7	+ 2,3	+ 2,2	+ 2,3	43,6
Vereinigtes Königreich	+ 2,6	+ 2,6	+ 2,4	+ 2,2	7,8
Schweden	+ 4,5	+ 3,2	+ 1,5	+ 1,9	2,2
Dänemark	+ 2,8	+ 2,2	+ 2,0	+ 1,9	1,6
EU-16[4]	+ 2,7	+ 2,4	+ 2,2	+ 2,2	55,2
Mittel- und osteuropäische EU-Mitgliedstaaten[4][5]	+ 5,9	+ 5,0	+ 3,2	+ 3,7	9,1
Europäische Union (EU-27)[4]	+ 2,9	+ 2,5	+ 2,3	+ 2,3	64,3
Schweiz	+ 2,8	+ 2,1	+ 1,0	+ 1,2	3,8
Norwegen	+ 2,7	+ 3,0	+ 2,2	+ 1,8	0,7
Vereinigte Staaten	+ 3,3	+ 2,5	+ 3,5	+ 2,5	8,8
Japan	+ 2,8	+ 2,2	+ 0,3	+ 0,4	1,7
Kanada	+ 2,8	+ 2,6	+ 2,1	+ 1,6	0,7
Lateinamerika[6]	+ 4,8	+ 4,1	+ 5,2	+ 5,1	1,9
Südostasiatische Schwellenländer[7]	+ 5,1	+ 4,6	+ 4,1	+ 2,9	3,4
China	+10,6	+10,2	+ 1,3	+ 1,9	2,7
Indien	+ 8,3	+ 8,0	+ 5,6	+ 5,3	0,5
Russische Föderation	+ 6,7	+ 6,5	+10,0	+ 9,0	2,2
Südafrika	+ 4,5	+ 4,6	+ 4,6	+ 5,7	0,8
Türkei	+ 6,0	+ 5,8	+ 9,6	+ 8,2	1,6
Australien	+ 2,6	+ 3,5	+ 3,7	+ 2,9	0,6
Länder, zusammen[8]	+ 3,9	+ 3,4			93,8

1) Eigene Schätzung auf Basis von Angaben internationaler und nationaler Institutionen.
2) Harmonisierter Verbraucherpreisindex für die Länder der Europäischen Union und Norwegen. Für die anderen Industrieländer: nationale Verbraucherpreisindizes.
3) Spezialhandel. Vorläufige Ergebnisse.
4) Die Veränderungen gegenüber dem Vorjahr sind gewichtet mit den Anteilen am realen Bruttoinlandsprodukt (in Euro) des Jahres 2005. Summe der genannten Länder.
5) Bulgarien, Estland, Lettland, Litauen, Malta, Polen, Rumänien, Slowakei, Tschechische Republik, Ungarn, Zypern.
6) Argentinien, Brasilien, Chile, Kolumbien, Mexiko, Peru, Venezuela.
7) Hongkong, (China), Indonesien, Malaysia, Singapur, Korea, Taiwan, Thailand.
8) Summe der genannten Länder. Die Veränderungen gegenüber dem Vorjahr sind gewichtet mit den Anteilen am nominalen Bruttoinlandsprodukt der Welt (in jeweiligen Wechselkursen) im Jahr 2005.

Der Arbeitsmarkt in Deutschland[1]

	2005	2006[2]	2007[2]
	Tausend Personen		
Erwerbspersonen[3][4]	42.619	42.290	42.288
Erwerbslose[5]	3.893	3.312	3.056
Pendlersaldo[6]	97	67	67
Erwerbstätige[7]	38.823	39.045	39.299
Registrierte Arbeitsiose[8][9]	4.861	4.532	4.266
davon:			
im früheren Bundesgebiet ohne Berlin	3.247	3.040	2.847
in den neuen Bundesländern und Berlin	1.614	1.492	1.419
Nachrichtlich:			
Sozialversicherungspflichtig Beschäftigte[9]	26.236	26.326	26.623
	Quoten (v.H.)		
Arbeitslosenquote[10]	*11,7*	*10,9*	*10,2*
ILO-Erwerbslosenquote[11]	*9,1*	*7,8*	*7,2*

1) Jahresdurchschnitte.
2) Eigene Schätzung.
3) Personen im erwerbsfähigen Alter, die ihren Wohnort in Deutschland haben (Inländerkonzept).
4) In der Abgrenzung der Volkswirtschaftlichen Gesamtrechnungen.
5) Abgrenzung nach der Definition der Internationalen Arbeitsorganisation (ILO).
6) Saldo der erwerbstätigen Einpendler aus dem Ausland/Auspendler in das Ausland.
7) Erwerbstätige Personen, die einen Arbeitsplatz in Deutschland haben, unabhängig von ihrem Wohnort (Inlandskonzept).
8) Ab 2005: Ohne Teilnehmer an Eignungsfeststellungs- und Trainingsmaßnahmen. Ein Vorjahresvergleich ist damit nur eingeschränkt möglich.
9) Quelle: BA.
10) Registrierte Arbeitslose in % von allen zivilen Erwerbspersonen (abhängige zivile Erwerbspersonen, Selbständige, mithelfende Familienangehörige).
11) Erwerbslose in % der Erwerbspersonen. Durch die Neueinführung der monatlichen Telefonbefragung „Arbeitsmarkt in Deutschland" (ab Januar 2005) ist ein Vergleich mit den Vorjahren nur bedingt möglich.

Einnahmen und Ausgaben des Staates[1]
Schätzung für das Jahr 2006 und Prognose für das Jahr 2007

Art der Einnahmen und Ausgaben[2]	2005	2006	2007	2006	2007
	Mrd. €			Veränderung gegenüber dem Vorjahr in %	
Einnahmen	975,9	1.005,0	1.030,5	+ 3,0	+ 2,5
darunter:					
Steuern	493,0	520,4	547,9	+ 5,5	+ 5,3
Sozialbeiträge	397,0	399,5	395,2	+ 0,6	− 1,1
Ausgaben	1.048,5	1.056,7	1.065,5	+ 0,8	+ 0,8
davon:					
Vorleistungen	96,1	100,5	104,3	+ 4,6	+ 3,8
Arbeitnehmerentgelte	167,5	166,3	166,0	− 0,7	− 0,2
Geleistete Vermögens-einkommen	62,0	62,8	64,8	+ 1,3	+ 3,1
Geleistete Transfers	659,8	666,2	671,0	+ 1,0	+ 0,7
Bruttoinvestitionen	30,2	30,8	32,0	+ 1,9	+ 3,9
Sonstiges[3]	32,9	30,1	27,5	X	X
Finanzierungssaldo	− 72,6	− 51,7	− 35,0	X	X
Nachrichtlich:					
Staatsquote[4]	*46,8*	*45,7*	*44,6*	*X*	*X*
Steuerquote[4]	*22,5*	*23,0*	*23,5*	*X*	*X*
Abgabenquote[4]	*39,1*	*39,3*	*39,0*	*X*	*X*
Defizitquote[4]	*− 3,2*	*− 2,2*	*− 1,5*	*X*	*X*

1) Gebietskörperschaften und Sozialversicherung in der Abgrenzung der Volkswirtschaftlichen Gesamtrechnungen. Gebietskörperschaften: Bund, Länder und Gemeinden, EU-Anteile, ERP-Sondervermögen, Lastenausgleichsfonds, Fonds „Deutsche Einheit", Vermögensentschädigungsfonds, Teile des Bundeseisenbahnvermögens, Erblastentilgungsfonds.
2) Abweichungen in den Summen durch Runden der Zahlen.
3) Vermögenstransfers, geleistete sonstige Produktionsabgaben sowie Nettozugang an nichtproduzierten Vermögensgütern.
4) Ausgaben/Steuern und Erbschaftsteuer, Steuern an die EU/Steuern und Erbschaftssteuer, Steuern an die EU sowie tatsächliche Sozialbeiträge/Finanzierungssaldo jeweils in Relation zum Bruttoinlandsprodukt in jeweiligen Preisen.

3.2 Herbstgutachten 2006 der Wirtschaftsforschungsinstitute*

Analyse und Prognose der Wirtschaftsforschungsinstitute im Herbst 2006 sehen wie folgt aus:

Der Aufschwung der Weltwirtschaft hält im Herbst 2006 weiterhin an, er hat sich jedoch im Verlauf des Jahres etwas verlangsamt. Ausschlaggebend dafür war, dass die konjunkturelle Dynamik in den USA, und in geringerem Maße auch in Japan, nachließ. Dies wurde durch eine Beschleunigung der Expansion im Euroraum und in Großbritannien nicht aufgewogen. In den Schwellenländern blieb der Produktionsanstieg kräftig; dabei hat er sich in China im ersten Halbjahr noch einmal verstärkt, in den übrigen ostasiatischen Schwellenländern insgesamt eher verlangsamt. Die Unterschiede in der Dynamik zwischen den Industrieländern sind überwiegend dadurch bedingt, dass sich die Volkswirtschaften in verschiedenen Phasen des konjunkturellen Zyklus befinden. Die Rohstoffpreise stiegen in den ersten Monaten 2006 auch aufgrund der lebhaften Weltkonjunktur weiter stark. Die Preisbewegung auf den Rohstoffmärkten schlug auf die Verbraucherpreise durch; die Lohnkosten erhöhten sich in den Industrieländern zumeist moderat. Die Expansion der Weltwirtschaft wird sich im Prognosezeitraum etwas abschwächen, aber im längerfristigen Vergleich kräftig bleiben. Insgesamt wird das reale Bruttoinlandsprodukt der Welt – in der Abgrenzung der Gemeinschaftsdiagnose – im Jahr 2006 um 3,7 % und im Jahr 2007 um 3,1 % zunehmen. Der Welthandel expandiert in diesem Jahr um 8,5 % und im Jahr 2007 um reichlich 7 %. Der Anstieg der Preise schwächt sich etwas ab.

Die Wirtschaft des Euroraums befindet sich im Aufschwung. Der Anstieg des realen Bruttoinlandsprodukts hat sich vor allem in den Ländern erheblich beschleunigt, die, wie etwa Deutschland und Italien, in den Vorjahren unterdurchschnittliche Zuwächse verzeichneten. Die wesentlichen Impulse kamen von der Binnennachfrage, da insbesondere die Anlageinvestitionen kräftig ausgeweitet wurden. Der private Konsum legte leicht beschleunigt zu; die Bauinvestitionen expandierten spürbar. Auch der Außenbeitrag erhöhte sich, da die Exporte deutlich stärker als die Importe stiegen. Die EZB hat vor dem Hintergrund der anziehenden Konjunktur ihren geldpolitischen Kurs gestrafft, um zunehmenden Inflationsrisiken rechtzeitig entgegenzuwirken. Sie wird ihren maßgeblichen Leitzins bis zum Ende des laufenden Jahres auf 3,5 % anheben und im kommenden Jahr auf diesem Niveau belassen. Dieser Satz dürfte in etwa dem neutralen Zinsniveau entsprechen. Die Lage der öffentlichen Haushalte im Euroraum hat sich leicht verbessert. Im kommenden Jahr wird die wirtschaftliche Expansion kräftig bleiben, sich jedoch infolge der nachlassenden expansiven Wirkung der Geldpolitik und des sich

---

*) Das Gutachten wird jeweils im Frühjahr und im Herbst erstellt von DIW Berlin, MWWA Hamburg, ifo Institut München, Institut für Weltwirtschaft Kiel, Institut für Wirtschaftsforschung Halle und RWI Essen.

abschwächenden Booms der Weltwirtschaft etwas verlangsamen. Das reale Bruttoinlandsprodukt im Euroraum wird im Jahr 2007 um 2,1 % zunehmen, nach 2,6 % in diesem Jahr. Die Inflationsrate wird im Jahr 2006 bei 2,2 % und im Jahr 2007 bei 2,1 %
liegen.

Der Aufschwung der deutschen Wirtschaft hat sich in diesem Jahr erheblich verstärkt.
Bei weiterhin kräftig steigenden Exporten wird er zunehmend von der Inlandsnachfrage
getragen. Angesichts der anhaltend kräftigen Expansion der Weltwirtwirtschaft wird die
Ausfuhr von Waren und Dienstleistungen in diesem Jahr um 10 % steigen. Die weiter
verbesserten Absatz- und Ertragserwartungen der Unternehmen und die gestiegene
Kapazitätsauslastung führen zu einer Zunahme der Ausrüstungsinvestitionen um knapp
7 %. Die Bauinvestitionen steigen nach einem zehn Jahre währenden Rückgang zum
ersten Mal wieder. Der private Konsum erholt sich nur zögerlich, allerdings wird er im
zweiten Halbjahr durch Vorzieheffekte angeregt werden. Das reale Bruttoinlandsprodukt wird in diesem Jahr um 2,3 % steigen, arbeitstäglich bereinigt sogar um 2,5 %. Das
ist die zweithöchste Wachstumsrate während der vergangenen zehn Jahre. Damit ist die
Kapazitätsauslastung so deutlich gestiegen, dass die Unternehmen verstärkt Arbeitskräfte nachfragen. Die Zahl der Erwerbstätigen, vor allem auch die der sozialversicherungspflichtig Beschäftigten nimmt spürbar zu, und die Arbeitslosenquote geht im Jahresdurchschnitt um etwa einen 3/4 Prozentpunkt auf 10,4 % zurück.

Die Ausgangslage für das kommende Jahr ist damit günstig, und es spricht vieles dafür,
dass sich der Aufschwung fortsetzt. Allerdings schwenkt die Finanzpolitik auf einen
merklich restriktiven Kurs ein. Per saldo dürfte die strukturelle Defizitquote durch
finanzpolitische Maßnahmen im Jahr 2007 um 0,9 Prozentpunkte reduziert werden.
Vor diesem Hintergrund besteht erhebliche Unsicherheit darüber, ob der Aufschwung
schon so weit gefestigt ist, dass die gesamtwirtschaftliche Kapazitätsauslastung auch im
kommenden Jahr steigt. Die Unsicherheit resultiert auch daraus, dass es unterschiedliche
Einschätzungen darüber gibt, in welcher Phase des Konjunkturzyklus sich die deutsche
Wirtschaft gegenwärtig befindet.

Einige der hier vertretenen Institute erwarten, dass die Konjunktur in Deutschland im
Jahre 2007 merklich an Tempo verliert. Die Inlandsnachfrage bleibe zwar aufwärtsgerichtet, sie sei aber noch nicht hinreichend gefestigt. Vor allem hätten sich die Einkom-
mensaussichten nicht so weit verbessert, dass mit einem nachhaltigen Anstieg der
Beschäftigung und des privaten Konsums zu rechnen sei. Alles in allem werde die
gesamtwirtschaftliche Produktion im Verlauf des kommenden Jahres zwar weiter steigen,
jedoch nur mit einer Rate, die in etwa dem trendmäßigen Wachstum entspricht.

Andere Institute sehen Anzeichen, dass der Aufschwung inzwischen so viel an Stärke
gewonnen habe, dass die dämpfenden Faktoren die Expansion nur kurzfristig beein-

trächtigten, die Kapazitätsauslastung anschließend aber weiter spürbar zunehme. Damit halte die Besserung auf dem Arbeitsmarkt an, so dass die Einkommen im Verlauf des Prognosezeitraums verstärkt stiegen und die Expansion nach und nach auch von den privaten Konsumausgaben gestützt werde.

Die vorliegenden Indikatoren geben keine eindeutigen Signale, welchem dieser Szenarien eine höhere Wahrscheinlichkeit beizumessen ist. Einerseits haben sich die Geschäftserwartungen der Unternehmen in den vergangenen Monaten eingetrübt, andererseits könnte die Verbesserung der Arbeitsmarktlage auf robuste Dynamik der Wirtschaftsentwicklung hinweisen. Die Prognose für 2007 wird durch weitere Unsicherheiten erschwert. Da die Mehrwertsteuer noch nie so stark erhöht wurde, ist es schwierig einzuschätzen, in welchem Maße die Finanzpolitik die Konjunktur dämpfen wird und wie stark die Vorzieheffekte ausfallen werden. Außerdem ist noch unklar, ob der zehn Jahre währende Rückgang der Bautätigkeit zum Stillstand gekommen ist oder ob er nur unterbrochen wurde.

Nach Abwägung der verschiedenen Argumente haben sich die Institute für eine mittlere Variante entschieden. Sie prognostizieren für das Jahr 2007, dass sich der Aufschwung mit schwächerem Tempo als in diesem Jahr fortsetzt. Das Bruttoinlandsprodukt wird demnach im Jahresdurchschnitt nur um 1,4 % zunehmen. Wesentliche Triebkraft bleiben die Ausrüstungsinvestitionen, die nochmals kräftig zunehmen, auch weil die Abschreibungsbedingungen mit Beginn des Jahres 2008 verschlechtert werden. Der private Konsum dürfte im Jahresdurchschnitt lediglich stagnieren, da die Realeinkommen durch die Maßnahmen der Finanzpolitik um rund einen Prozentpunkt belastet werden. Auch werden die in dieses Jahr vorgezogenen Käufe fehlen. Allein dadurch wird der Anstieg des realen Bruttoinlandsprodukts im Jahr 2007 um etwa 1/4 Prozentpunkt niedriger sein, als es ohne die Vorzieheffekte der Fall gewesen wäre. Die Exporte werden weniger stark zulegen als in diesem Jahr, da sich die Weltkonjunktur leicht abkühlt. Die schwächer steigende Binnennachfrage wird aber auch den Importanstieg dämpfen. Die Inflationsrate wird voraussichtlich auf 2,3 % anziehen.

Der Beschäftigungsaufbau dürfte sich im kommenden Jahr fortsetzen, allerdings mit deutlich geringeren Raten als in diesem Jahr. Die Zahl der Arbeitslosen wird im Jahresverlauf nur noch wenig sinken. Im Jahresdurchschnitt geht die Arbeitslosenquote von 10,4 % auf 9,9 % zurück. Der Finanzierungssaldo des Staates in Relation zum Bruttoinlandsprodukt wird von −2,4 % in diesem Jahr auf −1,4 % im nächsten Jahr sinken.

Das sind gute Voraussetzungen dafür, durch wirtschaftspolitische Reformen die fundamentalen Probleme anzugehen, also vor allem den flachen Wachstumspfad zu erhöhen und die hohe strukturelle Arbeitslosigkeit abzubauen.

In den vergangenen Jahren hat die Wirtschaftspolitik durchaus einiges unternommen, um die Wachstumsbedingungen und die Beschäftigungsaussichten zu verbessern. So wurde die Abgabenlast verringert sowie eine Reihe von Reformen auf dem Arbeitsmarkt und bei den sozialen Sicherungssystemen eingeleitet. Zudem trug eine moderate Lohnpolitik zur Wende auf dem Arbeitsmarkt bei. Die trendmäßige Wachstumsrate ist aber immer noch niedrig; außerdem ist die Arbeitslosenquote, insbesondere für die Niedrigqualifizierten, zu hoch.

Die Bundesregierung hat im Koalitionsvertrag vier Bereiche genannt, wo sie ansetzen will, um die Lage der deutschen Wirtschaft fundamental zu verbessern: Die Konsolidierung der öffentlichen Haushalte, die Reform der Unternehmensbesteuerung, die Reform im Gesundheitswesen und die Flexibilisierung des Arbeitsmarkts. Wenn man hier mit großen Schritten vorankäme, wären die Wachstumsperspektiven und die Aussichten für den Arbeitsmarkt am Ende der Legislaturperiode sicherlich wesentlich günstiger einzuschätzen, als dies gegenwärtig der Fall ist. Die entscheidende Frage ist daher, ob hier tatsächlich der große Durchbruch bevorsteht. Das Programm der Bundesregierung lässt sich zwar noch nicht endgültig beurteilen, da nicht alle Maßnahmen in diesen vier Bereichen bekannt sind. Die vorliegenden Informationen lassen nach Auffassung der Institute aber erkennen, dass die Vorhaben weit hinter dem zurückbleiben, was zur deutlichen Verbesserung der Wachstums- und Beschäftigungsbedingungen erforderlich wäre. Bei der Arbeitsmarktpolitik werden von den Parteien der Regierungskoalition Maßnahmen erörtert, welche die Wachstumsaussichten sogar verschlechtern würden.

Ein Grund für dieses pessimistische Urteil ist, dass sich die Bundesregierung offenbar nicht dazu durchringen kann, die Eingriffe des Staates dort zurückzuführen, wo der Marktprozess bessere Lösungen liefert, und mehr Eigenverantwortung zuzulassen. Dies zeigt sich exemplarisch an der geplanten Gesundheitsreform. Nach wie vor wird von der Bundesregierung hier eine wesentliche Aufgabe des Staates darin gesehen, die Ausgaben der Privaten bürokratisch zu lenken und durch diverse Eingriffe, wie die Deckelung der Ausgaben und die Fixierung von Preisen, zu begrenzen. Erforderlich wäre hier ein Systemwechsel, der es den Bürgern mehr als bisher überlässt, die Entscheidungen über Art und Umfang der Versicherung selbst zu fällen. Stattdessen gibt es gerade bei den Sozialversicherungen eine Vielzahl von Eingriffen, die überwiegend verteilungspolitisch motiviert sind, wobei im Unklaren bleibt, wer tatsächlich von der Umverteilung profitiert und wer letztlich die Kosten trägt.

Das Defizit der Öffentlichen Haushalte wird zwar deutlich verringert, allerdings erfolgte die Konsolidierung überwiegend auf der Einnahmenseite. Unter Wachstumsgesichtspunkten wäre eine größere Rückführung der konsumtiven Ausgaben, insbesondere der Subventionen, notwendig. Bei der qualitativen Konsolidierung gibt es kaum Fortschritte, vor allem müssen die investiven Ausgaben des Staates wieder erhöht werden. Insgesamt gibt es aber noch beträchtliche Einsparpotentiale, um die Staatsquote weiter zurückzuführen.

Bei der geplanten Reform der Unternehmensbesteuerung soll zwar die tarifliche Steuerbelastung deutlich vermindert werden, die von der Regierung für nötig erachtete Gegenfinanzierung soll aber dadurch gesichert werden, dass ertragsunabhängige Finanzierungskosten besteuert und die Abschreibungsbedingungen verschlechtert werden. Wird der Entwurf umgesetzt, dürfte weder die Entscheidungsneutralität hergestellt noch die Transparenz des Steuersystems erhöht werden. Alles in allem wäre der Wachstumseffekt der Unternehmensteuerreform allenfalls gering.

In der Arbeitsmarktpolitik stehen weitreichende Entscheidungen an. Die Institute sehen die gegenwärtige Diskussion mit Sorge. Zu befürchten sind nämlich völlig unsystematische Maßnahmen im Zusammenhang mit der Reform des Niedriglohnsektors sowie die Einführung eines Mindestlohns. Beides halten die Institute im Hinblick auf das Beschäftigungsziel für schädlich.

Die Lohnpolitik hat in den vergangenen Jahren einen moderaten Kurs verfolgt und so dazu beigetragen, die Beschäftigungssituation zu verbessern. Dieser Kurs sollte fortgesetzt werden. Insbesondere sollten die Gewerkschaften den durch die Mehrwertsteuererhöhung ausgelösten Preisschub nicht zum Anlass nehmen, deutlich höhere Tariflohnsteigerungen durchzusetzen.

Die EZB hat seit Dezember 2005 den Leitzins auf nunmehr 3,25 % angehoben. Die Institute teilen die Auffassung der Europäischen Zentralbank, dass Risiken für die Preisniveaustabilität bestehen. Sie halten daher einen weiteren Zinsschritt auf 3,5 % bis Ende dieses Jahres für angemessen, zumal die Konjunktur im Euroraum auch im nächsten Jahr aufwärtsgerichtet bleibt.

Eckdaten der Prognose für Deutschland

	2002	2003	2004	2005	2006	2007
Bruttoinlandsprodukt[1]	0,0	–0,2	1,2	0,9	2,3	1,4
(Veränderung gegenüber dem Vorjahr in %)						
Westdeutschland[2][3]	– 0,1	– 0,3	1,6	1,0	2,3	1,4
Ostdeutschland[3]	1,1	1,0	1,9	– 0,1	2,1	1,2
Erwerbstätige[4] (1.000 Personen)	39.096	38.724	38.875	38.823	39.026	39.265
Arbeitslose (1.000 Personen)	4.061	4.377	4.381	4.861	4.523	4.308
Arbeitslosenquote[5] (in %)	9,4	10,2	10,1	11,2	10,4	9,9
Verbraucherpreise[6]	1,4	1,1	1,6	2,0	1,7	2,3
(Veränderung gegenüber dem Vorjahr in %)						
Lohnstückkosten[7]	0.8	0,8	– 0,4	– 1,1	– 1,2	0,1
(Veränderung gegenüber dem Vorjahr in %)						
Finanzierungssaldo des Staates[8]						
in Mrd. €	– 78,3	– 87,0	– 82,5	– 72,6	– 55,4	– 32,9
in % des nominalen Bruttoinlandsprodukts	– 3,7	– 4,0	– 3,7	– 3,2	– 2,4	– 1,4
Leistungsbilanzsaldo (Mrd. €)	43,4	40,3	81,9	92,6	94,7	115,5

1) In Preisen des Vorjahres.
2) Einschließlich Berlin.
3) Rechenstand: Februar 2006; in Preisen des Vorjahres.
4) Im Inland.
5) Arbeitslose in % der inländischen Erwerbspersonen (Wohnortkonzept).
6) Verbraucherpreisindex (2000 = 100).
7) Im Inland entstandene Arbeitnehmerentgelte je Arbeitnehmer bezogen auf das Bruttoinlandsproukt in Preisen des Vorjahres je Erwerbstätigen.
8) In der Abgrenzung der Volkswirtschaftlichen Gesamtrechnung (ESVG 95).
Quellen: Statistisches Bundesamt; Bundesagentur für Arbeit; Arbeitskreis VGR der Länder; Deutsche Bundesbank; 2006 und 2007: Prognose der Institute.

Die wichtigsten Daten der Volkswirtschaftlichen Gesamtrechnung für Deutschland
Vorausschätzung für die Jahre 2006 und 2007

	2005	2006	2007	2006		2007	
				1. Hj.	2. Hj.	1. Hj.	2. Hj.

1. Entstehung des Inlandsprodukts
Veränderung in % gegenüber dem Vorjahr

	2005	2006	2007	2006 1. Hj.	2006 2. Hj.	2007 1. Hj.	2007 2. Hj.
Erwerbstätige	− 0,1	0,5	0,6	0,3	0,8	0,8	0,4
Arbeitszeit, arbeitstäglich	0,4	0,5	− 0,4	− 0,1	1,0	− 0,3	− 0,4
Arbeitstage	− 0,7	− 0,7	− 0,3	0,0	− 1,3	− 0,4	− 0,1
Arbeitsvolumen, kalendermonatlich	− 0,4	0,3	0,0	0,2	0,4	0,2	− 0,2
Produktivität[1]	1,3	2,0	1,4	1,8	2,1	1,5	1,3
Bruttoinlandsprodukt, preisbereinigt	**0,9**	**2,3**	**1,4**	**2,0**	**2,5**	**1,7**	**1,1**

2. Verwendung des Inlandsprodukts in jeweiligen Preisen
a) Mrd. €

	2005	2006	2007	2006 1. Hj.	2006 2. Hj.	2007 1. Hj.	2007 2. Hj.
Konsumausgaben	1.740,7	1.779,8	1.817,5	865,5	914,2	884,4	933,1
Private Haushalte[2]	1.321,1	1.351,9	1.382,3	659,1	692,8	674,8	707,5
Staat	419,6	427,9	435,2	206,4	221,4	209,7	225,5
Anlageinvestitionen	386,9	403,3	418,2	189,0	214,3	197,8	220,4
Ausrüstungen	159,4	168,6	177,1	79,0	89,5	83,3	93,7
Bauten	202,3	208,7	214,1	97,6	111,1	101,4	112,7
Sonstige Anlageinvestitionen	25,2	26,0	27,1	12,4	13,6	13,1	14,0
Vorratsveränderungen[3]	− 2,6	1,8	0,0	4,8	− 3,0	3,0	− 3,0
Inländische Verwendung	2.125,0	2.184,9	2.235,7	1.059,4	1.125,5	1.085,2	1.150,5
Außenbeitrag	116,0	123,8	139,3	66,2	57,5	78,5	60,9
Exporte	912,3	1.026,5	1.099,6	504,9	521,6	541,9	557,7
Importe	796,3	902,8	960,2	438,7	464,1	463,4	496,8
Bruttoinlandsprodukt	**2.241,0**	**2.308,6**	**2.375,0**	**1.125,6**	**1.183,0**	**1.163,7**	**1.211,3**

b) Veränderung in % gegenüber dem Vorjahr

	2005	2006	2007	2006 1. Hj.	2006 2. Hj.	2007 1. Hj.	2007 2. Hj.
Konsumausgaben	1,3	2,2	2,1	2,4	2,1	2,2	2,1
Private Haushalte[2]	1,4	2,3	2,2	2,3	2,3	2,4	2,1
Staat	1,1	2,0	1,7	2,6	1,4	1,6	1,9
Anlageinvestitionen	0,7	4,2	3,7	3,6	4,8	4,6	2,9
Ausrüstungen	5,0	5,7	5,1	5,3	6,1	5,4	4,7
Bauten	− 2,7	3,2	2,6	2,4	3,9	3,9	1,4
Sonstige Anlageinvestitionen	2,1	3,2	4,1	2,4	4,0	5,4	3,0
Inländische Verwendung	1,4	2,8	2,3	2,8	2,8	2,4	2,2
Exporte	8,1	12,5	7,1	14,6	10,6	7,3	6,9
Importe	8,6	13,4	6,4	17,1	10,1	5,6	7,1
Bruttoinlandsprodukt	**1,5**	**3,0**	**2,9**	**2,7**	**3,4**	**3,4**	**2,4**

3. Verwendung des Inlandsprodukts, preisbereinigt
a) Verkettete Volumina in Mrd. €

	2005	2006	2007	2006 1. Hj.	2006 2. Hj.	2007 1. Hj.	2007 2. Hj.
Konsumausgaben	1.626,8	1.642,5	1.645,9	804,0	838,5	805,5	840,3
Private Haushalte[2]	1.227,9	1.238,9	1.239,4	605,3	633,5	605,8	633,7
Staat	399,0	403,7	406,6	198,7	205,0	199,9	206,7
Anlageinvestitionen	398,8	414,5	428,4	194,1	220,3	202,5	225,8
Ausrüstungen	173,9	185,7	196,4	86,6	99,1	92,2	104,2
Bauten	198,3	201,5	204,0	94,5	107,0	96,8	107,2
Sonstige Anlageinvestitionen	27,9	29,2	30,6	13,9	15,3	14,7	15,8
Inländische Verwendung	2.026,3	2.061,3	2.076,5	1.071,1	1.106,5	1.089,6	1.118,9
Exporte	916,9	1.008,4	1.070,8	498,1	510,3	527,8	543,0
Importe	815,7	894,5	940,9	435,3	459,2	454,3	486,6
Bruttoinlandsprodukt	**2.129,3**	**2.177,6**	**2.208,5**	**1.071,1**	**1.106,5**	**1.089,6**	**1.118,9**

Fußnoten siehe Seite 562.

Fortsetzung von Seite 559

Die wichtigsten Daten der Volkswirtschaftlichen Gesamtrechnung für Deutschland
Vorausschätzung für die Jahre 2006 und 2007

	2005	2006	2007	2006 1. Hj.	2006 2. Hj.	2007 1. Hj.	2007 2. Hj.
b) Veränderung in % gegenüber dem Vorjahr							
Konsumausgaben	0,2	1,0	0,2	0,8	1,1	0,2	0,2
Private Haushalte[2]	0,1	0,9	0,0	0,7	1,1	0,1	0,0
Staat	0,6	1,2	0,7	1,5	1,0	0,6	0,8
Anlageinvestitionen	0,8	3,9	3,4	3,5	4,3	4,3	2,5
Ausrüstungen	6,1	6,8	5,8	6,4	7,1	6,4	5,2
Bauten	−3,6	1,6	1,2	1,1	2,1	2,4	0,2
Sonstige Anlageinvestitionen	4,7	4,4	4,8	4,3	4,6	6,3	3,4
Inländische Verwendung	0,5	1,7	0,7	2,0	2,5	1,7	1,1
Exporte	6,9	10,0	6,2	12,0	8,1	6,0	6,4
Importe	6,5	9,7	5,2	12,4	7,2	4,4	6,0
Bruttoinlandsprodukt	**0,9**	**2,3**	**1,4**	**2,0**	**2,5**	**1,7**	**1,1**

4. Preisniveau der Verwendungsseite des Inlandsprodukts (2000 = 100)
Veränderung in % gegenüber dem Vorjahr

	2005	2006	2007	2006 1. Hj.	2006 2. Hj.	2007 1. Hj.	2007 2. Hj.
Private Konsumausgaben[2]	1,3	1,4	2,2	1,7	1,2	2,3	2,1
Konsumausgaben des Staates	0,5	0,8	1,0	1,1	0,4	1,0	1,0
Anlageinvestitionen	−0,1	0,3	0,3	0,1	0,5	0,3	0,4
Ausrüstungen	−1,1	−1,0	−0,7	−1,0	−0,9	−0,9	−0,4
Bauten	0,9	1,5	1,3	1,3	1,8	1,5	1,2
Exporte	1,1	2,3	0,9	2,3	2,4	1,3	0,5
Importe	1,9	3,4	1,1	4,2	2,7	1,2	1,0
Bruttoinlandsprodukt	**0,6**	**0,7**	**1,4**	**0,6**	**0,8**	**1,6**	**1,3**

5. Einkommensentstehung und -verteilung
a) Mrd. €

	2005	2006	2007	2006 1. Hj.	2006 2. Hj.	2007 1. Hj.	2007 2. Hj.
Primäreinkommen der privaten Haushalte[2]	1.651,0	1.691,7	1.725,5	828,3	863,4	846,0	879,4
Sozialbeiträge der Arbeitgeber	217,9	218,8	218,3	105,2	113,6	105,1	113,2
Bruttolöhne und -gehälter	911,4	921,9	940,4	435,1	486,8	444,6	495,9
Übrige Primäreinkommen[4]	521,7	551,0	566,8	288,0	263,0	296,4	270,4
Primäreinkommen der übrigen Sektoren	262,9	284,3	318,1	123,9	160,4	143,8	174,4
Nettonationaleinkommen (Primäreinkommen)	**1.913,9**	**1.976,0**	**2.043,6**	**952,2**	**1.023,8**	**989,8**	**1.053,8**
Abschreibungen	334,3	332,3	333,9	165,6	166,7	166,4	167,5
Bruttonationaleinkommen	**2.248,2**	**2.308,3**	**2.377,5**	**1.117,7**	**1.190,5**	**1.156,2**	**1.221,3**
Nachrichtlich:							
Volkseinkommen	1.675,1	1.726,6	1.767,0	828,2	898,4	853,0	914,0
Unternehmens- und Vermögenseinkommen	545,9	586,0	608,3	287,9	298,0	303,3	305,0
Arbeitnehmerentgelt	1.129,3	1.140,7	1.158,7	540,3	600,4	549,7	609,0

b) Veränderung in % gegenüber dem Vorjahr

	2005	2006	2007	2006 1. Hj.	2006 2. Hj.	2007 1. Hj.	2007 2. Hj.
Primäreinkommen der privaten Haushalte[2]	1,4	2,5	2,0	2,3	2,7	2,1	1,9
Sozialbeiträge der Arbeitgeber	−2,1	0,4	−0,2	−0,8	1,5	−0,1	−0,4
Bruttolöhne und -gehälter	−0,3	1,2	2,0	0,4	1,8	2,2	1,9
Bruttolöhne und -gehälter je Beschäftigten	0,3	0,6	1,2	0,2	0,9	1,1	1,4
Übrige Primäreinkommen[4]	6,2	5,6	2,9	6,3	4,8	2,9	2,8
Primäreinkommen der übrigen Sektoren	3,4	8,2	11,9	4,6	11,1	16,0	8,7
Nettonationaleinkommen (Primäreinkommen)	**1,7**	**3,2**	**3,4**	**2,5**	**3,9**	**4,0**	**2,9**
Abschreibungen	2,3	−0,6	0,5	−1,2	0,0	0,5	0,5
Bruttonationaleinkommen	**1,8**	**2,7**	**3,0**	**2,0**	**3,3**	**3,4**	**2,6**
Nachrichtlich:							
Volkseinkommen	1,5	3,1	2,3	2,0	4,1	3,0	1,7
Unternehmens- und Vermögenseinkommen	6,2	7,3	3,8	5,5	9,2	5,3	2,3
Arbeitnehmerentgelt	−0,7	1,0	1,6	0,2	1,7	1,7	1,4

Fußnoten siehe Seite 562.

Fortsetzung von Seite 560

Die wichtigsten Daten der Volkswirtschaftlichen Gesamtrechnung für Deutschland
Vorausschätzung für die Jahre 2006 und 2007

	2005	2006	2007	2006 1. Hj.	2006 2. Hj.	2007 1. Hj.	2007 2. Hj.

6. Einkommen und Einkommensverwendung der privaten Haushalte[2]
a) Mrd. €

	2005	2006	2007	2006 1. Hj.	2006 2. Hj.	2007 1. Hj.	2007 2. Hj.
Masseneinkommen	978,8	982,1	998,6	471,9	510,3	479,9	518,7
Nettolöhne und -gehälter	601,4	602,8	615,6	281,2	321,6	287,7	327,9
Monetäre Sozialleistungen	458,3	459,4	460,0	231,0	228,4	230,7	229,4
abz. Abgaben auf soziale Leistungen[5]	80,9	80,0	77,0	40,4	39,6	38,5	38,5
Übrige Primäreinkommen[4]	521,7	551,0	566,8	288,0	263,0	296,4	270,4
Sonstige Transfers (Saldo)[6]	– 40,8	– 45,0	– 46,0	– 21,3	– 23,8	– 21,3	– 24,8
Verfügbares Einkommen	**1.459,8**	**1.488,2**	**1.519,4**	**738,6**	**749,6**	**755,0**	**764,4**
Zunahme betrieblicher Versorgungsansprüche	18,2	20,5	21,4	9,6	10,9	10,0	11,4
Konsumausgaben	1.321,1	1.351,9	1.382,3	659,1	692,8	674,8	707,5
Sparen	156,9	156,8	158,5	89,1	67,7	90,3	68,3
Sparquote (%)[7]	10,6	10,4	10,3	11,9	8,9	11,8	8,8

b) Veränderung in % gegenüber dem Vorjahr

	2005	2006	2007	2006 1. Hj.	2006 2. Hj.	2007 1. Hj.	2007 2. Hj.
Masseneinkommen	– 0,2	0,3	1,7	– 0,4	1,0	1,7	1,7
Nettolöhne und -gehälter	– 0,3	0,2	2,1	– 1,0	1,4	2,3	2,0
Monetäre Sozialleistungen	0,2	0,2	0,1	0,3	0,1	– 0,2	0,4
abz. Abgaben auf soziale Leistungen[5]	1,9	– 1,1	– 3,8	– 1,0	– 1,3	– 4,7	– 2,8
Übrige Primäreinkommen[4]	6,2	5,6	2,9	6,3	4,8	2,9	2,8
Verfügbares Einkommen	**1,7**	**1,9**	**2,1**	**2,0**	**1,9**	**2,2**	**2,0**
Konsumausgaben	1,4	2,3	2,2	2,3	2,3	2,4	2,1
Sparen	3,3	– 0,1	1,1	0,3	– 0,6	1,3	0,9

7. Einnahmen und Ausgaben des Staates[8]
a) Mrd. €

	2005	2006	2007	2006 1. Hj.	2006 2. Hj.	2007 1. Hj.	2007 2. Hj.
Einnahmen							
Steuern	493,0	518,9	552,9	256,6	262,3	271,6	281,3
Sozialbeiträge	397,0	399,0	395,0	193,0	206,0	190,9	204,1
Vermögenseinkommen	13,0	14,2	14,5	8,1	6,1	8,7	5,8
Sonstige Transfers	18,2	14,7	14,9	7,1	7,6	7,2	7,7
Vermögenstransfers	10,0	9,9	9,8	4,9	4,9	5,0	4,8
Verkäufe	44,2	45,4	45,9	21,6	23,8	21,8	24,1
Sonstige Subventionen	0,5	0,4	0,4	0,2	0,2	0,2	0,2
Insgesamt	**975,9**	**1.002,4**	**1.033,3**	**491,4**	**511,0**	**505,4**	**527,9**
Ausgaben							
Vorleistungen[9]	263,6	273,4	281,6	132,0	141,3	135,7	145,9
Arbeitnehmerentgelt	167,5	167,0	166,5	79,4	87,6	79,1	87,4
Vermögenseinkommen (Zinsen)	62,0	62,9	64,1	31,0	32,0	31,5	32,6
Subventionen	26,8	26,4	26,4	12,3	14,1	12,5	13,9
Monetäre Sozialleistungen	430,2	431,3	431,7	217,2	214,1	216,7	214,9
Sonstige laufende Transfers	35,3	36,3	37,5	18,2	18,2	18,8	18,7
Vermögenstransfers	34,3	31,6	29,0	17,2	14,4	15,4	13,6
Bruttoinvestitionen	30,2	30,4	31,0	13,1	17,3	13,6	17,5
Nettozugang an nichtprod. Vermögensgütern	– 1,4	– 1,5	– 1,5	– 0,7	– 0,8	– 0,8	– 0,8
Insgesamt	**1.048,5**	**1.057,8**	**1.066,2**	**519,6**	**538,2**	**522,5**	**543,7**
Finanzierungssaldo	– 72,6	– 55,4	– 32,9	– 28,2	– 27,2	– 17,1	– 15,8

Fußnoten siehe Seite 562.

Fortsetzung von Seite 561

Die wichtigsten Daten der Volkswirtschaftlichen Gesamtrechnung für Deutschland
Vorausschätzung für die Jahre 2006 und 2007

	2005	2006	2007	2006		2007	
				1. Hj.	2. Hj.	1. Hj.	2. Hj.
b) Veränderung in % gegenüber dem Vorjahr							
Einnahmen							
Steuern	2,4	5,2	6,5	6,8	3,7	5,8	7,2
Sozialbeiträge	0,1	0,5	− 1,0	− 0,1	1,1	− 1,1	− 0,9
Vermögenseinkommen	20,4	9,3	2,5	31,1	− 10,4	8,1	− 4,9
Sonstige Transfers	6,4	− 19,4	1,4	− 33,1	− 0,3	1,8	0,9
Vermögenstransfers	4,2	− 1,2	− 1,3	− 3,1	0,8	0,2	− 2,8
Verkäufe	7,2	2,8	1,1	3,5	2,3	1,1	1,1
Sonstige Subventionen	–	–	–	–	–	–	–
Insgesamt	**2,0**	**2,7**	**3,1**	**3,2**	**2,3**	**2,8**	**3,3**
Ausgaben							
Vorleistungen[9]	3,8	3,7	3,0	4,9	2,6	2,7	3,2
Arbeitnehmerentgelt	− 1,1	− 0,3	− 0,3	− 0,3	− 0,3	− 0,3	− 0,3
Vermögenseinkommen (Zinsen)	− 0,8	1,5	1,9	− 0,3	3,3	1,6	2,1
Subventionen	− 5,3	− 1,3	0,0	− 5,7	2,8	1,8	− 1,6
Monetäre Sozialleistungen	0,3	0,3	0,1	0,4	0,1	− 0,2	0,4
Sonstige laufende Transfers	6,1	2,8	3,2	− 4,4	11,2	3,3	3,2
Vermögenstransfers	3,3	− 7,8	− 8,2	− 9,5	− 5,7	− 10,8	− 5,2
Bruttoinvestitionen	− 3,8	0,6	2,0	− 2,5	3,1	3,4	0,9
Nettozugang an nichtprod. Vermögensgütern	–	–	–	–	–	–	–
Insgesamt	**0,9**	**0,9**	**0,8**	**0,6**	**1,2**	**0,5**	**1,0**

1) Preisbereinigtes Bruttoinlandsprodukt je Erwerbstätigenstunde.
2) Einschließlich privater Organisationen ohne Erwerbszweck.
3) Einschließlich Nettozugang an Wertsachen.
4) Selbständigeneinkommen/Betriebsüberschuss sowie empfangene abzüglich geleistete Vermögenseinkommen.
5) Einschließlich verbrauchsnaher Steuern.
6) Empfangene abzüglich geleistete sonstige Transfers.
7) Sparen in % des verfügbaren Einkommens (einschließlich der Zunahme betrieblicher Versorgungsansprüche).
8) Gebietskörperschaften und Sozialversicherung.
9) Einschließlich sozialer Sachleistungen und sonstiger Produktionsabgaben.

Quellen: Statistisches Bundesamt (Fachserie 18: Volkswirtschaftliche Gesamtrechnungen); Berechnungen der Institute; 2006 und 2007: Prognose der Institute.

3.3 Verbandsumfragen zum Jahreswechsel 2006/2007

Ergebnis der traditionellen **IW-Verbandsumfrage**: Der Aufschwung festigt sich.

„Der deutsche Konjunkturpfad festigt sich, und die meisten deutschen Branchen blicken voller Zuversicht ins neue Jahr. Dies ist eine äußerst positive Entwicklung für Deutschland." Mit diesen Worten kommentiert Prof. Michael Hüther, Direktor des Instituts der deutschen Wirtschaft Köln (IW), die Ergebnisse der aktuellen IW-Verbandsumfrage zum Jahreswechsel 2006/2007. Danach geben 32 der 45 befragten Wirtschaftsverbände an, die Stimmungslage in ihren Unternehmen sei besser als zum vergangenen Jahreswechsel. Weitere 9 Verbände berichten von einer unveränderten und lediglich 4 von einer verschlechterten geschäftlichen Situation.

Auch für das kommende Jahr gehen die meisten Sparten von einem anhaltenden Aufwärtstrend aus. „Die robuste Weltkonjunktur lässt gerade die Nachfrage nach Waren „made in Germany" weiter steigen. Gleichzeitig beobachten wir aber auch eine wesentliche Verbesserung der Binnenkonjunktur. Es sollte damit zu einem selbsttragenden Aufschwung kommen, auf den wir seit Jahren gewartet haben", so der IW-Direktor weiter.

Die Perspektiven für 2007 im Einzelnen:

Produktion

- Die deutliche Mehrheit von 31 Wirtschaftsverbänden erwartet eine etwas höhere Produktion oder einen etwas höheren Umsatz im Jahr 2006. Die Kunststoffverarbeitung sowie die Speditionen gehen sogar von wesentlich besseren Geschäften aus.

- Mit einem gleichbleibenden Ergebnis rechnen 7 Wirtschaftsbereiche.

- Lediglich 6 Sparten stellen sich auf leicht sinkende Produktions- bzw. Umsatzzahlen ein – darunter die Bauindustrie und der Einzelhandel.

Investitionen

- Die Chancen für einen nachhaltigen Aufschwung sind gut – immerhin 22 Verbände prognostizieren, dass die ihnen angeschlossenen Unternehmen 2007 ihre Investitionstätigkeit ausweiten, weitere 20 haben konstante Investitionsbudgets auf der Rechnung.

- Gerade einmal 3 Branchen sehen die Investitionsentwicklung skeptisch.

Beschäftigung

- Der Arbeitsmarkt bereitet den vom IW befragten Verbänden trotz des Konjunktur-hochs weiterhin Sorgen. Zwar halten 9 Branchen einen Anstieg der Beschäftigten-zahl in ihrem Unternehmen für wahrscheinlich, 11 kalkulieren jedoch mit einem Personalabbau.

- Die Mehrzahl der Wirtschaftsbereiche – insgesamt 25 – geht von einer unveränder-ten Mitarbeiterzahl in ihren Betrieben aus.

Die tabellarische Übersicht auf den Seiten 565 und 566 zeigt das Stimmungsbild im Ein-zelnen.

Der Aufschwung ist nun auch im Mittelstand angekommen und hält 2007 an – so jeden-falls die Umfrageergebnisse des **Marburger Mittelstands-Barometers (MMB)** zum Jah-reswechsel 2006/2007.

„Wir haben im Mittelstand die positive Trendwende. Es geht auch 2007 aufwärts – trotz Bürokratie und Steuerbelastung." Dies erklärte der Präsident des Bundesverbands mit-telständische Wirtschaft (BVMW), Mario Ohoven, bei der Vorstellung des Marburger Mittelstands-Barometers (MMB) 2006. Dafür wurden von der Forschungsstelle mittel-ständische Wirtschaft der Philipps-Universität Marburg und dem BVMW bundesweit mehr als 2.300 Unternehmer aller Branchen befragt.

Der repräsentativen Studie zufolge wollen rund 62 Prozent der Klein- und Mittelbetrie-be in den kommenden zwölf Monaten ihren Mitarbeiterbestand zumindest halten. Rund 29 Prozent planen sogar, zusätzliche Arbeitskräfte einzustellen. Nahezu alle Mittelständ-ler (98,4 Prozent) denken auch für 2007 nicht an eine Verlagerung von Arbeitsplätzen ins Ausland. „Der Mittelstand bekennt sich klar zum Standort Deutschland", betonte der Mittelstandspräsident.

Die überwiegende Mehrheit der Unternehmer (83 Prozent) erwartet eine Verbesserung der Geschäftslage im kommenden Jahr. Auch die Einschätzung der aktuellen Geschäfts-lage fällt durchweg positiv aus: Immerhin 81 Prozent beurteilen sie mit „eher gut" bis „sehr gut". „Die Stimmung in der Wirtschaft könnte gegenwärtig kaum besser sein", so Ohoven.

Wirtschaftszweig	1. Wie ist nach Ihrer Einschätzung die allgemeine Stimmungslage in den Unternehmen Ihres Wirtschaftszweiges?			2. Welches Produktions-, preisbereinigtes Umsatz- bzw. Geschäftsergebnis erwartet Ihr Wirtschaftszweig für das Jahr 2007?					3. Wie werden sich die Investitionen 2007 in Ihrem Wirtschaftszweig entwickeln?			4. Wie wird sich 2007 die Zahl der Beschäftigten in Ihrem Wirtschaftszweig voraussichtlich entwickeln?		
	besser als zum Wechsel 2005/2006	genauso wie zum Wechsel 2005/2006	schlechter als zum Wechsel 2005/2006	wesentl. höher als 2006	etwas höher als 2006	gleich bleibend	etwas niedriger als 2006	wesentl. niedriger als 2006	mehr Investitionen als 2006	gleich viele Investitionen wie 2006	weniger Investitionen als 2006	mehr Beschäftigte als 2006	gleich viele Beschäftigte wie 2006	weniger Beschäftigte als 2006
1. Bergbau	•									•				•
2. Elektrizitätswirtschaft		•			•				•				•	
3. Mineralölverarbeitung			•				•		•				•	
4. Steine-und-Erden-Industrie	•				•				•					•
5. Eisen- und Stahlindustrie	•					•			•				•	
6. NE-Metallindustrie	•					•			•				•	
7. Gießereien	•				•				•			•		
8. Chemische Industrie		•			•				•					•
9. Gummiverarbeitung		•			•				•			•		
10. Stahlbau und Energietechnik	•				•					•		•		
11. Stahl- und Metallverarbeitung	•				•				•			•		
12. Maschinen- und Anlagenbau	•				•				•					
13. Automobilindustrie		•				•			•					•
14. Luft- und Raumfahrzeugbau		•				•				•		•		
15. Schiffbau und Meerestechnik	•								•			•		
16. Elektrotechnik	•					•			•			•		
17. Feinmechanik und Optik	•				•				•			•		
18. Keramische Industrie	•					•			•				•	
19. Glasindustrie	•									•				•
20. Holzverarbeitung	•				•				•				•	
21. Papierverarbeitung	•				•				•				•	
22. Druckindustrie	•								•				•	
23. Kunststoffverarbeitung	•			•					•				•	

Wirtschaftszweig	1. Wie ist nach Ihrer Einschätzung die allgemeine Stimmungslage in den Unternehmen Ihres Wirtschaftszweiges?			2. Welches Produktions-, preisbereinigtes Umsatz- bzw. Geschäftsergebnis erwartet Ihr Wirtschaftszweig für das Jahr 2007?					3. Wie werden sich die Investitionen 2007 in Ihrem Wirtschaftszweig entwickeln?			4. Wie wird sich 2007 die Zahl der Beschäftigten in Ihrem Wirtschaftszweig voraussichtlich entwickeln?		
	besser als zum Wechsel 2005/2006	genauso wie zum Wechsel 2005/2006	schlechter als zum Wechsel 2005/2006	wesentl. höher als 2006	etwas höher als 2006	gleich bleibend	etwas niedriger als 2006	wesentl. niedriger als 2006	mehr Investitionen als 2006	gleich viele Investitionen wie 2006	weniger Investitionen als 2006	mehr Beschäftigte als 2006	gleich viele Beschäftigte wie 2006	weniger Beschäftigte als 2006
24. Lederindustrie	•				•					•			•	
25. Textil- und Modeindustrie	•				•					•				•
26. Ernährungsindustrie	•				•					•				•
27. Bauindustrie	•						•			•			•	
28. Baugewerbe	•				•					•			•	
29. Handwerk	•					•					•			•
30. Entsorgungswirtschaft	•				•					•			•	
31. Groß- und Außenhandel		•			•					•			•	
32. HDE-Einzelhandel			•				•		•				•	
33. BAG-Einzelhandel		•					•				•		•	
34. Speditionen	•			•					•			•		
35. Banken	•				•				•				•	
36. Sparkassen	•				•				•				•	
37. Volksbanken	•				•				•					•
38. Investment		•			•					•			•	
39. Leasing			•		•					•			•	
40. Versicherungen		•					•		•					•
41. Gastgewerbe	•					•				•			•	
42. Zeitschriftenverlage	•				•				•			•		
43. Tourismus	•				•						•			•
44. Informationswirtschaft		•					•			•			•	
45. Werbewirtschaft	•				•					•		•		
Umfrage 2007	**32**	**9**	**4**	**2**	**29**	**7**	**6**	**0**	**22**	**20**	**3**	**9**	**25**	**11**

4 Sonstige Kennzahlen für die Beratungspraxis

In schwierigen wirtschaftlichen Zeiten bleiben auch Branchen nicht statisch. Das heißt, wer heute ein Unternehmen oder eine Praxis eröffnet oder führt, kann sich nicht auf sichere Erfolgsrezepte stützen, sondern muss individuell nicht nur die Lage in seinem Unternehmen, sondern auch das gesamte Umfeld im Auge haben und alle Register der erfolgreichen Unternehmensführung ziehen. Neben der Kostenstrukturanalyse gehört dazu aus dem Bereich Kennzahlenanalyse vor allem die Bilanzanalyse, in der neben Daten zur Rentabilität auch Aussagen zur Liquidität und Finanzierungsstruktur getroffen werden. Die bereits bisher in den Vorauflagen enthaltenen Daten der Deutschen Bundesbank, die unter dem Titel „Ertragslage und Finanzierungsverhältnisse deutscher Unternehmen" nach Branchen regelmäßig jährlich von der Deutschen Bundesbank im Monatsbericht veröffentlicht werden, sind daher nachstehend aufbereitet für die direkte Anwendung im Vergleich zu gängigen Bilanzkennzahlen (Teil 4.1).

Aber auch langfristige Trends dürfen nicht unbeachtet bleiben: Ob die Börse, die Preise, die Zinsen, die Arbeitslosenquote heute steigt und morgen wieder fällt – das sagt noch nicht viel. Wie ist der langfristige Trend? Wie ist das Niveau? Wie genau verlaufen globale Trends, wie insbesondere die Bevölkerungsentwicklung und was bedeutet das z.B. für mein Produkt (Kinderwindeln, Schulbücher, Brillen, Steuererklärungen, Flugreisen, Altersheime ...)? Da zunehmend klar wird, dass jeder für sich Überlegungen anstellen muss, wie die eigene Zukunft aussehen könnte, werden auch solche ergänzenden Zahlen wieder mit berücksichtigt (Teil 4.2).

Wieder mit aufgenommen sind ausgewählte Produktivitätskennzahlen in den EU-(Beitritts- und Kandidaten-)Ländern. In Teil 4.2 finden Sie Kennzahlen zur Bevölkerungsentwicklung, Zinssätzen und Erwerbstätigkeit. Teil 4.3 enthält den Umsatz je Beschäftigten länderweise und nach Wirtschaftsbereichen des Dienstleistungssektors als zentrale Kennziffer der Produktivität in diesem Bereich.

4.1 Bilanzkennzahlen nach Wirtschaftszweigen

Die Deutsche Bundesbank erhebt seit Jahren die Jahresabschlusszahlen deutscher Unternehmen und wertet diese regelmäßig aus. Bekannt wird vor allem immer die ermittelte Eigenkapitalquote, die sich ebenso wie andere Bilanzkennzahlen aus den Bilanzdaten errechnen lässt. Veröffentlicht werden in kompletten Tabellen und branchenbezogen die aggregierten Werte in €, die für das einzelne Unternehmen zunächst einmal wenig aussagen. Für Zwecke der unmittelbaren Verwendung in der Unternehmensberatung haben wir die zuletzt veröffentlichten Tabellenwerte in Bilanzkennzahlen umgerechnet. Dafür haben wir Kennzahlen ausgewählt, die in der Beratung und Unternehmensanalyse gängig sind und sich aus den veröffentlichten Zahlen ermitteln ließen. Dabei wurden einheitlich für alle Branchen alle Werte ausgerechnet, auch wenn die Werte unterschiedliche Bedeutung je nach Branche haben (z.B. Handelsspanne). Einige Werte konnten auch nicht in Betriebsvergleichswerte für den Einzelbetriebsvergleich umgerechnet werden, da sie nur als absolute Zahlen Sinn machen wie z.B. der Cashflow in Mrd. €. Wir haben diese Zahlen ebenfalls aufgenommen, da durch die Darstellung von acht Jahren seit 1997 hier in einigen Branchen sehr aufschlussreiche Trends erkennbar sind.

Neu ist, dass die Bundesbank jetzt auch die unternehmensnahen Dienstleistungen (= Datenverarbeitung und Datenbanken, Forschung und Entwicklung sowie Erbringung von wirtschaftlichen Dienstleistungen – d.h. insbesondere Beratung: vgl. die Klassen 72.00.0, 73.00.0 und 74.00.0 der WZ 2003) einbezieht. Alle Zahlen ab 1997 wurden entsprechend umgerechnet. Das ist zu berücksichtigen, wenn man die nachfolgenden Zahlen mit den Werten der Vorauflage vergleichen will.

Den Tabellen und Berechnungen liegen die zuletzt im Monatsbericht Juni 2006 der Deutschen Bundesbank veröffentlichten Zahlen zugrunde. Die Errechnung der Kennzahlen erfolgt wie in der Vorauflage nach folgenden Formeln (vgl. Seite 569). Im Vergleich zu der Vorauflage ergeben sich teilweise erhebliche Abweichungen. Diese resultieren aus folgenden Zusammenhängen:

1. Einbeziehung des Dienstleistungssektors und damit Änderung der gesamtwirtschaftlichen Zahlen.

2. Berechnung auf der Grundlage der von der Bundesbank zur Verfügung gestellten Excel-Tabellen mit Nachkommastellen: d.h. teilweise genauere Berechnung als aus den gerundeten Werten lt. gedrucktem Monatsbereicht.

3. Umstellung der Datenbasis und Neudefinition einiger Ausgangszahlen durch die Bundesbank ab 1997.

$$\text{Umsatz je 1 € Personalkosten} = \frac{\text{Gesamtleistung}}{\text{Personalaufwand}}$$

$$\text{Umschlagshäufigkeit des Gesamtkapitals} = \frac{\text{Umsatz}}{\text{Bilanzsumme}}$$

$$\text{Zielgewährung an Kunden (in Tagen)} = \frac{\text{Forderungen aus L. + L. x 360}}{\text{Umsatz}}$$

$$\text{Zielgewährung von Lieferanten (in Tagen)} = \frac{\text{Verbindlichkeiten aus L. + L. x 360}}{\text{Materialaufwand}}$$

ordentlicher Cashflow = Jahresergebnis vor Gewinnsteuern + Abschreibungen auf Sachanlagen u. Immat. Vermggst.

$$\text{Umsatzrentabilität bezogen auf den Cashflow (in \%)} = \frac{\text{Cashflow x 100}}{\text{Gesamtleistung}}$$

$$\text{Nettoverschuldung in Jahren bezogen auf den Cashflow} = \frac{\text{Nettoverschuldung}}{\text{Cashflow}}$$

$$\text{Eigenkapitalrentabilität (in \%)} = \frac{\text{Jahresüberschuss x 100}}{\text{Eigenmittel}}$$

$$\text{Eigenkapitalrentabilität vor Steuern (in \%)} = \frac{\text{Jahresergebnis vor Gewinnsteuern x 100}}{\text{Eigenmittel}}$$

$$\text{Umsatzrentabilität (in \%)} = \frac{\text{Jahresüberschuss x 100}}{\text{Gesamtleistung}}$$

$$\text{Aufschlagsatz (in \%)} = \frac{\text{(Gesamtleistung − Materialaufwand) x 100}}{\text{Materialaufwand}}$$

$$\text{Handelsspanne (in \%)} = \frac{\text{(Gesamtleistung − Materialaufwand) x 100}}{\text{Gesamtleistung}}$$

$$\text{Anlagendeckung I (in \%)} = \frac{\text{Eigenmittel x 100}}{\text{Immaterielle Vermögensgegenstände + Sachanlagen}}$$

$$\text{Anlagendeckung II (in \%)} = \frac{\text{(Eigenmittel + langfristige Verbindlichkeiten + Pensionsrückstellungen) x 100}}{\text{Immaterielle Vermögensgegenstände + Sachanlagen}}$$

Nettoverschuldung (in Mrd. €) = Verbindlichkeiten − Kassenmittel

$$\text{Liquidität 2. Grades (in \%)} = \frac{\text{(Kassenmittel + kurzfristige Forderungen) x 100}}{\text{kurzfristige Verbindlichkeiten}}$$

$$\text{Anlagenintensität (in \%)} = \frac{\text{Sachanlagen x 100}}{\text{Bilanzsumme}}$$

$$\text{Eigenkapitalanteil (in \%)} = \frac{\text{Eigenmittel x 100}}{\text{Bilanzsumme}}$$

$$\text{Verschuldungsgrad (in \%)} = \frac{\text{Fremdmittel x 100}}{\text{Eigenmittel}}$$

Dabei legt die Deutsche Bundesbank folgende spezielle Begriffsdefinitionen zugrunde:

Eigenmittel = Eigenkapital, Rücklagen und Gewinnvortrag abzüglich Berichtigungsposten zum Eigenkapital einschließlich anteiliger Sonderposten mit Rücklageanteil

Da bei der Bilanzanalyse und speziell auch für Ratingzwecke der Sonderposten mit Rücklageanteil ebenfalls (üblicherweise zu 50 %) dem Eigenkapital zugerechnet wird, wird diese Definition des wirtschaftlichen Eigenkapitals hier übernommen.

Fremdmittel = Verbindlichkeiten zuzüglich Rückstellungen einschließlich anteiliger Sonderposten mit Rücklageanteil

Kassenmittel = Kasse und Bankguthaben

Die von der Bundesbank errechneten Verhältniszahlen sind in der nachstehenden Tabelle 1 wiedergegeben. Deutlich erkennbar ist die Verbesserung der Finanzierungsstruktur. Die Eigenmittelquote ist vom langjährigen Tiefstand (seit 1997) von um 17 % kontinuierlich auf zuletzt 23,0 % im Branchenmittel gestiegen. Auch die Eigenkapitaldeckung der Sachanlagen hat sich auf 90 % verbessert. Das langfristige Kapital insgesamt beträgt 187 % der Sachanlagen, d.h. reicht auch deutlich aus, um einen Grundbestand an Betriebsmitteln solide mit zu finanzieren. Die kurzfristigen Verbindlichkeiten sind zu 90 % durch liquide Mittel und kurzfristige Forderungen gedeckt und kommen damit dem betriebswirtschaftlichen Ideal der vollen Fristenkongruenz nahe.

Tabelle 1: Verhältniszahlen zur Vermögens- und Kapitalstruktur der Unternehmen*)

Position	2000	2001	2002	2003	2004
	in % der Bilanzsumme[1]				
Sachanlagen[2]	25,0	25,0	24,4	24,0	24,3
Vorräte[3]	23,0	22,5	20,2	19,9	19,5
Kurzfristige Forderungen	30,0	30,0	31,9	31,1	31,1
Langfristig verfügbares Kapital[4]	42,5	42,5	44,1	44,5	45,4
darunter: Eigenmittel[1]	17,0	17,5	21,1	21,6	23,0
Kurzfristige Verbindlichkeiten	46,5	46,5	45,1	44,6	43,6
	in % der Sachanlagen[2]				
Eigenmittel[1]	68,5	70,5	86,6	90,0	94,5
Langfristig verfügbares Kapital[5]	168,5	170,5	180,8	185,4	187,0
	in % des Anlagevermögens[5]				
Langfristig verfügbares Kapital[4]	102,0	102,0	109,6	110,0	111,6
	in % der kurzfristigen Verbindlichkeiten				
Liquide Mittel[6] und kurzfristige Forderungen	76,0	76,5	86,7	87,7	90,0
	in % der Fremdmittel[7]				
Eigenerwirtschaftete Mittel[8]	13,5	12,5	15,7	14,7	15,5

* Hochgerechnete Ergebnisse. Geschätzte Angaben, auf halbe und ganze Prozentpunkte gerundet.
1) Abzüglich Berichtigungsposten zum Eigenkapital.
2) Einschl. immaterieller Vermögensgegenstände.
3) Einschl. nicht abgerechneter Leistungen.
4) Eigenmittel, Pensionsrückstellungen, langfristiger Verbindlichkeiten und Sonderposten mit Rücklageanteil.
5) Sachanlagen einschl. immaterieller Vermögensgegenstände, Beteiligungen, langfristige Forderungen und Wertpapiere des Anlagevermögens.
6) Kassenmittel und Wertpapiere des Umlaufvermögens.
7) Verbindlichkeiten, Rückstellungen und anteiliger Sonderposten mit Rücklageanteil, vermindert um die Kassenmittel.
8) Jahresergebnis, Abschreibungen, Veränderung der Rückstellungen, des Sonderpostens mit Rücklageanteil und der Rechnungsabgrenzungsposten, abzüglich Zuschreibungen auf Sachanlagen.

Quelle: Deutsche Bundesbank, Monatsbericht Juni 2006.

Die nachfolgende Tabelle 2 gibt die Kennzahlen noch einmal erweitert und branchenbezogen wieder. Abweichungen zu den o.a. von der Deutschen Bundesbank berechneten Werten ergeben sich durch Rundung und die teilweise geringfügig abweichenden Kennzahlendefinitionen (vgl. Seite 569/570).

Tabelle 2: Bilanzkennzahlen deutscher Unternehmen nach Wirtschaftsbereichen
(Quelle: Deutsche Bundesbank, eigene Berechnungen)

Bezeichnung	Insgesamt[1]							
	1997	1998	1999	2000	2001	2002	2003	2004
Kennzahlen der Produktivität								
Umsatz je 1 € Personalkosten (in €)	5,07	5,16	5,17	5,41	5,44	5,33	5,36	5,56
Umschlagshäufigkeit des Gesamtkapitals	1,81	1,80	1,74	1,78	1,78	1,72	1,71	1,74
Zielgewährung an Kunden (in Tagen)	31,53	30,63	32,13	31,60	29,68	28,82	28,25	27,25
Zielgewährung von Lieferanten (in Tagen)	45,11	42,16	41,93	40,84	37,94	37,31	36,38	34,93
Kennzahlen zum Cashflow								
ordentlicher Cashflow (in Mrd. €)	216,42	235,64	236,37	249,80	251,87	245,23	238,59	244,95
Umsatzrentabilität bezogen auf den Cashflow (in %)	7,03	7,43	7,22	7,15	7,12	7,04	6,86	6,81
Nettoverschuldung in Jahren, bezogen auf den Cashflow	4,60	4,31	4,52	4,47	4,39	4,41	4,44	4,24
Kennzahlen zur Rentabilität								
Eigenkapitalrentabilität (in %)	29,68	29,57	25,64	26,36	25,98	22,78	21,39	22,29
Eigenkapitalrentabilität vor Steuern (in %)	38,71	39,34	34,92	35,50	33,86	29,20	27,79	28,70
Umsatzrentabilität (in %)	2,66	2,88	2,70	2,74	2,83	2,79	2,70	2,92
Aufschlagsatz (in %)	65,59	64,68	64,72	61,25	60,75	62,06	62,41	60,26
Handelsspanne (in %)	39,61	39,28	39,29	37,99	37,79	38,29	38,43	37,60
Kennzahlen zur Finanz- und Liquiditätsstruktur								
Anlagendeckung I (in %)	65,18	69,77	74,79	76,09	79,11	86,57	90,03	94,51
Anlagendeckung II (in %)	165,94	170,56	176,25	173,47	172,85	178,25	182,97	184,56
Nettoverschuldung (in Mrd. €)	995,48	1.016,68	1.067,76	1.115,55	1.104,50	1.082,15	1.058,70	1.039,17
Liquidität 2. Grades (in %)	77,57	79,60	81,99	80,60	81,64	84,39	85,14	86,92
Kennzahlen zur Vermögens- und Kapitalstruktur								
Anlagenintensität (in %)	23,63	23,64	23,00	22,65	22,88	22,30	22,04	22,19
Eigenkapitalanteil (in %)	16,26	17,53	18,42	18,57	19,46	21,11	21,62	22,97
Verschuldungsgrad (in %)	515,07	470,53	442,97	438,63	413,76	373,77	362,61	335,39

1) Verarbeitendes Gewerbe (einschließlich Bergbau und Gewinnung von Steinen und Erden), Baugewerbe, Handel und Verkehr ohne Eisenbahnen; ab 1997 einschließlich unternehmensnahe Dienstleistungen (= neue Datenbasis), daher keine Vergleichbarkeit mit der Vorauflage!

Fortsetzung von Seite 572

Tabelle 2: Bilanzkennzahlen deutscher Unternehmen nach Wirtschaftsbereichen
(Quelle: Deutsche Bundesbank, eigene Berechnungen)

Bezeichnung	Verarbeitendes Gewerbe[1]							
	1997	1998	1999	2000	2001	2002	2003	2004
	Kennzahlen der Produktivität							
Umsatz je 1 € Personalkosten (in €)	4,38	4,48	4,48	4,77	4,89	4,74	4,76	4,92
Umschlagshäufigkeit des Gesamtkapitals	1,48	1,48	1,43	1,44	1,42	1,34	1,31	1,34
Zielgewährung an Kunden (in Tagen)	31,33	30,11	31,99	31,99	29,82	28,95	28,37	27,74
Zielgewährung von Lieferanten (in Tagen)	42,76	40,17	40,14	39,74	35,96	35,45	34,81	34,20
	Kennzahlen zum Cashflow							
ordentlicher Cashflow (in Mrd. €)	117,32	127,51	128,52	140,43	139,77	133,94	127,56	127,05
Umsatzrentabilität bezogen auf den Cashflow (in %)	8,83	9,19	9,02	9,06	8,88	8,61	8,12	7,76
Nettoverschuldung in Jahren, bezogen auf den Cashflow	3,51	3,38	3,54	3,62	3,67	3,91	4,13	4,18
	Kennzahlen zur Rentabilität							
Eigenkapitalrentabilität (in %)	21,67	21,46	18,29	20,33	19,62	16,17	13,88	14,14
Eigenkapitalrentabilität vor Steuern (in %)	28,71	29,38	26,10	28,17	26,30	21,47	18,99	19,32
Umsatzrentabilität (in %)	3,32	3,45	3,21	3,42	3,44	3,21	2,81	2,84
Aufschlagsatz (in %)	85,73	83,52	82,87	75,95	73,20	74,01	73,97	70,76
Handelsspanne (in %)	46,16	45,51	45,32	43,17	42,26	42,53	42,52	41,44
	Kennzahlen zur Finanz- und Liquiditätsstruktur							
Anlagendeckung I (in %)	91,48	96,33	103,11	101,39	104,32	111,42	114,33	114,44
Anlagendeckung II (in %)	192,30	197,05	203,89	199,67	198,87	206,63	211,43	209,79
Nettoverschuldung (in Mrd. €)	412,31	430,53	454,84	509,02	513,39	523,11	526,60	531,48
Liquidität 2. Grades (in %)	91,69	79,60	81,99	80,60	81,64	84,39	85,14	86,92
	Kennzahlen zur Vermögens- und Kapitalstruktur							
Anlagenintensität (in %)	23,68	23,43	22,89	22,35	22,32	21,65	21,31	21,38
Eigenkapitalanteil (in %)	22,82	23,94	25,11	24,33	25,07	26,58	26,64	27,08
Verschuldungsgrad (in %)	338,24	317,75	298,31	311,06	298,90	276,26	275,36	269,32

1) Einschließlich Bergbau und Gewinnung von Steinen und Erden.

Fortsetzung von Seite 573

Tabelle 2: Bilanzkennzahlen deutscher Unternehmen nach Wirtschaftsbereichen
(Quelle: Deutsche Bundesbank, eigene Berechnungen)

Bezeichnung	Ernährungsgewerbe							
	1997	1998	1999	2000	2001	2002	2003	2004
Kennzahlen der Produktivität								
Umsatz je 1 € Personalkosten (in €)	7,03	7,08	6,74	6,98	7,26	6,97	6,94	7,10
Umschlagshäufigkeit des Gesamtkapitals	2,03	1,98	1,98	1,95	2,00	1,93	1,99	2,02
Zielgewährung an Kunden (in Tagen)	25,79	26,15	26,78	27,07	27,00	26,40	26,67	27,54
Zielgewährung von Lieferanten (in Tagen)	44,24	40,11	36,80	36,62	35,19	34,98	34,26	31,72
Kennzahlen zum Cashflow								
ordentlicher Cashflow (in Mrd. €)	10,86	11,44	10,97	11,23	12,19	11,88	12,48	12,46
Umsatzrentabilität bezogen auf den Cashflow (in %)	7,15	7,60	7,43	7,30	7,58	7,54	7,78	7,49
Nettoverschuldung in Jahren, bezogen auf den Cashflow	4,30	4,12	4,13	4,21	4,02	3,97	3,68	3,69
Kennzahlen zur Rentabilität								
Eigenkapitalrentabilität (in %)	22,73	28,33	26,96	27,28	34,11	26,69	30,77	26,56
Eigenkapitalrentabilität vor Steuern (in %)	31,64	37,37	35,38	34,51	40,80	33,83	36,77	32,43
Umsatzrentabilität (in %)	2,07	2,64	2,63	2,74	3,31	3,04	3,41	3,25
Aufschlagsatz (in %)	58,91	59,73	61,98	60,58	58,70	60,96	59,39	56,29
Handelsspanne (in %)	37,07	37,39	38,27	37,72	36,99	37,87	37,26	36,02
Kennzahlen zur Finanz- und Liquiditätsstruktur								
Anlagendeckung I (in %)	47,97	50,45	52,20	52,72	52,60	63,71	61,30	68,27
Anlagendeckung II (in %)	123,18	134,67	134,37	133,51	133,11	141,52	135,20	136,28
Nettoverschuldung (in Mrd. €)	46,66	47,13	45,29	47,30	48,97	47,19	45,97	46,00
Liquidität 2. Grades (in %)	72,98	79,40	84,07	82,93	80,59	81,15	85,76	84,33
Kennzahlen zur Vermögens- und Kapitalstruktur								
Anlagenintensität (in %)	36,75	34,94	35,00	35,01	34,61	32,53	33,90	34,19
Eigenkapitalanteil (in %)	18,45	18,49	19,28	19,66	19,46	22,02	22,06	24,68
Verschuldungsgrad (in %)	442,09	440,71	418,64	408,63	413,83	354,20	353,39	305,16

Fortsetzung von Seite 574

Tabelle 2: Bilanzkennzahlen deutscher Unternehmen nach Wirtschaftsbereichen
(Quelle: Deutsche Bundesbank, eigene Berechnungen)

Bezeichnung	Textil- und Bekleidungsgewerbe							
	1997	1998	1999	2000	2001	2002	2003	2004
Kennzahlen der Produktivität								
Umsatz je 1 € Personalkosten (in €)	4,54	4,71	4,58	4,76	4,80	4,75	4,68	4,97
Umschlagshäufigkeit des Gesamtkapitals	1,84	1,87	1,81	1,79	1,76	1,72	1,73	1,75
Zielgewährung an Kunden (in Tagen)	37,14	35,58	35,09	36,78	34,84	34,54	34,94	34,55
Zielgewährung von Lieferanten (in Tagen)	53,48	48,68	44,42	46,26	42,75	39,80	37,89	35,91
Kennzahlen zum Cashflow								
ordentlicher Cashflow (in Mrd. €)	2,44	2,60	2,37	2,48	2,31	2,21	1,91	2,00
Umsatzrentabilität bezogen auf den Cashflow (in %)	7,03	7,22	6,75	7,00	6,70	7,13	6,42	6,70
Nettoverschuldung in Jahren, bezogen auf den Cashflow	4,80	4,54	5,02	4,87	4,89	4,64	4,96	4,49
Kennzahlen zur Rentabilität								
Eigenkapitalrentabilität (in %)	24,97	25,60	18,96	23,81	17,01	17,42	14,33	18,51
Eigenkapitalrentabilität vor Steuern (in %)	35,24	34,00	27,47	31,72	23,65	23,59	20,55	24,29
Umsatzrentabilität (in %)	2,70	2,96	2,30	2,86	2,33	2,64	2,15	2,91
Aufschlagsatz (in %)	70,58	68,71	72,02	70,39	71,20	71,76	73,32	71,72
Handelsspanne (in %)	41,37	40,73	41,87	41,31	41,59	41,78	42,30	41,77
Kennzahlen zur Finanz- und Liquiditätsstruktur								
Anlagendeckung I (in %)	88,70	100,56	101,46	101,10	110,72	122,99	122,97	126,41
Anlagendeckung II (in %)	207,52	216,25	220,74	212,66	211,89	224,53	224,91	218,45
Nettoverschuldung (in Mrd. €)	11,71	11,80	11,91	12,09	11,30	10,26	9,50	8,96
Liquidität 2. Grades (in %)	77,97	78,09	81,63	77,35	80,08	84,51	86,21	84,97
Kennzahlen zur Vermögens- und Kapitalstruktur								
Anlagenintensität (in %)	21,63	20,72	20,66	20,23	20,62	19,81	20,01	20,32
Eigenkapitalanteil (in %)	20,00	21,69	21,88	21,59	24,19	25,84	25,91	27,51
Verschuldungsgrad (in %)	399,97	361,01	357,10	363,10	313,47	286,94	285,98	263,50

Fortsetzung von Seite 575

Tabelle 2: Bilanzkennzahlen deutscher Unternehmen nach Wirtschaftsbereichen
(Quelle: Deutsche Bundesbank, eigene Berechnungen)

Bezeichnung	Holzgewerbe (ohne Herstellung von Möbeln)							
	1997	1998	1999	2000	2001	2002	2003	2004
Kennzahlen der Produktivität								
Umsatz je 1 € Personalkosten (in €)	4,07	4,22	4,12	4,26	4,28	4,39	4,43	4,40
Umschlagshäufigkeit des Gesamtkapitals	1,66	1,67	1,60	1,61	1,61	1,62	1,63	1,70
Zielgewährung an Kunden (in Tagen)	34,35	33,69	36,85	36,20	35,44	34,33	33,06	30,07
Zielgewährung von Lieferanten (in Tagen)	64,76	55,51	56,17	53,89	53,02	44,55	43,01	42,31
Kennzahlen zum Cashflow								
ordentlicher Cashflow (in Mrd. €)	1,85	1,75	1,62	1,70	1,37	1,46	1,74	1,68
Umsatzrentabilität bezogen auf den Cashflow (in %)	7,46	7,01	6,60	6,74	5,79	6,45	7,73	7,27
Nettoverschuldung in Jahren, bezogen auf den Cashflow	6,23	6,39	7,14	6,89	8,04	6,82	5,39	5,29
Kennzahlen zur Rentabilität								
Eigenkapitalrentabilität (in %)	28,22	23,12	14,32	19,79	5,41	13,83	27,02	23,13
Eigenkapitalrentabilität vor Steuern (in %)	38,04	33,00	22,35	26,64	11,40	19,72	32,16	29,11
Umsatzrentabilität (in %)	1,84	1,62	1,05	1,46	0,40	1,28	2,90	2,60
Aufschlagsatz (in %)	82,35	76,04	78,76	77,24	78,24	75,67	76,68	80,37
Handelsspanne (in %)	45,16	43,19	44,06	43,58	43,90	43,07	43,40	44,56
Kennzahlen zur Finanz- und Liquiditätsstruktur								
Anlagendeckung I (in %)	28,38	32,16	32,28	33,29	32,84	40,93	47,18	52,61
Anlagendeckung II (in %)	115,73	216,25	220,74	212,66	211,89	224,53	224,91	218,45
Nettoverschuldung (in Mrd. €)	11,49	11,19	11,56	11,71	10,99	9,94	9,37	8,87
Liquidität 2. Grades (in %)	54,96	57,97	58,89	58,48	60,60	67,43	69,56	69,84
Kennzahlen zur Vermögens- und Kapitalstruktur								
Anlagenintensität (in %)	38,04	36,21	36,23	35,55	36,21	36,35	36,64	35,83
Eigenkapitalanteil (in %)	10,94	11,81	11,86	12,02	12,02	15,10	17,60	19,28
Verschuldungsgrad (in %)	813,90	746,60	743,45	731,61	732,17	562,21	468,12	418,68

Fortsetzung von Seite 576

Tabelle 2: Bilanzkennzahlen deutscher Unternehmen nach Wirtschaftsbereichen
(Quelle: Deutsche Bundesbank, eigene Berechnungen)

Bezeichnung	Papier-, Verlags- und Druckgewerbe							
	1997	1998	1999	2000	2001	2002	2003	2004
Kennzahlen der Produktivität								
Umsatz je 1 € Personalkosten (in €)	3,87	3,90	3,97	4,19	4,16	4,01	4,06	4,18
Umschlagshäufigkeit des Gesamtkapitals	1,59	1,57	1,53	1,54	1,55	1,50	1,46	1,52
Zielgewährung an Kunden (in Tagen)	33,74	33,40	36,10	36,49	34,95	33,84	32,63	30,62
Zielgewährung von Lieferanten (in Tagen)	55,84	54,91	55,13	51,13	47,25	45,74	45,29	44,98
Kennzahlen zum Cashflow								
ordentlicher Cashflow (in Mrd. €)	9,90	10,67	11,75	12,14	14,12	10,76	10,24	10,11
Umsatzrentabilität bezogen auf den Cashflow (in %)	10,82	11,36	11,96	11,59	14,06	11,09	10,92	10,72
Nettoverschuldung in Jahren, bezogen auf den Cashflow	3,15	2,89	2,86	2,94	2,49	3,06	3,22	3,02
Kennzahlen zur Rentabilität								
Eigenkapitalrentabilität (in %)	30,67	30,48	32,89	31,75	49,48	26,86	26,35	26,04
Eigenkapitalrentabilität vor Steuern (in %)	41,69	42,04	43,87	40,99	57,08	33,24	32,29	33,05
Umsatzrentabilität (in %)	3,86	4,17	4,78	4,66	7,26	4,41	4,47	4,47
Aufschlagsatz (in %)	116,82	114,49	114,72	102,86	114,53	109,09	108,09	105,53
Handelsspanne (in %)	53,88	53,38	53,43	50,71	53,39	52,17	51,94	51,34
Kennzahlen zur Finanz- und Liquiditätsstruktur								
Anlagendeckung I (in %)	55,37	57,14	60,23	62,22	62,93	65,37	66,23	67,36
Anlagendeckung II (in %)	146,33	142,81	144,44	144,12	142,42	142,38	145,24	142,25
Nettoverschuldung (in Mrd. €)	31,18	30,80	33,61	35,73	35,15	32,97	33,00	30,51
Liquidität 2. Grades (in %)	93,61	95,51	93,74	93,04	93,48	102,81	101,61	99,70
Kennzahlen zur Vermögens- und Kapitalstruktur								
Anlagenintensität (in %)	34,56	35,72	35,14	34,88	33,97	35,24	35,34	36,90
Eigenkapitalanteil (in %)	20,02	21,57	22,30	22,78	22,72	24,69	24,80	26,15
Verschuldungsgrad (in %)	399,55	363,60	348,49	338,94	340,22	305,06	303,20	282,47

Fortsetzung von Seite 577

Tabelle 2: Bilanzkennzahlen deutscher Unternehmen nach Wirtschaftsbereichen
(Quelle: Deutsche Bundesbank, eigene Berechnungen)

Bezeichnung	Herstellung von chemischen Erzeugnissen							
	1997	1998	1999	2000	2001	2002	2003	2004
Kennzahlen der Produktivität								
Umsatz je 1 € Personalkosten (in €)	4,57	4,53	4,67	5,25	5,20	4,97	4,97	5,11
Umschlagshäufigkeit des Gesamtkapitals	1,10	1,06	0,98	1,05	0,93	0,81	0,77	0,77
Zielgewährung an Kunden (in Tagen)	31,62	28,88	32,00	32,65	31,18	30,83	29,62	29,03
Zielgewährung von Lieferanten (in Tagen)	34,93	34,04	32,39	34,75	33,61	34,07	33,01	33,13
Kennzahlen zum Cashflow								
ordentlicher Cashflow (in Mrd. €)	15,74	17,77	15,82	20,97	23,15	21,18	19,76	18,12
Umsatzrentabilität bezogen auf den Cashflow (in %)	13,05	14,22	12,51	14,73	15,85	14,86	13,42	11,81
Nettoverschuldung in Jahren, bezogen auf den Cashflow	2,11	2,24	2,78	2,53	2,59	3,32	3,98	4,61
Kennzahlen zur Rentabilität								
Eigenkapitalrentabilität (in %)	15,30	18,00	13,64	21,68	24,05	18,36	13,09	10,63
Eigenkapitalrentabilität vor Steuern (in %)	22,47	24,46	18,79	28,58	28,10	21,37	15,77	13,50
Umsatzrentabilität (in %)	5,17	6,33	5,01	6,89	9,08	8,12	5,93	4,74
Aufschlagsatz (in %)	100,20	98,20	95,55	85,37	82,94	88,18	88,68	85,15
Handelsspanne (in %)	50,05	49,55	48,86	46,05	45,34	46,86	47,00	45,99
Kennzahlen zur Finanz- und Liquiditätsstruktur								
Anlagendeckung I (in %)	172,83	177,03	181,38	163,01	173,18	182,96	185,90	177,23
Anlagendeckung II (in %)	281,11	287,87	297,65	275,02	274,81	311,29	314,16	307,82
Nettoverschuldung (in Mrd. €)	33,27	39,76	43,95	53,05	60,02	70,29	78,62	83,50
Liquidität 2. Grades (in %)	103,83	98,62	107,20	86,54	90,71	102,22	104,87	108,03
Kennzahlen zur Vermögens- und Kapitalstruktur								
Anlagenintensität (in %)	18,85	17,75	17,15	17,48	17,32	16,49	15,38	15,45
Eigenkapitalanteil (in %)	37,41	37,15	35,87	33,52	35,32	35,89	34,88	34,39
Verschuldungsgrad (in %)	167,32	169,14	178,76	198,31	183,13	178,61	186,72	190,79

Fortsetzung von Seite 578

Tabelle 2: Bilanzkennzahlen deutscher Unternehmen nach Wirtschaftsbereichen
(Quelle: Deutsche Bundesbank, eigene Berechnungen)

Bezeichnung	Herstellung von Gummi- und Kunststoffwaren							
	1997	1998	1999	2000	2001	2002	2003	2004
Kennzahlen der Produktivität								
Umsatz je 1 € Personalkosten (in €)	3,82	3,89	3,91	4,07	4,04	4,08	4,16	4,35
Umschlagshäufigkeit des Gesamtkapitals	1,75	1,71	1,59	1,54	1,52	1,51	1,55	1,52
Zielgewährung an Kunden (in Tagen)	35,99	33,99	36,70	36,92	33,50	34,01	33,09	32,74
Zielgewährung von Lieferanten (in Tagen)	44,16	41,49	42,42	42,23	41,57	39,49	38,85	33,94
Kennzahlen zum Cashflow								
ordentlicher Cashflow (in Mrd. €)	4,04	4,13	4,63	5,00	4,77	5,15	5,32	5,31
Umsatzrentabilität bezogen auf den Cashflow (in %)	9,43	9,13	9,76	9,63	8,88	9,53	9,58	9,08
Nettoverschuldung in Jahren, bezogen auf den Cashflow	3,41	3,65	3,64	3,88	4,27	3,89	3,63	3,68
Kennzahlen zur Rentabilität								
Eigenkapitalrentabilität (in %)	27,07	24,04	25,75	23,99	19,09	19,73	19,67	20,33
Eigenkapitalrentabilität vor Steuern (in %)	36,03	33,10	35,07	31,79	25,62	27,55	27,95	27,98
Umsatzrentabilität (in %)	3,33	3,14	3,67	3,54	2,88	3,04	3,05	3,67
Aufschlagsatz (in %)	94,79	91,29	94,53	87,91	88,91	91,32	86,58	82,18
Handelsspanne (in %)	48,66	47,72	48,59	46,78	47,07	47,73	46,40	45,11
Kennzahlen zur Finanz- und Liquiditätsstruktur								
Anlagendeckung I (in %)	65,30	71,81	75,19	77,04	74,12	78,60	80,88	95,53
Anlagendeckung II (in %)	146,67	161,87	161,97	157,79	155,23	160,35	154,84	170,87
Nettoverschuldung (in Mrd. €)	13,78	15,08	16,88	19,40	20,39	20,06	19,30	19,54
Liquidität 2. Grades (in %)	88,29	88,16	86,49	79,93	80,76	83,05	85,10	91,23
Kennzahlen zur Vermögens- und Kapitalstruktur								
Anlagenintensität (in %)	32,12	29,98	29,03	28,53	29,58	28,41	28,43	27,16
Eigenkapitalanteil (in %)	21,63	22,47	22,78	23,08	22,99	23,39	24,10	27,56
Verschuldungsgrad (in %)	362,24	344,97	339,05	333,18	334,90	327,48	314,91	262,91

Fortsetzung von Seite 579

Tabelle 2: Bilanzkennzahlen deutscher Unternehmen nach Wirtschaftsbereichen
(Quelle: Deutsche Bundesbank, eigene Berechnungen)

Bezeichnung	Glasgewerbe, Keramik, Verarbeitung von Steinen und Erden							
	1997	1998	1999	2000	2001	2002	2003	2004
Kennzahlen der Produktivität								
Umsatz je 1 € Personalkosten (in €)	3,89	3,94	3,87	3,91	3,93	3,76	3,83	3,82
Umschlagshäufigkeit des Gesamtkapitals	1,35	1,31	1,31	1,27	1,22	1,20	1,21	1,19
Zielgewährung an Kunden (in Tagen)	28,76	27,19	29,67	29,87	29,58	28,19	26,57	27,25
Zielgewährung von Lieferanten (in Tagen)	48,08	45,15	44,44	43,26	39,10	39,00	35,97	38,37
Kennzahlen zum Cashflow								
ordentlicher Cashflow (in Mrd. €)	5,13	5,71	5,48	4,86	4,71	3,59	3,49	3,88
Umsatzrentabilität bezogen auf den Cashflow (in %)	12,13	13,30	12,55	11,03	10,79	9,18	9,31	10,31
Nettoverschuldung in Jahren, bezogen auf den Cashflow	3,20	2,88	3,13	3,72	3,92	4,32	3,95	3,38
Kennzahlen zur Rentabilität								
Eigenkapitalrentabilität (in %)	23,30	27,08	23,47	20,23	16,28	11,08	12,19	15,79
Eigenkapitalrentabilität vor Steuern (in %)	31,09	34,29	30,86	26,49	22,28	14,32	15,25	19,24
Umsatzrentabilität (in %)	3,69	4,94	4,31	3,79	3,35	2,49	2,90	3,95
Aufschlagsatz (in %)	111,50	111,66	113,60	108,26	102,50	106,67	104,19	110,07
Handelsspanne (in %)	52,72	52,75	53,18	51,98	50,62	51,61	51,03	52,40
Kennzahlen zur Finanz- und Liquiditätsstruktur								
Anlagendeckung I (in %)	54,80	63,63	64,35	70,74	75,23	80,68	87,72	87,30
Anlagendeckung II (in %)	131,90	138,53	143,10	151,19	153,72	160,22	164,73	166,54
Nettoverschuldung (in Mrd. €)	16,41	16,46	17,13	18,10	18,45	15,51	13,78	13,13
Liquidität 2. Grades (in %)	84,23	86,74	94,61	86,78	87,33	95,43	100,99	105,12
Kennzahlen zur Vermögens- und Kapitalstruktur								
Anlagenintensität (in %)	38,27	36,75	35,97	32,72	32,05	31,64	31,30	32,28
Eigenkapitalanteil (in %)	21,45	24,03	24,04	23,94	25,18	27,04	28,70	29,82
Verschuldungsgrad (in %)	366,12	316,19	316,00	317,63	297,22	269,83	248,40	235,38

Fortsetzung von Seite 580

Tabelle 2: Bilanzkennzahlen deutscher Unternehmen nach Wirtschaftsbereichen
(Quelle: Deutsche Bundesbank, eigene Berechnungen)

Bezeichnung	Metallerzeugung und -bearbeitung, Herstellung von Metallerzeugnissen							
	1997	1998	1999	2000	2001	2002	2003	2004
	Kennzahlen der Produktivität							
Umsatz je 1 € Personalkosten (in €)	3,64	3,71	3,61	3,94	4,06	3,90	3,94	4,21
Umschlagshäufigkeit des Gesamtkapitals	1,53	1,57	1,48	1,53	1,60	1,56	1,63	1,66
Zielgewährung an Kunden (in Tagen)	36,64	35,25	37,36	36,35	33,49	32,85	32,20	32,48
Zielgewährung von Lieferanten (in Tagen)	49,02	44,83	47,72	45,41	40,48	39,94	39,09	39,91
	Kennzahlen zum Cashflow							
ordentlicher Cashflow (in Mrd. €)	14,97	13,60	14,60	15,65	14,82	15,50	13,51	16,16
Umsatzrentabilität bezogen auf den Cashflow (in %)	10,57	9,24	9,70	8,94	8,59	9,28	8,25	8,94
Nettoverschuldung in Jahren, bezogen auf den Cashflow	3,41	3,86	3,92	3,98	4,10	3,64	3,86	3,46
	Kennzahlen zur Rentabilität							
Eigenkapitalrentabilität (in %)	37,65	26,41	24,96	22,57	23,98	24,32	18,79	25,68
Eigenkapitalrentabilität vor Steuern (in %)	45,14	34,85	32,20	29,26	30,28	29,74	24,88	32,55
Umsatzrentabilität (in %)	5,10	3,63	3,77	3,37	3,34	3,91	2,93	4,00
Aufschlagsatz (in %)	88,38	87,32	91,79	82,27	76,78	80,53	80,23	76,50
Handelsspanne (in %)	46,92	46,62	47,86	45,14	43,43	44,61	44,52	43,34
	Kennzahlen zur Finanz- und Liquiditätsstruktur							
Anlagendeckung I (in %)	70,87	69,76	69,43	74,02	69,62	78,15	76,75	78,71
Anlagendeckung II (in %)	166,04	162,59	158,12	158,91	147,68	154,04	147,91	149,32
Nettoverschuldung (in Mrd. €)	51,07	52,47	57,15	62,29	60,78	56,47	52,23	55,98
Liquidität 2. Grades (in %)	78,90	79,60	79,54	80,14	73,12	80,22	79,27	83,13
	Kennzahlen zur Vermögens- und Kapitalstruktur							
Anlagenintensität (in %)	28,56	30,42	31,11	30,19	31,06	30,99	32,08	30,95
Eigenkapitalanteil (in %)	20,84	21,75	22,35	23,18	22,40	25,16	25,50	25,96
Verschuldungsgrad (in %)	379,83	359,81	347,39	331,35	346,52	297,41	292,22	285,26

Fortsetzung von Seite 581

Tabelle 2: Bilanzkennzahlen deutscher Unternehmen nach Wirtschaftsbereichen
(Quelle: Deutsche Bundesbank, eigene Berechnungen)

Bezeichnung	Maschinenbau							
	1997	1998	1999	2000	2001	2002	2003	2004
Kennzahlen der Produktivität								
Umsatz je 1 € Personalkosten (in €)	3,36	3,48	3,38	3,52	3,61	3,46	3,43	3,57
Umschlagshäufigkeit des Gesamtkapitals	1,40	1,44	1,38	1,35	1,37	1,34	1,30	1,36
Zielgewährung an Kunden (in Tagen)	45,12	42,92	45,06	46,81	43,30	41,52	40,87	39,60
Zielgewährung von Lieferanten (in Tagen)	46,91	43,78	45,42	47,10	42,14	43,19	42,01	41,24
Kennzahlen zum Cashflow								
ordentlicher Cashflow (in Mrd. €)	13,14	15,74	14,98	15,47	13,57	13,75	12,66	13,31
Umsatzrentabilität bezogen auf den Cashflow (in %)	8,33	9,17	9,07	8,86	7,71	8,22	7,42	7,43
Nettoverschuldung in Jahren, bezogen auf den Cashflow	4,34	3,65	3,78	4,02	4,55	4,28	4,67	4,45
Kennzahlen zur Rentabilität								
Eigenkapitalrentabilität (in %)	25,60	26,73	23,04	22,03	19,39	20,67	17,00	18,68
Eigenkapitalrentabilität vor Steuern (in %)	35,03	37,19	32,42	31,89	27,76	26,78	22,80	25,51
Umsatzrentabilität (in %)	3,51	3,92	3,81	3,57	3,15	3,71	3,15	3,34
Aufschlagsatz (in %)	98,27	95,57	96,78	94,46	89,26	92,13	93,53	87,17
Handelsspanne (in %)	49,56	48,87	49,18	48,58	47,16	47,95	48,33	46,57
Kennzahlen zur Finanz- und Liquiditätsstruktur								
Anlagendeckung I (in %)	104,01	112,07	120,11	121,22	123,76	129,96	130,57	133,97
Anlagendeckung II (in %)	221,64	225,28	234,16	233,42	237,08	244,20	244,73	244,37
Nettoverschuldung (in Mrd. €)	57,09	57,50	56,61	62,25	61,78	58,80	59,15	59,31
Liquidität 2. Grades (in %)	88,41	92,67	97,20	95,16	93,44	96,55	96,43	95,53
Kennzahlen zur Vermögens- und Kapitalstruktur								
Anlagenintensität (in %)	17,34	17,64	17,59	16,66	16,69	16,96	16,92	16,47
Eigenkapitalanteil (in %)	19,29	21,21	22,88	22,13	22,60	23,99	24,29	24,62
Verschuldungsgrad (in %)	418,44	371,49	337,04	351,82	342,48	316,77	311,66	306,10

Fortsetzung von Seite 582

Tabelle 2: Bilanzkennzahlen deutscher Unternehmen nach Wirtschaftsbereichen
(Quelle: Deutsche Bundesbank, eigene Berechnungen)

Bezeichnung	Herstellung von Büromaschinen, Datenverarbeitungsgeräten und -einrichtungen und Elektrotechnik							
	1997	1998	1999	2000	2001	2002	2003	2004
Kennzahlen der Produktivität								
Umsatz je 1 € Personalkosten (in €)	3,77	4,03	4,13	4,49	4,51	4,09	4,22	4,38
Umschlagshäufigkeit des Gesamtkapitals	1,27	1,31	1,30	1,18	1,09	0,97	0,91	1,00
Zielgewährung an Kunden (in Tagen)	38,68	36,98	42,87	39,70	35,77	33,88	30,75	30,17
Zielgewährung von Lieferanten (in Tagen)	33,07	33,55	33,95	35,58	31,55	32,15	31,03	34,55
Kennzahlen zum Cashflow								
ordentlicher Cashflow (in Mrd. €)	9,68	9,71	10,73	14,44	11,35	9,44	10,17	12,07
Umsatzrentabilität bezogen auf den Cashflow (in %)	8,18	7,86	7,75	9,17	7,35	6,51	6,94	7,82
Nettoverschuldung in Jahren, bezogen auf den Cashflow	3,87	3,88	4,05	3,61	5,08	5,92	6,12	4,91
Kennzahlen zur Rentabilität								
Eigenkapitalrentabilität (in %)	16,35	13,85	16,07	18,96	8,53	5,19	5,16	11,53
Eigenkapitalrentabilität vor Steuern (in %)	21,95	18,36	21,19	24,74	13,98	7,24	8,39	15,89
Umsatzrentabilität (in %)	3,23	2,69	3,11	4,21	2,02	1,44	1,49	3,15
Aufschlagsatz (in %)	75,39	74,59	68,86	62,72	55,48	59,57	59,81	67,62
Handelsspanne (in %)	42,98	42,72	40,78	38,54	35,68	37,33	37,43	40,34
Kennzahlen zur Finanz- und Liquiditätsstruktur								
Anlagendeckung I (in %)	172,25	178,05	181,37	200,91	196,18	203,28	221,60	227,79
Anlagendeckung II (in %)	325,16	329,51	340,07	354,67	351,61	348,79	395,44	396,25
Nettoverschuldung (in Mrd. €)	37,43	37,66	43,43	52,18	57,66	55,93	62,25	59,25
Liquidität 2. Grades (in %)	102,13	103,67	107,04	104,75	107,78	98,31	89,74	87,92
Kennzahlen zur Vermögens- und Kapitalstruktur								
Anlagenintensität (in %)	13,73	13,42	12,97	11,68	11,88	11,24	10,15	10,70
Eigenkapitalanteil (in %)	25,05	25,53	25,22	26,47	25,90	26,98	26,33	27,58
Verschuldungsgrad (in %)	299,20	291,64	296,44	277,78	286,12	270,68	279,80	262,56

Fortsetzung von Seite 583

Tabelle 2: Bilanzkennzahlen deutscher Unternehmen nach Wirtschaftsbereichen
(Quelle: Deutsche Bundesbank, eigene Berechnungen)

Bezeichnung	Medizin-, Mess-, Steuer- und Regelungstechnik, Optik							
	1997	1998	1999	2000	2001	2002	2003	2004
Kennzahlen der Produktivität								
Umsatz je 1 € Personalkosten (in €)	2,91	2,91	2,91	3,07	3,10	3,00	2,95	3,00
Umschlagshäufigkeit des Gesamtkapitals	1,40	1,37	1,33	1,34	1,30	1,20	1,17	1,18
Zielgewährung an Kunden (in Tagen)	44,83	41,88	43,65	42,45	41,81	40,66	39,47	37,71
Zielgewährung von Lieferanten (in Tagen)	48,19	47,39	47,85	48,08	45,08	41,87	37,96	39,57
Kennzahlen zum Cashflow								
ordentlicher Cashflow (in Mrd. €)	2,81	2,92	3,58	3,90	4,05	4,04	4,07	4,79
Umsatzrentabilität bezogen auf den Cashflow (in %)	9,09	8,90	10,16	9,47	9,15	9,22	9,05	10,15
Nettoverschuldung in Jahren, bezogen auf den Cashflow	3,84	4,05	3,68	3,67	3,83	3,75	3,47	3,07
Kennzahlen zur Rentabilität								
Eigenkapitalrentabilität (in %)	22,98	22,92	26,70	23,33	20,85	18,34	15,11	19,34
Eigenkapitalrentabilität vor Steuern (in %)	33,87	32,70	35,75	32,06	28,23	25,21	21,03	25,43
Umsatzrentabilität (in %)	3,26	3,22	3,88	3,73	3,55	3,83	3,73	4,98
Aufschlagsatz (in %)	134,16	128,21	132,80	124,93	124,82	129,00	130,26	136,01
Handelsspanne (in %)	57,29	56,18	57,05	55,54	55,52	56,33	56,57	57,63
Kennzahlen zur Finanz- und Liquiditätsstruktur								
Anlagendeckung I (in %)	90,64	92,09	90,39	105,52	106,34	135,89	159,92	144,24
Anlagendeckung II (in %)	231,52	244,53	237,38	252,80	237,28	286,35	314,54	267,25
Nettoverschuldung (in Mrd. €)	10,77	11,82	13,18	14,32	15,48	15,17	14,12	14,73
Liquidität 2. Grades (in %)	105,84	104,70	106,67	113,89	107,81	119,95	134,88	132,04
Kennzahlen zur Vermögens- und Kapitalstruktur								
Anlagenintensität (in %)	20,49	19,54	19,08	18,10	18,58	16,27	15,87	16,82
Eigenkapitalanteil (in %)	20,00	19,56	19,54	21,63	22,52	25,14	29,12	30,46
Verschuldungsgrad (in %)	400,03	411,23	411,73	362,43	344,03	297,74	243,40	228,35

Fortsetzung von Seite 584

Tabelle 2: Bilanzkennzahlen deutscher Unternehmen nach Wirtschaftsbereichen
(Quelle: Deutsche Bundesbank, eigene Berechnungen)

Bezeichnung	Fahrzeugbau							
	1997	1998	1999	2000	2001	2002	2003	2004
Kennzahlen der Produktivität								
Umsatz je 1 € Personalkosten (in €)	4,65	4,98	5,20	5,44	5,77	5,46	5,29	5,38
Umschlagshäufigkeit des Gesamtkapitals	1,40	1,47	1,40	1,40	1,47	1,40	1,32	1,31
Zielgewährung an Kunden (in Tagen)	18,16	17,57	16,34	17,90	16,48	16,49	17,30	16,30
Zielgewährung von Lieferanten (in Tagen)	35,73	32,80	33,56	35,05	29,99	30,92	31,87	31,33
Kennzahlen zum Cashflow								
ordentlicher Cashflow (in Mrd. €)	13,89	17,08	18,61	18,68	18,86	19,31	17,27	15,87
Umsatzrentabilität bezogen auf den Cashflow (in %)	6,58	7,28	7,36	7,00	6,70	6,56	5,81	5,05
Nettoverschuldung in Jahren, bezogen auf den Cashflow	3,83	3,44	3,29	4,18	3,71	3,83	4,67	5,50
Kennzahlen zur Rentabilität								
Eigenkapitalrentabilität (in %)	14,18	12,94	6,94	8,81	4,73	6,95	1,39	−1,49
Eigenkapitalrentabilität vor Steuern (in %)	14,07	18,14	14,54	14,96	10,62	12,94	6,61	3,98
Umsatzrentabilität (in %)	2,13	1,98	1,42	1,53	0,84	1,41	0,27	−0,27
Aufschlagsatz (in %)	56,24	51,16	49,13	45,00	44,00	45,13	42,59	39,76
Handelsspanne (in %)	35,99	33,84	32,95	31,04	30,55	31,09	29,87	28,45
Kennzahlen zur Finanz- und Liquiditätsstruktur								
Anlagendeckung I (in %)	118,39	126,98	168,37	138,38	136,29	136,70	126,70	116,07
Anlagendeckung II (in %)	240,31	245,68	280,59	248,82	233,32	224,12	216,11	212,37
Nettoverschuldung (in Mrd. €)	53,23	58,72	61,24	78,05	70,03	73,92	80,58	87,30
Liquidität 2. Grades (in %)	97,45	95,22	100,11	81,82	87,58	89,17	81,72	80,74
Kennzahlen zur Vermögens- und Kapitalstruktur								
Anlagenintensität (in %)	17,08	16,97	16,11	16,61	18,08	18,54	19,23	18,98
Eigenkapitalanteil (in %)	21,14	22,59	28,76	24,48	26,40	28,38	25,86	23,84
Verschuldungsgrad (in %)	372,99	342,59	247,74	308,48	278,84	252,33	286,65	319,38

Fortsetzung von Seite 585

Tabelle 2: **Bilanzkennzahlen deutscher Unternehmen nach Wirtschaftsbereichen**
(Quelle: Deutsche Bundesbank, eigene Berechnungen)

Bezeichnung	Baugewerbe							
	1997	1998	1999	2000	2001	2002	2003	2004
Kennzahlen der Produktivität								
Umsatz je 1 € Personalkosten (in €)	3,02	3,06	3,19	3,20	3,20	3,16	3,21	3,28
Umschlagshäufigkeit des Gesamtkapitals	1,33	1,35	1,28	1,34	1,36	1,35	1,37	1,46
Zielgewährung an Kunden (in Tagen)	48,83	47,91	49,13	47,55	46,80	43,98	41,92	39,11
Zielgewährung von Lieferanten (in Tagen)	80,95	76,37	74,74	73,59	71,24	67,64	64,39	58,57
Kennzahlen zum Cashflow								
ordentlicher Cashflow (in Mrd. €)	15,58	15,69	16,01	15,99	14,19	13,41	13,14	13,75
Umsatzrentabilität bezogen auf den Cashflow (in %)	6,65	6,97	6,74	7,16	6,71	6,73	6,90	7,73
Nettoverschuldung in Jahren, bezogen auf den Cashflow	8,93	8,25	8,62	7,92	8,34	8,14	7,62	6,29
Kennzahlen zur Rentabilität								
Eigenkapitalrentabilität (in %)	108,26	96,23	81,32	83,91	87,08	70,41	68,71	73,35
Eigenkapitalrentabilität vor Steuern (in %)	143,25	121,09	102,63	100,65	105,57	83,68	81,04	84,94
Umsatzrentabilität (in %)	1,82	2,33	2,34	2,86	2,47	2,66	2,99	3,92
Aufschlagsatz (in %)	103,52	102,39	96,63	98,49	99,75	101,11	102,03	101,30
Handelsspanne (in %)	50,87	50,59	49,14	49,62	49,94	50,28	50,50	50,32
Kennzahlen zur Finanz- und Liquiditätsstruktur								
Anlagendeckung I (in %)	11,98	16,80	20,55	24,08	19,77	26,04	31,30	37,65
Anlagendeckung II (in %)	117,18	122,36	126,71	126,58	119,75	116,24	124,04	119,40
Nettoverschuldung (in Mrd. €)	139,05	129,52	138,02	126,58	118,40	109,19	100,20	86,43
Liquidität 2. Grades (in %)	51,62	54,36	52,41	53,20	53,90	52,22	53,79	54,70
Kennzahlen zur Vermögens- und Kapitalstruktur								
Anlagenintensität (in %)	18,54	19,20	18,26	18,82	19,40	19,33	18,87	20,32
Eigenkapitalanteil (in %)	2,26	3,28	3,84	4,64	3,93	5,18	6,07	7,86
Verschuldungsgrad (in %)	4.320,74	2.945,47	2.505,91	2.053,93	2.444,32	1.831,15	1.548,18	1.171,94

Fortsetzung von Seite 586

Tabelle 2: Bilanzkennzahlen deutscher Unternehmen nach Wirtschaftsbereichen
(Quelle: Deutsche Bundesbank, eigene Berechnungen)

Bezeichnung	Handel und Reparatur von Fahrzeugen							
	1997	1998	1999	2000	2001	2002	2003	2004
Kennzahlen der Produktivität								
Umsatz je 1 € Personalkosten (in €)	9,15	9,33	9,47	8,95	8,99	8,98	8,82	8,77
Umschlagshäufigkeit des Gesamtkapitals	2,73	2,60	2,65	2,58	2,59	2,65	2,67	2,62
Zielgewährung an Kunden (in Tagen)	21,22	22,14	21,67	22,57	22,31	21,15	20,75	20,45
Zielgewährung von Lieferanten (in Tagen)	37,74	36,65	34,85	35,28	34,97	33,17	31,68	30,14
Kennzahlen zum Cashflow								
ordentlicher Cashflow (in Mrd. €)	5,15	6,03	6,42	5,75	6,11	6,85	7,20	7,28
Umsatzrentabilität bezogen auf den Cashflow (in %)	3,38	3,74	3,79	3,43	3,50	3,77	3,95	3,89
Nettoverschuldung in Jahren, bezogen auf den Cashflow	9,15	8,60	8,23	9,27	8,95	7,82	7,25	7,44
Kennzahlen zur Rentabilität								
Eigenkapitalrentabilität (in %)	78,43	77,12	71,53	49,11	50,53	50,67	45,49	43,01
Eigenkapitalrentabilität vor Steuern (in %)	99,69	95,79	90,33	63,88	65,83	62,25	55,89	52,04
Umsatzrentabilität (in %)	1,18	1,45	1,45	1,05	1,18	1,58	1,68	1,84
Aufschlagsatz (in %)	28,84	28,93	29,08	30,02	30,26	31,29	32,80	32,91
Handelsspanne (in %)	22,38	22,44	22,53	23,09	23,23	23,83	24,70	24,76
Kennzahlen zur Finanz- und Liquiditätsstruktur								
Anlagendeckung I (in %)	14,82	18,08	19,20	19,70	21,35	29,36	33,63	39,76
Anlagendeckung II (in %)	112,54	114,36	113,47	111,60	109,85	112,89	110,39	118,50
Nettoverschuldung (in Mrd. €)	47,15	51,83	52,80	53,28	54,71	53,53	52,18	54,20
Liquidität 2. Grades (in %)	46,64	46,68	48,78	49,93	50,02	52,44	53,35	55,27
Kennzahlen zur Vermögens- und Kapitalstruktur								
Anlagenintensität (in %)	27,13	26,45	27,24	27,11	27,65	27,37	28,34	27,46
Eigenkapitalanteil (in %)	4,09	4,89	5,36	5,49	6,07	8,26	9,86	11,22
Verschuldungsgrad (in %)	2.343,74	1.943,28	1.766,22	1.721,05	1.547,64	1.110,18	913,98	791,57

Fortsetzung von Seite 587

Tabelle 2: Bilanzkennzahlen deutscher Unternehmen nach Wirtschaftsbereichen
(Quelle: Deutsche Bundesbank, eigene Berechnungen)

Bezeichnung	Großhandel und Handelsvermittlung							
	1997	1998	1999	2000	2001	2002	2003	2004
Kennzahlen der Produktivität								
Umsatz je 1 € Personalkosten (in €)	12,26	12,32	12,23	13,04	12,91	12,25	12,62	13,38
Umschlagshäufigkeit des Gesamtkapitals	3,03	3,00	2,92	3,11	3,19	3,12	3,21	3,28
Zielgewährung an Kunden (in Tagen)	32,21	31,44	33,26	32,32	30,05	30,06	28,92	27,81
Zielgewährung von Lieferanten (in Tagen)	33,64	31,27	30,61	29,09	27,37	28,10	27,10	25,74
Kennzahlen zum Cashflow								
ordentlicher Cashflow (in Mrd. €)	22,11	23,10	24,11	24,24	24,40	25,31	25,95	27,53
Umsatzrentabilität bezogen auf den Cashflow (in %)	3,29	3,43	3,54	3,27	3,27	3,49	3,66	3,64
Nettoverschuldung in Jahren, bezogen auf den Cashflow	6,90	6,54	6,40	6,59	6,21	5,66	5,07	4,78
Kennzahlen zur Rentabilität								
Eigenkapitalrentabilität (in %)	24,58	24,13	24,20	24,81	25,52	25,70	27,42	26,33
Eigenkapitalrentabilität vor Steuern (in %)	34,43	33,52	34,01	34,57	34,42	33,68	35,55	34,48
Umsatzrentabilität (in %)	1,26	1,35	1,43	1,35	1,42	1,62	1,80	1,87
Aufschlagsatz (in %)	23,49	23,38	24,28	23,08	23,39	25,76	25,37	24,52
Handelsspanne (in %)	19,02	18,95	19,54	18,75	18,96	20,48	20,24	19,69
Kennzahlen zur Finanz- und Liquiditätsstruktur								
Anlagendeckung I (in %)	87,72	93,92	93,40	96,77	97,96	108,64	116,49	130,79
Anlagendeckung II (in %)	194,90	201,17	196,65	198,24	197,28	204,03	208,66	217,59
Nettoverschuldung (in Mrd. €)	152,55	151,12	154,41	159,87	151,57	143,21	131,65	131,54
Liquidität 2. Grades (in %)	80,11	81,88	85,97	84,99	85,43	90,28	91,91	93,45
Kennzahlen zur Vermögens- und Kapitalstruktur								
Anlagenintensität (in %)	16,50	16,61	16,88	16,02	16,68	16,38	16,51	16,15
Eigenkapitalanteil (in %)	15,49	16,76	17,21	16,92	17,73	19,65	21,12	23,49
Verschuldungsgrad (in %)	545,67	496,53	481,07	490,94	464,01	408,91	373,53	325,74

Fortsetzung von Seite 588

Tabelle 2: Bilanzkennzahlen deutscher Unternehmen nach Wirtschaftsbereichen
(Quelle: Deutsche Bundesbank, eigene Berechnungen)

Bezeichnung	Einzelhandel							
	1997	1998	1999	2000	2001	2002	2003	2004
Kennzahlen der Produktivität								
Umsatz je 1 € Personalkosten (in €)	6,78	6,82	7,01	7,27	7,17	7,15	7,38	7,35
Umschlagshäufigkeit des Gesamtkapitals	2,53	2,49	2,44	2,64	2,72	2,77	2,72	2,73
Zielgewährung an Kunden (in Tagen)	14,64	14,62	14,89	13,17	12,55	13,11	13,92	12,42
Zielgewährung von Lieferanten (in Tagen)	50,77	46,58	44,10	43,26	42,60	41,41	40,70	40,72
Kennzahlen zum Cashflow								
ordentlicher Cashflow (in Mrd. €)	18,25	19,70	18,55	19,98	21,94	21,07	21,02	20,93
Umsatzrentabilität bezogen auf den Cashflow (in %)	4,89	5,07	4,62	4,75	5,08	4,93	4,90	4,85
Nettoverschuldung in Jahren, bezogen auf den Cashflow	6,40	6,05	6,60	5,89	5,25	5,15	5,16	5,00
Kennzahlen zur Rentabilität								
Eigenkapitalrentabilität (in %)	105,32	69,68	53,71	61,46	66,50	60,19	51,05	45,91
Eigenkapitalrentabilität vor Steuern (in %)	125,90	85,51	65,29	73,86	79,57	71,28	60,81	54,72
Umsatzrentabilität (in %)	2,33	2,40	2,10	2,33	2,65	2,59	2,64	2,68
Aufschlagsatz (in %)	52,69	50,85	49,80	47,42	47,25	47,10	47,20	47,72
Handelsspanne (in %)	34,51	33,71	33,25	32,17	32,09	32,02	32,07	32,31
Kennzahlen zur Finanz- und Liquiditätsstruktur								
Anlagendeckung I (in %)	23,02	36,16	41,21	44,26	47,08	53,78	63,12	75,53
Anlagendeckung II (in %)	155,98	171,13	186,46	176,61	169,72	173,44	173,60	194,89
Nettoverschuldung (in Mrd. €)	116,82	119,15	122,48	117,74	115,18	108,54	108,55	104,64
Liquidität 2. Grades (in %)	47,94	52,93	58,73	58,77	59,90	60,72	60,61	70,24
Kennzahlen zur Vermögens- und Kapitalstruktur								
Anlagenintensität (in %)	22,52	21,91	20,77	20,40	21,11	20,47	20,46	19,53
Eigenkapitalanteil (in %)	5,59	8,56	9,53	10,02	10,85	11,95	14,06	15,94
Verschuldungsgrad (in %)	1.687,40	1.067,96	949,66	898,19	821,48	736,56	611,06	527,26

Fortsetzung von Seite 589

**Tabelle 2: Bilanzkennzahlen deutscher Unternehmen nach Wirtschaftsbereichen
(Quelle: Deutsche Bundesbank, eigene Berechnungen)**

Bezeichnung	Verkehr ohne Eisenbahnen							
	1997	1998	1999	2000	2001	2002	2003	2004
Kennzahlen der Produktivität								
Umsatz je 1 € Personalkosten (in €)	3,84	4,06	4,17	4,20	4,24	4,11	4,01	4,22
Umschlagshäufigkeit des Gesamtkapitals	1,41	1,37	1,39	1,41	1,42	1,45	1,49	1,50
Zielgewährung an Kunden (in Tagen)	35,67	33,66	35,05	34,08	32,22	31,81	31,58	30,17
Zielgewährung von Lieferanten (in Tagen)	74,16	65,36	66,97	62,72	52,75	54,10	54,12	50,52
Kennzahlen zum Cashflow								
ordentlicher Cashflow (in Mrd. €)	11,47	13,69	12,77	13,48	12,91	12,92	12,86	13,60
Umsatzrentabilität bezogen auf den Cashflow (in %)	10,17	11,79	10,35	9,99	9,41	9,62	9,62	9,96
Nettoverschuldung in Jahren, bezogen auf den Cashflow	4,36	3,93	4,57	4,55	4,64	4,22	4,19	3,82
Kennzahlen zur Rentabilität								
Eigenkapitalrentabilität (in %)	10,30	19,92	14,90	11,34	10,58	15,72	21,45	23,97
Eigenkapitalrentabilität vor Steuern (in %)	17,61	34,36	25,36	20,53	15,48	21,26	28,42	30,33
Umsatzrentabilität (in %)	1,02	1,90	1,31	1,09	1,09	1,67	1,95	2,70
Aufschlagsatz (in %)	123,08	119,51	111,68	110,79	110,50	120,63	125,37	123,00
Handelsspanne (in %)	55,17	54,44	52,76	52,56	52,49	54,68	55,63	55,16
Kennzahlen zur Finanz- und Liquiditätsstruktur								
Anlagendeckung I (in %)	26,46	24,24	22,86	25,67	28,41	30,98	26,94	32,37
Anlagendeckung II (in %)	97,69	97,70	97,38	94,82	98,35	96,71	92,69	96,53
Nettoverschuldung (in Mrd. €)	49,96	53,84	58,41	61,37	59,95	54,52	53,91	52,00
Liquidität 2. Grades (in %)	91,08	89,65	90,19	88,32	88,90	89,86	85,37	91,68
Kennzahlen zur Vermögens- und Kapitalstruktur								
Anlagenintensität (in %)	51,82	53,34	52,53	52,06	50,26	48,57	49,08	51,23
Eigenkapitalanteil (in %)	13,97	13,15	12,23	13,63	14,60	15,43	13,56	16,91
Verschuldungsgrad (in %)	616,00	660,35	717,89	633,81	584,94	548,22	637,57	491,25

Fortsetzung von Seite 590

Tabelle 2: Bilanzkennzahlen deutscher Unternehmen nach Wirtschaftsbereichen
(Quelle: Deutsche Bundesbank, eigene Berechnungen)

Bezeichnung	Unternehmensnahe Dienstleistungen							
	1997	1998	1999	2000	2001	2002	2003	2004
	Kennzahlen der Produktivität							
Umsatz je 1 € Personalkosten (in €)	2,91	2,95	2,97	2,98	2,84	2,88	2,89	2,98
Umschlagshäufigkeit des Gesamtkapitals	1,61	1,59	1,55	1,60	1,57	1,53	1,56	1,60
Zielgewährung an Kunden (in Tagen)	47,27	46,95	48,57	48,74	45,96	42,83	42,97	41,97
Zielgewährung von Lieferanten (in Tagen)	70,99	68,12	72,41	73,78	68,29	63,11	62,40	57,98
	Kennzahlen zum Cashflow							
ordentlicher Cashflow (in Mrd. €)	26,55	29,92	29,98	29,93	32,56	31,72	30,86	34,82
Umsatzrentabilität bezogen auf den Cashflow (in %)	13,04	13,73	12,69	11,85	12,34	12,19	11,78	12,90
Nettoverschuldung in Jahren, bezogen auf den Cashflow	2,92	2,70	2,90	2,93	2,80	2,84	2,77	2,27
	Kennzahlen zur Rentabilität							
Eigenkapitalrentabilität (in %)	109,04	100,00	81,64	61,93	57,55	52,87	56,21	61,08
Eigenkapitalrentabilität vor Steuern (in %)	132,04	121,78	100,85	79,75	71,19	63,93	69,14	73,33
Umsatzrentabilität (in %)	6,61	7,00	6,38	5,17	5,70	5,44	5,52	6,96
Aufschlagsatz (in %)	189,52	186,12	187,48	179,06	193,91	188,42	190,05	182,33
Handelsspanne (in %)	65,46	65,05	65,22	64,17	65,98	65,33	65,52	64,58
	Kennzahlen zur Finanz- und Liquiditätsstruktur							
Anlagendeckung I (in %)	34,80	39,08	46,50	51,62	59,44	58,40	59,16	69,64
Anlagendeckung II (in %)	127,77	131,31	139,64	141,72	143,77	134,88	147,72	143,83
Nettoverschuldung (in Mrd. €)	77,65	80,68	86,80	87,69	91,30	90,05	85,62	78,87
Liquidität 2. Grades (in %)	95,84	98,26	98,30	102,15	99,65	99,15	108,87	106,28
	Kennzahlen zur Vermögens- und Kapitalstruktur							
Anlagenintensität (in %)	24,88	24,32	22,04	21,37	22,41	22,66	21,54	22,09
Eigenkapitalanteil (in %)	9,78	11,13	12,23	13,37	15,58	15,81	15,36	18,29
Verschuldungsgrad (in %)	922,04	798,62	717,51	647,67	541,81	532,44	550,99	446,81

4.2 Ausgewählte gesamtwirtschaftliche Zahlen und Zeitreihen

Aus den veröffentlichten Arbeitstabellen des Sachverständigenrates sind nachstehend einige ausgewählt, die in der Unternehmensberatung zentrale Bedeutung haben können wie u.a. Zinsentwicklung, Bevölkerungsentwicklung, Baugenehmigungen. Wer tiefer einsteigen möchte, findet weiteres Material unter www. sachverstaendigenrat-wirtschaft. de.

Kurzfristige Zinssätze[1] in der Europäischen Union und in ausgewählten Ländern[2]

Prozent p.a.

Land / Ländergruppe	1980	1981	1982	1983	1984	1985	1990	1995	1996	1997	1998	1999	2000	2001	2002	2003	2004	2005 1. Vj.	2005 2. Vj.	2005 3. Vj.
Belgien	14,33	15,56	14,25	10,42	11,53	9,55	9,82	4,70	3,18	3,44	3,54	X	X	X	X	X	X	X	X	X
Deutschland	9,54	12,35	8,75	5,80	5,97	5,44	8,43	4,48	3,27	3,30	3,52	X	X	X	X	X	X	X	X	X
Finnland	13,80	12,70	13,67	14,22	15,80	12,81	14,00	5,75	3,63	3,23	3,57	X	X	X	X	X	X	X	X	X
Frankreich	12,03	15,32	14,62	12,47	11,70	9,95	10,32	6,58	3,94	3,46	3,56	X	X	X	X	X	X	X	X	X
Griechenland	16,44	16,80	18,89	16,63	15,71	17,03	19,86	16,35	13,79	12,81	13,98	10,09	7,72	X	X	X	X	X	X	X
Irland	16,23	16,65	17,54	14,03	13,23	12,03	11,37	6,28	5,42	6,05	5,47	X	X	X	X	X	X	X	X	X
Italien	16,93	19,31	19,88	18,31	17,27	15,04	12,33	10,33	8,69	6,78	4,91	X	X	X	X	X	X	X	X	X
Luxemburg	...	...	...	...	...	...	...	...	...	...	...	X	X	X	X	X	X	X	X	X
Niederlande	10,55	11,77	8,21	5,67	6,08	6,26	8,68	4,37	2,99	3,32	3,42	X	X	X	X	X	X	X	X	X
Österreich	10,28	11,37	8,77	5,38	6,57	6,20	8,53	4,52	3,34	3,51	3,58	X	X	X	X	X	X	X	X	X
Portugal	16,34	16,02	16,84	20,92	22,46	21,01	16,91	9,79	7,36	5,72	4,32	X	X	X	X	X	X	X	X	X
Spanien	16,52	16,18	16,28	20,05	14,90	12,22	15,16	9,35	7,52	5,38	4,25	X	X	X	X	X	X	X	X	X
Euro-Raum[3]	...	...	...	...	...	...	10,37	6,82	5,09	4,38	3,95	2,96	4,39	4,26	3,32	2,33	2,11	2,14	2,12	2,13
Dänemark	16,83	14,87	16,44	11,90	11,50	9,98	11,17	6,20	3,98	3,73	4,27	3,44	5,00	4,70	3,54	2,42	2,20	2,19	2,17	2,17
Schweden	...	...	...	...	...	...	13,76	8,83	6,01	4,43	4,36	3,33	4,06	4,12	4,27	3,24	2,31	2,13	1,99	1,66
Vereinigtes Königreich	16,75	14,15	12,21	10,12	10,01	12,23	14,81	6,75	6,11	6,92	7,42	5,55	6,19	5,04	4,06	3,73	4,64	4,92	4,89	4,62
EU-15	...	...	...	...	...	...	...	6,99	5,35	4,90	4,69	3,53	4,77	4,41	3,48	2,60	2,56	2,63	2,60	2,55
Estland	...	...	...	...	...	...	...	...	8,05	8,61	13,86	7,81	5,68	5,31	3,88	2,92	2,50	2,40	2,38	...
Lettland	...	...	...	...	...	...	...	...	...	...	8,39	8,44	5,40	6,86	4,35	3,84	4,23	3,73	2,86	...
Litauen	...	...	...	...	...	...	...	...	...	...	...	13,89	8,64	5,93	3,74	2,84	2,68	2,57	2,41	...
Malta	...	...	...	...	...	...	...	4,81	4,99	5,07	5,41	5,15	4,89	4,93	4,01	3,29	2,94	2,97	3,25	...
Polen	...	...	...	...	...	...	...	27,59	21,41	23,67	20,44	14,73	18,77	16,07	8,98	5,68	6,20	6,44	5,49	...
Slowakei	...	...	...	...	...	...	...	8,38	11,86	21,81	21,10	15,67	8,57	7,77	7,77	6,18	4,68	2,95	2,73	...
Slowenien	...	...	...	...	...	...	...	...	...	...	...	8,64	10,94	10,87	8,03	6,78	4,66	4,05	4,05	...
Tschechische Republik	...	...	...	...	...	...	13,15	10,95	12,02	16,01	10,31	6,85	5,37	5,17	3,54	2,27	2,36	2,29	1,85	...
Ungarn	...	...	...	...	...	...	20,00	31,33	24,27	20,44	17,94	15,07	11,39	10,87	9,21	8,51	11,53	8,45	7,47	...
Zypern	...	...	...	...	...	...	...	...	...	...	...	6,25	6,44	5,93	4,40	3,90	4,74	5,08	4,56	...
Europäische Union	...	...	...	...	...	...	...	...	...	...	...	3,85	5,12	4,74	3,66	2,72	2,69	2,77	2,74	...
Bulgarien	...	...	...	...	...	...	...	43,02	53,65	80,75	5,86	5,88	4,63	5,06	4,91	3,59	3,32	2,83	3,17	...
Rumänien	...	...	...	...	...	...	...	...	...	...	69,48	79,63	50,71	41,28	27,31	17,73	19,14	12,29	8,44	...
Türkei	...	...	...	...	...	...	51,91	136,32	143,64	119,18	115,65	96,63	38,88	92,44	59,50	38,54	23,83	...	...	...
Schweiz	5,77	9,10	5,06	4,09	4,35	4,92	8,92	2,95	2,02	1,64	1,55	1,41	3,17	2,86	1,13	0,33	0,49	0,73	0,73	0,73
Japan	10,69	7,40	6,85	6,50	6,32	6,47	7,75	1,22	0,58	0,62	0,75	0,22	0,28	0,15	0,08	0,06	0,05	0,05	0,05	0,06
Vereinigte Staaten	11,56	13,97	10,60	8,67	9,45	7,52	7,74	5,97	5,46	5,68	5,50	5,42	6,53	3,77	1,80	1,22	1,62	2,84	3,28	3,77

1) Dreimonatsgeld. Für die Schweiz: Dreimonatsdepot bei Großbanken in Zürich. 2) Jahres- und Vierteljahresdurchschnitte. 3) Bis 2000 ohne Griechenland.
Quelle: Sachverständigengutachten 2006/2007.

Langfristige Zinssätze[1] in der Europäischen Union und in ausgewählten Ländern[2]

Prozent p.a.

Land / Ländergruppe	1980	1985	1990	1995	1996	1997	1998	1999	2000	2001	2002	2003	2004	2005 1. Vj.	2005 2. Vj.	2005 3. Vj.
Belgien	12,20	10,61	10,05	7,48	6,49	5,75	4,75	4,75	5,59	5,13	4,99	4,18	4,15	3,64	3,43	3,25
Deutschland	8,50	6,86	8,88	6,85	6,22	5,64	4,57	4,49	5,26	4,80	4,78	4,07	4,04	3,60	3,30	3,17
Finnland	10,42	10,65	13,21	8,79	7,08	5,96	4,79	4,72	5,48	5,04	4,98	4,13	4,11	3,63	3,30	3,15
Frankreich	13,78	11,86	10,41	7,54	6,31	5,58	4,64	4,61	5,39	4,94	4,86	4,13	4,10	3,64	3,37	3,23
Griechenland	·	·	·	17,02	14,46	9,92	8,48	6,30	6,10	5,30	5,12	4,27	4,26	3,60	3,60	3,41
Irland	15,35	12,67	10,09	8,25	7,29	6,29	4,71	4,71	5,51	5,01	5,01	4,13	4,08	3,77	3,29	3,20
Italien	15,30	13,70	11,87	12,21	9,40	6,86	4,88	4,73	5,58	5,19	5,03	4,25	4,26	3,56	3,53	3,39
Luxemburg	7,44	9,53	8,60	7,23	6,32	5,60	4,73	4,66	5,52	4,86	4,70	4,18	4,18	3,74	3,53	3,14
Niederlande	10,14	7,32	9,01	6,90	6,15	5,58	4,63	4,63	5,40	4,96	4,89	4,12	4,10	3,60	3,34	3,20
Österreich	9,24	7,77	8,74	7,14	6,32	5,68	4,71	4,68	5,56	5,07	4,97	4,15	4,15	3,60	3,37	3,33
Portugal	21,73	25,41	15,17	11,47	8,56	6,36	4,88	4,78	5,59	5,16	5,01	4,18	4,14	3,60	3,35	3,33
Spanien	15,96	13,39	14,68	11,27	8,74	6,40	4,83	4,73	5,53	5,12	4,96	4,12	4,10	3,64	3,36	3,18
Euro-Raum[3]	·	·	10,87	8,73	7,23	5,99	4,71	4,66	5,44	5,03	4,91	4,14	4,12	3,65	3,38	3,24
Dänemark	18,94	11,23	10,72	8,27	7,19	6,26	4,94	4,91	5,64	5,08	5,06	4,31	4,30	3,73	3,38	3,16
Schweden	12,00	13,24	13,20	10,24	8,03	6,62	4,99	4,98	5,37	5,11	5,30	4,64	4,42	3,82	3,34	·
Vereinigtes Königreich	13,78	10,58	11,08	8,36	7,94	7,13	5,60	5,01	5,33	5,01	4,91	4,58	4,93	4,71	4,48	4,30
EU-15	·	·	11,07	8,85	7,50	6,26	4,93	4,73	5,43	5,00	4,92	4,23	4,27	3,83	3,57	·
Estland	·	·	·	·	·	·	13,17	11,39	10,48	10,15	8,42	5,25	4,39	4,12	4,09	3,87
Lettland	·	·	·	·	·	·	·	·	·	7,57	5,41	4,90	4,86	3,79	3,82	3,54
Litauen	·	·	·	·	·	·	·	·	·	8,15	6,06	5,32	4,50	3,82	3,82	·
Malta	·	·	·	·	·	·	·	·	5,75	6,19	5,82	5,04	4,69	4,72	4,64	4,46
Polen	·	·	·	·	·	·	·	9,53	11,79	10,68	·	5,78	6,90	5,75	5,25	4,72
Slowakei	·	·	·	·	·	·	·	15,94	8,33	8,04	6,94	4,99	5,03	3,81	3,92	3,77
Slowenien	·	·	·	·	·	·	·	·	·	·	·	6,40	4,68	3,89	3,55	3,20
Tschechische Republik	·	·	·	·	·	·	·	·	6,94	6,31	4,88	4,12	4,75	3,67	·	3,45
Ungarn	·	·	20,00	32,04	23,96	20,13	17,99	9,91	8,55	7,95	7,09	6,82	8,19	6,96	6,83	5,87
Zypern	·	·	·	·	·	6,93	6,74	7,36	7,55	7,63	5,70	4,74	5,80	6,03	5,61	4,83
Europäische Union	·	·	·	·	·	·	·	·	·	·	·	4,34	4,44	3,95	3,68	·
Bulgarien	·	·	·	·	·	·	·	·	·	·	8,26	6,42	5,25	4,19	3,82	·
Rumänien	·	·	·	·	·	·	·	·	·	·	·	·	·	·	·	·
Türkei	·	·	51,94	111,47	124,91	106,01	113,57	106,59	37,72	99,57	63,49	44,12	24,88	·	·	·
Schweiz	4,76	4,70	6,45	4,52	4,00	3,36	3,05	3,04	3,93	3,38	3,20	2,66	2,74	2,30	2,10	·
Japan	9,13	6,34	7,36	3,32	3,03	2,15	1,30	1,75	1,76	1,34	1,27	0,99	1,50	1,41	1,28	1,36
Vereinigte Staaten	10,81	10,75	8,73	6,69	6,54	6,45	5,33	5,64	6,03	5,01	4,60	4,00	4,27	4,29	4,17	4,20

1) Umlaufsrendite festverzinslicher Staatsschuldpapiere mit einer Restlaufzeit von mindestens drei Jahren. EU-15 und Euro-Raum ab 1990 in der Abgrenzung der Maastrichter Kriterien; für die Länder (außer Schweiz) ab 1992. Quelle: Sachverständigengutachten 2006/2007. – 2) Jahres- und Vierteljahresdurchschnitte. – 3) Bis 2000 ohne Griechenland.

Bevölkerung in der Europäischen Union und in ausgewählten Ländern[1]
Tausend Personen

Land/Ländergruppe	1960	1965	1970	1975	1980	1985	1990	1995	1996	1997	1998	1999	2000	2001	2002	2003	2004
Belgien	9.154	9.464	9.656	9.801	9.859	9.857	9.968	10.137	10.155	10.180	10.203	10.222	10.246	10.281	10.330	10.374	10.418
Deutschland[2]	55.433	58.619	60.651	61.829	61.566	61.024	63.253	81.661	81.896	82.052	82.029	82.087	82.188	82.340	82.482	82.520	82.501
Finnland	4.430	4.564	4.606	4.711	4.780	4.902	4.986	5.108	5.125	5.140	5.153	5.165	5.176	5.188	5.201	5.213	5.227
Frankreich	45.684	48.778	50.772	52.699	55.109	56.610	58.171	59.419	59.624	59.831	60.047	60.320	60.667	61.044	61.426	61.800	62.177
Griechenland	8.354	8.578	8.822	9.077	9.675	9.967	10.161	10.634	10.709	10.777	10.835	10.883	10.917	10.950	10.988	11.006	11.041
Irland	2.835	2.877	2.951	3.178	3.402	3.541	3.506	3.601	3.626	3.661	3.711	3.751	3.800	3.859	3.926	3.991	4.056
Italien	50.200	52.112	53.822	55.441	56.434	56.593	56.719	57.301	57.397	57.512	57.588	57.646	57.762	56.981	57.157	57.604	58.051
Luxemburg	314	331	361	365	364	367	382	410	416	421	427	433	439	442	446	450	454
Niederlande	11.483	12.293	13.032	13.660	14.148	14.488	14.947	15.460	15.526	15.607	15.703	15.809	15.922	16.043	16.147	16.224	16.273
Österreich	7.047	7.271	7.467	7.579	7.549	7.565	7.678	7.948	7.959	7.968	7.977	7.992	8.012	8.043	8.084	8.118	8.175
Portugal	8.682	8.774	8.692	9.094	9.767	10.012	9.889	10.030	10.058	10.091	10.129	10.172	10.226	10.293	10.368	10.441	10.504
Spanien	30.583	32.085	33.876	35.515	37.510	38.408	38.851	39.223	39.279	39.348	39.453	39.626	40.264	40.721	41.314	42.005	42.640
Euro-Raum[3]	225.845	237.168	245.886	253.872	260.488	263.367	268.360	290.298	291.061	291.811	292.420	293.223	294.702	306.185	307.869	309.746	311.517
Dänemark	4.581	4.760	4.929	5.060	5.124	5.113	5.140	5.230	5.262	5.285	5.303	5.321	5.338	5.357	5.376	5.390	5.403
Schweden	7.480	7.734	8.043	8.192	8.310	8.350	8.559	8.827	8.841	8.846	8.851	8.858	8.872	8.896	8.925	8.958	8.994
Vereinigtes Königreich	52.372	54.350	55.632	56.226	56.330	56.554	57.237	57.928	58.043	58.167	58.305	58.481	58.643	59.051	59.232	59.463	59.565
EU-15	298.632	312.590	323.312	332.427	339.927	343.351	349.457	372.917	373.916	374.886	375.714	376.766	378.472	379.489	381.402	383.557	385.479
Estland	1.216	1.291	1.360	1.429	1.477	1.529	1.571	1.448	1.425	1.406	1.393	1.379	1.372	1.367	1.361	1.356	1.356
Lettland	2.121	2.266	2.359	2.456	2.512	2.579	2.671	2.485	2.457	2.433	2.410	2.391	2.373	2.355	2.339	2.325	2.313
Litauen	2.779	2.972	3.140	3.302	3.413	3.545	3.698	3.629	3.602	3.575	3.549	3.524	3.500	3.481	3.469	3.454	3.439
Malta	328	319	322	304	328	340	354	370	373	375	378	387	390	393	396	398	401
Polen	29.561	31.496	32.526	34.022	35.574	37.202	38.111	38.596	38.625	38.654	38.668	38.655	38.258	38.248	38.230	38.205	38.180
Slowakei	3.994	4.374	4.529	4.739	4.980	5.162	5.280	5.363	5.374	5.383	5.391	5.396	5.401	5.403	5.391	5.380	5.382
Slowenien	1.580	1.650	1.727	1.800	1.901	1.956	1.998	1.990	1.990	1.986	1.982	1.984	1.989	1.992	1.995	1.996	1.997
Tschechische Republik	9.660	9.785	9.805	10.062	10.304	10.337	10.363	10.331	10.315	10.304	10.295	10.283	10.273	10.224	10.201	10.202	10.202
Ungarn	9.984	10.153	10.337	10.532	10.708	10.609	10.374	10.329	10.311	10.290	10.267	10.238	10.211	10.188	10.159	10.130	10.107
Zypern	573	591	615	502	509	542	580	651	661	671	679	687	694	702	710	723	740
EU-25	360.428	377.486	390.031	401.576	411.633	417.150	424.456	448.108	449.049	449.963	450.726	451.690	452.933	453.842	455.653	457.726	459.596
Bulgarien	7.867	8.201	8.490	8.722	8.862	8.961	8.718	8.406	8.362	8.312	8.257	8.211	8.170	7.913	7.868	7.823	7.792
Rumänien	18.403	19.027	20.253	21.245	22.207	22.733	23.206	22.681	22.608	22.546	22.503	22.458	22.435	22.408	21.795	21.734	21.669
Türkei	27.755	31.391	35.605	40.026	44.439	50.306	56.154	61.644	62.697	62.480	63.459	64.345	67.461	68.610	69.626	70.712	71.552
Schweiz	5.328	5.857	6.270	6.404	6.385	6.533	6.796	7.081	7.105	7.113	7.132	7.167	7.209	7.260	7.349	7.402	7.417
Japan	94.100	98.880	103.720	111.520	116.800	120.750	123.540	125.570	125.864	126.166	126.486	126.686	126.919	127.284	127.428	127.612	127.623
Vereinigte Staaten	180.760	194.347	205.089	215.981	227.726	238.506	250.181	266.588	269.714	272.958	276.154	279.328	282.429	285.366	288.240	291.085	293.951

1) Ab 2000 vorläufige Ergebnisse. 2) Bis 1990 früheres Bundesgebiet. 3) Bis 2000 ohne Griechenland. Quelle: Sachverständigengutachten 2006/2007.

Erwerbstätige[1] in der Europäischen Union und in ausgewählten Ländern[2]

Tausend Personen

Land/Ländergruppe	1960	1965	1970	1975	1980	1985	1990	1995	1996	1997	1998	1999	2000	2001	2002	2003	2004
Belgien	3.470	3.640	3.698	3.750	3.747	3.609	3.794	3.885	3.898	3.934	4.006	4.060	4.138	4.198	4.186	4.189	4.217
Deutschland[3]	26.247	26.887	26.668	26.110	27.059	26.593	28.486	37.546	37.434	37.390	37.834	38.339	39.038	39.209	38.994	38.632	38.782
Finnland	2.097	2.155	2.126	2.221	2.328	2.440	2.476	2.056	2.083	2.152	2.195	2.251	2.301	2.358	2.368	2.365	2.365
Frankreich	19.667	20.098	20.864	21.461	22.007	21.709	22.648	22.678	22.764	22.884	23.211	23.676	24.304	24.724	24.902	24.882	24.873
Griechenland	3.386	3.255	3.134	3.198	3.356	3.588	3.719	3.820	3.784	3.784	3.940	3.941	3.935	3.921	3.925	3.977	4.090
Irland	1.078	1.092	1.076	1.096	1.181	1.099	1.160	1.285	1.331	1.405	1.526	1.621	1.696	1.748	1.779	1.814	1.829
Italien	20.385	19.555	19.378	19.770	20.732	20.645	21.020	21.526	21.736	21.793	21.994	22.254	23.050	23.434	23.636	23.824	24.050
Luxemburg	132	133	140	158	158	160	187	168	170	172	176	180	185	190	193	196	197
Niederlande	4.496	4.837	5.023	4.974	5.049	5.049	5.644	7.133	7.298	7.534	7.733	7.935	8.114	8.282	8.315	8.285	8.220
Österreich	3.218	3.191	3.075	3.202	3.272	3.202	3.345	3.919	3.932	3.963	4.010	4.070	4.112	4.130	4.125	4.125	4.220
Portugal	3.240	3.206	3.221	3.647	3.842	4.058	4.473	4.484	4.555	4.626	4.751	4.907	5.010	5.010	5.029	5.010	5.020
Spanien	11.536	11.862	12.380	12.740	12.082	11.133	12.883	13.580	13.748	14.147	14.699	15.210	16.399	16.932	17.336	17.771	18.222
Euro-Raum[4]	95.557	96.656	97.669	99.129	101.596	99.696	106.114	118.260	118.949	119.980	122.135	124.503	127.957	133.730	134.576	134.874	135.751
Dänemark	2.170	2.328	2.377	2.373	2.479	2.622	2.636	2.650	2.673	2.700	2.739	2.756	2.764	2.784	2.781	2.755	2.755
Schweden	3.599	3.698	3.854	4.062	4.235	4.243	4.484	4.095	4.058	4.006	4.064	4.152	4.254	4.334	4.342	4.336	4.314
Vereinigtes Königreich	24.823	25.219	24.759	25.048	25.224	24.591	27.063	25.731	26.000	26.448	26.713	27.052	27.434	27.691	27.861	28.025	28.230
EU-15	129.534	131.156	131.783	133.810	136.890	134.740	144.016	154.556	155.485	156.918	159.591	162.404	166.344	168.539	169.560	169.990	171.050
Estland							834	637	621	622	609	583	575	580	588	597	598
Lettland							1.409	970	952	993	991	973	944	965	980	997	1.008
Litauen							1.853	1.644	1.659	1.669	1.656	1.648	1.586	1.522	1.411	1.443	1.441
Malta													135	146	149	150	151
Polen								14.791	14.969	15.177	15.356	14.757	14.526	14.207	13.782	13.617	13.795
Slowakei								2.147	2.225	2.206	2.199	2.132	2.101	2.124	2.127	2.165	2.170
Slowenien							924	912	894	875	875	888	895	899	895	893	893
Tschechische Republik								5.174	5.155	5.167	5.050	4.841	4.818	4.837	4.912	4.729	4.875
Ungarn								3.623	3.605	3.610	3.675	3.798	3.844	3.854	3.856	3.906	3.879
Zypern								282	285	284	287	313	330	346	353	354	357
EU-25												192.472	196.109	198.022	198.614	198.842	200.216
Bulgarien					4.364	4.460	4.097	3.282	3.286	3.157	3.153	3.088	2.980	2.968	2.979	3.166	3.213
Rumänien	9.538	9.684	9.875	10.151	10.350	10.586	10.840	9.493	9.379	9.023	8.813	8.420	8.629	8.563	8.329	8.371	8.420
Türkei	12.253	12.837	13.534	14.958	16.280	17.282	19.038	21.694	21.694	21.705	22.279	22.548	21.970	21.744	21.779	22.021	22.313
Schweiz	2.707	3.014	3.132	3.107	3.166	3.354	3.821	3.957	3.967	3.959	4.014	4.046	4.089	4.155	4.180	4.175	4.185
Japan	44.388	47.298	50.950	52.226	55.362	58.070	62.494	64.572	64.862	65.569	65.142	64.621	64.460	64.212	63.305	63.162	63.286
Vereinigte Staaten	65.786	71.070	78.669	85.830	99.303	107.154	118.796	124.908	126.720	129.572	131.476	133.501	136.901	136.940	136.483	137.734	139.248

1) Ab 1991 für die EU-Länder nach ESVG 1995. 2) Ab 2000 vorläufige Ergebnisse. 3) Bis 1990 früheres Bundesgebiet. Inländerkonzept.
4) Bis 2000 ohne Griechenland. Quelle: Sachverständigengutachten 2006/2007.

Bevölkerungsstand und Bevölkerungsvorausberechnung für Deutschland

	Bevölkerungsstand[1]								Bevölkerungsvorausberechnung[2]			
	1950	1960	1970	1980	1989	1991	1995	2004	2010	2020	2030	2050
Bevölkerungsstand					*Tausend Personen*							
– insgesamt	50.958	55.958	61.001	61.658	62.679	80.275	81.817	82.501	83.066	82.822	81.220	75.117
– Männer	23.801	26.328	29.072	29.481	30.236	38.839	39.825	40.354	40.784	40.669	39.774	36.491
– Frauen	27.157	29.631	31.930	32.177	32.443	41.435	41.993	42.147	42.282	42.154	41.446	38.626
– nach Altersgruppen												
0 bis unter 15	11.855	12.066	14.103	11.003	9.436	13.100	13.238	11.925	11.258	10.701	10.182	8.859
15 bis unter 20	3.689	3.851	4.022	5.275	3.635	4.194	4.390	4.788	4.267	3.851	3.745	3.235
20 bis unter 25	3.774	4.897	3.940	4.755	5.294	6.079	4.767	4.890	5.150	4.441	3.972	3.612
25 bis unter 40	10.178	11.426	13.132	12.488	14.591	19.348	20.379	16.972	15.420	15.805	14.302	12.958
40 bis unter 60	14.311	14.483	14.001	16.171	16.648	21.169	21.834	23.361	25.708	23.870	21.110	18.867
60 bis unter 65	2.345	3.134	3.685	2.431	3.461	4.352	4.477	5.198	4.676	5.935	6.295	5.347
65 und älter	4.806	6.100	8.119	9.535	9.614	12.033	12.732	15.367	16.589	18.219	21.615	22.240
– nach Altersgruppen					*Anteile in %*							
0 bis unter 15	23,3	21,6	23,1	17,8	15,1	16,3	16,2	14,5	13,6	12,9	12,5	11,8
15 bis unter 20	7,2	6,9	6,6	8,6	5,8	5,2	5,4	5,8	5,1	4,6	4,6	4,3
20 bis unter 25	7,4	8,8	6,5	7,7	8,4	7,6	5,8	5,9	6,2	5,4	4,9	4,8
25 bis unter 40	20,0	20,4	21,5	20,3	23,3	24,1	24,9	20,6	18,6	19,1	17,6	17,3
40 bis unter 60	28,1	25,9	23,0	26,2	26,6	26,4	26,7	28,3	30,9	28,8	26,0	25,1
60 bis unter 65	4,6	5,6	6,0	3,9	5,5	5,4	5,5	6,3	5,6	7,2	7,8	7,1
65 und älter	9,4	10,9	13,3	15,5	15,3	15,0	15,6	18,6	20,0	22,0	26,6	29,6
– Jugendquotient '20'[3]	50,8	46,9	52,1	45,4	32,7	33,9	34,3	33,1	30,5	29,1	30,5	29,7
– Altenquotient '65'[4]	15,7	18,0	23,4	26,6	24,0	23,6	24,7	30,5	32,6	36,4	47,3	54,5
					Tausend Personen							
Geburten	813	969	811	621	682	830	765	706	700	688	620	562
Gestorbene	529	643	735	714	698	911	885	818	913	984	1.049	1.138
– Saldo	284	326	76	– 93	– 16	– 189	– 119	– 113	– 213	– 296	– 429	– 576
Geburtenhäufigkeit[5]	2.100	2.366	2.016	1.445	1.395	1.332	1.249	1.355	1.400	1.400	1.400	1.400

1) Ab 1991 Deutschland einschließlich neue Bundesländer und Berlin-Ost.
2) Gemäß 10. koordinierte Bevölkerungsvorausberechnung (5. Variante) auf der Basis 31.12.2001; Jahresendstände.
3) Unter 20-Jährige bezogen auf die Bevölkerung im Alter von 20 bis unter 65 Jahren in %.
4) 65-Jährige und Ältere bezogen auf die Bevölkerung im Alter von 20 bis unter 65 Jahren in %.
5) Lebendgeborene je Tausend Frauen im Alter von 15–49 Jahren.

Quelle: Sachverständigengutachten 2006/2007.

Fortsetzung von Seite 597

Bevölkerungsstand und Bevölkerungsvorausberechnung für Deutschland

	Bevölkerungsstand[1]								Bevölkerungsvorausberechnung[2]			
	1950	1960	1970	1980	1989	1991	1995	2004	2010	2020	2030	2050
	Jahre											
Lebenserwartung[6]												
– Männer												
0 Jahre (bei Geburt)	64,6	66,9	67,4	69,9	72,6	72,5	73,3	75,9	.	78,1	79,7[a]	81,1
20 Jahre	50,3	50,3	50,2	51,6	53,6	53,4	54,1	56,6	.	.	.	.
40 Jahre	32,3	31,9	31,9	32,9	34,7	34,7	35,3	37,4	.	.	.	.
60 Jahre	16,2	15,5	15,3	16,4	17,7	17,8	18,3	20,1	.	.	22,7[a]	23,7
80 Jahre	5,2	5,2	5,4	5,7	6,1	6,2	6,5	7,2	.	.	.	.
– Frauen												
0 Jahre (bei Geburt)	68,5	72,4	73,8	76,6	79,0	79,0	79,7	81,6	.	83,8	85,4[a]	86,6
20 Jahre	53,2	55,2	56,0	57,9	59,8	59,8	60,4	62,1	.	.	.	.
40 Jahre	34,7	36,1	36,8	38,6	40,4	40,3	40,9	42,5	.	.	.	.
60 Jahre	17,5	18,5	19,1	20,7	22,2	22,1	22,7	24,1	.	.	27,1[a]	28,2
80 Jahre	5,6	5,9	6,2	6,9	7,7	7,7	8,0	8,6	.	.	.	.
	Tausend Personen											
Außenwanderungen[7]												
– Zuzüge, insgesamt	88	395	1.043	736	1.134	1.199	1.096	780				
Deutsche	.	77	67	105	367	274	303	178				
Ausländer	.	318	976	631	767	925	793	602				
– Fortzüge, insgesamt	136	219	496	440	540	596	698	698				
Deutsche	.	94	61	54	102	99	131	151				
Ausländer	.	124	435	386	438	498	567	547				
– Saldo, insgesamt	– 48	176	547	297	594	603	398	83	230	215	205	200
Deutsche	.	– 17	6	51	265	175	173	27	30	15	5	0
Ausländer	.	193	542	246	329	428	225	55	200	200	200	200

1) Ab 1991 Deutschland einschließlich neue Bundesländer und Berlin-Ost.
2) Gemäß 10. koordinierte Bevölkerungsvorausberechnung (5. Variante) auf der Basis 31.12.2001; Jahresendstände.
6) Bei erreichtem Alter; errechnet aus den Sterbetafeln von 1949/51, 1960/62, 1970/72, 1979/81, 1988/90, 1991/93, 1994/96, 2002/04.
7) Außenwanderungen zwischen Deutschland und dem Ausland; für 1950 Ergebnisse des Jahres 1952. Ohne Saarland.
a) Fernere Lebenserwartung im Jahr 2035.

Quelle: Sachverständigengutachten 2006/2007.

Erwerbstätigkeit und Arbeitslosigkeit in Deutschland

Jahr[1]	Erwerbspersonen[2]	Erwerbsquoten der Wohnbevölkerung		Erwerbstätige[5]				Nachrichtlich	Erwerbslose[2]	Nachrichtlich		
		insgesamt[3]	15- bis unter 65-Jährige[4]	im Inland insgesamt	Inländer insgesamt	darunter: Arbeitnehmer zusammen	darunter Ausländer[6][7]	Pendlersaldo[8]		Registrierte Arbeitslose[7]	Arbeitslosenquote[7][9]	Gemeldete Stellen[7]
	Tausend	%	%			Tausend Personen					%	Tausend
				Früheres Bundesgebiet								
1991	40.742	50,9	72,6	38.621	38.664	35.144	.	–43	2.078	2.602	.	363
1992	40.476	50,2	72,4	38.059	38.066	34.489	.	–7	2.410	2.979	7,7	356
1993	40.444	49,8	71,9	37.555	37.541	33.916	.	14	2.903	3.419	8,9	279
1994	40.620	49,9	72,1	37.516	37.488	33.763	.	28	3.132	3.698	9,6	285
1995	40.564	49,7	71,9	37.601	37.546	33.797	.	55	3.018	3.612	9,4	321
1996	40.674	49,7	71,4	37.498	37.434	33.692	2.050	64	3.240	3.965	10,4	327
1997	40.891	49,8	71,7	37.463	37.390	33.574	1.998	73	3.501	4.384	11,4	337
1998	41.253	50,3	71,7	37.911	37.834	33.969	2.024	77	3.419	4.281	11,1	422
1999	41.458	50,5	72,2	38.424	38.339	34.482	1.915	85	3.119	4.100	10,5	456
2000	41.925	51,0	72,1	39.144	39.038	35.123	2.008	106	2.887	3.890	9,6	515
2001	42.132	51,2	72,6	39.316	39.209	35.226	1.979	107	2.923	3.853	9,4	507
2002	42.218	51,2	72,8	39.096	38.994	34.991	1.902	102	3.224	4.061	9,8	452
2003	42.322	51,3	73,3	38.722	38.635	34.563	1.795	87	3.687	4.377	10,5	355
2004	42.708	51,8	73,3	38.860	38.777	34.546	1.739	83	3.931	4.381	10,5	286

1) Ab 2002 vorläufige Ergebnisse.
2) Inländerkonzept; nach dem ESVG 1995.
3) Anteil der Erwerbspersonen (Erwerbstätige und Erwerbslose) an der Wohnbevölkerung insgesamt.
4) Anteil der Erwerbspersonen im Alter von 15 bis unter 65 Jahren an der Wohnbevölkerung in diesem Alter nach den Ergebnissen des Mikrozensus.
5) Arbeitnehmer, Selbständige und mithelfende Familienangehörige.
6) Sozialversicherungspflichtig Beschäftigte.
7) Quelle: BA.
8) Erwerbstätige nach dem Inlandskonzept abzüglich Erwerbstätige nach dem Inländerkonzept.
9) Anteil der registrierten Arbeitslosen an allen zivilen Erwerbspersonen (abhängig Beschäftigte, Selbständige und mithelfende Familienangehörige).
Quelle: Sachverständigengutachten 2006/2007.

Baugenehmigungen

Zeitraum[1]	Genehmigungen für Hochbauten							
	Rauminhalt[2]				veranschlagte Kosten des Bauwerks[3]			
	insgesamt	Wohn-gebäude	Nichtwohngebäude		insgesamt	Wohn-gebäude	Nichtwohngebäude	
			nicht-öffentliche Bauherren[4]	öffentliche Bauherren[5]			nicht-öffentliche Bauherren[4]	öffentliche Bauherren[5]
	1.000 cbm				Mio. €			
Früheres Bundesgebiet								
1950	.	140 665	.		.	2.681	.	.
1955	309.971	195.519	114.452		7.919	5.145	2.774	
1960	392.427	234.427	158.000		14.056	8.821	5.235	
1965	441.164	259.257	137.138	44.769	22.946	14.589	4.849	3.507
1970	497.264	266.573	184.841	45.850	30.196	18.166	7.822	4.208
1971	542.377	313.124	180.151	49.102	37.625	24.036	8.649	4.940
1972	567.238	343.057	178.182	45.999	44.602	29.257	10.108	5.238
1973	520.450	303.315	173.875	43.260	43.940	28.495	10.183	5.262
1974	388.207	209.250	123.953	55.004	36.924	21.456	7.911	7.557
1975	384.504	190.694	141.211	52.599	37.974	20.698	9.613	7.663
1976	374.089	210.227	128.309	35.553	37.252	23.692	8.466	5.093
1977	353.043	205.056	118.581	29.406	36.460	23.915	7.993	4.553
1978	421.217	247.614	137.520	36.083	45.265	30.259	9.405	5.601
1979	395.667	227.956	137.349	30.362	45.840	30.676	9.830	5.334
1980	389.153	215.351	141.121	32.681	49.412	31.558	11.359	6.495
1981	343.740	189.110	125.895	28.735	47.713	30.605	11.090	6.018
1982	305.900	165.352	117.185	23.363	45.496	28.647	11.523	5.326
1983	364.486	202.712	141.847	19.927	55.269	35.985	14.294	4.990
1984	279.231	159.632	102.491	17.108	44.081	29.306	10.340	4.435
1985	252 933	125 018	109.684	18.231	39.089	23.313	10.976	4.799
1986	257.004	116.709	120.717	19.578	40.197	21.966	12.794	5.438
1987	252.091	107.700	123.619	20.772	39.395	20.578	13.107	5.710
1988	275.773	120.721	133.898	21.154	45.122	23.517	15.035	6.571
1989	320.196	145.684	156.196	18.316	51.290	28.591	17.417	5.283
1990	370.394	181.361	169.424	19.609	63.263	37.095	19.864	6.304
1991	372.057	179.517	173.169	19.371	66.996	38.896	21.451	6.650
1992	387.406	204.799	163.578	19.029	76.313	46.347	23.183	6.783
1993	398.048	232.374	146.297	19.377	83.987	55.097	22.194	6.697
Deutschland								
1994	556.997	313.709	218.266	25.022	120.682	77.645	33.555	9.482
1995	500.695	271.965	204.887	23.843	111.506	70.876	31.710	8.919
1996	473.309	254.195	197.970	21.144	105.345	67.785	29.397	8.162
1997	448.725	243.746	183.455	21.524	99.148	64.662	25.926	8.561
1998	456.313	233.929	198.869	23.515	96.273	62.034	25.399	8.840
1999	451.948	225.995	204.209	21.744	92.066	58.967	25.398	7.700
2000	408.887	186.511	200.398	21.978	81.103	48.574	24.932	7.597
2001	386.507	160.252	206.040	20.215	74.428	41.782	25.260	7.386
2002	347.334	156.267	170.727	20.340	69.975	40.844	21.763	7.368
2003	348.534	173.031	157.175	18.328	70.747	44.731	19.408	6.608
2004	318.332	152.997	147.464	17.871	63.449	40.006	17.141	6.302
2004 1.Vj.	87.713	53.856	29.842	4.015	19.062	13.799	3.875	1.388
2.Vj.	78.035	35.464	38.190	4.381	15.458	9.479	4.466	1.513
3.Vj.	76.601	30.715	40.500	5.386	14.431	8.191	4.406	1.834
4.Vj.	75.983	32.962	38.932	4.089	14.498	8.537	4.394	1.567
2005 1.Vj.	71.464	35.179	32.458	3.827	14.088	9.016	3.682	1.390
2.Vj.	71.216	31.339	36.085	3.792	13.759	8.398	3.977	1.384
3.Vj.	76.710	32.316	38.833	5.561	14.800	8.574	4.410	1.816

1) Von 1950–1959 ohne Saarland und Berlin (West).
2) Ab 1963 nur Neubau und Wiederaufbau (einschließlich Umbau ganzer Gebäude).
3) Alle Baumaßnahmen.
4) Unternehmen und private Haushalte.
5) Gebietskörperschaften einschließlich Sozialversicherung und Organisationen ohne Erwerbszweck.
Quelle: Sachverständigengutachten 2006/2007.

Lohnkosten, Arbeitsproduktivität und Lohnstückkosten je Arbeitnehmer/Erwerbstätigen nach Wirtschaftsbereichen

Jahr[1]	insgesamt	Land- und Forstwirtschaft; Fischerei	Produzierendes Gewerbe ohne Baugewerbe zusammen	darunter: Verarbeitendes Gewerbe	Baugewerbe	Handel, Gastgewerbe und Verkehr zusammen	darunter: Handel, Reparatur von Kraftfahrzeugen und Gebrauchsgütern	Verkehr und Nachrichtenübermittlung	Finanzierung, Vermietung und Unternehmensdienstleister	Öffentliche und private Dienstleister
Lohnkosten je Arbeitnehmer[2] €									
1991	24.073	13.611	27.491	27.119	22.684	20.883	20.589	23.582	26.819	23.102
1992	26.567	15.219	31.311	30.795	24.869	22.976	22.688	26.137	28.739	24.965
1993	27.651	16.994	32.527	31.926	25.769	23.998	23.867	27.610	29.972	26.212
1994	28.460	17.904	34.310	33.769	26.755	24.492	24.120	28.719	30.356	26.730
1995	29.475	18.609	36.076	35.561	26.858	25.239	24.660	29.917	31.108	27.812
1996	29.850	18.879	36.931	36.368	27.150	25.252	24.877	30.742	31.458	28.220
1997	30.076	18.861	37.625	37.035	27.197	25.233	24.926	30.995	31.419	28.498
1998	30.358	18.771	38.381	37.787	27.080	25.182	24.966	31.047	31.599	28.823
1999	30.690	19.151	39.058	38.499	27.346	25.384	25.379	31.149	31.593	29.280
2000	31.271	19.640	40.676	40.054	27.728	25.429	25.790	30.308	32.236	29.542
2001	31.761	19.609	41.446	40.793	28.166	25.824	26.413	30.393	32.719	29.872
2002	32.199	19.868	42.054	41.495	28.669	26.082	26.721	30.779	33.273	30.370
2003	32.672	19.867	42.964	42.362	29.209	26.443	27.240	31.292	33.737	30.713
2004	32.763	19.431	43.850	43.226	29.282	26.174	27.212	31.016	33.739	30.728
Arbeitsproduktivität. je Erwerbstätigen[3] Index (2000 = 100)									
1991	86,52	60,00	73,15	74,77	107,07	86,56	92,90	63,44	111,52	93,91
1992	89,75	67,75	77,50	78,94	109,99	88,77	96,08	65,71	110,36	96,67
1993	90,22	72,63	77,22	78,02	104,04	87,98	92,97	69,28	111,25	97,26
1994	92,72	68,60	83,47	84,82	105,08	90,08	93,44	74,30	108,78	97,26
1995	94,25	76,42	85,42	86,15	99,16	91,96	93,13	81,71	111,37	97,82
1996	95,45	88,36	86,75	86,68	95,55	92,41	92,48	86,62	112,92	98,63
1997	97,26	93,15	91,49	91,82	97,17	94,54	93,51	92,46	110,75	98,61
1998	98,07	87,02	92,59	92,62	97,59	96,64	96,34	94,64	108,06	99,41
1999	98,71	99,35	94,57	94,46	100,16	97,91	96,64	99,62	103,09	99,52
2000	100	100	100	100	100	100	100	100	100	100
2001	100,80	105,03	100,97	101,30	100,56	102,25	103,24	101,46	99,93	99,48
2002	101,42	100,81	101,60	101,70	102,71	103,53	104,45	106,06	100,16	100,37
2003	102,21	105,67	105,39	105,52	103,02	103,44	105,80	104,27	99,61	99,80
2004	103,49	119,90	111,71	112,09	104,63	104,60	107,75	106,45	98,49	99,37
Lohnstückkosten. je Erwerbstätigen[4] Index (2000 = 100)									
1991	88,97	115,50	92,40	90,56	76,41	94,87	85,94	122,67	74,61	83,27
1992	94,65	114,38	99,32	97,40	81,54	101,79	91,56	131,24	80,79	87,42
1993	98,00	119,14	103,55	102,17	89,33	107,26	99,55	131,50	83,57	91,22
1994	98,16	132,89	101,05	99,40	91,83	106,93	100,10	127,52	86,57	93,03
1995	100,01	124,00	103,83	103,05	97,68	107,93	102,67	120,81	86,65	96,25
1996	100,00	108,79	104,66	104,75	102,48	107,47	104,29	117,10	86,42	96,86
1997	98,89	103,10	101,10	100,71	100,95	104,96	104,37	110,62	88,00	97,82
1998	98,99	109,84	101,92	101,86	100,08	102,47	100,49	108,24	90,72	98,15
1999	99,43	98,15	101,53	101,76	98,47	101,96	101,83	103,16	95,07	99,60
2000	100	100	100	100	100	100	100	100	100	100
2001	100,76	95,06	100,91	100,53	101,01	99,33	99,20	98,85	101,56	101,65
2002	101,53	100,35	101,75	101,87	100,67	99,07	99,19	95,75	103,05	102,43
2003	102,21	95,72	100,23	100,23	102,26	100,53	99,84	99,02	105,07	104,18
2004	101,24	82,52	96,50	96,28	100,93	98,40	97,93	96,14	106,26	104,69

1) Ab 2002 vorläufige Ergebnisse.
2) Arbeitnehmerentgelte je Arbeitnehmer bzw. je Arbeitnehmerstunde.
3) Bruttoinlandsprodukt bzw. Bruttowertschöpfung (preisbereinigt, Kettenindex 2000 = 100) je Erwerbstätigen bzw. je Erwerbstätigenstunde.
4) Lohnkosten in Relation zur Arbeitsproduktivität.
Quelle: Sachverständigengutachten 2006/2007.

Lohnkosten, Arbeitsproduktivität und Lohnstückkosten je Arbeitnehmer-/Erwerbstätigenstunde nach Wirtschaftsbereichen (Fortsetzung)

| Jahr[1] | insgesamt | Land- und Forstwirtschaft; Fischerei | Produzierendes Gewerbe ohne Baugewerbe | | Baugewerbe | Handel, Gastgewerbe und Verkehr | | | Finanzierung, Vermietung und Unternehmensdienstleister | Öffentliche und private Dienstleister |
| | | | zusammen | darunter: Verarbeitendes Gewerbe | | zusammen | darunter: | | | |
							Handel, Reparatur von Kraftfahrzeugen und Gebrauchsgütern	Verkehr und Nachrichtenübermittlung		
					Lohnkosten je Arbeitnehmerstunde[2][5] €					
1991	16,32	9,69	18,71	18,49	14,07	14,07	14,44	14,42	17,76	16,15
1992	17,79	9,71	20,51	20,23	15,01	15,60	15,94	16,10	19,04	17,60
1993	18,77	10,65	21,79	21,48	15,91	16,45	16,86	17,19	20,09	18,56
1994	19,37	11,27	22,75	22,46	16,57	16,91	17,23	17,89	20,56	19,09
1995	20,30	11,85	23,93	23,67	17,07	17,71	17,90	18,82	21,26	20,15
1996	20,86	12,04	25,06	24,79	17,71	17,95	18,38	19,24	21,69	20,56
1997	21,20	12,16	25,56	25,27	17,56	18,19	18,72	19,41	22,06	21,01
1998	21,49	12,28	25,93	25,63	17,45	18,31	18,88	19,63	22,32	21,41
1999	21,91	12,57	26,48	26,22	17,51	18,68	19,33	20,03	22,68	21,94
2000	22,64	12,89	27,90	27,58	18,09	18,95	19,82	19,88	23,45	22,44
2001	23,19	13,05	28,79	28,43	18,60	19,38	20,40	20,22	23,77	22,86
2002	23,68	13,43	29,43	29,14	19,13	19,78	20,80	20,80	24,27	23,27
2003	24,12	13,63	30,10	29,78	19,62	20,23	21,33	21,32	24,75	23,49
2004	24,13	13,50	30,28	29,94	19,51	20,09	21,32	21,09	25,09	23,36
					Arbeitsproduktivität je Erwerbstätigenstunde[3][5] Index (2000 = 100)					
1991	82,20	62,82	72,95	74,48	105,45	80,86	87,15	60,46	101,84	87,22
1992	84,30	66,40	74,43	75,78	105,64	83,42	90,20	63,00	100,90	90,46
1993	85,64	70,34	75,66	76,51	101,93	83,34	87,74	66,96	102,67	91,31
1994	88,17	67,12	80,94	82,20	103,24	85,42	88,52	71,68	101,53	92,10
1995	90,47	75,05	82,83	83,51	99,40	87,79	88,83	79,41	105,18	93,90
1996	92,61	87,01	85,87	85,85	97,20	88,53	88,95	83,52	107,53	95,15
1997	94,96	92,00	90,53	90,90	97,68	91,44	91,06	88,77	106,83	96,14
1998	96,10	87,01	91,20	91,27	97,44	94,25	94,54	91,58	104,94	97,52
1999	97,48	98,91	93,53	93,49	98,99	96,62	95,64	97,84	101,79	98,37
2000	100	100	100	100	100	100	100	100	100	100
2001	101,80	106,92	102,31	102,61	101,53	103,30	104,03	103,13	100,18	100,19
2002	103,34	105,42	103,71	103,82	104,37	106,07	106,54	109,72	100,90	101,39
2003	104,60	111,79	107,75	107,87	105,15	106,94	108,44	108,81	100,86	100,70
2004	105,50	127,38	112,56	112,92	105,93	108,29	110,18	110,84	100,37	99,47
					Lohnstückkosten je Erwerbstätigenstunde[4][5] Index (2000 = 100)					
1991	87,69	119,63	91,90	90,05	73,74	91,80	83,58	120,01	74,38	82,54
1992	93,24	113,42	98,74	96,79	78,55	98,68	89,18	128,57	80,48	86,71
1993	96,80	117,47	103,20	101,80	86,26	104,18	96,98	129,12	83,45	90,61
1994	97,04	130,21	100,74	99,09	88,69	104,48	98,18	125,53	86,34	92,40
1995	99,10	122,47	103,54	102,78	94,94	106,47	101,64	119,22	86,21	95,62
1996	99,48	107,28	104,58	104,68	100,72	106,99	104,24	115,88	86,02	96,30
1997	98,64	102,54	101,19	100,80	99,38	104,98	103,71	110,00	88,05	97,40
1998	98,80	109,42	101,90	101,84	98,97	102,56	100,73	107,80	90,72	97,89
1999	99,30	98,55	101,48	101,68	97,75	102,06	101,97	102,98	95,00	99,40
2000	100	100	100	100	100	100	100	100	100	100
2001	100,62	94,69	100,86	100,49	101,26	99,03	98,93	98,61	101,18	101,69
2002	101,21	98,83	101,69	101,79	101,31	98,43	98,47	95,36	102,57	102,31
2003	101,85	94,55	100,11	100,10	103,15	99,86	99,24	98,55	104,67	103,97
2004	101,02	82,17	96,39	96,14	101,77	97,89	97,64	95,71	106,59	104,68

1) Ab 2002 vorläufige Ergebnisse.
2) Arbeitnehmerentgelte je Arbeitnehmer bzw. je Arbeitnehmerstunde.
3) Bruttoinlandsprodukt bzw. Bruttowertschöpfung (preisbereinigt, Kettenindex 2000 = 100) je Erwerbstätigen bzw. je Erwerbstätigenstunde.
4) Lohnkosten in Relation zur Arbeitsproduktivität.
5) Quelle für Arbeitsstunden: Institut für Arbeitsmarkt- und Berufsforschung (IAB) der Bundesanstalt für Arbeit (BA), Nürnberg
Quelle: Sachverständigengutachten 2006/2007.

Konsumausgaben der privaten Haushalte nach Verwendungszwecken[1]

In jeweiligen Preisen Mrd. €

Jahr[2]	Insgesamt	Nahrungsmittel und Getränke, Tabakwaren	Bekleidung und Schuhe	Wohnung, Wasser, Strom, Gas und andere Brennstoffe zusammen	darunter: tatsächliche Mietzahlungen	unterstellte Mietzahlungen	Strom, Gas und andere Brennstoffe	Einrichtungsgegenstände, Apparate, Geräte und Ausrüstungen[3]	Gesundheitspflege	Verkehr	Nachrichtenübermittlung	Freizeit, Unterhaltung und Kultur	Bildungswesen	Beherbergungs- und Gaststättendienstleistungen	Sonstige Waren und Dienstleistungen
1991	847,12	150,93	67,67	162,70	50,11	58,07	35,28	71,23	24,47	126,40	14,83	79,81	4,37	48,49	96,22
1992	907,33	156,82	71,36	177,96	56,02	64,84	35,76	77,15	27,84	131,68	16,73	85,52	5,29	51,23	105,75
1993	942,73	158,74	71,51	199,90	64,39	73,71	37,98	80,49	31,99	121,12	18,26	88,20	5,66	54,07	112,79
1994	980,76	160,12	69,46	214,85	70,13	81,06	37,23	81,50	33,86	132,38	18,88	89,96	5,90	56,58	117,27
1995	1.013,34	163,12	67,41	227,68	74,25	87,36	37,78	83,87	38,85	137,18	19,94	93,50	6,03	57,51	118,25
1996	1.039,58	163,28	67,80	239,35	76,82	92,12	39,76	83,71	38,97	147,83	20,65	96,38	6,21	57,64	117,76
1997	1.062,50	163,82	68,12	248,11	79,08	96,59	39,99	85,48	43,08	146,89	22,85	101,08	6,87	58,94	117,26
1998	1.081,86	166,58	68,07	251,56	79,56	99,39	38,04	87,50	42,79	149,00	24,12	106,03	7,29	59,95	118,97
1999	1.113,84	169,19	69,01	257,41	80,75	102,36	37,52	88,62	45,86	151,71	25,54	111,48	7,55	61,89	125,58
2000	1.149,69	172,38	69,53	266,46	82,01	105,26	40,08	90,53	47,37	157,68	28,67	115,94	7,89	65,70	127,54
2001	1.194,03	179,04	71,84	279,25	83,98	108,93	47,13	91,03	49,47	162,58	33,36	118,50	8,08	66,81	134,07
2002	1.201,14	183,96	68,64	281,67	85,77	113,43	44,75	88,34	52,58	164,86	34,11	116,05	8,49	65,51	136,93
2003	1.217,66	186,90	66,39	289,23	87,49	117,06	47,62	87,47	53,92	164,77	35,23	115,48	8,59	65,09	144,59
2004	1.244,08	189,97	66,66	295,89	89,78	119,97	49,10	88,85	58,29	171,17	35,77	117,07	8,73	65,13	146,55

1) Im Inland. 2) Ab 2001 vorläufige Ergebnisse. 3) Für den Haushalt; einschließlich Instandhaltung. Quelle: Sachverständigengutachten 2006/2007.

Konsumausgaben der privaten Haushalte nach Verwendungszwecken[1] (Fortsetzung)

Preisbereinigt · Kettenindex (2000 = 100)

Jahr[2]	Insgesamt	Nahrungsmittel und Getränke, Tabakwaren	Bekleidung und Schuhe	Wohnung, Wasser, Strom, Gas und andere Brennstoffe zusammen	darunter: tatsächliche Mietzahlungen	unterstellte Mietzahlungen	Strom, Gas und andere Brennstoffe	Einrichtungsgegenstände, Apparate, Geräte und Ausrüstungen[3]	Gesundheitspflege	Verkehr	Nachrichtenübermittlung	Freizeit, Unterhaltung und Kultur	Bildungswesen	Beherbergungs- und Gaststättendienstleistungen	Sonstige Waren und Dienstleistungen
1991	85.49	94.93	107.31	84.03	87.40	76.61	102.57	88.08	62.08	100.85	41.92	70.78	92.84	90.92	75.54
1992	87.84	96.21	110.13	85.99	90.19	79.76	102.45	92.82	68.14	100.24	46.22	74.26	101.98	91.41	78.77
1993	88.08	96.31	107.49	89.75	94.34	79.64	107.03	94.59	75.87	100.89	49.51	75.16	97.35	91.66	82.07
1994	89.32	95.94	102.95	92.05	97.34	87.34	105.25	94.05	77.55	94.00	50.57	76.05	92.53	93.68	83.72
1995	91.01	97.07	99.14	94.26	98.85	90.38	107.85	95.46	87.20	96.21	53.46	79.24	93.68	93.61	84.21
1996	92.59	96.66	98.98	96.58	99.14	92.33	114.27	94.44	87.20	101.51	54.55	82.10	90.05	92.65	86.39
1997	93.62	95.54	98.95	97.66	99.55	94.57	112.63	95.92	92.19	99.72	62.68	84.89	96.16	93.55	88.30
1998	95.00	95.95	98.43	98.31	99.18	96.30	109.95	95.27	92.19	101.30	67.15	90.00	96.20	93.65	88.38
1999	97.63	98.06	99.38	99.21	99.74	98.24	104.75	98.10	97.26	100.82	79.29	96.15	97.42	95.30	91.55
2000	100	100	100	100	100	100	100	100	100	100	100	100	100	100	100
2001	102.16	100.27	102.59	102.65	101.83	102.38	110.00	99.60	103.50	101.80	123.47	101.87	102.38	100.02	101.87
2002	101.65	101.52	99.38	102.55	105.12	105.85	105.85	98.60	110.57	101.18	124.51	99.50	102.38	94.66	104.04
2003	101.36	102.03	94.93	103.70	107.44	108.12	94.21	95.55	113.93	99.05	127.94	100.37	101.54	93.39	101.32
2004	102.14	102.59	96.05	104.54	104.94	109.28	106.98	95.74	107.49	100.63	131.32	103.06	101.07	92.80	101.74

Veränderung gegenüber dem Vorjahr in %

Jahr[2]	Insgesamt	Nahrungsmittel und Getränke, Tabakwaren	Bekleidung und Schuhe	Wohnung... zusammen	tatsächliche Mietzahlungen	unterstellte Mietzahlungen	Strom, Gas und andere Brennstoffe	Einrichtungsgegenstände...	Gesundheitspflege	Verkehr	Nachrichtenübermittlung	Freizeit, Unterhaltung und Kultur	Bildungswesen	Beherbergungs- und Gaststättendienstleistungen	Sonstige Waren und Dienstleistungen
1992	2.7	1.3	2.6	2.3	3.2	4.1	- 0.1	5.4	9.8	- 0.6	10.3	4.9	9.8	0.5	4.3
1993	0.3	0.1	- 2.4	4.4	4.6	4.5	4.5	1.9	11.3	0.6	7.1	1.2	- 4.5	0.3	4.2
1994	1.4	- 0.4	- 4.2	2.6	3.2	4.1	- 1.7	- 0.6	2.2	- 6.8	2.1	1.2	- 5.0	2.2	2.0
1995	1.9	1.2	- 3.7	2.4	1.6	3.5	2.5	1.5	12.9	2.4	5.7	4.2	1.2	- 0.1	0.6
1996	1.7	- 0.4	- 0.2	1.1	0.3	2.2	6.0	- 1.1	5.7	5.5	2.1	3.6	- 3.9	- 1.0	2.6
1997	1.1	- 1.2	0.0	0.7	0.4	1.8	- 1.4	1.6	5.7	- 1.8	14.5	3.4	6.8	1.0	2.2
1998	1.5	0.4	- 0.5	0.9	- 0.4	1.8	- 2.4	- 0.7	- 1.8	1.6	7.1	6.8	0.1	0.1	0.1
1999	2.8	2.2	0.6	0.8	0.6	2.0	- 4.7	3.0	1.6	- 0.5	18.1	6.0	1.3	1.8	3.6
2000	2.4	2.0	0.6	0.9	0.3	1.8	- 4.5	1.9	2.8	- 0.8	26.1	4.0	2.6	4.9	5.0
2001	2.2	0.3	2.6	2.6	1.8	2.4	10.0	- 0.4	3.5	1.8	23.5	1.9	2.4	0.0	1.9
2002	- 0.5	1.2	- 2.6	- 0.1	2.4	3.4	- 3.8	- 1.0	6.8	- 0.6	0.8	- 2.3	0.0	- 5.4	2.1
2003	- 0.3	0.5	- 5.0	1.1	2.7	2.1	- 11.0	- 3.1	3.0	- 2.1	2.8	0.9	- 0.8	- 1.3	- 2.6
2004	0.8	0.5	- 1.2	0.8	1.9	1.1	13.6	0.2	- 5.7	1.6	2.6	2.7	- 0.5	- 0.6	0.4

1) Im Inland. 2) Ab 2001 vorläufige Ergebnisse. 3) Für den Haushalt; einschließlich Instandhaltung. Quelle: Sachverständigengutachten 2006/2007.

Primäreinkommen, Verfügbares Einkommen und Sparen der privaten Haushalte[1)]
Mrd. Euro

Jahr[2)]	Verfügbares Einkommen[3)]							
	davon							
	Primäreinkommen[4)]							geleistete Einkommen- und Vermögen-steuern
		davon						
	zusammen	Unter-nehmens-gewinne	empfangene Arbeit-nehmer-entgelte	empfangene Vermögens-einkommen	geleistete übrige Zinsen, Pachten	empfangene monetäre Sozial-leistungen[5)]	empfangene sonstige laufende Transfers	
	(1)	(2)	(3)	(4)	(5)	(6)	(7)	(8)
1991	1.182,08	118,61	847,01	228,09	11,63	258,26	43,52	147,63
1992	1.270,24	124,99	917,17	241,36	13,28	288,32	47,69	164,70
1993	1.301,20	128,78	938,77	246,58	12,93	314,11	52,51	168,00
1994	1.357,24	136,00	961,86	273,21	13,83	328,31	56,35	170,55
1995	1.402,20	143,28	997,02	274,31	12,41	347,75	58,15	180,14
1996	1.414,45	146,81	1.006,62	273,05	12,03	378,03	60,07	184,21
1997	1.436,87	148,04	1.010,69	289,24	11,10	386,87	60,96	183,80
1998	1.488,59	142,12	1.032,25	303,50	11,28	392,35	61,85	193,30
1999	1.503,31	137,88	1.059,51	316,81	10,89	402,43	65,18	204,67
2000	1.558,46	133,07	1.100,06	337,50	12,17	409,26	66,04	217,04
2001	1.599,32	132,97	1.120,61	357,63	11,89	424,97	69,67	215,63
2002	1.600,71	142,11	1.128,68	341,24	11,30	443,67	71,89	212,95
2003	1.617,40	144,77	1.131,12	351,79	10,28	455,21	71,72	208,37
2004	1.638,22	156,76	1.134,49	356,74	9,77	457,73	71,21	198,59

1) Einschließlich privater Organisationen ohne Erwerbszweck.
2) Ab 2002 vorläufige Ergebnisse.
3) Ausgabenkonzept.
4) Selbständigeneinkommen, Betriebsüberschuss, empfangene Arbeitnehmerentgelte, empfangene Vermögensein-kommen abzüglich geleistete Zinsen und Pachten.
5) Geldleistungen der Sozialversicherung, Sozialleistungen aus privaten Sicherungssystemen, sonstige Sozialleistun-gen der Arbeitgeber sowie sonstige soziale Geldleistungen (unter anderem Sozialhilfe, Arbeitslosenhilfe).
6) Tatsächliche und unterstellte Sozialbeiträge.
7) Einschließlich der Riester-Renten.
8) Verfügbares Einkommen abzüglich Private Konsumausgaben zuzüglich Zunahme betrieblicher Versorgungsan-sprüche.
Quelle: Sachverständigengutachten 2006/2007.

Primäreinkommen, Verfügbares Einkommen und Sparen der privaten Haushalte[1]
Mrd. Euro (Fortsetzung)

Jahr[2]	noch verfügbares Einkommen[3]			ins-gesamt	Private Konsum-ausgaben[3]	Zunahme betrieblicher Versor-gungsan-sprüche[7]	Sparen[8]	Sparquote[9] (%)
	noch: davon:							
	geleistete Sozial-beiträge[6]	geleistete monetäre Sozial-leistungen	geleistete sonstige laufende Transfers	(1) + (6) + (7) − (8) − (9) − (10) − (11)			(12) + (14) − (13)	(15) / ((12) + (14))
	(9)	(10)	(11)	(12)	(13)	(14)	(15)	(16)
1991	289,97	0,33	45,42	1.000,51	879,86	9,57	130,22	12,89
1992	318,00	0,36	50,33	1.072,85	946,60	11,21	137,46	12,68
1993	332,14	0,36	54,5	1.114,75	986,54	7,03	135,24	12,06
1994	355,90	0,39	60,00	1.155,05	1.031,10	8,50	132,46	11,38
1995	377,11	0,40	62,49	1.187,96	1.067,19	10,96	131,73	10,99
1996	391,64	0,40	63,73	1.212,57	1.091,50	7,64	128,71	10,55
1997	404,62	0,43	62,88	1.232,97	1.115,78	8,26	125,45	10,11
1998	410,68	0,52	62,92	1.253,37	1.137,51	11,67	127,53	10,08
1999	414,68	0,52	65,51	1.285,54	1.175,01	12,19	122,72	9,46
2000	427,00	0,51	67,05	1.322,16	1.214,16	15,24	123,24	9,21
2001	432,06	0,50	71,68	1.374,09	1.258,57	15,42	130,94	9,42
2002	439,65	0,50	74,64	1.388,53	1.266,68	17,54	139,39	9,91
2003	445,87	0,52	71,84	1.417,73	1.287,64	17,80	147,89	10,30
2004	448,08	0,50	72,60	1.447,39	1.312,53	18,98	153,84	10,49

1) Einschließlich privater Organisationen ohne Erwerbszweck.
2) Ab 2002 vorläufige Ergebnisse.
3) Ausgabenkonzept.
4) Selbständigeneinkommen, Betriebsüberschuss, empfangene Arbeitnehmerentgelte, empfangene Vermögensein-kommen abzüglich geleistete Zinsen und Pachten.
5) Geldleistungen der Sozialversicherung, Sozialleistungen aus privaten Sicherungssystemen, sonstige Sozialleistun-gen der Arbeitgeber sowie sonstige soziale Geldleistungen (unter anderem Sozialhilfe, Arbeitslosenhilfe).
6) Tatsächliche und unterstellte Sozialbeiträge.
7) Einschließlich der Riester-Renten.
8) Verfügbares Einkommen abzüglich Private Konsumausgaben zuzüglich Zunahme betrieblicher Versorgungsan-sprüche.
Quelle: Sachverständigengutachten 2006/2007.

4.3 Kennzahlen zur Wettbewerbsfähigkeit von KMU in der erweiterten EU

Die frei zugängliche Berichterstattung von Eurostat wird immer umfangreicher. Die Daten werden im Regelfall als Datenbank zur Verfügung gestellt, die der Nutzer nach seinen Bedürfnissen zusammenstellen kann. Nutzerhandbuch und weitere Erläuterungen für deutschsprachige Nutzer stellt das Statistische Bundesamt über www.eds-destatis.de zur Verfügung.

Beispielhaft sind nachstehend Kennzahlen zur Dienstleistungsproduktivität in der erweiterten EU dargestellt als Umsatz je Beschäftigten. Der Umsatz je Beschäftigten ist der durchschnittliche Umsatz, den eine Arbeitskraft im jeweiligen Sektor erzielt. Der Indikator dient als Produktivitätsindex. Der Dienstleistungssektor umfasst Sektoren mit hohem Arbeitskräftebedarf und geringer Produktivität (z.B. Straßengüterverkehr) und Sektoren mit großem Fachkräftebedarf und hoher Produktivität (z.B. Kommunikationsdienste).

Dabei ist bei allen neueren Statistiken zu berücksichtigen, dass die Beschäftigten in der EU nach Köpfen (und nicht umgerechnet in Vollzeitkräfte) zu verstehen sind. Dadurch ergeben sich auch branchenabhängig – viel oder wenig Teilzeitkräfte – beschäftigungsabhängige Unterschiede.

Es gelten folgende Zeichenerklärungen (Fußnoten):

(:) Nicht verfügbar
(e) Geschätzter Wert
(p) Vorläufiger Wert
(c) Vertraulich

Umsatz je Beschäftigten im Dienstleistungssektor (1.000 ECU/€)

	Handel; Instandhaltung und Reparatur von Kraftfahrzeugen und Gebrauchsgütern									
	1995	1996	1997	1998	1999	2000	2001	2002	2003	2004
EU (25 Länder)	:	:	:	:	208.7	226.0	236.0	231.4(e)	232.3	:
Belgien	:	343.9	355.7	374.3	384.8	420.7	435.8	:	458.9	:
Tschechische Republik	:	:	:	:	:	:	92.0(p)	98.7	104.2	:
Dänemark	:	:	:	:	:	360.1	288.3	347.5	357.4	362.6
Deutschland	:	:	:	:	229.9	243.9	244.1	243.5	254.0	:
Estland	:	:	:	:	:	78.2	86.4	97.3	104.3	:
Griechenland	:	:	:	:	:	:	:	:	:	:
Spanien	:	:	:	:	167.6	176.2	186.6	190.0	192.7	:
Frankreich	:	270.8	273.9	288.4	300.8	311.9	:	320.8	326.4	335.5
Irland	:	176.4	190.6	187.0(p)	228.0	263.6	267.3	265.4	271.9	:
Italien	:	190.0	200.0	200.0	202.7	216.8	211.6	222.3	231.8	240.7
Zypern	:	:	:	:	:	136.5	145.6	150.3	151.9	163.6
Lettland	:	:	:	51.5	46.0	58.4	63.0	62.9	64.7	:
Litauen	:	:	:	:	:	47.0	52.6	57.4	57.5	:
Luxemburg	334.5	329.4	359.5	370.9	390.8(p)	417.1	513.5	526.4	469.5	:
Ungarn	:	:	:	:	103.1	106.2	92.2	103.8	108.7	114.3
Malta	:	:	:	:	96.1	106.4	112.3	111.4	:	:
Niederlande	:	:	:	:	:	282.3	294.5	302.1	320.9	318.8
Österreich	:	228.1	231.3	227.9	237.0	256.8	267.8	261.2	265.4	273.0
Polen	:	:	:	:	:	:	:	83.7	79.0	:
Portugal	109.4	124.3(p)	128.2	142.4	136.9	146.2	151.4	149.8	155.7	152.6
Slowenien	:	:	:	:	:	:	:	147.5	168.5	:
Slowakei	:	:	:	:	:	101.9	103.6	106.2	114.8	125.7
Finnland	:	321.0	324.2	316.2	326.6	343.2	352.5	355.6	365.0	:
Schweden	:	:	276.7	272.7	296.7	:	303.9	310.3	305.5	:
Vereinigtes Königreich	:	:	:	200.3	213.2	244.1	243.7(p)	248.7	240.5	:
Bulgarien	:	:	:	:	:	:	40.5	46.0	45.4	51.6
Rumänien	:	:	:	:	:	29.2	38.7	43.7	45.2	51.5
Norwegen	249.5	260.1	284.7	278.4	285.0	308.9	321.0	342.5	324.0	:
Schweiz	:	:	379.3	350.2	362.4	394.2	390.8	:	:	:

Fußnoten siehe Seite 607!
Quelle: Eurostat 29.10.2006

Umsatz je Beschäftigten im Dienstleistungssektor
(1.000 ECU/€)

	Gastgewerbe									
	1995	1996	1997	1998	1999	2000	2001	2002	2003	2004
EU (25 Länder)	:	:	:	:	41.6	44.2	45.2	46.6(e)	44.6	:
Belgien	:	45.9	45.4	44.4	47.9	55.1	54.7	:	58.1	:
Tschechische Republik	:	:	:	:	:	14.0	16.5(p)	17.7	19.3	:
Dänemark	:	:	:	:	46.6	46.4	46.6	48.1	48.7	47.9
Deutschland	:	35.2	35.7	36.7	38.8	38.8	38.8	38.4	37.9	:
Estland	:	:	:	:	:	15.0	16.2	15.9	18.4	:
Griechenland	:	:	:	:	:	:	:	:	:	:
Spanien	:	:	:	32.7	34.5	37.8	38.6	42.2	43.0	:
Frankreich	:	58.2	58.5	62.0	64.7	63.7	65.1	66.9	67.6	68.8
Irland	:	:	:	39.3(p)	45.0(p)	48.9	52.7	53.9	55.7	:
Italien	:	50.0	50.0	50.0	51.5	55.4	53.0	54.0	52.8	48.0
Zypern	:	:	:	38.1	40.0	44.9	47.8	45.4	43.7	44.9
Lettland	:	:	:	:	9.7	11.4	12.5	11.1	11.5	:
Litauen	:	:	:	:	:	7.8	8.3	9.0	8.8	:
Luxemburg	66.1	55.3	54.8	54.9	60.5(p)	60.1(p)	68.2	67.3	64.0	:
Ungarn	:	:	:	:	:	16.6	15.9	17.9	17.8	18.6
Malta	:	:	:	:	26.3	29.6	30.0	30.3	:	:
Niederlande	:	:	46.6(p)	47.2	49.8	47.1	46.5	46.9	48.3	46.8
Österreich	:	45.8	43.3	44.3	45.6	46.7	49.7	50.9	51.8	51.5
Polen	:	:	:	:	:	:	:	14.5	13.8	:
Portugal	:	24.7(p)	25.2	26.7	30.6	30.1	29.4	30.7	33.6	34.2
Slowenien	:	:	:	:	:	:	:	29.0	33.1	:
Slowakei	:	:	:	:	:	13.2	12.4	16.6	15.7	17.5
Finnland	:	79.6	76.2	72.4	73.2	73.3	80.8	80.8	80.5	83.9
Schweden	:	:	62.5	62.6	65.6	69.5	66.3	67.1	70.6	:
Vereinigtes Königreich	:	:	:	41.8	38.5	43.9	44.8	45.5	41.8	:
Bulgarien	:	:	:	:	:	:	6.5	7.1	6.5	7.3
Rumänien	:	:	:	:	:	8.0	9.3	9.7	9.3	10.4
Norwegen	:	:	:	:	52.6	56.5	58.1	62.1	59.8	:
Schweiz	:	:	70.3	78.0	73.5	77.9	78.4	79.7	78.5	:

Fußnoten siehe Seite 607!
Quelle: Eurostat 29.10.2006

Umsatz je Beschäftigten im Dienstleistungssektor
(1.000 ECU/€)

	Verkehr und Nachrichtenübermittlung									
	1995	1996	1997	1998	1999	2000	2001	2002	2003	2004
EU (25 Länder)	:	:	:	:	100.7	117.1	126.2	125.9(e)	: (c)	:
Belgien	:	119.0	126.3	139.4	140.1	161.0	164.4	:	174.6	
Tschechische Republik	:	:	:	:	:	36.1	42.9(p)	44.1	47.6	:
Dänemark	:	:	:	:	155.9	184.8	205.4	212.8	215.7	222.1
Deutschland	:	:	:	:	96.9	121.4(i)	130.5	126.9	134.5	141.8
Estland	:	:	:	:	:	:	51.4	62.2	66.8	67.7
Griechenland	:	:	:	:	:	:	:	:	:	:
Spanien	:	:	:	:	93.3	104.4	108.2	115.6	120.4	:
Frankreich	:	95.5	102.0	106.4	112.0	122.1	129.0	130.5	133.3	138.9
Irland	:	104.1	121.1	125.0(p)	138.8(p)	161.6	174.0	198.0	213.5	:
Italien	:	90.0	90.0	110.0	106.1	120.8	128.8	139.8	141.3	150.5
Zypern	45.2	46.5	49.5	53.3	56.9	62.5	67.3	68.3	69.5	75.4
Lettland	:	:	:	:	23.1	30.3	31.1	30.8	33.7	:
Litauen	:	:	:	:	:	20.5	23.2	28.3	: (c)	:
Luxemburg	151.4	167.5	172.7	:	: (p)	:	219.7	215.4	232.5	:
Ungarn	:	:	:	:	:	35.4	38.4	43.8	46.3	52.9
Malta	:	:	:	:	:	69.2	80.5	88.3	:	:
Niederlande	:	95.0	99.4(p)	104.6	:	139.1	146.8	156.4	161.0	167.5
Österreich	:	92.6	96.3	103.0	112.4	126.8	134.2	137.7	143.8	154.3
Polen	:	:	:	:	:	:	:	40.3	37.5	:
Portugal	:	68.1(p)	77.4	81.1	85.0	94.6	105.4	104.9	108.8	121.5
Slowenien	:	:	:	:	:	:	:	64.7	72.5	:
Slowakei	:	:	:	:	:	19.7	26.9	27.9	32.8	36.5
Finnland	:	105.0	106.8	111.1	117.5	126.5	137.0	144.9	151.3	155.6
Schweden	:	:	134.9	131.5	137.5	154.7	152.4	155.5	181.2	:
Vereinigtes Königreich	:	:	:	:	153.2	173.3	180.2	182.6	171.3	
Bulgarien	:	:	:	:	:	:	18.0	19.0	19.5	22.3
Rumänien	:	:	:	:	:	14.8	16.9	18.8	19.8	23.9
Norwegen	:	:	:	:	:	:	218.2	:	229.6	:
Schweiz	:	:	:	:	:	:	:	:	:	:

Fußnoten siehe Seite 607!
Quelle: Eurostat 29.10.2006

Umsatz je Beschäftigten im Dienstleistungssektor (1.000 ECU/€)

	Grundstücks- und Wohnungswesen, Vermietung beweglicher Sachen, Erbringung von Dienstleistungen überwiegend für Unternehmen									
	1995	1996	1997	1998	1999	2000	2001	2002	2003	2004
EU (25 Länder)	:	:	:	:	88.3	88.7	90.9	90.7(e)	92	:
Belgien	:	97.1	92.2	95.7	105.7	107.3	113.4	:	139.6	:
Tschechische Republik	:	:	:	:	:	25.6	30.2(p)	33.7	34.6	:
Dänemark	:	:	:	:	107.5	101.0	104.4	111.6	113.9	114.7
Deutschland	:	:	:	:	106.2	101.3(i)	98.9	96.2	91.3	91.7
Estland	:	:	:	:	:	23.7	27.9	29.6	31.3	:
Griechenland	:	:	:	:	:	:	:	:	:	:
Spanien	:	:	:	:	62.7	69.8	73.4	75.2	77.0	:
Frankreich	:	107.1	110.4	110.6	112.1	116.1	113.7	119.4	122.8	126.0
Irland	:	55.0	64.4	74.2(p)	100.0(p)	114.0	122.6	122.2	126.9	:
Italien	:	60.0	60.0	70.0	76.3	73.9	76.3	76.8	83.5	78.5
Zypern	:	:	:	:	:	:	:	:	:	:
Lettland	:	:	:	:	13.9	16.8	20.8	17.4	16.3	:
Litauen	:	:	:	:	:	15.6	17.8	21.0	21.8	:
Luxemburg	91.9	90.9	95.3	89.9	: (p)	: (p)	95.7	95.0	106.6	:
Ungarn	:	:	:	:	:	35.3	34.5	37.8	40.7	42.5
Malta	:	:	:	:	:	:	34.6	36.2	:	:
Niederlande	:	:	:	:	:	79.3	:	90.9	95.9	94.5
Österreich	:	105.9	105.7	103.5	104.9	109.5	112.2	113.4	115.7	115.4
Polen	:	:	:	:	:	:	:	30.6	29.8	:
Portugal	:	84.8(p)	58.0	70.4	92.4	59.5	55.6	52.0	56.7	55.8
Slowenien	:	:	:	:	:	:	:	63.7	69.2	:
Slowakei	:	:	:	:	:	26.2	28.8	36.2	31.1	33.9
Finnland	:	85.3	81.8	93.3	100.3	94.3	99.8	100.9	104.1	112.4
Schweden	:	:	112.1	114.0	120.8	125.4	113.1	116.1	118.2	:
Vereinigtes Königreich	:	:	:	80.7	87.8	94.8	100.0	99.3	97.1	:
Bulgarien	:	:	:	:	:	:	9.0	10.6	10.7	12.0
Rumänien	:	:	:	:	:	9.3	12.8	13.5	14.4	15.6
Norwegen	:	:	:	:	113.6	121.1	136.7	151.7	145.4	:
Schweiz	:	:	:	:	:	139.0	:	:	158.6	:

Fußnoten siehe Seite 607!
Quelle: Eurostat 29.10.2006

5 Hilfen für die Branchenzuordnung

5.1 Zuordnung der Wirtschaftszweige nach WZ 2003*

5.1.1 Die Klassifikation der Wirtschaftszweige WZ 2003

WZ 2003		Bezeichnung
Abschnitt	Klasse	
A		Land- und Forstwirtschaft
AA		Land- und Forstwirtschaft
	01.00.0	Landwirtschaft und Jagd
	01.10.0	*Pflanzenbau*
	01.11.0	Ackerbau
	01.11.1	Getreidebau
	01.11.2	Allgemeiner Ackerbau
	01.12.0	Gartenbau
	01.12.1	Gemüsebau
	01.12.2	Zierpflanzenbau
	01.12.3	Baumschulen
	01.12.4	Allgemeiner Gartenbau
	01.13.0	Dauerkulturbau
	01.13.1	Obstbau
	01.13.2	Weinbau
	01.13.3	Allgemeiner Dauerkulturbau
	01.20.0	*Tierhaltung*
	01.21.0	Haltung von Rindern
	01.21.1	Milchviehhaltung
	01.21.2	Gemischte Rindviehhaltung
	01.21.3	Gemischte Weideviehhaltung
	01.22.0	Haltung von Schafen, Ziegen, Pferden und Eseln
	01.22.1	Haltung von Schafen und Ziegen
	01.22.2	Haltung von Pferden und Eseln
	01.23.0	Haltung von Schweinen
	01.24.0	Haltung von Geflügel

* Quelle: Statistisches Bundesamt: Klassifikation der Wirtschaftszweige mit Erläuterungen.

WZ 2003		Bezeichnung
Abschnitt	Klasse	
	01.25.0	Sonstige Tierhaltung
	01.30.0	*Gemischte Landwirtschaft*
	01.30.1	Gemischte Landwirtschaft, ohne ausgeprägten Schwerpunkt
	01.30.2	Gemischte Landwirtschaft, mit Schwerpunkt Pflanzenbau
	01.30.3	Gemischte Landwirtschaft, mit Schwerpunkt Tierhaltung
	01.40.0	*Erbringung von landwirtschaftlichen und gärtnerischen Dienstleistungen*
	01.41.0	Erbringung von landwirtschaftlichen Dienstleistungen für den Pflanzenbau sowie von gärtnerischen Dienstleistungen
	01.41.1	Erbringung von landwirtschaftlichen Dienstleistungen für den Pflanzenbau
	01.41.2	Garten- und Landschaftsbau
	01.41.3	Erbringung von gärtnerischen Dienstleistungen (ohne Garten- und Landschaftsbau)
	01.42.0	Erbringung von landwirtschaftlichen Dienstleistungen für die Tierhaltung
	01.50.0	*Jagd*
	02.00.0	**Forstwirtschaft**
	02.00.0	*Forstwirtschaft*
	02.01.0	Forstwirtschaft (ohne Erbringung von forstwirtschaftlichen Dienstleistungen)
	02.02.0	Erbringung von forstwirtschaftlichen Dienstleistungen
B		**Fischerei und Fischzucht**
BA		**Fischerei und Fischzucht**
	05.00.0	**Fischerei und Fischzucht**
	05.00.0	*Fischerei und Fischzucht*
	05.01.0	Fischerei
	05.01.1	Hochsee- und Küstenfischerei
	05.01.2	Fluss- und Seenfischerei
	05.02.0	Teichwirtschaft und Fischzucht
C		**Bergbau und Gewinnung von Steinen und Erden**
CA		**Kohlenbergbau, Torfgewinnung, Gewinnung von Erdöl und Erdgas, Bergbau auf Uran- und Thoriumerze**
	10.00.0	**Kohlenbergbau, Torfgewinnung**
	10.10.0	*Steinkohlenbergbau und -brikettherstellung*
	10.10.1	Steinkohlenbergbau
	10.10.2	Herstellung von Steinkohlenbriketts
	10.20.0	*Braunkohlenbergbau und -veredelung*
	10.30.0	*Torfgewinnung und -veredlung*
	11.00.0	**Gewinnung von Erdöl und Erdgas, Erbringung damit verbundener Dienstleistungen**
	11.10.0	*Gewinnung von Erdöl und Erdgas*
	11.20.0	*Erbringung von Dienstleistungen bei der Gewinnung von Erdöl und Erdgas*
	12.00.0	**Bergbau auf Uran- und Thoriumerze**
	12.00.0	*Bergbau auf Uran- und Thoriumerze*

WZ 2003		Bezeichnung
Abschnitt	Klasse	
CB		Erzbergbau, Gewinnung von Steinen und Erden, sonstiger Bergbau
	13.00.0	Erzbergbau
	13.10.0	Eisenerzbergbau
	13.20.0	NE-Metallerzbergbau (ohne Bergbau auf Uran- und Thoriumerze)
	14.00.0	Gewinnung von Steinen und Erden, sonstiger Bergbau
	14.10.0	Gewinnung von Natursteinen
	14.11.0	Gewinnung von Naturwerksteinen und Natursteinen, anderweitig nicht genannt
	14.11.1	Gewinnung von Naturwerksteinen, anderweitig nicht genannt
	14.11.2	Gewinnung von Natursteinen, anderweitig nicht genannt
	14.12.0	Gewinnung von Kalk- und Gipsstein sowie Anhydrit, Dolomit und Kreide
	14.12.1	Gewinnung von Kalkstein, Dolomitstein und Kreide
	14.12.2	Gewinnung von Gips- und Anhydritstein
	14.13.0	Gewinnung von Schiefer
	14.20.0	Gewinnung von Kies, Sand, Ton und Kaolin
	14.21.0	Gewinnung von Kies und Sand
	14.22.0	Gewinnung von Ton und Kaolin
	14.22.1	Gewinnung von Ton
	14.22.2	Gewinnung von Kaolin
	14.30.0	Gewinnung von Mineralien für die Herstellung von chemischen Erzeugnissen
	14.30.1	Kaligewinnung
	14.30.2	Gewinnung von Mineralien, anderweitig nicht genannt
	14.40.0	Gewinnung von Salz
	14.50.0	Gewinnung von Steinen und Erden, anderweitig nicht genannt, sonstiger Bergbau
D		Verarbeitendes Gewerbe
DA		Ernährungsgewerbe und Tabakverarbeitung
	15.00.0	Ernährungsgewerbe
	15.10.0	Schlachten und Fleischverarbeitung
	15.11.0	Schlachten (ohne Schlachten von Geflügel)
	15.11.1	Schlachten (ohne Schlachten von Geflügel, Talgschmelzen und Schmalzsiedereien)
	15.11.2	Talgschmelzen und Schmalzsiedereien
	15.12.0	Schlachten von Geflügel
	15.13.0	Fleischverarbeitung
	15.20.0	Fischverarbeitung
	15.30.0	Obst- und Gemüseverarbeitung
	15.31.0	Kartoffelverarbeitung
	15.32.0	Herstellung von Frucht- und Gemüsesäften
	15.33.0	Obst- und Gemüseverarbeitung, anderweitig nicht genannt
	15.33.1	Herstellung von Obst- und Gemüsekonserven

WZ 2003		Bezeichnung
Abschnitt	Klasse	
	15.33.2	Herstellung von Sauerkonserven
	15.33.4	Herstellung von Konfitüren sowie von Brotaufstrichen auf Fruchtbasis
	15.33.5	Herstellung von Fruchtzubereitungen für die Milch- und Eiscremeindustrie
	15.40.0	*Herstellung von pflanzlichen und tierischen Ölen und Fetten*
	15.41.0	Herstellung von rohen Ölen und Fetten
	15.42.0	Herstellung von raffinierten Ölen und Fetten
	15.43.0	Herstellung von Margarine u.ä. Nahrungsfetten
	15.50.0	*Milchverarbeitung; Herstellung von Speiseeis*
	15.51.0	Milchverarbeitung
	15.52.0	Herstellung von Speiseeis
	15.60.0	*Mahl- und Schälmühlen, Herstellung von Stärke und Stärkeerzeugnissen*
	15.61.0	Mahl- und Schälmühlen
	15.61.1	Mahlmühlen
	15.61.2	Schälmühlen
	15.62.0	Herstellung von Stärke und Stärkeerzeugnissen
	15.70.0	*Herstellung von Futtermitteln*
	15.71.0	Herstellung von Futtermitteln für Nutztiere
	15.72.0	Herstellung von Futtermitteln für sonstige Tiere
	15.80.0	*Sonstiges Ernährungsgewerbe (ohne Getränkeherstellung)*
	15.81.0	Herstellung von Backwaren (ohne Dauerbackwaren)
	15.81.1	Herstellung von Backwaren (ohne Konditor- und Dauerbackwaren)
	15.81.2	Herstellung von Konditorwaren
	15.82.0	Herstellung von Dauerbackwaren
	15.83.0	Herstellung von Zucker
	15.84.0	Herstellung von Süßwaren (ohne Dauerbackwaren)
	15.85.0	Herstellung von Teigwaren
	15.86.0	Verarbeitung von Kaffee und Tee, Herstellung von Kaffee-Ersatz
	15.87.0	Herstellung von Würzmitteln und Saucen
	15.88.0	Herstellung von homogenisierten und diätischen Nahrungsmitteln
	15.89.0	Herstellung von sonstigen Nahrungsmitteln (ohne Getränke)
	15.89.1	Herstellung von Backmitteln
	15.89.2	Herstellung von Nahrungsmitteln, anderweitig nicht genannt (ohne Getränke)
	15.90.0	*Herstellung von Getränken*
	15.91.0	Herstellung von Spirituosen
	15.92.0	Herstellung von Alkohol
	15.93.0	Herstellung von Traubenwein
	15.94.0	Herstellung von Apfelwein und sonstigen Fruchtweinen
	15.95.0	Herstellung von Wermutwein und sonstigen aromatisierten Weinen

WZ 2003		Bezeichnung
Abschnitt	Klasse	
	15.96.0	Herstellung von Bier
	15.97.0	Herstellung von Malz
	15.98.0	Gewinnung natürlicher Mineralwässer, Herstellung von Erfrischungsgetränken
	16.00.0	**Tabakverarbeitung**
	16.00.1	Tabakverarbeitung (ohne Herstellung von Zigaretten)
	16.00.2	Herstellung von Zigaretten
DB		**Textil- und Bekleidungsgewerbe**
	17.00.0	**Textilgewerbe**
	17.10.0	*Spinnstoffaufbereitung und Spinnerei*
	17.11.0	Baumwollaufbereitung und -spinnerei
	17.12.0	Wollaufbereitung und Streichgarnspinnerei
	17.13.0	Wollaufbereitung und Kammgarnspinnerei
	17.14.0	Flachsaufbereitung und -spinnerei
	17.15.0	Zwirnen und Texturieren von Filamentgarnen, Seidenaufbereitung und -spinnerei
	17.16.0	Herstellung von Nähgarn
	17.17.0	Sonstige Spinnstoffaufbereitung und Spinnerei
	17.20.0	*Weberei*
	17.21.0	Baumwollweberei
	17.21.1	Baumwollweberei (ohne Möbel-, Dekorationsstoff- und Gardinenstoffweberei)
	17.21.2	Möbel- und Dekorationsstoffweberei
	17.21.3	Gardinenstoffweberei
	17.22.0	Streichgarnweberei
	17.23.0	Kammgarnweberei
	17.24.0	Seiden- und Filamentgarnweberei
	17.25.0	Sonstige Weberei
	17.30.0	*Textilveredlung*
	17.40.0	*Herstellung von konfektionierten Textilwaren (ohne Bekleidung)*
	17.40.1	Herstellung von Haus-, Bett- und Tischwäsche
	17.40.2	Herstellung von Bettwaren (ohne Matratzen)
	17.40.3	Herstellung von konfektionierten textilen Artikeln, für die Innenausstattung
	17.40.4	Herstellung von sonstigen konfektionierten textilen Artikeln, anderweitig nicht genannt
	17.50.0	*Sonstiges Textilgewerbe (ohne Herstellung von Maschenware)*
	17.51.0	Herstellung von Teppichen
	17.52.0	Herstellung von Seilerwaren
	17.53.0	Herstellung von Vliesstoff und Erzeugnissen daraus (ohne Bekleidung)
	17.54.0	Textilgewerbe, anderweitig nicht genannt
	17.54.1	Bandweberei und -flechterei
	17.54.2	Sonstiges Textilgewerbe, anderweitig nicht genannt

WZ 2003		Bezeichnung
Abschnitt	Klasse	
	17.60.0	*Herstellung von gewirktem und gestricktem Stoff*
	17.60.1	Herstellung von gewirktem und gestricktem Stoff (ohne Gardinenstoff)
	17.60.2	Herstellung von gewirktem Gardinenstoff
	17.70.0	*Herstellung von gewirkten und gestrickten Fertigerzeugnissen*
	17.71.0	Herstellung von Strumpfwaren
	17.72.0	Herstellung von Pullovern, Strickjacken u.ä. Waren
	18.00.0	**Bekleidungsgewerbe**
	18.10.0	*Herstellung von Lederbekleidung*
	18.20.0	*Herstellung von Bekleidung (ohne Lederbekleidung)*
	18.21.0	Herstellung von Arbeits- und Berufsbekleidung
	18.22.0	Herstellung von Oberbekleidung (ohne Arbeits- und Berufskleidung)
	18.22.1	Herstellung von gewebter Oberbekleidung für Herren und Knaben
	18.22.2	Herstellung von gewebter Oberbekleidung für Damen und Mädchen
	18.22.3	Herstellung von gewirkter und gestrickter Oberbekleidung
	18.23.0	Herstellung von Wäsche
	18.23.1	Herstellung von gewebter Wäsche (ohne Miederwaren)
	18.23.2	Herstellung von gewirkter und gestrickter Wäsche (ohne Miederwaren)
	18.23.3	Herstellung von Miederwaren
	18.24.0	Herstellung von sonstiger Bekleidung und Bekleidungszubehör
	18.24.1	Herstellung von Sportkleidung
	18.24.2	Herstellung von Hüten und sonstigen Kopfbedeckungen
	18.24.3	Herstellung von Bekleidung und Bekleidungszubehör für Kleinkinder
	18.24.4	Herstellung von sonstigen gewirkten und gestrickten Fertigerzeugnissen
	18.24.5	Herstellung von Bekleidungszubehör, anderweitig nicht genannt
	18.30.0	*Zurichtung und Färben von Fellen, Herstellung von Pelzwaren*
DC		**Ledergewerbe**
	19.00.0	**Ledergewerbe**
	19.10.0	*Herstellung von Leder und Lederfaserstoff*
	19.20.0	*Lederverarbeitung (ohne Herstellung von Lederbekleidung und Schuhen)*
	19.30.0	*Herstellung von Schuhen*
	19.30.1	Herstellung von Sportschuhen
	19.30.2	Herstellung von sonstigen Schuhen
DD		**Holzgewerbe (ohne Herstellung von Möbeln)**
	20.00.0	**Holzgewerbe (ohne Herstellung von Möbeln)**
	20.10.0	*Säge-, Hobel- und Holzimprägnierwerke*
	20.20.0	*Herstellung von Furnier-, Sperrholz-, Holzfaser- und Holzspanplatten*
	20.20.1	Herstellung von Furnier-, Sperrholz-, Holzfaserplatten
	20.20.2	Herstellung von Holzspanplatten

WZ 2003		Bezeichnung
Abschnitt	Klasse	
	20.30.0	*Herstellung von Konstruktionsteilen, Fertigbauteilen, Ausbauelementen und Fertigteilbauten aus Holz*
	20.30.1	Herstellung von Konstruktionsteilen, Fertigbauteilen und Ausbauelementen aus Holz
	20.30.2	Herstellung von Bausätzen für Fertigteilbauten aus Holz im Hochbau sowie von Fertigteilbauten daraus
	20.40.0	*Herstellung von Verpackungsmitteln, Lagerbehältern und Ladungsträgern aus Holz*
	20.50.0	*Herstellung von Holzwaren, anderweitig nicht genannt, sowie von Kork-, Flecht- und Korbwaren (ohne Herstellung von Möbeln)*
	20.51.0	Herstellung von Holzwaren, anderweitig nicht genannt (ohne Herstellung von Möbeln)
	20.52.0	Herstellung von Kork-, Flecht- und Korbwaren (ohne Herstellung von Möbeln)
DE		**Papier-, Verlags- und Druckgewerbe**
	21.00.0	**Papiergewerbe**
	21.10.0	*Herstellung von Holz- und Zellstoff, Papier, Karton und Pappe*
	21.11.0	Herstellung von Holz- und Zellstoff
	21.12.0	Herstellung von Papier, Karton und Pappe
	21.20.0	*Herstellung von Waren aus Papier, Karton und Pappe*
	21.21.0	Herstellung von Wellpapier und -pappe sowie von Verpackungsmitteln aus Papier, Karton und Pappe
	21.22.0	Herstellung von Haushalts-, Hygiene- und Toilettenartikeln aus Zellstoff, Papier und Pappe
	21.23.0	Herstellung von Schreibwaren und Bürobedarf aus Papier, Karton und Pappe
	21.24.0	Herstellung von Tapeten
	21.25.0	Herstellung von sonstigen Waren aus Papier, Karton und Pappe
	22.00.0	**Verlagsgewerbe, Druckgewerbe, Vervielfältigung von bespielten Ton-, Bild- und Datenträgern**
	22.10.0	*Verlagsgewerbe*
	22.11.0	Verlegen von Büchern
	22.11.1	Verlegen von Büchern (ohne Adressbücher)
	22.11.2	Verlegen von Adressbüchern
	22.12.0	Verlegen von Zeitungen
	22.12.1	Verlegen von Tageszeitungen
	22.12.2	Verlegen von Wochen- und Sonntagszeitungen
	22.13.0	Verlegen von Zeitschriften
	22.13.1	Verlegen von Fachzeitschriften
	22.13.2	Verlegen von allgemeinen Zeitschriften
	22.13.3	Verlegen von sonstigen Zeitschriften
	22.14.0	Verlegen von bespielten Tonträgern und Musikalien
	22.14.1	Verlegen von bespielten Tonträgern
	22.14.2	Verlegen von Musikalien
	22.15.0	Sonstiges Verlagsgewerbe

WZ 2003		Bezeichnung
Abschnitt	Klasse	
	22.20.0	*Druckgewerbe*
	22.21.0	Drucken von Zeitungen
	22.22.0	Drucken anderer Druckerzeugnisse
	22.23.0	Druckweiterverarbeitung
	22.24.0	Druck- und Medienvorstufe
	22.25.0	Erbringung von sonstigen druckbezogenen Dienstleistungen
	22.30.0	*Vervielfältigung von bespielten Ton-, Bild- und Datenträgern*
	22.31.0	Vervielfältigung von bespielten Tonträgern
	22.32.0	Vervielfältigung von bespielten Bildträgern
	22.33.0	Vervielfältigung von bespielten Datenträgern
DF		**Kokerei, Mineralölverarbeitung, Herstellung und Verarbeitung von Spalt- und Brutstoffen**
	23.00.0	**Kokerei, Mineralölverarbeitung, Herstellung und Verarbeitung von Spalt- und Brutstoffen**
	23.10.0	*Kokerei*
	23.20.0	*Mineralölverarbeitung*
	23.30.0	*Herstellung und Verarbeitung von Spalt- und Brutstoffen*
DG		**Herstellung von chemischen Erzeugnissen**
	24.00.0	**Herstellung von chemischen Erzeugnissen**
	24.10.0	*Herstellung von chemischen Grundstoffen*
	24.11.0	Herstellung von Industriegasen
	24.12.0	Herstellung von Farbstoffen und Pigmenten
	24.13.0	Herstellung von sonstigen anorganischen Grundstoffen und Chemikalien
	24.14.0	Herstellung von sonstigen organischen Grundstoffen und Chemikalien
	24.15.0	Herstellung von Düngemitteln und Stickstoffverbindungen
	24.16.0	Herstellung von Kunststoff in Primärformen
	24.17.0	Herstellung von synthetischem Kautschuk in Primärformen
	24.20.0	*Herstellung von Schädlingsbekämpfungs-, Pflanzenschutz- und Desinfektionsmitteln*
	24.30.0	*Herstellung von Anstrichmitteln, Druckfarben und Kitten*
	24.40.0	*Herstellung von pharmazeutischen Erzeugnissen*
	24.41.0	Herstellung von pharmazeutischen Grundstoffen
	24.42.0	Herstellung von pharmazeutischen Spezialitäten und sonstigen pharmazeutischen Erzeugnissen
	24.50.0	*Herstellung von Seifen, Wasch-, Reinigungs- und Körperpflegemitteln sowie von Duftstoffen*
	24.51.0	Herstellung von Seifen, Wasch-, Reinigungs- und Poliermitteln
	24.52.0	Herstellung von Duftstoffen und Körperpflegemitteln
	24.60.0	*Herstellung von sonstigen chemischen Erzeugnissen*
	24.61.0	Herstellung von pyrotechnischen Erzeugnissen

WZ 2003		Bezeichnung
Abschnitt	Klasse	
	24.62.0	Herstellung von Klebstoffen und Gelatine
	24.63.0	Herstellung von etherischen Ölen
	24.64.0	Herstellung von fotochemischen Erzeugnissen
	24.65.0	Herstellung von unbespielten Ton-, Bild- und Datenträgern
	24.66.0	Herstellung von sonstigen chemischen Erzeugnissen, anderweitig nicht genannt
	24.70.0	*Herstellung von Chemiefasern*
DH		**Herstellung von Gummi- und Kunststoffwaren**
	25.00.0	**Herstellung von Gummi- und Kunststoffwaren**
	25.10.0	*Herstellung von Gummiwaren*
	25.11.0	Herstellung von Bereifungen
	25.12.0	Runderneuerung von Bereifungen
	25.13.0	Herstellung von sonstigen Gummiwaren
	25.20.0	*Herstellung von Kunststoffwaren*
	25.21.0	Herstellung von Platten, Folien, Schläuchen und Profilen aus Kunststoffen
	25.22.0	Herstellung von Verpackungsmitteln aus Kunststoffen
	25.23.0	Herstellung von Baubedarfsartikeln aus Kunststoffen
	25.24.0	Herstellung von sonstigen Kunststoffwaren
	25.24.1	Herstellung von technischen Kunststoffteilen
	25.24.2	Herstellung von Fertigerzeugnissen aus Kunststoffen
DI		**Glasgewerbe, Herstellung von Keramik, Verarbeitung von Steinen und Erden**
	26.00.0	**Glasgewerbe, Herstellung von Keramik, Verarbeitung von Steinen und Erden**
	26.10.0	*Herstellung von Glas und Glaswaren*
	26.11.0	Herstellung von Flachglas
	26.12.0	Veredlung und Bearbeitung von Flachglas
	26.13.0	Herstellung von Hohlglas
	26.13.1	Herstellung von Behältnissen aus Glas
	26.13.2	Herstellung von Trinkgläsern und Tischzubehör aus Glas
	26.14.0	Herstellung von Glasfasern und Waren daraus
	26.14.1	Herstellung von Verstärkungsglasfasern
	26.14.2	Herstellung von Isolierglasfasern u.Ä.
	26.15.0	Herstellung, Veredlung und Bearbeitung von sonstigem Glas einschließlich technischen Glaswaren
	26.20.0	*Herstellung von keramischen Erzeugnissen (ohne Herstellung von Ziegeln und Baukeramik)*
	26.21.0	Herstellung von keramischen Haushaltswaren und Ziergegenständen
	26.21.1	Herstellung von Haushaltswaren und Ziergegenständen aus Porzellan
	26.21.2	Herstellung von Haushaltswaren und Ziergegenständen aus Steingut, Steinzeug und Feinsteinzeug
	26.21.3	Herstellung von Haushaltswaren und Ziergegenständen aus Ton sowie von Töpferwaren

WZ 2003		Bezeichnung
Abschnitt	Klasse	
	26.22.0	Herstellung von Sanitärkeramik
	26.23.0	Herstellung von keramischen Isolatoren und Isolierteilen
	26.24.0	Herstellung von keramischen Erzeugnissen für sonstige technische Zwecke
	26.25.0	Herstellung von keramischen Erzeugnissen, anderweitig nicht genannt
	26.26.0	Herstellung von feuerfesten keramischen Werkstoffen und Waren
	26.26.1	Herstellung von Waren aus feuerfesten keramischen Werkstoffen
	26.26.2	Herstellung von ungeformten feuerfesten keramischen Werkstoffen
	26.30.0	*Herstellung von keramischen Wand- und Bodenfliesen und -platten*
	26.40.0	*Herstellung von Ziegeln und sonstiger Baukeramik*
	26.40.1	Herstellung von Ziegeln
	26.40.2	Herstellung von sonstiger Baukeramik
	26.50.0	*Herstellung von Zement, Kalk und gebranntem Gips*
	26.51.0	Herstellung von Zement
	26.52.0	Herstellung von Kalk
	26.53.0	Herstellung von gebranntem Gips
	26.60.0	*Herstellung von Erzeugnissen aus Beton, Zement und Gips*
	26.61.0	Herstellung von Erzeugnissen aus Beton, Zement und aus Kalksandstein für den Bau
	26.61.1	Herstellung von Bausätzen für Fertigteilbauten aus Beton für den Bau
	26.61.2	Herstellung von Konstruktionsteilen und großformigen Fertigbauteilen aus Beton sowie von sonstigen Betonerzeugnissen für den Bau
	26.61.3	Herstellung von Erzeugnissen aus Porenbeton für den Bau
	26.61.4	Herstellung von Erzeugnissen aus Kalksandstein für den Bau
	26.62.0	Herstellung von Gipserzeugnissen für den Bau
	26.63.0	Herstellung von Frischbeton (Transportbeton)
	26.64.0	Herstellung von Mörtel und anderem Beton (Trockenbeton)
	26.65.0	Herstellung von Faserzementwaren
	26.66.0	Herstellung von Erzeugnissen aus Beton, Zement und Gips, anderweitig nicht genannt
	26.70.0	*Be- und Verarbeitung von Naturwerksteinen und Natursteinen, anderweitig nicht genannt*
	26.70.1	Steinbildhauerei und Steinmetzerei
	26.70.2	Sonstige Be- und Verarbeitung von Naturwerksteinen und Natursteinen, anderweitig nicht genannt
	26.80.0	*Herstellung von sonstigen Erzeugnissen aus nicht metallischen Mineralien*
	26.81.0	Herstellung von Mühl-, Mahl, Schleif-, Wetz- und Poliersteinen sowie Schleifstoffen
	26.81.3	Herstellung von Schleifkörpern mit Diamant oder Bornitrid
	26.81.4	Herstellung von Schleifmitteln auf Unterlage
	26.81.5	Herstellung von Mühlsteinen und Steinen zum Zerfasern
	26.81.6	Herstellung von Schleifkörpern (ohne Diamantschleifkörper) und Poliersteinen

WZ 2003		Bezeichnung
Abschnitt	Klasse	
	26.82.0	Herstellung von sonstigen Erzeugnissen aus nicht metallischen Mineralien, anderweitig nicht genannt
DJ		**Metallerzeugung und -bearbeitung, Herstellung von Metallerzeugnissen**
	27.00.0	**Metallerzeugung und -bearbeitung**
	27.10.0	*Erzeugung von Roheisen, Stahl und Ferrolegierungen*
	27.20.0	*Herstellung von Rohren*
	27.21.0	Herstellung von Rohren, Rohrform-, Rohrverschluss- und Rohrverbindungsstücken aus Gusseisen
	27.21.1	Herstellung von Rohren aus Gusseisen
	27.21.2	Herstellung von Rohrform-, Rohrverschluss- und Rohrverbindungsstücken aus Gusseisen
	27.22.0	Herstellung von Stahlrohren, Rohrform-, Rohrverschluss- und Rohrverbindungsstücken aus Stahl
	27.22.1	Herstellung von Stahlrohren (ohne Präzisionsstahlrohre)
	27.22.2	Herstellung von Präzisionsstahlrohren
	27.22.3	Herstellung von Rohrform-, Rohrverschluss- und Rohrverbindungsstücken aus Stahl
	27.30.0	*Sonstige erste Bearbeitung von Eisen und Stahl*
	27.31.0	Herstellung von Blankstahl
	27.32.0	Herstellung von Kaltband mit einer Breite von weniger als 600 mm
	27.33.0	Herstellung von Kaltprofilen
	27.34.0	Herstellung von gezogenem Draht
	27.40.0	*Erzeugung und erste Bearbeitung von NE-Metallen*
	27.41.0	Erzeugung und erste Bearbeitung von Edelmetallen
	27.42.0	Erzeugung und erste Bearbeitung von Aluminium
	27.42.1	Erzeugung von Aluminium
	27.42.2	Erste Bearbeitung von Aluminium
	27.43.0	Erzeugung und erste Bearbeitung von Blei, Zink und Zinn
	27.43.1	Erzeugung von Blei, Zink und Zinn
	27.43.2	Erste Bearbeitung von Blei, Zink und Zinn
	27.44.0	Erzeugung und erste Bearbeitung von Kupfer
	27.44.1	Erzeugung von Kupfer
	27.44.2	Erste Bearbeitung von Kupfer
	27.45.0	Erzeugung und erste Bearbeitung von sonstigen NE-Metallen
	27.45.1	Erzeugung von sonstigen NE-Metallen
	27.45.2	Erste Bearbeitung von sonstigen NE-Metallen
	27.50.0	*Gießereien*
	27.51.0	Eisengießereien
	27.51.1	Eisengießereien (ohne Herstellung von duktilem Gusseisen)
	27.51.2	Herstellung von duktilem Gusseisen
	27.52.0	Stahlgießereien

WZ 2003		Bezeichnung
Abschnitt	Klasse	
	27.53.0	Leichtmetallgießereien
	27.54.0	Buntmetallgießereien
	28.00.0	**Herstellung von Metallerzeugnissen**
	28.10.0	*Stahl- und Leichtmetallbau*
	28.11.0	Herstellung von Metallkonstruktionen
	28.11.1	Herstellung von Metallkonstruktionen (ohne Grubenausbaukonstruktionen)
	28.11.2	Herstellung von Grubenausbaukonstruktionen
	28.12.0	Herstellung von Ausbauelementen aus Metall
	28.20.0	*Herstellung von Metallbehältern mit einem Fassungsvermögen von mehr als 300 l; Herstellung von Heizkörpern und -kesseln für Zentralheizungen*
	28.21.0	Herstellung von Metallbehältern mit einem Fassungsvermögen von mehr als 300 l
	28.22.0	Herstellung von Heizkörpern und -kesseln für Zentralheizungen
	28.30.0	*Herstellung von Dampfkesseln (ohne Zentralheizungskessel)*
	28.40.0	*Herstellung von Schmiede-, Press-, Zieh- und Stanzteilen, gewalzten Ringen und pulvermetallurgischen Erzeugnissen*
	28.40.1	Herstellung von schweren Freiformschmiedestücken
	28.40.2	Herstellung von leichten Freiformschmiedestücken
	28.40.3	Herstellung von Gesenkschmiedeteilen
	28.40.4	Herstellung von Kaltfließpressteilen
	28.40.7	Herstellung von pulvermetallurgischen Erzeugnissen
	28.40.8	Herstellung von Press-, Zieh- und Stanzteilen
	28.50.0	*Oberflächenveredlung und Wärmebehandlung; Mechanik, anderweitig nicht genannt*
	28.51.0	Oberflächenveredlung und Wärmebehandlung
	28.52.0	Mechanik, anderweitig nicht genannt
	28.52.1	Schlosserei und Schweißerei
	28.52.2	Schleiferei und Dreherei
	28.52.3	Beschlag- und Kunstschmieden
	28.60.0	*Herstellung von Schneidwaren, Werkzeugen, Schlössern und Beschlägen aus unedlen Metallen*
	28.61.0	Herstellung von Schneidwaren und Bestecken aus unedlen Metallen
	28.62.0	Herstellung von Werkzeugen
	28.62.1	Herstellung von Handwerkzeugen
	28.62.2	Herstellung von Sägen und Maschinenwerkzeugen für die Holzbearbeitung
	28.62.3	Herstellung von Werkzeugen für das Baugewerbe
	28.62.4	Herstellung von auswechselbaren Werkzeugen für die Metallbearbeitung
	28.62.5	Herstellung von Geräten für die Landwirtschaft
	28.62.6	Herstellung von sonstigen Werkzeugen
	28.63.0	Herstellung von Schlössern und Beschlägen aus unedlen Metallen
	28.70.0	*Herstellung von sonstigen Metallwaren*

WZ 2003		Bezeichnung
Abschnitt	**Klasse**	
	28.71.0	Herstellung von Metallbehältern mit einem Fassungsvermögen von 300 l oder weniger
	28.72.0	Herstellung von Verpackungen und Verschlüssen aus Eisen, Stahl und NE-Metall
	28.73.0	Herstellung von Drahtwaren
	28.74.0	Herstellung von Schrauben, Nieten, Ketten und Federn
	28.74.1	Herstellung von Schrauben, Muttern, Bolzen und Nieten
	28.74.2	Herstellung von Ketten
	28.74.3	Herstellung von Federn
	28.75.0	Herstellung von sonstigen Metallwaren, anderweitig nicht genannt
	28.75.1	Herstellung von nicht elektrischen Haushaltsartikeln aus Metall
	28.75.2	Herstellung von Panzerschränken und Tresoranlagen
	28.75.3	Herstellung von Metallwaren, anderweitig nicht genannt
DK		**Maschinenbau**
	29.00.0	**Maschinenbau**
	29.10.0	*Herstellung von Maschinen für die Erzeugung und Nutzung von mechanischer Energie (ohne Motoren für Luft- und Straßenfahrzeuge)*
	29.11.0	Herstellung von Verbrennungsmotoren und Turbinen (ohne Motoren für Luft- und Straßenfahrzeugbau)
	29.12.0	Herstellung von Pumpen und Kompressoren
	29.13.0	Herstellung von Armaturen
	29.14.0	Herstellung von Lagern, Getrieben, Zahnrädern und Antriebselementen
	29.20.0	*Herstellung von sonstigen nicht wirtschaftszweigspezifischen Maschinen*
	29.21.0	Herstellung von Öfen und Brennern
	29.22.0	Herstellung von Hebezeugen und Fördermitteln
	29.23.0	Herstellung von kälte- und lufttechnischen Erzeugnissen, nicht für den Haushalt
	29.24.0	Herstellung von sonstigen nicht wirtschaftszweigspezifischen Maschinen, anderweitig nicht genannt
	29.30.0	*Herstellung von land- und forstwirtschaftlichen Maschinen*
	29.31.0	Herstellung von land- und forstwirtschaftlichen Zugmaschinen
	29.31.1	Herstellung von land- und forstwirtschaftlichen Zugmaschinen (ohne Reparatur)
	29.31.2	Instandhaltung und Reparatur von land- und forstwirtschaftlichen Zugmaschinen
	29.32.0	Herstellung von sonstigen land- und forstwirtschaftlichen Maschinen
	29.32.1	Herstellung von sonstigen land- und forstwirtschaftlichen Maschinen (ohne Reparatur)
	29.32.2	Instandhaltung und Reparatur von sonstigen land- und forstwirtschaftlichen Maschinen
	29.40.0	*Herstellung von Werkzeugmaschinen*
	29.41.0	Herstellung von handgeführten kraftbetriebenen Werkzeugen
	29.42.0	Herstellung von Werkzeugmaschinen für die Metallbearbeitung
	29.43.0	Herstellung von Werkzeugmaschinen, anderweitig nicht genannt
	29.43.1	Herstellung von Werkzeugmaschinen zur Bearbeitung von Steinen, Beton und sonstigen mineralischen Stoffen

WZ 2003		Bezeichnung
Abschnitt	Klasse	
	29.43.2	Herstellung von Werkzeugmaschinen zur Bearbeitung von sonstigen harten Stoffen
	29.43.3	Herstellung von Maschinenspannzeugen und sonstigem Zubehör von Werkzeugmaschinen
	29.43.4	Herstellung von Elektroschweiß- und -lötgeräten
	29.43.5	Herstellung von sonstigen Werkzeugmaschinen, anderweitig nicht genannt
	29.50.0	*Herstellung von Maschinen für sonstige bestimmte Wirtschaftszweige*
	29.51.0	Herstellung von Maschinen für die Metallerzeugung, von Walzwerkseinrichtungen und Gießmaschinen
	29.52.0	Herstellung von Bergwerks-, Bau- und Baustoffmaschinen
	29.52.1	Herstellung von Bergwerksmaschinen
	29.52.2	Herstellung von Bau- und Baustoffmaschinen
	29.53.0	Herstellung von Maschinen für das Ernährungsgewerbe und die Tabakverarbeitung
	29.54.0	Herstellung von Maschinen für das Textil-, Bekleidungs- und Ledergewerbe
	29.55.0	Herstellung von Maschinen für das Papiergewerbe
	29.56.0	Herstellung von Maschinen für bestimmte Wirtschaftszweige, anderweitig nicht genannt
	29.56.1	Herstellung von Maschinen für das Druckgewerbe
	29.56.3	Herstellung von Maschinen für die Kunststoff- und Gummibe- und -verarbeitung
	29.56.4	Herstellung von Maschinen für sonstige bestimmte Wirtschaftszweige, anderweitig nicht genannt
	29.60.0	*Herstellung von Waffen und Munition*
	29.70.0	*Herstellung von Haushaltsgeräten, anderweitig nicht genannt*
	29.71.0	Herstellung von elektrischen Haushaltsgeräten
	29.72.0	Herstellung von nicht elektrischen Heiz-, Koch-, Heißwasser- und Heißluftgeräten, anderweitig nicht genannt
DL		**Herstellung von Büromaschinen, Datenverarbeitungsgeräten und -einrichtungen; Elektrotechnik, Feinmechanik und Optik**
	30.00.0	**Herstellung von Büromaschinen, Datenverarbeitungsgeräten und -einrichtungen**
	30.00.0	*Herstellung von Büromaschinen, Datenverarbeitungsgeräten und -einrichtungen*
	30.01.0	Herstellung von Büromaschinen
	30.02.0	Herstellung von Datenverarbeitungsgeräten und -einrichtungen
	31.00.0	**Herstellung von Geräten der Elektrizitätserzeugung, -verteilung u.Ä.**
	31.10.0	*Herstellung von Elektromotoren, Generatoren und Transformatoren*
	31.20.0	*Herstellung von Elektrizitätsverteilungs- und -schalteinrichtungen*
	31.30.0	*Herstellung von isolierten Elektrokabeln, -leitungen und -drähten*
	31.40.0	*Herstellung von Akkumulatoren und Batterien*
	31.50.0	*Herstellung von elektrischen Lampen und Leuchten*
	31.60.0	*Herstellung von elektrischen Ausrüstungen, anderweitig nicht genannt*
	31.61.0	Herstellung von elektrischen Ausrüstungen für Motoren und Fahrzeuge, anderweitig nicht genannt
	31.62.0	Herstellung von sonstigen elektrischen Ausrüstungen, anderweitig nicht genannt
	32.00.0	**Rundfunk- und Nachrichtentechnik**
	32.10.0	*Herstellung von elektronischen Bauelementen*

WZ 2003		Bezeichnung
Abschnitt	Klasse	
	32.20.0	*Herstellung von Geräten und Einrichtungen der Telekommunikationstechnik*
	32.30.0	*Herstellung von Rundfunkgeräten sowie phono- und videotechnischen Geräten*
	33.00.0	**Medizin-, Mess-, Steuer- und Regelungstechnik, Optik, Herstellung von Uhren**
	33.10.0	*Herstellung von medizinischen Geräten und orthopädischen Erzeugnissen*
	33.10.1	Herstellung von elektromedizinischen Geräten und Instrumenten
	33.10.2	Herstellung von medizintechnischen Geräten
	33.10.3	Herstellung von orthopädischen Erzeugnissen
	33.10.4	Zahntechnische Laboratorien
	33.20.0	*Herstellung von Mess-, Kontroll-, Navigations- u.ä. Instrumenten und Vorrichtungen*
	33.20.1	Herstellung von elektrischen Mess-, Kontroll-, Navigations- u.ä. Instrumenten und Vorrichtungen
	33.20.2	Herstellung von feinmechanisch-optischen Mess-, Kontroll-, Navigations- u.ä. Instrumenten und Vorrichtungen
	33.20.3	Herstellung von mechanischen Prüfmaschinen
	33.30.0	*Herstellung von industriellen Prozesssteuerungseinrichtungen*
	33.40.0	*Herstellung von optischen und fotografischen Geräten*
	33.40.1	Herstellung von augenoptischen Erzeugnissen
	33.40.2	Herstellung von optischen Instrumenten
	33.40.3	Herstellung von Foto-, Projektions- und Kinogeräten
	33.50.0	*Herstellung von Uhren*
DM		**Fahrzeugbau**
	34.00.0	**Herstellung von Kraftwagen und Kraftwagenteilen**
	34.10.0	*Herstellung von Kraftwagen und Kraftwagenmotoren*
	34.10.1	Herstellung von Personenkraftwagen und Personenkraftwagenmotoren
	34.10.2	Herstellung von Nutzkraftwagen und Nutzkraftwagenmotoren
	34.20.0	*Herstellung von Karosserien, Aufbauten und Anhängern*
	34.30.0	*Herstellung von Teilen und Zubehör für Kraftwagen und Kraftwagenmotoren*
	35.00.0	**Sonstiger Fahrzeugbau**
	35.10.0	*Schiff- und Bootsbau*
	35.11.0	Schiffbau (ohne Boots- und Yachtbau)
	35.12.0	Boots- und Yachtbau
	35.20.0	*Bahnindustrie*
	35.20.6	Schienenfahrzeugbau
	35.20.7	Herstellung von Eisenbahninfrastruktur
	35.30.0	*Luft- und Raumfahrzeugbau*
	35.40.0	*Herstellung von Krafträdern, Fahrrädern und Behindertenfahrzeugen*
	35.41.0	Herstellung von Krafträdern
	35.41.1	Herstellung von Krafträdern (ohne Kraftradteile)
	35.41.2	Herstellung von Kraftradteilen und -zubehör

WZ 2003		Bezeichnung
Abschnitt	Klasse	
	35.42.0	Herstellung von Fahrrädern
	35.42.1	Herstellung von Fahrrädern (ohne Fahrradteile)
	35.42.2	Herstellung von Fahrradteilen und -zubehör
	35.43.0	Herstellung von Behindertenfahrzeugen
	35.50.0	*Fahrzeugbau, anderweitig nicht genannt*
DN		**Herstellung von Möbeln, Schmuck, Musikinstrumenten, Sportgeräten, Spielwaren und sonstigen Erzeugnissen; Recycling**
	36.00.0	**Herstellung von Möbeln, Schmuck, Musikinstrumenten, Sportgeräten, Spielwaren und sonstigen Erzeugnissen**
	36.10.0	*Herstellung von Möbeln*
	36.11.0	Herstellung von Sitzmöbeln
	36.11.1	Herstellung von Polstermöbeln
	36.11.2	Herstellung von sonstigen Sitzmöbeln
	36.12.0	Herstellung von Büro- und Ladenmöbeln
	36.12.1	Herstellung von Büromöbeln
	36.12.2	Herstellung von Ladenmöbeln und sonstigen Objektmöbeln
	36.13.0	Herstellung von Küchenmöbeln
	36.14.0	Herstellung von sonstigen Möbeln
	36.14.1	Herstellung von Esszimmer- und Wohnzimmermöbeln
	36.14.2	Herstellung von Schlafzimmermöbeln
	36.14.3	Herstellung von Möbeln, anderweitig nicht genannt
	36.15.0	Herstellung von Matratzen
	36.20.0	*Herstellung von Schmuck u.ä. Erzeugnissen*
	36.21.0	Herstellung von Münzen
	36.22.0	Herstellung von Schmuck, Gold- und Silberschmiedewaren (ohne Phantasieschmuck)
	36.22.1	Bearbeitung von Edelsteinen, Schmucksteinen und Perlen
	36.22.2	Herstellung von Schmuck aus Edelmetallen und Edelmetallplattierungen
	36.22.3	Herstellung von Gold- und Silberschmiedewaren (ohne Tafelgeräte und Bestecke)
	36.22.4	Herstellung von Tafelgeräten und Bestecken aus Edelmetallen oder mit Edelmetallen überzogen
	36.22.5	Herstellung von Edelmetallerzeugnissen für technische Zwecke
	36.30.0	*Herstellung von Musikinstrumenten*
	36.40.0	*Herstellung von Sportgeräten*
	36.50.0	*Herstellung von Spielwaren*
	36.60.0	*Herstellung von sonstigen Erzeugnissen*
	36.61.0	Herstellung von Phantasieschmuck
	36.62.0	Herstellung von Besen und Bürsten
	36.63.0	Herstellung von Erzeugnissen, anderweitig nicht genannt
	36.63.1	Herstellung von Bodenbelägen auf textiler Unterlage

WZ 2003 Abschnitt	WZ 2003 Klasse	Bezeichnung
	36.63.2	Herstellung von sonstigem Bekleidungszubehör, anderweitig nicht genannt
	36.63.3	Herstellung von chemischen Erzeugnissen, anderweitig nicht genannt
	36.63.4	Herstellung von Kinderwagen
	36.63.5	Herstellung von Füllhaltern, Kugelschreibern, Filzstiften und Stempeln
	36.63.6	Verarbeitung von natürlichen Schnitz- und Formstoffen; Tierausstopferei
	36.63.7	Herstellung von Weihnachtsschmuck
	36.63.8	Herstellung von sonstigen Erzeugnissen, anderweitig nicht genannt
	37.00.0	**Recycling**
	37.10.0	*Recycling von metallischen Altmaterialien und Reststoffen*
	37.10.1	Recycling von Altmaterialien und Reststoffen aus Eisen oder Stahl
	37.10.2	Recycling von Altmaterialien und Reststoffen aus NE-Metallen
	37.20.0	*Recycling von nicht metallischen Altmaterialien und Reststoffen*
	37.20.1	Recycling von textilen Altmaterialien und Reststoffen
	37.20.2	Recycling von Altmaterialien und Reststoffen aus Papier, Karton und Pappe
	37.20.3	Recycling von Altmaterialien und Reststoffen aus Glas
	37.20.4	Recycling von Altmaterialien und Reststoffen aus Kunststoffen
	37.20.5	Recycling von sonstigen Altmaterialien und Reststoffen
E		**Energie- und Wasserversorgung**
EA		**Energie- und Wasserversorgung**
	40.00.0	**Energieversorgung**
	40.10.0	*Elektrizitätsversorgung*
	40.11.0	Elektrizitätserzeugung
	40.11.1	Elektrizitätserzeugung ohne Verteilung
	40.11.2	Elektrizitätserzeugung aus Wärmekraft mit Fremdbezug zur Verteilung
	40.11.3	Elektrizitätserzeugung aus erneuerbaren Energieträgern und sonstigen Energiequellen mit Fremdbezug zur Verteilung
	40.11.4	Elektrizitätserzeugung aus Wärmekraft mit Fremdbezug zur Verteilung
	40.11.5	Elektrizitätserzeugung aus erneuerbaren Energieträgern und sonstigen Energiequellen ohne Fremdbezug zur Verteilung
	40.12.0	Elektrizitätsübertragung
	40.13.0	Elektrizitätsverteilung und -handel
	40.20.0	*Gasversorgung*
	40.21.0	Gaserzeugung
	40.21.1	Gaserzeugung ohne Verteilung
	40.21.2	Gaserzeugung mit Fremdbezug zur Verteilung
	40.21.3	Gaserzeugung ohne Fremdbezug zur Verteilung
	40.22.0	Gasverteilung und -handel durch Rohrleitungen
	40.30.0	*Wärmeversorgung*
	40.30.1	Wärmeerzeugung durch Heizkraftwerk mit Fremdbezug zur Verteilung

WZ 2003		Bezeichnung
Abschnitt	Klasse	
	40.30.2	Wärmeerzeugung durch Fernheizwerk mit Fremdbezug zur Verteilung
	40.30.3	Wärmeerzeugung durch Heizkraftwerk ohne Fremdbezug zur Verteilung
	40.30.4	Wärmeerzeugung durch Fernheizwerk ohne Fremdbezug zur Verteilung
	40.30.5	Wärmeverteilung ohne Erzeugung
	41.00.0	**Wasserversorgung**
	41.00.1	Wassergewinnung mit Fremdbezug zur Verteilung
	41.00.2	Wassergewinnung ohne Fremdbezug zur Verteilung
	41.00.3	Wasserverteilung ohne Gewinnung
F		**Baugewerbe**
FA		**Baugewerbe**
	45.00.0	**Baugewerbe**
	45.10.0	*Vorbereitende Baustellenarbeiten*
	45.11.0	Abbruch-, Spreng- und Enttrümmerungsgewerbe, Erdbewegungsarbeiten
	45.11.1	Abbruch-, Spreng- und Enttrümmerungsgewerbe
	45.11.2	Erdbewegungsarbeiten
	45.11.4	Aufschließung von Lagerstätten; Auffüllen stillgelegter Lagerstätten
	45.12.0	Test- und Suchbohrung
	45.20.0	*Hoch- und Tiefbau*
	45.21.0	Hochbau, Brücken- und Tunnelbau u.Ä.
	45.21.1	Hoch- und Tiefbau, ohne ausgeprägten Schwerpunkt
	45.21.2	Hochbau (ohne Fertigteilbau)
	45.21.3	Errichtung von Fertigteilbauten aus Beton im Hochbau aus selbsthergestellten Fertigteilen
	45.21.4	Errichtung von Fertigteilbauten aus Beton im Hochbau aus fremdbezogenen Fertigteilen
	45.21.5	Errichtung von Fertigteilbauten aus Holz und Kunststoffen im Hochbau aus fremdbezogenen Fertigteilen
	45.21.6	Brücken- und Tunnelbau u.Ä.
	45.21.7	Rohrleitungs- und Kabelleitungstiefbau
	45.22.0	Dachdeckerei, Bauspenglerei, Abdichtungen, Zimmerei
	45.22.1	Dachdeckerei und Bauspenglerei
	45.22.2	Abdichtung gegen Wasser und Feuchtigkeit
	45.22.3	Zimmerei und Ingenieurholzbau
	45.23.0	Bau von Straßen, Bahnverkehrsstrecken, Rollbahnen und Sportanlagen
	45.23.1	Bau von Straßen, Rollbahnen und Sportanlagen
	45.23.2	Bau von Bahnverkehrsstrecken
	45.24.0	Wasserbau
	45.25.0	Sonstiger spezialisierter Hoch- und Tiefbau
	45.25.1	Brunnenbau
	45.25.2	Schachtbau

WZ 2003		Bezeichnung
Abschnitt	**Klasse**	
	45.25.3	Schornstein-, Feuerungs- und Industrieofenbau
	45.25.4	Gerüstbau
	45.25.5	Gebäudetrocknung
	45.25.6	Sonstiger spezialisierter Hoch- und Tiefbau, anderweitig nicht benannt
	45.30.0	*Bauinstallation*
	45.31.0	Elektroinstallation
	45.32.0	Dämmung gegen Kälte, Wärme, Schall und Erschütterung
	45.33.0	Klempnerei, Gas-, Wasser-, Heizungs- und Lüftungsinstallation
	45.34.0	Sonstige Bauinstallation
	45.40.0	*Sonstiges Ausbaugewerbe*
	45.41.0	Stuckateurgewerbe, Gipserei und Verputzerei
	45.42.0	Bautischlerei und -schlosserei
	45.43.0	Fußboden-, Fliesen- und Plattenlegerei, Raumausstattung
	45.43.1	Parkettlegerei
	45.43.2	Fliesen-, Platten- und Mosaiklegerei
	45.43.3	Estrichlegerei
	45.43.4	Sonstige Fußbodenlegerei und -kleberei
	45.43.5	Tapetenkleberei
	45.43.6	Raumausstattung, ohne ausgeprägten Schwerpunkt
	45.44.0	Maler- und Glasergewerbe
	45.44.1	Maler- und Lackierungsgewerbe
	45.44.2	Glasergewerbe
	45.45.0	Baugewerbe, anderweitig nicht genannt
	45.45.1	Fassadenreinigung
	45.45.3	Ausbaugewerbe, anderweitig nicht genannt
	45.50.0	*Vermietung von Baumaschinen und -geräten mit Bedienungspersonal*
	45.50.1	Vermietung von Betonpumpen mit Bedienungspersonal
	45.50.2	Vermietung von sonstigen Baumaschinen und -geräten mit Bedienungspersonal
G		**Handel; Instandhaltung und Reparatur von Kraftfahrzeugen und Gebrauchsgütern**
GA		**Handel; Instandhaltung und Reparatur von Kraftfahrzeugen und Gebrauchsgütern**
	50.00.0	**Kraftfahrzeughandel; Instandhaltung und Reparatur von Kraftfahrzeugen; Tankstellen**
	50.10.0	*Handel mit Kraftwagen*
	50.10.1	Handelsvermittlung von Kraftwagen
	50.10.2	Großhandel mit Kraftwagen
	50.10.3	Einzelhandel mit Kraftwagen
	50.20.0	*Instandhaltung und Reparatur von Kraftwagen*
	50.20.3	Lackierung von Kraftwagen
	50.20.4	Autowaschanlagen

WZ 2003		Bezeichnung
Abschnitt	**Klasse**	
	50.20.5	Instandhaltung und Reparatur von Kraftwagen (ohne Lackierung und Autowäsche)
	50.30.0	*Handel mit Kraftwagenteilen und -zubehör*
	50.30.1	Handelsvermittlung von Kraftwagenteilen und -zubehör
	50.30.2	Großhandel mit Kraftwagenteilen und -zubehör
	50.30.3	Einzelhandel mit Kraftwagenteilen und -zubehör
	50.40.0	*Handel mit Krafträdern, Kraftradteilen und -zubehör; Instandhaltung und Reparatur von Krafträdern*
	50.40.1	Handelsvermittlung von Krafträdern, Kraftradteilen und -zubehör
	50.40.2	Großhandel mit Krafträdern, Kraftradteilen und -zubehör
	50.40.3	Einzelhandel mit Krafträdern, Kraftradteilen und -zubehör
	50.40.4	Instandhaltung und Reparatur von Krafträdern
	50.50.0	*Tankstellen*
	50.50.1	Tankstellen mit Absatz in fremdem Namen (Agenturtankstellen)
	50.50.2	Tankstellen mit Absatz in eigenem Namen (Freie Tankstellen)
	51.00.0	**Handelsvermittlung und Großhandel (ohne Handel mit Kraftfahrzeugen)**
	51.10.0	*Handelsvermittlung*
	51.11.0	Handelsvermittlung von landwirtschaftlichen Grundstoffen, lebenden Tieren, textilen Rohstoffen und Halbwaren
	51.11.2	Handelsvermittlung von Blumen und Pflanzen
	51.11.4	Handelsvermittlung von lebenden Tieren
	51.11.5	Handelsvermittlung von textilen Rohstoffen und Halbwaren, Häuten, Fellen und Leder
	51.11.6	Handelsvermittlung von Getreide, Saaten, Futtermitteln und Rohtabak
	51.12.0	Handelsvermittlung von Brennstoffen, Erzen, Metallen und technischen Chemikalien
	51.12.1	Handelsvermittlung von festen Brennstoffen und Mineralölerzeugnissen
	51.12.3	Handelsvermittlung von technischen Chemikalien, Rohdrogen, Kautschuk, Kuststoffen und Düngemitteln
	51.12.4	Handelsvermittlung von Erzen, Eisen, Stahl, NE-Metallen
	51.12.5	Handelsvermittlung von Eisen-, Stahl- und NE-Metallhalbzeug
	51.13.0	Handelsvermittlung von Holz, Baustoffen und Anstrichmitteln
	51.13.1	Handelsvermittlung von Rohholz, Holzhalbwaren und Bauelementen aus Holz
	51.13.2	Handelsvermittlung von Baustoffen, Bauelementen aus Stahl und mineralischen Stoffen und von Flachglas
	51.13.3	Handelsvermittlung von Anstrichmitteln
	51.13.4	Handelsvermittlung von chemisch-technischen Erzeugnissen
	51.14.0	Handelsvermittlung von Maschinen, technischem Bedarf, Wasser- und Luftfahrzeugen
	51.14.1	Handelsvermittlung von Maschinen und technischem Bedarf (ohne landwirtschaftliche Maschinen und Büromaschinen)
	51.14.2	Handelsvermittlung von Wasser- und Luftfahrzeugen
	51.14.4	Handelsvermittlung von Geräten der Unterhaltungselektronik und Zubehör
	51.14.5	Handelsvermittlung von Werkzeugen

WZ 2003		Bezeichnung
Abschnitt	Klasse	
	51.14.6	Handelsvermittlung von Büromaschinen und Software
	51.14.7	Handelsvermittlung von landwirtschaftlichen Maschinen und Geräten
	51.14.8	Handelsvermittlung von Installationsbedarf für Gas, Wasser, Heizung und Klimatechnik
	51.14.9	Handelsvermittlung von elektrotechnischen und elektronischen Erzeugnissen, anderweitig nicht genannt
	51.15.0	Handelsvermittlung von Möbeln, Einrichtungs- und Haushaltsgegenständen, Eisen- und Metallwaren
	51.15.1	Handelsvermittlung von Möbeln, Einrichtungsgegenständen und Antiquitäten
	51.15.2	Handelsvermittlung von keramischen Erzeugnissen, Glaswaren, Holzwaren, anderweitig nicht genannt, sowie Flecht- und Korbwaren
	51.15.3	Handelsvermittlung von elektrischen Haushaltsgeräten
	51.15.4	Handelsvermittlung von Eisen-, Metall- und Kunststoffwaren, anderweitig nicht genannt
	51.15.5	Handelsvermittlung von Putz- und Reinigungsmitteln
	51.16.0	Handelsvermittlung von Textilien, Bekleidung, Schuhen und Lederwaren
	51.16.1	Handelsvermittlung von Meterware für Bekleidung und Wäsche
	51.16.2	Handelsvermittlung von Heim- und Haustextilien und Bodenbelägen
	51.16.7	Handelsvermittlung von Bekleidung
	51.16.8	Handelsvermittlung von Bekleidungszubehör
	51.16.9	Handelsvermittlung von Schuhen, Leder- und Täschnerwaren
	51.17.0	Handelsvermittlung von Nahrungsmitteln, Getränken und Tabakwaren
	51.17.1	Handelsvermittlung von Nahrungsmitteln, Getränken und Tabakwaren, ohne ausgeprägten Schwerpunkt
	51.17.2	Handelsvermittlung von Obst, Gemüse und Kartoffeln
	51.17.3	Handelsvermittlung von Zucker und Süßwaren
	51.17.4	Handelsvermittlung von Milch, Milcherzeugnissen, Eiern, Speiseöl, Nahrungsfetten, Fleisch, Fleischwaren, Geflügel und Wild
	51.17.5	Handelsvermittlung von Kaffee, Tee, Kakao und Gewürzen
	51.17.6	Handelsvermittlung von Wein, Sekt und Spirituosen
	51.17.7	Handelsvermittlung von sonstigen Getränken
	51.17.8	Handelsvermittlung von tiefgefrorenen Nahrungsmitteln
	51.17.9	Handelsvermittlung von sonstigen Nahrungsmitteln sowie Tabakwaren
	51.18.0	Handelsvermittlung von Waren, anderweitig nicht genannt
	51.18.1	Handelsvermittlung von feinmechanischen, Foto- und optischen Erzeugnissen
	51.18.2	Handelsvermittlung von Uhren, Edelmetallwaren und Schmuck
	51.18.3	Handelsvermittlung von Spielwaren und Musikinstrumenten
	51.18.4	Handelsvermittlung von Fahrrädern, Fahrradteilen und -zubehör, Sport- und Campingartikeln (ohne Campingmöbel)
	51.18.5	Handelsvermittlung von pharmazeutischen Erzeugnissen, medizinischen und orthopädischen Artikeln und Laborbedarf, Ärztebedarf, Dentalbedarf, zahnärztlichen Instrumenten, Krankenhaus- und Altenpflegebedarf
	51.18.6	Handelsvermittlung von kosmetischen Erzeugnissen und Körperpflegemitteln

WZ 2003 Abschnitt	Klasse	Bezeichnung
	51.18.7	Handelsvermittlung von Karton, Papier und Pappe, Schreibwaren, Bürobedarf, Geschenk- und Werbeartikeln, Verpackungsmitteln, Tapeten
	51.18.8	Handelsvermittlung von Büchern, Zeitschriften, Zeitungen, Musikalien und sonstigen Druckerzeugnissen
	51.18.9	Handelsvermittlung von Altmaterialien und Reststoffen
	51.19.0	Handelsvermittlung von Waren, ohne ausgeprägten Schwerpunkt
	51.20.0	*Großhandel mit landwirtschaftlichen Grundstoffen und lebenden Tieren*
	51.21.0	Großhandel mit Getreide, Saatgut und Futtermitteln
	51.22.0	Großhandel mit Blumen und Pflanzen
	51.23.0	Großhandel mit lebenden Tieren
	51.24.0	Großhandel mit Häuten, Fellen und Leder
	51.25.0	Großhandel mit Rohtabak
	51.30.0	*Großhandel mit Nahrungsmitteln, Getränken und Tabakwaren*
	51.31.0	Großhandel mit Obst, Gemüse und Kartoffeln
	51.32.0	Großhandel mit Fleisch, Fleischwaren, Geflügel und Wild
	51.33.0	Großhandel mit Milch, Milcherzeugnissen, Eiern, Speiseölen und Nahrungsfetten
	51.34.0	Großhandel mit Getränken
	51.34.1	Großhandel mit Getränken, ohne ausgeprägten Schwerpunkt
	51.34.2	Großhandel mit Wein, Sekt und Spirituosen
	51.34.5	Großhandel mit sonstigen Getränken
	51.35.0	Großhandel mit Tabakwaren
	51.36.0	Großhandel mit Zucker, Süßwaren und Backwaren
	51.36.1	Großhandel mit Zucker
	51.36.2	Großhandel mit Süßwaren
	51.36.3	Großhandel mit Backwaren
	51.37.0	Großhandel mit Kaffee, Tee, Kakao und Gewürzen
	51.37.1	Großhandel mit Kaffee, Tee und Kakao
	51.37.2	Großhandel mit Gewürzen
	51.38.0	Großhandel mit sonstigen Nahrungsmitteln
	51.38.1	Großhandel mit Fisch und Fischerzeugnissen
	51.38.2	Großhandel mit Mehl und Getreideprodukten
	51.38.3	Großhandel mit Nahrungsmitteln, anderweitig nicht genannt
	51.39.0	Großhandel mit Nahrungsmitteln, Getränken und Tabakwaren, ohne ausgeprägten Schwerpunkt
	51.39.1	Großhandel mit tiefgefrorenen Nahrungsmitteln, ohne ausgeprägten Schwerpunkt
	51.39.2	Großhandel mit sonstigen Nahrungsmitteln, Getränken und Tabakwaren, ohne ausgeprägten Schwerpunkt
	51.40.0	*Großhandel mit Gebrauchs- und Verbrauchsgütern*
	51.41.0	Großhandel mit Textilien
	51.41.1	Großhandel mit Meterware für Bekleidung und Wäsche

WZ 2003		Bezeichnung
Abschnitt	Klasse	
	51.41.2	Großhandel mit Heim- und Haustextilien
	51.42.0	Großhandel mit Bekleidung und Schuhen
	51.42.3	Großhandel mit Schuhen
	51.42.4	Großhandel mit Oberbekleidung sowie Bekleidungszubehör
	51.42.5	Großhandel mit Unterbekleidung, Pullovern u.Ä.
	51.43.0	Großhandel mit elektrischen Haushaltsgeräten und Geräten der Unterhaltungselektronik
	51.43.1	Großhandel mit elektrischen Haushaltsgeräten und Geräten der Unterhaltungselektronik, ohne ausgeprägten Schwerpunkt
	51.43.2	Großhandel mit elektrischen Haushaltsgeräten
	51.43.3	Großhandel mit Geräten der Unterhaltungselektronik und Zubehör
	51.43.4	Großhandel mit elektrotechnischem Zubehör und Elektroinstallationszubehör
	51.44.0	Großhandel mit Haushaltswaren aus Metall, keramischen Erzeugnissen, Glaswaren, Tapeten und Reinigungsmitteln
	51.44.1	Großhandel mit Haushaltswaren aus Metall
	51.44.2	Großhandel mit keramischen Erzeugnissen und Glaswaren
	51.44.3	Großhandel mit Tapeten
	51.44.4	Großhandel mit Wasch-, Putz- und Reinigungsmitteln
	51.45.0	Großhandel mit kosmetischen Erzeugnissen und Körperpflegemitteln
	51.46.0	Großhandel mit pharmazeutischen, medizinischen und orthopädischen Erzeugnissen
	51.46.1	Großhandel mit pharmazeutischen Erzeugnissen
	51.46.2	Großhandel mit medizinischen und orthopädischen Artikeln und Laborbedarf
	51.46.3	Großhandel mit Dentalbedarf
	51.47.0	Großhandel mit sonstigen Gebrauchs- und Verbrauchsgütern
	51.47.1	Großhandel mit nicht elektrischen Haushaltsgeräten
	51.47.2	Großhandel mit Spielwaren und Musikinstrumenten
	51.47.3	Großhandel mit Fahrrädern, Fahrradteilen und -zubehör, Sport- und Campingartikeln (ohne Campingmöbel)
	51.47.4	Großhandel mit Uhren, Edelmetallwaren und Schmuck
	51.47.5	Großhandel mit Leder- und Täschnerwaren, Geschenk- und Werbeartikeln
	51.47.6	Großhandel mit Möbeln, Einrichtungsgegenständen, Antiquitäten und Bodenbelägen
	51.47.7	Großhandel mit feinmechanischen, Foto- und optischen Erzeugnissen
	51.47.8	Großhandel mit Karton, Papier, Pappe, Schreibwaren, Bürobedarf, Büchern, Zeitschriften und Zeitungen
	51.50.0	*Großhandel mit nicht landwirtschaftlichen Halbwaren, Altmaterialien und Reststoffen*
	51.51.0	Großhandel mit festen Brennstoffen und Mineralölerzeugnissen
	51.51.2	Großhandel mit festen Brennstoffen
	51.51.3	Großhandel mit Mineralölerzeugnissen
	51.52.0	Großhandel mit Erzen, Metallen und Metallhalbzeug
	51.52.1	Großhandel mit Erzen
	51.52.2	Großhandel mit Eisen, Stahl, Eisen- und Stahlhalbzeug

WZ 2003		Bezeichnung
Abschnitt	Klasse	
	51.52.3	Großhandel mit NE-Metallen und NE-Metallhalbzeug
	51.53.0	Großhandel mit Holz, Baustoffen, Anstrichmitteln und Sanitärkeramik
	51.53.1	Großhandel mit Holz, Baustoffen, Anstrichmitteln und Sanitärkeramik, ohne ausgeprägten Schwerpunkt
	51.53.2	Großhandel mit Roh- und Schnittholz
	51.53.3	Großhandel mit sonstigen Holzhalbwaren sowie Bauelementen aus Holz
	51.53.4	Großhandel mit Baustoffen und Bauelementen aus mineralischen Stoffen
	51.53.5	Großhandel mit Flachglas
	51.53.6	Großhandel mit Anstrichmitteln
	51.53.7	Großhandel mit Sanitärkeramik
	51.54.0	Großhandel mit Metall- und Kunststoffwaren für Bauzwecke sowie Installationsbedarf für Gas, Wasser und Heizung
	51.54.2	Großhandel mit Werkzeugen und Kleineisenwaren
	51.54.3	Großhandel mit Installationsbedarf für Gas, Wasser und Heizung
	51.54.4	Großhandel mit Metall- und Kunststoffwaren für Bauzwecke
	51.55.0	Großhandel mit chemischen Erzeugnissen
	51.55.1	Großhandel mit chemischen Erzeugnissen, ohne ausgeprägten Schwerpunkt
	51.55.2	Großhandel mit technischen Chemikalien und Rohdrogen
	51.55.3	Großhandel mit rohen technischen Fetten und Ölen sowie Kautschuk
	51.55.4	Großhandel mit chemisch-technischen Erzeugnissen
	51.55.5	Großhandel mit Düngemitteln
	51.56.0	Großhandel mit sonstigen Halbwaren
	51.57.0	Großhandel mit Altmaterialien und Reststoffen
	51.57.1	Großhandel mit Altmaterialien und Reststoffen, ohne ausgeprägten Schwerpunkt
	51.57.2	Großhandel mit metallischen Altmaterialien und Reststoffen
	51.57.3	Großhandel mit sonstigen Altmaterialien und Reststoffen
	51.80.0	*Großhandel mit Maschinen, Ausrüstungen und Zubehör*
	51.81.0	Großhandel mit Werkzeugmaschinen
	51.81.1	Großhandel mit Werkzeugmaschinen (ohne Holzbearbeitungsmaschinen)
	51.81.2	Großhandel mit Holzbearbeitungsmaschinen
	51.82.0	Großhandel mit Bergwerks-, Bau- und Baustoffmaschinen
	51.83.0	Großhandel mit Textil-, Näh- und Strickmaschinen
	51.84.0	Großhandel mit Datenverarbeitungsgeräten, peripheren Einheiten und Software
	51.85.0	Großhandel mit sonstigen Büromaschinen und Büromöbeln
	51.85.1	Großhandel mit sonstigen Büromaschinen
	51.85.2	Großhandel mit Büromöbeln
	51.86.0	Großhandel mit elektronischen Bauelementen
	51.87.0	Großhandel mit sonstigen Maschinen, Ausrüstungen und Zubehör (ohne landwirtschaftliche Maschinen)

WZ 2003		Bezeichnung
Abschnitt	Klasse	
	51.87.1	Großhandel mit Flurförderzeugen und Fahrzeugen, anderweitig nicht genannt
	51.87.2	Großhandel mit sonstigen Maschinen (ohne landwirtschaftliche Maschinen)
	51.87.3	Großhandel mit sonstigen Ausrüstungen und Zubehör für Maschinen sowie technischem Bedarf
	51.88.0	Großhandel mit landwirtschaftlichen Maschinen und Geräten
	51.90.0	*Sonstiger Großhandel*
	51.90.1	Großhandel mit Rohstoffen, Halb- und Fertigwaren, ohne ausgeprägten Schwerpunkt
	51.90.2	Großhandel mit Rohstoffen und Halbwaren, ohne ausgeprägten Schwerpunkt
	51.90.3	Großhandel mit Fertigwaren, ohne ausgeprägten Schwerpunkt
	52.00.0	**Einzelhandel (ohne Handel mit Kraftfahrzeugen und ohne Tankstellen); Reparatur von Gebrauchsgütern**
	52.10.0	*Einzelhandel mit Waren verschiedener Art (in Verkaufsräumen)*
	52.11.0	Einzelhandel mit Waren verschiedener Art, Hauptrichtung Nahrungsmittel, Getränke und Tabakwaren
	52.11.1	Einzelhandel mit Nahrungsmitteln, Getränken und Tabakwaren, ohne ausgeprägten Schwerpunkt
	52.11.2	Sonstiger Einzelhandel mit Waren verschiedener Art, Hauptrichtung Nahrungsmittel, Getränke und Tabakwaren
	52.12.0	Sonstiger Einzelhandel mit Waren verschiedener Art
	52.12.1	Einzelhandel mit Waren verschiedener Art (ohne Nahrungsmittel)
	52.12.2	Einzelhandel mit Waren verschiedener Art, Hauptrichtung Nicht-Nahrungsmittel
	52.20.0	*Facheinzelhandel mit Nahrungsmitteln, Getränken und Tabakwaren (in Verkaufsräumen)*
	52.21.0	Einzelhandel mit Obst, Gemüse und Kartoffeln
	52.22.0	Einzelhandel mit Fleisch, Fleischwaren, Geflügel und Wild
	52.23.0	Einzelhandel mit Fisch, Meeresfrüchten und Fischerzeugnissen
	52.24.0	Einzelhandel mit Back- und Süßwaren
	52.24.1	Einzelhandel mit Backwaren
	52.24.2	Einzelhandel mit Süßwaren
	52.25.0	Einzelhandel mit Getränken
	52.25.1	Einzelhandel mit Wein, Sekt und Spirituosen
	52.25.2	Einzelhandel mit sonstigen Getränken
	52.26.0	Einzelhandel mit Tabakwaren
	52.27.0	Sonstiger Facheinzelhandel mit Nahrungsmitteln
	52.27.1	Einzelhandel mit Reformwaren
	52.27.5	Sonstiger Facheinzelhandel mit Nahrungsmitteln (ohne Reformwaren)
	52.30.0	*Apotheken; Facheinzelhandel mit medizinischen, orthopädischen und kosmetischen Artikeln (in Verkaufsräumen)*
	52.31.0	Apotheken
	52.32.0	Einzelhandel mit medizinischen und orthopädischen Artikeln

WZ 2003		Bezeichnung
Abschnitt	Klasse	
	52.33.0	Einzelhandel mit Parfümwaren und Körperpflegemitteln
	52.33.1	Einzelhandel mit kosmetischen Erzeugnissen und Körperpflegemitteln (ohne Drogerieartikel)
	52.33.2	Einzelhandel mit Drogerieartikeln
	52.40.0	*Sonstiger Facheinzelhandel (in Verkaufsräumen)*
	52.41.0	Einzelhandel mit Textilien
	52.41.1	Einzelhandel mit Haushaltstextilien
	52.41.2	Einzelhandel mit Kurzwaren, Schneidereibedarf, Handarbeiten sowie Meterware für Bekleidung und Wäsche
	52.42.0	Einzelhandel mit Bekleidung
	52.42.1	Einzelhandel mit Bekleidung, ohne ausgeprägten Schwerpunkt
	52.42.2	Einzelhandel mit Herrenbekleidung und Bekleidungszubehör
	52.42.3	Einzelhandel mit Damenbekleidung und Bekleidungszubehör
	52.42.4	Einzelhandel mit Kinder- und Säuglingsbekleidung und Bekleidungszubehör
	52.42.5	Einzelhandel mit Kürschnerwaren
	52.43.0	Einzelhandel mit Schuhen und Lederwaren
	52.43.1	Einzelhandel mit Schuhen
	52.43.2	Einzelhandel mit Leder- und Täschnerwaren
	52.44.0	Einzelhandel mit Möbeln, Einrichtungsgegenständen und Hausrat, anderweitig nicht genannt
	52.44.1	Einzelhandel mit Wohnmöbeln
	52.44.2	Einzelhandel mit Beleuchtungsartikeln
	52.44.3	Einzelhandel mit Haushaltsgegenständen
	52.44.4	Einzelhandel mit keramischen Erzeugnissen und Glaswaren
	52.44.6	Einzelhandel mit Holz-, Kork-, Flecht- und Korbwaren
	52.44.7	Einzelhandel mit Heimtextilien
	52.45.0	Einzelhandel mit elektrischen Haushaltsgeräten, Geräten der Unterhaltungselektronik und Musikinstrumenten
	52.45.1	Einzelhandel mit elektrischen Haushaltsgeräten und elektrotechnischen Erzeugnissen, anderweitig nicht genannt
	52.45.2	Einzelhandel mit Geräten der Unterhaltungselektronik und Zubehör
	52.45.3	Einzelhandel mit Musikinstrumenten und Musikalien
	52.46.0	Einzelhandel mit Metallwaren, Anstrichmitteln, Bau- und Heimwerkerbedarf
	52.46.1	Einzelhandel mit Eisen-, Metall- und Kunststoffwaren, anderweitig nicht genannt
	52.46.2	Einzelhandel mit Anstrichmitteln
	52.46.3	Einzelhandel mit Bau- und Heimwerkerbedarf
	52.47.0	Einzelhandel mit Büchern, Zeitschriften, Zeitungen, Schreibwaren und Bürobedarf
	52.47.1	Einzelhandel mit Schreib- und Papierwaren, Schul- und Büroartikeln
	52.47.2	Einzelhandel mit Büchern und Fachzeitschriften
	52.47.3	Einzelhandel mit Unterhaltungszeitschriften und Zeitungen

WZ 2003		Bezeichnung
Abschnitt	Klasse	
	52.48.0	Einzelhandel mit Tapeten, Bodenbelägen, Kunstgegenständen, Briefmarken, Münzen, Geschenkartikeln, Uhren, Schmuck und Spielwaren
	52.48.1	Einzelhandel mit Tapeten und Bodenbelägen
	52.48.2	Einzelhandel mit Kunstgegenständen, Bildern, kunstgewerblichen Erzeugnissen, Briefmarken, Münzen und Geschenkartikeln
	52.48.5	Einzelhandel mit Uhren, Edelmetallwaren und Schmuck
	52.48.6	Einzelhandel mit Spielwaren
	52.49.0	Facheinzelhandel, anderweitig nicht genannt (in Verkaufsräumen)
	52.49.1	Einzelhandel mit Blumen, Pflanzen und Saatgut
	52.49.2	Einzelhandel mit zoologischem Bedarf und lebenden Tieren
	52.49.3	Augenoptiker
	52.49.4	Einzelhandel mit Foto- und optischen Erzeugnissen (ohne Augenoptiker)
	52.49.5	Einzelhandel mit Computern, Computerteilen, peripheren Einheiten und Software
	52.49.6	Einzelhandel mit Telekommunikationsendgeräten und Mobiltelefonen
	52.49.7	Einzelhandel mit Fahrrädern, Fahrradteilen und -zubehör
	52.49.8	Einzelhandel mit Sport- und Campingartikeln (ohne Campingmöbel)
	52.49.9	Sonstiger Facheinzelhandel, anderweitig nicht genannt (in Verkaufsräumen)
	52.50.0	*Einzelhandel mit Antiquitäten und Gebrauchtwaren (in Verkaufsräumen)*
	52.50.1	Einzelhandel mit Antiquitäten und antiken Teppichen
	52.50.2	Antiquariate
	52.50.3	Einzelhandel mit sonstigen Gebrauchtwaren
	52.60.0	*Einzelhandel (nicht in Verkaufsräumen)*
	52.61.0	Versandhandel
	52.61.1	Versandhandel mit Waren, ohne ausgeprägten Schwerpunkt
	52.61.2	Versandhandel mit Textilien, Bekleidung, Schuhen und Lederwaren
	52.61.3	Sonstiger Fachversandhandel
	52.62.0	Einzelhandel an Verkaufsständen und auf Märkten
	52.62.1	Einzelhandel mit Nahrungsmitteln und Getränken an Verkaufsständen und auf Märkten
	52.62.2	Sonstiger Einzelhandel an Verkaufsständen und auf Märkten
	52.63.0	Sonstiger Einzelhandel (nicht in Verkaufsräumen)
	52.63.1	Einzelhandel vom Lager mit Brennstoffen
	52.63.4	Sonstiger Einzelhandel, anderweitig nicht genannt (nicht in Verkaufsräumen)
	52.70.0	*Reparatur von Gebrauchsgütern*
	52.71.0	Reparatur von Schuhen und Lederwaren
	52.72.0	Reparatur von elektrischen Haushaltsgeräten
	52.72.1	Reparatur von elektrischen Haushaltsgeräten (ohne Geräte der Unterhaltungselektronik)
	52.72.2	Reparatur von Geräten der Unterhaltungselektronik
	52.73.0	Reparatur von Uhren und Schmuck

WZ 2003		Bezeichnung
Abschnitt	Klasse	
	52.74.0	Reparatur von sonstigen Gebrauchsgütern
	52.74.1	Reparatur von Fahrrädern
	52.74.2	Reparatur von sonstigen Gebrauchsgütern, anderweitig nicht genannt
H		**Gastgewerbe**
HA		**Gastgewerbe**
	55.00.0	**Gastgewerbe**
	55.10.0	*Hotellerie*
	55.10.1	Hotels (ohne Hotels garnis)
	55.10.2	Hotels garnis
	55.10.3	Gasthöfe
	55.10.4	Pensionen
	55.20.0	*Sonstiges Beherbergungsgewerbe*
	55.21.0	Jugendherbergen und Hütten
	55.22.0	Campingplätze
	55.23.0	Beherbergungsgewerbe, anderweitig nicht genannt
	55.23.1	Erholungs- und Ferienheime
	55.23.2	Ferienzentren
	55.23.3	Ferienhäuser und Ferienwohnungen
	55.23.4	Privatquartiere
	55.23.6	Boardinghouses
	55.23.7	Sonstiges Beherbergungsgewerbe, anderweitig nicht genannt
	55.30.0	*Speisengeprägte Gastronomie*
	55.30.1	Restaurants mit herkömmlicher Bedienung
	55.30.2	Restaurants mit Selbstbedienung
	55.30.3	Cafés
	55.30.4	Eissalons
	55.30.5	Imbissstuben
	55.40.0	*Getränkegeprägte Gastronomie*
	55.40.1	Schankwirtschaften
	55.40.3	Diskotheken und Tanzlokale
	55.40.5	Bars
	55.40.6	Vergnügungslokale
	55.40.7	Sonstige getränkegeprägte Gastronomie
	55.50.0	*Kantinen und Caterer*
	55.51.0	Kantinen
	55.52.0	Caterer

WZ 2003		Bezeichnung
Abschnitt	Klasse	
I		**Verkehr- und Nachrichtenübermittlung**
IA		**Verkehr- und Nachrichtenübermittlung**
	60.00.0	**Landverkehr; Transport in Rohrfernleitungen**
	60.10.0	*Eisenbahnverkehr*
	60.20.0	*Sonstiger Landverkehr*
	60.21.0	Personenbeförderung im Linienverkehr zu Land
	60.21.1	Personenbeförderung im Omnibus-Orts- und -Nachbarortslinienverkehr
	60.21.2	Personenbeförderung im Omnibus-Überlandlinienverkehr
	60.21.3	Personenbeförderung mit Stadtschnellbahnen und Straßenbahnen
	60.21.4	Berg- und Seilbahnen
	60.22.0	Betrieb von Taxis und Mietwagen mit Fahrer
	60.23.0	Sonstige Personenbeförderung im Landverkehr
	60.23.1	Personenbeförderung im Omnibus-Gelegenheitsverkehr
	60.23.2	Personenbeförderung im Landverkehr, anderweitig nicht genannt
	60.24.0	Güterbeförderung im Straßenverkehr
	60.24.5	Erlaubnispflichtiger gewerblicher Güterkraftverkehr
	60.24.6	Erlaubnisfreier und freigestellter Straßengüterverkehr
	60.30.0	*Transport in Rohrfernleitungen*
	61.00.0	**Schifffahrt**
	61.10.0	*See- und Küstenschifffahrt*
	61.20.0	*Binnenschifffahrt*
	61.20.1	Personenbeförderung in der Binnenschifffahrt
	61.20.2	Güterbeförderung in der Binnenschifffahrt durch Reedereien
	61.20.3	Güterbeförderung in der Binnenschifffahrt durch Partikuliere
	61.20.4	Fluss- und Kanalfähren, Hafenschifffahrt
	62.00.0	**Luftfahrt**
	62.10.0	*Linienflugverkehr*
	62.20.0	*Gelegenheitsflugverkehr*
	62.30.0	*Raumtransport*
	63.00.0	**Hilfs- und Nebentätigkeiten für den Verkehr; Verkehrsvermittlung**
	63.10.0	*Frachtumschlag und Lagerei*
	63.11.0	Frachtumschlag
	63.12.0	Lagerei
	63.12.1	Lagerei (ohne Kühlhäuser)
	63.12.2	Kühlhäuser
	63.20.0	*Sonstige Hilfs- und Nebentätigkeiten für den Verkehr*
	63.21.0	Sonstige Hilfs- und Nebentätigkeiten für den Landverkehr
	63.21.1	Parkhäuser und Parkplätze

WZ 2003		Bezeichnung
Abschnitt	Klasse	
	63.21.2	Hilfs- und Nebentätigkeiten für den Landverkehr, anderweitig nicht genannt
	63.22.0	Sonstige Hilfs- und Nebentätigkeiten für die Schifffahrt
	63.22.1	Sonstige Hilfs- und Nebentätigkeiten für die Binnenschifffahrt
	63.22.2	Seehafenbetriebe
	63.22.3	Bugsier- und Bergungsschifffahrt
	63.22.4	Lotsbetriebe
	63.23.0	Sonstige Hilfs- und Nebentätigkeit für die Luftfahrt
	63.23.1	Flughafenbetriebe
	63.23.2	Landeplätze für Luftfahrzeuge
	63.23.3	Hilfs- und Nebentätigkeiten für die Luftfahrt, anderweitig nicht genannt
	63.30.0	*Reisebüros und Reiseveranstalter*
	63.30.1	Reisebüros
	63.30.2	Reiseveranstalter und Fremdenführung
	63.40.0	*Spedition, sonstige Verkehrsvermittlung*
	63.40.1	Spedition
	63.40.2	Schiffsmaklerbüros und -agenturen
	63.40.4	Logistische Dienstleistungen, anderweitig nicht genannt
	63.40.5	Vekehrsvermittlung, anderweitig nicht genannt
	64.00.0	**Nachrichtenübermittlung**
	64.10.0	*Postverwaltung und private Post- und Kurierdienste*
	64.11.0	Postverwaltung
	64.12.0	Private Post- und Kurierdienste
	64.12.1	Briefdienste
	64.12.2	Zeitungsdienste
	64.12.3	Paketdienste
	64.12.5	Expressdienste
	64.12.6	Kurierdienste
	64.12.7	Erbringung von sonstigen postalischen Dienstleistungen
	64.30.0	*Fernmeldedienste*
	64.30.1	Erbringung von festnetzgebundenen Telekommunikationsdienstleistungen
	64.30.2	Erbringung von Mobilfunkdienstleistungen
	64.30.3	Erbringung von Satellitenfunkdienstleistungen
	64.30.4	Erbringung von sonstigen Telekommunikationsdienstleistungen
J		**Kredit- und Versicherungsgewerbe**
JA		**Kredit- und Versicherungsgewerbe**
	65.00.0	**Kreditgewerbe**
	65.10.0	*Zentralbanken und Kreditinstitute*
	65.11.0	Zentralbanken

WZ 2003		Bezeichnung
Abschnitt	Klasse	
	65.12.0	Kreditinstitute (ohne Spezialkreditinstitute)
	65.12.1	Kreditbanken einschließlich Zweigstellen ausländischer Banken
	65.12.2	Girozentralen
	65.12.3	Sparkassen
	65.12.4	Genossenschaftliche Zentralbanken
	65.12.5	Kreditgenossenschaften
	65.12.6	Realkreditinstitute
	65.12.7	Kreditinstitute mit Sonderaufgaben
	65.12.9	Bausparkassen
	65.20.0	*Sonstige Finanzierungsinstitutionen*
	65.21.0	Institutionen für Finanzierungsleasing
	65.22.0	Spezialkreditinstitute
	65.23.0	Finanzierungsinstitutionen, anderweitig nicht genannt
	65.23.1	Kapitalanlagegesellschaften
	65.23.2	Leihhäuser
	65.23.3	Sonstige Finanzierungsinstitutionen, anderweitig nicht genannt
	66.00.0	**Versicherungsgewerbe**
	66.00.0	*Versicherungsgewerbe*
	66.01.0	Lebensversicherung
	66.01.1	Lebensversicherung (ohne Rückversicherung)
	66.01.2	Rückversicherungen für die Lebensversicherungen
	66.02.0	Pensions- und Sterbekassen
	66.03.0	Sonstiges Versicherungsgewerbe
	66.03.1	Krankenversicherungen
	66.03.2	Schaden- und Unfallversicherungen
	66.03.3	Rückversicherungen für das sonstige Versicherungsgewerbe
	67.00.0	**Mit dem Kredit- und Versicherungsgewerbe verbundene Tätigkeiten**
	67.10.0	*Mit dem Kreditgewerbe verbundene Tätigkeiten*
	67.11.0	Effekten- und Warenbörsen
	67.12.0	Effektenvermittlung und -verwaltung (ohne Effektenverwahrung)
	67.13.0	Sonstige mit dem Kreditgewerbe verbundene Tätigkeiten
	67.20.0	*Mit dem Versicherungsgewerbe verbundene Tätigkeiten*
	67.20.1	Versicherungsvertreter
	67.20.2	Versicherungsmakler
	67.20.3	Sonstige mit dem Versicherungsgewerbe verbundene Tätigkeiten

WZ 2003		Bezeichnung
Abschnitt	**Klasse**	
K		Grundstücks- und Wohnungswesen, Vermietung beweglicher Sachen, Erbringung von wirtschaftlichen Dienstleistungen, anderweitig nicht genannt
KA		Grundstücks- und Wohnungswesen, Vermietung beweglicher Sachen, Erbringung von wirtschaftlichen Dienstleistungen, anderweitig nicht genannt
	70.00.0	**Grundstücks- und Wohnungswesen**
	70.10.0	*Erschließung, Kauf und Verkauf von Grundstücken, Gebäuden und Wohnungen*
	70.11.0	Erschließung von Grundstücken
	70.11.1	Erschließung von unbebauten Grundstücken
	70.11.2	Bauträger für Nichtwohngebäude
	70.11.3	Bauträger für Wohngebäude
	70.12.0	Kauf und Verkauf von eigenen Grundstücken, Gebäuden und Wohnungen
	70.12.1	Kauf und Verkauf von eigenen Grundstücken und Nichtwohngebäuden
	70.12.2	Kauf und Verkauf von eigenen Wohngebäuden und Wohnungen
	70.20.0	*Vermietung und Verpachtung von eigenen Grundstücken, Gebäuden und Wohnungen*
	70.20.1	Vermietung und Verpachtung von eigenen Grundstücken und Nichtwohngebäuden
	70.20.2	Vermietung und Verpachtung von eigenen Wohngebäuden und Wohnungen
	70.30.0	*Vermittlung und Verwaltung von fremden Grundstücken, Gebäuden und Wohnungen*
	70.31.0	Vermittlung von fremden Grundstücken, Gebäuden und Wohnungen
	70.32.0	Verwaltung von fremden Grundstücken, Gebäuden und Wohnungen
	71.00.0	**Vermietung beweglicher Sachen ohne Bedienungspersonal**
	71.10.0	*Vermietung von Kraftwagen bis 3,5 t Gesamtgewicht*
	71.20.0	*Vermietung von sonstigen Verkehrsmitteln*
	71.21.0	Vermietung von Landfahrzeugen (ohne Kraftwagen bis 3,5 t Gesamtgewicht)
	71.22.0	Vermietung von Wasserfahrzeugen
	71.23.0	Vermietung von Luftfahrzeugen
	71.30.0	*Vermietung von Maschinen und Geräten*
	71.31.0	Vermietung von landwirtschaftlichen Maschinen und Geräten
	71.32.0	Vermietung von Baumaschinen und -geräten
	71.33.0	Vermietung von Büromaschinen, Datenverarbeitungsgeräten und -einrichtungen
	71.34.0	Vermietung von sonstigen Maschinen und Geräten
	71.40.0	*Vermietung von Gebrauchsgütern, anderweitig nicht genannt*
	71.40.1	Verleih von Wäsche und Arbeitskleidung
	71.40.2	Verleih von Sportgeräten und Fahrrädern
	71.40.3	Leihbüchereien und Lesezirkel
	71.40.4	Videotheken
	71.40.5	Vermietung von sonstigen Gebrauchsgütern, anderweitig nicht genannt
	72.00.0	**Datenverarbeitung und Datenbanken**
	72.10.0	*Hardwareberatung*
	72.20.0	*Softwarehäuser*

WZ 2003		Bezeichnung
Abschnitt	**Klasse**	
	72.21.0	Verlegen von Software
	72.22.0	Softwareberatung und -entwicklung
	72.22.1	Softwareberatung
	72.22.2	Entwicklung und Programmierung von Internetpräsentationen
	72.22.3	Sonstige Softwareentwicklung
	72.30.0	*Datenverarbeitungsdienste*
	72.30.1	Datenerfassungsdienste
	72.30.3	Bereitstellungsdienste für Teilnehmersysteme
	72.30.5	Sonstige Datenverarbeitungsdienste
	72.40.0	*Datenbanken*
	72.50.0	*Instandhaltung und Reparatur von Büromaschinen, Datenverarbeitungsgeräten und -einrichtungen*
	72.60.0	*Sonstige mit der Datenverarbeitung verbundene Tätigkeiten*
	72.60.1	Informationsvermittlung
	72.60.2	Mit der Datenverarbeitung verbundene Tätigkeiten, anderweitig nicht genannt
	73.00.0	**Forschung und Entwicklung**
	73.10.0	*Forschung und Entwicklung im Bereich Natur-, Ingenieur-, Agrarwissenschaften und Medizin*
	73.10.1	Forschung und Entwicklung im Bereich Naturwissenschaften und Mathematik
	73.10.2	Forschung und Entwicklung im Bereich Ingenieurwissenschaften
	73.10.3	Forschung und Entwicklung im Bereich Agrar-, Forst- und Ernährungswissenschaften
	73.10.4	Forschung und Entwicklung im Bereich Medizin
	73.10.5	Forschung und Entwicklung im Umweltbereich
	73.20.0	*Forschung und Entwicklung im Bereich Rechts-, Wirtschafts- und Sozialwissenschaften sowie im Bereich Sprach-, Kultur- und Kunstwissenschaften*
	73.20.1	Forschung und Entwicklung im Bereich Rechts-, Wirtschafts- und Sozialwissenschaft
	73.20.2	Forschung und Entwicklung im Bereich Sprach-, Kultur- und Kunstwissenschaften
	74.00.0	**Erbringung von wirtschaftlichen Dienstleistungen, anderweitig nicht genannt**
	74.10.0	*Rechts-, Steuer- und Unternehmensberatung, Wirtschaftsprüfung, Buchführung, Markt- und Meinungsforschung, Managementtätigkeiten von Holdinggesellschaften*
	74.11.0	Rechtsberatung
	74.11.1	Rechtsanwaltskanzleien mit Notariat
	74.11.2	Rechtsanwaltskanzleien ohne Notariat
	74.11.3	Notariate
	74.11.4	Patentanwaltskanzleien
	74.11.5	Sonstige Rechtsberatung
	74.12.0	Wirtschafts- und Buchprüfung und Steuerberatung; Buchführung
	74.12.1	Praxen von Wirtschaftsprüferinnen und -prüfern, Wirtschaftsprüfungsgesellschaften
	74.12.2	Praxen von vereidigten Buchprüferinnen und -prüfern, Buchprüfungsgesellschaften

WZ 2003		Bezeichnung
Abschnitt	Klasse	
	74.12.3	Praxen von Steuerberaterinnen und -beratern, Steuerberatungsgesellschaften
	74.12.4	Praxen von Steuerbevollmächtigten
	74.12.5	Buchführung (ohne Datenverarbeitungsdienste)
	74.13.0	Markt- und Meinungsforschung
	74.13.1	Marktforschung
	74.13.2	Meinungsforschung
	74.14.0	Unternehmens- und Public-Relations-Beratung
	74.14.1	Unternehmensberatung
	74.14.2	Public-Relations-Beratung
	74.15.0	Managementtätigkeiten von Holdinggesellschaften
	74.15.1	Managementtätigkeiten von Holdinggesellschaften mit Schwerpunkt im Produzierenden Gewerbe
	74.15.2	Managementtätigkeiten von sonstigen Holdinggesellschaften (ohne geschlossene Immobilienfonds)
	74.15.3	Geschlossene Immobilienfonds mit Nichtwohngebäuden
	74.15.4	Geschlossene Immobilienfonds mit Wohngebäuden
	74.15.5	Komplementärgesellschaften
	74.15.6	Verwaltung und Führung von Unternehmen und Betrieben
	74.20.0	*Architektur- und Ingenieurbüros*
	74.20.1	Architekturbüros für Hochbau und für Innenarchitektur
	74.20.2	Architekturbüros für Orts-, Regional- und Landesplanung
	74.20.3	Architekturbüros für Garten- und Landschaftsgestaltung
	74.20.4	Ingenieurbüros für bautechnische Gesamtplanung
	74.20.5	Ingenieurbüros für technische Fachplanung
	74.20.6	Büros für Industrie-Design
	74.20.7	Büros baufachlicher Sachverständiger
	74.20.8	Büros für technisch-wirtschaftliche Beratung
	74.20.9	Vermessungsbüros
	74.30.0	*Technische, physikalische und chemische Untersuchung*
	74.30.1	Technische Untersuchung und Beratung
	74.30.2	Physikalische Untersuchung und Beratung
	74.30.3	Chemische Untersuchung und Beratung
	74.30.4	Betrieb von Messnetzen und Messstationen
	74.40.0	*Werbung*
	74.40.1	Werbegestaltung
	74.40.2	Werbemittelverbreitung und Werbemittlung
	74.50.0	*Personal- und Stellenvermittlung, Überlassung von Arbeitskräften*
	74.50.1	Personal- und Stellenvermittlung
	74.50.2	Überlassung von Arbeitskräften

WZ 2003		Bezeichnung
Abschnitt	Klasse	
	74.60.0	Wach- und Sicherheitsdienste sowie Detekteien
	74.60.1	Detekteien
	74.60.2	Personen- und Objektschutzdienste
	74.70.0	Reinigung von Gebäuden, Inventar und Verkehrsmitteln
	74.70.1	Reinigung von Gebäuden, Räumen und Inventar
	74.70.2	Schornsteinreinigung
	74.70.3	Reinigung von Verkehrsmitteln
	74.70.4	Desinfektion und Schädlingsbekämpfung
	74.80.0	Erbringung von sonstigen wirtschaftlichen Dienstleistungen, anderweitig nicht genannt
	74.81.0	Fotografisches Gewerbe und fotografische Laboratorien
	74.81.1	Fotografisches Gewerbe
	74.81.2	Fotografische Laboratorien
	74.82.0	Abfüll- und Verpackungsgewerbe
	74.85.0	Sekretariats-, Schreib- und Übersetzungsdienste; Copy-Shops
	74.85.1	Freiberufliche Dolmetscher
	74.85.2	Übersetzungsbüros
	74.85.3	Sekretariats- und Schreibdienste; Copy-Shops
	74.86.0	Call Centers
	74.87.0	Erbringung von wirtschaftlichen Dienstleistungen für Unternehmen und Privatpersonen, anderweitig nicht genannt
	74.87.1	Ausstellungs-, Messe- und Warenmarkteinrichtungen
	74.87.2	Sachverständige, anderweitig nicht genannt
	74.87.3	Versteigerungsgewerbe
	74.87.4	Ateliers für Textil-, Schmuck-, Möbel- u.ä. Design
	74.87.5	Auskunfteien
	74.87.6	Inkassobüros
	74.87.7	Sonstige Vermögensberatung
	74.87.8	Erbringung von sonstigen wirtschaftlichen Dienstleistungen für Unternehmen und Privatpersonen, anderweitig nicht genannt
L		Öffentliche Verwaltung, Verteidigung, Sozialversicherung
LA		Öffentliche Verwaltung, Verteidigung, Sozialversicherung
	75.00.0	Öffentliche Verwaltung, Verteidigung, Sozialversicherung
	75.10.0	Öffentliche Verwaltung
	75.11.0	Allgemeine öffentliche Verwaltung
	75.12.0	Öffentliche Verwaltung auf den Gebieten Gesundheitswesen, Bildung, Kultur und Sozialwesen
	75.12.2	Öffentliche Verwaltung auf den Gebieten Bildung und Kultur
	75.12.3	Öffentliche Verwaltung auf dem Gebiet Sozialwesen
	75.12.4	Öffentliche Verwaltung auf dem Gebiet Gesundheitswesen

| WZ 2003 | | Bezeichnung |
Abschnitt	Klasse	
	75.12.5	Öffentliche Verwaltung auf dem Gebiet Sport
	75.13.0	Wirtschaftsförderung-, -ordnung und -aufsicht
	75.14.0	Sonstige mit der öffentlichen Verwaltung verbundene Tätigkeiten
	75.20.0	*Auswärtige Angelegenheiten, Verteidigung, Rechtspflege, öffentliche Sicherheit und Ordnung*
	75.21.0	Auswärtige Angelegenheiten
	75.22.0	Verteidigung
	75.23.0	Rechtspflege
	75.24.0	Öffentliche Sicherheit und Ordnung
	75.25.0	Feuerschutz
	75.30.0	*Sozialversicherung und Arbeitsförderung*
	75.30.1	Gesetzliche Rentenversicherung (ohne knappschaftliche Rentenversicherung und Altershilfe für Landwirte)
	75.30.2	Knappschaftliche Rentenversicherung
	75.30.3	Altershilfe für Landwirte
	75.30.4	Zusatzversorgung für Angehörige des öffentlichen Dienstes
	75.30.5	Gesetzliche Krankenversicherung (ohne knappschaftliche Krankenversicherung)
	75.30.6	Knappschaftliche Krankenversicherung
	75.30.7	Gesetzliche Unfallversicherung
	75.30.8	Arbeitsförderung
	75.30.9	Sonstige Sozialversicherung
M		**Erziehung und Unterricht**
MA		**Erziehung und Unterricht**
	80.00.0	**Erziehung und Unterricht**
	80.10.0	*Kindergärten, Vor- und Grundschulen*
	80.10.1	Kindergärten
	80.10.2	Kinderhorte
	80.10.4	Vorklassen, Schulkindergärten
	80.10.5	Grundschulen
	80.20.0	*Weiterführende Schulen*
	80.21.0	Allgemeinbildende weiterführende Schulen
	80.21.1	Allgemeinbildende weiterführende Schulen Sekundarbereich I
	80.21.2	Allgemeinbildende weiterführende Schulen Sekundarbereich II
	80.22.0	Berufsbildende weiterführende Schulen im Sekundarbereich
	80.30.0	*Hochschulen und andere Bildungseinrichtungen des Tertiärbereichs*
	80.30.5	Universitäten
	80.30.6	Allgemeine Fachhochschulen
	80.30.7	Verwaltungsfachhochschulen
	80.30.8	Berufsakademien, Fachakademien, Schulen des Gesundheitswesens

WZ 2003		Bezeichnung
Abschnitt	**Klasse**	
	80.40.0	*Erwachsenenbildung und sonstiger Unterricht*
	80.41.0	Fahr- und Flugschulen
	80.41.1	Kraftfahrschulen
	80.41.2	Flug-, Bootsführer-, Segel- u.ä. Schulen
	80.42.0	Erwachsenenbildung und Unterricht, anderweitig nicht genannt
	80.42.1	Allgemeine und politische Erwachsenenbildung
	80.42.2	Berufliche Erwachsenenbildung
	80.42.3	Selbstständige Lehrerinnen und Lehrer
	80.42.4	Unterricht, anderweitig nicht genannt
N		**Gesundheits-, Veterinär- und Sozialwesen**
NA		**Gesundheits-, Veterinär- und Sozialwesen**
	85.00.0	**Gesundheits-, Veterinär- und Sozialwesen**
	85.10.0	*Gesundheitswesen*
	85.11.0	Krankenhäuser
	85.11.1	Krankenhäuser (ohne Hochschulkliniken sowie Vorsorge- und Rehabilitationskliniken)
	85.11.2	Hochschulkliniken
	85.11.3	Vorsorge- und Rehabilitationskliniken
	85.12.0	Arztpraxen (ohne Zahnarztpraxen)
	85.12.1	Arztpraxen für Allgemeinmedizin und Praxen von praktischen Ärztinnen und Ärzten
	85.12.2	Facharztpraxen (ohne Arztpraxen für Allgemeinmedizin)
	85.13.0	Zahnarztpraxen
	85.14.0	Gesundheitswesen, anderweitig nicht genannt
	85.14.1	Praxen von psychologischen Psychotherapeutinnen und -therapeuten
	85.14.2	Massagepraxen, Praxen von medizinischen Bademeisterinnen und Bademeistern, Krankengymnastikpraxen, Praxen von Hebammen und Entbindungspflegern sowie von verwandten Berufen
	85.14.3	Heilpraktikerpraxen
	85.14.4	Sonstige selbstständige Tätigkeiten im Gesundheitswesen
	85.14.5	Krankentransport- und Rettungsdienste
	85.14.6	Sonstige Anstalten und Einrichtungen des Gesundheitswesens
	85.20.0	*Veterinärwesen*
	85.20.1	Tierarztpraxen
	85.20.2	Sonstige selbstständige Tätigkeiten im Veterinärwesen
	85.20.3	Anstalten und Einrichtungen des Veterinärwesens
	85.30.0	*Sozialwesen*
	85.31.0	Heime (ohne Erholungs- und Ferienheime)
	85.31.1	Jugendwohnheime
	85.31.2	Erziehungsheime
	85.31.3	Altenwohnheime

WZ 2003		Bezeichnung
Abschnitt	Klasse	
	85.31.4	Altenheime
	85.31.5	Altenpflegeheime
	85.31.6	Heime für werdende Mütter sowie Mütter oder Väter mit Kind
	85.31.7	Einrichtungen zur Eingliederung und Pflege Behinderter
	85.31.8	Wohnheime für Behinderte
	85.31.9	Sonstige Heime (ohne Erholungs- und Ferienheime)
	85.32.0	Sozialwesen, anderweitig nicht genannt
	85.32.1	Tagesstätten (ohne Kinderkrippen, Kindergärten, Kinderhorte und Jugendzentren)
	85.32.2	Kinderkrippen und außerhäusliche Kinderbetreuung, anderweitig nicht genannt
	85.32.3	Jugendzentren und Häuser der offenen Tür
	85.32.4	Erziehungs-, Jugend- und Familienberatungsstellen
	85.32.5	Sonstige soziale Beratungsstellen
	85.32.6	Ambulante soziale Dienste
	85.32.7	Organisationen der freien Wohlfahrtspflege und Jugendhilfe
	85.32.8	Unterstützungskassen
	85.32.9	Sonstiges Sozialwesen, anderweitig nicht genannt
O		**Erbringung von sonstigen öffentlichen und persönlichen Dienstleistungen**
OA		**Erbringung von sonstigen öffentlichen und persönlichen Dienstleistungen**
	90.00.0	**Abwasser- und Abfallbeseitigung und sonstige Entsorgung**
	90.00.0	*Abwasser- und Abfallbeseitigung und sonstige Entsorgung*
	90.01.0	Abwasserbeseitigung
	90.01.1	Kläranlagen
	90.01.2	Sammelkanalisation
	90.02.0	Abfallbeseitigung
	90.02.1	Sammlung, Beförderung und Zwischenlagerung von Abfällen
	90.02.2	Thermische Abfallbeseitigung
	90.02.3	Abfalldeponien
	90.02.4	Biologische Abfallbeseitigung
	90.02.5	Sonstige Abfallbeseitigung
	90.03.0	Beseitigung von Umweltverschmutzungen und sonstige Entsorgung
	91.00.0	**Interessenvertretungen sowie kirchliche und sonstige Vereinigungen (ohne Sozialwesen, Kultur und Sport)**
	91.10.0	*Wirtschafts- und Arbeitgeberverbände, Berufsorganisationen*
	91.11.0	Wirtschafts- und Arbeitgeberverbände
	91.11.1	Wirtschaftsverbände (ohne öffentlich-rechtliche Wirtschaftsvertretungen)
	91.11.2	Öffentlich-rechtliche Wirtschaftsvertretungen
	91.11.3	Arbeitgeberverbände
	91.12.0	Berufsorganisationen
	91.12.1	Berufsorganisationen (ohne öffentlich-rechtliche Berufsvertretungen)

WZ 2003		Bezeichnung
Abschnitt	Klasse	
	91.12.2	Öffentlich-rechtliche Berufsvertretungen
	91.20.0	*Arbeitnehmervereinigungen*
	91.30.0	*Kirchliche Vereinigungen; politische Parteien sowie sonstige Interessenvertretungen und Vereinigungen, anderweitig nicht genannt*
	91.31.0	Kirchliche und sonstige religiöse Vereinigungen
	91.31.1	Kirchen und kirchlich-religiöse Vereinigungen
	91.31.2	Sonstige religiöse und weltanschauliche Vereinigungen
	91.32.0	Politische Parteien und Vereinigungen
	91.33.0	Interessenvertretungen und Vereinigungen, anderweitig nicht genannt
	91.33.1	Organisationen der Bildung, Wissenschaft, Forschung und Kultur
	91.33.2	Organisationen des Gesundheitswesens
	91.33.3	Jugendorganisationen
	91.33.4	Verbraucherorganisationen
	91.33.5	Kommunale Spitzen- und Regionalverbände
	91.33.6	Verbände der Sozialversicherungsträger
	91.33.7	Sonstige Interessenvertretungen und Vereinigungen, anderweitig nicht genannt
	92.00.0	**Kultur, Sport und Unterhaltung**
	92.10.0	*Film- und Videofilmherstellung, -verleih und -vertrieb; Kinos*
	92.11.0	Film- und Videofilmherstellung
	92.11.1	Herstellung von Kinofilmen
	92.11.2	Herstellung von Fernsehfilmen
	92.11.3	Herstellung von Industrie-, Wirtschafts- und Werbefilmen
	92.11.4	Sonstige Filmherstellung
	92.11.5	Filmtechnik
	92.11.6	Tonstudios
	92.12.0	Filmverleih und Videoprogrammanbieter
	92.12.1	Filmverleih
	92.12.2	Videoprogrammanbieter
	92.12.3	Filmvertrieb
	92.13.0	Kinos
	92.20.0	*Rundfunkveranstalter, Herstellung von Hörfunk- und Fernsehprogrammen*
	92.20.1	Rundfunkveranstalter
	92.20.2	Herstellung von Hörfunk- und Fernsehprogrammen
	92.30.0	*Erbringung von sonstigen kulturellen und unterhaltenden Leistungen*
	92.31.0	Künstlerische und schriftstellerische Tätigkeiten und Darbietungen
	92.31.1	Theaterensembles
	92.31.2	Ballettgruppen, Orchester, Kapellen und Chöre
	92.31.3	Selbständige bildende Künstlerinnen und Künstler
	92.31.4	Selbständige Restauratorinnen und Restauratoren

WZ 2003		Bezeichnung
Abschnitt	Klasse	
	92.31.5	Selbständige Komponistinnen, Komponisten, Musikbearbeiterinnen und Musikbearbeiter
	92.31.6	Selbständige Schriftstellerinnen und Schriftsteller
	92.31.7	Selbständige Bühnen-, Film-, Hörfunk- und Fernsehkünstlerinnen und -künstler
	92.31.8	Selbständige Artistinnen und Artisten
	92.32.0	Betrieb von Kultur- und Unterhaltungseinrichtungen und Hilfsdienste dafür
	92.32.1	Theater- und Konzertveranstalter
	92.32.2	Opern- und Schauspielhäuser, Konzerthallen und ähnliche Einrichtungen
	92.32.3	Varietés und Kleinkunstbühnen
	92.32.5	Technische Hilfsdienste für kulturelle und unterhaltende Leistungen
	92.33.0	Schaustellergewerbe und Vergnügungsparks
	92.34.0	Erbringung von kulturellen und unterhaltenden Leistungen, anderweitig nicht genannt
	92.34.1	Tanzschulen
	92.34.2	Erbringung von sonstigen kulturellen und unterhaltenden Leistungen, anderweitig nicht genannt
	92.40.0	*Korrespondenz- und Nachrichtenbüros, selbständige Journalistinnen und Journalisten*
	92.40.1	Korrespondenz- und Nachrichtenbüros
	92.40.2	Selbständige Journalistinnen, Journalisten, Pressefotografinnen und Pressefotografen
	92.50.0	*Bibliotheken, Archive, Museen, botanische und zoologische Gärten*
	92.51.0	Bibliotheken und Archive
	92.52.0	Museen und Denkmalschutzeinrichtungen
	92.52.1	Museen und Kunstausstellungen
	92.52.2	Denkmalschutzeinrichtungen
	92.53.0	Botanische und zoologische Gärten sowie Naturparks
	92.53.1	Botanische und zoologische Gärten
	92.53.2	Naturparks und Tiergehege
	92.53.3	Natur- und Landschaftsschutz
	92.60.0	*Sport*
	92.61.0	Betrieb von Sportanlagen
	92.62.0	Erbringung von sonstigen Dienstleistungen des Sports
	92.62.1	Sportverbände und Sportvereine
	92.62.2	Professionelle Sportmannschaften und Rennställe
	92.62.3	Selbständige Berufssportlerinnen und -sportler sowie -trainerinnen und -trainer
	92.62.4	Sportpromoter und sonstige professionelle Sportveranstalter
	92.62.5	Sportschulen und selbständige Sportlehrerinnen und -lehrer
	92.70.0	*Erbringung von sonstigen Dienstleistungen für Unterhaltung, Erholung und Freizeit*
	92.71.0	Spiel-, Wett- und Lotteriewesen
	92.71.1	Spielhallen und Betrieb von Spielautomaten
	92.71.2	Spielbanken und Spielklubs
	92.71.3	Wett-, Toto- und Lotteriewesen

WZ 2003		Bezeichnung
Abschnitt	**Klasse**	
	92.72.0	Erbringung von Dienstleistungen für Unterhaltung, Erholung und Freizeit, anderweitig nicht genannt
	92.72.1	Garten- und Grünanlagen
	92.72.2	Erbringung von sonstigen Dienstleistungen für Unterhaltung, Erholung und Freizeit, anderweitig nicht genannt
	93.00.0	**Erbringung von sonstigen Dienstleistungen**
	93.00.0	*Erbringung von sonstigen Dienstleistungen*
	93.01.0	Wäscherei und chemische Reinigung
	93.01.1	Wäscherei
	93.01.2	Annahmestellen für Wäscherei
	93.01.3	Chemische Reinigung und Bekleidungsfärberei
	93.01.4	Annahmestellen für chemische Reinigung und Bekleidungsfärberei
	93.01.5	Heißmangelei und Bügelei
	93.02.0	Friseurgewerbe und Kosmetiksalons
	93.02.4	Kosmetiksalons
	93.02.5	Frisörsalons
	93.03.0	Bestattungswesen
	93.03.1	Bestattungsinstitute
	93.03.2	Friedhöfe und Krematorien
	93.04.0	Saunas, Solarien, Fitnesszentren u.Ä.
	93.04.1	Bäder und Saunas (ohne medizinische Bäder)
	93.04.2	Solarien, Massagesalons (ohne medizinische Massagen), Fitnesszentren u.Ä.
	93.05.0	Erbringung von Dienstleistungen, anderweitig nicht genannt
	93.05.1	Ehevermittlungsinstitute
	93.05.2	Erbringung von sonstigen persönlichen Dienstleistungen
	93.05.3	Erbringung von sonstigen Dienstleistungen, anderweitig nicht genannt
P		**Private Haushalte mit Hauspersonal**
PA		**Private Haushalte mit Hauspersonal**
	95.00.0	**Private Haushalte mit Hauspersonal**
	95.00.0	*Private Haushalte mit Hauspersonal*
	95.00.2	Private Haushalte mit Hauspersonal zur Kinderbetreuung
	95.00.3	Private Haushalte mit sonstigem Hauspersonal
Q		**Exterritoriale Organisationen und Körperschaften**
QA		**Exterritoriale Organisationen und Körperschaften**
	99.00.0	**Exterritoriale Organisationen und Körperschaften**
	99.00.0	*Exterritoriale Organisationen und Körperschaften*
	99.00.1	Vertretungen fremder Staaten
	99.00.2	Dienststellen von Stationierungsstreitkräften
	99.00.3	Internationale und supranationale Organisationen mit Behördencharakter

5.1.2   Einordnung von Mischbetrieben nach WZ 2003

Übt ein Betrieb nur eine Tätigkeit aus (z.B. Steuerberater), ist die Zuordnung kein Problem. Die meisten Betriebe sind aber Mischbetriebe (Steuerberater und Wirtschaftsprüfer; Architekt, Makler und Wohnungsverwalter; Groß- und Einzelhandel usw.). Soweit es für die Förderprogramme auf die Branchenzugehörigkeit ankommt, wird im Regelfall die Zuordnung nach der auch für die amtlichen Statistiken verwendeten Klassifikation der Wirtschaftszweige vorgenommen. Hier gelten für die Zuordnung folgende Regeln (vgl. Statistisches Bundesamt, WZ 93, Vorbemerkungen):

Die Zuordnung erfolgt nach der Haupttätigkeit, die sich bei Mischbetrieben nach der **Top-Down-Methode** bestimmt. Dadurch bedingt muss die Haupttätigkeit nicht notwendig einen Anteil von mehr als der Hälfte oder auch nur den größten Anteil an der Gesamttätigkeit haben:

Klassifizierung einer statistischen Einheit nach der Top-Down-Methode

1. Auflistung der von der Einheit ausgeführten Tätigkeiten und Ermittlung der Bruttowertschöpfung zu Faktorkosten für jede betroffene Unterklasse der WZ 2003 für einen nahe zurückliegenden Zeitraum von zwölf Monaten.
2. Bestimmung des Abschnitts der WZ 2003 mit dem höchsten Anteil an der Wertschöpfung.
3. Innerhalb dieses Abschnitts Bestimmung der Abteilung der WZ 2003 mit dem höchsten Anteil an der Wertschöpfung.
4. Innerhalb dieser Abteilung Bestimmung der Gruppen der WZ 2003 mit dem höchsten Anteil an der Wertschöpfung.
5. Innerhalb dieser Gruppe Bestimmung der Klasse der WZ 2003 mit dem höchsten Anteil an der Wertschöpfung.
6. Innerhalb dieser Klasse Bestimmung der Unterklasse der WZ 2003 mit dem höchsten Anteil an der Wertschöpfung.

Beispiel:
Ein Betrieb weist die nachfolgenden Sparten mit den angegebenen Wertschöpfungsanteilen in Prozent auf.

Abschnitt	Unterklasse	Bezeichnung der Unterklasse	Anteil an der Bruttowertschöpfung zu Faktorkosten in %
D	28.71.0	Herstellung von Metallbehältern mit einem Fassungsvermögen von 300 l oder weniger	7
	29.31.1	Herstellung von land- und forstwirtschaftlichen Maschinen (ohne Reparatur)	8
	29.42.0	Herstellung von Werkzeugmaschinen für die Metallbearbeitung	3
	29.52.1	Herstellung von Bergwerksmaschinen	6
	29.52.2	Herstellung von Bau- und Baustoffmaschinen	15
	29.55.0	Herstellung von Maschinen für das Papiergewerbe	8
	34.30.0	Herstellung von Teilen und Zubehör für Kraftwagen und Kraftwagenmotoren	5
G	51.14.7	Handelsvermittlung von landwirtschaftlichen Maschinen und Geräten	7
	51.88.0	Großhandel mit landwirtschaftlichen Maschinen und Geräten	28
K	74.20.5	Ingenieurbüros für technische Fachplanung	13

Auf den ersten Blick ist die größte „Abteilung" der Großhandel mit landwirtschaftlichen Maschinen und Geräten mit 28 %. Nach der Top-Down-Methode ergibt sich für die Zuordnung jedoch Folgendes:

Schritt 1: Bestimmung des Abschnitts
Zunächst ist der Abschnitt mit dem größten Wertschöpfungsanteil zu bestimmen. Das ist hier das verarbeitende Gewerbe:

Abschnitt D	Verarbeitendes Gewerbe	52
Abschnitt G	Handel, Instandhaltung und Reparatur von Kraft-fahrzeugen und Gebrauchsgütern	35
Abschnitt K	Grundstücks- und Wohnungswesen, Vermietung von beweglichen Sachen, Erbringung von wirtschaftlichen Dienstleistungen, anderweitig nicht genannt	13

Schritt 2: Bestimmung der Abteilung
Innerhalb des Abschnitts D ist dann die Abteilung mit dem höchsten Wertschöpfungsanteil maßgeblich, hier Abteilung 29 Maschinenbau:

Abteilung 28	Herstellung von Metallerzeugnissen	7
Abteilung 29	Maschinenbau	40
Abteilung 34	Fahrzeugbau	5

Schritt 3: Bestimmung der Gruppe
Innerhalb des Maschinenbaus weist die Gruppe 29.5 Herstellung von Maschinen für sonstige bestimmte Wirtschaftszweige die größte Wertschöpfung auf.

Gruppe 29.3	Herstellung von land- und forstwirtschaftlichen Maschinen	8
Gruppe 29.4	Herstellung von Werkzeugmaschinen	3
Gruppe 29.5	Herstellung von Maschinen für sonstige bestimmte Wirtschaftszweige	29

Geht man jetzt nach dem Schema weiter bis zur Unterklasse, dann ergibt sich eine Zuordnung zur Branche Herstellung von Bau- und Baustoffmaschinen:

Schritt 4: Bestimmung der Klasse

Klasse 29.52	Herstellung von Bergwerks-, Bau- und Baustoff-maschinen	21
Klasse 29.55	Herstellung von Maschinen für das Papiergewerbe	8

Schritt 5: Bestimmung der Unterklasse

Unterklasse 29.52.1	Herstellung von Bergwerksmaschinen	6
Unterklasse 29.52.2	*Herstellung von Bau- und Baustoffmaschinen*	*15*

Ergebnis:

Die Haupttätigkeit fällt daher in die Unterklasse 29.52.2 der WZ 2003 (Herstellung von Bau- und Baustoffmaschinen), obwohl die Unterklasse 51.88.0 (Großhandel mit landwirtschaftlichen Maschinen und Geräten) den höchsten Anteil an der Bruttowertschöpfung zu Faktorkosten hat.

Die Bruttowertschöpfung zu Faktorkosten bestimmt sich nach folgender Formel:

	Bruttoproduktionswert o. USt (= Gesamtleistung)
–	Materialverbrauch, Einsatz von Handelsware, Kosten für Lohnarbeiten
–	Sonstige Kosten
–	Sonstige indirekte Steuern (Kostensteuern) abzüglich Subventionen
=	*Bruttowertschöpfung zu Faktorkosten*
–	Abschreibungen
=	*Nettowertschöpfung zu Faktorkosten*
–	Bruttoeinkommen aus unselbständiger Arbeit
=	**Übrige Faktorkosten**

Hilfsweise kann der Umsatz bzw. die Gesamtleistung, die Lohn- und Gehaltssumme oder die Anzahl der tätigen Personen herangezogen werden (Vorbemerkungen zu WZ 93, S. 23).

Für **steuerliche Zwecke** (Investitionszulage) erfolgt die Zuordnung grundsätzlich entsprechend (siehe Teil 5.5).

5.1.3   Grenz- und Sonderfälle

Entsprechend der Vorbemerkungen zur WZ 93 des Statistischen Bundesamtes sind weiterhin die folgenden Hinweise zu beachten:

Lohnarbeit und Auftragsfertigung

Einheiten, die Leistungen gegen Entgelt oder auf sonstiger vertraglicher Grundlage erbringen, werden wie Einheiten klassifiziert, die die gleichen Waren oder Dienstleistungen auf eigene Rechnung produzieren. Es gibt zwei Grundtypen:

–   Arbeit nach Plan liegt vor, wenn der Auftraggeber dem Auftragnehmer alle für die Erbringung der in Auftrag gegebenen Leistungen erforderlichen technischen Spezifikationen bereitstellt. Dies ist insbesondere im Bereich der Metallerzeugung und -bearbeitung sowie der Herstellung von Metallerzeugnissen der Fall (Schmieden, Schneiden, Stanzen und Gießen).

–   Lohnarbeit oder Lohnveredlung liegen vor, wenn der Auftragnehmer bestimmte technische Leistungen an einem vom Auftraggeber bereitgestellten Objekt erbringt.

Dabei kann es sich um Rohstoffe oder vorbearbeitete mechanische Teile u.Ä. handeln. Die Leistung kann z.B. in Metallbearbeitung (Verchromung), Verarbeitung von Obst für die Konservierung usw. bestehen.

Abgrenzung Handel – Produktion bei sogenannten Converters

Einheiten im Vertrieb und in der Produktion von Gütern ohne eigene Warenproduktion (Converters) sind Einheiten, die fremdbezogene Waren oder Dienstleistungen in eigenem Namen verkaufen. Diese Einheiten werden im Abschnitt G (Handel; Instandhaltung und Reparatur von Kraftfahrzeugen und Gebrauchsgütern) zugeordnet, es sei denn,

–   sie nehmen erheblichen Einfluss auf die Gestaltung und Entwicklung des Produkts (z.B. Design) **und**

–   tragen das Produktionsrisiko (z.B. wenn sie Eigentümer des Materials sind, aus dem die Waren hergestellt werden).

In diesem Fall werden sie so klassifiziert, als würden sie die Waren selbst herstellen.

Baugewerbe

Einheiten, deren Haupttätigkeit im Ein- oder Zusammenbau von Teilen oder Anlagen besteht, die für ein Gebäude erforderlich sind, werden dem Baugewerbe (Abteilung 45) zugeordnet. Dies gilt für Heizungs- und Belüftungsanlagen, Aufzüge und Rolltreppen, Energie- und Wasserversorgung, Fenster und Türen usw.

Einbau, Reparatur, Instandhaltung

Ein- und Zusammenbau umfassen i.d.R. auch Dienstleistungen im Rahmen der Inbetriebnahme, zu denen auch alle für das reibungslose Funktionieren am Aufstellungsort erforderlichen Arbeiten sowie die Grundeinweisung des Bedienungspersonals in Betrieb und Wartung zählen. Einbauarbeiten als mit dem Verkauf einer Ware verbundene Dienstleistungen gelten als zusätzliche Tätigkeit, z.B. Einbau eines elektrischen Haushaltsgeräts durch den Einzelhändler, nicht jedoch das bloße Anschließen eines Geräts ohne vorherigen Kauf.

Besonderheiten im Handel

Der Handel umfasst neben den direkten Handelsgeschäften zwischen zwei Vertragsparteien auch die Vermittlung von Handelsgeschäften für einen oder mehrere Dritte. Wesentlich ist jedoch, dass die Haupttätigkeit im Handel mit Waren besteht, die vom Verkäufer nicht mehr als im Handel üblich verändert wurden. Zur handelsüblichen Manipulation, die die wesentliche Beschaffenheit der Ware nicht beeinträchtigt, zählen z.B. Sortieren, Trennen, Zusammenstellen und Verpacken. Hierzu gehören auch Dienstleistungen im Zusammenhang mit dem Verkauf der Waren, z.B. Anlieferung und Installation elektrischer Geräte durch den Einzelhändler.

Im Großhandel gibt es eine Reihe von Wirtschaftszweigen, in denen die handelsübliche Manipulation von großer Bedeutung ist. Ein typisches Beispiel ist die Umverpackung von Waren vor der Auslieferung an den Einzelhandel.

Änderungen der Zuordnung

Als Grundregel gilt, dass die Nebentätigkeit die Haupttätigkeit, unter der die betreffende Einheit klassifiziert ist, während zwei Jahren übersteigen muss, bevor die Klassifizierung geändert wird. Änderungen der Klassifizierung der Einheiten zum Zwecke statistischer Erhebungen sollten nicht öfter als einmal im Jahr vorgenommen werden.

5.2 Zuordnung der Betriebe lt. Richtsatzsammlung der Finanzverwaltung*)

Gewerbeklasse	Zuordnung unter
Änderungsschneiderei	Schneiderei
Anstreicher	Maler
Anstrichbedarf, Eh.	Lacke
Apotheken	
Auto...	Kraftfahrzeug...
Bäckerei	
Bau- und Heimwerkerbedarf	
Baugeschäft	Bauunternehmen
Baumaler und -lackierer	Maler
Bauschreiner	Schreiner
Bausteinmetz	Steinbildhauer
Bauschlosser	Schlosserei
Bautischler	Schreiner
Bauunternehmen	
Beamer	Unterhaltungselektronik
Beerdigungsinstitut	Bestattungsunternehmen
Beherbergungsunternehmen	
Bekleidung, Eh.	Textilwaren
Bekleidungszubehör, Eh.	Textilwaren
Beleuchtung...	Elektrotechnische Erzeugnisse
Bestattungsunternehmen	
Bierwirtschaft	Gastwirtschaft
Blechner	Klempner
Blumen, Eh.	
Bräunungsstudio	Solarium
Brennstoffe, Eh.	
Brotbäckerei	Bäckerei
Buchdruckerei	Druckerei
Bücher, Eh.	
Bügelerei	Wäscherei
Büroartikel, Eh.	Schreibwaren
Büromaschinen, Eh.	Computer, Software ...
Busunternehmen	Fuhrgewerbe
Café	Gastwirtschaft
Campingartikel, Eh.	Sportartikel

*) In der Fassung von 2005.

Gewerbeklasse	Zuordnung unter
CDs (Musik), Eh.	Unterhaltungselektronik
Chemische Reinigung	
Computer und Software, Eh.	
Dachdeckerei	
Damen- und Herrenfrisör	Frisör
Damenbekleidung, Eh.	Textilwaren
Damenfrisör	Frisör
Dekorateur	Raumausstatter
Diaprojektoren	Foto- und Kinogeräte
Diktiergeräte	Computer und Software
Drogerie	
Drucker, Eh.	Computer und Software
Druckerei	
Edelmetallwaren, Eh.	Uhren
Einrichtungsgegenstände, Eh.	Möbel
Eisdiele	
Eisenwaren, Eh.	Haushaltswaren
Elektrogeräte, Eh.	Elektrotechnische Erzeugnisse
Elektroinstallation	
Elektrotechnische Erzeugnisse, Eh.	siehe auch Rundfunk
Estrichlegerei	
Fahrräder, Eh.	
Fahrschule	
Farben	Lacke
Feinbäckerei	Bäckerei
Feinkeramikwaren, Eh.	Haushaltswaren
Feinkostwaren, Eh.	Nahrungsmittel
Fernsehgeräte, Eh.	Rundfunk
Film- und Fotoscheinwerfer, Eh.	Foto- und Kinogeräte
Filmgeräte, Eh.	Foto- und Kinogeräte
Fingernagelstudio	Kosmetiksalons
Fische, Eh.	
Flaschnerei	Heizungsinstallation
Fleischerei	
Fliesenleger	
Flipperautomaten	Spielhallen und Betrieb von Spielautomaten
Foto- und Kinogeräte, Eh.	
Fotoapparate, Eh.	Foto- und Kinogeräte
Fotobedarf, Eh.	Foto- und Kinogeräte

Gewerbeklasse	Zuordnung unter
Fotograf	
Frisör	
Fuhrgewerbe	
Fußbodenbelag, Eh.	Lacke
Fußpflege	Kosmetiksalons
Garten- und Landschaftsbau	
Gasinstallation	Heizungsinstallation
Gasthof	Beherbergungsunternehmen
Gastwirtschaft	
Gebäudereinigung	Glas- und Gebäudereinigung
Geldspielautomaten	Spielhallen und Betrieb von Spielautomaten
Gemüse, Eh.	Obst
Genussmittel, Eh.	Nahrungsmittel
Geschenkartikel, Eh.	Kunstgewerbliche Erzeugnisse
Gesichtsmassage	Kosmetiksalons
Getränke, Eh.	
Gipser	Stuckateur
Glas- und Gebäudereinigung	
Glaserei	
Glaswaren, Eh.	Haushaltswaren
Goldschmiedewaren	Uhren
Grabsteingeschäft	Steinbildhauer
Güterbeförderung mit Kraftwagen	Fuhrgewerbe
Güterfernverkehr	Fuhrgewerbe
Güternahverkehr	Fuhrgewerbe
Handarbeiten	Textilwaren
Handarbeitsbedarf, Eh.	Textilwaren
Haushaltswaren, Eh.	
Hausrat, Eh.	Haushaltswaren
Haustextilien, Eh.	Textilwaren
Heißmangel	Wäscherei
Heizöl, Eh.	Brennstoffe
Heizungsinstallation	
Herrenbekleidung, Eh.	Textilwaren
Herrenfrisör	Frisör
Hobelwerk	Sägewerk
Holzbau	Zimmerei
Holzhausrat, Eh.	Haushaltswaren
Hotel	Beherbergungsunternehmen

Gewerbeklasse	Zuordnung unter
Hüte, Eh.	Textilwaren
Imbissbetriebe	
Installation von Gas- und Flüssigkeitsleitungen	Heizungsinstallation
Kartoffeln, Eh.	Obst
Keramik, Eh.	Haushaltswaren
Kinderbekleidung, Eh.	Textilwaren
Kinogeräte, Eh.	Foto- und Kinogeräte
Kiosk	Nahrungsmittel oder Tabakwaren
Klempnerei	Heizungsinstallation
Kohlen, Eh.	Brennstoffe
Konditorei	Bäckerei oder Café
Kopiergeräte, Eh.	Computer u. Software
Körperpflegemittel, Eh.	Parfümerie
Kosmetik	Parfümerie
Kosmetiksalons	
Kraftfahrschule	Fahrschule
Kraftfahrzeughandel	
Kraftfahrzeuglackierer	
Kraftfahrzeugreparatur	
Kraftfahrzeugzubehör, Eh.	
Kraftwagenverkehr	Omnibusunternehmen oder Taxigewerbe
Küchengeräte, Eh.	Haushaltswaren
Kunstgewerbliche Erzeugnisse, Eh.	
Kunstschlosserei	Schlosserei
Kunststoffhausrat	Haushaltswaren
Kurzwaren, Eh.	Textilwaren
Lacke, Eh.	
Lackierer	Maler
Lackierung von Straßenfahrzeugen	Kraftfahrzeuglackierer
Landschaftsgärtner, -gestaltung	Garten- und Landschaftsbau
Lebensmittel, Eh.	Nahrungsmittel
Lederwaren, Eh.	
Leuchten, Eh.	Elektrotechnische Erzeugnisse
Maler	
Maniküre	Kosmetiksalons
Massagesalons	Kosmetiksalons
Metallwaren, Eh.	Haushaltswaren
Meterwaren, Eh.	Textilwaren
Metzgerei	Fleischerei

Gewerbeklasse	Zuordnung unter
Mietwagen mit Fahrer	Taxiunternehmen
Möbel, Eh.	
Möbelschreinerei	Schreinerei
Möbeltischlerei	Schreinerei
Mosaikleger	Fliesenleger
Musikkassetten, Eh.	Unterhaltungselektronik
Mützen, Eh.	Textilwaren
Nahrungsmittel verschiedener Art, Eh.	
Naturkost	Reformwaren
Oberbekleidung, Eh.	Textilwaren
Obst, Eh.	
Omnibusunternehmen	Fuhrgewerbe
Optiker	
Orthopädieschuhmacher	Schuhmacher
Papierwaren, Eh.	Schreibwaren
Parfümerie	
Pediküre	Kosmetiksalons
Pension	Beherbergungsunternehmen
Personenbeförderung mit Kraftfahrzeugen	Fuhrgewerbe
Pflanzen, Eh.	Blumen
Pizzeria	Gastwirtschaft
Plattenleger	Fliesenleger
Polsterer	Raumausstatter
Polsterwaren, Eh.	Raumausstatter
Portraitfotograf	Fotograf
Porzellanwaren	Haushaltswaren
Radiogeräte, Eh.	Unterhaltungselektronik
Raumausstatter	
Reformwaren, Eh.	
Restaurant	Gastwirtschaft
Rundfunkgeräte, Eh.	Unterhaltungselektronik
Säge- und Hobelwerk	
Säuglingsbekleidung	Textilwaren
Scanner, Eh.	Computer und Software
Schallplatten, Eh.	Unterhaltungselektronik
Schankwirtschaft	Gastwirtschaft
Schirme, Eh.	Textilwaren
Schlachterei	Fleischerei
Schlosserei	

Gewerbeklasse	Zuordnung unter
Schmuckwaren, Eh.	Uhren
Schneiderei	
Schneidereibedarf, Eh.	Textilwaren
Schnellimbiss	Imbissbetrieb
Schnellreinigung	Chemische Reinigung
Schreibwaren, Eh.	
Schreinerei	
Schuhe, Eh.	
Schuhmacher	
Schuhwaren, Eh.	Schuhe
Schulartikel, Eh.	Schreibwaren
Silberwaren, Eh.	Uhren
Software	Computer und Software
Solarien	
Speiseeis	Eisdiele
Speisewirtschaft	Gastwirtschaft
Spenglerei	Heizungsinstallation
Spielautomaten	Spielhallen und Betrieb von Spielautomaten
Spielhallen	Spielhallen und Betrieb von Spielautomaten
Spielwaren, Eh.	
Spirituosen, Eh.	Getränke und Tabakwaren
Sportartikel, Eh.	
Steinbildhauer	
Steinmetz	Steinbildhauer
Strickwaren, Eh.	Textilwaren
Stuckateur	
Südfrüchte, Eh.	Obst
Tabakwaren, Eh.	
Tapeten, Eh.	Lacke
Tapezierer	Maler
Täschnerwaren, Eh.	Lederwaren
Taxigewerbe	Fuhrgewerbe
Telekommunikationsgeräte, Eh.	
Textilwaren verschiedener Art, Eh.	
Tiere, Eh.	Zoologischer Bedarf
Tischlerei	Schreinerei
Tüncher	Maler
Uhren, Eh.	
Unterhaltungselektronik, Eh.	

Gewerbeklasse	Zuordnung unter
Unterhaltungszeitschriften, Eh.	Tabakwaren
Verkaufsstand	Nahrungsmittel oder Tabakwaren
Verputzer	Stuckateur
Video...	Unterhaltungselektronik
Wäsche, Eh.	Textilwaren
Wäscherei	
Wasserinstallation	Heizungsinstallation
Wein, Eh.	Getränke
Weinwirtschaft	Gastwirtschaft
Weißbinder	Maler
Weißwaren, Eh.	Textilwaren
Werbefotograf	Fotograf
Wirkwaren, Eh.	Textilwaren
Wirtschaft	Gastwirtschaft
Wollwaren, Eh.	Textilwaren
Zeitschriften, Eh.	Tabakwaren
Zeitungen, Eh.	Tabakwaren
Zierfische, Eh.	Zoologischer Bedarf
Ziervögel, Eh.	Zoologischer Bedarf
Zigarren und Zigaretten, Eh.	Tabakwaren
Zimmerei	
Zoologischer Bedarf, lebende Tiere, Eh.	

5.3 Zuordnung der Handwerksbetriebe nach HWO*)

	Anlage A zur Handwerksordnung **Gewerbe, die als zulassungspflichtige Handwerke betrieben werden können**
	I. Gruppe der Bau- und Ausbaugewerbe
1	Maurer und Betonbauer
2	Ofen- und Luftheizungsbauer
3	Zimmerer
4	Dachdecker
5	Straßenbauer
6	Wärme-, Kälte- und Schallschutzisolierer
7	Brunnenbauer
8	Steinmetzen und Steinbildhauer
9	Stuckateure
10	Maler und Lackierer
11	Gerüstbauer
12	Schornsteinfeger
	II. Gruppe der Elektro- und Metallgewerbe
13	Metallbauer
14	Chirurgiemechaniker
15	Karosserie- und Fahrzeugbauer
16	Feinwerkmechaniker
17	Zweiradmechaniker
18	Kälteanlagenbauer
19	Informationstechniker
20	Kraftfahrzeugtechniker
21	Landmaschinenmechaniker
22	Büchsenmacher
23	Klempner
24	Installateur- und Heizungsbauer
25	Elektrotechniker
26	Elektromaschinenbauer
	III. Gruppe der Holzgewerbe
27	Tischler
28	Boots- und Schiffbauer

*) Nach dem Stand der Novelle vom 01.01.2004.

Anlage A zur Handwerksordnung

Gewerbe, die als zulassungspflichtige Handwerke betrieben werden können

	IV. Gruppe des Bekleidungs-, Textil- und Ledergewerbes
29	Seiler

	V. Gruppe der Nahrungsmittelgewerbe
30	Bäcker
31	Konditor
32	Fleischer

	VI. Gruppe der Gewerbe für Gesundheits- und Körperpflege sowie der chemischen und Reinigungsgewerbe
33	Augenoptiker
34	Hörgeräteakustiker
35	Orthopädietechniker
36	Orthopädieschuhmacher
37	Zahntechniker
38	Friseure

	VII. Gruppe des Glas-, Papier-, keramischen und sonstigen Gewerbes
39	Glaser
40	Glasbläser und Glasapparatebauer
41	Vulkaniseur und Reifenmechaniker

	Anlage B1 zur Handwerksordnung **Zulassungsfreie Handwerke**
	I. Gruppe der Bau- und Ausbaugewerbe
1	Fliesen-, Platten- und Mosaikleger
2	Betonstein- und Terrazzohersteller
3	Estrichleger
	II. Gruppe der Elektro- und Metallgewerbe
4	Behälter- und Apparatebauer
5	Uhrmacher
6	Graveure
7	Metallbildner
8	Galvaniseure
9	Metall- und Glockengießer
10	Schneidwerkzeugmechaniker
11	Gold- und Silberschmiede
	III. Gruppe der Holzgewerbe
12	Parkettleger
13	Rolladen- und Jalousiebauer
14	Modellbauer
15	Drechsler (Elfenbeinschnitzer) und Holzspielzeugmacher
16	Holzbildhauer
17	Böttcher
18	Korbmacher
	IV. Gruppe des Bekleidungs-, Textil- und Ledergewerbes
19	Damen- und Herrenschneider
20	Sticker
21	Modisten
22	Weber
23	Segelmacher
24	Kürschner
25	Schuhmacher
26	Sattler und Feintäschner
27	Raumausstatter
	V. Gruppe der Nahrungsmittelgewerbe
28	Müller
29	Brauer und Mälzer
30	Weinküfer

Anlage B1 zur Handwerksordnung
Zulassungsfreie Handwerke

	VI. Gruppe der Gewerbe für Gesundheits- und Körperpflege sowie der chemischen und Reinigungsgewerbe
31	Textilreiniger
32	Wachszieher
33	Gebäudereiniger
	VII. Gruppe der Glas-, Papier-, keramischen und sonstigen Gewerbe
34	Glasveredler
35	Feinoptiker
36	Glas- und Porzellanmaler
37	Edelsteinschleifer und -graveure
38	Fotografen
39	Buchbinder
40	Buchdrucker, Schriftsetzer, Drucker
41	Siebdrucker
42	Flexografen
43	Keramiker
44	Orgel- und Harmoniumbauer
45	Klavier- und Cembalobauer
46	Handzuginstrumentenmacher
47	Geigenbauer
48	Bogenmacher
49	Metallblasinstrumentenmacher
50	Holzblasinstrumentenmacher
51	Zupfinstrumentenmacher
52	Vergolder
53	Schilder- und Lichtreklamehersteller

Anlage B 2 zur Handwerksordnung
Handwerksähnliche Gewerbe

I. Gruppe der Bau- und Ausbaugewerbe

1	Eisenflechter
2	Bautentrocknungsgewerbe
3	Bodenleger
4	Asphaltierer (ohne Straßenbau)
5	Fuger (im Hochbau)
6	Holz- und Bautenschutzgewerbe (Mauerschutz und Holzimprägnierung in Gebäuden)
7	Rammgewerbe (Einrammen von Pfählen im Wasserbau)
8	Betonbohrer und -schneider
9	Theater- und Ausstattungsmaler (ohne Anschlussarbeiten)

II. Gruppe der Metallgewerbe

10	Herstellung von Drahtgestellen für Dekorationszwecke in Sonderanfertigung
11	Metallschleifer und Metallpolierer
12	Metallsägen-Schärfer
13	Tankschutzbetriebe (Korrosisionsschutz von Öltanks für Feuerungsanlagen ohne chemische Verfahren)
14	Fahrzeugverwerter
15	Rohr- und Kanalreiniger
16	Kabelverleger im Hochbau

III. Gruppe der Holzgewerbe

17	Holzschuhmacher
18	Holzblockmacher
19	Daubenhauer
20	Holz-Leitermacher (Sonderanfertigung)
21	Muldenhauer
22	Holzreifenmacher
23	Holzschindelmacher
24	Einbau von genormten Baufertigteilen (z.B. Fenster, Türen, Zargen, Regale)
25	Bürsten- und Pinselmacher

IV. Gruppe der Bekleidungs-, Textil- und Ledergewerbe

26	Bügelanstalten für Herren-Oberbekleidung
27	Dekorationsnäher (ohne Schaufensterdekoration)
28	Fleckteppichhersteller
29	Klöppler
30	Theaterkostümnäher
31	Plisseebrenner
32	Posamentierer
33	Stoffmaler

	Anlage B 2 zur Handwerksordnung **Handwerksähnliche Gewerbe**
34	Sticker
35	Textil-Handdrucker
36	Kunststopfer
37	Änderungsschneider
38	Handschuhmacher
39	Ausführung einfacher Schuhreparaturen
40	Gerber
	V. Gruppe der Nahrungsmittelgewerbe
41	Innerei-Fleischer (Kuttler)
42	Speiseeishersteller (mit Vertrieb von Speiseeis mit üblichem Zubehör)
43	Fleischzerleger, Ausbeiner
	VI. Gruppe der Gewerbe für Gesundheits- und Körperpflege sowie der chemischen und Reinigungsgewerbe
44	Appereteure, Dekorateure
45	Schnellreiniger
46	Teppichreiniger
47	Getränkeleitungsreiniger
48	Kosmetiker
49	Maskenbildner
	VII. Gruppe der sonstigen Gewerbe
50	Bestattungsgewerbe
51	Lampenschirmhersteller (Sonderanfertigung)
52	Klavierstimmer
53	Theaterplastiker
54	Requisiteure
55	Schirmmacher
56	Steindrucker
57	Schlagzeugmacher

5.4 Zuordnung der Wirtschaftszweige nach WZ 2003 zu den Betriebsarten gem. § 3 BPO

Für die Betriebsprüfung werden die Betriebe in Betriebsgrößenklassen eingeordnet, nach denen sich die Prüfungsintensität richtet. Die aktuellen Betriebsgrößenklassen sind aus der nachstehenden Übersicht ersichtlich, wobei branchenbezogen „Betriebsarten" unterschieden werden. Die entsprechende Zuordnung der Wirtschaftzweige nach WZ 2003 zu den Betriebsarten gem. § 3 BPO ist aus der anschließenden Tabelle ersichtlich.

Betriebsgrößenklassen lt. BPO
Einheitliche Abgrenzungsmerkmale für den 19. Prüfungsturnus
(01.01.2007)

Betriebsart[1]	Betriebsmerkmale (€)	Großbetriebe (G)	Mittelbetriebe (M)	Kleinbetriebe (K)
Handelsbetriebe (H)	Umsatzerlöse oder steuerlicher Gewinn	über 6,5 Mio. über 250.000	über 800.000 über 50.000	über 155.000 über 32.000
Fertigungsbetriebe (F)	Umsatzerlöse oder steuerlicher Gewinn	über 3,7 Mio. über 220.000	über 450.000 über 50.000	über 155.000 über 32.000
Freie Berufe (FB)	Umsatzerlöse oder steuerlicher Gewinn	über 3,9 Mio. über 500.000	über 735.000 über 115.000	über 155.000 über 32.000
Andere Leistungs- betriebe (AL)	Umsatzerlöse oder steuerlicher Gewinn	über 4,9 Mio. über 280.000	über 660.000 über 55.000	über 155.000 über 32.000
Kreditinstitute (K)	Aktivvermögen oder steuerlicher Gewinn	über 121 Mio. über 500.000	über 31 Mio. über 170.000	über 9,5 Mio. über 40.000
Versicherungs- unternehmen, Pensionskassen (V)	Jahresprämieneinnahmen	über 26,5 Mio.	über 4,3 Mio.	über 1,6 Mio.
Unterstützungs- kassen		–	–	alle
Land- und forstwirt- schaftliche Betriebe (LuF)	Wirtschaftswert der selbst- bewirtschafteten Fläche oder steuerlicher Gewinn	über 185.000 über 105.000	über 90.000 über 55.000	über 40.000 über 32.000

1) Mittel-, Klein- und Kleinstbetriebe, die zugleich die Voraussetzungen für die Behandlung als sonstige Fallart erfüllen, sind nur dort zu erfassen.

Quelle: BMF-Schreiben v. 21.09.2006 – IV A7 – S1 450 – 29/06; Tabelle erscheint alle drei Jahre.

Betriebsart[1]	Betriebsmerkmale (€)	Großbetriebe (G)	Mittelbetriebe (M)	Kleinbetriebe (K)
sonstige Fallart (soweit nicht unter den Betriebsarten erfasst)	Erfassungsmerkmale	Erfassung in der Betriebskartei als Großbetrieb		
Verlustzuweisungsgesellschaften (VZG) und Bauherrengemeinschaften (BHG)	Personenzusammenschlüsse und Gesamtobjekte i.S.d. Nrn.1.2 und 1.3 des BMF-Schreibens v. 13.07.1992 – IV A 5 - S 0361 - 19/92 (BStBl., S. 404)	alle		
bedeutende steuerbegünstigte Körperschaften und Berufsverbände (BKÖ)	Summe der Einnahmen	über 6 Mio.		
Fälle mit bedeutenden Einkünften (bE)	Summe der positiven Einkünfte gem. § 2 Abs. 1 Nr. 4–7 EStG (keine Saldierung mit negativen Einkünften).	über 500.000		

1) Mittel-, Klein- und Kleinstbetriebe, die zugleich die Voraussetzungen für die Behandlung als sonstige Fallart erfüllen, sind nur dort zu erfassen.

Quelle: BMF-Schreiben vom 21.09.2006, BStBl I, 530; Tabelle erscheint alle drei Jahre.

Zuordnung der Wirtschaftszweige lt. WZ 2003 zu den Betriebsarten lt. BPO*

WZ-Nr.	Betriebsart	Bezeichnung
01110.0	LuF	Ackerbau
01110.2	F	Ackerbau (gewerblich)
01121.0	LuF	Gemüsebau
01121.2	F	Gemüsebau (gewerblich)
01122.0	LuF	Zierpflanzenbau
01122.2	F	Zierpflanzenbau (gewerblich)
01123.0	LuF	Baumschulen
01123.2	F	Baumschulen (gewerblich)
01124.0	LuF	Allgemeiner Gartenbau
01124.2	F	Allgemeiner Gartenbau (gewerblich)
01131.0	LuF	Obstbau
01131.2	F	Obstbau (gewerblich)
01132.0	LuF	Weinbau
01132.2	F	Weinbau (gewerblich)
01133.0	LuF	Allgemeiner Dauerkulturbau
01133.2	F	Allgemeiner Dauerkulturbau (gewerblich)
01210.0	LuF	Haltung von Rindern
01210.2	F	Haltung von Rindern (gewerblich)
01220.0	LuF	Haltung von Schafen, Ziegen, Pferden und Eseln
01220.2	F	Haltung von Schafen, Ziegen, Pferden und Eseln (gewerblich)
01230.0	LuF	Haltung von Schweinen
01230.2	F	Haltung von Schweinen (gewerblich)
01240.0	LuF	Haltung von Geflügel
01240.2	F	Haltung von Geflügel (gewerblich)
01250.0	LuF	Sonstige Tierhaltung
01250.2	F	Sonstige Tierhaltung (gewerblich)
01300.0	LuF	Gemischte Landwirtschaft
01300.2	F	Gemischte Landwirtschaft (gewerblich)
01411.0	AL	Erbringung von landwirtschaftlichen Dienstleistungen für den Pflanzenbau
01412.0	F	Garten- und Landschaftsbau
01413.0	AL	Erbringung von gärtnerischen Dienstleistungen (ohne Garten- und Landschaftsbau)
01420.0	AL	Erbringung von landwirtschaftlichen Dienstleistungen für die Tierhaltung
01500.0	AL	Jagd
02010.0	LuF	Forstwirtschaft (ohne Erbringung von forstwirtschaftlichen Dienstleistungen)
02010.2	F	Forstwirtschaft (ohne Erbringung von forstwirtschaftlichen Dienstleistungen) (gewerblich)
02020.0	AL	Erbringung von forstwirtschaftlichen Dienstleistungen
05011.0	F	Hochsee- und Küstenfischerei
05012.0	LuF	Fluss- und Seenfischerei
05012.2	F	Fluss- und Seenfischerei (gewerblich)
05020.0	LuF	Teichwirtschaft und Fischzucht
05020.2	F	Teichwirtschaft und Fischzucht (gewerblich)
10101.0	F	Steinkohlenbergbau
10102.0	F	Herstellung von Steinkohlenbriketts
10200.0	F	Braunkohlenbergbau und -veredlung
10300.0	F	Torfgewinnung und -veredlung
11100.0	F	Gewinnung von Erdöl und Erdgas
11200.0	AL	Erbringung von Dienstleistungen bei der Gewinnung von Erdöl und Erdgas
12000.0	F	Bergbau auf Uran- und Thoriumerze
13100.0	F	Eisenerzbergbau
13200.0	F	NE-Metallerzbergbau (ohne Bergbau auf Uran- und Thoriumerze)
14110.0	F	Gewinnung von Naturwerksteinen und Natursteinen a.n.g.
14120.0	F	Gewinnung von Kalk-, Dolomit-, Gips- und Anhydritstein sowie Kreide

Quelle: BMF-Schreiben vom 27.01.2003, BStBl I, 108; gilt ab 01.01.2007 unverändert gem. BMF-Schreiben v. 21.09.2006, BStBl I, 530.

WZ-Nr.	Betriebsart	Bezeichnung
14130.0	F	Gewinnung von Schiefer
14210.0	F	Gewinnung von Kies und Sand
14220.0	F	Gewinnung von Ton und Kaolin
14300.0	F	Bergbau auf chemische und Düngemittelminerale
14400.0	F	Gewinnung von Salz
14500.0	F	Gewinnung von Steinen und Erden a.n.g., sonstiger Bergbau
15110.0	F	Schlachten (ohne Schlachten von Geflügel)
15120.0	F	Schlachten von Geflügel
15130.0	F	Fleischverarbeitung
15200.0	F	Fischverarbeitung
15310.0	F	Kartoffelverarbeitung
15320.0	F	Herstellung von Frucht- und Gemüsesäften
15330.0	F	Verarbeitung von Obst und Gemüse a.n.g.
15410.0	F	Herstellung von rohen Ölen und Fetten
15420.0	F	Herstellung von raffinierten Ölen und Fetten
15430.0	F	Herstellung von Margarine u.ä. Nahrungsfetten
15510.0	F	Milchverarbeitung
15520.0	F	Herstellung von Speiseeis
15610.0	F	Mahr- und Schälmühlen
15620.0	F	Herstellung von Stärke und Stärkeerzeugnissen
15710.0	F	Herstellung von Futtermitteln für Nutztiere
15720.0	F	Herstellung von Futtermitteln für sonstige Tiere
15810.0	F	Herstellung von Backwaren (ohne Dauerbackwaren)
15820.0	F	Herstellung von Dauerbackwaren
15830.0	F	Herstellung von Zucker
15840.0	F	Herstellung von Süßwaren (ohne Dauerbackwaren)
15850.0	F	Herstellung von Teigwaren
15860.0	F	Verarbeitung von Kaffee und Tee, Herstellung von Kaffee-Ersatz
15870.0	F	Herstellung von Würzmitteln und Saucen
15880.0	F	Herstellung von homogenisierten und diätetischen Nahrungsmitteln
15890.0	F	Herstellung von sonstigen Nahrungsmitteln (ohne Getränke)
15910.0	F	Herstellung von Spirituosen
15920.0	F	Herstellung von Alkohol
15930.0	F	Herstellung von Traubenwein
15940.0	F	Herstellung von Apfelwein und sonstigen Fruchtweinen
15950.0	F	Herstellung von Wermutwein und sonstigen aromatisierten Weinen
15960.0	F	Herstellung von Bier
15970.0	F	Herstellung von Malz
15980.0	F	Gewinnung natürlicher Mineralwässer, Herstellung von Erfrischungsgetränken
16001.0	F	Tabakverarbeitung (ohne Herstellung von Zigaretten)
16002.0	F	Herstellung von Zigaretten
17110.0	F	Baumwollaufbereitung und -spinnerei
17120.0	F	Wollaufbereitung und Streichgarnspinnerei
17130.0	F	Wollaufbereitung und Kammgarnspinnerei
17140.0	F	Flachsaufbereitung und -spinnerei
17150.0	F	Zwirnen und Texturieren von Filamentgarnen, Seidenaufbereitung und Spinnerei
17160.0	F	Herstellung von Nähgarn
17170.0	F	Sonstige Spinnstoffaufbereitung und Spinnerei
17210.0	F	Baumwollweberei
17220.0	F	Streichgarnweberei
17230.0	F	Kammgarnweberei
17240.0	F	Seiden- und Filamentgarnweberei
17250.0	F	Sonstige Weberei
17300.0	F	Textilveredlung

WZ-Nr.	Betriebsart	Bezeichnung
17400.0	F	Herstellung von konfektionierten Textilwaren (ohne Bekleidung)
17510.0	F	Herstellung von Teppichen
17520.0	F	Herstellung von Seilerwaren
17530.0	F	Herstellung von Vliesstoff und Erzeugnissen daraus (ohne Bekleidung)
17540.0	F	Textilgewerbe a.n.g.
17600.0	F	Herstellung von gewirktem und gestricktem Stoff
17710.0	F	Herstellung von Strumpfwaren
17720.0	F	Herstellung von Pullovern, Strickjacken u.ä. Waren
18100.0	F	Herstellung von Lederbekleidung
18210.0	F	Herstellung von Arbeits- und Berufsbekleidung
18220.0	F	Herstellung von Oberbekleidung (ohne Arbeits- und Berufsbekleidung)
18230.0	F	Herstellung von Wäsche
18241.0	F	Herstellung von Sportbekleidung
18242.0	F	Herstellung von Hüten und sonstigen Kopfbedeckungen
18243.0	F	Herstellung von Bekleidung und Bekleidungszubehör für Kleinkinder
18244.0	F	Herstellung von sonstigen gewirkten und gestrickten Fertigerzeugnissen
18245.0	F	Herstellung von Bekleidungszubehör a.n.g.
18300.0	F	Zurichtung und Färben von Fellen, Herstellung von Pelzwaren
19100.0	F	Herstellung von Leder und Lederfaserstoff
19200.0	F	Lederverarbeitung (ohne Herstellung von Lederbekleidung und Schuhen)
19300.0	F	Herstellung von Schuhen
20100.0	F	Säge-, Hobel- und Holzimprägnierwerke
20201.0	F	Herstellung von Furnier-, Sperrholz- und Holzfaserplatten
20202.0	F	Herstellung von Holzspanplatten
20300.0	F	Herstellung von Konstruktionsteilen, Fertigbauteilen, Ausbauelementen und Fertigteilbauten aus Holz
20400.0	F	Herstellung von Verpackungsmitteln, Lagerbehältern und Ladungsträgern aus Holz
20510.0	F	Herstellung von Holzwaren a.n.g. (ohne Herstellung von Möbeln)
20520.0	F	Herstellung von Kork-, Flecht- und Korbwaren (ohne Herstellung von Möbeln)
21110.0	F	Herstellung von Holz und Zellstoff
21120.0	F	Herstellung von Papier, Karton und Pappe
21210.0	F	Herstellung von Wellpapier und -pappe sowie von Verpackungsmitteln aus Papier, Karton und Pappe
21220.0	F	Herstellung von Haushalts-, Hygiene- und Toilettenartikeln aus Zellstoff, Papier und Pappe
21230.0	F	Herstellung von Schreibwaren und Bürobedarf aus Papier, Karton und Pappe
21240.0	F	Herstellung von Tapeten
21250.0	F	Herstellung von sonstigen Waren aus Papier, Karton und Pappe
22111.0	F	Verlegen von Büchern (ohne Adressbücher)
22112.0	F	Verlegen von Adressbüchern
22121.0	F	Verlegen von Tageszeitungen
22122.0	F	Verlegen von Wochen- und Sonntagszeitungen
22131.0	F	Verlegen von Fachzeitschriften
22132.0	F	Verlegen von allgemeinen Zeitschriften
22133.0	F	Verlegen von sonstigen Zeitschriften
22141.0	F	Verlegen von bespielten Tonträgern
22142.0	F	Verlegen von Musikalien
22150.0	F	Sonstiges Verlagsgewerbe
22210.0	F	Drucken von Zeitungen
22220.0	F	Drucken anderer Druckerzeugnisse
22230.0	F	Druckweiterverarbeitung
22240.0	F	Druck- und Medienvorstufe
22250.0	F	Erbringung von sonstigen druckbezogenen Dienstleistungen
22310.0	F	Vervielfältigung von bespielten Tonträgern
22320.0	F	Vervielfältigung von bespielten Bildträgern

WZ-Nr.	Betriebsart	Bezeichnung
22330.0	F	Vervielfältigung von bespielten Datenträgern
23100.0	F	Kokerei
23200.0	F	Mineralölverarbeitung
23300.0	F	Herstellung und Verarbeitung von Spalt- und Brutstoffen
24110.0	F	Herstellung von Industriegasen
24120.0	F	Herstellung von Farbstoffen und Pigmenten
24130.0	F	Herstellung von sonstigen anorganischen Grundstoffen und Chemikalien
24140.0	F	Herstellung von sonstigen organischen Grundstoffen und Chemikalien
24150.0	F	Herstellung von Düngemitteln und Stickstoffverbindungen
24160.0	F	Herstellung von Kunststoff in Primärformen
24170.0	F	Herstellung von synthetischem Kautschuk in Primärformen
24200.0	F	Herstellung von Schädlingsbekämpfungs-, Pflanzenschutz- und Desinfektionsmitteln
24300.0	F	Herstellung von Anstrichmitteln, Druckfarben und Kitten
24410.0	F	Herstellung von pharmazeutischen Grundstoffen
24420.0	F	Herstellung von pharmazeutischen Spezialitäten und sonstigen pharmazeutischen Erzeugnissen
24510.0	F	Herstellung von Seifen, Wasch-, Reinigungs- und Poliermitteln
24520.0	F	Herstellung von Duftstoffen und Körperpflegemitteln
24610.0	F	Herstellung von pyrotechnischen Erzeugnissen
24620.0	F	Herstellung von Klebstoffen und Gelatine
24630.0	F	Herstellung von etherischen Ölen
24640.0	F	Herstellung von fotochemischen Erzeugnissen
24650.0	F	Herstellung von unbespielten Ton-, Bild- und Datenträgern
24660.0	F	Herstellung von sonstigen chemischen Erzeugnissen a.n.g.
24700.0	F	Herstellung von Chemiefasern
25110.0	F	Herstellung von Bereifungen
25120.0	F	Runderneuerung von Bereifungen
25130.0	F	Herstellung von sonstigen Gummiwaren
25210.0	F	Herstellung von Platten, Folien, Schläuchen und Profilen aus Kunststoffen
25220.0	F	Herstellung von Verpackungsmitteln aus Kunststoffen
25230.0	F	Herstellung von Baubedarfsartikeln aus Kunststoffen
25240.0	F	Herstellung von sonstigen Kunststoffwaren
26110.0	F	Herstellung von Flachglas
26120.0	F	Veredlung und Verarbeitung von Flachglas
26130.0	F	Herstellung von Hohlglas
26140.0	F	Herstellung von Glasfasern und Waren daraus
26150.0	F	Herstellung, Veredlung und Bearbeitung von sonstigem Glas einschließlich technischer Glaswaren
26211.0	F	Herstellung von Haushaltswaren und Ziergegenständen aus Porzellan
26212.0	F	Herstellung von Haushaltswaren und Ziergegenständen aus Steingut, Steinzeug und Feinsteinzeug
26213.0	F	Herstellung von Haushaltswaren und Ziergegenständen aus Ton sowie von Töpferwaren
26220.0	F	Herstellung von Sanitärkeramik
26230.0	F	Herstellung von keramischen Isolatoren und Isolierteilen
26240.0	F	Herstellung von keramischen Erzeugnissen für sonstige technische Zwecke
26250.0	F	Herstellung von keramischen Erzeugnissen a.n.g.
26260.0	F	Herstellung von feuerfesten keramischen Werkstoffen und Waren
26300.0	F	Herstellung von keramischen Wand- und Bodenfliesen und -platten
26401.0	F	Herstellung von Ziegeln
26402.0	F	Herstellung von sonstiger Baukeramik
26510.0	F	Herstellung von Zement
26520.0	F	Herstellung von Kalk
26530.0	F	Herstellung von gebranntem Gips
26611.0	F	Herstellung von Bausätzen für Fertigteilbauten aus Beton für den Bau

WZ-Nr.	Betriebsart	Bezeichnung
26612.0	F	Herstellung von Konstruktionsteilen und großformatigen Fertigbauteilen aus Beton sowie von sonstigen Betonerzeugnissen für den Bau
26613.0	F	Herstellung von Erzeugnissen aus Porenbeton für den Bau
26614.0	F	Herstellung von Erzeugnissen aus Kalksandstein für den Bau
26620.0	F	Herstellung von Gipserzeugnissen für den Bau
26630.0	F	Herstellung von Frischbeton (Transportbeton)
26640.0	F	Herstellung von Mörtel und anderem Beton (Trockenbeton)
26650.0	F	Herstellung von Faserzementwaren
26660.0	F	Herstellung von Erzeugnissen aus Beton, Zement und Gips a.n.g.
26701.0	F	Steinbildhauerei und Steinmetzerei
26702.0	F	Sonstige Be- und Verarbeitung von Naturwerksteinen und Natursteinen a.n.g.
26810.0	F	Herstellung von Schleifkörpern mit Diamant oder Bornitrid
26820.0	F	Herstellung von sonstigen Erzeugnissen aus nicht metallischen Mineralien a.n.g.
27100.0	F	Erzeugung von Roheisen, Stahl und Ferrolegierungen
27210.0	F	Herstellung von Rohren, Rohrform-, Rohrverschluss- und Rohrverbindungsstücken aus Gusseisen
27220.0	F	Herstellung von Stahlrohren, Rohrform-, Rohrverschluss- und Rohrverbindungsstücken aus Stahl
27310.0	F	Herstellung von Blankstahl
27320.0	F	Herstellung von Kaltband mit einer Breite von weniger als 600 mm
27330.0	F	Herstellung von Kaltprofilen
27340.0	F	Herstellung von gezogenem Draht
27410.0	F	Erzeugung und erste Bearbeitung von Edelmetallen
27420.0	F	Erzeugung und erste Bearbeitung von Aluminium
27430.0	F	Erzeugung und erste Bearbeitung von Blei, Zink und Zinn
27440.0	F	Erzeugung und erste Bearbeitung von Kupfer
27450.0	F	Erzeugung und erste Bearbeitung von sonstigen NE-Metallen
27510.0	F	Eisengießereien
27520.0	F	Stahlgießerei
27530.0	F	Leichtmetallgießereien
27540.0	F	Buntmetallgießereien
28110.0	F	Herstellung von Metallkonstruktionen
28120.0	F	Herstellung von Ausbauelementen aus Metall
28210.0	F	Herstellung von Metallbehältern mit einem Fassungsvermögen von mehr als 300 l
28220.0	F	Herstellung von Heizkörpern und -kesseln für Zentralheizungen
28300.0	F	Herstellung von Dampfkesseln (ohne Zentralheizungskessel)
28400.0	F	Herstellung von Schmiede-, Press-, Zieh- und Stanzteilen, gewalzten Ringen und pulvermetallurgischen Erzeugnissen
28510.0	F	Oberflächenveredlung und Wärmebehandlung
28521.0	F	Schlosserei und Schweißerei
28522.0	F	Schleiferei und Dreherei
28523.0	F	Beschlag- und Kunstschmieden
28610.0	F	Herstellung von Schneidwaren und Bestecken aus unedlen Metallen
28620.0	F	Herstellung von Werkzeugen
28630.0	F	Herstellung von Schlössern und Beschlägen aus unedlen Metallen
28710.0	F	Herstellung von Metallbehältern mit einem Fassungsvermögen von 300 l oder weniger
28720.0	F	Herstellung von Verpackungen und Verschlüssen aus Eisen, Stahl und NE-Metall
28730.0	F	Herstellung von Drahtwaren
28740.0	F	Herstellung von Schrauben, Nieten, Ketten und Federn
28751.0	F	Herstellung von nicht elektrischen Haushaltsartikeln aus Metall
28752.0	F	Herstellung von Panzerschränken und Tresoranlagen
28753.0	F	Herstellung von Metallwaren a.n.g.
29110.0	F	Herstellung von Verbrennungsmotoren und Turbinen (ohne Motoren für Luft- und Straßenfahrzeuge)

WZ-Nr.	Betriebsart	Bezeichnung
29120.0	F	Herstellung von Pumpen und Kompressoren
29130.0	F	Herstellung von Armaturen
29140.0	F	Herstellung von Lagern, Getrieben, Zahnrädern und Antriebselementen
29210.0	F	Herstellung von Öfen und Brennern
29220.0	F	Herstellung von Hebezeugen und Fördermitteln
29230.0	F	Herstellung von kälte- und lufttechnischen Erzeugnissen, nicht für den Haushalt
29240.0	F	Herstellung von sonstigen nicht wirtschaftszweigspezifischen Maschinen a.n.g.
29311.0	F	Herstellung von land- und forstwirtschaftlichen Zugmaschinen (ohne Reparatur)
29312.0	AL	Instandhaltung und Reparatur von land- und forstwirtschaftlichen Zugmaschinen
29321.0	F	Herstellung von sonstigen land- und forstwirtschaftlichen Maschinen (ohne Reparatur)
29322.0	AL	Instandhaltung und Reparatur von sonstigen land- und forstwirtschaftlichen Maschinen
29410.0	F	Herstellung von handgetriebenen kraftgeführten Werkzeugen
29420.0	F	Herstellung von Werkzeugmaschinen für die Metallbearbeitung
29430.0	F	Herstellung von Werkzeugmaschinen a.n.g.
29510.0	F	Herstellung von Maschinen für die Metallerzeugung, von Walzwerkseinrichtungen und Gieß-maschinen
29520.0	F	Herstellung von Bergwerks-, Bau- und Baustoffmaschinen
29530.0	F	Herstellung von Maschinen für das Ernährungsgewerbe und die Tabakverarbeitung
29540.0	F	Herstellung von Maschinen für das Textil-, Bekleidungs- und Ledergewerbe
29550.0	F	Herstellung von Maschinen für das Papiergewerbe
29561.0	F	Herstellung von Maschinen für das Druckgewerbe
29563.0	F	Herstellung von Maschinen für die Kunststoff- und Gummibe- und -verarbeitung
29564.0	F	Herstellung von Maschinen für sonstige bestimmte Wirtschaftszweige a.n.g.
29600.0	F	Herstellung von Waffen und Munition
29710.0	F	Herstellung von elektrischen Haushaltsgeräten
29720.0	F	Herstellung von nicht elektrischen Heiz-, Koch-, Heißwasser- und Heißluftgeräten a.n.g.
30010.0	F	Herstellung von Büromaschinen
30020.0	F	Herstellung von Datenverarbeitungsgeräten und -einrichtungen
31100.0	F	Herstellung von Elektromotoren, Generatoren und Transformatoren
31200.0	F	Herstellung von Elektrizitätsverteilungs- und -schalteinrichtungen
31300.0	F	Herstellung von isolierten Elektrokabeln, -leitungen und -drähten
31400.0	F	Herstellung von Akkumulatoren und Batterien
31500.0	F	Herstellung von elektrischen Lampen und Leuchten
31610.0	F	Herstellung von elektrischen Ausrüstungen für Motoren und Fahrzeuge a.n.g.
31620.0	F	Herstellung von sonstigen elektrischen Ausrüstungen a.n.g.
32100.0	F	Herstellung von elektronischen Bauelementen
32200.0	F	Herstellung von Geräten und Einrichtungen der Telekommunikationstechnik
32300.0	F	Herstellung von Rundfunkgeräten sowie phono- und videotechnischen Geräten
33101.0	F	Herstellung von elektromedizinischen Geräten und Instrumenten
33102.0	F	Herstellung von medizintechnischen Geräten
33103.0	F	Herstellung von orthopädischen Erzeugnissen
33104.0	F	Zahntechnische Laboratorien
33200.0	F	Herstellung von Mess-, Kontroll-, Navigations- u.ä. Instrumenten und Vorrichtungen
33300.0	F	Herstellung von industriellen Prozesssteuerungseinrichtungen
33401.0	F	Herstellung von augenoptischen Erzeugnissen
33402.0	F	Herstellung von optischen Instrumenten
33403.0	F	Herstellung von Foto-, Projektions- und Kinogeräten
33500.0	F	Herstellung von Uhren
34101.0	F	Herstellung von Personenkraftwagen und Personenkraftwagenmotoren
34102.0	F	Herstellung von Nutzkraftwagen und Nutzkraftwagenmotoren
34200.0	F	Herstellung von Karosserien, Aufbauten und Anhängern
34300.0	F	Herstellung von Teilen und Zubehör für Kraftwagen und Kraftwagenmotoren
35110.0	F	Schiffbau (ohne Boots- und Yachtbau)
35120.0	F	Boots- und Yachtbau

WZ-Nr.	Betriebsart	Bezeichnung
35206.0	F	Schienenfahrzeugbau
35207.0	F	Herstellung von Eisenbahninfrastruktur
35300.0	F	Luft- und Raumfahrzeugbau
35411.0	F	Herstellung von Krafträdern (ohne Kraftradteile)
35412.0	F	Herstellung von Kraftradteilen und -zubehör
35421.0	F	Herstellung von Fahrrädern (ohne Fahrradteile)
35422.0	F	Herstellung von Fahrradteilen und -zubehör
35430.0	F	Herstellung von Behindertenfahrzeugen
35500.0	F	Fahrzeugbau a.n.g.
36110.0	F	Herstellung von Sitzmöbeln
36120.0	F	Herstellung von Büro- und Ladenmöbeln
36130.0	F	Herstellung von Küchenmöbeln
36140.0	F	Herstellung von sonstigen Möbeln
36150.0	F	Herstellung von Matratzen
36210.0	F	Herstellung von Münzen
36221.0	F	Bearbeitung von Edelsteinen, Schmucksteinen und Perlen
36222.0	F	Herstellung von Schmuck aus Edelmetallen und Edelmetallplattierungen
36223.0	F	Herstellung von Gold- und Silberschmiedewaren (ohne Tafelgeräte und Bestecke)
36224.0	F	Herstellung von Tafelgeräten und Bestecken aus Edelmetallen oder mit Edelmetallen überzogen
36225.0	F	Herstellung von Edelmetallerzeugnissen für technische Zwecke
36300.0	F	Herstellung von Musikinstrumenten
36400.0	F	Herstellung von Sportgeräten
36500.0	F	Herstellung von Spielwaren
36610.0	F	Herstellung von Phantasieschmuck
36620.0	F	Herstellung von Besen und Bürsten
36631.0	F	Herstellung von Bodenbelägen auf textiler Unterlage
36632.0	F	Herstellung von sonstigem Bekleidungszubehör a.n.g.
36633.0	F	Herstellung von chemischen Erzeugnissen a.n.g.
36634.0	F	Herstellung von Kinderwagen
36635.0	F	Herstellung von Füllhaltern, Kugelschreibern, Filzstiften und Stempeln
36636.0	F	Verarbeitung von natürlichen Schnitz- und Formstoffen, Tierausstopferei
36637.0	F	Herstellung von Weihnachtsschmuck
36638.0	F	Herstellung von sonstigen Erzeugnissen a.n.g.
37101.0	F	Recycling von Altmaterialien und Reststoffen aus Eisen oder Stahl
37102.0	F	Recycling von Altmaterialien und Reststoffen aus NE-Metallen
37201.0	F	Recycling von textilen Altmaterialien und Reststoffen
37202.0	F	Recycling von Altmaterialien und Reststoffen aus Papier, Karton und Pappe
37203.0	F	Recycling von Altmaterialien und Reststoffen aus Glas
37204.0	F	Recycling von Altmaterialien und Reststoffen aus Kunststoffen
37205.0	F	Recycling von sonstigen Altmaterialien und Reststoffen
40111.0	F	Elektrizitätserzeugung ohne Verteilung
40112.0	F	Elektrizitätserzeugung aus Wärmekraft mit Fremdbezug zur Verteilung
40113.0	F	Elektrizitätserzeugung aus erneuerbaren Energieträgern und sonstigen Energiequellen mit Fremdbezug zur Verteilung
40114.0	F	Elektrizitätserzeugung aus Wärmekraft ohne Fremdbezug zur Verteilung
40115.0	F	Elektrizitätserzeugung aus erneuerbaren Energieträgern und sonstigen Energiequellen ohne Fremdbezug zur Verteilung
40120.0	F	Elektrizitätsübertragung
40130.0	F	Elektrizitätsverteilung und -handel
40210.0	F	Gaserzeugung
40220.0	F	Gasverteilung und -handel durch Rohrleitungen
40300.0	F	Wärmeversorgung
41000.0	F	Wasserversorgung

WZ-Nr.	Betriebsart	Bezeichnung
45111.0	AL	Abbruch-, Spreng- und Enttrümmerungsgewerbe
45112.0	AL	Erdbewegungsarbeiten
45114.0	AL	Aufschließung von Lagerstätten; Auffüllen stillgelegter Lagerstätten
45120.0	AL	Test- und Suchbohrung
45210.0	F	Hochbau, Brücken- und Tunnelbau u.Ä.
45221.0	F	Dachdeckerei und Bauspenglerei
45222.0	F	Abdichtung gegen Wasser und Feuchtigkeit
45223.0	F	Zimmerei und Ingenieurholzbau
45231.0	F	Bau von Straßen, Rollbahnen und Sportanlagen
45232.0	F	Bau von Bahnverkehrsstrecken
45240.0	F	Wasserbau
45251.0	F	Brunnenbau
45252.0	F	Schachtbau
45253.0	F	Schornstein-, Feuerungs- und Industrieofenbau
45254.0	AL	Gerüstbau
45255.0	AL	Gebäudetrocknung
45256.0	F	Sonstiger spezialisierter Hoch- und Tiefbau a.n.g.
45310.0	F	Elektroinstallation
45320.0	F	Dämmung gegen Kälte, Wärme, Schall und Erschütterung
45330.0	F	Klempnerei, Gas-, Wasser-, Heizungs- und Lüftungsinstallation
45340.0	F	Sonstige Bauinstallation
45410.0	F	Stuckateurgewerbe, Gipserei und Verputzerei
45420.0	F	Bautischlerei und -schlosserei
45431.0	F	Parkettlegerei
45432.0	F	Fliesen-, Platten- und Mosaiklegerei
45433.0	F	Estrichlegerei
45434.0	F	Sonstige Fußbodenlegerei und -kleberei
45435.0	F	Tapetenkleberei
45436.0	F	Raumausstattung, ohne ausgeprägten Schwerpunkt
45441.0	F	Maler- und Lackierergewerbe
45442.0	F	Glasergewerbe
45451.0	AL	Fassadenreinigung
45453.0	F	Ausbaugewerbe a.n.g.
45500.0	AL	Vermietung von Baumaschinen und -geräten mit Bedienungspersonal
50101.0	AL	Handelsvermittlung von Kraftwagen
50102.0	H	Großhandel mit Kraftwagen
50103.0	H	Einzelhandel mit Kraftwagen
50203.0	AL	Lackierung von Kraftwagen
50204.0	AL	Autowaschanlagen
50205.0	AL	Instandhaltung und Reparatur von Kraftwagen (ohne Lackierung und Autowäsche)
50301.0	AL	Handelsvermittlung von Kraftwagenteilen und -zubehör
50302.0	H	Großhandel mit Kraftwagenteilen und -zubehör
50303.0	H	Einzelhandel mit Kraftwagenteilen und -zubehör
50401.0	AL	Handelsvermittlung von Krafträdern, Kraftradteilen und -zubehör
50402.0	H	Großhandel mit Krafträdern, Kraftradteilen und -zubehör
50403.0	H	Einzelhandel mit Krafträdern, Kraftradteilen und -zubehör
50404.0	AL	Instandhaltung und Reparatur von Krafträdern
50500.0	H	Tankstellen
51110.0	AL	Handelsvermittlung von landwirtschaftlichen Grundstoffen, lebenden Tieren, textilen Rohstoffen und Halbwaren
51120.0	AL	Handelsvermittlung von Brennstoffen, Erzen, Metallen und technischen Chemikalien
51130.0	AL	Handelsvermittlung von Holz, Baustoffen und Anstrichmitteln
51140.0	AL	Handelsvermittlung von Maschinen, technischem Bedarf, Wasser- und Luftfahrzeugen

WZ-Nr.	Betriebsart	Bezeichnung
51150.0	AL	Handelsvermittlung von Möbeln, Einrichtungs- und Haushaltsgegenständen, Eisen- und Metallwaren
51160.0	AL	Handelsvermittlung von Textilien, Bekleidung, Schuhen und Lederwaren
51170.0	AL	Handelsvermittlung von Nahrungsmitteln, Getränken und Tabakwaren
51180.0	AL	Handelsvermittlung von Waren a.n.g.
51190.0	AL	Handelsvermittlung von Waren ohne ausgeprägten Schwerpunkt
51210.0	H	Großhandel mit Getreide, Saatgut und Futtermitteln
51220.0	H	Großhandel mit Blumen und Pflanzen
51230.0	H	Großhandel mit lebenden Tieren
51240.0	H	Großhandel mit Häuten, Fellen und Leder
51250.0	H	Großhandel mit Rohtabak
51310.0	H	Großhandel mit Obst, Gemüse und Kartoffeln
51320.0	H	Großhandel mit Fleisch, Fleischwaren, Geflügel und Wild
51330.0	H	Großhandel mit Milch, Milcherzeugnissen, Eiern, Speiseölen und Nahrungsfetten
51340.0	H	Großhandel mit Getränken
51350.0	H	Großhandel mit Tabakwaren
51361.0	H	Großhandel mit Zucker
51362.0	H	Großhandel mit Süßwaren
51363.0	H	Großhandel mit Backwaren
51370.0	H	Großhandel mit Kaffee, Tee, Kakao und Gewürzen
51381.0	H	Großhandel mit Fisch und Fischerzeugnissen
51382.0	H	Großhandel mit Mehl und Getreideprodukten
51383.0	H	Großhandel mit Nahrungsmitteln a.n.g.
51391.0	H	Großhandel mit tiefgefrorenen Nahrungsmitteln, ohne ausgeprägten Schwerpunkt
51392.0	H	Großhandel mit sonstigen Nahrungsmitteln, Getränken und Tabakwaren, ohne ausgeprägten Schwerpunkt
51410.0	H	Großhandel mit Textilien
51420.0	H	Großhandel mit Bekleidung und Schuhen
51430.0	H	Großhandel mit elektrischen Haushaltsgeräten und Geräten der Unterhaltungselektronik
51441.0	H	Großhandel mit Haushaltswaren aus Metall
51442.0	H	Großhandel mit keramischen Erzeugnissen und Glaswaren
51443.0	H	Großhandel mit Tapeten
51444.0	H	Großhandel mit Wasch-, Putz- und Reinigungsmitteln
51450.0	H	Großhandel mit kosmetischen Erzeugnissen und Körperpflegemitteln
51461.0	H	Großhandel mit pharmazeutischen Erzeugnissen
51462.0	H	Großhandel mit medizinischen und orthopädischen Artikeln und Laborbedarf
51463.0	H	Großhandel mit Dentalbedarf
51471.0	H	Großhandel mit nicht elektrischen Haushaltsgeräten
51472.0	H	Großhandel mit Spielwaren und Musikinstrumenten
51473.0	H	Großhandel mit Fahrrädern, Fahrradteilen und -zubehör, Sport und Campingartikeln (ohne Campingmöbel)
51474.0	H	Großhandel mit Uhren, Edelmetallwaren und Schmuck
51475.0	H	Großhandel mit Leder- und Täschnerwaren, Geschenk- und Werbeartikeln
51476.0	H	Großhandel mit Möbeln, Einrichtungsgegenständen, Antiquitäten und Bodenbelägen
51477.0	H	Großhandel mit feinmechanischen, Foto- und optischen Erzeugnissen
51478.0	H	Großhandel mit Karton, Papier, Pappe, Schreibwaren, Bürobedarf, Büchern, Zeitschriften und Zeitungen
51510.0	H	Großhandel mit festen Brennstoffen und Mineralölerzeugnissen
51520.0	H	Großhandel mit Erzen, Eisen, Stahl, NE-Metallen und Halbzeug
51531.0	H	Großhandel mit Holz, Baustoffen, Anstrichmitteln und Sanitärkeramik ohne ausgeprägten Schwerpunkt
51532.0	H	Großhandel mit Roh- und Schnittholz
51533.0	H	Großhandel mit sonstigen Holzhalbwaren sowie Bauelementen aus Holz
51534.0	H	Großhandel mit Baustoffen und Bauelementen aus mineralischen Stoffen

WZ-Nr.	Betriebsart	Bezeichnung
51535.0	H	Großhandel mit Flachglas
51536.0	H	Großhandel mit Anstrichmitteln
51537.0	H	Großhandel mit Sanitärkeramik
51540.0	H	Großhandel mit Metall- und Kunststoffwaren für Bauzwecke sowie Installationsbedarf für Gas, Wasser und Heizung
51550.0	H	Großhandel mit chemischen Erzeugnissen
51560.0	H	Großhandel mit sonstigen Halbwaren
51570.0	H	Großhandel mit Altmaterial und Reststoffen
51810.0	H	Großhandel mit Werkzeugmaschinen
51820.0	H	Großhandel mit Bergwerks-, Bau- und Baustoffmaschinen
51830.0	H	Großhandel mit Textil-, Näh- und Strickmaschinen
51840.0	H	Großhandel mit Datenverarbeitungsgeräten, peripheren Einheiten und Software
51851.0	H	Großhandel mit sonstigen Büromaschinen
51852.0	H	Großhandel mit Büromöbeln
51860.0	H	Großhandel mit elektronischen Bauelementen
51870.0	H	Großhandel mit sonstigen Maschinen, Ausrüstungen und Zubehör (ohne landwirtschaftliche Maschinen)
51880.0	H	Großhandel mit landwirtschaftlichen Maschinen und Geräten
51900.0	H	Sonstiger Großhandel
52110.0	H	Einzelhandel mit Waren verschiedener Art, Hauptrichtung Nahrungsmittel, Getränke und Tabakwaren
52120.0	H	Sonstiger Einzelhandel mit Waren verschiedener Art
52210.0	H	Einzelhandel mit Obst, Gemüse und Kartoffeln
52220.0	H	Einzelhandel mit Fleisch, Fleischwaren, Geflügel und Wild
52230.0	H	Einzelhandel mit Fisch, Meeresfrüchten und Fischerzeugnissen
52241.0	H	Einzelhandel mit Backwaren
52242.0	H	Einzelhandel mit Süßwaren
52250.0	H	Einzelhandel mit Getränken
52260.0	H	Einzelhandel mit Tabakwaren
52271.0	H	Einzelhandel mit Reformwaren
52275.0	H	Sonstiger Facheinzelhandel mit Nahrungsmitteln (ohne Reformwaren)
52310.0	H	Apotheken
52320.0	H	Einzelhandel mit medizinischen und orthopädischen Artikeln
52331.0	H	Einzelhandel mit kosmetischen Erzeugnissen und Körperpflegemitteln (ohne Drogerieartikel)
52332.0	H	Einzelhandel mit Drogerieartikeln
52411.0	H	Einzelhandel mit Haushaltstextilien
52412.0	H	Einzelhandel mit Kurzwaren, Schneidereibedarf, Handarbeiten sowie Meterware für Bekleidung und Wäsche
52421.0	H	Einzelhandel mit Bekleidung ohne ausgeprägten Schwerpunkt
52422.0	H	Einzelhandel mit Herrenbekleidung und Bekleidungszubehör
52423.0	H	Einzelhandel mit Damenbekleidung und Bekleidungszubehör
52424.0	H	Einzelhandel mit Kinder- und Säuglingsbekleidung und Bekleidungszubehör
52425.0	H	Einzelhandel mit Kürschnerwaren
52431.0	H	Einzelhandel mit Schuhen
52432.0	H	Einzelhandel mit Leder- und Täschnerwaren
52441.0	H	Einzelhandel mit Wohnmöbeln
52442.0	H	Einzelhandel mit Beleuchtungsartikeln
52443.0	H	Einzelhandel mit Haushaltsgegenständen
52444.0	H	Einzelhandel mit keramischen Erzeugnissen und Glaswaren
52446.0	H	Einzelhandel mit Holz-, Kork-, Flecht- und Korbwaren
52447.0	H	Einzelhandel mit Heimtextilien
52451.0	H	Einzelhandel mit elektrischen Haushaltsgeräten und elektrotechnischen Erzeugnissen a.n.g.
52452.0	H	Einzelhandel mit Geräten der Unterhaltungselektronik und Zubehör
52453.0	H	Einzelhandel mit Musikinstrumenten und Musikalien

WZ-Nr.	Betriebsart	Bezeichnung
52461.0	H	Einzelhandel mit Eisen-, Metall- und Kunststoffwaren a.n.g.
52462.0	H	Einzelhandel mit Anstrichmitteln
52463.0	H	Einzelhandel mit Bau- und Heimwerkerbedarf
52471.0	H	Einzelhandel mit Schreib- und Papierwaren, Schul- und Büroartikeln
52472.0	H	Einzelhandel mit Büchern und Fachzeitschriften
52473.0	H	Einzelhandel mit Unterhaltungszeitschriften und Zeitungen
52481.0	H	Einzelhandel mit Tapeten und Bodenbelägen
52482.0	H	Einzelhandel mit Kunstgegenständen, Bildern, kunstgewerblichen Erzeugnissen, Briefmarken, Münzen und Geschenkartikeln
52485.0	H	Einzelhandel mit Uhren, Edelmetallwaren und Schmuck
52486.0	H	Einzelhandel mit Spielwaren
52491.0	H	Einzelhandel mit Blumen, Pflanzen und Saatgut
52492.0	H	Einzelhandel mit zoologischem Bedarf und lebenden Tieren
52493.0	H	Augenoptiker
52494.0	H	Einzelhandel mit Foto- und optischen Erzeugnissen (ohne Augenoptiker)
52495.0	H	Einzelhandel mit Computern, Computerteilen, peripheren Einheiten und Software
52496.0	H	Einzelhandel mit Telekommunikationsendgeräten und Mobiltelefonen
52497.0	H	Einzelhandel mit Fahrrädern, Fahrradteilen und -zubehör
52498.0	H	Einzelhandel mit Sport- und Campingartikeln (ohne Campingmöbel)
52499.0	H	Sonstiger Facheinzelhandel a.n.g. (in Verkaufsräumen)
52501.0	H	Einzelhandel mit Antiquitäten und antiken Teppichen
52502.0	H	Antiquariate
52503.0	H	Einzelhandel mit sonstigen Gebrauchtwaren
52611.0	H	Versandhandel mit Waren ohne ausgeprägten Schwerpunkt
52612.0	H	Versandhandel mit Textilien, Bekleidung, Schuhen und Lederwaren
52613.0	H	Sonstiger Fachversandhandel
52621.0	H	Einzelhandel mit Nahrungsmitteln und Getränken an Verkaufsständen und auf Märkten
52622.0	H	Sonstiger Einzelhandel an Verkaufsständen und auf Märkten
52631.0	H	Einzelhandel vom Lager mit Brennstoffen
52634.0	H	Sonstiger Einzelhandel a.n.g. (nicht in Verkaufsräumen)
52710.0	AL	Reparatur von Schuhen und Lederwaren
52720.0	AL	Reparatur von elektrischen Haushaltsgeräten
52730.0	AL	Reparatur von Uhren und Schmuck
52741.0	AL	Reparatur von Fahrrädern
52742.0	AL	Reparatur von sonstigen Gebrauchsgütern a.n.g.
55101.0	AL	Hotels (ohne Hotels garnis)
55102.0	AL	Hotels garnis
55103.0	AL	Gasthöfe
55104.0	AL	Pensionen
55210.0	AL	Jugendherbergen und Hütten
55220.0	AL	Campingplätze
55231.0	AL	Erholungs- und Ferienheime
55232.0	AL	Ferienzentren
55233.0	AL	Ferienhäuser und Ferienwohnungen
55234.0	AL	Privatquartiere
55236.0	AL	Boardinghouses
55237.0	AL	Sonstiges Beherbergungsgewerbe a.n.g.
55301.0	AL	Restaurants mit herkömmlicher Bedienung
55302.0	AL	Restaurants mit Selbstbedienung
55303.0	AL	Cafés
55304.0	AL	Eissalons
55305.0	AL	Imbissstuben
55401.0	AL	Schankwirtschaften
55403.0	AL	Diskotheken und Tanzlokale

WZ-Nr.	Betriebsart	Bezeichnung
55405.0	AL	Bars
55406.0	AL	Vergnügungslokale
55407.0	AL	Sonstige getränkegeprägte Gastronomie
55510.0	AL	Kantinen
55520.0	AL	Caterer
60100.0	AL	Eisenbahnverkehr
60211.0	AL	Personenbeförderung im Omnibusorts- und -nachbarortslinienverkehr
60212.0	AL	Personenbeförderung im Omnibusüberlandlinienverkehr
60213.0	AL	Personenbeförderung mit Stadtschnellbahnen und Straßenbahnen
60214.0	AL	Berg- und Seilbahnen
60220.0	AL	Betrieb von Taxis und Mietwagen mit Fahrer
60230.0	AL	Sonstige Personenbeförderung im Landverkehr
60240.0	AL	Güterbeförderung im Straßenverkehr
60300.0	AL	Transport in Rohrfernleitungen
61100.0	AL	See- und Küstenschifffahrt
61201.0	AL	Personenbeförderung in der Binnenschifffahrt
61202.0	AL	Güterbeförderung in der Binnenschifffahrt durch Reedereien
61203.0	AL	Güterbeförderung in der Binnenschifffahrt durch Partikuliere
61204.0	AL	Fluss- und Kanalfähren, Hafenschifffahrt
62100.0	AL	Linienflugverkehr
62200.0	AL	Gelegenheitsflugverkehr
62300.0	AL	Raumtransport
63110.0	AL	Frachtumschlag
63121.0	AL	Lagerei (ohne Kühlhäuser)
63122.0	AL	Kühlhäuser
63211.0	AL	Parkhäuser und Parkplätze
63212.0	AL	Hilfs- und Nebentätigkeiten für den Landverkehr a.n.g.
63221.0	AL	Sonstige Hilfs- und Nebentätigkeiten für die Binnenschifffahrt
63222.0	AL	Seehafenbetriebe
63223.0	AL	Bugsier- und Bergungsschifffahrt
63224.0	FB	Lotsbetriebe
63224.2	AL	Lotsbetriebe (gewerblich)
63231.0	AL	Flughafenbetriebe
63232.0	AL	Landeplätze für Luftfahrzeuge
63233.0	AL	Hilfs- und Nebentätigkeiten für die Luftfahrt a.n.g.
63301.0	AL	Reisebüros
63302.0	AL	Reiseveranstalter und Fremdenführung
63401.0	AL	Spedition
63402.0	AL	Schiffsmaklerbüros und -agenturen
63404.0	AL	Logistische Dienstleistungen a.n.g.
63405.0	AL	Verkehrsvermittlung a.n.g.
64110.0	AL	Postverwaltung
64120.0	AL	Private Post- und Kurierdienste
64300.0	AL	Fernmeldedienste
65110.0	K	Zentralbanken
65121.0	K	Kreditbanken einschließlich Zweigstellen ausländischer Banken
65122.0	K	Girozentralen
65123.0	K	Sparkassen
65124.0	K	Genossenschaftliche Zentralbanken
65125.0	K	Kreditgenossenschaften
65126.0	K	Realkreditinstitute
65127.0	K	Kreditinstitute mit Sonderaufgaben
65129.0	K	Bausparkassen
65210.0	AL	Institutionen für Finanzierungsleasing

WZ-Nr.	Betriebsart	Bezeichnung
65220.0	K	Spezialkreditinstitute
65231.0	K	Kapitalanlagegesellschaften
65232.0	AL	Leihhäuser
65233.0	K	Sonstige Finanzierungsinstitutionen a.n.g.
66011.0	V	Lebensversicherungen (ohne Rückversicherungen)
66012.0	V	Rückversicherungen für die Lebensversicherungen
66020.0	V	Pensions- und Sterbekassen
66031.0	V	Krankenversicherungen
66032.0	V	Schaden- und Unfallversicherungen
66033.0	V	Rückversicherungen für das sonstige Versicherungsgewerbe
67110.0	AL	Effekten- und Warenbörsen
67120.0	AL	Effektenvermittlung und -verwaltung (ohne Effektenverwahrung)
67130.0	AL	Sonstige mit dem Kreditgewerbe verbundene Tätigkeiten
67201.0	AL	Versicherungsvertreter
67202.0	AL	Versicherungsmakler
67203.0	AL	Sonstige mit dem Versicherungsgewerbe verbundene Tätigkeiten
70111.0	AL	Erschließung von unbebauten Grundstücken
70112.0	AL	Bauträger für Nichtwohngebäude
70113.0	AL	Bauträger für Wohngebäude
70120.0	AL	Kauf und Verkauf von eigenen Grundstücken, Gebäuden und Wohnungen
70201.0	AL	Vermietung und Verpachtung von eigenen Grundstücken und Nichtwohngebäuden
70201.6	BMG	Vermietung und Verpachtung von eigenen Grundstücken und Nichtwohngebäuden (Bauherrengemeinschaften)
70202.0	AL	Vermietung und Verpachtung von eigenen Wohngebäuden und Wohnungen
70202.6	BHG	Vermietung und Verpachtung von eigenen Wohngebäuden und Wohnungen (Bauherrengemeinschaften)
70310.0	AL	Vermittlung von fremden Grundstücken, Gebäuden und Wohnungen
70320.0	AL	Verwaltung von fremden Grundstücken, Gebäuden und Wohnungen
71100.0	AL	Vermietung von Kraftwagen bis 3,5 t Gesamtgewicht
71210.0	AL	Vermietung von Landfahrzeugen (ohne Kraftwagen bis 3,5 t Gesamtgewicht)
71220.0	AL	Vermietung von Wasserfahrzeugen
71230.0	AL	Vermietung von Luftfahrzeugen
71310.0	AL	Vermietung von landwirtschaftlichen Maschinen und Geräten
71320.0	AL	Vermietung von Baumaschinen und -geräten
71330.0	AL	Vermietung von Büromaschinen, Datenverarbeitungsgeräten und -einrichtungen
71340.0	AL	Vermietung von sonstigen Maschinen und Geräten
71401.0	AL	Verleih von Wäsche und Arbeitskleidung
71402.0	AL	Verleih von Sportgeräten und Fahrrädern
71403.0	AL	Leihbüchereien und Lesezirkel
71404.0	AL	Videotheken
71405.0	AL	Vermietung von sonstigen Gebrauchsgütern a.n.g.
72100.0	AL	Hardwareberatung
72210.0	AL	Verlegen von Software
72221.0	AL	Softwareberatung
72222.0	AL	Entwicklung und Programmierung von Internetpräsentationen
72223.0	AL	Sonstige Softwareentwicklung
72300.0	AL	Datenverarbeitungsdienste
72400.0	AL	Datenbanken
72500.0	AL	Instandhaltung und Reparatur von Büromaschinen, Datenverarbeitungsgeräten und -einrichtungen
72600.0	AL	Sonstige mit der Datenverarbeitung verbundene Tätigkeiten
73100.0	FB	Forschung und Entwicklung im Bereich Natur-, Ingenieur-, Agrarwissenschaften und Medizin
73100.2	AL	Forschung und Entwicklung im Bereich Natur-, Ingenieur-, Agrarwissenschaften und Medizin (gewerblich)

WZ-Nr.	Betriebsart	Bezeichnung
73200.0	FB	Forschung und Entwicklung im Bereich Rechts-, Wirtschafts- und Sozialwissenschaften sowie im Bereich Sprach-, Kultur- und Kunstwissenschaften
73200.2	AL	Forschung und Entwicklung im Bereich Rechts-, Wirtschafts- und Sozialwissenschaften sowie im Bereich Sprach-, Kultur- und Kunstwissenschaften (gewerblich)
74111.0	FB	Rechtsanwaltskanzleien mit Notariat
74111.2	AL	Rechtsanwaltskanzleien mit Notariat (gewerblich)
74112.0	FB	Rechtsanwaltskanzleien ohne Notariat
74112.2	AL	Rechtsanwaltskanzleien ohne Notariat (gewerblich)
74113.0	FB	Notariate
74113.2	AL	Notariate (gewerblich)
74114.0	FB	Patentanwaltskanzleien
74114.2	AL	Patentanwaltskanzleien (gewerblich)
74115.0	FB	Sonstige Rechtsberatung
74115.2	AL	Sonstige Rechtsberatung (gewerblich)
74121.0	FB	Praxen von Wirtschaftsprüferinnen und -prüfern, Wirtschaftsprüfungsgesellschaften
74121.2	AL	Praxen von Wirtschaftsprüferinnen und -prüfern, Wirtschaftsprüfungsgesellschaften (gewerblich)
74122.0	FB	Praxen von vereidigten Buchprüferinnen und -prüfern, Buchprüfungsgesellschaften
74122.2	AL	Praxen von vereidigten Buchprüferinnen und -prüfern, Buchprüfungsgesellschaften (gewerblich)
74123.0	FB	Praxen von Steuerberaterinnen und -beratern, Steuerberatungsgesellschaften
74123.2	AL	Praxen von Steuerberaterinnen und -beratern, Steuerberatungsgesellschaften (gewerblich)
74124.0	FB	Praxen von Steuerbevollmächtigten
74124.2	AL	Praxen von Steuerbevollmächtigten (gewerblich)
74125.0	AL	Buchführung (ohne Datenverarbeitungsdienste)
74131.0	AL	Marktforschung
74132.0	AL	Meinungsforschung
74141.0	FB	Unternehmensberatung
74141.2	AL	Unternehmensberatung (gewerblich)
74142.0	AL	Public-Relations-Beratung
74151.0	AL	Managementtätigkeiten von Holdinggesellschaften mit Schwerpunkt im produzierenden Gewerbe
74152.0	AL	Managementtätigkeiten von sonstigen Holdinggesellschaften (ohne geschlossene Immobilienfonds)
74153.0	AL	Geschlossene Immobilienfonds mit Nichtwohngebäuden
74153.5	VZG	Geschlossene Immobilienfonds mit Nichtwohngebäuden
74153.6	BHG	Geschlossene Immobilienfonds mit Nichtwohngebäuden (Bauherrengemeinschaften)
74154.0	AL	Geschlossene Immobilienfonds mit Wohngebäuden
74154.5	WG	Geschlossene Immobilienfonds mit Wohngebäuden
74154.6	BHG	Geschlossene Immobilienfonds mit Wohngebäuden (Bauherrengemeinschaften)
74155.0	AL	Komplementärgesellschaften
74156.0	AL	Verwaltung und Führung von Unternehmen und Betrieben
74201.0	FB	Architekturbüros für Hochbau und für Innenarchitektur
74201.2	AL	Architekturbüros für Hochbau und für Innenarchitektur (gewerblich)
74202.0	FB	Architekturbüros für Orts-, Regional- und Landesplanung
74202.2	AL	Architekturbüros für Orts-, Regional- und Landesplanung (gewerblich)
74203.0	FB	Architekturbüros für Garten- und Landschaftsgestaltung
74203.2	AL	Architekturbüros für Garten- und Landschaftsgestaltung (gewerblich)
74204.0	FB	Ingenieurbüros für bautechnische Gesamtplanung
74204.2	AL	Ingenieurbüros für bautechnische Gesamtplanung (gewerblich)
74205.0	FB	Ingenieurbüros für technische Fachplanung
74205.2	AL	Ingenieurbüros für technische Fachplanung (gewerblich)
74206.0	FB	Büros für Industriedesign
74206.2	AL	Büros für Industriedesign (gewerblich)

WZ-Nr.	Betriebsart	Bezeichnung
74207.0	FB	Büros baufachlicher Sachverständiger
74207.2	AL	Büros baufachlicher Sachverständiger (gewerblich)
74208.0	FB	Büros für technisch-wirtschaftliche Beratung
74208.2	AL	Büros für technisch-wirtschaftliche Beratung (gewerblich)
74209.0	FB	Vermessungsbüros
74209.2	AL	Vermessungsbüros (gewerblich)
74301.0	AL	Technische Untersuchung und Beratung
74302.0	AL	Physikalische Untersuchung und Beratung
74303.0	AL	Chemische Untersuchung und Beratung
74304.0	AL	Betrieb von Messnetzen und Messstationen
74401.0	AL	Werbegestaltung
74402.0	AL	Werbemittelverbreitung und Werbevermittlung
74501.0	AL	Personal- und Stellenvermittlung
74502.0	AL	Überlassung von Arbeitskräften
74601.0	AL	Detekteien
74602.0	AL	Wach- und Sicherheitsdienste
74701.0	AL	Reinigung von Gebäuden, Räumen und Inventar
74702.0	AL	Schornsteinreinigung
74703.0	AL	Reinigung von Verkehrsmitteln
74704.0	AL	Desinfektion und Schädlingsbekämpfung
74811.0	AL	Fotografisches Gewerbe
74812.0	AL	Fotografische Laboratorien
74820.0	AL	Abfüll- und Verpackungsgewerbe
74851.0	FB	Freiberufliche Dolmetscher
74852.0	AL	Übersetzungsbüros
74853.0	AL	Sekretariats- und Schreibdienste; Copy-Shops
74860.0	AL	Call Centers
74871.0	AL	Ausstellungs-, Messe- und Warenmarkteinrichtungen
74872.0	AL	Sachverständige a.n.g.
74873.0	AL	Versteigerungsgewerbe
74874.0	AL	Ateliers für Textil-, Schmuck-, Möbel- u.ä. Design
74875.0	AL	Auskunfteien
74876.0	AL	Inkassobüros
74877.0	AL	Sonstige Vermögensberatung
74878.0	AL	Erbringung von sonstigen wirtschaftlichen Dienstleistungen für Unternehmen und Privatpersonen a.n.g.
80100.0	AL	Kindergärten, Vor- und Grundschulen
80210.0	AL	Allgemeinbildende weiterführende Schulen
80220.0	AL	Berufsbildende weiterführende Schulen im Sekundarbereich
80305.0	AL	Universitäten
80306.0	AL	Allgemeine Fachhochschulen
80307.0	AL	Verwaltungsfachhochschulen
80308.0	AL	Berufsakademien, Fachakademien, Schulen des Gesundheitswesens
80411.0	FB	Kraftfahrschulen
80411.2	AL	Kraftfahrschulen (gewerblich)
80412.0	AL	Flug-, Bootsführer-, Segel- u.ä. Schulen
80420.0	FB	Erwachsenenbildung und Unterricht a.n.g.
80420.2	AL	Erwachsenenbildung und Unterricht a.n.g. (gewerblich)
85111.0	AL	Krankenhäuser (ohne Hochschulkliniken sowie Vorsorge- und Rehabilitationskliniken)
85112.0	AL	Hochschulkliniken
85113.0	AL	Vorsorge- und Rehabilitationskliniken
85121.0	FB	Arztpraxen für Allgemeinmedizin und Praxen von praktischen Ärztinnen und Ärzten
85121.2	AL	Arztpraxen für Allgemeinmedizin und Praxen von praktischen Ärztinnen und Ärzten (gewerblich)

WZ-Nr.	Betriebsart	Bezeichnung
85122.0	FB	Facharztpraxen (ohne Arztpraxen für Allgemeinmedizin)
85122.2	AL	Facharztpraxen (ohne Arztpraxen für Allgemeinmedizin) (gewerblich)
85130.0	FB	Zahnarztpraxen
85130.2	AL	Zahnarztpraxen (gewerblich)
85141.0	FB	Praxen von psychologischen Psychotherapeutinnen und -therapeuten
85141.2	AL	Praxen von psychologischen Psychotherapeutinnen und -therapeuten (gewerblich)
85142.0	FB	Massagepraxen, Praxen von medizinischen Bademeisterinnen und Bademeistern, Krankengymnastikpraxen, Praxen von Hebammen und Entbindungspflegern sowie von verwandten Berufen
85142.2	AL	Massagepraxen, Praxen von medizinischen Bademeisterinnen und Bademeistern, Krankengymnastikpraxen, Praxen von Hebammen und Entbindungspflegern sowie von verwandten Berufen (gewerblich)
85143.0	FB	Heilpraktikerpraxen
85143.2	AL	Heilpraktikerpraxen (gewerblich)
85144.0	FB	Sonstige selbständige Tätigkeiten im Gesundheitswesen
85144.2	AL	Sonstige selbständige Tätigkeiten im Gesundheitswesen (gewerblich)
85145.0	AL	Krankentransport und Rettungsdienste
85146.0	AL	Sonstige Anstalten und Einrichtungen des Gesundheitswesens
85201.0	FB	Tierarztpraxen
85201.2	AL	Tierarztpraxen (gewerblich)
85202.0	FB	Sonstige selbständige Tätigkeiten im Veterinärwesen
85202.2	AL	Sonstige selbständige Tätigkeiten im Veterinärwesen (gewerblich)
85203.0	AL	Anstalten und Einrichtungen des Veterinärwesens
85311.0	AL	Jugendwohnheime
85312.0	AL	Erziehungsheime
85313.0	AL	Altenwohnheime
85314.0	AL	Altenheime
85315.0	AL	Altenpflegeheime
85316.0	AL	Heime für werdende Mütter sowie Mütter oder Väter mit Kind
85317.0	AL	Einrichtungen zur Eingliederung und Pflege Behinderter
85318.0	AL	Wohnheime für Behinderte
85319.0	AL	Sonstige Heime (ohne Erholungs- und Ferienheime)
85321.0	AL	Tagesstätten (ohne Kinderkrippen, Kindergärten, Kinderhorte und Jugendzentren)
85322.0	AL	Kinderkrippen und außerhäusliche Kinderbetreuung a.n.g.
85323.0	AL	Jugendzentren und Häuser der offenen Tür
85324.0	AL	Erziehungs-, Jugend- und Familienberatungsstellen
85325.0	AL	Sonstige soziale Beratungsstellen
85326.0	AL	Ambulante soziale Dienste
85327.0	AL	Organisationen der freien Wohlfahrtspflege und Jugendhilfe
85328.0	V	Unterstützungskassen
85329.0	AL	Sonstiges Sozialwesen a.n.g.
90011.0	AL	Kläranlagen
90012.0	AL	Sammelkanalisation
90021.0	AL	Sammlung, Beförderung und Zwischenlagerung von Abfällen
90022.0	AL	Thermische Abfallbeseitigung
90023.0	AL	Abfalldeponien
90024.0	AL	Biologische Abfallbeseitigung
90025.0	AL	Sonstige Abfallbeseitigung
90030.0	AL	Beseitigung von Umweltverschmutzungen und sonstige Entsorgung
91111.0	AL	Wirtschaftsverbände (ohne öffentlich-rechtliche Wirtschaftsvertretungen)
91112.0	AL	Öffentlich-rechtliche Wirtschaftsvertretungen
91113.0	AL	Arbeitgeberverbände
91121.0	AL	Berufsorganisationen (ohne öffentlich-rechtliche Berufsvertretungen)
91122.0	AL	Öffentlich-rechtliche Berufsvertretungen

WZ-Nr.	Betriebsart	Bezeichnung
91200.0	AL	Arbeitnehmervereinigungen
91311.0	AL	Kirchen und kirchlich-religiöse Vereinigungen
91312.0	AL	Sonstige religiöse und weltanschauliche Vereinigungen
91320.0	AL	Politische Parteien und Vereinigungen
91331.0	AL	Organisationen der Bildung, Wissenschaft, Forschung und Kultur
91332.0	AL	Organisationen des Gesundheitswesens
91333.0	AL	Jugendorganisationen
91334.0	AL	Verbraucherorganisationen
91335.0	AL	Kommunale Spitzen- und Regionalverbände
91336.0	AL	Verbände der Sozialversicherungsträger
91337.0	AL	Sonstige Interessenvertretungen und Vereinigungen a.n.g.
92110.0	AL	Film- und Videofilmherstellung
92120.0	AL	Filmverleih und Videoprogrammanbieter
92130.0	AL	Kinos
92201.0	AL	Rundfunkveranstalter
92202.0	AL	Herstellung von Hörfunk- und Fernsehprogrammen
92311.0	AL	Theaterensembles
92312.0	AL	Ballettgruppen, Orchester, Kapellen und Chöre
92313.0	FB	Selbständige bildende Künstlerinnen und Künstler
92313.2	AL	Selbständige bildende Künstlerinnen und Künstler (gewerblich)
92314.0	FB	Selbständige Restauratorinnen und Restauratoren
92314.2	AL	Selbständige Restauratorinnen und Restauratoren (gewerblich)
92315.0	FB	Selbständige Komponistinnen, Komponisten, Musikbearbeiterinnen und Musikbearbeiter
92315.2	AL	Selbständige Komponistinnen, Komponisten, Musikbearbeiterinnen und Musikbearbeiter (gewerblich)
92316.0	FB	Selbständige Schriftstellerinnen und Schriftsteller
92316.2	AL	Selbständige Schriftstellerinnen und Schriftsteller (gewerblich)
92317.0	FB	Selbständige Bühnen-, Film-, Hörfunk- und Fernsehkünstlerinnen und -künstler
92317.2	AL	Selbständige Bühnen-, Film-, Hörfunk- und Fernsehkünstlerinnen und -künstler (gewerblich)
92318.0	FB	Selbständige Artistinnen und Artisten
92318.2	AL	Selbständige Artistinnen und Artisten (gewerblich)
92321.0	AL	Theater- und Konzertveranstalter
92322.0	AL	Opern- und Schauspielhäuser, Konzerthallen und ähnliche Einrichtungen
92323.0	AL	Varietes und Kleinkunstbühnen
92325.0	AL	Technische Hilfsdienste für kulturelle und unterhaltende Leistungen
92330.0	AL	Schaustellergewerbe und Vergnügungsparks
92341.0	AL	Tanzschulen
92342.0	AL	Erbringung von sonstigen kulturellen und unterhaltenden Leistungen a.n.g.
92401.0	AL	Korrespondenz- und Nachrichtenbüros
92402.0	FB	Selbständige Journalistinnen, Journalisten, Pressefotografinnen und Pressefotografen
92402.2	AL	Selbständige Journalistinnen, Journalisten, Pressefotografinnen und Pressefotografen (gewerblich)
92510.0	AL	Bibliotheken und Archive
92521.0	AL	Museen und Kunstausstellungen
92522.0	AL	Denkmalschutzeinrichtungen
92531.0	AL	Botanische und zoologische Gärten
92532.0	AL	Naturparks und Tiergehege
92533.0	AL	Natur- und Landschaftsschutz
92610.0	AL	Betrieb von Sportanlagen
92621.0	AL	Sportverbände und Sportvereine
92622.0	AL	Professionelle Sportmannschaften und Rennställe
92623.0	AL	Selbständige Berufssportlerinnen und -sportler sowie Trainerinnen und -trainer
92624.0	AL	Sportpromoter und sonstige professionelle Sportveranstalter
92625.0	FB	Sportschulen und selbständige Sportlehrerinnen und -lehrer

WZ-Nr.	Betriebsart	Bezeichnung
92625.2	AL	Sportschulen und selbständige Sportlehrerinnen und -lehrer (gewerblich)
92711.0	AL	Spielhallen und Betrieb von Spielautomaten
92712.0	AL	Spielbanken und Spielklubs
92713.0	AL	Wett-, Toto- und Lotteriewesen
92721.0	AL	Garten- und Grünanlagen
92722.0	AL	Erbringung von sonstigen Dienstleistungen für Unterhaltung, Erholung und Freizeit a.n.g.
93011.0	AL	Wäscherei
93012.0	AL	Annahmestellen für Wäscherei
93013.0	AL	Chemische Reinigung und Bekleidungsfärberei
93014.0	AL	Annahmestellen für chemische Reinigung und Bekleidungsfärberei
93015.0	AL	Heißmangelei und Bügelei
93024.0	AL	Kosmetiksalons
93025.0	AL	Frisörsalons
93031.0	AL	Bestattungsinstitute
93032.0	AL	Friedhöfe und Krematorien
93041.0	AL	Bäder und Saunas (ohne medizinische Bäder)
93042.0	AL	Solarien, Massagesalons (ohne medizinische Massagen), Fitnesszentren u.Ä.
93051.0	AL	Ehevermittlungsinstitute
93052.0	AL	Erbringung von sonstigen persönlichen Dienstleistungen
93053.0	AL	Erbringung von sonstigen Dienstleistungen a.n.g.
95001.8	bE	Fälle mit bedeutenden Einkünften
95002.0	AL	Fiskalvertreter
xxxxx.5	VZG	Verlustzuweisungsgesellschaften
xxxxx.7	BKÖ	Bedeutende steuerbegünstigte Körperschaften und Berufsverbände
xxxxx.8	bE	Fälle mit bedeutenden Einkünften

5.5 Abgrenzung der begünstigten Wirtschaftszweige gemäß Investitionszulagengesetz

Für die Abgrenzung der begünstigten Wirtschaftszweige gem. Investitionszulagengesetz ist grundsätzlich die jeweils aktuelle Klassifikation der Wirtschaftszweige (jetzt: WZ 2003) maßgeblich. Zwar hat die Einordnung durch das Statistische Bundesamt oder das Statistische Landesamt nicht die Qualität eines Grundlagenbescheids i.S.d. § 171 Abs. 10 AO, sie ist nach ständiger Rechtsprechung des BFH jedoch von den Finanzämtern in aller Regel bei der Entscheidung über die Gewährung der Investitionszulage zu übernehmen, soweit sie nicht zu einem offensichtlich falschen Ergebnis führt (BFH v. 23.03.2005, BStBl II, 497; BFH, Urt. v. 23.10.2002, BStBl II 2003, 360).

5.5.1 Abgrenzung der begünstigten Wirtschaftszweige

Inzwischen gibt es eine umfangreiche Rechtsprechung (zuletzt ausführlich BFH v. 23.03.2005, BStBl II, 497) und Verwaltungsanweisungen zu Zweifelsfragen der Zuordnung (zuletzt BMF-Schreiben v. 20.01.2006, BStBl I, 119, zum Investitionszulagengesetz 2005). Danach ist bei der Zuordnung insbesondere auf Folgendes zu achten:

Es obliegt dem Antragsteller, sich **vor Investitionsbeginn** über die zutreffende Eingruppierung des Betriebs nach der jeweils aktuellen WZ zu informieren. Ändert sich die Zuordnung eines Betriebs aufgrund geänderter statistischer Verzeichnisse, ist es unerheblich, ob die geänderte Zuordnung durch das Statistische Bundesamt oder das Statistische Landesamt dem Investor vor Beginn seiner Investition tatsächlich mitgeteilt worden ist (vgl. BFH v. 23.03.2005, BStBl II, 497).

Eine Umgruppierung des Betriebs zu einem nicht begünstigten Wirtschaftszweig **während des Verbleibenszeitraums** darf sich aus Gründen des Vertrauensschutzes nicht auf eine abgeschlossene Investition auswirken. Dies gilt sowohl für Umgruppierungen aufgrund neuer statistischer Verzeichnisse als auch für Umgruppierungen aufgrund der geänderten Auffassung der Behörde, es sei denn, die ursprüngliche Zuordnung war offensichtlich unzutreffend oder die für die Zuordnung maßgebenden Verhältnisse haben sich geändert (BMF-Schreiben v. 20.01.2006, BStBl I, 119, Rdnr. 86 u. 87).

Die Zuordnungen nach dem InvZulG 1999 und 2005 sind wie folgt präzisiert (BMF-Schreiben v. 28.06.2001, BStBl I, 379 und v. 20.01.2006, BStBl I, 119):

– das **verarbeitende Gewerbe** in Abschnitt D Unterabschnitte DA–DN Abteilungen 15–37.

- die **produktionsnahen Dienstleistungen** sind in der WZ 2003 wie folgt aufgeführt:

  - Datenverarbeitung und Datenbanken in Abschnitt K Unterabschnitt KA Abteilung 72,
  - Forschung und Entwicklung in Abschnitt K Unterabschnitt KA Abteilung 73,
  - Markt- und Meinungsforschung in Abschnitt K Unterabschnitt KA Abteilung 74 Gruppe 74.1 Klasse 74.13,
  - Ingenieurbüros für bautechnische Gesamtplanung in Abschnitt K Unterabschnitt KA Abteilung 74 Gruppe 74.2 Klasse 74.20 Unterklasse 74.20.4,
  - Ingenieurbüros für technische Fachplanung in Abschnitt K Unterabschnitt KA Abteilung Gruppe 74.2 Klasse 74.20 Unterklasse 74.20.5,
  - Büros für Industriedesign in Abschnitt K Unterabschnitt KA Abteilung 74 Gruppe 74.2 Klasse 74.20 Unterklasse 74.20.6,
  - die technische, physikalische und chemische Untersuchung in Abschnitt K Unterabschnitt KA Abteilung 74 Gruppe 74.3,
  - Werbung in Abschnitt K Unterabschnitt KA Abteilung 74 Gruppe 74.4 sowie
  - fotografisches Gewerbe in Abschnitt K Unterabschnitt KA Abteilung 74 Gruppe 74.8 Klasse 74.81 Unterklasse 74.81.1.

- der **Groß- oder Einzelhandel** (relevant nur noch für „Altfälle") in Abschnitt G Unterabschnitt GA Abteilung 50–52, soweit die Unterklassen mit „Großhandel mit ..." oder „Einzelhandel mit ..." bezeichnet sind, sowie Apotheken (Unterklasse 52.31.0) und freie Tankstellen (Unterklasse 50.50.2). Nicht zum Groß- oder Einzelhandel gehört der gesamte Bereich der Handelsvermittlung einschließlich Agenturtankstellen sowie die in Abschnitt G Unterabschnitt GA Abteilungen 50–52 aufgeführten Wirtschaftszweige im Bereich Instandhaltung und Reparatur.

Begünstigt nach dem Investitionszulagengesetz 2007 sind außerdem Investitionen in „Betriebe des Beherbergungsgewerbes", wobei folgende in § 2 InvZulG 2007 ausdrücklich genannt werden:

- Betriebe der Hotellerie (das entspricht also Gruppe 55.1 der WZ 2003),

- Jugendherbergen und Hütten (also Klasse 55.21 der WZ 2003),

- Campingplätze (also Klasse 55.22 der WZ 2003) und

- Erholungs- und Ferienheime (also Unterklasse 55.23.1 der WZ 2003).

Damit dürften insbesondere Privatquartiere, Boardinghouses und Ferienzentren/-wohnungen ausgeschlossen sein.

Die Entscheidung über die Einordnung des Betriebs trifft grundsätzlich das Finanzamt. Eine Einordnung der Tätigkeit durch das Statistische Bundesamt oder ein Statistisches Landesamt ist aber zu übernehmen, wenn sie dem maßgebenden Betrieb, in dem die beweglichen Wirtschaftsgüter des Anlagevermögens verbleiben oder das Gebäude genutzt wird, bekannt gegeben worden und nicht offensichtlich falsch ist. Ohne Bedeutung sind die Rechtsform des Betriebs und die Einkunftsart (BFH v. 23.02.1979, BStBl II, 455).

5.5.2 Mischbetriebe

Übt ein Betrieb mehrere nach der Klassifikation der Wirtschaftszweige unterschiedlich einzuordnende Tätigkeiten aus (Mischbetrieb), ist die Einordnung nach dem Schwerpunkt der wirtschaftlichen Tätigkeit vorzunehmen, d.h. i.d.R. nach der Tätigkeit, auf die der größte Teil der entstandenen Wertschöpfung entfällt (BFH v. 20.09.1999, BStBl II 2000, 208, v. 16.03.2000, BStBl II, 444, und v. 23.10.2002, BStBl II 2003, 360). Sind die unterschiedlichen Tätigkeiten verschiedenen Abschnitten der Klassifikation der Wirtschaftszweige zuzuordnen, so ist für die Einordnung des Betriebs der Abschnitt maßgebend, auf den der höchste Anteil der Wertschöpfung entfällt. Entfallen z.B. 40 % der Wertschöpfung auf das verarbeitende Gewerbe (Abschnitt D), 30 % auf das Baugewerbe (Abschnitt F) und 30 % auf den Handel (Abschnitt G), ist der Betrieb im Abschnitt „verarbeitendes Gewerbe" einzuordnen.

Anhaltspunkt für die Wertschöpfungsanteile der verschiedenen Tätigkeiten ist der jeweilige steuerbare Umsatz nach § 1 Abs. 1 Nr. 1–3 UStG. Der Anspruchsberechtigte kann die Wertschöpfungsanteile jedoch auch genau berechnen. Sie sind dann wie folgt zu ermitteln:

Umsätze nach § 1 Abs. 1 Nr. 1 UStG
+ nicht steuerbare Lieferungen und sonstige Leistungen
+/– Veränderungen des Bestands an fertigen und unfertigen Erzeugnissen
+ selbsterstellte Anlagen zu Herstellungskosten
– Vorleistungen (Roh-, Hilfs- und Betriebsstoffe, Wareneinsatz, Fremdleistungen – nicht jedoch Löhne und Gehälter, Mieten und Pachten, Fremdkapitalzinsen)
– lineare und degressive AfA
= Wertschöpfung

Die Wertschöpfungsanteile sind jeweils für das Wirtschaftsjahr des Betriebs zu ermitteln, in dem die beweglichen Wirtschaftsgüter verbleiben oder die Gebäude verwendet werden. Die Voraussetzung des Verbleibens bzw. der Verwendung in einem Betrieb der begünstigten Wirtschaftszweige muss grundsätzlich ununterbrochen während der Verbleibens- und Verwendungsfrist erfüllt werden.

5.5.3 Kleine und mittlere Betriebe des Handwerks

Handwerksbetriebe sind die Gewerbe, mit denen ein Betrieb in die Handwerksrolle oder das Verzeichnis handwerksähnlicher Betriebe eingetragen ist (§ 2 Abs. 2 Satz 1 Nr. 2 Satz 2 InvZulG 1999). Die Eintragung hat konstitutive Wirkung und ist Grundlagenbescheid i.S.d. § 171 Abs. 10 AO. Stellt das Finanzamt fest, dass die Voraussetzungen für die Eintragung offensichtlich ganz oder teilweise nicht erfüllt sind, hat es die zuständige Handwerkskammer zu veranlassen, die Eintragung zu überprüfen.

Die Investitionszulage für Investitionen in Handwerksbetrieben ist nicht davon abhängig, wie die Tätigkeiten des Handwerksbetriebs nach der Klassifikation der Wirtschaftszweige einzuordnen sind. Allerdings kann ein Handwerksbetrieb gleichzeitig die Voraussetzungen für die Einordnung als ein Betrieb des verarbeitenden Gewerbes, als ein Betrieb des Groß- oder Einzelhandels, in Ausnahmefällen als ein Betrieb produktionsnaher Dienstleistungen erfüllen. Ein Beispiel hierfür ist ein in die Handwerksrolle eingetragener Bäckereibetrieb. Dieser ist gleichzeitig ein Betrieb des verarbeitenden Gewerbes, weil die Herstellung von Backwaren zum verarbeitenden Gewerbe (Unterklasse 15.18.1) gehört.

5.6 EU-Schwellenwerte für KMU

KMU-Schwellenwerte ab 01.01.2005[1]

	Unternehmenskategorie		
	Mikro	Klein	Mittel
Zahl der Mitarbeiter	< 10	< 50	< 250
Umsatz	max. 2 Mio. €	max. 10 Mio. € (bisher 7 Mio. €)	max. 50 Mio. € (bisher 40 Mio. €)
	oder		
Bilanzsumme	max. 2 Mio. €	max. 10 Mio. € (bisher 5 Mio. €)	max. 43 Mio. € (bisher 27 Mio. €)
Bei dem Unternehmen muss es sich um ein „eigenständiges Unternehmen" handeln, d.h., es darf sich nicht um ein „Partnerunternehmen" bzw. um ein „verbundenes Unternehmen" handeln.			

Schwellenwerte für die KMU-Definition sind:

a) Anzahl der Mitarbeiter

Diese entspricht der Zahl der Personen, die während des gesamten Berichtsjahres einer Vollzeitbeschäftigung nachgegangen sind. Bei Teilzeit oder Saisonkräften wird der jeweilige Bruchteil an Jahresarbeitseinheiten (JAE) gerechnet.

Als Mitarbeiter zählen:

- Lohn- und Gehaltsempfänger,
- für das Unternehmen tätige Personen, die in einem Unterordnungsverhältnis zu diesem stehen und nach nationalem Recht Arbeitnehmern gleichgestellt sind,
- mitarbeitende Eigentümer,
- Teilhaber, die eine regelmäßige Tätigkeit in dem Unternehmen ausüben und finanzielle Vorteile aus dem Unternehmen ziehen.

Neu für die Berechnung der JAE ist, dass Auszubildende keine Berücksichtigung mehr finden. Auch der Schwangerschafts- bzw. Elternurlaub wird nicht mehr mitberechnet.

b) der Umsatz

c) die Bilanzsumme.

---

1) Empfehlung 2003/361/EG (Amtsblatt der Europäischen Union ABl L 14 v. 20.05.2003, 36).

Was ist ein Partnerunternehmen?

Ein Unternehmen (das vorgeschaltete Unternehmen) hält allein oder gemeinsam mit einem oder mehreren verbundenen Unternehmen 25 % oder mehr des Kapitals oder der Stimmrechte eines anderen Unternehmens (nachgeschaltetes Unternehmen).

Ausnahme: Der Schwellenwert von 25 % kann erreicht oder überschritten werden, wenn es sich um Investoren handelt, die nicht einzeln oder gemeinsam mit dem betroffenen Unternehmen verbunden sind. Dazu zählen:

– Staatliche Beteiligungsgesellschaften, Risikokapitalgesellschaften, natürliche Personen, die regelmäßig im Bereich der Risikokapitalinvestitionen tätig sind (Business Angels) und die Eigenmittel in nicht börsenorientierte Unternehmen investieren, sofern der Gesamtbetrag der Investitionen der genannten Business Angels in ein und dasselbe Unternehmen 1,25 Mio. € nicht überschreitet;
– Universitäten oder Forschungszentren ohne Gewinnzweck;
– institutionelle Anleger einschließlich regionaler Entwicklungsfonds;
– Autonome Gebietskörperschaften mit einem Jahreshaushalt von weniger als 10 Mio. € und weniger als 5.000 Einwohnern.

Was ist ein verbundenes Unternehmen?

Die Unternehmen müssen in einer der folgenden Beziehungen stehen:

– Ein Unternehmen hält die Mehrheit der Stimmrechte der Aktionäre oder der Gesellschafter eines anderen Unternehmens.
– Ein Unternehmen ist berechtigt, die Mehrzahl der Mitglieder des Verwaltungs-, Leitungs- oder Aufsichtsgremiums eines anderen Unternehmens zu bestellen oder abzuberufen.
– Ein Unternehmen ist gemäß einem mit einem anderen Unternehmen abgeschlossenen Vertrag oder aufgrund einer Klausel in dessen Satzung berechtigt, einen beherrschenden Einfluss auf dieses Unternehmen auszuüben.
– Ein Unternehmen, das Aktionär oder Gesellschafter eines anderen Unternehmens ist, übt gemäß einer mit anderen Aktionären oder Gesellschaftern dieses anderen Unternehmens getroffenen Vereinbarung die alleinige Kontrolle über die Mehrheit der Stimmrechte von dessen Aktionären oder Gesellschaftern aus.

6 Stichworte

Abbruchgewerbe
– Kostenstruktur im Produzierenden
  Gewerbe 131
Abdichtung gegen Wasser und Feuchtig-
keit
– Kostenstruktur im Produzierenden
  Gewerbe 132, 137
Abfallbeseitigung
– Kostenstrukturerhebungen, Überblick
  58
Abfüllgewerbe
– Strukturerhebung im Dienstleistungs-
  bereich 77
Abgrenzungsmerkmale, einheitliche für
den 19. Prüfungsturnus 672
Absatz, Formel 74
Abwasserbeseitigung
– Kostenstrukturerhebungen, Überblick
  58
Adressen 14
Agrarwissenschaften, Forschung und Ent-
wicklung
– Strukturerhebung im Dienstleistungs-
  bereich 216
Akkumulatoren
– Kostenstruktur im Produzierenden
  Gewerbe 199
Allgemeinärzte, Einzelpraxen
– Vergleichswerte Statistisches Bundes-
  amt 97
Allgemeinärzte, Gemeinschaftspraxen
– Vergleichswerte Statistisches Bundes-
  amt 112
Allgemeine Hinweise 11
Altenpfleger
– Gesundheitspersonal nach Berufen
  296

Altmaterial
– Kostenstruktur im Großhandel 262,
  269
Aluminium
– Kostenstruktur im Produzierenden
  Gewerbe 371, 375
Änderungsschneiderei
– HWO, Zuordnung 671
– Richtsätze 422
– Zuordnung Richtsatzsammlung 659
Anhänger
– Kostenstruktur im Produzierenden
  Gewerbe 316, 317
Anhydritstein
– Kostenstruktur im Bergbau und
  Gewinnung von Steinen und Erden
  158
Anlagendeckung, Formel 569
Anlagenintensität, Formel 569
Anorganische Grundstoffe
– Kostenstruktur im Produzierenden
  Gewerbe 168, 170
Ansprechpartner 14
Anstreicher, siehe Maler
– Zuordnung Richtsatzsammlung 659
Anstrichbedarf, sonstiger
– Richtsätze 321
– Zuordnung Richtsatzsammlung 659
Anstrichmittel
– Kostenstruktur im Einzelhandel 130,
  322, 369
– Kostenstruktur im Großhandel 265
– Kostenstruktur im Produzierenden
  Gewerbe 169, 324
Antiquitäten
– Kostenstruktur im Einzelhandel 78
Antriebselemente
– Kostenstruktur im Produzierenden
  Gewerbe 351
Anwaltsnotare 409

Anwendungsgebiete 11
Apfelwein
– Kostenstruktur im Produzierenden
  Gewerbe 337
Apotheken/Apotheker
– Entwicklung und Verteilung 81
– Gesundheitspersonal nach Berufen
  296
– IfH-Branchenvergleich 49
– Kostenstruktur im Einzelhandel 80,
  364
– Richtsätze 79
– Zuordnung Richtsatzsammlung 659
Apparatebauer
– HWO, Zuordnung 668
Appereteure
– HWO, Zuordnung 671
Arbeiten mit (Branchen-)Kennzahlen
  17
Arbeitsbühnenvermittlung
– IfH-Branchenvergleich 49
Arbeitskleidung
– Kostenstruktur im Produzierenden
  Gewerbe 474, 475
Arbeitskräfte, Überlassung und Vermitt-
  lung
– Strukturerhebung im Dienstleistungs-
  bereich 84
Arbeitslosigkeit BRD 599
Arbeitsmarkt, Deutschland 551
Arbeitsproduktivität, Wirtschaftsbereiche
  601
Architekten
– ifo-Umfrage 65
– Strukturerhebung im Dienstleistungs-
  bereich 124
Armaturen
– Kostenstruktur im Produzierenden
  Gewerbe 351

Ärzte
– Absolventen Humanmedizin, Ent-
  wicklung 87
– Alter 86
– Einzelpraxen, Vergleichswerte 93
– Existenzgründungsanalyse 66
– Gemeinschaftspraxen, Vergleichszah-
  len 109
– Gesundheitspersonal nach Berufen
  296
– Kostenstrukturerhebungen, Überblick
  58
– Praxisfinanzierung 88
– Praxiswert, ideeller 92
– Struktur 85
– Substanzwert 92
– Vergleichswerte Statistisches Bundes-
  amt 93
Arzthelfer
– Gesundheitspersonal nach Berufen
  296
Asphaltierer
– HWO, Zuordnung 670
Aufbauten
– Kostenstruktur im Produzierenden
  Gewerbe 316, 317
Aufschlagsatz, Formel 73, 569
Augenheilkunde, Einzelpraxen
– Vergleichswerte Statistisches Bundes-
  amt 98
Augenheilkunde, Gemeinschaftspraxen
– Vergleichswerte Statistisches Bundes-
  amt 113
Augenoptiker, siehe Optiker
– Gesundheitspersonal nach Berufen
  296
– HWO, Zuordnung 667
Ausbauelemente, Holz
– Kostenstruktur im Produzierenden
  Gewerbe 428, 430

Ausbauelemente, Metall
– Kostenstruktur im Produzierenden
  Gewerbe 376, 378
Ausbaugewerbe
– Kostenstruktur im Produzierenden
  Gewerbe 133
Ausbeiner
– HWO, Zuordnung 671
Ausgaben, Staat 552
Ausland, Quellen 15
Auslastungskennziffern,
  Gastgewerbe 154
Ausrüstungen
– Kostenstruktur im Großhandel 270
Ausrüstungen, elektrische
– Kostenstruktur im Produzierenden
  Gewerbe 199
Ausrüstungen, sonstige für Maschinen
– Kostenstruktur im Großhandel 277
Ausstattungsmaler
– HWO, Zuordnung 670
Automatenaufsteller
– FfH-Branchenvergleich 55
Autoteilehandel
– IfH-Branchenvergleich 49

Bäcker/Bäckereien
– HWO, Zuordnung 667
– Richtsätze 125
– Verdiensterhebung im Handwerk
  128
– Zuordnung Richtsatzsammlung 659
Backwaren
– Kostenstruktur im Einzelhandel 126
– Kostenstruktur im Großhandel 250
– Kostenstruktur im Produzierenden
  Gewerbe 127, 336

Bademeister, medizinischer
– Gesundheitspersonal nach Berufen
  296
– Kostenstruktur 297
– Kostenstrukturerhebungen, Überblick
  58
Bäder, ohne medizinische
– Markt 307
– Planungsunterlage Dienstleistungen
  309
Bahnindustrie
– Kostenstruktur im Produzierenden
  Gewerbe 318
Bahnverkehrsstreckenbau
– Kostenstruktur im Produzierenden
  Gewerbe 132, 138
Batterien
– Kostenstruktur im Produzierenden
  Gewerbe 199
Bau- und Heimwerkerbedarf
– Kostenstruktur im Einzelhandel 130,
  322, 369
– Richtsätze 129
– Zuordnung Richtsatzsammlung 659
Bau- und Umbaukosten
– Gemeinschaftspraxisbeitritt Arzt 90
– Neugründung, Einzelpraxis Arzt 88
– Überführung, Einzel- in Gemein-
  schaftspraxis 91
– Übernahme, Einzelpraxis Arzt 89
Baubedarfsartikel, Kunststoff
– Kostenstruktur im Produzierenden
  Gewerbe 288, 291
Bauelemente, elektronische
– Kostenstruktur im Großhandel 276
– Kostenstruktur im Produzierenden
  Gewerbe 416
Baufertigteile, genormte
– HWO, Zuordnung 670
Baugenehmigungen BRD 600

Baugeräte, Vermietung
– Strukturerhebung im Dienstleistungs-
  bereich 512
Baugeräte, Vermietung mit Bedienperso-
nal
– Kostenstruktur im Produzierenden
  Gewerbe 133
Baugerätehandel
– IfH-Branchenvergleich 49
Baugewerbe
– Bilanzkennzahlen 586
– Kostenstruktur im Produzierenden
  Gewerbe 131, 143
– Kostenstrukturerhebungen, Überblick
  57
Baugewerbe, sonstiges
– Kostenstruktur im Produzierenden
  Gewerbe 143
Bauinstallation
– Kostenstruktur im Produzierenden
  Gewerbe 132, 141
Baukeramik, sonstige
– Kostenstruktur im Produzierenden
  Gewerbe 144, 145
Baulackierer, siehe Maler
– Zuordnung Richtsatzsammlung 659
Baumaler, siehe Maler
– Zuordnung Richtsatzsammlung 659
Baumaschinen
– IfH-Branchenvergleich 49
– Kostenstruktur im Großhandel 272
– Kostenstruktur im Produzierenden
  Gewerbe 353, 359
Baumaschinen, Vermietung
– Strukturerhebung im Dienstleistungs-
  bereich 512
Baumaschinen, Vermietung mit Bedien-
personal
– Kostenstruktur im Produzierenden
  Gewerbe 133

Baumwollaufbereitung
– Kostenstruktur im Produzierenden
  Gewerbe 465, 467
Baumwollspinnerei
– Kostenstruktur im Produzierenden
  Gewerbe 465, 467
Baumwollweberei
– Kostenstruktur im Produzierenden
  Gewerbe 465, 469
Bauschlosserei/Bauschlosser
– Kostenstruktur im Produzierenden
  Gewerbe 133, 141
– Zuordnung Richtsatzsammlung 659
Bauschreiner, siehe Schreiner
– Zuordnung Richtsatzsammlung 659
Bauspenglerei
– Kostenstruktur im Produzierenden
  Gewerbe 132, 136
Bausteinmetz, siehe Steinmetz
– Zuordnung Richtsatzsammlung 659
Baustellenarbeiten, vorbereitende
– Kostenstruktur im Produzierenden
  Gewerbe 131, 134
Baustoffe
– Kostenstruktur im Großhandel 265
– Kostenstruktur im Produzierenden
  Gewerbe 144
Baustoffmaschinen
– Kostenstruktur im Großhandel 272
– Kostenstruktur im Produzierenden
  Gewerbe 353, 359
Bautenschutzgewerbe
– HWO, Zuordnung 670
Bautischlerei
– Kostenstruktur im Produzierenden
  Gewerbe 133, 142
– Richtsätze 427
– Zuordnung Richtsatzsammlung 659
Bautrocknungsgewerbe
– HWO, Zuordnung 670

Bauunternehmen
- Richtsätze 129
- Zuordnung Richtsatzsammlung 659
Beamer
- Zuordnung Richtsatzsammlung 659
Beerdigungsinstitut, siehe Bestattungswe-
sen
- Zuordnung Richtsatzsammlung 659
Behälter, Metall
- Kostenstruktur im Produzierenden
Gewerbe 377
Behälterbau
- Kostenstruktur im Produzierenden
Gewerbe 376, 379
Behälterbauer
- HWO, Zuordnung 668
Beherbergungsgewerbe
- Auslastungskennziffern nach Bundes-
ländern 154
- Beherbergungskapazitäten 154
- Betriebe, Anzahl 152
- Betriebsformen 148
- Kennzahlen, betriebswirtschaftliche
155
- Pacht 155
- Richtsätze 149
- Umsatz je Unternehmen 153
- Umsatzentwicklung 151
- Zeitreihe 150
- Zuordnung Richtsatzsammlung 659
Behindertenfahrzeuge
- Kostenstruktur im Produzierenden
Gewerbe 206, 318
Beitrittsländer EU
- Kennzahlen der Wettbewerbsfähigkeit
607
Bekleidung
- Kostenstruktur im Einzelhandel 464
- Kostenstruktur im Großhandel 256

- Kostenstruktur im Produzierenden
Gewerbe 474, 476
- Kostenstrukturerhebungen, Überblick
56
- Zuordnung Richtsatzsammlung 659
Bekleidungsfärberei, siehe Chemische
Reinigung
Bekleidungsgewerbe
- Bilanzkennzahlen 575
- Kostenstruktur im Produzierenden
Gewerbe 474
- Kostenstrukturerhebungen, Überblick
56
Bekleidungsmaschinen
- Kostenstruktur im Produzierenden
Gewerbe 353, 360
Bekleidungszubehör
- Kostenstruktur im Produzierenden
Gewerbe 474, 476
- Zuordnung Richtsatzsammlung 659
Benchmark 16
Benutzerhinweise 76
Beratende Ingenieure
- Strukturerhebung im Dienstleistungs-
bereich 156
Beratung 11
Beratung mit Branchenkennzahlen 11
Beratungspraxis, Kennzahlen 567
Bereifungen
- Kostenstruktur im Produzierenden
Gewerbe 288
Bergbau
- Kostenstruktur im Produzierenden
Gewerbe 157
Bergbau, sonstiger
- Kostenstruktur im Bergbau und
Gewinnung von Steinen und
Erden 158
- Kostenstrukturerhebungen,
Überblick 56

Bergwerksmaschinen
- Kostenstruktur im Großhandel 272
- Kostenstruktur im Produzierenden Gewerbe 353, 359

Berufsbekleidung
- Kostenstruktur im Produzierenden Gewerbe 474, 475

Berufsverbände 25

Beschläge
- Kostenstruktur im Produzierenden Gewerbe 377, 383

Besen
- Kostenstruktur im Produzierenden Gewerbe 428

Bestattungswesen
- HWO, Zuordnung 671
- Kostenstrukturerhebungen, Überblick 59
- Markt 160
- Planungsunterlage Dienstleistungen 161
- Richtsätze 160
- Zuordnung Richtsatzsammlung 659

Bestecke
- Kostenstruktur im Produzierenden Gewerbe 295, 377

Betonbauer
- HWO, Zuordnung 666

Betonbohrer
- HWO, Zuordnung 670

Betonerzeugnisse
- Kostenstruktur im Produzierenden Gewerbe 144, 146, 147

Betonschneider
- HWO, Zuordnung 670

Betonsteinhersteller
- HWO, Zuordnung 668

Betriebe, einbezogene
- Richtsatzsammlung der Finanzverwaltung 23

Betriebsarten, § 3 BPO 672

Betriebsaufwendungen
- allgemein sachliche 25, 29
- besondere sachliche und personelle 25, 29
- Vorbemerkungen Richtsatzsammlung 34

Betriebsformen, Beherbergung 148

Betriebsgrößenklassen
- Einordnung, Betriebsprüfung 672

Betriebsmittelkredit
- Gemeinschaftspraxisbeitritt Arzt 90
- Neugründung, Einzelpraxis Arzt 88
- Überführung, Einzel- in Gemeinschaftspraxis 91
- Übernahme, Einzelpraxis Arzt 89

Betriebstyp 11

Betriebsvergleich, interner
- Planungsunterlage Handwerk 18
- Zeitreihenvergleich 20

Betriebsvergleiche
- Anbieter, weitere 55
- äußerer 11
- DATEV 67
- Erläuterungen 31
- externer 16
- Hotellerie und Gastgewerbe, Bezugsquelle 15
- Institut für Handelsforschung Köln (IfH) 48
- Institut für Markt- und Wirtschaftsforschung (FfH) 55
- interner 16
- spezielle 48
- systematisch nutzen 16

Betriebsvergleichsbogen
- Aufbau (Richtsatzsammlung) 24
- Erläuterungen 31
- Richtsatzermittlung (BVB) 24

Betriebsvergleichsschema 20

Bevölkerung
- EU 595
- Stand BRD 597
- Vorausberechnung BRD 597
Bezugsquellen 14
Bier/-wirtschaft
- Kostenstruktur im Produzierenden
  Gewerbe 337, 345
- Zuordnung Richtsatzsammlung 659
Bilanzkennzahlen
- Formeln 569
- Verhältniszahlen zur Vermögens- und
  Kapitalstruktur der Unternehmen
  571
- Wirtschaftsbereiche 572
- Wirtschaftszweige 568
Bildträger, Vervielfältigung bespielter
- Kostenstruktur im Produzierenden
  Gewerbe 501, 503
- Kostenstrukturerhebungen, Überblick
  57
Binnenschifffahrt
- Strukturerhebung im Dienstleistungs-
  bereich 497
Blankstahl
- Kostenstruktur im Produzierenden
  Gewerbe 370
Blechner, siehe Klempner
- Zuordnung Richtsatzsammlung 659
Blei
- Kostenstruktur im Produzierenden
  Gewerbe 370
Blumen
- IFH-Branchenvergleich 49
- Kostenstruktur im Großhandel 240
- Richtsätze 163
- Zuordnung Richtsatzsammlung 659
Boardinghouses
- Definition 148

Bodenbelag
- Kostenstruktur im Einzelhandel 323,
  451
Bodenfliesen, keramische
- Kostenstruktur im Produzierenden
  Gewerbe 214
Bodenleger
- HWO, Zuordnung 670
Bodennutzung, landwirtschaftliche
- Kostenstrukturerhebungen, Überblick
  56
Bodenplatten, keramische
- Kostenstruktur im Produzierenden
  Gewerbe 214
Bogenmacher
- HWO, Zuordnung 685
Bootsbau/Bootsbauer
- Kostenstruktur im Produzierenden
  Gewebe 318, 319
- HWO, Zuordnung 666
Böttcher
- HWO, Zuordnung 668
BPO
- Betriebe, einbezogene 23
- Betriebsarten 672
Branchen-ABC 76
Branchenkennzahlen
- Arbeiten mit 16
- DATEV 67
- Gastronomie 151
- Möglichkeiten und Grenzen der Bera-
  tung 11
Branchenreport, ZEW 59
Branchenstrukturdaten, Statistisches
  Bundesamt 56
Branchenzuordnung 612
Brauer
- HWO, Zuordnung 668
Bräunungsstudio, siehe Kosmetiksalons
  306

Brenner
– Kostenstruktur im Produzierenden
  Gewerbe 351
Brennstoffe, feste
– Kostenstruktur im Großhandel 263
– Richtsätze 164
– Zuordnung Richtsatzsammlung 659
Briefmarken
– Kostenstruktur im Einzelhandel 323,
  451
Brotbäckerei, siehe Bäckerei
– Zuordnung Richtsatzsammlung 659
Brücken- und Tunnelbau
– Kostenstruktur im Produzierenden
  Gewerbe 131, 136
Brunnenbauer
– HWO, Zuordnung 666
Brutstoffe
– Kostenstruktur im Produzierenden
  Gewerbe 304
– Kostenstrukturerhebungen, Überblick
  57
Buchbinder
– HWO, Zuordnung 669
Buchdrucker
– HWO, Zuordnung 669
Buchdruckerei, siehe Druckerei
– Zuordnung Richtsatzsammlung 659
Bücher
– IfH-Branchenvergleich 49
– Kostenstruktur im Einzelhandel 166,
  425
– Richtsätze 165
– Zuordnung Richtsatzsammlung 659
Buchführung
– Strukturerhebung im Dienstleistungs-
  bereich 456
Büchsenmacher
– HWO, Zuordnung 666

Buchverlag
– Kostenstruktur im Produzierenden
  Gewerbe 501, 502
Bügelanstalten, Herren-Oberbekleidung
– HWO, Zuordnung 670
Bügelei, siehe Wäscherei
– Markt 175
– Planungsunterlage Dienstleistungen
  178
– Zuordnung Richtsatzsammlung 659
Bundesagentur für Außenwirtschaft
– Adressen 15
Bundesamt, Statistisches
– Veröffentlichungen 56
Buntmetallgießerei
– Kostenstruktur im Produzierenden
  Gewerbe 228
Büroartikel
– Richtsätze 424
– Zuordnung Richtsatzsammlung 659
Bürobedarf
– Kostenstruktur im Einzelhandel 166,
  425
Bürobedarf aus Papier, Pappe, Karton
– Kostenstruktur im Produzierenden
  Gewerbe 405, 426
Büromaschinen
– Bilanzkennzahlen 583
– Kostenstruktur im Großhandel 275
– Kostenstruktur im Produzierenden
  Gewerbe 180
– Kostenstrukturerhebungen, Überblick
  57
– Richtsätze 179
– Strukturerhebung im Dienstleistungs-
  bereich 188
– Zuordnung Richtsatzsammlung 659
Büromaschinen, Vermietung
– Strukturerhebung im Dienstleistungs-
  bereich 513

Büromöbel
- Kostenstruktur im Großhandel 275
- Kostenstruktur im Produzierenden
  Gewerbe 393, 394
Büroservice, siehe Sekretariatsbüros
Bürsten
- Kostenstruktur im Produzierenden
  Gewerbe 428
Bürstenmacher
- HWO, Zuordnung 670
Busunternehmen
- Richtsätze 436
- Zuordnung Richtsatzsammlung 659

Cafés
- Betriebe, Anzahl 152
- Richtsätze 223
- Umsatz je Betrieb 153
- Umsatzentwicklung 151
- Zeitreihe, Unternehmen und Roher-
  tragsquote 226
- Zuordnung Richtsatzsammlung 659
Call Centers
- Strukturerhebung im Dienstleistungs-
  bereich 167
Campingartikel
- Richtsätze 453
- Zuordnung Richtsatzsammlung 659
Cashflow, Formel 569
Caterer
- Betriebe, Anzahl 152
- Umsatz je Betrieb 153
- Umsatzentwicklung 151
- Zeitreihe, Unternehmen und Roher-
  tragsquote 227
CD, siehe Rundfunk
- Zuordnung Richtsatzsammlung 660
Cembalobauer
- HWO, Zuordnung 669

Chemiefasern
- Kostenstruktur im Produzierenden
  Gewerbe 169, 173
Chemikalien
- Kostenstruktur im Produzierenden
  Gewerbe 168, 170, 171
Chemische Erzeugnisse
- Kostenstruktur im Bergbau und
  Gewinnung von Steinen und Erden
  158
- Kostenstruktur im Großhandel 267
- Kostenstruktur im Produzierenden
  Gewerbe 168, 172, 173
- Kostenstrukturerhebungen, Überblick
  57
Chemische Grundstoffe
- Kostenstruktur im Produzierenden
  Gewerbe 168
Chemische Industrie
- Bilanzkennzahlen 578
- Kostenstruktur im Produzierenden
  Gewerbe 168
- Kostenstrukturerhebung, Überblick
  57
Chemische Reinigung
- Kostenstrukturerhebungen, Überblick
  59
- Markt 175
- Planungsunterlage Dienstleistungen
  177
- Richtsätze 174
- Zuordnung Richtsatzsammlung 660
Chirurgie, Einzelpraxen
- Vergleichswerte Statistisches Bundes-
  amt 99
Chirurgie, Gemeinschaftspraxen
- Vergleichswerte Statistisches Bundes-
  amt 114
Chirurgiemechaniker
- HWO, Zuordnung 666

Computer
- Richtsätze 179
- Zuordnung Richtsatzsammlung 660
Converters
- Abgrenzung Handel-Produktion 657
Copy-Shop
- Strukturerhebung im Dienstleistungs-
bereich 435

Dachdecker/Dachdeckerei
- HWO, Zuordnung 666
- Kostenstruktur im Produzierenden
Gewerbe 132, 136
- Richtsätze 190
- Zuordnung Richtsatzsammlung 660
Damenbekleidung
- Zuordnung Richtsatzsammlung 660
Damenfrisör
- Markt 220
- Planungsunterlage Dienstleistungen
221, 222
- Zuordnung Richtsatzsammlung 660
Damenschneider
- HWO, Zuordnung 668
Dämmung gegen Kälte, Wärme, Schall,
Erschütterung
- Kostenstruktur im Produzierenden
Gewerbe 133, 140
Dampfkessel
- Kostenstruktur im Produzierenden
Gewerbe 376, 380
Daten
- gesamtwirtschaftliche, Deutschland
543
- volkswirtschaftliche Gesamtrechnung,
Deutschland 549, 559
Datenbanken
- Kostenstrukturerhebungen,
Überblick 58

- Strukturerhebung im Dienstleistungs-
bereich 181, 187
Datenblatt, Betriebsvergleich
- externer 17
- interner 20
Datenträger, Vervielfältigung bespielter
- Kostenstruktur im Produzierenden
Gewerbe 501, 503
- Kostenstrukturerhebungen, Überblick
57
Datenverarbeitung
- Kostenstrukturerhebungen, Überblick
58
- Strukturerhebung im Dienstleistungs-
bereich 181
Datenverarbeitung, sonstige verbundene
Tätigkeiten
- Strukturerhebung im Dienstleistungs-
bereich 189
Datenverarbeitungsdienste
- Strukturerhebung im Dienstleistungs-
bereich 186
Datenverarbeitungseinrichtungen
- Bilanzkennzahlen 583
- Kostenstruktur im Produzierenden
Gewerbe 180
- Strukturerhebung im Dienstleistungs-
bereich 188
Datenverarbeitungseinrichtungen, Ver-
mietung
- Strukturerhebung im Dienstleistungs-
bereich 513
Datenverarbeitungsgeräte
- Bilanzkennzahlen 583
- Kostenstruktur im Großhandel 274
- Kostenstruktur im Produzierenden
Gewerbe 180
- Kostenstrukturerhebungen, Überblick
57

– Strukturerhebung im Dienstleistungs-
  bereich 188
Datenverarbeitungsgeräte, Vermietung
– Strukturerhebung im Dienstleistungs-
  bereich 513
DATEV-Programm
– Betriebsvergleich, Beispiel 68
– Branchenkennzahlen, Beispiel 69
Daubenhauer
– HWO, Zuordnung 670
Dauerbackwaren
– Kostenstruktur im Produzierenden
  Gewerbe 127, 336
Deckungsbeitrag
– Spa, Wellness 155
Dekorateure
– HWO, Zuordnung 671
– Richtsätze 408
– Zuordnung Richtsatzsammlung 660
Dekorationsnäher (ohne Schaufensterde-
  koration)
– HWO, Zuordnung 670
Desinfektionsmittel
– Kostenstruktur im Produzierenden
  Gewerbe 168, 172
Detekteien
– Strukturerhebung im Dienstleistungs-
  bereich 191
Diaprojektoren, siehe Büromaschinen
– Zuordnung Richtsatzsammlung 660
Diätassistent
– Gesundheitspersonal nach Berufen
  296
Dienstleistungen, unternehmensnahe
– Bilanzkennzahlen 591
Dienstleistungen, wirtschaftliche
– Kostenstrukturerhebungen, Überblick
  58
Dienstleistungssektor
– EU, Umsatz je Beschäftigten 608

Diktiergeräte, siehe Büromaschinen
– Zuordnung Richtsatzsammlung 660
Dolomitstein
– Kostenstruktur im Bergbau und
  Gewinnung von Steinen und Erden
  158
Draht, gezogener
– Kostenstruktur im Produzierenden
  Gewerbe 370, 374
Drahtgestelle für Dekorationszwecke in
  Sonderanfertigung
– HWO, Zuordnung 670
Drahtwaren
– Kostenstruktur im Produzierenden
  Gewerbe 377, 384
Drechsler
– HWO, Zuordnung 668
Drogerien
– Richtsätze 192
– Zuordnung Richtsatzsammlung 660
Drucker
– HWO, Zuordnung 669
Drucker, siehe Computer
– Zuordnung Richtsatzsammlung 660
Druckereien
– Kostenstruktur im Produzierenden
  Gewerbe 195
– Richtsätze 194
– Zuordnung Richtsatzsammlung 660
Druckerzeugnisse, andere
– Kostenstruktur im Produzierenden
  Gewerbe 195, 196
Druckfarben
– Kostenstruktur im Produzierenden
  Gewerbe 169, 324
Druckgewerbe
– Bilanzkennzahlen 577
– HWO, Zuordnung 669
– Kostenstruktur im Produzierenden
  Gewerbe 195, 501

– Kostenstrukturerhebungen, Überblick
  56
Druckvorstufe
– Kostenstruktur im Produzierenden
  Gewerbe 195
Druckweiterverarbeitung
– Kostenstruktur im Produzierenden
  Gewerbe 195
Duftmittel/-stoffe
– Kostenstruktur im Produzierenden
  Gewerbe 169, 305
Düngemittel
– Kostenstruktur im Produzierenden
  Gewerbe 168

Eckdaten
– Prognose für Deutschland 558
– wirtschaftliche, Deutschland 544
Edelmetalle
– Kostenstruktur im Produzierenden
  Gewerbe 370, 487
Edelmetallwaren
– Richtsätze 484
– Zuordnung Richtsatzsammlung 660
Edelsteingraveur
– HWO, Zuordnung 669
Edelsteinschleifer
– HWO, Zuordnung 669
Eier
– Kostenstruktur im Großhandel 247
Eigenkapitalanteil, Formel 569
Eigenkapitalrentabilität, Formel 569
Einkommen, verfügbares private Haus-
  halte 605
Eigenmittel, Definition 570
Einlagen, Gesellschafter 43
Einnahmen, Staat 552
Einrichtungsgegenstände
– Kostenstruktur im Einzelhandel 392

– Richtsätze 391
– Zuordnung Richtsatzsammlung 660
Einzelhandel
– Betriebsvergleich 48
– Bezugsquelle 15
– Bilanzkennzahlen 589
– Kostenstruktur 516
– Kostenstrukturerhebungen, Überblick
  57
Einzelpraxen
– Arzt, Kostenstruktur 93
– Finanzierungsbedarf, Neugründung
  Arzt 88
– Finanzierungsbedarf, Übernahme Arzt
  89
– Zahnarzt, Kostenstruktur 522
Eisdielen
– Betriebe, Anzahl 152
– Richtsätze 223
– Umsatz je Betrieb 153
– Umsatzentwicklung 151
– Zeitreihe, Unternehmen und Roher-
  tragsquote 226
– Zuordnung Richtsatzsammlung 660
Eisen
– Kostenstruktur im Produzierenden
  Gewerbe 370, 373
Eisenbahnverkehr, siehe Verkehr
– Strukturerhebung im Dienstleistungs-
  bereich 491
Eisenflechter
– HWO, Zuordnung 670
Eisengießerei
– Kostenstruktur im Produzierenden
  Gewerbe 228, 229
Eisenwaren
– Richtsätze 294
– Zuordnung Richtsatzsammlung 660

Elektrische Ausrüstungen
– Kostenstruktur im Produzierenden
   Gewerbe 199, 202
Elektrische Ausrüstungen für Motoren
und Fahrzeuge
– Kostenstruktur im Produzierenden
   Gewerbe 199, 202
Elektrische Haushaltsgeräte
– Kostenstruktur im Einzelhandel 198
– Kostenstruktur im Großhandel 257
Elektrizitätserzeugung
– Kostenstrukturerhebungen, Überblick
   57
Elektrizitätserzeugungsgeräte
– Kostenstruktur im Produzierenden
   Gewerbe 199
Elektrizitätsschalteinrichtungen
– Kostenstruktur im Produzierenden
   Gewerbe 199, 200
Elektrizitätsverteilung
– Kostenstrukturerhebungen, Überblick
   57
Elektrizitätsverteilungseinrichtungen
– Kostenstruktur im Produzierenden
   Gewerbe 199, 200
Elektro
– IfH-Branchenvergleich 50
Elektrobranchen 197
Elektrodrähte, isoliert
– Kostenstruktur im Produzierenden
   Gewerbe 199, 201
Elektrogeräte
– Zuordnung Richtsatzsammlung 660
Elektroinstallation
– Kostenstruktur im Produzierenden
   Gewerbe 132, 139
– Richtsätze 197
– Zuordnung Richtsatzsammlung 678

Elektrokabel, isolierte
– Kostenstruktur im Produzierenden
   Gewerbe 199, 201
Elektroleitungen, isolierte
– Kostenstruktur im Produzierenden
   Gewerbe 199, 201
Elektromaschinenbauer
– HWO, Zuordnung 666
Elektromotoren
– Kostenstruktur im Produzierenden
   Gewerbe 199, 200
Elektronische Bauelemente
– Kostenstruktur im Produzierenden
   Gewerbe 416
Elektrotechnik/Elektrotechniker
– Bilanzkennzahlen 583
– HWO, Zuordnung 666
– Verdiensterhebung im Handwerk
   203
Elektrotechnische Erzeugnisse
– Richtsätze 197
– Zuordnung Richtsatzsammlung 660
Elfenbeinschnitzer
– HWO, Zuordnung 668
Energieversorgung
– Kostenstrukturerhebungen, Überblick
   57
Entbindungspfleger
– Kostenstrukturerhebungen, Überblick
   58
Entnormalisierung 35, 47
Entsorgung, sonstige
– Kostenstrukturerhebungen, Überblick
   58
Enttrümmerungsgewerbe
– Kostenstruktur im Produzierenden
   Gewerbe 131
Entwicklung
– Kostenstrukturerhebungen, Überblick
   58

– Strukturerhebung im Dienstleistungs-
   bereich 215
Erdbewegungsarbeiten
– Kostenstruktur im Produzierenden
   Gewerbe 131
Erden
– Bilanzkennzahlen 580
– Kostenstruktur im Bergbau und
   Gewinnung von Steinen und Erden
   158
– Kostenstrukturerhebungen, Überblick
   56
Erdgas
– Kostenstruktur im Bergbau und
   Gewinnung von Steinen und Erden
   157
– Kostenstrukturerhebungen, Überblick
   56
Erdöl
– Kostenstruktur im Bergbau und
   Gewinnung von Steinen und Erden
   157
– Kostenstrukturerhebungen, Überblick
   56
Erfrischungsgetränke
– Kostenstruktur im Produzierenden
   Gewerbe 337, 345
Ernährungsgewerbe
– Bilanzkennzahlen 574
– Kostenstruktur im Produzierenden
   Gewerbe 335
– Kostenstrukturerhebungen, Überblick
   56
Ernährungsgewerbemaschinen
– Kostenstruktur im Produzierenden
   Gewerbe 353, 359
Erschütterung, Dämmung
– Kostenstruktur im Produzierenden
   Gewerbe 133, 140
Erträge, steuerfrei, außerordentlich 43

Erwerbstätige
– EU 596
– BRD 599
Erzbergbau
– Kostenstrukturerhebungen, Überblick
   56
Erze
– Kostenstruktur im Großhandel 264
Erziehung
– Kostenstrukturerhebungen, Überblick
   58
Estrichlegerei
– HWO, Zuordnung 668
– Richtsätze 213
– Zuordnung Richtsatzsammlung 660
Europäische Union
– Bevölkerung 595
– erweiterte, Kennzahlen 607
– Erwerbstätige 596
– Schwellenwerte KMU 696
– Umsatz je Beschäftigten, Dienst-
   leistungssektor 608
– Zinssätze 593, 594
Europäischer Datenservice
– Bezugsquellen 15
Exportverpackungsindustrie
– IfH-Branchenvergleich 51

Fachserie 56
Fahrräder
– Kostenstruktur im Produzierenden
   Gewerbe 206, 318
– Richtsätze 204
– Zuordnung Richtsatzsammlung 660
Fahrschulen
– Richtsätze 207
– Vergleichswerte 208
– Zuordnung Richtsatzsammlung 660

Fahrzeugbau/Fahrzeugbauer
– Bilanzkennzahlen 585
– HWO, Zuordnung 666
Fahrzeugbau, sonstiger
– Kostenstruktur im Produzierenden
  Gewerbe 318
– Kostenstrukturerhebungen, Überblick
  57
Fahrzeugverwerter
– HWO, Zuordnung 670
Farben
– FfH-Branchenvergleich 55
– IfH-Branchenvergleich 51
– Richtsätze 321
– Zuordnung Richtsatzsammlung 660
Farbstoffe
– Kostenstruktur im Produzierenden
  Gewerbe 168, 170
Faserzementwaren
– Kostenstruktur im Produzierenden
  Gewerbe 144
Federn
– Kostenstruktur im Produzierenden
  Gewerbe 377, 384
Feinbäckerei, siehe Bäckerei
– Zuordnung Richtsatzsammlung 660
Feinkeramikwaren, siehe Haushaltswaren
– Zuordnung Richtsatzsammlung 660
Feinkostwaren, siehe Nahrungsmittel
– Zuordnung Richtsatzsammlung 660
Feinoptiker
– HWO, Zuordnung 669
Feintäschner
– HWO, Zuordnung 668
Feinwerkmechaniker
– HWO, Zuordnung 666
Felle
– Kostenstruktur im Großhandel 242
– Kostenstruktur im Produzierenden
  Gewerbe 474

Fernmeldedienste
– Strukturerhebung im Dienstleistungs-
  bereich 399
Fernsehanstalten
– Planungsunterlage Dienstleistungen
  418
Fernsehgeräte, siehe Unterhaltungselek-
tronik
– Zuordnung Richtsatzsammlung 660
Fernsehprogrammherstellung
– Planungsunterlage Dienstleistungen
  418
Ferrolegierungen
– Kostenstruktur im Produzierenden
  Gewerbe 370, 372
Fertigbauteile, Holz
– Kostenstruktur im Produzierenden
  Gewerbe 428, 430
Fertigerzeugnisse, gewirkt, gestrickt
– Kostenstruktur im Produzierenden
  Gewerbe 466, 473
Fertigteilbauten
– Kostenstruktur im Produzierenden
  Gewerbe 131, 135, 428, 430
Fertigungslöhne
– Betriebsvergleichsbogen, Aufbau 25,
  30, 33
Fette, pflanzliche und tierische
– Kostenstruktur im Produzierenden
  Gewerbe 335, 340
Fette, rohe
– Kostenstruktur im Produzierenden
  Gewerbe 335
FfH-Institut, Adresse 55
Filamentgarnweberei
– Kostenstruktur im Produzierenden
  Gewerbe 465, 470
Filmherstellung
– Planungsunterlage Dienstleistungen
  210

Filmscheinwerfer, siehe Büromaschinen
- Zuordnung Richtsatzsammlung 660
Filmtheater
- Planungsunterlage Dienstleistungen 212
Filmverleih
- Planungsunterlage Dienstleistungen 211
Finanzierungsbedarf
- Gemeinschaftspraxisbeitritt Arzt 90
- Neugründung, Einzelpraxis Arzt 88
- Überführung, Einzel- in Gemeinschaftspraxis 91
- Übernahme, Einzelpraxis Arzt 89
Finanzverwaltung
- Richtsatzsammlungen 23
Fingernagelstudio, siehe Kosmetiksalon
- Zuordnung Richtsatzsammlung 660
Fische
- Kostenstruktur im Einzelhandel 332
- Kostenstruktur im Produzierenden Gewerbe 335, 338
- Richtsätze 325
- Zuordnung Richtsatzsammlung 660
Fischerei
- Kostenstrukturerhebungen, Überblick 56
Fischerzeugnisse, siehe Fische
Fischzucht
- Kostenstrukturerhebungen, Überblick 56
Fitnesscenter
- Kostenstrukturerhebungen, Überblick 59
- Markt 307
- Planungsunterlage Dienstleistungen 310
Flachglas
- IfH-Branchenvergleich 50

Kostenstruktur im Produzierenden Gewerbe 233, 234
Flaschnerei
- Richtsätze 299
- Zuordnung Richtsatzsammlung 660
Flechtwaren
- Kostenstruktur im Produzierenden Gewerbe 428, 431
Fleckteppichhersteller
- HWO, Zuordnung 670
Fleisch
- Kostenstruktur im Einzelhandel 388
- Kostenstruktur im Großhandel 246
- Kostenstruktur im Produzierenden Gewerbe 335, 390
Fleischer
- HWO, Zuordnung 667
- Richtsätze 386
- Verdiensterhebung im Handwerk 387
Fleischwaren, siehe Fleisch
Fleischzerleger
- HWO, Zuordnung 671
Flexografen
- HWO, Zuordnung 669
Fliesenleger
- HWO, Zuordnung 668
- Kostenstruktur im Produzierenden Gewerbe 133, 142
- Richtsätze 213
- Zuordnung Richtsatzsammlung 660
Flipperautomaten, siehe Spielhallen
- Zuordnung Richtsatzsammlung 660
Floristenbedarf
- IfH-Branchenvergleich 50
Flurförderfahrzeuge
- IfH-Branchenvergleich 50
Folien, Kunststoff
- Kostenstruktur im Produzierenden Gewerbe 288, 290

Fördermittel
– Kostenstruktur im Produzierenden Gewerbe 351
Forschung
– Kostenstrukturerhebungen, Überblick 58
– Strukturerhebung im Dienstleistungsbereich 215
Forstwirtschaft
– Kostenstrukturerhebungen, Überblick 56
Forstwirtschaftliche Geräte/Maschinen
– Kostenstruktur im Großhandel 278
– Kostenstruktur im Produzierenden Gewerbe 351, 358
Fotoapparate
– Zuordnung Richtsatzsammlung 660
Fotobedarf
– Zuordnung Richtsatzsammlung 660
Fotoeinzelhandel 218
Fotografen
– HWO, Zuordnung 669
– Zuordnung Richtsatzsammlung 661
Fotografische Geräte
– Kostenstruktur im Produzierenden Gewerbe 404
– Richtsätze 218
Fotografische Laboratorien
– Strukturerhebung im Dienstleistungsbereich 219
Fotografisches Gewerbe
– Richtsätze 218
– Strukturerhebung im Dienstleistungsbereich 219
Frachtumschlag
– Strukturerhebung im Dienstleistungsbereich 440, 441
Frauenheilkunde, Einzelpraxen
– Vergleichswerte Statistisches Bundesamt 100

Frauenheilkunde, Gemeinschaftspraxen
– Vergleichswerte Statistisches Bundesamt 115
Fremdmittel 570
Frischbeton
– Kostenstruktur im Produzierenden Gewerbe 144, 146
Frisör
– HWO, Zuordnung 667
– Kostenstrukturerhebungen, Überblick 59
– Markt 220
– Planungsunterlage Dienstleistungen 221
– Richtsätze 220
– Zuordnung Richtsatzsammlung 661
Fruchtsaft
– Kostenstruktur im Produzierenden Gewerbe 335, 339
Fruchtwein
– Kostenstruktur im Produzierenden Gewerbe 337
Fuger, Hochbau
– HWO, Zuordnung 670
Fuhrgewerbe, siehe Speditionen
– Richtsätze 436
– Zuordnung Richtsatzsammlung 661
Furnierplattenwerke
– Kostenstruktur im Produzierenden Gewerbe 428, 429
Fußbodenbelag
– Richtsätze 321
– Zuordnung Richtsatzsammlung 661
Fußbodenlegerei
– Kostenstruktur im Produzierenden Gewerbe 133, 142
Fußpflege, siehe Kosmetiksalons
– Zuordnung Richtsatzsammlung 661
Futtermittel
– Kostenstruktur im Großhandel 239

– Kostenstruktur im Produzierenden
Gewerbe 336, 542

Galvaniseur
– HWO, Zuordnung 668
Gartenbau
– Richtsätze 163
– Zuordnung Richtsatzsammlung 661
Gärtnerbedarf
– IfH-Branchenvergleich 50
Gärtnereien
– IfH-Branchenvergleich 49
Gasinstallation
– Kostenstruktur im Produzierenden
Gewerbe 133, 140
– Richtsätze 299
– Verdiensterhebung im Handwerk
300
– Zuordnung Richtsatzsammlung 661
Gastgewerbe
– Betriebe, Anzahl 152
– EU, Umsatz je Beschäftigten 609
– Kennzahlenvergleich, Beispiel 19
– Kostenstrukturerhebungen, Überblick
57
– Quellen 15
– Umsatz je Betrieb 153
– Umsatzentwicklung 151
Gasthöfe
– Betriebe, Anzahl 152
– Definition 148
– Richtsätze 149
– Umsatz je Betrieb 153
– Umsatzentwicklung 151
– Zeitreihe, Unternehmen und Roher-
tragsquote 150
– Zuordnung Richtsatzsammlung 661
Gastronomie, getränkegeprägte
– Betriebe, Anzahl 152

– Kennzahlen, betriebswirtschaftliche
155
– Pacht 155
– Umsatz je Betrieb 153
– Umsatzentwicklung 151
– Zeitreihe, Unternehmen und Roher-
tragsquote 226
Gastronomie, speisengeprägte
– Zeitreihe, Unternehmen und Roher-
tragsquote 226
Gastronomiegroßhandel
– IfH-Branchenvergleich 50
Gastronomische Betriebe 223
Gaststättengewerbe, sonstiges
– Zeitreihe, Unternehmen und Roher-
tragsquote 226
Gastwirtschaften
– Richtsätze 224
– Zuordnung Richtsatzsammlung 661
Gebäude, siehe Immobilien
Gebäudereinigung
– HWO, Zuordnung 669
– Richtsätze 230
– Strukturerhebung im Dienstleistungs-
bereich 231
– Zuordnung Richtsatzsammlung 661
Gebrauchsgüter, Reparatur
– Kostenstrukturerhebungen, Überblick
57
Gebrauchsgüter, sonstige
– Kostenstruktur im Großhandel 254,
261
Gebrauchsgüter, Vermietung
– Strukturerhebung im Dienstleistungs-
bereich 515
Gebrauchtwaren
– Kostenstruktur im Einzelhandel 78
Geflügel
– Kostenstruktur im Einzelhandel 388
– Kostenstruktur im Großhandel 246

- Kostenstruktur im Produzierenden Gewerbe 335, 389
- Schlachten 389

Gehälter
- Betriebsvergleichsbogen, Aufbau 26
- Vorbemerkungen Richtsatzsammlung 33

Geigenbauer
- HWO, Zuordnung 669

Gelatine
- Kostenstruktur im Produzierenden Gewerbe 169

Geldspielautomaten, siehe Spielhallen
- Zuordnung Richtsatzsammlung 661

Gelegenheitsflugverkehr
- Strukturerhebung im Dienstleistungsbereich 500

Gemeinschaftspraxen
- Ärzte, Kostenstruktur 109
- Finanzierungsbedarf 90
- Zahnärzte, Kostenstruktur 525

Gemüse
- Kostenstruktur im Einzelhandel 331
- Kostenstruktur im Großhandel 245
- Kostenstruktur im Produzierenden Gewerbe 335, 339
- Richtsätze 326
- Zuordnung Richtsatzsammlung 661

Gemüseanbauflächen
- Kostenstrukturerhebungen, Überblick 56

Gemüsesäfte
- Kostenstruktur im Produzierenden Gewerbe 335, 339

Generatoren
- Kostenstruktur im Produzierenden Gewerbe 199, 200

Genussmittel
- Richtsätze 326
- Zuordnung Richtsatzsammlung 661

Geräte, land- und forstwirtschaftliche
- Kostenstruktur im Großhandel 278

Geräte, nicht elektrische
- Kostenstruktur im Produzierenden Gewerbe 353, 363

Geräte, Vermietung
- Strukturerhebung im Dienstleistungsbereich 510, 514

Gerber
- HWO, Zuordnung 671

Gerüstbauer
- HWO, Zuordnung 666

Gesamtfinanzierungsvolumen
- Gemeinschaftspraxisbeitritt Arzt 90
- Neugründung, Einzelpraxis Arzt 88
- Überführung, Einzel- in Gemeinschaftspraxis 91
- Übernahme, Einzelpraxis Arzt 89

Geschäftsführer, mehrere 43

Geschäftsführergehalt 42

Geschenkartikel
- Kostenstruktur im Einzelhandel 323, 451
- Richtsätze 294
- Zuordnung Richtsatzsammlung 661

Geschlechtskrankheiten-Arzt, Einzelpraxis
- Vergleichswerte Statistisches Bundesamt 102

Geschlechtskrankheiten-Arzt, Gemeinschaftspraxis
- Vergleichswerte Statistisches Bundesamt 117

Gesellschafter
- Einlagen 43
- Leistungen 40

Gesichtsmassage, siehe Kosmetiksalons
- Zuordnung Richtsatzsammlung 661

Gesundheitshandwerker, sonstige
– Gesundheitspersonal nach Berufen
296
Gesundheitsingenieur
– Gesundheitspersonal nach Berufen
296
Gesundheitspersonal, Übersicht 296
Gesundheitspfleger
– Gesundheitspersonal nach Berufen
296
Gesundheitswesen
– Berufe 296
– Kostenstrukturerhebungen, Überblick
58
Gesundheitswesen, sonstige selbständige
Tätigkeiten
– Kostenstruktur 298
– Kostenstrukturerhebungen, Überblick
58
Getränke
– Kostenstruktur im Einzelhandel 327,
328, 329, 330
– Kostenstruktur im Großhandel 244,
248, 253
– Kostenstruktur im Produzierenden
Gewerbe 336
– Richtsätze 325
– Zuordnung Richtsatzsammlung 661
Getränkefachgroßhandel
– IfH-Branchenvergleich 50
Getränkeleitungsreiniger
– HWO, Zuordnung 671
Getreide
– Kostenstruktur im Großhandel 239
Getriebe
– Kostenstruktur im Produzierenden
Gewerbe 351
Gewerbeklassenzuordnung 659

Gewerbesteuer
– Betriebsvergleichsbogen, Aufbau 30
– Beispiel 44
Gewerke, handwerksähnliche 670
Gewinnausschüttungen, verdeckte
– Kapitalgesellschaften, Besonderheiten
41
– Richtsatzsammlung, Vorbemerkung
35
Gewinnermittlungsschema 25
Gewinnung von Steinen und Erden 157
Gewürze
– Kostenstruktur im Großhandel 251
Gießereien
– Kostenstruktur im Produzierenden
Gewerbe 228
Gießmaschinen
– Kostenstruktur im Produzierenden
Gewerbe 352
Gips, gebrannter
– Kostenstruktur im Produzierenden
Gewerbe 144
Gipserei
– Kostenstruktur im Produzierenden
Gewerbe 133, 141
– Richtsätze 457
– Zuordnung Richtsatzsammlung 661
Gipserzeugnisse
– Kostenstruktur im Produzierenden
Gewerbe 144, 147
Gipsstein
– Kostenstruktur im Bergbau und
Gewinnung von Steinen und Erden
158
Glas
– Kostenstruktur im Großhandel 258
– Kostenstruktur im Produzierenden
Gewerbe 233, 234
– Richtsätze 294
– Zuordnung Richtsatzsammlung 661

Glasapparatebauer
– HWO, Zuordnung 667
Glasbläser
– HWO, Zuordnung 667
Glaser
– HWO, Zuordnung 667
– Zuordnung Richtsatzsammlung 661
Glasergewerbe
– Kostenstruktur im Produzierenden
  Gewerbe 133, 143
– Richtsätze 232
Glasfaser
– Kostenstruktur im Produzierenden
  Gewerbe 233
Glasgewerbe
– Bilanzkennzahlen 580
– Kostenstruktur im Produzierenden
  Gewerbe 133, 143
– Kostenstrukturerhebungen, Überblick
  57
– Richtsätze 294
Glasmaler
– HWO, Zuordnung 669
Glasreinigung
– Richtsätze 230
– Zuordnung Richtsatzsammlung 661
Glasveredler
– HWO, Zuordnung 669
Glaswaren, siehe Glas
Glaswaren, technische
– Kostenstruktur im Produzierenden
  Gewerbe 233, 235
Glockengießer
– HWO, Zuordnung 668
Goldeinzelhandel
– IfH-Branchenvergleich 54
Goldschmied
– HWO, Zuordnung 668
– Zuordnung Richtsatzsammlung 661

Graveur
– HWO, Zuordnung 668
Grenzen, Beratung mit Branchenkenn-
  zahlen 11
Grenzfälle, Zuordnung Wirtschaftszweige
  657
Größenklassen, § 3 BPO 672
Großhandel
– Bilanzkennzahlen 588
– Kostenstruktur 236
– Kostenstrukturerhebungen, Überblick
  57
– Nummern nach WZ 2003 236
– Sonstiger 279
Großküchen
– IfH-Branchenvergleich 50
Großtiere, Praxen
– Kostenstruktur der Tierärzte 480
Grundsätze, Anwendung Branchenkenn-
  zahlen 11
Grundstoffe, sonstige anorganische
– Kostenstruktur im Produzierenden
  Gewerbe 170
Grundstoffe, sonstige organische
– Kostenstruktur im Produzierenden
  Gewerbe 171
Grundstücke, eigene Vermietung und
  Verpachtung
– Strukturerhebung im Dienstleistungs-
  bereich 284
Grundstücke, Erschließung
– Strukturerhebung im Dienstleistungs-
  bereich 282
Grundstücke, fremde Vermittlung und
  Verwaltung
– Strukturerhebung im Dienstleistungs-
  bereich 285
Grundstücke, Kauf und Verkauf
– Strukturerhebung im Dienstleistungs-
  bereich 283

Grundstücke, Kaufwerte landwirt-
schaftliche
– Kostenstrukturerhebungen, Überblick
56
Grundstückswesen
– EU, Umsatz je Beschäftigten 611
– Kostenstrukturerhebungen, Überblick
58
– Strukturerhebung im Dienstleistungs-
bereich 280
Gummiwaren
– Bilanzkennzahlen 579
– Kostenstruktur im Produzierenden
Gewerbe 288, 289
– Kostenstrukturerhebungen, Überblick
57
Güterbeförderung mit Kraftfahrzeugen
– Richtsätze 436
– Zuordnung Richtsatzsammlung 661
Güterbeförderung, Straßenverkehr
– Strukturerhebung im Dienstleistungs-
bereich 438
Güterfernverkehr
– Zuordnung Richtsatzsammlung 661
Güternahverkehr
– Zuordnung Richtsatzsammlung 661

Halbreingewinn
– Betriebsvergleichsbogen,
Aufbau 25, 30
Halbwaren
– Kostenstruktur im Großhandel 262,
268
Hals-Nasen-Ohren-Arzt, Einzelpraxis
– Vergleichswerte Statistisches Bundes-
amt 101

Hals-Nasen-Ohren-Arzt, Gemein-
schaftspraxis
– Vergleichswerte Statistisches Bundes-
amt 116
Handarbeiten, Bedarf
– Zuordnung Richtsatzsammlung 661
Handelsmakler
– IfH-Branchenvergleich 51
– Kostenstruktur 293
Handelsspanne, Formel 73
Handelsvermittlung
– Bilanzkennzahlen 588
– IfH-Branchenvergleich 51
– Kostenstruktur 293
– Kostenstrukturerhebungen, Überblick
57
Handelsvertreter, siehe Handelsmakler
Handschuhmacher
– HWO, Zuordnung 671
Handwerk
– Kostenstrukturerhebungen, Überblick
59
– Planungsunterlage, Beispiel 18
– zulassungsfreie 668
– zulassungspflichtige 666
Handwerksbetriebe, Zuordnung nach
HWO 666
Handwerksordnung 666
Handzuginstrumentenmacher
– HWO, Zuordnung 669
Hardwareberatung
– Strukturerhebung im Dienstleistungs-
bereich 182
Harmoniumbauer
– HWO, Zuordnung 669
Hauptstichworte 77
Haushalte, private
– Einkommen, verfügbares 605
– Konsumausgaben 603

– Kostenstrukturerhebungen, Überblick 59
– Primäreinkommen 605
– Sparen 605
Haushaltsartikel, Papier, Zellstoff
– Kostenstruktur im Produzierenden Gewerbe 405, 407
Haushaltsgeräte
– Kostenstruktur im Produzierenden Gewerbe 353, 362
Haushaltsgeräte, elektrische
– Kostenstruktur im Einzelhandel 198, 396, 415
– Kostenstruktur im Großhandel 257
– Kostenstruktur im Produzierenden Gewerbe 353, 362
Haushaltswaren, keramische
– Kostenstruktur im Produzierenden Gewerbe 295, 302
Haushaltswaren/-gegenstände, Kunststoff
– Richtsätze 294
– Zuordnung Richtsatzsammlung 661
Haushaltswaren/-gegenstände, Metall
– Kostenstruktur im Großhandel 258
– Richtsätze 294
Hausrat
– Kostenstruktur im Einzelhandel 392
– Zuordnung Richtsatzsammlung 661
Haustechnik
– IfH-Branchenvergleich 51
Haustextilien
– Zuordnung Richtsatzsammlung 661
Hautarzt, Einzelpraxis
– Vergleichswerte Statistisches Bundesamt 102
Hautarzt, Gemeinschaftspraxis
– Vergleichswerte Statistisches Bundesamt 117
Häute
– Kostenstruktur im Großhandel 242

Hebammen
– Gesundheitspersonal nach Berufen 296
– Kostenstruktur 297
– Kostenstrukturerhebungen, Überblick 58
Hebezeuge
– Kostenstruktur im Produzierenden Gewerbe 351
Heilberufe 296
Heilerziehungspfleger
– Gesundheitspersonal nach Berufen 296
Heilpädagoge
– Gesundheitspersonal nach Berufen 296
Heilpraktiker
– Gesundheitspersonal nach Berufen 296
– Kostenstrukturerhebungen, Überblick 58
Heim und Farbe
– FfH-Jahresbetriebsvergleich 55
– IfH-Branchenvergleich 51
Heimwerkerbedarf
– Kostenstruktur im Einzelhandel 130, 322, 369
– Richtsätze 129
Heißluftgeräte, nicht elektrische
– Kostenstruktur im Produzierenden Gewerbe 353, 363
Heißmangel
– Markt 175
– Planungsunterlage Dienstleistungen 178
– Richtsätze 174
– Zuordnung Richtsatzsammlung 661
Heißöl
– Zuordnung Richtsatzsammlung 661

Heißwassergeräte, nicht elektrische
– Kostenstruktur im Produzierenden
  Gewerbe 353, 363
Heizgeräte, nicht elektrische
– Kostenstruktur im Produzierenden
  Gewerbe 353, 363
Heizungsbauer
– HWO, Zuordnung 666
– Verdiensterhebung im Handwerk
  300
Heizungsinstallation
– Kostenstruktur im Produzierenden
  Gewerbe 133, 140
– Richtsätze 299
– Zuordnung Richtsatzsammlung 661
Heizkessel/-körper
– Kostenstruktur im Produzierenden
  Gewerbe 376
Herbstgutachten, Wirtschaftsforschungs-
  institute 553
Herrenbekleidung
– Zuordnung Richtsatzsammlung 661
Herrenfrisör
– Markt 220
– Planungsunterlage Dienstleistungen
  221, 222
– Zuordnung Richtsatzsammlung 661
Herrenschneider
– HWO, Zuordnung 668
Hinweise, allgemeine 11
Hobelwerk
– Kostenstruktur im Produzierenden
  Gewerbe 420, 428, 429
– Richtsätze 419
– Zuordnung Richtsatzsammlung 661
Hoch- und Tiefbau, ohne ausgeprägten
  Schwerpunkt
– Kostenstruktur im Produzierenden
  Gewerbe 131, 134

Hochbau
– Kostenstruktur im Produzierenden
  Gewerbe 131, 135
Hochschulen
– Kostenstrukturerhebungen, Überblick
  58
Holdinggesellschaften, Managementtätig-
  keiten
– Strukturerhebung im Dienstleistungs-
  bereich 490
Hohlglas
– Kostenstruktur im Produzierenden
  Gewerbe 233, 235
Holz
– Kostenstruktur im Großhandel 265
Holzbau
– Zuordnung Richtsatzsammlung 661
Holzbildhauer
– HWO, Zuordnung 668
Holzblasinstrumentenmacher
– HWO, Zuordnung 669
Holzblockmacher
– HWO, Zuordnung 670
Holzfaserplatten
– Kostenstruktur im Produzierenden
  Gewerbe 428, 429
Holzgewerbe
– Bilanzkennzahlen 576
– Kostenstruktur im Produzierenden
  Gewerbe 428
– Kostenstrukturerhebungen, Überblick
  56
Holzhandel
– IfH-Branchenvergleich 51
Holzhausrat
– Zuordnung Richtsatzsammlung 661
Holzimprägnierwerke
– Kostenstruktur im Produzierenden
  Gewerbe 420, 428, 429

Holzleitermacher
- HWO, Zuordnung 670
Holzpackmittelindustrie
- IfH-Branchenvergleich 51
Holzreifenmacher
- HWO, Zuordnung 670
Holzschindelmacher
- HWO, Zuordnung 670
Holzschuhmacher
- HWO, Zuordnung 670
Holzschutzgewerbe
- HWO, Zuordnung 670
Holzspanplatten
- Kostenstruktur im Produzierenden
  Gewerbe 428, 429
Holzspielzeugmacher
- HWO, Zuordnung 668
Holzstoff
- Kostenstruktur im Produzierenden
  Gewerbe 405, 406
Holzwaren
- Kostenstruktur im Produzierenden
  Gewerbe 428, 431
Homogenisierte Nahrungsmittel
- Kostenstruktur im Produzierenden
  Gewerbe 336
Hörfunkanstalten
- Planungsunterlage Dienstleistungen
  418
Hörfunkprogrammherstellung
- Planungsunterlage Dienstleistungen
  418
Hörgeräteakustiker
- HWO, Zuordnung 667
Hotellerie
- Kennzahlen, betriebswirtschaftliche
  155
Hotels
- Betriebe, Anzahl 152
- Definition 148

- Richtsätze 149
- Umsatz je Betrieb 153
- Umsatzentwicklung 151
- Zeitreihe, Unternehmen und Roher-
  tragsquote 150
Hotels garni
- Betriebe, Anzahl 152
- Definition 148
- Richtsätze 149
- Umsatz je Betrieb 153
- Umsatzentwicklung 151
- Zeitreihe, Unternehmen und Roher-
  tragsquote 150
- Zuordnung Richtsatzsammlung 661
Hüte, siehe Textilwaren
- Zuordnung Richtsatzsammlung 662
Hygieneartikel, Papier, Zellstoff
- Kostenstruktur im Produzierenden
  Gewerbe 405, 406, 407

Imbisshallen/-betriebe
- Betriebe, Anzahl 152
- Richtsätze 224
- Umsatz je Betrieb 153
- Umsatzentwicklung 151
- Zeitreihe, Unternehmen und Roher-
  tragsquote 226
- Zuordnung Richtsatzsammlung 662
Immobilien, eigene, Kauf und Verkauf
- Strukturerhebung im Dienstleistungs-
  bereich 283
Immobilien, eigene, Vermietung und
  Verpachtung
- Strukturerhebung im Dienstleistungs-
  bereich 284
Immobilien, Erschließung, Kauf und
  Verkauf
- Strukturerhebung im Dienstleistungs-
  bereich 281

Immobilien, fremde, Vermittlung und
Verwaltung
– Strukturerhebung im Dienstleistungs-
bereich 285, 286, 287
Immobilienmakler
– IfH-Branchenvergleich 51
Immobilienwirtschaft
– EU, Umsatz je Beschäftigten 611
– Strukturerhebung im Dienstleistungs-
bereich 280
Industrie, chemische
– Kostenstruktur im Produzierenden
Gewerbe 168
Industriemaschinenhandel
– IfH-Branchenvergleich 49
Informationstechniker
– HWO, Zuordnung 666
Ingenieurbüros
– Strukturerhebung im Dienstleistungs-
bereich 124
Ingenieure, beratende
– Strukturerhebung im Dienstleistungs-
bereich 156
Ingenieurholzbau
– Kostenstruktur im Produzierenden
Gewerbe 132, 137
Ingenieurwissenschaften, Forschung und
Entwicklung
– Strukturerhebung im Dienstleistungs-
bereich 216
Inhalt 7
Innereien-Fleischer
– HWO, Zuordnung 671
Installateur
– HWO, Zuordnung 666
– Verdiensterhebung im Handwerk
300
– Zuordnung Richtsatzsammlung 662
Installationsbedarf, Gas und Wasser
– Kostenstruktur im Großhandel 266

Installationsbedarf, Heizung
– Kostenstruktur im Großhandel 266
Institut für Handelsforschung
– Branchenvergleiche 49
– Einzelhandelsbetriebsvergleich 48
– Quellen 15
– Umrechnung, Kennzahlen in Richt-
satzwerte 74
Institut für Markt- und Wirtschaftsfor-
schung GmbH
– Jahresbetriebsvergleiche 55
Interessenvertretungen 59
Internist, Einzelpraxis
– Vergleichswerte Statistisches Bundes-
amt 103
Internist, Gemeinschaftspraxis
– Vergleichswerte Statistisches Bundes-
amt 118
Inventar, Reinigung
– Strukturerhebung im Dienstleistungs-
bereich 231
Investitionszulagengesetz
– Wirtschaftsgüter, begünstigte 692
Isolatoren, Keramik
– Kostenstruktur im Produzierenden
Gewerbe 302
Isolierteile
– Kostenstruktur im Produzierenden
Gewerbe 302
IW-Verbandsumfrage 563

Jagd
– Kostenstrukturerhebung, Überblick
56
Jahresgutachten, Sachverständigenrat
543
Jalousiebauer
– HWO, Zuordnung 668

Juweleneinzelhandel
- IfH-Branchenvergleich 54

Kabelleitungstiefbau
- Kostenstruktur im Produzierenden
  Gewerbe 131, 136
Kabelverleger, Hochbau
- HWO, Zuordnung 670
Kaffee
- Kostenstruktur im Großhandel 251
- Kostenstruktur im Produzierenden
  Gewerbe 336, 343
Kaffee-Ersatz
- Kostenstruktur im Produzierenden
  Gewerbe 336, 343
Kakao
- Kostenstruktur im Großhandel 251
Kalk
- Kostenstruktur im Produzierenden
  Gewerbe 144
Kalksandstein
- Kostenstruktur im Produzierenden
  Gewerbe 144
Kalkstein
- Kostenstruktur im Bergbau und
  Gewinnung von Steinen und Erden
  158
Kalkulationsaufschlag 73
Kaltband
- Kostenstruktur im Produzierenden
  Gewerbe 370, 373
Kälteanlagenbauer
- HWO, Zuordnung 666
Kältedämmung
- Kostenstruktur im Produzierenden
  Gewerbe 133, 140
Kälteschutzisolierer
- HWO, Zuordnung 666

Kältetechnische Erzeugnisse, gewerbliche
  Zwecke
- Kostenstruktur im Produzierenden
  Gewerbe 351, 357
Kaltprofile
- Kostenstruktur im Produzierenden
  Gewerbe 370
Kammgarnspinnerei
- Kostenstruktur im Produzierenden
  Gewerbe 465
Kammgarnweberei
- Kostenstruktur im Produzierenden
  Gewerbe 465, 469
Kanalreiniger
- HWO, Zuordnung 670
Kandidatenländer EU
- Kennzahlen der Wettbewerbsfähigkeit
  607
Kantinen
- Betriebe, Anzahl 152
- Umsatz je Betrieb 153
- Umsatzentwicklung 151
- Zeitreihe, Unternehmen und Roher-
  tragsquote 227
Kaolin
- Kostenstruktur im Bergbau und
  Gewinnung von Steinen und Erden
  158, 159
Kapitalgesellschaften, Besonderheiten
  40
Karosseriebauer
- HWO, Zuordnung 666
Karosserien
- Kostenstruktur im Produzierenden
  Gewerbe 316, 317
Kartoffeln
- Kostenstruktur im Einzelhandel 331
- Kostenstruktur im Großhandel 245
- Kostenstruktur im Produzierenden
  Gewerbe 335, 337

- Richtsätze 326
- Zuordnung Richtsatzsammlung 662
Karton
- Kostenstruktur im Produzierenden
  Gewerbe 405, 406, 407
Kassenmittel 570
Kennzahlen
- Beratungspraxis 567
- Gastronomie 155
- Wettbewerbsfähigkeit KMU, erweiterte EU 607
Kennzahlenvergleich, Gastronomie 19
Keramik/Keramiker
- Bilanzkennzahlen 580
- HWO, Zuordnung 669
- Kostenstruktur im Produzierenden
  Gewerbe 302, 303
- Kostenstrukturerhebungen, Überblick 57
- Zuordnung Richtsatzsammlung 662
Keramische Erzeugnisse
- Kostenstruktur im Großhandel 258
- Kostenstruktur im Produzierenden
  Gewerbe 302,
- Richtsätze 294
Kesselbau
- Kostenstruktur im Produzierenden
  Gewerbe 376, 380
Ketten
- Kostenstruktur im Produzierenden
  Gewerbe 377, 384
Kieferorthopädie
- Marktanteil gewerbliche Labors 537
Kies
- Kostenstruktur im Bergbau und
  Gewinnung von Steinen und Erden
  158, 159
Kinderbekleidung
- Zuordnung Richtsatzsammlung 662

Kinderheilkunde, Einzelpraxis
- Vergleichswerte Statistisches Bundesamt 104
Kinderheilkunde, Gemeinschaftspraxis
- Vergleichswerte Statistisches Bundesamt 119
Kinderpsychiatrie, Einzelpraxis
- Vergleichswerte Statistisches Bundesamt 105
Kinderpsychiatrie, Gemeinschaftspraxis
- Vergleichswerte Statistisches Bundesamt 120
Kino
- Planungsunterlage Dienstleistungen 212
Kinogeräte
- Richtsätze 218
- Zuordnung Richtsatzsammlung 662
Kiosk, siehe Tabakwaren, Zeitschriften
- Zuordnung Richtsatzsammlung 662
Kitte
- Kostenstruktur im Produzierenden
  Gewerbe 169, 324
Klassifikation, Wirtschaftszweige 612
Klavierbauer
- HWO, Zuordnung 669
Klavierstimmer
- HWO, Zuordnung 671
Klebstoffe
- Kostenstruktur im Produzierenden
  Gewerbe 169
Kleine und mittlere Unternehmen
- Handwerk, Investitionszulagengesetz 695
Kleintiere, Praxen
- Kostenstruktur der Tierärzte 479
Klempner/Klempnerei
- HWO, Zuordnung 666
- Kostenstruktur im Produzierenden
  Gewerbe 133, 140

– Richtsätze 299
– Verdiensterhebung im Handwerk 300
– Zuordnung Richtsatzsammlung 662
Klöppler
– HWO, Zuordnung 670
KMU-Schwellenwerte der EU 696
Kochgeräte, nicht elektrische
– Kostenstruktur im Produzierenden Gewerbe 353, 363
Kohlebergbau
– Kostenstruktur im Bergbau und Gewinnung von Steinen und Erden 157
– Kostenstrukturerhebungen, Überblick 56
Kohlen, siehe Brennstoffe
– Zuordnung Richtsatzsammlung 662
Kokerei
– Kostenstruktur im Produzierenden Gewerbe 304
– Kostenstrukturerhebungen, Überblick 57
Kompressoren
– Kostenstruktur im Produzierenden Gewerbe 351, 354
Konditor/Konditorei, siehe a. Bäcker
– HWO, Zuordnung 667
– Richtsätze 125
– Zuordnung Richtsatzsammlung 662
Konstruktionsteile, Holz
– Kostenstruktur im Produzierenden Gewerbe 428, 430
Konsumausgaben, private Haushalte 603
Kontrollinstrumente/-vorrichtungen
– Kostenstruktur im Produzierenden Gewerbe 366, 367
Kopiergeräte
– Zuordnung Richtsatzsammlung 662

Korbmacher
– HWO, Zuordnung 668
Korbwaren
– Kostenstruktur im Produzierenden Gewerbe 428, 431
Korkwaren
– Kostenstruktur im Produzierenden Gewerbe 428, 431
Körperpflegemittel
– Kostenstruktur im Einzelhandel 193
– Kostenstruktur im Großhandel 259
– Kostenstruktur im Produzierenden Gewerbe 169, 305
– Zuordnung Richtsatzsammlung 662
Körperschaften, exterritoriale
– Kostenstrukturerhebungen, Überblick 59
Kosmetiker
– HWO, Zuordnung 671
Kosmetiksalons
– Kostenstrukturerhebungen, Überblick 59
– Markt 307
– Planungsunterlage Dienstleistungen 308
– Richtsätze 306
– Zuordnung Richtsatzsammlung 662
Kosmetische Artikel/Erzeugnisse
– Kostenstruktur im Einzelhandel 80, 364
– Kostenstruktur im Großhandel 259
Kraftfahrschulen
– Kostenstrukturerhebungen, Überblick 58
– Vergleichswerte 209
– Zuordnung Richtsatzsammlung 662
Kraftfahrzeuge, Reparatur
– Bilanzkennzahlen 587
– EU, Umsatz je Beschäftigten 608

– Kostenstrukturerhebungen, Überblick 57
– Richtsätze 311
– Zuordnung Richtsatzsammlung 662
Kraftfahrzeuge, Vermietung
– Strukturerhebung im Dienstleistungsbereich 505
Kraftfahrzeughandel
– Bilanzkennzahlen 587
– EU, Umsatz je Beschäftigten 608
– Kostenstrukturerhebungen, Überblick 57
– Richtsätze 312
– Zuordnung Richtsatzsammlung 662
Kraftfahrzeuglackiererei
– Richtsätze 311
– Zuordnung Richtsatzsammlung 662
Kraftfahrzeugtechniker
– HWO, Zuordnung 666
– Verdiensterhebung im Handwerk 320
Kraftfahrzeugzubehörhandel
– Richtsätze 312
– Zuordnung Richtsatzsammlung 662
Krafträder
– Kostenstruktur im Einzelhandel 205
– Kostenstruktur im Produzierenden Gewerbe 206, 318
Kraftwagen
– Kostenstruktur im Einzelhandel 313
– Kostenstruktur im Produzierenden Gewerbe 316
– Kostenstrukturerhebungen, Überblick 57
Kraftwagen, Instandhaltung und Reparatur
– Kostenstruktur im Einzelhandel 314
– Zuordnung Richtsatzsammlung 662

Kraftwagenmotoren
– Kostenstruktur im Produzierenden Gewerbe 316
Kraftwagenteile/-zubehör
– Kostenstruktur im Einzelhandel 315
– Kostenstruktur im Produzierenden Gewerbe 316, 317
– Kostenstrukturerhebungen, Überblick 57
Kraftwagenverkehr
– Zuordnung Richtsatzsammlung 662
Krankengymnasten
– Kostenstruktur 297
– Kostenstrukturerhebungen, Überblick 58
Krankenpfleger
– Gesundheitspersonal nach Berufen 296
Kreditgewerbe
– Kostenstrukturerhebungen, Überblick 58
Kreide
– Kostenstruktur im Bergbau und Gewinnung von Steinen und Erden 158
Küchengeräte, siehe Haushaltswaren
– Zuordnung Richtsatzsammlung 662
Küchenmöbel
– Kostenstruktur im Produzierenden Gewerbe 393, 395
Küfer, siehe Weinküfer
Kühlhäuser
– IfH-Branchenvergleich 52
Kühllogistikunternehmen
– IfH-Branchenvergleich 52
Kultur
– Kostenstrukturerhebungen, Überblick 59

Kulturwissenschaften, Forschung und
  Entwicklung
– Strukturerhebung im Dienstleistungs-
  bereich 217
Kunstgegenstände, siehe Antiquitäten
– Kostenstruktur im Einzelhandel 451
Kunstgewerbliche Erzeugnisse
– Richtsätze 294
– Zuordnung Richtsatzsammlung 662
Kunstschlosserei
– Zuordnung Richtsatzsammlung 662
Kunststoff, in Primärform
– Kostenstruktur im Produzierenden
  Gewerbe 168, 171
Kunststoffhausrat
– Zuordnung Richtsatzsammlung 662
Kunststoffwaren
– Bilanzkennzahlen 579
– Kostenstruktur im Großhandel 266
– Kostenstruktur im Produzierenden
  Gewerbe 288, 291
– Kostenstrukturerhebungen, Überblick
  57
Kunststopfer
– HWO, Zuordnung 671
Kunstwissenschaften, Forschung und
  Entwicklung
– Strukturerhebung im Dienstleistungs-
  bereich 217
Kupfer
– Kostenstruktur im Produzierenden
  Gewerbe 371, 375
Kurierdienste, private
– Strukturerhebung im Dienstleistungs-
  bereich 448
Kürschner
– HWO, Zuordnung 668
– Richtsätze 422
Kurzwaren
– Zuordnung Richtsatzsammlung 662

Küstenschifffahrt
– Strukturerhebung im Dienstleistungs-
  bereich 496
Kuttler
– HWO, Zuordnung 671

Laboratorium, fotografisches
– Strukturerhebung im Dienstleistungs-
  bereich 219
Lacke
– Richtsätze 321
– Zuordnung Richtsatzsammlung 662
Lackierer
– HWO, Zuordnung 666
– Richtsätze 350
– Verdiensterhebung im Handwerk
  350
– Zuordnung Richtsatzsammlung 662
Ladenmöbel
– Kostenstruktur im Produzierenden
  Gewerbe 393, 394
Ladungsträger, Holz
– Kostenstruktur im Produzierenden
  Gewerbe 428, 430
Lager
– Kostenstruktur im Produzierenden
  Gewerbe 351
Lagerei
– Strukturerhebung im Dienstleistungs-
  bereich 440, 442
Lagerbehälter, Holz
– Kostenstruktur im Produzierenden
  Gewerbe 428, 430
Lampen, elektrische
– Kostenstruktur im Produzierenden
  Gewerbe 199, 201
Lampenschirmhersteller
– HWO, Zuordnung 671

Landfahrzeuge, Vermietung
– Strukturerhebung im Dienstleistungs-
bereich 507
Landmaschinenmechaniker
– HWO, Zuordnung 666
Landschaftsbau
– Richtsätze 163
– Zuordnung Richtsatzsammlung 661
Landverkehr, siehe Verkehr
– Kostenstrukturerhebungen, Überblick
57
– Strukturerhebung im Dienstleistungs-
bereich 492
Landverkehr, Hilfs- und Nebentätigkei-
ten
– Strukturerhebung im Dienstleistungs-
bereich 444
Landwirtschaft
– Kostenstrukturerhebungen, Überblick
56
Landwirtschaftliche Geräte
– Kostenstruktur im Großhandel 278
Landwirtschaftliche Geräte, Vermietung
– Strukturerhebung im Dienstleistungs-
bereich 511
Landwirtschaftliche Grundstoffe
– Kostenstruktur im Großhandel 238
Landwirtschaftliche Maschinen
– Kostenstruktur im Großhandel 278
– Kostenstruktur im Produzierenden
Gewerbe 352, 358
Landwirtschaftliche Maschinen, Vermie-
tung
– Strukturerhebung im Dienstleistungs-
bereich 511
Lebende Tiere
– Kostenstruktur im Großhandel 238,
241
– Richtsätze 542
Lebensmittelbranchen 325

Lebensmitteleinzelhandel
– IfH-Branchenvergleich 52
– Zuordnung Richtsatzsammlung 662
Leder/Lederfaserstoff
– Kostenstruktur im Großhandel 242
– Kostenstruktur im Produzierenden
Gewerbe 348, 349
– Kostenstrukturerhebungen, Überblick
56
Lederbekleidung
– Kostenstruktur im Produzierenden
Gewerbe 474
Ledergewerbemaschinen
– Kostenstruktur im Produzierenden
Gewerbe 353, 360
Lederwaren
– FfH-Jahresbetriebsvergleich 55
– Kostenstruktur im Einzelhandel 347,
433
– Richtsätze 346
– Zuordnung Richtsatzsammlung 662
Leichtmetallbau
– Kostenstruktur im Produzierenden
Gewerbe 376
Leichtmetallgießerei
– Kostenstruktur im Produzierenden
Gewerbe 228, 229
Lesezirkel
– IfH-Branchenvergleich 52
Leuchten
– Kostenstruktur im Produzierenden
Gewerbe 199, 201
– Richtsätze 197
– Zuordnung Richtsatzsammlung 662
Lichtreklamehersteller
– HWO, Zuordnung 669
Linienflugverkehr
– Strukturerhebung im Dienstleistungs-
bereich 499

Linienverkehr
- Strukturerhebung im Dienstleistungs-
  bereich 499
Liquidität, Formel 569
Löhne
- Betriebsvergleichsbogen, Aufbau 26
- Vorbemerkungen Richtsatzsammlung
  33
Lohnkosten, Wirtschaftsbereiche 601
Lohnstückkosten, Wirtschaftsbereiche
601
Luftfahrt
- Kostenstrukturerhebungen, Überblick
  58
- Strukturerhebung im Dienstleistungs-
  bereich 498
Luftfahrt, Hilfs- und Nebentätigkeiten
- Strukturerhebung im Dienstleistungs-
  bereich 446
Luftfahrzeugbau
- Kostenstruktur im Produzierenden
  Gewerbe 318, 319
Luftfahrzeuge, Vermietung
- Strukturerhebung im Dienstleistungs-
  bereich 509
Luftheizungsbauer
- HWO, Zuordnung 666
- Verdiensterhebung im Handwerk
  301
Lufttechnische Erzeugnisse, gewerbliche
  Zwecke
- Kostenstruktur im Produzierenden
  Gewerbe 351, 357
Lüftungsinstallation
- Kostenstruktur im Produzierenden
  Gewerbe 133, 140

Mahlmühlen
- Kostenstruktur im Produzierenden
  Gewerbe 335, 341
Mahlsteine
- Kostenstruktur im Produzierenden
  Gewerbe 400, 401
Maler
- HWO, Zuordnung 666
- Kostenstruktur im Produzierenden
  Gewerbe 133, 143
- Richtsätze 350
- Verdiensterhebung im Handwerk
  350
- Zuordnung Richtsatzsammlung 662
Malz
- Kostenstruktur im Produzierenden
  Gewerbe 337
Mälzer
- HWO, Zuordnung 668
Managementtätigkeiten, Holdinggesell-
  schaften
- Strukturerhebung im Dienstleistungs-
  bereich 490
Maniküre, siehe Kosmetiksalons
- Zuordnung Richtsatzsammlung 662
Marburger Mittelstandsbarometer 563
Markt
- Kostenstruktur im Einzelhandel 518
Marktforschung
- Strukturerhebung im Dienstleistungs-
  bereich 488
Maschinen
- Kostenstruktur im Großhandel 270
Maschinen, bestimmte Wirtschaftszweige
- Kostenstruktur im Produzierenden
  Gewerbe 352, 353, 361
Maschinen, Erzeugung und Nutzung
  mechanischer Energie
- Kostenstruktur im Produzierenden
  Gewerbe 351

Maschinen, land- und forstwirtschaftliche
– Kostenstruktur im Großhandel 278
– Kostenstruktur im Produzierenden
  Gewerbe 351, 358
Maschinen, Metallerzeugung
– Kostenstruktur im Produzierenden
  Gewerbe 352
Maschinen, nicht wirtschaftszweigspezifisch
– Kostenstruktur im Produzierenden
  Gewerbe 351, 357
Maschinen, sonstige
– Kostenstruktur im Großhandel 277
Maschinen, Vermietung
– Strukturerhebung im Dienstleistungsbereich 510, 514
Maschinenbau
– Bilanzkennzahlen 582
– Kostenstruktur im Produzierenden
  Gewerbe 351
– Kostenstrukturerhebungen, Überblick 57
Maschinengroßhandel
– IfH-Branchenvergleich 52
Maskenbildner
– HWO, Zuordnung 671
Massagepraxis
– Gesundheitspersonal nach Berufen 296
– Kostenstruktur 297
– Kostenstrukturerhebungen, Überblick 58
Massagesalon, kein medizinischer, siehe
  Kosmetiksalons
– Markt 307
– Planungsunterlage Dienstleistungen 310
– Zuordnung Richtsatzsammlung 662

Materialeinsatz
– Betriebsvergleichsbogen, Aufbau 25, 28
– Vorbemerkungen Richtsatzsammlung 32
Matratzen
– Kostenstruktur im Produzierenden
  Gewerbe 393
Maurer
– HWO, Zuordnung 666
Mechanik
– Kostenstruktur im Produzierenden
  Gewerbe 376, 377, 382
Medienvorstufe
– Kostenstruktur im Produzierenden
  Gewerbe 195
Medizin, Forschung und Entwicklung
– Strukturerhebung im Dienstleistungsbereich 216
Medizinische Artikel/Geräte
– Kostenstruktur im Einzelhandel 80, 365
– Kostenstruktur im Großhandel 260
– Kostenstruktur im Produzierenden
  Gewerbe 364, 365, 366, 367
Medizintechnik
– Bilanzkennzahlen 584
– Kostenstruktur im Produzierenden
  Gewerbe 366
– Kostenstrukturerhebungen, Überblick 57
Meeresfrüchte
– Kostenstruktur im Einzelhandel 332
Mehrwertsteuerinkasso 74
Meinungsforschung
– Strukturerhebung im Dienstleistungsbereich 488
Messinstrumente/-vorrichtungen
– Kostenstruktur im Produzierenden
  Gewerbe 366, 367

Messtechnik
- Bilanzkennzahlen 584
- Kostenstruktur im Produzierenden
  Gewerbe 366
- Kostenstrukturerhebungen, Überblick
  57
Metallbauer
- HWO, Zuordnung 666
- Verdiensterhebung im Handwerk
  385
Metallbearbeitung
- Bilanzkennzahlen 581
- Kostenstruktur im Produzierenden
  Gewerbe 370
- Kostenstrukturerhebungen, Überblick
  57
Metallbehälter
- Kostenstruktur im Produzierenden
  Gewerbe 376, 377, 379
Metallbildner
- HWO, Zuordnung 668
Metallblasinstrumentenmacher
- HWO, Zuordnung 669
Metalle
- Kostenstruktur im Großhandel 264
Metallerzeugnisse
- Bilanzkennzahlen 581
- Kostenstruktur im Produzierenden
  Gewerbe 264, 376
- Kostenstrukturerhebungen, Überblick
  57
Metallkonstruktion
- Kostenstruktur im Produzierenden
  Gewebe 376, 378
Metallerzeugung
- Bilanzkennzahlen 581
- Kostenstruktur im Produzierenden
  Gewerbe 370
- Kostenstrukturerhebungen, Überblick
  57

Metallgießer
- HWO, Zuordnung 668
Metallhalbzeug
- Kostenstruktur im Großhandel 264
Metallpolierer
- HWO, Zuordnung 689
Metallsägen-Schärfer
- HWO, Zuordnung 670
Metallschleifer
- HWO, Zuordnung 670
Metallwaren
- Kostenstruktur im Einzelhandel 130,
  322, 369
- Kostenstruktur im Großhandel 266
- Kostenstruktur im Produzierenden
  Gewerbe 377, 385
- Richtsätze 294
- Zuordnung Richtsatzsammlung 662
Meterwaren
- Zuordnung Richtsatzsammlung 662
Metzgerei, siehe Fleischer
- Richtsätze 386
- Zuordnung Richtsatzsammlung 662
Mietwagen mit Fahrer
- Richtsätze 436
- Strukturerhebung im Dienstleistungs-
  bereich 437
- Zuordnung Richtsatzsammlung 663
Milch
- Kostenstruktur im Großhandel 247
- Kostenstruktur im Produzierenden
  Gewerbe 335, 340
Milcherzeugnisse
- Kostenstruktur im Großhandel 247
Mineralbrunnen/-wässer
- Kostenstruktur im Produzierenden
  Gewerbe 337, 345

Mineralien
– Kostenstruktur im Bergbau und
  Gewinnung von Steinen und Erden
  158
Mineralien, Erzeugnisse aus nicht metal-
  lischen
– Kostenstruktur im Produzierenden
  Gewerbe 400, 402
Mineralölerzeugnisse
– Kostenstruktur im Großhandel 263
Mineralölverarbeitung
– Kostenstruktur im Produzierenden
  Gewerbe 304
– Kostenstrukturerhebungen, Überblick
  57
Mischbetriebe
– Einordnung nach WZ 2003 653
– Investitionszulagengesetz 694
Mittelbetriebe
– Richtsatzsammlung der Finanzverwal-
  tung 23
Möbel
– IfH-Branchenvergleich 52
– Kostenstruktur im Einzelhandel 392
– Kostenstruktur im Produzierenden
  Gewerbe 393, 395
– Kostenstrukturerhebungen, Überblick
  57
– Richtsätze 391
– Zuordnung Richtsatzsammlung 663
Möbelschreinerei
– Zuordnung Richtsatzsammlung 663
Möbeltischlerei
– Richtsätze 427
– Zuordnung Richtsatzsammlung 663
Mobiltelefon
– Richtsätze 179
Modellbauer
– HWO, Zuordnung 668

Modisten
– HWO, Zuordnung 668
Mörtel
– Kostenstruktur im Produzierenden
  Gewerbe 144, 147
Mosaikleger
– HWO, Zuordnung 668
– Richtsätze 213
– Zuordnung Richtsatzsammlung 663
Motoren
– Kostenstruktur im Produzierenden
  Gewerbe 351, 354
Mühlsteine
– Kostenstruktur im Produzierenden
  Gewerbe 400, 401
Muldenhauer
– HWO, Zuordnung 670
Müller
– HWO, Zuordnung 668
Munition
– Kostenstruktur im Produzierenden
  Gewerbe 353, 361
Münzen
– Kostenstruktur im Einzelhandel 323,
  451
Musikfachhandel 396
Musikinstrumente
– Kostenstruktur im Einzelhandel 197,
  396, 415
– Kostenstruktur im Produzierenden
  Gewerbe 397
– Kostenstrukturerhebungen, Überblick
  57
Musikkassetten, siehe Rundfunk
– Zuordnung Richtsatzsammlung 663
Musikverlag
– Kostenstruktur im Produzierenden
  Gewerbe 501
Mützen, siehe Textilwaren
– Zuordnung Richtsatzsammlung 663

Nachrichtentechnik
- Kostenstruktur im Produzierenden
  Gewerbe 416
- Kostenstrukturerhebungen, Überblick
  57
Nachrichtenübermittlung
- EU, Umsatz je Beschäftigten 610
- Kostenstruktur im Dienstleistungsbe-
  reich 398
- Kostenstrukturerhebungen, Überblick
  58
Nähgarn
- Kostenstruktur im Produzierenden
  Gewerbe 465, 468
Nähmaschinen
- Kostenstruktur im Großhandel 273
Nahrungsfette
- Kostenstruktur im Großhandel 247
Nahrungsmittel
- Kostenstruktur im Einzelhandel 327,
  328, 329, 330
- Kostenstruktur im Großhandel 244,
  252, 253
- Kostenstruktur im Produzierenden
  Gewerbe 335, 336, 344
- Richtsätze 326
- Zuordnung Richtsatzsammlung 663
Nahrungsmittel, diätische
- Kostenstruktur im Produzierenden
  Gewerbe 336
Naturkost, siehe Reformwaren
- IfH-Branchenvergleich 52
- Richtsätze 411
- Zuordnung Richtsatzsammlung 663
Naturstein/Naturwerkstein
- Kostenstruktur im Bergbau und
  Gewinnung von Steinen und Erden
  158
- Kostenstruktur im Produzierenden
  Gewerbe 400, 401

Naturwaren
- IfH-Branchenvergleich 52
Naturwissenschaften, Forschung und
  Entwicklung
- Strukturerhebung im Dienstleistungs-
  bereich 216
Navigationsinstrumente/-vorrichtungen
- Kostenstruktur im Produzierenden
  Gewerbe 366, 367
NE-Metalle
- Kostenstruktur im Produzierenden
  Gewerbe 370, 374
Nettoverschuldung, Formel 569
Neurologie, Einzelpraxis
- Vergleichswerte Statistisches Bundes-
  amt 105
Neurologie, Gemeinschaftspraxis
- Vergleichswerte Statistisches Bundes-
  amt 120
Nieten
- Kostenstruktur im Produzierenden
  Gewerbe 377, 384
Normalbetriebe 23
Normalisierung 35
Normalzahlen 12
Notare s. Rechtsanwälte
Nuklearmedizin, Einzelpraxis
- Vergleichswerte Statistisches Bundes-
  amt 107
Nuklearmedizin, Gemeinschaftspraxis
- Vergleichswerte Statistisches Bundes-
  amt 122
Nutztiere, Futtermittel
- Kostenstruktur im Produzierenden
  Gewerbe 542

Oberbekleidung
- Kostenstruktur im Produzierenden
  Gewerbe 474, 475

– Richtsätze 462
– Zuordnung Richtsatzsammlung 663
Oberflächenveredlung
– Kostenstruktur im Produzierenden
  Gewerbe 376, 377, 381
Obst
– Kostenstruktur im Einzelhandel 331
– Kostenstruktur im Großhandel 245
– Kostenstruktur im Produzierenden
  Gewerbe 335, 339
– Richtsätze 326
– Zuordnung Richtsatzsammlung 663
Öfen
– Kostenstruktur im Produzierenden
  Gewerbe 351
Ofenbauer
– HWO, Zuordnung 666
Öle, ätherisch
– Kostenstruktur im Produzierenden
  Gewerbe 169
Öle, pflanzlich und tierisch
– Kostenstruktur im Produzierenden
  Gewerbe 335, 340
Öle, roh
– Kostenstruktur im Produzierenden
  Gewerbe 335
Omnibusverkehr, siehe Verkehr
– Zuordnung Richtsatzsammlung 663
Optik
– Bilanzkennzahlen 584
– Kostenstruktur im Produzierenden
  Gewerbe 366
– Kostenstrukturerhebungen, Überblick
  57
Optiker
– Gesundheitspersonal nach Berufen
  296
– Richtsätze 403
– Zuordnung Richtsatzsammlung 663

Optische Geräte
– Kostenstruktur im Produzierenden
  Gewerbe 404
Organisationen, exterritoriale
– Kostenstrukturerhebungen, Überblick
  59
Organische Grundstoffe
– Kostenstruktur im Produzierenden
  Gewerbe 168, 171
Orgelbauer
– HWO, Zuordnung 669
Orthopädie, Einzelpraxis
– Vergleichswerte Statistisches Bundes-
  amt 106
Orthopädie, Gemeinschaftspraxis
– Vergleichswerte Statistisches Bundes-
  amt 121
Orthopädieschuhmacher
– HWO, Zuordnung 667
– Zuordnung Richtsatzsammlung 663
Orthopädietechniker
– Gesundheitspersonal nach Berufen
  296
– HWO, Zuordnung 667
Orthopädische Artikel/Erzeugnisse
– Kostenstruktur im Einzelhandel 80,
  364, 365
– Kostenstruktur im Großhandel 260
– Kostenstruktur im Produzierenden
  Gewerbe 366, 367

Pacht-Betriebe
– Betriebswirtschaftliche Kennzahlen
  227
Palettenindustrie
– IfH-Branchenvergleich 51
Papier
– Kostenstruktur im Produzierenden
  Gewerbe 405, 406, 407

Papier, Haushaltsartikel, Hygienieartikel
– Kostenstruktur im Produzierenden
Gewerbe 405, 407
Papiergewerbe
– Bilanzkennzahlen 577
– Kostenstruktur im Produzierenden
Gewerbe 405
– Kostenstrukturerhebungen, Überblick
56
Papiergewerbemaschinen
– Kostenstruktur im Produzierenden
Gewerbe 353, 360
Papierwaren
– Richtsätze 424
– Zuordnung Richtsatzsammlung 663
Pappe
– Kostenstruktur im Produzierenden
Gewerbe 405, 406, 407
Parfümerien
– Kostenstruktur im Einzelhandel 193
– Richtsätze 192
– Zuordnung Richtsatzsammlung 663
Parkettverleger
– HWO, Zuordnung 668
Partnerunternehmen 697
Pediküre
– Zuordnung Richtsatzsammlung 663
Pelzwaren
– Kostenstruktur im Produzierenden
Gewerbe 474
Pensionen, siehe Beherbergungsgewerbe
– Betriebe, Anzahl 152
– Definition 148
– Richtsätze 149
– Umsatz je Betrieb 153
– Umsatzentwicklung 151
– Zeitreihe, Unternehmen und Roher-
tragsquote 150
– Zuordnung Richtsatzsammlung 663

Periphere Einheiten
– Kostenstruktur im Großhandel 274
Personenbeförderung, Linienverkehr
– Strukturerhebung im Dienstleistungs-
bereich 493, 494
Personenbeförderung mit Kfz
– Zuordnung Richtsatzsammlung 663
Personensteuern 43
Pflanzen
– Kostenstruktur im Großhandel 240
– Richtsätze 163
– Zuordnung Richtsatzsammlung 681
Pflanzenschutzmittel
– Kostenstruktur im Produzierenden
Gewerbe 168, 172
Phantasieschmuck
– Kostenstruktur im Produzierenden
Gewerbe 487
Pharmakant
– Gesundheitspersonal nach Berufen
296
Pharmazeutisch-kaufmännischer Ange-
stellter
– Gesundheitspersonal nach Berufen
296
Pharmazeutische Erzeugnisse, siehe
Chemische Industrie
– IfH-Branchenvergleich 53
– Kostenstruktur im Großhandel 260
– Kostenstruktur im Produzierenden
Gewerbe 83, 169
Pharmazeutische Grundstoffe
– Kostenstruktur im Produzierenden
Gewerbe 83, 169
Pharmazeutische Spezialitäten
– Kostenstruktur im Produzierenden
Gewerbe 83, 169
Pharmazie 79

Phonotechnische Geräte
– Kostenstruktur im Produzierenden
  Gewerbe 416, 417
Physiotherapeuten
– Gesundheitspersonal nach Berufen
  296
Pigmente
– Kostenstruktur im Produzierenden
  Gewerbe 168, 170
Pinselmacher
– HWO, Zuordnung 670
Pizzerien
– Richtsätze 225
– Zuordnung Richtsatzsammlung 663
Planungsunterlage Handwerk, Beispiel
  18
Platten, Kunststoff
– Kostenstruktur im Produzierenden
  Gewerbe 288, 290
Plattenleger
– HWO, Zuordnung 668
– Kostenstruktur im Produzierenden
  Gewerbe 133, 142
– Richtsätze 213
– Zuordnung Richtsatzsammlung 663
Plisseebrenner
– HWO, Zuordnung 670
Poliermittel
– Kostenstruktur im Produzierenden
  Gewerbe 169, 305
Poliersteine
– Kostenstruktur im Produzierenden
  Gewerbe 400, 401
Polsterer
– Richtsätze 408
– Zuordnung Richtsatzsammlung 663
Polsterwaren
– Zuordnung Richtsatzsammlung 663
Portraitfotograf
– Richtsätze 218

– Zuordnung Richtsatzsammlung 663
Porzellanmaler
– HWO, Zuordnung 669
Porzellanwaren
– Zuordnung Richtsatzsammlung 663
Posamentierer
– HWO, Zuordnung 670
Postdienste, private
– Strukturerhebung im Dienstleistungs-
  bereich 448
Praktische Ärzte, Einzelpraxen
– Vergleichswerte Statistisches Bundes-
  amt 97
Praktische Ärzte, Gemeinschaftspraxen
– Vergleichswerte Statistisches Bundes-
  amt 112
Praxisbeitritt 90
Praxisneugründung 88
Praxisüberführung 91
Praxisübernahme 89
Praxiswert, idealler
– Überführung/-nahme, Einzelpraxis
  Arzt 92
Pressteile
– Kostenstruktur im Produzierenden
  Gewerbe 376, 381
Primäreinkommen, private Haushalte
  605
Private Haushalte siehe Haushalte,
  private
Produktivität, Gesamtwirtschaft 601
Profile, Kunststoff
– Kostenstruktur im Produzierenden
  Gewerbe 288, 290
Prothetik
– Marktanteil gewerbliche Labors 537
Prozesssteuerungseinrichtung, industrielle
– Kostenstruktur im Produzierenden
  Gewerbe 366, 368

Psychiatrie, Einzelpraxis
– Vergleichszahlen Statistisches Bundes-
amt 105
Psychiatrie, Gemeinschaftspraxis
– Vergleichszahlen Statistisches Bundes-
amt 120
Psychotherapeuten, psychologische
– Kostenstrukturerhebungen, Überblick
58
Psychotherapie, Einzelpraxis
– Vergleichszahlen Statistisches Bundes-
amt 105
Psychotherapie, Gemeinschaftspraxis
– Vergleichszahlen Statistisches Bundes-
amt 120
Public-Relations-Beratung
– Strukturerhebung im Dienstleistungs-
bereich 489
Pullover
– Kostenstruktur im Produzierenden
Gewerbe 466
Pulvermetallurgische Erzeugnisse
– Kostenstruktur im Produzierenden
Gewebe 376, 381
Pumpen
– Kostenstruktur im Produzierenden
Gewerbe 351, 354
Pyrotechnische Erzeugnisse
– Kostenstruktur im Produzierenden
Gewerbe 169

Quellen, Branchenkennzahlen 14

Radiogeräte
– Zuordnung Richtsatzsammlung 663
Radiologie, Einzelpraxis
– Vergleichswerte Statistisches Bundes-
amt 107

Radiologie, Gemeinschaftspraxis
– Vergleichswerte Statistisches Bundes-
amt 122
Rahmensatz, Wahl 37
Rammgewerbe
– HWO, Zuordnung 670
Rating 13
Raumausstatter
– HWO, Zuordnung 668
– Richtsätze 408
– Zuordnung Richtsatzsammlung 663
Raumausstattung
– Kostenstruktur im Produzierenden
Gewerbe 133, 142
Raumfahrzeugbau
– Kostenstruktur im Produzierenden
Gewerbe 318, 319
Rechtsanwälte 409
Rechtsberatung
– Strukturerhebung im Dienstleistungs-
bereich 409
Rechtswissenschaften, Forschung und
Entwicklung
– Strukturerhebung im Dienstleistungs-
bereich 217
Recycling
– Kostenstruktur im Produzierenden
Gewerbe 410
– Kostenstrukturerhebungen, Überblick
57
Reformwaren
– Richtsätze 411
– Zuordnung Richtsatzsammlung 663
Regelungstechnik
– Bilanzkennzahlen 584
– Kostenstruktur im Produzierenden
Gewerbe 366
– Kostenstrukturerhebungen, Überblick
57

Reifenhandel
- IfH-Branchenvergleich 53
Reifenmechaniker
- HWO, Zuordnung 667
Reingewinn
- Betriebsvergleichsbogen, Aufbau 25
- Richtsätze nach 47
Reinigungen, chemische
- Kostenstrukturerhebungen, Überblick 59
- Richtsätze 174
Reinigungsmittel
- Kostenstruktur im Großhandel 258
- Kostenstruktur im Produzierenden Gewerbe 169, 305
Reisebüros
- Entwicklung, Anzahl 412
- Strukturerhebung im Dienstleistungsbereich 413
Reiseveranstalter
- Entwicklung, Anzahl 412
- Strukturerhebung im Dienstleistungsbereich 413
Requisiteure
- HWO, Zuordnung 671
Restaurants
- Betriebe, Anzahl 152
- Umsatz je Betrieb 153
- Umsatzentwicklung 151
- Zeitreihe, Unternehmen und Rohertragsquote 226
- Zuordnung Richtsatzsammlung 663
Reststoffe
- Kostenstruktur im Großhandel 262, 269
Reststoffe, Recycling
- Kostenstruktur im Produzierenden Gewerbe 410
Richtsätze, Aufbau 25

Richtsatzsammlung, Finanzverwaltung
- Anwendungshinweise 23
- Bezugsquellen 14
- Gewerbeklassenzuordnung 659
Ringe, gewalzte
- Kostenstruktur im Produzierenden Gewerbe 376, 381
Rohaufschlag
- Betriebsvergleichsbogen, Aufbau 24
- Formel 73
Roheisen
- Kostenstruktur im Produzierenden Gewerbe 370, 372
Rohgewinn
- Betriebsvergleichsbogen, Aufbau 25
- Formel 73
Rohgewinnsatz
- Umrechnung in Rohgewinnaufschlagsätze 70
Rohre
- Kostenstruktur im Produzierenden Gewerbe 370, 372
Rohrfernleitungen, Transport in
- Kostenstrukturerhebungen, Überblick 57
- Strukturerhebung im Dienstleistungsbereich 439
Rohrleitungstiefbau
- Kostenstruktur im Produzierenden Gewerbe 131, 136
Rohrreiniger
- HWO, Zuordnung 670
Rohrform-, -verschluss, -verbindungsstücke, Stahl
- Kostenstruktur im Produzierenden Gewerbe 370
Rohrform-, -verschluss, -verbindungsstücke, Gusseisen
- Kostenstruktur im Produzierenden Gewerbe 370

Rohtabak
– Kostenstruktur im Großhandel 243
Rollbahnen, Bau
– Kostenstruktur im Produzierenden
Gewerbe 132, 138
Rollladenbauer
– HWO, Zuordnung 668
Rücklagenzuführung 44
Runderneuerung, Bereifungen
– Kostenstruktur im Produzierenden
Gewerbe 288
Rundfunkgeräte, siehe Unterhaltungs-
elektronik
– Kostenstruktur im Produzierenden
Gewerbe 416, 417
– Zuordnung Richtsatzsammlung 663
Rundfunktechnik
– Kostenstruktur im Produzierenden
Gewerbe 416
– Kostenstrukturerhebungen, Überblick
57
Rundfunkveranstalter 418

Saaten
– Kostenstruktur im Großhandel 239
Sachentnahmen 40, 74
Sachleistungen
– Kapitalgesellschaften, Besonderheiten
40
Sachverständigenrat, Jahresgutachten
543
Sägewerke
– Kostenstruktur im Produzierenden
Gewerbe 420, 428, 429
– Richtsätze 419
– Zuordnung Richtsatzsammlung 663

Salz
– Kostenstruktur im Bergbau und
Gewinnung von Steinen und Erden
158
Sand
– Kostenstruktur im Bergbau und
Gewinnung von Steinen und Erden
158, 159
Sanitärkeramik
– Kostenstruktur im Großhandel 265
– Kostenstruktur im Produzierenden
Gewerbe 302
Sattler
– HWO, Zuordnung 668
Saucen
– Kostenstruktur im Produzierenden
Gewerbe 336, 343
Säuglingsbekleidung
– Zuordnung Richtsatzsammlung 663
Sauna
– Kostenstrukturerhebungen, Überblick
59
– Markt 307
– Planungsunterlage Dienstleistungen
309
Scanner, siehe Computer
– Zuordnung Richtsatzsammlung 663
Schädlingsbekämpfungsmittel
– Kostenstruktur im Produzierenden
Gewerbe 168, 172
Schalldämmung
– Kostenstruktur im Produzierenden
Gewerbe 133, 140
Schallplatten
– Zuordnung Richtsatzsammlung 663
Schallschutzisolierer
– HWO, Zuordnung 666
Schälmühlen
– Kostenstruktur im Produzierenden
Gewerbe 335, 341

Schankwirtschaften
- Richtsätze 224
- Zuordnung Richtsatzsammlung 663
Schätzungsverfahren 37
Schienenfahrzeugbau, siehe Bahnindustrie
Schiffbau
- Kostenstruktur im Produzierenden Gewerbe 318, 319
Schiffbauer
- HWO, Zuordnung 666
Schifffahrt
- Kostenstrukturerhebungen, Überblick 57
- Strukturerhebung im Dienstleistungsbereich 495
Schifffahrt, Hilfs- und Nebentätigkeiten
- Strukturerhebung im Dienstleistungsbereich 445
Schilderhersteller
- HWO, Zuordnung 669
Schirme, siehe Textilwaren
- Zuordnung Richtsatzsammlung 663
Schirmmacher
- HWO, Zuordnung 671
Schlachten
- Kostenstruktur im Produzierenden Gewerbe 335, 389
- Richtsätze 386
- Zuordnung Richtsatzsammlung 663
Schlagzeugmacher
- HWO, Zuordnung 671
Schläuche, Kunststoff
- Kostenstruktur im Produzierenden Gewerbe 288, 290
Schleifsteine
- Kostenstruktur im Produzierenden Gewerbe 400, 401

Schleifstoffe
- Kostenstruktur im Produzierenden Gewerbe 400, 401
Schlösser
- Kostenstruktur im Produzierenden Gewerbe 377, 383
Schlosserei
- Richtsätze 421
- Zuordnung Richtsatzsammlung 663
Schmiede 421
Schmiedeteile
- Kostenstruktur im Produzierenden Gewerbe 376, 381
Schmuck
- IfH-Branchenvergleich 53
- Kostenstruktur im Einzelhandel 485
- Kostenstruktur im Produzierenden Gewerbe 324, 486
- Kostenstrukturerhebungen, Überblick 57
- Richtsätze 484
- Zuordnung Richtsatzsammlung 664
Schneiderei
- Richtsätze 422
- Zuordnung Richtsatzsammlung 664
Schneidereibedarf
- Zuordnung Richtsatzsammlung 664
Schneidwaren
- Kostenstruktur im Produzierenden Gewerbe 295, 377
Schneidwerkzeugmechaniker
- HWO, Zuordnung 668
Schnellimbiss
- Zuordnung Richtsatzsammlung 664
Schnellreiniger
- HWO, Zuordnung 671
Schnellreinigung, siehe Chemische Reinigung
- Zuordnung Richtsatzsammlung 664

Schornsteinfeger
- HWO, Zuordnung 666
- Planungsunterlage Handwerk 423
Schrauben
- IfH-Branchenvergleich 53
- Kostenstruktur im Produzierenden
  Gewerbe 377, 384
Schreibbüro
- Strukturerhebung im Dienstleistungs-
  bereich 435
Schreibwaren
- Kostenstruktur im Einzelhandel 166,
  425
- Richtsätze 424
- Zuordnung Richtsatzsammlung 664
Schreibwaren, Pappe, Papier, Karton
- Kostenstruktur im Produzierenden
  Gewerbe 405, 426
Schreinerei
- Richtsätze 427
- Zuordnung Richtsatzsammlung 664
Schriftsetzer
- HWO, Zuordnung 669
Schrott, Recycling
- Kostenstruktur im Produzierenden
  Gewerbe 410
Schuhe/Schuhwaren
- IfH-Branchenvergleich 53
- Kostenstruktur im Einzelhandel 347,
  433
- Kostenstruktur im Großhandel 256
- Kostenstruktur im Produzierenden
  Gewerbe 348, 434
- Richtsätze 432
- Zuordnung Richtsatzsammlung 664
Schuhmacher
- HWO, Zuordnung 668, 671
- Richtsätze 432
- Zuordnung Richtsatzsammlung 664

Schulartikel
- Richtsätze 424
- Zuordnung Richtsatzsammlung 664
Schutzdienste
- Strukturerhebung im Dienstleistungs-
  bereich 191
Schwellenwerte KMU 696
Schwimmbad
- IfH-Branchenvergleich 53
Seeschifffahrt
- Strukturerhebung im Dienstleistungs-
  bereich 496
Segelmacher
- HWO, Zuordnung 668
Seidengarnweberei
- Kostenstruktur im Produzierenden
  Gewerbe 465, 470
Seifen
- Kostenstruktur im Produzierenden
  Gewerbe 169, 305
Seiler
- HWO, Zuordnung 667
Seilerwaren
- Kostenstruktur im Produzierenden
  Gewerbe 465
Sekretariatsbüro
- Strukturerhebung im Dienstleistungs-
  bereich 435
Servicecenter Fachverlage 14
Sicherheitsdienste
- Strukturerhebung im Dienstleistungs-
  bereich 191
Siebdrucker
- HWO, Zuordnung 669
Silberschmied
- HWO, Zuordnung 668
Silberwareneinzelhandel
- IfH-Branchenvergleich 54
- Zuordnung Richtsatzsammlung 664

Sitzmöbel
– Kostenstruktur im Produzierenden
  Gewerbe 393, 394
Software
– Kostenstruktur im Großhandel 274
– Richtsätze 179
– Zuordnung Richtsatzsammlung 664
Software, Verlegen von
– Strukturerhebung im Dienstleistungs-
  bereich 184
Softwareberatung
– Strukturerhebung im Dienstleistungs-
  bereich 185
Softwareentwicklung
– Strukturerhebung im Dienstleistungs-
  bereich 185
Softwarehäuser
– Strukturerhebung im Dienstleistungs-
  bereich 183
Solarium, siehe Kosmetiksalon
– Kostenstrukturerhebungen, Überblick
  59
– Markt 307
– Planungsunterlage Dienstleistungen
  310
– Richtsätze 306
– Zuordnung Richtsatzsammlung 664
Sonderfälle, Zuordnung Wirtschaftszwei-
  ge 657
Sortimentsbuchhandel
– IfH-Branchenvergleich 54
Soßen, siehe Saucen
Sozialversicherung
– Kostenstrukturerhebungen, Überblick
  58
Sozialwesen
– Kostenstrukturerhebungen, Überblick
  58

Sozialwissenschaften, Forschung und
  Entwicklung
– Strukturerhebung im Dienstleistungs-
  bereich 217
Spa, Deckungsbeitrag 155
Spaltstoffe, Herstellung und Verarbei-
  tung
– Kostenstrukturerhebungen, Überblick
  57
Sparen, private Haushalte 605
Sparkassenorganisation
– Branchenberichte 15
Spedition
– Strukturerhebung im Dienstleistungs-
  bereich 447
Speiseeis
– Kostenstruktur im Produzierenden
  Gewerbe 335, 340
– Zuordnung Richtsatzsammlung 664
Speiseeishersteller
– HWO, Zuordnung 671
Speiseöle
– Kostenstruktur im Großhandel 247
Speisewirtschaften
– Richtsätze 224
– Zuordnung Richtsatzsammlung 664
Spenden 44
Spenglerei
– Richtsätze 299
– Zuordnung Richtsatzsammlung 664
Sperrholzplatten
– Kostenstruktur im Produzierenden
  Gewerbe 428, 429
Spielautomaten, Betrieb
– Richtsätze 449
– Zuordnung Richtsatzsammlung 664
Spielhallen
– Richtsätze 449
– Zuordnung Richtsatzsammlung 664

Spielwaren
- Kostenstruktur im Einzelhandel 451
- Kostenstruktur im Produzierenden
  Gewerbe 323, 452
- Kostenstrukturerhebungen, Überblick
  57
- Richtsätze 450
- Zuordnung Richtsatzsammlung 664
Spinnerei
- Kostenstruktur im Produzierenden
  Gewerbe 465, 467
Spinnstoffaufbereitung
- Kostenstruktur im Produzierenden
  Gewerbe 465, 467
Spirituosen
- Kostenstruktur im Produzierenden
  Gewerbe 336, 344
- Zuordnung Richtsatzsammlung 664
Sport
- Kostenstrukturerhebungen, Überblick
  59
Sportanlagen, Bau
- Kostenstruktur im Produzierenden
  Gewerbe 132, 138
Sportartikel/-geräte
- Kostenstruktur im Produzierenden
  Gewerbe 454
- Kostenstrukturerhebungen, Überblick
  57
- Richtsätze 453
- Zuordnung Richtsatzsammlung 664
Sprachwissenschaften, Forschung und
  Entwicklung
- Strukturerhebung im Dienstleistungs-
  bereich 217
Sprenggewerbe
- Kostenstruktur im Produzierenden
  Gewerbe 131
Staat
- Einnahmen und Ausgaben 552

Stahl
- Kostenstruktur im Produzierenden
  Gewerbe 370, 372
Stahlbau
- Kostenstruktur im Produzierenden
  Gewerbe 376
Stahlbearbeitung
- Kostenstruktur im Produzierenden
  Gewerbe 370, 373
Stahlgießerei
- Kostenstruktur im Produzierenden
  Gewerbe 228
Stahlrohre
- Kostenstruktur im Produzierenden
  Gewerbe 370
Stanzteile
- Kostenstruktur im Produzierenden
  Gewerbe 376, 381
Stärke/-erzeugnisse
- Kostenstruktur im Produzierenden
  Gewerbe 335, 341
Statistisches Bundesamt
- Bezugsquelle 14
- Branchenstrukturdaten 56
Steinbildhauer
- HWO, Zuordnung 666
- Richtsätze 455
- Zuordnung Richtsatzsammlung 664
Steindrucker
- HWO, Zuordnung 671
Steine
- Bilanzkennzahlen 580
- Kostenstruktur im Bergbau und
  Gewinnung von Steinen und Erden
  158
- Kostenstrukturerhebungen, Überblick
  56, 57
Steinmetz
- HWO, Zuordnung 666
- Richtsätze 455

– Zuordnung Richtsatzsammlung 664
Steuerberater
– Strukturerhebung im Dienstleistungs-
bereich 456
Steuerbevollmächtigter, siehe Steuerbera-
ter
Steuertechnik
– Bilanzkennzahlen 584
– Kostenstruktur im Produzierenden
Gewerbe 366
– Kostenstrukturerhebungen, Überblick
57
Sticker
– HWO, Zuordnung 668, 671
Stickstoffverbindungen
– Kostenstruktur im Produzierenden
Gewerbe 168
Stoff, gestrickt/gewirkt
– Kostenstruktur im Produzierenden
Gewerbe 466, 473
Stoffmaler
– HWO, Zuordnung 670
Straßenbau/Straßenbauer
– HWO, Zuordnung 666
– Kostenstruktur im Produzierenden
Gewerbe 132, 138
Streichgarnweberei
– Kostenstruktur im Produzierenden
Gewerbe 465
Strickjacken
– Kostenstruktur im Produzierenden
Gewerbe 466
Strickmaschinen
– Kostenstruktur im Großhandel 273
Strickwaren, siehe Fertigerzeugnisse,
gewirkt, gestrickt; Pullover, Strick-
jacken
– Zuordnung Richtsatzsammlung 664

Strumpfwaren
– Kostenstruktur im Produzierenden
Gewerbe 466
Stuckateur
– HWO, Zuordnung 666
– Kostenstruktur im Produzierenden
Gewerbe 133, 141
– Richtsätze 457
– Zuordnung Richtsatzsammlung 664
Substanzwert
– Überführung/-nahme, Einzelpraxis
Arzt 92
Suchbohrungen
– Kostenstruktur im Produzierenden
Gewerbe 131
Südfrüchte
– Richtsätze 326
– Zuordnung Richtsatzsammlung 664
Süßwaren
– Kostenstruktur im Einzelhandel 126
– Kostenstruktur im Großhandel 250
– Kostenstruktur im Produzierenden
Gewerbe 336, 342

Tabakverarbeitungsmaschinen
– Kostenstruktur im Produzierenden
Gewerbe 352, 359
Tabakwaren
– FfH-Jahresbetriebsvergleich 55
– Kostenstruktur im Einzelhandel 327,
328, 329, 330, 459
– Kostenstruktur im Großhandel 244,
249, 253
– Kostenstruktur im Produzierenden
Gewerbe 460
– Kostenstrukturerhebungen, Überblick
56
– Richtsätze 458
– Zuordnung Richtsatzsammlung 664

Tankschutzbetriebe
- HWO, Zuordnung 670
Tankstellen
- Kostenstrukturerhebungen, Überblick
  57
- Kostenstruktur im Einzelhandel 461
Tapeten
- FfH-Jahresbetriebsvergleich 55
- Kostenstruktur im Einzelhandel 323
- Kostenstruktur im Großhandel 258
- Kostenstruktur im Produzierenden
  Gewerbe 324, 405
- Richtsätze 321
- Zuordnung Richtsatzsammlung 664
Tapezierer
- Richtsätze 350
- Zuordnung Richtsatzsammlung 664
Täschnerwaren
- Richtsätze 346
- Zuordnung Richtsatzsammlung 664
Taxiunternehmen
- Richtsätze 436
- Strukturerhebung im Dienstleistungs-
  bereich 437
- Zuordnung Richtsatzsammlung 664
Technische Händler
- IfH-Branchenvergleich 54
Tee
- Kostenstruktur im Großhandel 251
- Kostenstruktur im Produzierenden
  Gewerbe 336, 343
Teigwaren
- Kostenstruktur im Produzierenden
  Gewerbe 336, 342
Telekommunikation 398
Telekommunikationsgeräte/-einrichtun-
  gen
- Kostenstruktur im Produzierenden
  Gewebe 416
- Richtsätze 179

- Zuordnung Richtsatzsammlung 664
Teppiche
- Kostenstruktur im Produzierenden
  Gewerbe 465, 472
Teppichreiniger
- HWO, Zuordnung 671
Terrazzohersteller
- HWO, Zuordnung 668
Testbohrungen
- Kostenstruktur im Produzierenden
  Gewerbe 131
Textilgewerbe
- Bilanzkennzahlen 575
- Kostenstruktur im Produzierenden
  Gewerbe 465, 466, 471, 472
- Kostenstrukturerhebungen, Überblick
  56
Textil-Handdrucker
- HWO, Zuordnung 671
Textilien
- FfH-Jahresbetriebsvergleich 55
- IfH-Branchenvergleich 54
- Kostenstruktur im Einzelhandel 463
- Kostenstruktur im Großhandel 255
Textilmaschinen
- Kostenstruktur im Großhandel 273
- Kostenstruktur im Produzierenden
  Gewerbe 353, 360
Textilreiniger
- HWO, Zuordnung 669
Textilveredlung
- Kostenstruktur im Produzierenden
  Gewerbe 465, 470
Textilwaren, konfektionierte
- Kostenstruktur im Produzierenden
  Gewerbe 465, 471
Textilwaren, verschiedener Art
- Richtsätze 462
- Zuordnung Richtsatzsammlung 664

Theaterkostümnäher
- HWO, Zuordnung 670
Theatermaler (ohne Anschlussarbeiten)
- HWO, Zuordnung 670
Theaterplastiker
- HWO, Zuordnung 671
Thoriumerze
- Kostenstrukturerhebungen, Überblick 56
Tiefbau
- Kostenstruktur im Produzierenden Gewerbe 131, 135
Tierärzte
- Kostenstruktur Tierärzte 477
- Kostenstrukturerhebungen, Überblick 58
Tiere, lebende
- Kostenstruktur im Großhandel 238, 241
- Richtsätze 542
- Zuordnung Richtsatzsammlung 664
Tiere, sonstige, Futtermittel
- Kostenstruktur im Produzierenden Gewerbe 336
Tischler, Tischlerei
- HWO, Zuordnung 666
- Richtsätze 427
- Verdiensterhebung im Handwerk 427
- Zuordnung Richtsatzsammlung 664
Toilettenartikel, Zellstoff, Papier, Pappe
- Kostenstruktur im Produzierenden Gewerbe 405, 407
Ton
- Kostenstruktur im Bergbau und Gewinnung von Steinen und Erden 158, 159
Tonträger, Verlag
- Kostenstruktur im Produzierenden Gewerbe 501

Tonträger, Vervielfältigung bespielter
- Kostenstruktur im Produzierenden Gewerbe 501, 503
- Kostenstrukturerhebungen, Überblick 57
Top-Down-Methode
- Einordnung der Mischbetriebe nach WZ 2003 653
Torf/-gewinnung
- Kostenstruktur im Bergbau und Gewinnung von Steinen und Erden 157
- Kostenstrukturerhebungen, Überblick 56
Tourismus, Quellen 15
Transformatoren
- Kostenstruktur im Produzierenden Gewerbe 199, 200
Transport, Rohrfernleitungen
- Strukturerhebung im Dienstleistungsbereich 439
Traubenwein
- Kostenstruktur im Produzierenden Gewerbe 336
Trinkhallen, siehe Nahrungsmittel
Trockenbeton
- Kostenstruktur im Produzierenden Gewerbe 144, 146
Tüncher, siehe Maler
- Zuordnung Richtsatzsammlung 664
Tunnelbau
- Kostenstruktur im Produzierenden Gewerbe 131, 136
Turbinen
- Kostenstruktur im Produzierenden Gewerbe 351, 354

Übernachtungen, Auslastungskennziffern 154

Übersetzungsbüro
- Strukturerhebung im Dienstleistungs-
bereich 435
Uhren
- IfH-Branchenvergleich 54
- Kostenstruktur im Einzelhandel 485
- Kostenstruktur im Produzierenden
Gewerbe 366, 486
- Kostenstrukturerhebungen, Überblick
57
- Richtsätze 484
- Zuordnung Richtsatzsammlung 664
Uhrmacher
- HWO, Zuordnung 668
Umbaukosten
- Gemeinschaftspraxisbeitritt Arzt 90
- Neugründung, Einzelpraxis Arzt 88
- Überführung, Einzel- in Gemein-
schaftspraxis 91
- Übernahme, Einzelpraxis Arzt 89
Umrechnungsfaktor, steuerlicher 75
Umrechnungsformeln 73
Umsatz je Personalkosten, Formel 569
Umsatz, wirtschaftlicher
- Betriebsvergleichsbogen, Aufbau 25,
27
- Formel 74
- Vorbemerkung Richtsatzsammlung
31
Umsatzrentabilität, Formel 569
Umschlaghäufigkeit, Formel 569
Unterhaltung
- Kostenstrukturerhebungen, Überblick
59
Unterhaltungsautomaten-Unternehmen
- FfH-Jahresbetriebsvergleich 55
Unterhaltungselektronik
- Kostenstruktur im Einzelhandel 198,
396, 415
- Kostenstruktur im Großhandel 257

- Richtsätze 414
- Zuordnung Richtsatzsammlung 664
Unterhaltungszeitschriften
- Zuordnung Richtsatzsammlung 665
Unternehmen, verbundenes 697
Unternehmensberatung
- Strukturerhebung im Dienstleistungs-
bereich 489
Unterricht
- Kostenstrukturerhebungen, Überblick
58
Untersuchung, technisch, physikalische,
chemische
- Strukturerhebung im Dienstleistungs-
bereich 156
Uranerze
- Kostenstrukturerhebungen, Überblick
56
Urologie, Einzelpraxis
- Vergleichswerte Statistisches Bundes-
amt 108
Urologie, Gemeinschaftspraxis
- Vergleichswerte Statistisches Bundes-
amt 123

Verarbeitendes Gewerbe
- Bilanzkennzahlen 573
Verband, beauftragender
- IfH-Branchenvergleich 48
Verbandsumfrage, IW 563
Verbrauchsgüter, sonstige
- Kostenstruktur im Großhandel 254,
261
Verbrennungsmotoren
- Kostenstruktur im Produzierenden
Gewerbe 351, 354
Verbundenes Unternehmen 697
Verdeckte Gewinnausschüttung 41

Vereidigte Buchprüfer
- Strukturerhebung im Dienstleistungs-
  bereich 456
Vereinigungen, sonstige
- Kostenstrukturerhebungen, Überblick
  59
Vergolder
- HWO, Zuordnung 669
Verhältniszahlen
- Vermögens- und Kapitalstruktur der
  Unternehmen 571
Verkaufsstand
- Kostenstruktur im Einzelhandel 518
- Zuordnung Richtsatzsammlung 665
Verkehr
- Bilanzkennzahlen 590
- EU, Umsatz je Beschäftigten 610
- Strukturerhebung im Dienstleistungs-
  bereich 491
Verkehr, Hilfs- und Nebentätigkeiten
- Kostenstrukturerhebungen, Überblick
  58
- Strukturerhebung im Dienstleistungs-
  bereich 443
Verkehrsmittel, Reinigung
- Strukturerhebung im Dienstleistungs-
  bereich 231
Verkehrsmittel, Vermietung
- Strukturerhebung im Dienstleistungs-
  bereich 506
Verkehrsvermittlung
- Kostenstrukturerhebungen, Überblick
  58
- Strukturerhebung im Dienstleistungs-
  bereich 447
Verlagsgewerbe, siehe a. Druckereien
- Bilanzkennzahlen 577
- Kostenstruktur im Produzierenden
  Gewerbe 501

- Kostenstrukturerhebungen, Überblick
  57
Vermietung beweglicher Sachen ohne
  Bedienungspersonal
- EU, Umsatz je Beschäftigten 611
- Kostenstrukturerhebungen, Überblick
  58
- Strukturerhebung im Dienstleistungs-
  bereich 504
Verpackungen, Eisen, NE-Metall, Stahl
- Kostenstruktur im Produzierenden
  Gewerbe 377, 383
Verpackungsgewerbe
- Strukturerhebung im Dienstleistungs-
  bereich 77
Verpackungsmittel, Holz
- Kostenstruktur im Produzierenden
  Gewerbe 428, 430
Verpackungsmittel, Kunststoff
- Kostenstruktur im Produzierenden
  Gewebe 288, 290
Verpackungsmittel, Papier, Pappe, Kar-
  ton
- Kostenstruktur im Produzierenden
  Gewerbe 405, 406
Verputzerei
- Kostenstruktur im Produzierenden
  Gewerbe 133, 141
- Richtsätze 457
- Zuordnung Richtsatzsammlung 665
Versandhandel
- Kostenstruktur im Einzelhandel 517
Verschlüsse, Eisen, NE-Metall, Stahl
- Kostenstruktur im Produzierenden
  Gewerbe 377, 383
Verschuldungsgrad, Formel 569
Versicherungsgewerbe
- Kostenstrukturerhebungen, Überblick
  58

Versicherungskaufleute
- IfH-Branchenvergleich 54
Versicherungsmakler
- IfH-Branchenvergleich 54, 55
Verteidigung
- Kostenstrukturerhebungen, Überblick
  58
Vervielfältigung
- Kostenstruktur im Produzierenden
  Gewerbe 501
- Kostenstrukturerhebung, Überblick
  57
Verwaltung, öffentliche
- Kostenstrukturerhebungen, Überblick
  58
Veterinärwesen
- Kostenstrukturerhebungen, Überblick
  58
Videoherstellung
- Planungsunterlage Dienstleistungen
  210
Videoprogrammanbieter
- Planungsunterlage Dienstleistungen
  211
Videotechnische Geräte
- Kostenstruktur im Produzierenden
  Gewerbe 416, 417
- Zuordnung Richtsatzsammlung 665
Vliesstoff
- Kostenstruktur im Produzierenden
  Gewerbe 465
Volkswirtschaftliche Gesamtrechnung,
  Deutschland 549, 559
Vollhandwerke 666
Vorwort 5
Vulkaniseur
- HWO, Zuordnung 667
- IfH-Branchenvergleich 53

Wachdienste
- Strukturerhebung im Dienstleistungs-
  bereich 191
Wachszieher
- HWO, Zuordnung 669
Waffen
- Kostenstruktur im Produzierenden
  Gewerbe 353, 361
Walzwerkeinrichtungen
- Kostenstruktur im Produzierenden
  Gewerbe 352
Wandfliesen/-platten, keramische
- Kostenstruktur im Produzierenden
  Gewerbe 214
Waren, sonstige, Pappe, Papier, Karton
- Kostenstruktur im Produzierenden
  Gewerbe 405, 407
Waren, verschiedener Art
- Kostenstruktur im Einzelhandel 327,
  329
Wareneinsatz
- Betriebsvergleichsbogen, Aufbau 25,
  28
- Vorbemerkungen Richtsatzsammlung
  32
Wärmebehandlung
- Kostenstruktur im Produzierenden
  Gewerbe 376, 377, 381
Wärmedämmung
- Kostenstruktur im Produzierenden
  Gewerbe 133, 140
Wärmeschutzisolierer
- HWO, Zuordnung 666
Wäsche
- Kostenstruktur im Produzierenden
  Gewerbe 474, 476
- Zuordnung Richtsatzsammlung 665
Wäscherei
- Kostenstrukturerhebungen, Überblick
  59

- Markt 175
- Planungsunterlage Dienstleistungen 176
- Richtsätze 174
- Zuordnung Richtsatzsammlung 665
Waschmittel
- Kostenstruktur im Produzierenden Gewerbe 169, 305
Wasserbau
- Kostenstruktur im Produzierenden Gewerbe 132
Wasserfahrzeuge, Vermietung
- Strukturerhebung im Dienstleistungsbereich 508
Wasserinstallation
- Kostenstruktur im Produzierenden Gewerbe 133, 140
- Richtsätze 299
- Verdiensterhebung im Handwerk 300
- Zuordnung Richtsatzsammlung 665
Wasserversorgung
- Kostenstrukturerhebungen, Überblick 57
Weber/Weberei
- HWO, Zuordnung 668
- Kostenstruktur im Produzierenden Gewerbe 465, 468
Wein
- Kostenstruktur im Produzierenden Gewerbe 336
- Zuordnung Richtsatzsammlung 665
Weinküfer
- HWO, Zuordnung 668
Weißbinder, siehe Maler
- Zuordnung Richtsatzsammlung 665
Weißwaren, siehe Textilwaren
- Zuordnung Richtsatzsammlung 665
Wellness
- Deckungsbeitrag 155

- IfH-Branchenvergleich 53
Wellpapier
- Kostenstruktur im Produzierenden Gewerbe 405, 406
Wellpappe
- Kostenstruktur im Produzierenden Gewerbe 405, 406
Werbefotograf
- Richtsätze 218
- Zuordnung Richtsatzsammlung 665
Werbung
- Strukturerhebung im Dienstleistungsbereich 520
Werkstoffe, feuerfeste, keramische
- Kostenstruktur im Produzierenden Gewerbe 302
Werkzeuge
- Kostenstruktur im Produzierenden Gewerbe 352, 377, 382
- IfH-Branchenvergleich 52
Werkzeugmaschinen
- Kostenstruktur im Großhandel 271
- Kostenstruktur im Produzierenden Gewerbe 352, 358
Wertabgaben, unentgeltliche 40
Wettbewerbsfähigkeit, Beitrittsländer EU
- Kennzahlen 607
Wetzstein
- Kostenstruktur im Produzierenden Gewerbe 400, 401
Wild
- Kostenstruktur im Einzelhandel 388
- Kostenstruktur im Großhandel 246
Wirkwaren
- Zuordnung Richtsatzsammlung 665
Wirtschaft, siehe Gastronomische Betriebe
- Zuordnung Richtsatzsammlung 683
Wirtschaftliche Eckdaten, Deutschland 544, 558

Wirtschaftsbereiche
– Bilanzkennzahlen deutscher Unternehmen 572
Wirtschaftsforschungsinstitute, Herbstgutachten 553
Wirtschaftsprüfer
– Strukturerhebung im Dienstleistungsbereich 456
Wirtschaftswissenschaften, Forschung und Entwicklung
– Strukturerhebung im Dienstleistungsbereich 217
Wirtschaftszweige, WZ 2003 612
Wirtschaftszweige, begünstigte
– Investitionszulagengesetz, Abgrenzung 692
Wohnungen, eigene Vermietung und Verpachtung
– Strukturerhebung im Dienstleistungsbereich 284
Wohnungen, Erschließung, Kauf, Verkauf
– Strukturerhebung im Dienstleistungsbereich 281, 283
Wohnungen, fremde Vermittlung und Verwaltung
– Strukturerhebung im Dienstleistungsbereich 285, 286, 287
Wohnungswesen
– EU, Umsatz je Beschäftigten 611
– Kostenstrukturerhebungen, Überblick 58
– Strukturerhebung im Dienstleistungsbereich 280
Wollaufbereitung
– Kostenstruktur im Produzierenden Gewerbe 465
Wollwaren, siehe Textilwaren
– Zuordnung Richtsatzsammlung 665

Würzmittel
– Kostenstruktur im Produzierenden Gewerbe 336, 343

Yachtbau
– Kostenstruktur im Produzierenden Gewerbe 318

Zahlen, ausgewählte gesamtwirtschaftliche 592
Zahnärzte
– Betriebsausgaben je Praxisinhaber 530
– Existenzgründung, Investitionen 66
– Gesamteinnahmen je Praxisinhaber 530
– Gesamtfinanzierungsvolumen 534
– Gesundheitspersonal nach Berufen 296
– Kostenstruktur der Zahnärzte 522
– Kostenstrukturerhebung, Überblick 58
– Punktwerte 532
– Steuerliche Einnahmen Überschussrechnung 527
– Zahnarztdichte 521, 535
Zahnräder
– Kostenstruktur im Produzierenden Gewerbe 351
Zahntechniker
– Ausstattung Praxen mit Labor 540
– Beschäftigung 540
– Gesundheitspersonal nach Berufen 296
– HWO, Zuordnung 667
– Marktanteil gewerbliche Labors 537
Zeitarbeit, siehe Arbeitskräfte, Überlassung und Vermittlung

Zeitreihen
- ausgewählte gesamtwirtschaftliche 592
- Beispiel Betriebsvergleichsschema 20
Zeitschriften
- IfH-Branchenvergleich 49
- Kostenstruktur im Einzelhandel 166, 425
- Richtsätze 458
- Zuordnung Richtsatzsammlung 665
Zeitschriftenverlag
- Kostenstruktur im Produzierenden Gewerbe 501, 503
Zeitungen
- IfH-Branchenvergleich 49
- Kostenstruktur im Einzelhandel 166, 425
- Zuordnung Richtsatzsammlung 665
Zeitungsdruckerei
- Kostenstruktur im Produzierenden Gewerbe 195
Zeitungsverlag
- Kostenstruktur im Produzierenden Gewerbe 501, 502
Zellstoff
- Kostenstruktur im Produzierenden Gewerbe 405, 406
Zement
- Kostenstruktur im Produzierenden Gewerbe 144, 145
Zementerzeugnisse
- Kostenstruktur im Produzierenden Gewerbe 144, 146, 147
Zentralheizungsbauer
- Verdiensterhebung im Handwerk 301
Zentralheizungskessel
- Kostenstruktur im Produzierenden Gewerbe 376, 379, 380

Zentralheizungskörper
- Kostenstruktur im Produzierenden Gewerbe 376, 379, 380
Zentralverband des deutschen Handwerks
- Betriebszahlen, aktuelle 60
Zentrum für europäische Wirtschaftsforschung, Branchenreport 59
Ziegelei
- Kostenstruktur im Produzierenden Gewerbe 144, 145
Ziehteile
- Kostenstruktur im Produzierenden Gewerbe 376, 381
Zielgewährung, Formel 569
Zierfische, siehe Zoologischer Bedarf
- Zuordnung Richtsatzsammlung 665
Ziergegenstände, keramische
- Kostenstruktur im Produzierenden Gewerbe 295, 302
Zierpflanzen
- Kostenstrukturerhebungen, Überblick 56
Ziervögel, siehe Zoologischer Bedarf
- Zuordnung Richtsatzsammlung 683
Zigaretten, siehe Tabakwaren
- Zuordnung Richtsatzsammlung 665
Zigarren, siehe Tabakwaren
- Zuordnung Richtsatzsammlung 665
Zimmerer/Zimmerei
- HWO, Zuordnung 666
- Kostenstruktur im Produzierenden Gewerbe 132, 137
- Richtsätze 541
- Zuordnung Richtsatzsammlung 665
Zink
- Kostenstruktur im Produzierenden Gewerbe 371

Zinn
- Kostenstruktur im Produzierenden
  Gewerbe 371
Zinssätze EU 593, 594
Zoologischer Bedarf
- Richtsätze 542
- Zuordnung Richtsatzsammlung 665
Zubehör
- Kostenstruktur im Großhandel 270
Zubehör, sonstige Maschinen
- Kostenstruktur im Großhandel 277
Zucker
- Kostenstruktur im Großhandel 250
- Kostenstruktur im Produzierenden
  Gewerbe 336
Zugmaschinen, land- und forstwirtschaft-
  liche
- Kostenstruktur im Produzierenden
  Gewerbe 352
Zuordnung
- Betriebe, Richtsatzsammlung 659
- HWO 666
- Wirtschaftszweige, WZ 2003
  Betriebsarten BPO 674
- Wirtschaftszweige, WZ 2003
  gem. § 3 BPO 672
- Wirtschaftzweige, WZ 2003 612
Zupfinstrumentemacher
- HWO, Zuordnung 669
Zweiradhandel 204
Zweiradmechaniker
- HWO, Zuordnung 666